古代方言文獻叢刊

華學誠 主編

歷代方志方言文獻集成

曹小雲 曹嫄 輯校

第六册

中華書局

〔光緒〕鎮海縣志

【解題】于萬川修，俞樾等纂。鎮海縣，今浙江省寧波市鎮海區和北侖區。「方言」見卷三九。録文據光緒五年（一八七九）刻本《鎮海縣志》。

方言

方言雜見於羣經，非自子雲始也。宋代趙叔向作《肯綮録》，近世翟晴江作《通俗編》，舉天下概言之，未可以證一邑矣。鎮海七鄉，已有異音，兹據附郭者述之。其有音無字、有字無義者，姑略焉。

昒音勿〔一〕　蔡邕《青衣賦》：「昒昒將曙。」〔二〕案，吾鄉謂天初曉曰白昒昒。

亮　《楊公筆録》：「浙諺云：雨下畏天亮。」方言以明爲亮。

趖蘇和切　《説文》：「趖，走意。」歐陽炯詞：「荳蔻花開趖晚日。」

涑　《説文》：「涑，小雨零貌。」翟灝曰：「涑涑，猶云蔌蔌。」

烔　《廣雅》：「烔，熱也。」《廣韻》：「煖也。」

〔一〕昒：本條均誤作「昒」。《説文》有「昒」字，段玉裁、王筠等指爲「昒」字之訛。「昒」蓋又爲「昒」之訛。勿：原誤作「匇」。

〔二〕昒昒：原誤作「昒昒」。徐堅輯《初學記》、張溥輯《蔡中郎集》、嚴可均輯《全後漢文》均作「昒昕」。

跐　《通俗編》：「跐字見景祐《集韻》，或亦借差字用之。《韻會小補》引唐人詩：『枯木巖前跐路多。』」

甿　《說文》：「甿，境也。一曰陌也。」《吳下方言考》謂田中境曰田甿。

稜　杜甫詩：「暫抵公畦稜。」陸龜蒙詩：「我本曾無一稜田。」范成大詩：「汙萊一稜水周遭。」稜字俱讀去聲。《蜀語》：「分段曰稜。」

勃　《管天筆記》：「《水經注・巴峽歌》云：『灘頭白勃堅相持，倏忽淪没杳無期。』俗於水泡謂之勃。乃是雅語。」

窵　《元典章》：「大德間奏過，受了宣勅，嫌地遠窵不赴仕的，後不敘用。」案，俗謂路遠曰窵角。

淤　《說文》：「淤，澱滓，濁泥。」《一切經音義》引《字林》云：「今謂水中泥謂淤。」

弄　《霏雪録》：「俗呼屋中別道爲衖，本當作弄。」《集韻》：「弄，廈也。」《南史・蕭諶傳》：「接鬱林王出至延德殿西弄。」即今所云衖者。《通俗編・俚俗》有衖唐之呼，唐亦路也。《詩》云：「中唐有甓。」

爹　《玉篇》：「俗呼父爲爹。」《雅俗稽言》：「南人稱父曰爹，祖父曰爹爹。」

媽　《玉篇》：「媽，莫補切。母也。」案，媽，母之轉語也。

娘　《敬止録》：「稱母曰娘，又曰姆。」姆同姥。詩人多以爹娘、公姆並稱。

嬸《正韻》：「俗呼叔母曰嬸。」案，《明道雜志》：「嬸乃世母二合也。」又呼夫之弟婦亦曰嬸。

姨《敬止録》：「妾曰姨，父妾曰姨娘。」

妐《吕覽》：「姑妐知之曰：爲我婦而有外心〔一〕，不可畜。」案，吾鄉新婦稱翁曰阿妐，亦曰妐妐。

伯《五代史補》：「李濤弟澣娶婦竇氏，出參濤，濤答拜。澣曰：『新婦參阿伯，豈有答禮？』」《通俗編》：「婦人呼夫之兄爲伯，唐有之矣。」

大《敬止録》：「稱叔曰大，所謂阿大是也。」案，阿大見《世説新語》。

哥《韻會》哥本古文謌字，今呼兄爲哥。

姐《直語補證》：「今人呼小艾曰姐。繁欽《與魏文帝牋》：『自左顛史妠謇姐名倡。』入文始此。」

懦《敬止録》：「呼女爲懦，取懦弱之意。或曰本昌黎女挐之挐，訛作去聲。」

小《詩・邶風》「愠於羣小」朱傳：「小，衆妾也。」案，吾鄉謂妾爲小本此。

客 陸游《初夏閒居》詩：「陂塘移稻客相呼。」自注：「鄉中謂傭工者謂客。」《肯綮録》：「今人指傭工之人爲客作，三國時已有此語：『焦先飢則出爲人客作〔二〕，飽食而已。』」

鬼《方言》：「自關而東趙魏之間謂之黠，亦謂之鬼。」案，吾鄉謂狡黠不正者爲鬼。

〔一〕婦：原脱，據《吕氏春秋》補。

〔二〕先：原誤作「光」。

䠷土了切　《廣雅》：「䠷，身長貌。」

奘《爾雅》：「奘，粗也。」《方言》：「秦晉之間凡人之大謂之奘。」

敹《玉篇》：「敹，小長貌。」《敬止録》：「身長曰長敹敹。莽長曰一攀一敹，又曰長敹篠。」

寣《廣韻》十一没「呼骨切」有寣字，注云：「睡一覺。」寣與忽同音。

皸《敬止録》：「手足凍裂曰皸。」又作龜，龜音軍。《莊子》：「不龜手。」《漢書》「手足皸瘃」是也。

瘇《玉篇》：「皮起也。」《集韻》：「小腫。」

𩨷《俗書刊誤》：「骨鯁在喉曰𩨷。苦假切。」

奶《廣韻》十二蟹：「嬭，乳也。奴蟹切。」此即今人呼乳爲奶所自始。嬭正字，奶俗字。

脱音豴　《集韻》：「楚人謂乳爲脱。」《敬止録》：「乳曰脱，亦作嬭。」

頞烏勿切　《玉篇》：「頞，内頭水中也。」《敬止録》云：「皮日休詩：『學海正狂波，予頭向水頞。』蓋皮陸多以吴音入詩也。」

磕《古俗字略》：「叩頭有聲曰磕，音渴。」

薙《周禮・薙氏》注：「薙讀如鬀，小兒頭之鬀。」〔一〕《説文》：「鬀，鬄髮也。」〔二〕徐鉉曰：

〔一〕頭：原脱，據《周禮注疏》補。
〔二〕鬀：原誤作「薙」。鬄：原誤作「髟剔」。

「俗別作剃，非。」

筅　《雲烟過眼録》載王齊翰《巖僧筅耳圖》。

䶈音拗　《玉篇》：「䶈，面凹也。」《肯綮録》：「面凹曰䶈。」王延壽《魯靈光殿賦》：「䶈顤顟而睽睢。」

⿰票見　《廣雅》⿰票見，方小切。《字林》云：「目有所察。」《敬止録》：「目略一過曰瞟。」

䁟音砌　《說文》：「䁟，察也。」《類篇》：「一曰衺視。」稽康《琴賦》：「明嫿䁟惠。」

⿰目長音張　《集韻》：「⿰目長，目大貌。」《敬止録》：「私窺曰⿰目長。」

睏　《月令廣義》引諺云：「六月三日雨一陣，上晝芸田下晝睏。」翟灝曰：「俚俗謂眠爲困，或書作睏。」

齆音瓮　《埤倉》：「齆，鼻病也。」《十六國春秋·後趙録》：「王謨齆鼻，言不清暢。」《甕牖閒評》：「王充《論衡》云：鼻不知香臭爲瓮。」則今人以鼻不清亮爲瓮鼻，作此瓮字不爲無自矣。

⿰口币　《集韻》：「⿰口币，啖也。」《風俗通》：「入口曰⿰口币。」亦作欶，《越語肯綮録》：「酒略上口曰欶。」

⿰口匹　《集韻》：「⿰口匹⿰口匹，吐貌。」

⿰口毗　《廣韻》引《道經疏》云：「⿰口毗，吐氣聲也。許戈切。」

嗀　《說文》：「嗀，歐貌。」《左傳》哀二十五年：「君將嗀之。」《方言據》：「喉中物不能上下，因喀去之曰嗀。」

嚃 《禮記》：「毋嚃羹。」

嗄 《玉篇》：「嗄，聲破。」《集韻》：「楚人謂啼極無聲爲嗄。」老子《道德經》：「終日而嗌不嗄，和之至也。」案，俗謂應辭亦曰嗄，見《龐居士集》。

咹 《博雅》：「咹，止也。」注：「遏口也。」

啐七内切 《説文》：「啐，驚也。」《通俗編》：「時俗，小兒受驚者率以此，爲噢咻之聲。」

齦康很切 《説文》：「齦，齧也。」案，俗謂以齒齧物曰齦，亦作豤。《札璞》：「齒齧曰豤。」

拓 《廣韻》：「拓，手承物。」杜甫詩：「罷酒酣歌拓金戟。」《吴下方言考》：「吴中以手量布帛之長短曰拓。」

擂 《玉篇》：「擂，擂物也。」又與礌同。《韻會》：「擂，推石自高而下也。」案，擂本作雷。《通鑑》：「趙雲雷鼓震天。」胡三省注：「雷，盧對翻。」

撜 韓愈《石鼎聯句》：「豈比俎豆古，不爲手所撜。」案，俗謂以手持物而審其輕重曰撜。

穵 《廣韻》：「穵，烏八切。手穵爲穴。」

⿰虛工 焦氏《俗書刊誤》：「虛張曰⿰虛工。音捌。」

⿱拜手 焦氏《俗書刊誤》：「布列曰⿱拜手。音擺。」

⿰扌臬 李氏《音學訂謬》：「揭蓋曰⿰扌臬。音臬。」

撦 《博雅》：「撦，開也。」《韻會》：「裂開也。」

捻　《廣韻》：「捻，指捻也。」

揢音客　《集韻》：「揢，手把着也。」《古俗字略》：「手握物曰揢。」

搲音蛙　《集韻》：「搲，手捉物也。」《類篇》：「吴俗謂手爬物曰搲。」

攮　《蜀語》：「手推人曰攮。」

拕　《説文》：「拕，曳也。」《漢書・嚴助傳》：「拕舟而入水。」《敬止録》：「曳物曰拕。」

揵　《集韻》：「揵，舉也。」《蜀語》：「手提曰揵。」

搩　《俗呼小録》：「抱持人物曰搩。」

庹　《字彙補》：「庹，音託。兩腕引長曰庹。」《直語補證》：「以手量物曰庹。」案，龐元英《文昌雜録》：「鴻臚陳大卿使高麗，以鐵碢長繩沈水中爲候，深及三十托。」只作托字。

摜　《敬止録》：「擲物於地曰摜。」摜，古患切。《字書》音同患，引《左氏》「摜瀆鬼神」爲證，不載擲物之義，不知此邑方音也。

揞音庵上聲　《廣韻》：「揞，手覆也。」盧仝《月食歌》：「恐是眶睫間，揞塞所化成。」

捈　《集韻》：「捈，按物也。」

⿰扌候〔一〕　《廣韻》：「⿰扌候，亦背負也。」

〔一〕⿰扌候：原誤作「⿰扌矦」，下同，據《廣韻》改。

䟑《玉篇》：「䟑跒，不肯前。」《正字通》：「俗謂小兒匍匐曰䟑。」

踱《玉篇》：「踁踱，乍前乍卻。」《敬止録》：「緩行曰踱，又曰踱索。」

站音佔《集韻》：「站，久立也。」《篇海》：「坐立不動貌。」

蹻《説文》：「蹻，舉足小高也。」段玉裁曰：「今俗語猶然。」

趼《廣韻》趼與皶同，皮起也。《類篇》：「久行傷足謂之趼。」

透《説文》：「透，跳也；過也。」《敬止録》：「赴水曰透。」《王遜傳》：「透水死者千餘人。」《羊侃傳》：「侯景欲透水，羊鵾抽刀斬之。」

踼《敬止録》：「足蹩曰踼。」

䟺《敬止録》：「闊步涉水曰䟺。蒲銜切。《宋韻》云：『䟺，步渡水也。』正是步越水意。」

趨《説文》：「趨，行遲也。」段玉裁曰：「今人通用慢。」

趬《説文》：「趬，行輕貌。一曰：趬，舉足也。」段玉裁曰：「今俗語謂舉足正如此。」

𩨧音勇《方言》：「凡大而多謂之𩨧。」

俏《集韻》：「俏，好貌。」

傻數瓦切《廣韻》：「傻俏，不仁。」《集韻》：「輕慧貌。」翟灝曰：「此即俗言耍公、耍孩兒之耍也。耍，初見《篇海》，宋以前人少用之，蓋當正用傻字。」

㤓《集韻》：「㤓，部本切。性不慧也。」案，亦作笨。《升庵外集》：「笨，粗率也。」《晉書》：「豫章太守史噃肥大，時人目爲笨伯。」《宋書・王徽傳》亦有粗笨之語。

㒺　《直語補證》〔一〕：「今俗呼直戇者曰㒺。」《説文》㒺，罔朗反上聲〔二〕。

綻　《敬止録》：「作事舛錯曰綻。言如衣之破綻也。」

調　《象山志》：「調，和也。」而以事敗者謂調，反言之也。

㥄　《玉篇》：「㥄，快性也。」翟灝曰：「俗有㥄性之語，江北人謂人速辦事曰㥄些。」

悗　《莊子・大宗師》篇：「悗乎忘其言。」《通俗編》：「悗，母本切。今方言轉作平聲，有悗聲發財之諺。」

諞　《類篇》：「諞，以言惑人也。」

看　《韓非・外儲説》：「梁車新爲鄴令，其姊往看之。」翟灝曰：「世以尊者造候卑者爲看，其言古矣。」

頓　《漢志》注引干寶《搜神記》：「李伯武寄其子佗書云：當以八月八日日中時，武陵城南溝水畔頓汝。」案，頓，猶俟也。吾鄉語正如此。又案，亦作等，《字彙補》：「等，候待也。」〔三〕唐路德延《小兒》詩：「等鵲潛籬畔，聽蛩伏砌邊。」宋范成大《石湖州橋》詩：「州橋南北是天街，父老年年等駕回。」

杏　《説文》：「杏，相與語，唾而不受也。」案，一作啡。《集韻》：「啡，唾聲。」《蜀語》：「唾人曰啡。」

〔一〕補：原誤作「考」。
〔二〕朗：原作「朖」，據《説文解字注》孫愐音改。
〔三〕字彙補：原誤作「廣韻」。

嚇　《莊子》：「鴟得腐鼠，鵷雛飛而過之，仰視曰：『嚇。』」注：「嚇音嚇，怒而拒物聲。」案，俗謂恐嚇人曰嚇本此。嚇字《廣韻》兩收：「笑聲，呼雅切。」「怒聲，呼格切。」

串　《爾雅》：「串，習也。」案，俗謂相習曰老串本此。

咋　《管天筆記》：「《客難》云：『狐貍之咋虎。』注：仕各切。」余鄉謂罵人曰咋，即此字。

饒　《説文》：「饒，飽也。」段玉裁曰：「饒者，甚飽之詞也。引以爲凡甚之稱。漢謡曰：『今年尚可後年饒。』謂後年更甚也。近人索饒、討饒之語，皆謂已甚而求已也。」

謝　《説文》：「謝，辭去也。」段玉裁曰：「《曲禮》：『大夫七十而致事，若不得謝，則必賜之几杖。』此謝之本義也。俗謂拜賜曰謝。」

望　《直語補證》：「俗以年未盈數曰望。《容齋五筆》『人生五計』一條有年踰七望八之語，宋人已然。」

該　《説文》：「該，軍約也。」段玉裁曰：「凡俗云當該者，皆本此。」《正字通》：「該，猶言宜也。凡事應如此曰該。」

折　《荀子》：「良賈不爲，折閲不市。」注：「折，損也。」謂損所賣之物價也。案，俗謂商賈虧本曰折。

夃古胡切　《説文》：「秦人市買多得爲夃。」

找　《通雅》：「補不足曰找。」

送　《説文》：「贈，玩好相送也。」段玉裁曰：「今人以物贈人曰送。送亦古語也。」

備　《升庵外集》：「昔高歡立法，盜私物十備五，盜官物十備三。音賠。今作賠，音義同。而賠字俗，從備爲古。」

當　《左傳》哀八年「以王子姑當之」注：「言求吳王之子以交質。」

擢　《漢書・王莽傳》：「猾吏奸民，辜而擢之。」注：「謂脅人罪自取利也。」《通俗編》：「鄙俗作度語，謂逆取人錢曰擢銅，即此。」

儹　《廣韻》：「積，儹也。」《俗書刊誤》：「聚錢穀由少至多曰儹。」

扳音班，挽也，引也　《公羊傳》隱元年：「諸大夫扳隱而立之。」翟灝曰：「俗言扳價、扳罾用此。」

⿰亻對　《說文》：「⿰亻對，市也。」《廣韻》⿰亻對，都隊切。案，互市必與人對，故从對人，俗讀若兑，因借用兑。

掗　《字彙》：「掗，强與人物也。」

賒　見《周官・泉府職》。

賴　《左傳》：「鄭人貪賴其田。」案，《暖姝由筆》：「今人誣罔指事者、爲事推無者、得物不認者，皆名爲賴。」老泉《謚法考・辨論》中有曰賴者，注謂「不諱前過爲賴」，即此字也。

斡　《漢書・食貨志》：「欲擅斡山海之貨。」案，俗謂買物減直曰斡。

牚　《廣韻》：「恥孟切。支拄也。」翟灝曰：「世言勉力支持，當用此字。」

够　《魏都賦》：「繁富夥够。」《廣韻》：「够，多也。」案，俗謂多曰够，少曰不够。

⿰貝匽音偃　《集韻》：「⿰貝匽，物相當也。」《篇海》作⿰方奄，比長短也。

秚音伴　《集韻》：「秚，物相和也。」案，俗作拌，亦有本。唐張賁青《飿飯》詩：「應宜仙子胡麻拌。」

通　《字典》：「凡物色純者謂之通。」《周禮·春官·司常》「通帛爲旜」注：「通帛，無他物之飾也。」案，俗有通紅、通白之語，本此。

歹　《字彙》：「歹，多改切，好之反也。」《元典章》：「管匠造作，或好或歹。」

⿰叕出音掘　《方言》：「⿰叕出，短也。」

閇音别　《荀子》：「外圜而不閇。」案，閇，閉之實也。吾鄉謂門緊閉曰閇。

⿱代石　《蜀語》：「正屋曰⿱代石。音薦。俗作牮。」案，《通雅》：「牮，撑屋使不攲。」

⿱宀瓦　《蜀語》：「蓋瓦曰⿱宀瓦。」原注：「⿱宀瓦，瓦去聲。」

划音華　《廣韻》：「划，撥進船也。」《集韻》：「舟進竿謂之划。」《正字通》：「方音讀若話。」俗呼小船爲划子。陸龜蒙《和釣侣》詩：「一艇輕划看曉濤。」

材　《南史·謝晦傳》：「景仁肥壯，買材不合用。」案，俗呼凶具曰材。

桯　《説文》：「桯，牀前横木也。」徐鍇曰：「今人謂之牀桯是也。」

卓　《談苑》：「咸平景德中，造檀香倚卓。」《元史》：「大定七年，肆赦，於應天門外設卓子。」《正字通》：「俗呼几案曰卓。」

䂨音窕　《廣雅》：「簀、笫、䂨，杠。」《廣韻》訓牀子。《集韻》訓牀板。翟灝曰：「今云䂨卓之䂨當用此。」

倚　宋鹵簿有金倚。案，俗作椅。

凳　《樵書》凳，丁鄧反。《字林》云：「几屬。」

錨　《通雅》：「船上猫曰錨。」田朝恒《金壺字考》云：「俗讀茅。」

艞　《正字通》：「舟泊岸，置長板船首與岸接，以通往來，俗呼艞板。讀若跳。」

簟　《示兒編》：「牽船篾，内地謂之簟，音彈。」《字彙補》：「簟，牽索。」見黄福《安南日記》。

淰女減切　《字彙》：「農具，取水底淤泥曰淰。」

戽音虎　《廣韻》：「戽斗，舟中渫水器也。」《敬止録》：「撥水曰戽。」

料　《至正直志》：「鄞俗斗有三樣，二斗五升者曰料。原注：料音勞去聲。五斗曰冓。」

樬　《廣韻》：「樬，尖頭擔也。」案，俗謂樵擔曰樬。

⿶凵𢆶　《集韻》⿶凵𢆶，悲萌切，音綳。以木架編繒帛刺繡曰⿶凵𢆶。

篋　《廣韻》：「織具曰篋。」案，俗謂篋門即此。

襻　《玉篇》襻，普患切。《類篇》：「衣系曰襻。」

鋬　《五音集韻》：「鋬，普患切，音襻，器系。」

⿰衤呆　《儂雅》：「小兒被爲⿰衤呆。如俗呼⿰衤呆裙、⿰衤呆被是也。」案，俗讀裙如巨。

笕　《札樸》[一]：「袜肚曰笕。」

[一]　本志《札樸》多誤作《札璞》，下徑改。

䩸　《集韻》:「吴人謂靴靿曰䩸。」

栝音忝　《説文》:「栝,炊竈木也。」案,亦作掭。《肯綮録》:「掭,火杖也。」《容齋五筆》:「挑剔燈火之杖曰掭。」

縻　《札樸》:「束縛曰縻。邱隕切。」

鍱　《札樸》:「薄金曰鍱。」

鈿音殿　吴均《和蕭子顯古意》:「蓮花銜青雀,寶粟鈿金蟲。」案,鈿,襯物也。今襯鈿字宜用此,俗用墊字。

胎　《蜀語》:「襯裹曰胎。襲衣内曰胎衣,巾内紗曰紗胎,漆器曰布絹胎,被内曰綿胎。」

媒　《札樸》:「擊石取火曰媒。」

醡音詐　《廣韻》:「醡,壓酒具也。」蘇舜卿有「夜聞醡酒聲」詩。

鑞　《爾雅》:「錫謂之鈏。」注:「白鑞。」字或作鐊。案,俗謂錫爲鑞。

黰　《廣韻》:「藍黰,染者也。」案,俗作靛。

𠥼　《廣韻》:「《方言》:箱類。」《集韻》又作𥳑,篋也。案,俗謂𠥼箱。

粄　《廣韻》:「粄,米穀雜也。」《類篇》:「粄,米未舂也。」與糙同。

餕　《玉篇》:「餕,飯壞也。」與餿同。案,俗謂餿氣本此。

鼾　《重論文齋筆録》:「味出口曰鼾,音軒,與齻異義。齻者,氣觸鼻也。或混而一之讀彝如氈，非也。」

醭　《玉篇》：「醭，匹卜切。醋生白。」白居易詩：「酒甕全生醭。」《楊公筆録》：「物壞生青白衣謂之醭。」

餑　陸羽《茶經》：「凡酌置諸盌，令沫餑均。沫餑者，湯之華也。華之薄者曰沫，厚者曰餑。」

釅　《通雅》：「酒厚曰釅。」

蕻　《敬止録》：「春菜心曰蕻。胡貢切。梅堯臣詩：『獨有一叢盤嫩蕻。』」

鹽　《禮·内則》：「屑桂與薑，以灑諸上而鹽之。」鹽作去聲。案，俗謂以鹽醃物曰鹽。

腌　《札璞》：「鹽藏魚菜曰腌。」

煺　《廣韻》：「煺，他回切。煺燖毛。出《字林》。」《集韻》：「以湯除毛也。」一作挩。《越語肯綮録》：「以湯去雞鶩毛曰煺。」

醥　《韻會》：「酒清謂之醥。」《文選·蜀都賦》：「觴以醥清。」

煠　《一切經音義》：「江東謂瀹爲煠。」《敬止録》：「煮物曰煠。音閘。」

湅　《蜀語》：「煮熟曰湅。音練。」

稠　《説文》：「滒，多汁也。」段玉裁曰：「《淮南子·原道訓》注：『饘粥多瀋者曰滒。』今江蘇俗語謂之稠。」

澳《晉書·石崇傳》：「以粘澳釜。」音奥。胡氏《通鑑注》：「明台人謂以水沃釜曰澳。」

渧音泡《集韻》：「渧，漬也。」案，今用泡字。《清波雜志》宋高宗有温湯泡飯事。

滓音泌《集韻》：「滓，去滓。」《通雅》：「去渣曰滓。」

寫《湛園札記》：「『御食於君所，器之溉者不寫，其餘皆寫。』注：『寫者，傳己器中乃食之也。』吾鄉俗以斟酒爲寫酒，蓋亦有所本云。」

盪《義府》：「水湯讀爲盪，謂以水滌器。」

瀝《蜀語》：「漉去水曰瀝。」

渧音帝《埤蒼》：「渧、漉，漉。」一曰滴水。案，俗謂餘瀝曰渧。

迮音詐《齊民要術》：「平板石上迮去水。」案，俗謂壓物去水曰迮。

烊《廣韻》：「烊，消烊。出陸善經《字林》。」案，俗謂鎔化金鐵曰烊。又通作洋，見《釋名》。

煻《吴下方言考》：「以泥粉鑪曰煻。」案，煻字出《齊民要術》。

釉《類篇》：「釉，余救切。物有光也。」翟灝曰：「今窰器所謂釉水是也。」案，亦作釉。《通雅》：「磁漆光曰釉。」

黴《敬止録》：「物久而青黑曰黴。音眉。《淮南子》曰：『堯瘦癯，舜黴黑。』」

蔫音煙《廣韻》：「蔫，物不鮮也。」《楚詞》：「蔫而無色兮。」案，又作黫。《玉篇》：「黫，黑也。」宋沈遼詩：「冠帶不脩衣袂黫。」

儾《韻會》：「儾，奴浪切。緩也。」《客座贅語》：「物寬緩不帖帖者曰儾。」

霏普惡反《直語補證》：「俗以物著濕，雹凹隆起謂之霏。」《説文注》：「皮革得雨，霏然起也。」

殕音撫《博雅》：「殕，敗也；腐也。」《集韻》：「物敗生白膜也。」翟灝曰：「人膚經秋肅而浮垢白。俗有皮起白殕之諺。」

靸《玉篇》：「靸，先盍切。履也。」《西湖游覽志餘》：「杭州市人諱低物曰靸，以其足下物也。聲如吸。」

癟《説文》：「秕，不成粟也。」段玉裁曰：「今俗評穀之不充者曰癟〔一〕，補結切，即秕之俗音俗字也。」《敬止録》：「不飽曰癟。」

韌《肯綮録》：「軟物而不斷曰韌。音刃。」案，俗讀作銀上聲。

膉《直語補證》云：「《廣韻》：『膉，臭貌。』今俗曰膉凍臭。」

油 蔡襄《茶録》：「佳茶多以珍膏油其面。」自注：「油去聲。」

釘《官韻考異》：「釘，鍊金爲餅，平聲。以釘釘物也，去聲。」

靪《説文》：「靪，補履下也。」段玉裁曰：「今俗謂補綴曰打補靪，當作此字。」

〔一〕評：原誤作「評」。

韗音虧 《周禮·鮑人》：「卷而搏之，欲其無迆也。」注：「革不韗。」案，韗帽、韗鼓皆謂之韗，硝皮亦曰韗皮。

鞔 《蜀語》：「皮冒鼓曰鞔。音瞞。」《吕氏春秋》：「宋子罕之鄰爲鞔工。」

緀 《肯綮録》：「縫衣曰緀。」案，俗謂縫被曰緀被。

裰 《直語補證》：「裰，丁括切。補綴破衣也。亦見《廣韻》。今俗音讀若篤。」

造 鄭氏《儀禮注》：「以白造緇曰辱。」案，俗謂以色飾繒曰造本此。

衮 《通雅》云：「《儀禮注》：『純，緣也。』純音衮。猶今言衮邊。」

斠 《説文》：「斠，平斗斛也。」古岳切。案，今人持方木尺平量斗斛曰斗斠，斠呼爲割。

砑 《蜀語》：「碾物使光曰砑。」

鉋薄交切，音庖 《玉篇》：「鉋，平木器。」《正字通》：「鉋，鐵刃，狀如鏟，銜木匡中不令轉動，木匡有孔，旁兩小柄，以手反覆推之，用捷於鏟。方音讀若袍。」元微之詩：「方椽郢匠鉋。」

鎞 《字典》：「鎞，蒲計切。治刀使利。」案，俗謂以刀磨瓦盆及皮上曰鎞。

夯 《字彙》：「夯，呼朗切。大用力，以肩舉物。」〔一〕

箍 《廣韻》：「以篾束物謂之箍。古胡切。」

〔一〕朗：原誤作「講」。大：原誤作「人」。肩：原誤作「堅」。據《字彙》改。

羼《顏氏家訓》：「典籍錯亂，皆因後人所羼。」案，羼，雜和也。俗謂以假雜真曰羼。

釬《説文》：「釬，臂鎧也。一曰固金鐵藥。」《廣韻》：「釬金銀，令相著。」案，本作汗。《漢書・西域傳》顏師古注：「胡桐亦似桐，其沫可汗金銀。」

鍍《韻會》：「鍍，以金飾物也。」通作塗。

囥口浪切《集韻》：「囥，藏也。」《敬止録》：「藏物曰囥。」亦作㝩。《蜀語》：「蓋曰㝩，音溓。」[一]

窨《説文》：「窨，地室也。」段玉裁曰：「今俗語以酒水等埋藏地下曰窨，讀陰去聲。」

𦄎《玉篇》：「丁了切。懸物也。」翟灝曰：「世俗借弔字用之。」

盦音曷《説文》：「盦，覆蓋也。」

纏去聲《方言據》：「用絲麻之類繞物謂之纏。」

綳補盲切《墨子・尚同》篇：「禹葬會稽，桐棺三寸。」《説文》：「綳，束也。」案，亦作䋵。《俗書刊誤》：「虛張曰䋵。」

紮《類篇》：「紮，纏束也。」

𡣍《集韻》：「𡣍，訖得切。束也。」

𧺆《廣韻》：「𧺆，支也。」通作磾。《敬止録》：「支牀几不平曰𧺆。」

[一] 溓：《蜀語》作「慊」。

㪉《廣韻》：「㪉𢻱，起也。」《中州集》周馳《咏㪉子》云：「勿以微材棄，安危任不輕。誰憐一片小，能使四方平。」案，㪉，私合切，支物小木也。

舵《廣韻》：「舵，負也。」《肯綮録》：「以肩負物曰舵。」《戒庵漫筆》：「凡取物，寧波、浙東曰舵。」案，《俗呼小録》作駝。

舀《説文》：「舀，抒臼也。」《敬止録》：「取水曰舀。」

頓《荀子》：「若挈裘領，詘五指而頓之。」

丢《俗呼小録》：「舍去曰丢。」

卸《札樸》：「解車馬曰卸。」

匾《韻會》：「器之薄者曰匾。」又：「不圓貌。」通作扁。《後漢·東夷傳》：「辰韓，兒生，欲其頭扁，押之以石。」〔一〕

𧼮《廣韻》：「𧼮，邱召切。高𧼮。」

𣱽《集韻》：「苦弔切。高也。」翟灝曰：「凡言聳起當擇用此二字，明人小説用趬字，非。」

𠢕《説文》：「𠢕，不正也。」段玉裁曰：「俗字作歪。」

弓《淮南子·説林訓》：「蓋非弓不能蔽日。」案，弓謂隆起如弓也。俗謂物之中央高起者曰弓。

〔一〕後：原誤作「前」。辰：原誤作「三」。據王引之《字典考證》改。

覃《攻媿集》引楊敬仲《詩解》：「《毛詩傳》曰：『覃，延也。』俗謂墜下曰覃，徒紺切。」

硃《賓退録》：「硃，以石擊水之聲也。」《韻會》：「硃音砰。水擊出巖聲。」案，《正字通》云：「韓愈詩：『瓿罋輾硃砰。』《韻會》合硃砰爲一，非。」

灌《蜀語》：「物墮水曰灌。」

氽《敬止録》：「水推物曰氽。音吞上聲。」案，氽字見《桂海虞衡志》。亦作淴。《留青日札》：「淴，吞𦒵切上聲。水流物去也。其去聲即爲褪，蓋方言。」

瓹零帖切《説文》：「瓹，踏瓦聲。」

硶《蜀語》：「石墮水曰硶。」

澾《廣韻》：「澾，他達切。泥滑。」

濶《肯綮録》：「越鄉以物浮水曰濶。音探。」

剨《廣韻》：「剨，呼麥切。破聲。」

韸《説文》：「韸，鼓聲也。」

逢音蓬《集韻》：「逢，鼓聲也。」《詩·大雅》：「鼉鼓逢逢。」

䶪音彤《博雅》：「䶪，鼓聲也。」《説文》：「擊空聲。」

誖音䜞《集韻》：「誖，按物聲。」或省作諄。

闒音蹋《韓詩外傳》：「闒然投鐮於地。」案，闒通作㙮，亦物墮聲。

闕音割　《玉篇》：「闕，門聲。」《集韻》：「開也。」

腦　《直語補證》：「俗言花葉初發爲腦，亦曰腦頭。參寥《次東坡黃耳蕈》詩：『葵心菊腦厭甘涼。』」

𤛇於杏切　《爾雅翼》：「吴人謂犢曰𤛇。」《敬止録》作𤜡。

豩音掘　《玉篇》：「豩，豕食發土也。」

獶音鑽　《說文》：「獶，犬容頭進也。」

騄　《廣韻》褚几、丑利二切，「移蠶就寬也」。《集韻》：「蠶易箔也。」翟灝曰：「俗謂移蠶曰體蠶，實當書騄蠶，移後所有哩餘曰替子，實當書𦂳。」〔一〕

晚讀如漫上聲　《養新録》：「古音晚重脣，今吴音猶然。《說文》：『晚，莫也。』《詩》毛傳：『莫，晚也。』莫晚聲相近。」

鬚讀若蘇　《通俗編》：「吴音蘇鬚同呼。」

胖讀普旺切　錢大昕《與段若膺書》：「今人讀胖爲普旺切。」

望讀如茫上聲　《養新録》：「古讀望如茫，《釋名》：『望，茫也。遠視茫茫也。』」案，俗謂訪親友曰望。

作讀如做　《蔡寬夫詩話》：「吴人以作爲佐音，退之《方橋》詩：『非閣復非船，可居兼可

〔一〕哩餘：原脱，據《通俗編》補。𦂳：原作「替」，據《通俗編》改。

過。君欲問方橋，方橋如此作。』用此音。」《苕溪漁隱叢話》：「老杜有『主人送客無所作』句，則老杜固先用此方音矣。」

北 《毛詩稽古編》：「吴人土音呼北爲卜。」案，北入職韻，卜入屋韻，截然兩音。

只 《佩觿集》：「樂只之只，音止，本無質音，今讀若質。」俗所音也。

合音與葛同 《韻會》：「輕重齊則爲合。」多少齊亦爲合。合者，相配偶之言也。案，俗謂對親曰合。

三讀如薩 《北史・李興業傳》：「薩四十家。」

大讀如唾 《韻會》：「大，猛也；甚也。」《禮記》「童子不衣裘裳」注，鄭康成「爲大温也」，陸德明音泰，徐邈音唾。

太 吾鄉謂太如忒。如忒長、忒短之類。漢太末縣音獺，是太有獺音也。

無讀如謨 《南唐書》：「越人謨信，未可速攻。」注：「謨信，無信也。閩人語音。」案，吾鄉亦有此音。

退 《正字通》退，吐困切。與褪同。王建詩：「粉光深紫膩，肉色退嬌紅。」

鬼，讀如舉。歸，讀如居。跪，讀如巨。逵，讀如瞿。緯，讀如喻。虧，讀如去平聲。椅，讀於據切。《養新録》「吴中方言」云云。

帆讀爲蓬 《音學辨微》：「風帆之帆，今呼爲篷，並奉轉也。」

刉 《説文》刉，讀若殪。「一曰刀不利，於瓦石上刉之。」惠棟曰〔一〕：「吴音讀若避。」

〔一〕棟：原誤作「楝」。

蓋　《養新録》：「吳中方言讀蓋如敢。」案，吾鄉呼鑊蓋爲鑊敢。

褥讀如衲　《越語肯綮録》：「《廣韻》褥音内沃切，初疑内字必肉字之訛，及觀其注曰『小兒衣』，始知果内字也。内沃切褥，即俗呼小兒藉者。」

丸讀如圓　方書丸多作圓。

鳥讀如弔　《詩》：「蔦與女蘿。」釋文：「蔦，《説文》音弔。」《廣韻》鳥，都了切。是鳥有弔音也。

伏　《管天筆記》：「鳥抱卵曰伏，扶富切。鷄不能伏鵠卵，雄飛雌伏，皆從此音。」

驢讀如閭　《周書·王會》篇有閭字，江永曰：「閭，即今之驢也。」案，俗呼驢爲閭，猶古音矣。

猫　《宋景文筆記》：「『迎猫，爲食田鼠。』讀《禮》者不曰猫音茅，而曰猫音苗〔一〕，避俗也。」案，此知呼猫爲茅，由來久矣。

蝗　陸游《杜門》詩：「燒灰除菜蝗。」自注：「讀如横字去聲。」案，俗謂蝗蟲曰横蟲。

蚊　《養新録》：「蚊，古讀如門。《水經注·漢水》篇文水，即門水也。今人呼蚊爲門。」

荷讀如夥去聲　陸放翁《題畫薄荷》詩：「薄荷花開蝶翅翻。」劉後村《失猫》詩：「籬開薄荷堪謀醉。」

〔一〕苗：原誤作「苗」。

靠天　史彌寧《友林乙稾》：「人事當先莫靠天。」翟灝曰：「《説文》靠訓相違，無依倚意。唐曹松詩『靠月坐看山』，始以俗訓入詩。」

日腳　《才調集》無名氏《夏》詩：「彤彤日腳燒火升。」

月亮　李壽詩：「庭木已衰空月亮。」

風色　何遜詩：「風色極天浄。」盧照隣詩：「今朝風色好。」李白詩：「遠海見風色。」

掉搶　庾闡《揚都賦》：「艇子搶風，榜人逸浪。」《字彙補》：「吴楚謂帆上風曰搶。」今舟子曰掉搶。

雨毛　蘇軾詩：「毛空暗春澤。」自注：「蜀人以細雨爲雨毛。」案，俗謂雨毛絲本此。

礑沰　崔寔《農家諺》：「上火不落，下火礑沰。」案，言丙日不雨，則丁日有雨，其聲礑沰然也。

雪眼　《紹興壬午龍飛録》：「越人以天欲雪而日光穿漏爲雪眼。」

電閃　蘇軾詩：「柳侯運筆如電閃。」

温暾　王建《宫詞》：「新晴草色暖温暾。」白居易詩：「池水暖温暾。」元稹詩：「寧受寒切烈，不愛暖温暾。」《輟耕録》：「南人方言曰温暾者，言懷暖也。」

火熱　貫休《長安道》詩：「黄塵霧合，車馬火熱。」

日著　賈誼《新書》：「日著以請之。」〔一〕案，日著者，每日如此也。俗謂論日計事曰日著，讀如逐。

〔一〕請：原誤作「著」，據《新書》改。

日子　《敬止録》：「鄞人爲擇吉日爲揀日子，出《文選》陳琳《檄吴將校部曲文》〔一〕：『年月朔日子。』注：『發檄時也。』然則日子，日時也。」案，《隋書》袁充《表》云：「歲月日子，還共誕聖之時。」

另日　《升庵外集》：「俗謂異日爲另日。」

當時當去聲　《十洲記》：「不死草，形如菰苗〔二〕，人已死三日者，以草覆之，皆當時活也。」

月邊　《公羊傳》：「是月者何？僅逮是月也。」注：「是月，邊也，魯人語。月之幾於盡也。」

月半　《儀禮·士喪禮》：「月半不殷奠。」

月頭　月尾　花蕊夫人《宫詞》：「月頭支給買花錢。」郎翼詩：「月頭月尾雨陰陰。」

開春　《楚辭·九章·懷沙》：「開春發歲風兮，白日出之悠悠。」

過節　陸游詩：「家貧輕過節，身老怯增年。」

地頭　《唐書·食貨志》大歷元年有地頭錢，每畝二十。

搨地　《唐書·食貨志》茶商所過諸道以收税，謂之搨地錢。案，俗謂著地曰搨地。

落地　陶潛詩：「落地爲兄弟，何必骨肉親。」翟灝曰：「俗以人初生世爲落地。」

〔一〕陳琳：原誤作「曹公」。

〔二〕苗：原誤作「茁」，據《海内十洲記》改。

地方　《晉書·孝懷帝紀》：「蒲子地方馬生人。」

當方　《周禮·大行人》：「時聘，以結諸侯之好。」疏：「謂時會之年，當方有諸侯不順服，當方諸侯來，餘方無不順之事〔一〕，身不來，即大夫來聘。」翟灝曰：「今有當方土地當方鄰之諺。」

海蓋　劉敞《檀州》詩：「市聲銜日放，海蓋午時消。」自注：「每日海氣如霧，土人謂之海蓋。」翟灝曰：「今俗有此語，猶云大概，或即因此。」

甕城　《五代史·朱珍傳》：「率兵叩鄆城門，已入甕城。」

水口　郭璞《方言注》：「汭，水口也。」

對岸　《吴志·周魴傳》：「魴誘曹休曰：今使君若從皖道進住江上，魴當從南對岸歷口爲應。」

馬頭　《通鑑》：「史憲誠據魏博，於黎陽築馬頭，爲渡河之勢。」注云：「附岸築土植木。」

步頭　柳宗元《鐵爐步志》：「江之滸，凡可步而上下者曰步頭。」《知新録》：「步頭，凡泊舟之所皆是。」《通俗編》：「俗謂問渡處曰埠頭，當作步字〔二〕，而《宋史·度宗紀》《熊本傳》《劉錡傳》《趙淮傳》皆從俗作埠。宋以前未見用之。」

大街　《前秦録》：「王猛化洽六州，人移風變。百姓曰：『長安大街，夾樹楊槐。下走朱

〔一〕事：原誤作「時」，據《周禮注疏》改。
〔二〕步：原誤作「埠」，據《通俗編》改。

輪，上有鸞棲。英彦雲集，誨我萌黎。』」

陰溝　《文選·魯靈光殿賦》：「元醴騰涌於陰溝。」《兼明書》：「凡溝有露見其明者，有以土填其上者。土填其上者，謂之陰溝。露見其明者，謂之陽溝。言陽以對陰，無他説也。」

屋山　韓愈《寄盧仝》詩：「每騎屋山下窺瞰，渾含驚怕走折趾。」

頂公　《直語補證》：「頂公，俗語謂屋也，見明吴忠節公年譜。」《游覽志餘》：「杭州市語屋曰頂公。」

薖座　《通俗編》：「《詩》：『碩人之薖。』《廣韻》《集韻》並苦禾切。《俗呼小録》謂：『所居曰科座，實當爲薖座也。』」

小屋　《爾雅注》：「堂樓邊小屋爲簃。」

家堂　《後漢書·延篤傳》：「吾嘗昧爽梳櫛，坐於家堂，朝誦詩書。」

客堂　《郡國志》：「台州仙石山有館，土人謂之王公客堂。」

孝堂　《直語補證》：「喪家所懸素幙曰孝堂，殊無義。案，《御覽》引《齊地記》曰：『巫山一名孝堂山，山上有石室。俗傳云郭巨葬母之所，因名焉。』今幙爲堂中之具，遂以爲名耳。」

房分　《北魏書·宗室深傳》：「其往世房分留居京者得上品通官，在鎮者便爲清途所隔。」

公館　《禮·曾子問》：「公館復，私館不復。」注云：「公館，若今縣官舍。」疏云：「謂公家所造之館〔一〕，及公之所使爲命停舍之處。」

便坐　《漢書・張禹傳》「見之於便坐」注：「謂非正寢可以延賓之處。」

分爨　任昉《奏彈劉整》文〔二〕：「未别火食。」注云：「兄弟未嘗分爨也。」

竈經　《隋書・經籍志》五行家有《竈經》十四卷，梁簡文帝撰。

作坊　《五代・史宏肇傳》：「隱帝夜聞作坊鍛甲聲，以爲兵至，達旦不寐。」

行家　盧氏《雜説》：「織綾錦人李某投官錦行不售，吟詩云：『莫教官錦行家見，把此文章笑向他。』」

大鋪　李涉詩：「都市廣長開大鋪，疾來求者無相悮。」翟灝曰：「鋪，普胡切，陳布也。又普故切，賈肆也。皆從金。流俗作舖，未見字書。」

小店　《南史・劉休傳》：「休婦王氏妬，明帝聞之，令於宅後開小店，使王氏親賣皂筴掃帚以辱之。」

混堂　案二字見《菽園雜記・温泉》一條。

烟囱　《越語肯綮録》：「越人呼竈突曰烟囱，讀作囱。」

埄塵　《越語肯綮録》：「埄塵曰塳塵，讀作蓬。」

〔一〕謂：原誤作「記」。

〔二〕奏：原脱。

亮槅　《甕牖閒評》：「取明槅子，人多呼爲亮槅。《夷堅志》乃云：『廊上列冰盆帨巾，堂壁皆金漆涼槅子。』卻又用此涼字，作平聲。」

頭倉　中倉　元稹《遭風》詩：「檣烏斗折頭倉掉。」歐陽建《宿建溪》詩：「隔簾微月入中倉。」翟灝曰：「流俗用倉字，非古。」

䑼船　施肩吾《贈鹽官主人》詩：「出路船爲䑼，供官木是奴。」

公婆　明《孝慈録》：「舅姑即公婆。」《通俗編》：「公婆之稱古有之。《漢書》賈誼《策》：『抱哺其子，與公併倨。』謂舅爲公也。晉樂府：『後來新婦今爲婆。』謂姑爲婆也。」

伯婆　叔婆　慶元六年龔大雅《義井題記》具列高曾祖爲翁婆，及伯翁叔翁、伯婆叔婆、亡男亡弟媳婦、外翁外婆、丈人丈母諸名氏，知今之俗稱，自宋已然。

外公　外婁　《蜀語》：「母之父母曰外公外婁。」

舅公　《湛園札記》：「郭況族姊爲皇祖考夫人，謁見光武。光武喜曰：『乃今得大舅乎。』」大舅，今稱舅公。

丈人　《三國志》獻帝舅車騎將軍董承，裴松之注：「古無丈人之名，故謂之舅。」案，此則南北朝已稱丈人矣。俗稱丈人爲泰山。《酉陽雜俎》：「泰山有丈人峯，故丈人謂之泰山。」

丈母　柳宗元祭獨孤氏丈母，韓滉稱元佐母爲丈母，皆婦人長老之通稱。《顏氏家訓·風操》篇：「中外丈人之婦，猥俗呼爲丈母。」此今之表伯叔母也。後人以妻父爲丈人，隨以妻母爲丈母。
舅母　《集韻》：「俗謂舅母曰妗。」案，《明道雜志》：「妗，乃舅母二合也。」
兄嫂　《漢書·東方朔傳》：「臣朔少失父母，長養兄嫂。」
妯娌　《廣雅》：「妯娌、娣姒，先後也。」
大伯　小叔　大姑　小姑　《知新録》：「夫之兄爲兄公，今稱大伯。夫之弟爲叔，今稱小叔。夫之姊爲女公，今稱大姑。夫之女弟爲女妹，今稱小姑。唐詩有『先遣小姑嘗』之語。」
寶寶　《留青日札》：「今人愛惜其子，每呼爲寶寶。」
親家　《韻會》：「世俗謂姻家爲親家。親，七刃切。」案，盧綸作《王駙馬花燭》詩正作去聲，《隋書·李渾傳》有親家公之稱，俗語本此。
親眷　鮑照詩：「復與親眷違。」
連襟　《嬾真子》：「友壻，江北人呼連袂，亦呼連襟。」
半子　劉禹錫《祭陽庶子》文：「乃命長嗣，爲君半子。」
阿舅　《直語補證》：「俗呼妻兄弟之稱。案，《五代史補》楊行密謂妻朱氏曰：『不若召泗州三舅。』則唐末已有此稱。」
敝族　《左傳》：「叔向母曰：『女敝族也。』」
處士　《韻會》：「未娶謂之士。」案，俗稱未娶者爲處士，猶稱未嫁者爲處女也。

孝子　《通俗編》：「《禮·雜記》：『祭稱孝子、孝孫。』因祭以稱之。今概謂居喪者曰孝子，服曰戴孝，不典也。而其俗自晉宋以來皆然。」案，見《晉書·王綏傳》《宋書·明恭王皇后傳》。

老俚　《越語肯綮録》：「俗稱新婦爲女俚，其汎相呼則曰俚，稍年長者曰老俚。其字無正音，且無他字可比呼者，但音女裙切而已。此會稽、甬上二郡方言。而《廣韻》魂部儼載其字，但字書僅注曰『姓』，非正義。惟《廣韻》注曰『女字』，則正指女人稱耳。」

正室　《增韻》：「正室曰嫡。」

偏房　《列女傳》：「晉趙衰妻頌曰：『身雖尊貴，不妒偏房。』」

貼身　《直語補證》：「俗謂左右媵妾曰貼身。見宋莊綽《鷄肋編》。」

大房　小房　《舊五代史·李專美傳》：「專美本出姑臧大房，與清河小房崔氏、北祖第二房、盧氏昭國鄭氏爲四望族。」

鄉親　《晉書·皇甫謐傳》：「其鄉親勸令應命，謐爲《釋勸論》以通志焉。」

等輩　《説文》：「儕，等輩也。」案，俗謂同輩曰等輩。

相公　《直語補證》云：「《舊五代史·末帝紀》：『大相公，吾主也。』」俗稱士人年少者曰相公。

官人　《昌黎集·王適墓志銘》：「一女憐之，必嫁官人。」

手下　《吴志·太史慈傳》注：「《江表傳》策謂慈曰：『先君手下兵數千餘人，盡在公路許。』」

夥計　揚子《方言》：「凡物盛而多，齊宋之間謂之夥。」案，俗亦謂多曰夥，故謂同本合謀曰夥計。

手藝　柳宗元《梓人傳》：「彼將舍其手藝，專其心智，而能知體要者歟？」

司務　《敬止録》：「凡工作人皆謂司務，如篦頭爲待詔之類，其徒則呼爲司父，非司務也。」

長工　短工　忙工　《三餘贅筆》：「吴中田家，凡久傭於人者謂之長工，暫傭者謂之短工，插萌者謂之忙工。」

小底　《吴越備史》：「錢俶入朝，宋以入内小底迎勞，凡三見。」《字典》：「凡供役使者曰小底。」案，俗稱小的，底、的一聲之轉。

福人　《元史·嚴實傳》：「太宗謂侍臣曰：『嚴實，真福人也。』」

好漢　《舊唐書·狄仁傑傳》：「則天問仁傑曰：『朕要一好漢任使，有乎？』」

敗子　《史記·李斯傳》：「韓子曰『慈母有敗子而嚴家無格虜』者何也？則能罰之加焉必也。」案，亦作稗子。佛藏《寶積經》説僧之無行者如麥田中生稗子。周孟昉云：「俗謂不肖子曰敗子，當作稗子。」

下流　見《論語》。

廢物　《吴越春秋》：「不能報讎，畢爲廢物。」

無賴　《史記·高祖紀》：「大人常以臣無賴。」

頂尖　《象山志》：「刻而黠者謂之頂尖。蓋取詩人所謂『浮圖頂上尖』之意。」

笨人　《抱朴子·行品》篇：「闇趨舍之臧否者，笨人也。」

游手　《韻會》：「失棄本業曰游手。」案，二字見《儀禮·聘禮》注，又見《後漢書·章帝詔》。

跳槽　《丹鉛録》：「元人傳奇以魏明帝爲跳槽，俗語本此。」

醉漢　《開天遺事》：「張曲江曰：『李林甫議事如醉漢腦語。』」

老娘　《輟耕録》謂穩婆曰老娘。案，《倦游録》：「苗振就館職，晏相曰：『宜稍温習。』振曰：『豈有三十年爲老娘而倒綳孩兒者乎？』老娘之稱舊矣。」

眼茸〔一〕　《敬止録》：「眼光曰眼茸。韓偓詩：『四肢嬌入茸茸眼。』其證也。」

宣髮　《湛園札記》：「『車人之事，半矩謂之宣。』注：『頭髮皓落曰宣。』《易·巽》：『爲宣髮。』人頭髮早白謂之算髮，即宣髮之訛也。」

胎髮　《容齋隨筆》：「劉嗣明有《皇子剃胎髮》文。」

烏嚨　《敬止録》：「喉曰烏嚨。《爾雅》：『亢烏嚨。』則非不典矣。」案，亦曰胡嚨。《漢書·息夫躬傳》注：「咽，喉嚨。」即今人言胡嚨耳。

下杷　《直語補證》：「兜不上下頦，俗謂人喜過甚者。見《齊東野語》。頦本音孩，今俗説下杷。」

〔一〕茸：原誤作「葺」，下同。

虎牙《説文》：「猗，虎牙也。」段玉裁曰：「今俗謂門齒外出爲虎牙，古語也。」

叉手《説文》：「叉，手指相錯。」《增韻》：「俗呼拱手曰叉手。」

背脊　見《廣韻》脊字注。

肩甲《説文》：「髆〔一〕，肩甲也。」段玉裁曰：「單呼曰肩，絫呼曰肩甲。《靈樞經》作肩胛。」〔二〕

寒毛《晉書・夏統傳》：「聞君之言，不覺寒毛盡戴。」案，俗謂人身毫毛曰寒毛。

酒皻音渣《素問》：「勞汗當風，寒薄爲皻。」《正字通》：「紅似瘡浮起着兩皮曰酒皻。」

疝腸《説文》：「疝，腹中急也。」惠棟曰〔三〕：「吴語疝腸，俗作絞。」

疝氣《説文》：「疝，腹痛也。」趙宧光曰：「俗讀平聲，曰疝氣。」

㿌子《通雅》：「《素問》曰：『汗出見濕乃生痤㿌。』今俗通以觸熱膚生細疹曰㿌子。」

痼疰《集韻》：「痼疰，疥瘡也。」音若杲老。《蜀語》：「土音作格澇。」

凍瘃《漢書・趙充國傳》：「手足皸瘃。」《唐書・李甘傳》：「凍膚皸瘃。」《越語肯綮録》：「凍瘡曰凍瘃。」

〔一〕髆：原誤作「髆」。

〔二〕胛：原誤作「肿」，據《靈樞經》改。

〔三〕棟：原誤作「楝」。

寒噤　《札樸》：「顫曰寒噤。」

疰夏　《博雅》：「疰，病也。」《元池説林》：「立夏日，取李汁和酒飲之曰駐色酒，曰令不疰夏。」《通俗編》：「小兒逢夏多病曰疰夏。」

草病　《敬止録》：「瘧曰草病。」自注：「范成大《桂海虞衡志》謂寒熱時疫曰草子。」案，今曰草毛病。

脱形　《説文》：「脱，消肉臞也。」段玉裁曰：「消肉之臞，臞之甚者也。今俗謂瘦太甚者曰脱形。」

轉背　《南史·蔡廓傳》：「徐羡之曰：『與人共計，云何裁轉背便賣惡於人？』」

出手　《陳書·徐陵傳》：「每一文出手，好事者已傳寫成誦。」

搔蛘　《説文》：「蛘，搔蛘也。」惠棟曰〔一〕：「似即俗癢。」

活脱　楊萬里詩：「小春活脱是春時。」史彌寧詩：「楚山活脱青屏様。」翟灝曰：「俗謂似之至曰活脱。」

活絡　《鶴林玉露》：「大抵看詩要胸次玲瓏活絡。」

媌條　《客座贅語》：「南都言人物之長曰媌條。」

麤笨　《宋書·王微傳》：「王樂小兒時尤麤笨。」

〔一〕棟：原誤作「楝」。

鬔鬆　《肯綮録》：「謂人髮亂曰鬔鬆。」原注：「音蓬松。」

躴躿　《敬止録》：「身長曰躴躿。」

嚌咍　《敬止録》：「詬誶之聲曰嚌咍。」

阿呀　《敬止録》：「阿呀，驚也。」

阿欨　《敬止録》：「欨，余六切。痛聲也。」

打呃　《敬止録》：「氣不順曰打呃。呃一作嗌。揚子《方言》：『嗌，噎也。』」

有身　見《詩·大雅》。

小產　《説文義證》云：「《集韻》：『姅，褢子傷也。』」今謂之小產。

盪口　《説文》：「潄，盪口也。」

豁拳　《六研齋筆記》：「俗以手指屈伸相搏謂之豁拳。」

飯乾　見《釋名·飲食》篇。

飯黏　《晉書·殷仲堪傳》：「飯黏落席間，輒拾以噉。」《敬止録》：「謂飯之狼籍者曰飯黏。」

老酒　范成大《食罷書字》詩：「捫腹蠻茶快，扶頭老酒中。」

酒孃　酒腳　大隱翁《酒經》：「酴米，酒母也。」今人謂之腳飯，故又曰腳也。

湯酒　《山海經》華山首説祠祀禮云：「湯其酒百樽。」〔一〕郭注：「湯，或作溫。」翟灝《通俗

〔一〕祠：原誤作「詞」。樽：原誤作「壺」。據《山海經》改。

編》曰：「湯，讀去聲，與《禮·月令》如以熱湯之湯同音。湯酒，即温酒也。宋人加皿。《擬老饕賦》有湯三杯之卯酒，其實爲盪。」案，《古今韻會》：「湯，他浪切。熱水灼也。」

滚湯　《説文》：「涫，灩也。」段玉裁曰：「《春秋繁露》：『潘以涫湯。』俗呼滚湯，一聲之轉。」

喫酒　《溪上遺聞》：「喫酒，吾鄉土語也。乃少陵《送李校書》詩『對酒不能喫』，以飲酒爲喫酒，亦自典。」

中飯　《魏志·王脩傳》注引《魏略》云：「未嘗不長夜起坐，中飯釋餐。」

羹飯　《詩紀》：「古詩云：『羹飯一時熟，不知貽附詩。』」韓愈《山石》詩：「鋪牀拂席置羹飯。」

焦飯　宋躬《孝子傳》：「陳遺母好食鍋底焦飯。」案，俗謂鑊焦飯。

寄食　《説文》：「餬，寄食也。」

過飯　《齊民要術》：「鯉魚脯過飯下酒，極是珍美。」

菜疏　《淮南子》：「秋蓄疏。」高誘注：「菜疏曰疏，穀食曰食。」

迴殘　《直語補證》：「物之賸餘曰迴殘。唐天寶間修造紫陽觀，敕牒有迴殘錢若干貫，迴殘銀若干兩之文，見元劉大彬《茅山志》。」

點心　《野客叢書》：「世俗例以早晨小食曰點心。」案，《俗呼小録》：「午前、午後小食謂上晝點心、下晝點心。」案，唐鄭修爲江淮留後〔一〕，夫人曰：「爾且點心。」則此語唐時已然。

茶食　《大金國志》：「金人舊俗，壻納幣，戚屬偕行，以酒饌往，次進蜜糕〔二〕，人各一盤，曰茶食。」

壽桃　《正字通》：「麪食之長曰繭，斜曰桃，施於生辰，故曰壽桃。」

膔頭　《蜀語》：「豕項間肉曰膔頭。音曹。」

腈肉　《玉篇》：「腈，肉。」《集韻》：「腈，肉之粹者。」

開葷　《表異録》：「東昏侯喪潘妃女，閹豎營肴羞曰『爲天子解菜』，猶今云開葷也。」

量洪　《南史》：「梁元帝徐妃性嗜酒，多洪醉。」案，吾鄉謂酒量大曰洪量，本此。

逃席　《醉鄉日月》：「酒徒有逃席之病，棄之如脱屣。」

禮物　見《書・微子之命》。

人情　分子　杜甫詩：「粔籹作人情。」耐得翁《都城紀勝》：「趁赴茶酒人，每日與人傳語往還，或講集人情、分子。」

席面　《容齋五筆》：「今公私宴會，稱與主人對席者曰席面，言爲客特設之席也。」《嬾真子》云：「古席面謂之客，列座謂之旅席面，言爲一座所尊也。」案，吾鄉有不見席面之諺。

〔一〕修：原誤作「慘」。
〔二〕進：原誤作「退」，據《金志》改。

壽燭　《通俗編》〔一〕：「宋張綱有《詠壽燭》古體詩三首。」

首飾　劉熙《釋名》有《首飾》篇。

頭面　《乾淳起居注》：「太上太后幸聚景園，皇后先到宫中起居，入幕次，换頭面。」《俗呼小録》：「首飾曰頭面。」

涼篷　《釋草小紀·釋篷》：「今之涼篷笠子，俗謂之涼篷。」案，吾鄉謂涼帽篷。

裸裙　《儂雅》：「小兒被爲褓，如俗呼褓裙、褓被是也。今則轉呼爲褓矣，誤。」案，吾鄉又轉裙爲巨。

小衣　《急就篇》：「布毋縛下。」王應麟補注云：「小衣也，猶犢鼻耳。」

韈船　《直語補證》：「今人稱韈下緣曰船。杜詩：『天子呼來不上船。』一云：船，領緣也。施之於韈，形更近似。」

腳手　《戒庵漫筆》：「鞋韈曰腳手。」

襪肩　襪角　揚子《方言》：「繞緍謂之襪裺。」郭注：「衣督脊也。」

帵子　《廣韻》：「帵，裁餘也。」《容齋五筆》：「今綵鋪謂翦裁之餘曰帵子。」帵，吾鄉讀如彎。

挑花　秦韜玉詩：「挑花日日出新奇。」

〔一〕編：原誤作「篇」。

包頭　宋釋惠洪《贈尼昧上人》詩：「不着包頭絹，能披壞色衣。」

枕頭　見《廣韻》枕字注。

楥頭　《通雅》：「《説文》：『楥，履法也。』鞋工木胎爲楥頭。」案，楥亦作楦。

裹腳　《釋名》：「偪，爲行縢，言以裹腳，可以跳騰輕便也。」

補綻　《後漢書・崔實傳》：「期補綻決瘓，枝拄傾邪。」

補納　《魏武令》：「吾衣皆十歲，歲解浣補納之耳。」〔一〕

鍼黹　《方言據》：「刺繡曰鍼黹。」

粗繰　《元典章・選絲事理》有「夏季段疋，粗繰不堪」之語〔二〕。

眠牀　《南史・魚宏傳》：「有眠牀一張，皆蹙柏。」

泥馬　《蓬島樵歌注》：「漁人取跳魚，乘橇，其形如船，約五尺許，以左膝跪船中，以右膝代篙行塗中。即古泥行乘橇也，俗曰泥馬。」案，土音轉馬爲瞞。

和頭　《漢書・酷吏傳》注：「今人稱棺前後曰和頭。」

木柹　《説文》：「柹，削木札也。」《晉書・王濬傳》：「詔修戰艦，木柹蔽江而下。」

紙筋　《雲笈七籤》：「鍊紫精丹，用黄土紙筋爲泥，泥瓶子身三遍。」

〔一〕歲：原脱，據《太平御覽》引《魏武令》補。

〔二〕粗繰不堪：原作「不堪粗繰」，據《元曲章》改。

麩炭　《老學庵筆記》：「浮炭，謂投之水中尚浮也，今人謂之桴炭，亦作麩炭。白居易詩曰：『日暮半爐麩炭火。』」

家生　《夢粱録》載家生動事，如交椅、兀子之類。《俗呼小録》：「家生一曰家貨，又曰家私。」

什物　《後漢書·宣秉傳》：「即賜布帛、帳帷、什物。」

妝奩　《字典》：「今俗以嫁女之具曰妝奩。」

撒花　《元典章》中統庚申詔云：「凡拜見撒花等物，並行禁止。」

鋪陳　《後唐史》：「上賜宰相李愚錢百緡，鋪陳物十三件。」

拜堂　王建《失釵怨》：「雙杯行酒六親喜，我家新婦宜拜堂。」

傳代　《知新録》：「今人娶新婦入門，不令足履地，以袋遞相傳，令新婦步袋上，謂傳代。代、袋同音也。白樂天《題娶婦家》詩云：『青衣轉去聲氊褥，錦繡一條斜。』古人以氊褥者，富貴家重其事也。今則不用氊褥而用袋者，重其名也。」

大歸　《戲瑕》：「古人以去婦爲大歸。夫人姜氏歸於齊，大歸也。世俗歸寧，輒曰大歸。豈我思肥泉之義哉？言出不祥，所宜亟正。」

滿月　《北史·節義傳》：「李式坐事被收，子憲始生滿月。」

生日　《顔氏家訓》：「江南風俗，二親若在，每至生日，常有酒肉之事。」

周年　《説文》：「晬，周年也。」《晉書·禮志》：「泰始二年八月，詔曰：『此上旬先帝棄天下日也，便以周年。』」案，以、已古今字。

從吉　《晉書·孟陋傳》：「喪母毁瘠，殆於滅性，不飲酒食肉十有餘年，親族迭勸之，然後從吉。」

門簿　《儼山外集》：「京師風俗，每正旦，主人皆出賀，惟置白紙簿並筆硯於几，賀客至，書其名，無迎送也。」翟灝曰：「今謂之門簿，其風到處皆然。」

茶筵　燒紙　見陸粲《庚巳編》。

寄庫　《知新録》：「凡作佛事，多燒紙錢，名曰寄庫。」

頭家　《吹景集》：「博戲者，立一人司勝負，曰頭家。」

翦綹　《委巷叢談》：「夾翦衫袖以掏財物謂之翦綹。明律有翦綹條。」案，亦作柳。《水南翰記》載唐皋詩：「争奈京城剪柳多。」

打扮　《中原雅音》：「俗以裝飾爲打扮。」案，亦曰妝扮。沈明臣《竹枝詞》：「女兒妝扮采蓮來。」

生活　見《孟子》。

工課　《宋書》沈約《自序》：「少寬其工課。」

開館　《後漢書》：「來豔好學下士，開館養徒。」

上學　陸游詩：「更挾殘書讀，還如上學時。」

放學　陸游詩：「貪看忘卻還家飯，恰似兒童放學時。」

伴讀　王泌《東朝紀》〔一〕：「初，太子讀書大本堂，選民間之俊秀及公卿之嫡子入堂中伴讀，謂之龍門秀才。」

同窗　楊慎《丹鉛録》：「《文選注》：『寮，小窗也。』同官爲僚，指其齋署同窗爲義。今士子同業曰同窗〔二〕，官先事，士先志，官之同僚，亦士之同窗也。」《困知記續補》：「成化庚子，從王應禎先生學，與戴天錫同窗。」

生書　姚合《下第》詩：「閉門辭雜客，開篋讀生書。」杜荀鶴《秋日山中》詩：「歸從弟姪讀生書。」

正經　《論語》「攻乎異端」疏：「言人不學正經善道，而治乎異端。」

手迹　《世説新語》注引《孔氏志怪》有盧充幽婚事，言充見父手迹，便欷歔無辭。

時髦　《後漢書·順帝紀》：「孝武初立，時髦允集。」

村氣　《隋唐嘉話》：「薛萬徹尚丹陽公主，太宗嘗謂人曰：『薛駙馬有村氣。』」

世故　《列子》：「端木賜者，籍其先貲〔三〕，家累萬金，不治世故，放意所好。」

衆揖　《周禮·司士》：「孤卿特揖，大夫以其等旅揖。」注：「特揖，一揖之。旅，衆揖也。」

〔一〕「紀」下原衍「事」字。
〔二〕業：原誤作「學」，據《丹鉛總録》改。
〔三〕貲：原誤作「資」，據《列子》改。

翟灝曰：「俗有總揖之言，當爲衆揖。」

請坐　《韓詩外傳》：「客有見周公者，周公曰：『請入。』既入，曰：『請坐。』」

安置　《鶴林玉露》：「陸象山家每晨興，家長率衆子弟致恭於祖禰祠堂，聚揖於廳，婦女道萬福於堂，暮安置亦如之。」

多謝　《漢書·趙廣漢傳》：「至府，爲我多謝問趙君。」

久闊　《蜀志·許靖傳》〔一〕：「久闊情慉，非夫筆墨所能寫。」

奉承　《左傳》昭公七年：「嬰齊受命於蜀，奉承以來，不敢失隕。」案，又見昭公三十二年。

提拔　《南史·衡陽公諶傳》：「兄誄謂蕭季敞曰：『君不憶相提拔時耶？』」

擡舉　《廣韻》：「擡，舉也。」白居易《晚春重到集賢院》詩：「虚薄至今慚舊職，院名擡舉號爲賢。」

挈輔　《戒庵漫筆》：「今人以相助爲挈輔。語曰：『籬挈楗，楗挈籬。』即輔車相依之義。」

借重　王銍跋《范仲淹墓志》：「魏泰作《碧雲騢》，假名梅聖俞毁范文正。文正與梅公立朝同心，詎有異論？特聖俞子孫不耀，故挾之借重以欺世。」

長進　《三國志·吴·張昭傳》：「長子承勤於長進。」

〔一〕　志：原誤作「至」。

發迹　司馬相如《封禪文》：「公劉發迹於西戎。」

如意　《漢書·賈誼傳》：「今陛下力制天下〔一〕，頤指如意。」

如適　合適　《鹽鐵論》：「人人安和如適。」《淮南子》：「義者，比於人心，而合於衆適。」翟灝曰：「今云如適、合適，應作此寫。俗用式字，未見典記。」

有謂　無謂　《莊子·齊物》篇：「今我則已有謂矣，而未知吾所謂之有謂乎？其果無謂乎？」案，《正韻》：「事有可稱曰有謂，失於事宜不可名言曰無謂。」

有分　無分　《左傳》昭十二年：「楚子曰：『四國皆有分，我獨無有。』子革曰：『齊，王舅也。晉及魯衛，王母弟也。楚是以無分，而彼皆有。」注：「分，謂珍實之器。扶問反。」

能可　《委巷叢談》：「杭人言寧可曰耐可，音如能可。」《漢書》「揚越之人耐暑」注：「耐，與能同。」李太白詩：「耐可乘明月。」又：「耐可乘流直上天。」皆讀如能。案，《禮·學記》「故人不能無樂」鄭注：「耐，古書能。」

明分　《列女傳》：「龐娥親曰：『讎塞身死，妾之明分也；治獄制刑，君之常典也。』」案，吾鄉轉明爲萌。

本分　《荀子·非相篇》：「見端不如見本分。」

凡百　《詩》云：「凡百君子。」案，《雨無正》篇兩見，《巷伯》篇一見。又案，朱子《答陳同父書》有「凡百亦宜痛

〔一〕陛：原誤作「夫天」。制：原誤作「致」。據《漢書》改。

自收斂」之語。邑人論事開端，每有凡百云云。

見在　《後漢書·楊震傳》：「護同産弟威，今猶見在。」

孛相　《通俗編》：「《吴江志》：『俗謂嬉游曰孛相。』《太倉志》作白相，《嘉定志》作薄相，皆無所證，惟東坡有『天公戲人有薄相』句。」

白説　曾文正《雜著》：「世俗諺曰白説，謂無故而空説。」

説謊　《元典章》：「官人令史每做賊説謊。」

打諢　《道山清話》：「劉貢父言每見介甫《字説》，便待打諢。」《雅俗稽言》：「俗謂事不勇決者曰打諢。」

閒介　《孟子》：「山徑之蹊閒介。」馬融《長笛賦》：「閒介無蹊。」正用其語。俗作尷尬。《説文》：「尷尬，不正。」《俗呼小録》：「今人呼事在成否者謂尷尬。」〔一〕

扯淡　掃興　出神　《游覽志餘》：「杭人有諱本語而巧爲俏語者，如胡説曰扯淡，有謀未成曰掃興，無言默坐曰出神。自宋時梨園市語之遺，未之改也。」翟灝曰：「扯淡當作哆誕，於義庶有可通。」

發作　《吴志·孫皎傳》：「因酒發作。」

拷撞　《札樸》：「觸，語曰拷撞。」

〔一〕謂：原作「爲之」，據《俗呼小録》改。

作梗　《北史·魏收傳》：「羣氏作梗，遂爲邊患。」

將攝　《北史·薛道衡傳》：「帝曰：『爾侍奉誠勞，朕欲令爾將攝。』」案，韓愈《與崔羣書》：「將息之道，當先理其心。」是亦作將息也。

鈍悶　《淮南子·覽冥訓》：「温純以綸，鈍悶以終。」

嬾待　《説文》：「俖，待也。」桂馥曰：「俗言嬾待也。」

壏壙　《蜀語》：「地平曠曰壏壙。音覽坦。」案，俗有壏壙氣之諺。

老誖　《漢書·疏廣傳》：「廣曰：『吾豈老誖不念子孫哉？』」

古老　《書·無逸》傳：「小人之子，輕侮其父母曰：『古老之人，無所聞知。』」案，崔融《請封中表》曰：「宣太平之風化，聽古老之謳謡。」

落棠　《淮南子·覽冥訓》：「日入落棠。」案，落棠，日所入之處也。吾鄉謂人無歸曰無落棠。

落魄　《漢書·酈食其傳》：「家貧落魄，無衣食業。」鄭氏曰：「魄，音泊。」師古曰：「落魄，失業無次也。」

離經　《難經》：「三至曰離經，四至曰奪精〔一〕，五至曰死。」案，吾鄉責不合道者曰離經，謂去常道也。

油頭　《直語補證》：「山谷《戲題下巖》詩：『未嫌滿院油頭臭，蹋破苔錢最惱人。』注：

〔一〕奪：原誤作「奮」，據《難經》改。

『言兒女子混雜，汙此淨坊也。』今俗油頭滑腦之謂，疑當時已有之。」

⿰足羅跐 《敬止録》：「失足曰⿰足羅跐，音羅剉。」

蠱怪 《易林》：「老孤多態〔一〕，行爲蠱怪。」

邋遢 《廣雅》：「邋遢，不謹事也。」《敬止録》：「不淨曰邋遢，又曰攋揰。」

麨⿰曹少 《集韻》：「麨⿰曹少，物末精也。」《敬止録》：「貪食曰麨⿰曹少。」

作獺 《敬止録》：「不惜器物曰作獺。南唐張崇帥廬州，貪縱，伶人戲爲人死被冥府判云：『焦湖百里，一任作獺。』」

饞獠 《宣和畫譜》：「袁嶬善畫魚，得唅喁游泳之狀，非若世俗所畫作庖中物，特使饞獠生涎耳。」

怪鳥 《晉書・孫盛傳》：「進無威鳳來儀之美，退無鷹鸇博擊之用，徘徊湘川，將爲怪鳥。」翟灝曰：「俗譏孤癖人曰怪鳥本此。」

當家 《史記・始皇紀》：「百姓當家，則力農工。」

預事 《唐子》：「佐鬭者傷，預事者亡。」

打算 《錢唐遺事》：「賈似道忌害一時任事閫臣，行打算法以汙之。」

〔一〕態：原誤作「熊」，據《易林》改。

張羅　《直語補證》：「俗以與人幹事曰張羅，取設法搜索之義。本《戰國策》。」

頓當　《吴中記》：「待事並爲者曰頓當。」

利市　《易·説卦》傳：「爲近利市三倍。」案，《玉篇》載《説卦》作：「近市利三倍。」

買賣　《直語補證》：「俗以貿易爲買賣。《説文》：『市，買賣所之也。』二字連用始此。」

交代　《漢書·蓋寬饒傳》：「及歲盡交代。」

財主　《世説新語》：「陣仲弓曰：『盜殺財主，何如骨肉相殘？』」

横財　見《廣韻》詭字注。《獨異志》：「冥司有三十爐，爲張説鑄横財。」

發財　見《大學》。

産業　《韻會》：「産業，生理也。」

開市　《易林》：「開市作喜，建造利市。」

本錢　《南史》：「竟陵王子良上言：泉貨歲遠，類多翦鑿。江東大錢，十不一在。公家所受，必須輪廓，遂買本一千〔一〕，加子七百。」

見錢　《漢書·王嘉傳》：「故少府、水衡見錢多也。」

放債　《容齋五筆》：「今人取本錢以規利，人謂之放債，又名生放。」

〔一〕遂買本一千：原誤作「遂買本錢一錢」，據《南史》改。

擡價　《五代史·王章傳》：「俸廩不堪者，命有司高估其價。估定又增，謂之擡價。」

用度　《後漢書·光武紀》：「用度不足。」

破費　蘇軾詩：「破費八姨三百萬，大唐天子要纏頭。」

落錢　《通雅》：「乾没，猶言白没之也。今人動言落錢，没即落字之意。」

嬥包　《儼山外集》：「京師婦女嫁方外人爲妻妾者，初看以美者出拜，及臨娶，乃以醜者易之，名曰嬥包兒。」案，吾鄉謂凡以假易真者，皆曰嬥包。

中人　《知新録》：「文契交易，必用中人，此字亦有所本。樂府云：『龍欲升天須浮雲，人之仕進待中人。』」

合同　《通俗編》：「合同二字見《秋官·朝士》疏。今人産業買賣，多於契背上作一手大字，而於字中央破之，謂之合同文契。商賈交易，則直言合同，而不言契。」

花字　《北齊·後主紀》：「開府千餘，儀同無數，領軍一時二十，連判文書，各作花字，不具姓名，莫知其誰。」

市語　《西京雜記》：「長安市人語，各有不同。有葫蘆語、鏁子語、鈕語、練語、三摺語，通謂市語。」

主故　《日知録》：「市井人謂頻相交易者爲主顧。《後漢書》有主故字，顧當是故之訛。」

債主　《後漢書·陳重傳》：「有同署郎負息錢數十萬，債主日至，詭求無已，重乃密以錢代還，郎後覺之，而厚辭謝之。」

私債　范成大《田園雜興》詩：「半償私債半輸官。」

盤纏　方回詩：「三日盤纏無一錢。」

梯己　《心史》：「元人謂自己物則曰梯己物。」

帳目　《北史·高拱之傳》：「秘書圖籍多致零落，詔令道穆總集帳目。」

貨腳　《解酲語》：「大賈呼極賤行商爲貨腳。」

行頭　《吴語》：「百行，行頭皆官帥。」〔一〕

腳錢　《朝野僉載》：「監察御史李畬請禄米，送至宅，母問腳錢幾，令史曰：『御史例不還腳車錢。』母令送腳錢以責畬。」

新鮮　《太玄經·務》：「次二，新鮮自求。」〔二〕

砝實　《敬止録》：「堅牢曰砝實。砝，音劫。」

磊（ABBREVIATED）

磊𦞂　《説文》：「磊𦞂，重聚也。」段玉裁曰：「磊𦞂，疊韻字，今俗語猶有之。」〔三〕《肯綮録》：「物下垂曰𠞊𩏱。」注：「上音蕾，下都罪切。」

〔一〕帥：原誤作「師」，據《國語》改。

〔二〕「求」下原衍「珍」字，據《太玄》删。

〔三〕𦞂：原作「𡽕」，據《説文解字》及段注改。

鏖糟　《管天筆記》：「俗謂不浄曰鏖糟。」案，鏖糟，見《漢書·霍去病傳》注。
洴滂　《集韻》：「洴滂，水聲。」
硿礲　《廣韻》：「硿礲，石落聲。」韓愈詩：「投奅鬧硿礲。」
滑澾　《玉篇》：「澾，滑也。」《廣韻》：「澾，泥滑。」
拗花　《輟耕録》：「南方或謂折花曰拗花。唐元微之詩：『試問酒旗歌板地，今朝誰是拗花人。』又古樂府：『拗折楊柳枝。』」
飲水　《蜀語》：「澆花菜茋曰飲水。原注：飲音蔭。凡牛馬曰飲水，今花木亦曰飲水，語奇而雅。」
放生　《列子》：「簡子曰：『正旦放生，示有恩也。』」
羯鷄　《通俗編》：「羯鷄，閹也，見《素問》。青藤山人《路史》謂漢文始閹潔六畜。今稱潔鷄，猶浄也，未是。」
綫鷄　戴復古詩：「區别鄰家鴨，羣分各綫鷄。」自注：「閹鷄一綫則一羣，各綫則别作一羣。」
一僧　揚子《方言》一周曰一僧。翟灝曰：「今通作遭。」
一頓　《文字解詁續》：「食曰頓。《世説》：『羅友少時，嘗伺人祠，曰欲乞一頓食。』」
一工　《律例》：「一日以百刻計，一工以朝暮計。」

一摘　《集韻》：「摘，乃感切。捻也。」《通俗編》：「俗謂物未檢美惡曰一摘貨，言隨手搦之也。」

一秉　舒亶《和馬粹老四明雜詩》：「歲熟禾論秉。」自注：「俗以二束爲一秉。」

一擔　《後漢書·韋彪傳》：「江淮人謂一石爲一擔。」

霅霅　《博雅》：「霅霅霅霅，雨也。」《廣雅》亦云：「雨霅霅。」案，亦作霎霎。《通俗編》：「詩家言風雨之聲，多作霎。如韓偓云：『霎霎高林簇雨聲。』皮日休云：『古木聲霎霎。』韓琦云：『寒窗霎霎風。』」

帟帟　《集韻》：「帟，忽或切。巾帛被風聲。」

烔烔　《直語補證》：「《廣韻》烔字下引《字林》『熱氣烔烔』。《詩》『蘊隆蟲蟲』，徐先民音徒冬反，《韓詩》作烔烔，則烔烔甚古也。」案，《後漢書》引《詩》「蘊隆烔烔」，《敬止録》云：「微熱曰暖烔烔。」

洗洗其拯切　《韻會》：「洗洗，寒貌。」

吀吀　《廣韻》：「吀吀，市人聲也。」通作訌，音烘。

員員　《通雅》：「員員，言頭暈也。《内經》：『頭痛員員。』今人言頭懸。」

聡聡　《集韻》：「聡聡，耳聲也。」音瓮。

呵呵　《廣韻》：「呵呵，笑也。」

蹬蹬　《敬止録》：「蹬音登，小兒學步也。」

草草　《韻會》：「茍簡曰草草。」

朵朵　《説文》：「朵，樹木垂朵朵也。」徐鍇曰：「今謂花爲朵。」

都都　《敬止録》：「呼驢馬曰都都。」

⿰牜虘⿰牜虘粗上聲　《敬止録》：「使牛曰⿰牜虘⿰牜虘。」《象山志》：「呼牛曰阿盧。」

嘪嘪　《玉篇》：「嘪，彌解切。羊鳴也。」《集韻》：「嘪嘪，羊鳴。」

芈芈　《説文》：「芈芈，羊鳴。」案，《玉篇》作咩。《敬止録》：「呼羊曰嘪嘪。」又曰芈芈，芈音乜。

盧盧　《敬止録》：「呼犬曰阿盧盧。《詩》：『盧令令。』」

⿱罒廾⿱罒廾羊委切，音唯。　《篇海》：「⿱罒廾，呼鴨也。」《敬止録》：「呼鴨曰⿱罒廾⿱罒廾。」

喌喌　《説文》：「喌，呼鷄重言之。」《敬止録》：「呼鷄曰喌喌。庾肩吾詩：『遺卻白鷄呼喌喌。』」

見天日　《舊唐書・韋庶人傳》：「帝在房州時，嘗謂后曰：『一朝見天日，誓不相禁忌。』」

破天荒　《北夢瑣言》：「荆州每歲解送舉人，多不成名，號曰天荒解。劉蜕舍人以荆解及第，號爲破天荒。」

定盤星　朱子詩：「記取淵冰語，莫錯定盤星。」

過雲雨　宋趙汝鐩詩：「篷響過雲雨，帆開送水風。」

雨夾雪　婁元禮《田家五行》：「夾雨夾雪，無休無歇。」

鵝毛雪　白居易詩：「可憐今夜鵝毛雪，引得高情鶴氅人。」

連底凍　《厚德録》：「應山二連，伯氏君錫，爲人清修孤潔，人號爲連底清。仲氏元禮，加以駿肅，人號爲連底凍。」羅鄴詩：「蜀河連底凍無聲。」

麥秀寒　范成大《四明田園雜興》詩：「五月吴江麥秀寒。」《天愚集》注：「四月乍冷〔一〕，俗名麥秀寒。」

桂花蒸蒸上聲　《桐葉偶書》：「巖桂俗名木犀。節候至此，重又喧和，謂之木犀蒸。」案，邑人謂桂花蒸。

小陽春　《初學記》：「十月天時和暖似春，故曰小春之月。」翟灝曰：「十月爲陽，因又曰小陽春。」

上燈夜　王嗣奭《桂石軒》詩：「立春之日上燈夕。」自注：「正月十三日俗稱上燈夜。」

大後日　《通俗編》云：「《老學庵筆記》：『後三日爲外後日，意其俗語耳，偶讀《唐逸史·裴老傳》乃有此語。裴，大曆中人也。今又謂之大後日。』」

十字街　《北史·李諧傳》：「李庶亡後，見夢於其妻曰：『我託劉氏爲女，劉家在七帝坊十字街東南，入窮巷是也。』」

十字港　陸游詩：「上船初發十字港，放棹忽過三家村。」

五架屋　白居易詩：「五架三間一草堂。」

秧田水　范成大《四時田園雜興》詩：「今年不欠秧田水，新漲看看拍小橋。」

〔一〕冷：原誤作「泠」。

井花水　范成大詩：「折枝秋葉起圓瓜，赤小如珠嚥井花。」《蓬島樵歌注》：「俗謂井水曰井花水。」

笑面虎　龐元英《談藪》：「王公衮居常若嬉笑，人謂之笑面虎。」

揚白眼　《南史・陳宗室傳》：「新安王伯固生而龜胸，目通精揚白。」

老骨頭　《摭言》：「莫忘生身老骨頭。」

吃口令　《直語補證》：「吃口令見《古今黈》勾當條，今俗語訛爲急口令。」

手挣注　《説文》：「肘，臂節。」段玉裁曰：「今江蘇俗曰手臂挣注是也。」

抱佛腳　孟郊詩：「垂老抱佛腳，教妻讀黃庭。」

無腳力　范成大《長至日與同舍游北山》詩：「瘦筇知腳力，政爾耐清游。」

懶到骨　劉因詩：「山人懶到骨，一出動經秋。」

打没頭　《蜀語》：「人躍入水底曰打没頭。」

遺腹子　《淮南子・説林訓》：「遺腹子，不思其父，無貌於心也。」

親家公　《隋書・李渾傳》：「帝謂宇文述曰：『吾宗社既傾，賴親家公獲全耳。』」

主人翁　《史記・范雎傳》：「主人翁習知之。」

快活人　白居易詩：「誰知將相侯王外，別有優游快活人。」

没雕當　《湛園札記》：「宋朱彧《可談》記都下市井謂作事無據者曰没雕當，今吾鄉亦有無雕當之稱。宋當讀作去聲，吾鄉則入聲耳。」

呆木大　俗謂不慧者爲呆木大，大讀作馱去聲。《輟耕録》：「院本名目有此。」

記里鼓　《敬止録》：「笑言語弗明者曰記里鼓。《水東日記》：『永樂中，俞行之試記里鼓，皆不知所謂，莫能措一詞。』音義相同，或本諸此。」

耳邊風　杜荀鶴《題兜率寺閒上人院》詩：「百歲有涯頭上雪，萬般無染耳邊風。」案，俗謂人聆言不省曰耳邊風。

看三色　《湛園札記》：「吾鄉諺語看三色，三色字出於韓嬰《詩傳》、《吕氏春秋》。」

過劍門　《唐語林》：「有透劍門技。」俗語過劍門本此。

水功德　《武林舊事》有水功德局，以求官、覓舉、訟獄、交易假借聲勢，脱漏財物爲事。

打秋風　《暖姝由筆》：「今人干謁者，謂之打秋風。靖江郭知縣某嘗題謁客所送扇轉贈之曰：『馬沙沙上縣新開，城郭民稀半草萊。寄語江南諸子弟，秋風切莫過江來。』」《七修類稾》：「米芾札中有抽豐二字，即世云秋風之義。」

闞肚仙　《玉芝堂談薈》：「近日台州女技，屏氣詭爲，謂之闞肚仙。」

馬留人　《聞見後録》：「《新唐史・南詔》語中，海島溪峒間蠻人，馬援南征留之不誅者，謂馬留人。今世謂猿爲馬留，謂與其人形同耳。」《敬止録》：「僕從桀驁爲大馬留。宋人謂丁謂説法馬留〔一〕。猿猴之大者，更難約束也。」

〔一〕丁：原誤作「下」。

千年調　《鷄肋編》：「北宋俚語云：『人作千年調，鬼見拍手笑。』陳無己詩：『早作千年調。』又云：『一生也作千年調。』」

破靴黨　《淞南樂府》注：「生監不守分者曰破靴黨。」

拏訛頭　《日知録》：「泰昌元年八月，御史張潑言京師姦宄叢集游羣，有謂之把棍者，有謂之拏訛頭者。」案，亦作拿鵝頭。《觚不觚録》：「巡按御史出巡，不許拿鵝，宴會用鵝，則以鷄頭飾之。」此語所自起也。

弜出頭　《敬止録》：「弜音强上聲。昔蜀人從漢高祖出關者，謂之弜頭子。」

高帽子　《通俗編》：「《北史·熊安世傳》：『宗道暉好着高翅帽、大屐，州將初臨，輒服以謁見。』今謂虚自張大、冀人譽己者，蓋本於此。」

白蠟蠟　《直語補證》：「俗以作事無濟曰白蠟蠟。」

無萬數　《湛園札記》：「趙與時《賓退録》曰：『諺謂物多爲無萬數。《漢書·成帝紀》語也。』吾四明諺語至今稱多曰無萬數。」

家常飯　《獨醒雜志》：「范文正云：『家常飯好吃。』」

冬春米　范成大《冬春行》：「臘中儲蓄百事利，第一先春年米計。」自注：「江南人入臘，春一歲糧，藏之稟囤，呼爲冬春米。」

蜜林檎　《事物紺珠》：「酒名。蜜林檎言味如蜜，色如林檎。」

拜見錢　《草木子》：「元末官吏貪汙，其問人討錢，各有名目，始參曰拜見錢。」

燒衙日　《敬止録》：「鄞俗開店者以每月初二、十六燒紙，謂之燒衙日。《容齋三筆》曰：『韓詩云：「如今便別官長去，直到新年衙日來。」疑是謂月二日也。』」案，邑人亦有燒衙日之諺。

碗頭店　宋行都酒肆有碗頭店。案，俗有碗頭酒之諺。

天花板　《山房隨筆》：「元好問妹手自補天花板，作詩云：『補天手段暫施張，不許纖塵落畫梁。』」《藝林伐山》：「倚井謂之鬭八，又曰藻井，俗曰天花板。」

筆韜管　《毛詩》疏引陸璣曰：「羊桃近下根，刀切其皮，著熱灰中脱之，可韜筆管。」案，韜，俗作套。

細簡裙　梁簡文帝詩：「羅裙宜細簡。」案，《類篇》：「裥，裙幅相襵也。」《集韻》作襇。

高底鞋　《留青日札》：「高底鞋，即古之重臺履也。謝觀詩有『來索纖纖高底鞋』句。」

過年鞋　顧景文詞：「一尖新窄過年鞋。」

雨濛濛　費冠卿詩：「入林寒痒痒，近瀑雨濛濛。」

冷瀩瀩〔一〕　《説文》：「瀩，冷寒也。」〔二〕楚人謂冷曰瀩。案，吾鄉謂冷曰冷瀩瀩。

紅丢丢　《升庵外集》載古諺云：「早霞紅丢丢，晌午雨瀏瀏。晚霞紅丢丢，早晨大日頭。」

白醿醿　《玉篇》：「醿，面白醿醿也。」《越語肯綮録》：「越人謂神減而面瘠曰白醿醿。」

〔一〕冷：原誤作「泠」。

〔二〕瀩：原誤作「瀞」；冷：原誤作「泠」。據上詞目及《説文解字》改，下同。

白皏皏普幸切　《博雅》：「皏，白也。」《素問》：「肺氣之狀，色皏然白。」《吴下方言考》謂：「物之白者曰白皏皏。」

白皚皚疑開切　《説文》：「皚，霜雪之白也。」杜甫詩：「崖沈谷没白皚皚。」

實辟辟　《素問》：「脈搏而實，如指彈石辟辟然。」

虚飄飄　蘇軾《虚飄飄》詩三首。

醉醺醺　岑參詩：「青門酒樓上，欲别醉醺醺。」

嬌滴滴　薩都剌《題四時宫人圖》〔一〕：「椅後二女執纓立，案前二女嬌滴滴。」

焦巴巴　《通雅》：「陸佃曰：『芭蕉一葉舒，則一葉焦巴巴。』亦焦意也。」

圓衮衮　元稹詩〔二〕：「繞指轆轤圓衮衮。」

長敫篠　《廣韻》：「身長曰敫。」《越語肯綮録》：「越人謂身莽長者曰長敫篠。」

光辣撻　《話腴》：「藝祖《詠日》詩〔三〕：『欲出不出光辣撻，千山萬山如火發。』」

矮趽狗　《説文》：「趽，曲脛馬也。」趙宧光曰：「今亦謂曲脛小犬曰矮趽狗。」

三腳猫　《輟耕録》：「張明善作北樂府譏時云：『説英雄，誰是英雄。兩頭蛇，南陽臥龍。

〔一〕剌：原作「賴」。
〔二〕稹：原誤作「禛」。
〔三〕日：原脱。

三腳猫，渭水飛熊。』」《七修類稾》：「俗以事不盡善者謂之三腳猫。」

白蒲沙　《敬止録》：「謂人肥白曰白蒲沙。鯊有一種爲白蒲沙。」

跳沙蛤　舒亶《和馬粹老四明雜詩》：「跳沙蛤趁潮。」自注：「里語有跳沙蛤。」

蠮螉窠　《捫蝨新話》：「銜泥營巢於室壁間者，名蜾蠃。穴地爲巢者，名蠮螉窠。」

天大地大　《老子》：「天大，地大，道大，王亦大。」《説文》：「天大，地大，人亦大。」

天生天化　《陰符經》：「天生天化，道之履也。」案，一本作「天生天殺」。

謝天謝地　邵子詩：「每日清晨一炷香，謝天謝地謝三光。」

當夏六月　見《焦氏易林》。

四季平安　《元樞經》：「除夜井咒：四季平安。」

四時八節　杜甫詩：「四時八節還知禮。」

好時好節　陳造《雪夜次韻》詩注：「六一謂聖俞曰：山婦云〔一〕：『好時好節，送詩攪人家。』不知吾輩所樂在此。」

高高山頭　樂府《紫騮馬歌》：「高高山頭樹，風吹葉落去。」

水落石出　見蘇軾《後赤壁賦》。

〔一〕婦：原誤作「歸」，據陳造《江湖長翁集》改。

壁角落頭　見蘇軾《大慧真贊》。
擡頭不起　《開天遺事》：「華陽簿張彖爲守令所抑，歎曰：『若立身矮屋之下，使人擡頭不起。』棄官而去。」
面目可憎　見韓愈《送窮文》。
鉗口結舌　《潛夫論·賢難》篇：「此智士所以鉗口結舌，括囊共默而已也。」
腳踏實地　《聞見録》：「康節曰：『司馬君實，腳踏實地人也。』」
一毛不拔　見《孟子》。
一竅不通　《雅俗稽言》：「俗謂人昏愚曰一竅不通。」案，四字見《吕氏春秋》高誘注。
造言生事　《孟子集注》：「好事，謂喜造言生事之人也。」
撐門拄户　見王褒《僮約》。
福至心靈　史炤《通鑑疏》引諺語云云。
利令智昏　見《史記·虞卿傳》贊。
少見多怪　《詩紀》牟子引古諺云：「少所見，多所怪。」
貴人多忘　《唐摭言》王泠然與御史高昌宇書有此語。
六合相應　《古詩爲焦仲卿妻作》：「六合正相應。」
合少成多　《禮記·中庸》鄭注：「言天地山川皆合少成多，積小致大。」案，今本注疏脱去「皆合少成多」五字，衛湜《禮記集説》引鄭説有此五字。

看風使柁　楊萬里詩：「相風使帆第一籌，隨風倒柁更何憂。」

打清水網　《委巷叢談》：「白手騙人，謂之打清水網。」

瞎打把勢　《直語補證》：「俗以無所憑藉而妄自炫赫者，謂之瞎打把勢。案，把勢，本遼以東打鷹者名目，兼衙門行杖，率以流人子弟及奴僕爲之。見林佶《遼金備考》。打之名所由起也。」

隔靴搔癢　《詩話總龜》：「詩不着痛癢，如隔靴搔癢。」

金玉滿堂　《老子》：「金玉滿堂，莫之能守。」

洞房花燭　庾信詩：「洞房花燭明。」

冷灰頭爆〔二〕　《野客叢談》云僧録語也。

七菱八落　《直語補證》云：「萬光泰《鴛鴦湖采菱曲》注引諺『七菱八落』，言菱過七日則落云。」

青黄不接　《元典章》詔云：「即日正是青黄不接之際。」

粗茶淡飯　楊萬里詩：「粗茶淡飯終殘年。」

鐵樹開花　《日詢手鏡》：「吴浙間有俗諺『見事難成則曰鐵樹開花』，余在廣西殷指揮家，

〔二〕冷：原誤作「泠」，據《野客叢談》改。頭：《野客叢談》作「豆」。

見一樹高可三四尺，葉皆紫黑色，質理細厚，問之，曰：『此鐵樹也，每遇丁卯年乃花一開，花四瓣，紫黑色，如瑞香瓣，累月不凋。』乃知鐵樹開花之説，有自來矣。」

條條秩秩　見《爾雅·釋訓》。

停停當當　朱子《語録》：「喜怒哀樂，未發此心。停停當當，正在中間。」

節節足足　《説文》爵字注：「所以飲，器象雀者，取其鳴節節足足也。」〔一〕

百鳥朝鳳　文嘉《嚴氏書畫記》有孫龍《百鳥朝鳳圖》。

對牛彈琴　牟融《理惑論》：「公明儀爲牛彈清角之操，伏食如故。非牛不聞，不合其耳。轉爲蚊虻之聲，孤犢之鳴，即掉尾奮耳，蹀躞而聽。」〔二〕

三蛇六鼠　羅願《爾雅翼》載俗諺：「一畝之地，三蛇九鼠。」案，俗有三蛇六鼠之諺。

天河司米價　《直語補證》：「宋戴石屏詩注：俗讖以天河顯晦卜米價貴賤，至今相傳有此説。」

有天没日頭　《七修類稾》：「『真箇有天没日頭。』宋神童詩也。」

星月照爛土　《敬止録》：「鄞人以雨後泥未乾而見星月爲雨未霽。王建《聽雨》詩：『半夜思家睡裏愁，雨聲落落屋簷頭。照泥星出依然黑，爛漫庭花不肯收。』」案，《西溪叢語》引諺云：「乾

〔一〕「所以」二字原脱，據《説文解字》補。雀：原誤作「爵」，據《説文解字》改。

〔二〕聽：原誤作「聰」。

星照濕土，來日依舊雨。」

久雨望庚晴　《田家五行·雜占》：「久晴逢庚雨，久雨望庚晴。」

荒年無六親　見《紀歷撮要》，又《楊升庵集》引古諺云：「荒年無六親，旱年無鶴神。」

十指有長短　劉商《擬胡笳十八拍》：「十指有長短，截之痛惜皆相似。」翟灝曰：「《七修類稾》謂曹植詩，誤。」

習貫成自然　《家語·弟子解》：「孔子答孟武伯曰：『少成則若性也，習貫若自然也。』」《漢書·賈誼傳》：「少成若天性，習貫成自然。」

多喫壞肚皮　《元典章》：「如今但是勾當裏行的官人多喫，衹應教百姓生受，要肚皮壞了。」

三百六十行　《游覽志餘》：「杭州三百六十行，各有市語，不相通用，倉卒聆之，不知爲何等語也。」

生薑樹上生　程伊川《語録》：「邵堯夫臨終時，只是諧謔。某往視之，因警之曰：『堯夫平日所學，今無事否？』〔一〕答云：『你道生薑樹上生，我也只得依你說。』」

冬瓜直儱侗　《梅磵詩話》：「鄭安晚未貴時，賦《冬瓜》詩：『生來籠統君休笑，腹内能容數百人。』《集韻》曰：『儱侗，未成器也。』宋人不識其字，止以音發作籠統，此何意義耶？」案，

〔一〕事：原誤作「是」，據《二程遺書》改。

《五燈會元》有「瓠子曲彎彎，冬瓜直儱侗」之語。

鷄飛狗上屋　《鷄肋篇》：「陳無己詩：『驚鷄透籬犬升屋。』即俗語云云也。」

打蛇得七寸　《王文成年譜》謂魏良政曰：「以吾良知求晦翁之説，譬如打蛇得七寸，又何憂不得耶？」

丁相公畫一字　《枌社賸觚》云：「《山堂肆考》載元丁濟爲奉化尹，凡公論所在，一判不復移。民稱之曰『丁相公一字判』。今吾鄉謂作事固執者爲『丁相公畫一字』。亦有僅呼丁相公者，知俗語必有所自起。」

一客不煩兩主　《黄山谷集·題跋》：「余與魚洞陳允之對棋，以三紙書對樓子四間，而允之敗。遂以樓子施五通堂僧清巽。嘉允之能藏機願施，即書字遺之，紙窮未竟，復施二紙，冀允之解此意，并以樓屋旁餘舍施清巽，所謂一客不煩兩主人也。」

遠水不救近火　《韓非子·説林》：「失火而取水於海，必不滅矣，遠水不救近火也。」

若要長看後樣　陳龍正《學言詳記》引鄉諺云云。

牽郎郎拽弟弟　張懋建《石癡別録》：「兒童衣裾相牽，每高唱云云。初意其戲詞，後見《詢芻録》，乃知爲多男子祝辭。」

眉毫不如耳毫　《甕牖閒評》：「諺云：『眉毫不如耳毫，耳毫不如老饕。』故蘇東坡作《老饕賦》。」

一生喫着不盡　《東軒筆録》：「或戲王沂公曰：『狀元試三場，一生喫着不盡。』沂公答曰：『平生之志，不在温飽。』」

晝餧猫夜餧狗〔一〕　《月令廣義》載此諺云：「取其力以時也。」

東邊日出西邊雨　李賀詩。

重陽無雨一冬晴　《農政全書》引古諺云云。

行得春風有夏雨　陳後山《叢談》引此諺云：「春之風數，爲夏之雨數，小大緩急亦如之。」

舉頭三尺有神明　徐鉉語，見《南唐書》。

八月蝤蛑可抵虎　舒亶《和馬粹老四明雜詩》：「抵虎螯經夏。」自注引里語云云。

早起三朝當一工　樓鑰《午睡戲作》詩。

柴米油鹽醬醋茶　《夢粱録》：「人家每日不可缺者，柴米油酒鹽醬醋茶。」翟灝曰：「今去酒一事，謂之開門七件。」

人生五十不爲夭　《諸葛亮集》載先主遺敕謂後主曰：「人五十不稱夭年。」

新出猫兒惡如虎　《古今談概》〔二〕：「梅西野《酒令》舉諺云：『得志猫兒雄似虎，敗翎鸚鵡不如鷄。』」案，吾鄉俗語本此。

〔一〕晝：原誤作「畫」。

〔二〕談：原誤作「讀」。

清明斷雪，穀雨斷霜。　見《吳下田家志》。

六月不熱，五穀不結。　《明詩綜》引吳中諺。

冬至前後，瀉水不走。　見《吳下田家志》。

士農工商，各守一業。　《管子·小匡》篇：「士農工商，國之石民也。」注：「士農工商，各守其業，不可遷也，猶之柱下石也。」

日落胭脂紅，無雨也有風。　見崔實《四民月令》。

未喫端午糉，布襖不可送。　《劍南詩集·五月十日曉寒》詩：「弊袴久當脱，短褐竟未送。」自注：「吳中諺云云，俗謂典質曰送也。」案，《吳下田家志》作「寒衣未可送」。

九月十三晴，釘鞋挂斷繩。　見馮夢禎《快雪堂日記》。

若要小兒安，常帶三分饑與寒。　元李冶《古今黈》云：「小兒欲得安，無過饑與寒。」案，俗語本此。

謂螮蝀曰鱟。　《爾雅·釋天》注：「江東呼螮蝀爲雩。」音義云：「雩，於句切。」翟灝曰：「今俗呼螮蝀若吼，蓋本于句之切，而讀句爲彀，若《大雅》『敦弓既句』之句耳。」

謂胸曰肚。　《廣雅》：「胸謂之肚。」

謂不曰弗。　朱子《偶讀漫記》：「浙人謂不曰弗。」

謂箸曰快。　《菽園雜記》：「舟行諱住，以箸爲快。」

謂就曰鯽鰡，謂團曰突欒，謂精曰鯽令，謂孔曰窟籠。《宋景文筆記》：「孫炎作反切語，出於俚俗常言，尚數百種。故謂就曰鯽鰡，凡人不慧者即曰不鯽鰡。謂團曰突欒，翟灝曰：「今之俚語有所謂突欒轉，猶循於古。」謂精曰鯽令，謂孔曰窟籠，不可勝舉。而盧仝詩云『不鯽鰡鈍漢』，林逋詩云『團欒空繞百千回』，是不曉里人反語，逋雖變突爲團，亦其謬也。」案，俗謂癱曰蹋躝，亦反切語也。

謂槃曰勃闌。《容齋三筆》：「世人語有以切腳稱者，如以蓬爲勃籠、槃爲勃闌之類。」

謂五錢曰一花。《俗呼小録》：「數錢以五文爲一花。」

謂二十曰念。《説文》：「廿，二十并也。」席氏《讀説文記》：「宋人《題開業寺碑》有念五日字。亭林曰：『以廿爲念，始見於此。』楊用修云：『廿，韻書皆音入，惟市井商賈音念，而學士大夫皆從其誤也。』」案，《兼明書》：「吴王女名二十，江南呼二十曰念。」

謂百錢曰一佰。《韻會》云：「《漢志》『仟佰之得』注：『仟謂千錢，佰謂百錢。』今俗猶謂百錢爲一佰。」

謂錢一貫曰一千。《猗覺寮雜記》：「錢元瓘據浙，人以一貫爲一千。」案，亦曰一弔。千錢爲一弔，見何良俊《四友齋叢説》。

謂一萬曰一方，一千曰一干。《劉貢父詩話》：「今言萬爲方，千爲撇，非訛也，若隱語耳。」《繼世紀聞》：「劉瑾用事，賄賂公行。凡有干謁者，云饋一干，即一千之謂。云饋一方，即一萬之謂。後漸至幾千幾方。」

謂錢一貫有畸曰千一千二，米一石有畸曰石一石二，長一丈有畸曰丈一丈二。《容齋隨筆》：「俗謂云云。案，《考工記》『殳長尋有四尺』注云：『八尺曰尋，殳長丈二。』《史記·張儀傳》：『尺一之檄。』漢淮南王安書云：『丈一之組。』《匈奴傳》：『尺一牘。』《後漢》：『尺一詔書。』唐，城南去天尺五之類，然則亦有所本云。」

謂萍曰薸。《方言》：「江東謂浮萍曰薸。」

謂蜜曰蜂糖。《猗覺寮雜記》：「楊行密據揚州，淮人諱蜜爲蜂糖。」

謂胡餅曰麻餅。《戲瑕》：「石勒名胡，故胡物皆改名，如胡餅曰麻餅，胡荽曰香荽，胡豆曰國豆。」

謂胡瓜曰王瓜，謂胡麻曰芝麻。《管天筆記》：「黄瓜原名胡瓜，晉五胡亂中原，諱胡尤峻，因改爲黄瓜。呼胡荽爲元荽，胡麻爲芝麻，胡桃爲核桃。」

謂石榴曰金罌。《青箱雜記》：「錢武肅王諱鏐，至今吴越間謂石榴爲金罌。」案，《管天筆記》：「杭越之間呼石榴曰金罌，蓋避錢鏐諱也。」

謂雉曰野鷄。《猗覺寮雜記》：「吕后諱雉，以雉爲野鷄。」

謂鸜鴝曰八哥。《負暄雜録》：「南唐李後主諱煜，改鸜鴝爲八哥。」

謂鳩曰步姑。樓鑰《答楊敬仲論詩解》：「斑鳩，俗謂之步姑。」

謂蚱蜢曰拜經道人。《三才藻異》：「四明呼蚱蜢爲拜經道人。」

〔乾隆〕象山縣志

【解題】史鳴皋修，姜炳璋等纂。象山縣，今浙江省寧波市象山縣。「方言」見卷一《風俗》中。録文據乾隆二十四年（一七五九）刻本《象山縣志》。

方言

稱父曰爹爹。《南史》云：「始興王，人之爹。赴人急，如水火。」音待可切，與火叶。邑人則爲丁邪切，音異義同。

母曰娘，又曰姆，同姥。詩人多以爹娘、公姆並稱，皆母之謂也。

王父曰公公。庾仲文云：「不癡不聾，不爲姑公。」

祖母曰娘娘，又曰婆婆，如云大娘娘、小娘娘及婆婆萬福之類，皆尊稱也，故以稱祖母。有稱叔爲大者，所謂阿大是也。稱伯母曰大姆、二姆，叔母曰嬸，父之姊妹曰姑娘，母之姊妹曰姨娘，其夫曰姑丈、姨丈。妾曰姨，父妾亦曰姨娘。

呼卑幼婦曰娘子。柴紹婦率師謂娘子軍，少婦之謂也。呼孩童曰小細。小史曰護孩。《輟耕録》云：「世謂穩婆曰老娘，娼婦曰花娘。」則江浙皆有此稱，不獨象邑。

鰥夫曰光棍。無賴子則曰青皮光棍。刻而黠者謂頂尖，蓋取詩人所謂「浮圖頂上尖」

之意。

麨麨，《集韻》云：「物未精也。」邑人以貪食爲麨麨。《宋韻》云：「邋遢，行不謹也。」邑人以不浄者爲邋遢。又曰攋搼，音三入聲，不勤緊者曰傝㒖，音殺。亦作闒靸。朱子云：「文字不奇而穩，只是闒靸。」

踋蹰不進曰蹩躠，音鼈薛。庸劣曰体，蒲本切，亦作笨，所謂笨伯是也。堅牢曰砝實，砝音劫。謹慎曰子細。《北史》云：「何必太子細也。」

潔浄曰清泚。夏侯嘉正《洞庭賦》：「秋之爲神，素氣清泚。」無損傷曰好箇。失足曰躧跐，音羅剉。

言語風生曰颯拉。不自在曰碌速。任華《草書歌》：「速碌拉颯動簷隙。」詬誶之聲曰嚌啗，音齋。

《九章》：「衆兆之所咍。」呼來切，謂調笑聲，邑人則爲喝物聲。吡吡，韻書云鳴也，邑人以不能言者爲啞吡吡。噑音韋，相呼聲也。叫，呼也。楊雄云：「大言叫叫。」嗐音害，大開口聲，驚訝意也。欸，許激切，哭後作聲也。小兒啼聲爲唩唩，音倭。父母噢咻之亦曰唩唩，又曰啣啣。阿呀，驚也。阿歆，余六切，痛聲也。夢中驚語曰嗙，《列子》所謂「嗙囈呻呼」也。忿争聲曰嗔嗔。

喉曰烏嚨。《爾雅》：「亢，烏嚨。」則非不典矣。皮細起曰皴，七倫切。皮細裂曰皴皵，亦曰皴皵，音雀。杜詩「手脚凍皴皵」是也。手生堅皮曰䗍，音緇。手足凍裂曰皸，又作龜，音軍。《莊子》「不龜手」、《漢書》「手足皸瘃」是也。肉肤起曰䑋，又作皱，音雹。

吸而飲曰呷，又作欱。張平子賦：「總括趨欱。」〔一〕吮曰欶，音朔。昌黎詩「酒醪傾共欶」是也。入口曰咂，音匝。氣不順曰打呃，一作嗌。揚子《方言》：「嗌，噎也。」

欸，音哀，揚子《方言》：「南楚凡言然者爲欸。」邑人以不然者爲欸。陳芳《芸窗私志》：「今人暴見事之不然者，必出聲曰欸。」又作唉，歎恨發聲之辭。訝聲爲阿嗏，音遏奈。

目略一過曰覭，闢了切。私窺曰睵，音張。熟視曰矃，寧去聲。眼光曰眼茸。韓偓詩「四肢嬌入茸茸眼」，其證也。深目曰睺，音歐。又貌不颺曰睺皺。

婦女髮爲膏澤所黏謂之膱。《考工記注》：「膱，亦黏也。」音職。强有力曰亘硬，亘音責。又曰硬僵，箏上聲。《集韻》：「海岱謂勇悍曰僵。」

身長曰躴躿，音郎穅，又曰長敹敹。莽長曰一攀一敹，又曰長敹篠。面瘠曰白醿醿。俱離了切。

暫睡而覺曰㥵，音忽，或作寣，多睡也，非小睡之義。

物飽滿曰綻，言飽而欲開也。不飽曰癟，音鼈。作事舛錯亦曰綻，如衣之破綻也。人疲弱

〔一〕趨：原作「趣」，據張衡《南都賦》改。

曰瘺，又曰瘺都都、瘺皺皺，擔入聲。

乳曰脘，居佳切，亦作妳。以舌取物曰丙，同餂。

吙，音恤。字書謂口鳴。邑人畏寒聲曰吙吙，又曰寒瀎瀎。爪刺曰掐，音怯。《晉書》所云「掐鼻灸眉」是也。

擲物於地曰攛，古患切，字書音同慣，引《左氏》「攛瀆鬼神」爲證，不載擲物之義，不知此邑方音也。

搓摩曰挼，亦作挪，奴禾切。手扶曰攙，楚銜切。手覆曰揞，庵上聲。手重按曰捺。手捻鼻膿曰擤，亨上聲。捩轉曰撇，蒲結切。性急而執曰拗馝，音鼈。揭起曰掀。《左傳》：「掀公以出于淖。」指執曰捏，音蘖，亦作捻。《開元遺事》：「牡丹有一捻紅。」

藏物曰囥，苦浪切。毛檢討氏奇齡《越語》作伉，則爲伉儷之伉，誤矣。倚人曰靠。整理曰周捉。蕩費曰作獺。《南唐近事》云：「焦湖百里，一任作獺。」

手撥曰爬，音琶。《進學解》謂「爬羅」是也。足蹵曰踼，音逖。闊步涉水曰跢，蒲銜切。足不能行曰曡，他銜切。《宋韻》云：「跢，步渡水也。」正是步越水意。《越語》訾其非是，亦誤矣。

蹬蹬，音登，小兒學步也。匍匐曰跁，音琶。急行曰蹿。緩行曰踱，又曰踱索。久立曰站。搕撞曰搓，彭去聲。相助曰幫，音邦。對裂曰撦，車上聲。細裂曰斯。《詩》云：「斧以斯之。」亦離去之謂也。研物曰擂。推石自高而下曰礌。急擊鼓曰擂。

堪，可也，而以不美者爲堪。臐，香物也，而以不香者爲臐。調，和也，而以事敗者爲調。希罕，少也，而以不奇者爲希罕。皆反言之也。

《魯靈光殿賦》：「耳嘈嘈以失聰。」嘈，雜也，故以嘈些爲審問之辭，又曰哼興，亦雜也，或曰怎生之誤也。事亟行曰連兼，倍力以行之也。

在此曰摞堂，在彼曰个轉。摞，在字之轉，堂是正室，个是旁室，故以堂爲此，而个爲彼也。田遠近之數曰稜，去聲。杜詩云：「塹抵公畦稜。」

肩承物曰挑。取水曰舀，音杳。潑水曰戽，又作滹，音呼去聲。盛物曰㽛，音著。去汁曰潷，音筆。舂穀曰擣。舂米曰臿，音插。扯物令長曰抻，申去聲。拌，盤上聲。楊子《方言》：「楚人以揮棄物曰拌。」邑人以勻物曰拌。拋物曰丟，丁羞切。不正曰竵，音歪。色不鮮者曰蔫，又作菸，音烟。東坡詩「深紅任早蔫」是也。正屋使直曰牮，音薦。曳物曰拕，音他。《前漢書》：「拕舟入水。」又音駝。兩手承物曰拕。

殽饌曰下飯。《貴耳集》：「劉岑以選官圖爲下飯。」則爲通俗語矣。煮物曰煠，音閘。煮極熟曰灰爛。《晉書・夏侯湛傳》：「清磨灰爛。」則又異義。以湯除毛曰煺，鋪灰切。以火爊物曰燂。《禮》云「燂湯」是也。

㮇，他念切，火杖也，亦曰燈㮇。𥳑，箸也，音快。戴凱之《竹譜》有𥳑竹，或引爲西北有竹之證，蓋其堅如箸，故寒地亦産也。

入水曰潕，烏勿切。皮曰休詩：「學海正狂波，予頭向水潕。」蓋皮、陸多以吳音入詩也，而

邑人亦有之。以身踊擲曰越，音透。下濕曰湁湱，惻洽切，又曰湁湆滯。水推物曰汆，吞上聲。

支牀几不平曰尲，徒念切。加不緊曰届，音窆。門關曰扂，音拴。戶樞曰轉肘。戶牝曰門

曰剡木入竅曰榫，音笋。斧斤之殘木曰柹，音廢。《晉書》：「王濬伐吳，造舟，木柹蔽江
而下。」

鬢垂紛曰頭須，亦曰頭蘇。束髮曰祗，音寄。

物久而青黑曰黴，音眉。《淮南子》曰：「堯瘦癯，舜黴黑。」物敗生白曰殕，音府。酒醋上

白曰醭，音朴。白樂天詩：「酒甕全生醭。」多曰够。少曰不够。左太沖賦「繁富够夥」是也。

呼灶突曰烟囪，音囟。呼室曰圍羅。齏白曰薑槽。

以酒母起麪曰發酵，音教。元天歷元年有酵課〔一〕。春菜心曰薹。梅堯臣詩：「獨有一叢

盤嫩薹。」胡貢切。食變味曰餕，音溲。微熱曰溫暾，又曰煖烔烔。火盛曰烄烄，戶孔切。切草

具曰鍘刀，查轄切。

畜之牝者曰騲，音草。牛之牡曰牯。犢曰犋，烏猛切。牛羊以角觸人與發地皆曰觙，
音掘。

〔一〕 上「元」字原誤作「金」。

呼猪曰欶欶，音逾。羊曰嘪嘪，又曰芈芈，音乜。騾馬曰都都。鷄曰朔朔，亦作祝祝。《小説》：「祝氏能養鷄，故云。」恐未必然。鴨曰㕷㕷，音惟。牛曰唎嘪。犬曰呵盧。使牛曰㩴㩴，粗上聲。

論曰：方言雜見於六經，不自子雲氏始也。宋趙叔向取其切俗者作《肯綮録》，于象邑合者無幾。近日毛西河作《越語》，於四明爲近，然亦什志其一耳。堇浦杭氏有《續方言》，舉天下概言之，未可以證一邑也。象山一邑，爵谿昌國已有異音。兹據附郭者述之，其有音無字、有字無義者，從軼焉。

〔道光〕象山縣志

【解題】童立成等修，馮登府等纂。象山縣，今浙江省寧波市象山縣。「方言」見卷一《風俗》中。録文據道光十四年（一八三四）刻本《象山縣志》。

方言

稱父曰爹爹。《南史》云：「始興王，人之爹。赴人急，如水火。」音待可切，與火叶。邑人則爲丁邪切，音異義同。以下史志。

母曰娘，又曰姆，同姥。詩人多以爹娘、公姆並稱，皆母之謂也。

王父曰公公。庾仲文云：「不癡不聾，不爲姑公。」

祖母曰娘娘，又曰婆婆，如云大娘娘、小娘娘及婆婆萬福之類，皆尊稱也，故以稱祖母。有稱叔爲大者，所謂阿大是也。稱伯母曰大姆、二姆，叔母曰嬸，父之姊妹曰姑娘，母之姊妹曰姨娘，其夫曰姑丈、姨丈。妾曰姨，父妾亦曰姨娘。

呼卑幼婦曰娘子。柴紹婦率師謂娘子軍，少婦之謂也。呼孩童曰小細。小史曰護孩。《輟耕録》云：「世謂穩婆曰老娘，娼婦曰花娘。」則江浙皆有此稱，不獨象邑。

敹𢿘，《集韻》云：「物未精也。」邑人以貪食爲敹𢿘。《宋韻》云：「邋遢，行不謹也。」邑人以不浄者爲邋遢。又曰攋㩉，音三入聲，不勤緊者曰偈傺，音殺。亦作闒靸。朱子云：「文字不奇而穩，只是闒靸。」

踟蹰不進曰蹩躃，音鼈薛。庸劣曰体，蒲本切，亦作笨。堅牢曰砝實，砝音劫。謹慎曰子細。《北史》云：「何必太子細也。」

潔浄曰清泚。夏侯嘉正《洞庭賦》：「秋之爲神，素氣清泚。」無損傷曰好箇。失足曰躍跿，音羅剉。

言語風生曰颯拉。不自在曰碌速。任華《草書歌》：「速禄拉颯動簷隙。」訴誶之聲曰嚌咱，音齋。

《九章》：「衆兆之所咍。」呼來切，謂調笑聲，邑人則爲喝物聲。吡吡，韻書云鳴也，邑人以不能言者爲啞吡吡。嘩音韋，相呼聲也。叫，呼也。楊雄云：「大言叫叫。」嗐音害，大開口聲，驚訝意也。欬，許激切，哭後作聲也。小兒啼聲爲唩唩，音倭。父母噢咻之亦曰唩唩，又曰啢喲。阿呀，驚也。阿欿，余六切，痛聲也。夢中驚語曰啽，《列子》所謂「啽囈呻呼」也。忿争聲曰嚬嚬。

喉曰烏嚨。《爾雅》：「亢，烏嚨。」則非不典矣。皮細起曰皴，七倫切。皮細裂曰皴皵，亦曰皴皵，音雀。杜詩「手腳凍皴皵」是也。手生堅皮曰𤿈，音緇。手足凍裂曰皸，又作龜，音軍。《莊子》「不龜手」、《漢書》「手足皸瘃」是也。肉肤起曰𦢊，又作皰，音雹。

吸而飲曰呷，又作欱。張平子賦：「總括趨欱。」〔二〕吮曰欶，音朔。昌黎詩「酒醪傾共欶」是也。入口曰咂，音匝。氣不順曰打呃，一作嗌。揚子《方言》：「嗌，噎也。」

欸，音哀，揚子《方言》：「南楚凡言然者爲欸。」邑人以不然者爲欸。陳芳《芸窗私志》：「今人暴見事之不然者，必出聲曰欸。」又作唉，歎恨發聲之辭。訝聲爲阿嗏，音遏奈。

目略一過曰覭，鬭了切。私窺曰眼，音張。熟視曰矃，寧去聲。眼光曰眼茸。韓偓詩「四肢嬌入茸茸眼」，其證也。深目曰𥊠，音歐。又貌不颺曰𥊠皺。

婦女髮爲膏澤所黏謂之膱。《考工記注》：「膱，亦黏也。」音職。强有力曰亘硬。亘，音責，又曰硬傹，箏上聲。《集韻》：「海岱謂勇悍曰傹。」

〔二〕趨：原作「趣」，據張衡《南都賦》改。

身長曰躴𨉼，音郎穅，又曰長敿敿。莽長曰一攀一敿，又曰長敿篠。面瘠曰白𩈗𩈗。俱離了切。

暫睡而覺曰𢘃，音忽，或作痯，多睡也，非小睡之義。

物飽滿曰綻，言飽而欲開也。不飽曰𤺋，音鼈。作事舛錯亦曰綻，如衣之破綻也。人疲弱曰𤺋，又曰𤺋都都、𤺋皺皺，擔入聲。

乳曰腉，居佳切，亦作妳。以舌取物曰㐁，同舐。

嘁，音恤。字書謂口嗚。邑人畏寒聲曰嘁嘁，又曰寒凚凚。瓜刺曰掐，音怯。《晉書》所云「掐鼻灸眉」是也。

擲物於地曰摜，古患切，字書音同慣，引《左氏》「摜瀆鬼神」爲證，不載擲物之義，不知此邑方音也。

搓摩曰捼，亦作挪，奴禾切。手扶曰攙，楚銜切。手覆曰揞，庵上聲。手重按曰捺。手捻鼻膿曰擤，亨上聲。捩轉曰抋，蒲結切。性急而執曰拗𢟍，音鼈。揭起曰掀。《左傳》：「掀公以出于淖。」指執曰掜，音蘖，亦作捻。《開元遺事》：「牡丹有一捻紅。」

藏物曰囥，苦浪切。毛氏奇齡《越語》作伉，則爲伉儷之伉，誤矣。倚人曰靠。整理曰周捉。蕩費曰作獺。《南唐近事》云：「焦湖百里，一任作獺。」

手撥曰爬，音琶。《進學解》謂「爬羅」是也。足蹩曰踼，音逖。闊步涉水曰𨑨，蒲銜切。足不能行曰㬮，他銜切。《宋韻》云：「辵，步渡水也。」正是步越水意。蹬蹬，音登，小兒學步也。匍匐曰跁，音琶。急行曰蹓。緩行曰踱，又曰踱索。久立曰站。搕撞曰𢱉，彭去聲。相助曰幫，音邦。對裂曰搼，車上聲。細裂曰斯。《詩》云：「斧以斯之。」亦離去之謂也。研物曰擂。推石自高而下曰礌。急擊鼓曰擂。堪，可也，而以不美者爲堪。𪏭，香物也，而以不香者爲𪏭。調，和也，而以事敗者爲調。希罕，少也，而以不奇者爲希罕。皆反言之也。《魯靈光殿賦》：「耳嘈嘈以失聰。」嘈，雜也，故以嘈些爲審問之辭，又曰哼興，亦雜也，或曰怎生之誤也。事亟行曰連兼，倍力以行之也。在此曰㩳堂，在彼曰个轉。㩳，在字之轉，堂是正室，个是旁室，故以堂爲此，而个爲彼也。田遠近之數曰稜，去聲。杜詩云：「塹抵公畦稜。」肩承物曰挑。取水曰舀，音杳。潑水曰戽，又作淴，音呼去聲。盛物曰㡪，音著。去汁曰滰，音筆。舂穀曰搗。舂米曰臿，音插。扯物令長曰抻，申去聲。拌，盤上聲。楊子《方言》：「楚人以揮棄物曰拌。」邑人以勻物曰拌。抛物曰丟，丁羞切。不正曰㖞，音歪。色不鮮者曰蔫，又作菸，音煙。東坡詩「深紅任早蔫」是也。正屋使直曰𡌠，音薦。曳物曰拕，音他。《前漢書》：「拕舟入水。」又音駝。兩手承物曰拕。

殽饌曰下飯。《貴耳集》：「劉岑以選官圖爲下飯。」則爲通俗語矣。煮物曰煠，音閘。煮極熟曰灰爛。《晉書·夏侯湛傳》：「清磨灰爛。」則又異義。以湯除毛曰燂，鋪灰切。以火爕物曰燂。《禮》云「燂湯」是也。

桥，他念切，火杖也，亦曰燈桥。篏，箸也，音快。戴凱之《竹譜》有篏竹，或引爲西北有竹之證，蓋其堅如箸，故寒地亦産也。

入水曰頞，烏勿切。皮日休詩：「學海正狂波，予頭向水頞。」蓋皮、陸多以吴音入詩也，而邑人亦有之。以身踴擲曰趏，音透。下濕曰湗湗，惻洽切，又曰湗湗滞。水推物曰汆，吞上聲。

支牀几不平曰㧋，徒念切。加不緊曰扂，音煞。門關曰扊，音拴。户樞曰轉肘。户牝曰門臼。剡木入竅曰榫，音筍。斧斤之殘木曰柹，音廢。《晉書》：「王濬伐吴，造舟，木柹蔽江而下。」

髻垂紒曰頭須，亦曰頭蘇。束髮曰䰄，音寄。

物久而青黑曰黴，音眉。《淮南子》曰：「堯瘦臞，舜黴黑。」物敗生白曰殕，音府。酒醋上白曰醭，音朴。白樂天詩：「酒甕全生醭。」多曰够。少曰不够。左太沖賦「繁富够夥」是也。

呼灶突曰煙囪，音匆。呼室曰圍羅。籓臼曰薑槽。

以酒母起麵曰發酵，音教。元天歷元年有酵課〔一〕。春菜心曰蕻。梅堯臣詩：「獨有一叢

〔一〕上「元」字原誤作「金」。

盤嫩蕻。」胡貢切。食變味曰餿，音溲。微熱曰温暾，又曰煖烔烔。火盛曰烋烋，户孔切。切草具曰鏩刀，查轄切。

畜之牝者曰騲，音草。牛之牡曰牯。犢曰犢，烏猛切。牛羊以角觸人與發地皆曰觸，音掘。

呼猪曰欶欶，音逾。羊曰嗔嗔，又曰芈芈，音乜。騾馬曰都都。鷄曰朔朔，亦作祝祝。《小說》：「祝氏能養鷄，故云。」恐未必然。鴨曰罤罤，音惟。牛曰唎嗔。犬曰呵盧。使牛曰犢犢，粗上聲。以上皆史志。

方言大同小異，數家之村，稍分里數，便有不同，不必深求摘槧也。然有曰在口頭而未知其義者偶譯之。如：息，女息也。里中呼男子幼者曰細，蓋息之轉爲去聲也。男，男子也。里中呼女之幼者曰男之去聲。以息呼男，以男呼女，蓋轉換寓憐愛之意耳。作揖曰相唤，即唱喏也。拱手曰請。皆行禮時語，沿習既久，遂以揖名相唤矣。神曰虚空。意謂神在虚空中耶？或是司空若司録、司命等義耳。謂人閒曰調代。蓋取有人當任，去則閒也。病曰否之平聲，蓋安否之否，去相問之安字耳。又或是弗安二字急呼成一音，皆相似也。以物擊人曰惡，亦有作平聲者。駡人曰辱，作上字之入聲。口角曰勃觜。

其他有聲無字，皆可類推如此。如人第二指食指也曰天指，乃合點鹽二字急呼之爲天音也。點鹽指見司馬温公讀書誡中。指曰將指，本《春秋正義》，當是去聲，今俗名中央指，則似將音之翻切矣。《蓬山清話》。

〔民國〕象山縣志

【解題】羅士筠修，陳漢章纂。民國十四年(一九二五)修。象山縣，今浙江省寧波市象山縣。「方言考」見卷十七。録文據民國十六年(一九二七)鉛印本《象山縣志》。

方言考

目録

〔一〕髮：原無，據正文補。

釋詁

釋言

釋訓　市語坿

案曰：此考分目略依《爾雅》《廣雅》及《釋名》，釋人爲《爾雅》所無，近儒朱駿聲《説雅》、俞樾《韻雅》並補之。而更易其篇次，以便檢閲。所引諸書，自《爾雅》《小爾雅》《説文》《説文新坿》《方言》《釋名》《廣雅》及《玉篇》《廣韻》《類篇》《集韻》《韻會》《五音篇海》各有傳本外，如漢書師所合之《倉頡篇》、杜林之《倉頡訓詁》、張揖之《三倉訓詁》及其《埤倉雜字》《古今字詁》、服虔之《通俗文》〔一〕、郭璞之《三倉解詁》、樊恭之《廣倉》、朱育之《異字》、李彤之《字指》、郭顯卿之《雜字指》、楊承慶之《字統》、李登之《聲類》、吕忱之《字林》、吕静之《韻集》、周成之《難字》及其《雜字訓詁》、王義之《小學篇》、葛洪之《要用字苑》、何承天之《纂文》、梁元帝之《纂要》、陽休之之《韻略》、阮孝緒之《字略》及其《文字集略》、李概之《音略》、曹憲之《文字指歸》、唐玄宗之《開元文字音義》、顔師古之《字樣》及其《匡謬正俗》、《匡謬正俗》有傳本。陳庭堅之《韻英》、武元之之《韻詮》、無名字之《切韻》非即陸法言之《切韻》、《聲譜》《字書》《字類》《字體》《字諟》《證俗文》《證俗音》

〔一〕服虔：原作「服虔李虔」。

《異字音》《古今字音》，其書久佚，並據近儒孫星衍、諸可寶、馬國翰、任大椿、汪黎慶諸輯本。今人顧震福《續小學鉤沈》與汪黎慶所輯略同。其他若岳元聲《方言據》、趙叔向《肯綮録》、陳士元《古俗字略》、顧起元《客座贅語》、焦竑《俗書刊誤》、梅膺祚《字彙》、吴任臣《字彙補》、張自烈《正字通》、龔養正《釋常談》、李詡《俗呼小録》、吕種玉《言鯖》、丁日造《六書考》、胡鳴玉《雜字音義》、李當泰《字學訂訛》、李陽春《智燈難字》、蕭良有《海篇心鏡》、毛奇齡《越語肯綮録》、胡文英《吴下方言考》、梁同書《直語補證》、高宇泰《敬止録》、程際盛《廣方言》、章炳麟《新方言》，並加參考，而與象山方言無涉者，概未及之。

釋天

天　《釋名》：「青徐以舌頭言之。」今象山方音亦舌頭言天。

日頭　《唐韻》日本人質切〔一〕，半舌半齒紐，方音入舌上孃紐，讀如暱。《廣雅·釋詁》：「日，二也。」王樹枏補疏云〔二〕：「今俗人讀日爲二。幾日曰幾二。此古語之相沿者。」案二亦由日紐轉入孃音如膩。郎瑛《七修類稿》引宋神童詩「真箇有天没日頭」，《七修續稿》：東坡詩「真箇有天没日頭」，王嗣奭詩自注：日，叶蘖，俗音。

月亮　唐李益詩：「庭木已衰空月亮。」亮，明也。習鑿齒《鐙詩》：「倐倐樹間亮。」

〔一〕質：原誤作「實」，據《唐韻》《切韻》諸本改。

〔二〕枏：原誤作「枬」。

天亮　《楊公筆録》：「浙諺云：雨下畏天亮。」〔一〕今俗云：初三初四蛾眉月，十五十六兩頭紅；十七八，巴更挖；十八九，坐等守；二十澄澄，月上二更；廿一二漸到半夜底，廿三四月上山頭四更四，廿五六月上山頭煮飯熟。王思任《竹枝詞》：「二十亭亭月二更。」

天河　即雲漢。諺云：河射角，堪夜作。見《四民月令》。《魯都賦》：「素秋二七，天漢指隅。」

虹　方音如鱟。郭璞注《爾雅》：「江東呼蝃蝀爲雩。」釋文：「雩，案《字林》越俱反。今借爲芌，音于句反。俗亦呼虹爲青絳也。」今由于句轉爲鱟。何孟春《餘冬序録》：「俗謂蝃蝀曰鱟。」楊慎《升庵外集》引諺云：「東鱟日頭西鱟雨。」是前代已然。《荆楚記》《農桑要覽》《田家雜占》並引此諺。

大水橛　《史記・天官書》：「白虹屈短。」《漢書・天文志》「白虫屈短」注：「李奇曰：短屈之虹。」又《升庵外集》：「水虹，屈霓也，主雨。滇人呼爲水椿。虹，霓之短者。」案今音橛，正由水椿轉平而入。《説文》：「霓，屈虹。青赤，或白色，陰氣也。」

霝雨　《説文》：「霝，雨零也。」「𩅞，小雨財霝也。」《廣韻》𩅞，息移切。

霋霋　《説文》：「霋，小雨也。」今言小雨聲。《説文》又云：「涑，小雨零皃。」〔二〕《廣韻》：「溹溹，雨下。」

瀧瀧　《説文》：「雨瀧瀧皃。」力公切。

〔一〕雨：原誤作「西」。
〔二〕涑：原誤作「涑涑」，據《説文解字》改。

霿黄土　《説文》：「霾，風雨土也。」〔一〕

雨錨絲　今言小雨曰雨錨絲，即霹。蘇軾詩自注：「蜀人以細雨爲雨毛。」

磃沰　《集韻》：「磃，磓也。」「沰，當各切，滴也。」崔實《農家諺》：「上火不落，下火磃沰。」《月令廣義》作滴澤。

澤　《蓬島樵歌注》：「今呼簷冰曰澤，又曰停澤。」《楚詞》：「冰凍兮洛澤。」

淋頭雨　邵經國《上樓攻媿》詩：「去時莫待淋頭雨。」《五燈會元》：「天晴不肯去，直待雨淋頭。」《蓬島樵歌注》：「六七月間有擡浪雲、擡浪雨，亦曰陣頭雨。」《黄巖縣志》謂之潮雨，雷鳴即止。案，今又名汏雨。

霌　《説文》：「雨貌。方語也。」《韻集》：「北方謂雨。」

雪實子　《詩緯》：「雪六出成華，雹三出成實。」《埤雅》述之，故今言雹曰雪實子，或作雪石子。

雪眼　周必大《紹興龍飛録》：「越人以天欲雪而日光穿漏爲雪眼。」

鵝毛雪　白居易詩：「可憐今夜鵝毛雪。」

雷公　《論衡·雷虚》篇：「畫工圖雷之象謂之雷公。」《廣韻》霘，皮證切。霳，蒲迸切。雷聲。

霹靂　《説文》：「震，劈靂振物者。」鉉曰：「今俗别霹靂。」《倉頡篇》：「霆，霹靂也。」

〔一〕土：原誤作「士」，據《説文解字》改。

⿱雨并　《廣雅》：「雷也。」

靁　《集韻》：「普刀切，雪貌。」〔一〕

磯磹　《廣韻》：「電光。」亦作閃電。

霉　《正字通》始有霉字，正作黴。《説文》：「中久雨青黑也。」《通俗文》：「凡物傷濕曰黴。」亦作梅，見《埤雅》。芒種後逢丙入黴，小暑後逢未出黴。《神樞經》同，《碎金集》則云：「芒種後逢壬入梅，夏至後逢庚出梅。」《太平御覽》引《風俗通》：「五月霖霪，號爲梅雨，沾衣服皆敗黦。」《纂要》：「梅熟而雨曰梅雨。」杜詩：「四月熟黄梅，冥冥細雨來。」蘇詩：「三旬過久黄梅雨。」元李孝光詩：「梅月逢庚江雨歇。」《甕牖閒評》：「今人以梅雨爲半月，以夏至爲斷梅日，非也。梅雨，夏至前後各半月。」地文學家説夏季北太平洋大高氣壓流動亞洲大陸，因太陽熱度最烈，江河流域生局部之低氣壓，東行經四川湖廣，次第發達至於東海。其運動遲緩，一低氣壓未過，一低氣壓又來，故涉歷數旬中而三梅。有時因低氣壓不接近於一局部，且因季節風速向東北進行，則空氣乾濕，爲涸梅雨。案，《月令》《廣韻》，黄梅時西南風急，名曰哭雨風，主雨立至，易過。

伏　《史記·秦本紀》：「德公二年初伏。」集解引孟康曰：「周時無，至此乃有之。」《漢書·郊祀志》注同。《封禪書》作伏祠。索隱引服虔云：「周時無伏，秦始作之。」又引《歷忌釋》曰：「金氣伏藏之名，四時代謝，皆以相生。秋以金代火，金畏於火，故凡至庚日必伏，庚者金也。」《秦

〔一〕刀：原誤作「袍」，據《集韻》改。

紀》正義引同。《漢書·郊祀志》注：「師古曰：立秋之後，以金代火，金畏火，至庚日必伏。」案，當云小暑後，處暑前，師古注誤。夏至後第三庚初伏，四庚中伏，立秋後初庚末伏。

颶風　《浙江通志》引《象山縣志》：「每歲六月十二日，必有颶風，皆云鋸門龍神實主之。康熙五十一年，當事於南門外望祭，果静息不爲災。嗣後歲禱以爲例。」案，《南越志》：「颶風，具四面之風，常以六七月，强大者或七日，小者一二日。」《嶺南録》：「秋夏雄風曰颶風。」《田家五行》：「夏秋之間大風謂之風潮，古人名颶風。」《老學庵筆記》：「嶺表有瘴母，初起圓黑，久漸廣，謂之颶母。」《遯齋閒覽》：「閩中每歲七八月多東北風，俗號癡風，亦名報風。」《甕牖閒評》：「余鄉常有颶風，初來聲勢頗惡，人家即曰報起矣。」案，報本作颮，《説文》飆或從包作颮。《毓蘭軒遺著》曰：「《詩》『終風且暴』，暴即今言颮。」

風癡　萬歷《温州府志》傳風癡草葉一折，風癡一次，二三如之，土人恒占焉。又《瑞安縣志》：「風癡草自生山間，其葉如箣，人每年視葉之截，知風之次數。」《圖經》：「海道之險曰癡風，連日怒號不已。」

風色　《文選·風賦》入物色類。何遜詩：「風色極天净。」

打頭風　杜甫詩：「風急打船頭。」元稹詩：「船泊打頭風。」

晴　《聲類》：「雨止。」《説文》：「姓，雨而夜除星見也。」鉉曰：「今俗别作晴。」

雨夾雪　婁元禮《田家五行》：「雨夾雪，無休歇。」宋自遜詩：「夾雪雨難晴。」

連底凍　羅鄴詩：「蜀河連底凍無聲。」《厚德録》：「婁元禮號連底凍。」

黔〔一〕　《説文》：「雲覆日。」《纂文》同。侌，古文省。㚃，亦古文。今作陰。

霒　《説文》：「久陰也。」今言陰霒霒。

日影　晷，《説文》：「日景也。」《纂要》：「日光曰景。」案，《字苑》始有影字。

霞　《韻英》：「日氣也。」案，《説文新附》：「赤雲氣也。」又《新附》：「赮，赤色也。」

天開眼　故老相傳，天開眼，砉然有聲，色青黄，光焰如猛火，隨開隨合。如姚桐壽《樂郊私語》、郎瑛《七修類稿》所説〔二〕。非天裂也，近地文學解之，一謂天空中隕石、隕鐵之類，與空氣磨擦極熟發爲聲光，隨發隨滅。一謂流星之質，散布空中，爲日光所照，成大光環，有如尖錐者，如圓錐者。温帶地多現於春暮秋朝，熱帶地則四時可見。或曰黄道光。

龍卷　老於海上者言龍車水。《甕牖閒評》：夏間雨多，是龍卷江河而上，西人謂海水入雲，又曰水柱。地文學家多云旋風、颶風之現象。旋風分羊角、颶二類。羊角風由廣大之地忽生低氣壓，在陸能飛沙走石，在海迷航路之方向。颶風由狹小之地忽生低氣壓，其所行之路甚狹，旋轉極速，在陸捲沙土成塵柱，在海吸海水成水柱。是即《莊子》所謂「摶扶摇羊角而上者九萬里」。或曰氣壓受温熱之度變動，忽起在海洋河湖之上，中天黑雲低罩，若漏斗，成雲柱下

〔一〕黔：原誤作「雺」，據《説文解字》改。

〔二〕「郎」後原衍「仁」字。

垂，將達水面，水亦隨旋成水柱矣。

掃帚星　即彗星。

天時附

年紀　《後漢書·光武紀》：「户口年紀。」又見《劉隆傳》。

晬　《説文新附》：「周年也。子内切。」《廣韻》：「周年。子對切。」〔一〕今言晬周。

稘　《説文》：「復其時也。」居之切。今言周年，見《宋書·禮志》。

開年　《庾信集》：「開年寒盡。」

花甲　《唐詩紀事》：「手挼六十花甲子。」

世　《曲禮》：「去國三世。」釋文引盧、王云：「世，歲也。萬物以歲爲世。」《荀子·儒效》：「千世之傳。」《韓詩外傳》作「千歲」〔二〕。《漢書·食貨志》：「世之有飢穰。」《漢紀》作「歲有飢餓」。皆聲轉字通。今言歲數曰世。

日著　賈誼《新書》：「日著以請之。」〔三〕亦作日腳。

〔一〕對切：原誤作「也」，據《廣韻》改。
〔二〕外：原誤作「非」。
〔三〕請：原誤作「著」，據《新書》改。

日子　陳琳《檄吴將校部曲文》〔一〕：「年月朔日子。」《南史·劉之遴傳》：「年月日子。」《隋書》袁充《表》：「歲月日子。」

月邊　《公羊》僖十六《傳》：「是月者何？僅逮是月也。」〔二〕何休注：「是，月邊也。魯人語。」

大後日　陸遊《老學庵筆記》：「後三日爲外後日，俗語耳。《唐逸史·裴老傳》乃有此語。」《通俗編》：「今人謂大後日。」

初頭　《傷寒論》：「初頭鞭後必溏。」此頭非人頭義，即初始。是初頭之語已見於漢人。

十外廿外　皆《禮》所謂旬以外。《歐陽文忠集·與姪簡書》：「十頭二十頭。」即十外二十外。

另日　《升庵外集》：「俗謂異日爲另日，只當作令日。」《通俗編》：「《列子》有别日語，另爲别字省。」

昨　《倉頡篇》：「隔日也。」《説文》：「壘日也。」

暫　《韻英》：「蹔，少選閒也。」

早晨　《韻英》：「晨，早時。」

日晝　《説文》：「日之出入，與夜爲界。」

〔一〕陳琳：原誤作「曹操」。
〔二〕何：原脱，據《公羊傳》補。

晚　《説文》：「莫也。」《養新録》：「古音晚重脣，今吴音猶然。《説文》：『晚，莫即暮也。』」

昏　《説文》：「日冥也。」

上頭　《元史・泰定帝紀》：「上頭，數年之間。」今又言當頭。

年頭月尾　見《唐書・楊瑒傳》。

三日三夜　《史記・孟荀列傳》。

半夜三更　見《宋史・趙昌言傳》。

登時　見《後漢・方術傳》。

見在　《周禮・御史・槀人》注及《史記・齊悼惠王世家》。

上澣、中澣、下澣　《唐書・劉晏傳》作休澣。白居易詩：「公假月三旬。」韋應物詩：「九日馳驅一日閒。」唐制，十日一休沐也，漢則五日。《史・萬石君傳》：「每五日洗沐。」

上元、中元、下元　《隋書・地理志》始言三元，七月半盂蘭盆。又見《顔氏家訓》。

擇日　《論衡》「譏日」「辨祟」等篇詳之，《墨子》《史記》各言日者。

祥年　見陸容《菽園雜記》。

當大六月　《焦氏易林》：「當夏六月。」夏，大也。

分歲　《風土記》：「除夜分歲。」

秋厄伏　伏如古音，音匐。

月晦　《周髀算經》置小月二十九日，大月三十日。《語類》：「月生時，大盡則初二，小盡則初三。」

望　《釋名》：「月大十六日，月小十五日。」

月半　《儀禮》：「月半，不殷奠。」《祭義》：「朔月，月半。」是望也。《釋名》：「望月，滿之名。」「弦月，半之名。」則又以月體半明言之。

小年　文信國《指南録》有十二月二十四日詩，注云：「小年夜。」

小陽春　《詩·采薇》：「歲亦陽止。」《爾雅》：「十月爲陽月。」《初學記》：「十月曰小春之月。」〔一〕十月天時和暖似春，故曰小春月。

人日　《北史·魏收傳》引董勛《荅問》：「禮俗，正月七日爲人。」《通俗編》：「今又曰八日爲穀，九日爲蠶，不見出處。」案，今又言七人、八穀、九天、十地，亦不見出處，豈以《易傳》「天九地十」乎？

中秋　《蓬島樵歌注》：「象邑以八月十六日爲中秋，相傳改自宋宗藩，或云史越王。」

早起三朝當一工　宋樓鑰詩。

十月中，梳頭洒面當一工　《吴下田家志》：「十月無工，只有梳頭喫飯工。」

暍　《説文》：「傷暑也。」《字林》：「傷暑也。」傷熱也。

〔一〕　月：原脱，據《初學記》所引補。

煖《説文》《韻集》：「温也。」乃管切、乃卵反。今言煖，煖亦温，而本音况爰切，當作煖。

烔烔《埤倉》：「熱皃。」案，《詩》：「蘊隆蟲蟲。」《韓詩》作「烔烔」。

乾《字樣》本音虔，今借爲乾濕字。《説文》暵、晞、炕、燥，並訓乾。

焅《説文》：「旱气也。」苦沃切。今言酷熱，實焅字[一]。

爆《廣韻》：「火裂。北教切。」

冷《龔牖閒評》：「冷字二音，一音魯打切，一音魯頂切。」今音如魯打切。

瀞《説文》：「冷寒也。」七定切。今言冷瀞瀞。又清，寒也，亦七正切。

昉纔《公羊》隱二年《傳》注：「昉，適也。齊人語。」亦作方。《廣雅》：「方，始也。」朱子《苦雨》詩：「纔方欲住又滂沱。」今言方纔。

當即古樂府《焦仲卿詩》：「登即相許和。」即今言當即一聲之轉。

豫先見《史記·酷吏傳》。

見在見《列子·仲尼篇》。又見上。

熱湯湯見《釋名》。

煖烔烔《廣雅》：「烔，熱也。」

[一] 焅：原誤作「焙」。

寒瘖瘖、熱㲲㲲　並見《廣韻》。

終究　《傳燈録》「究竟如何」「畢竟如何」。牡牧詩作「至竟」，皆同意。

實年　《攻媿集》：卷一百三。「投卷必以實年。」此爲今人言册年、實年之始。《容齋隨筆》有真年、官年之别，真年即實年也。

來月　始見《説苑·尊賢》。

上八、中八、下八　諺：「上八晴，好年成。中八晴，種得成。下八晴，好收成。」又正月初九日爲上九。

冬至數九　諺：「一九二九，相唤不出手。三九二十七，簷前吹觱篥。四九三十六，夜眠如鷺縮。五九四十五，窮漢街頭舞。案，至立春。六九五十四，笆頭出嫩刺。七九六十三，布衲兩頭攤。八九七十二，黄狗揀陰地。九九八十一，犂耙一齊出。」又諺：「冬至月頭，賣了被買牛。冬至月尾，賣了牛買被。」《蓬島樵歌注》：「此以立春遲早，卜天氣之寒煖，計耕事之緩急。」俗以立春日在十二月中爲短春，在正月望爲長春。

夏至數九　諺：「一九二九，扇子弗離手。三九二十七，吸茶如蜜汁。四九三十六，拭汗如出浴。五九四十五，樹頭秋葉舞。六九五十四，乘涼不入寺。七九六十三，夜眠尋被單。八九七十二，披衣添薄絮。九九八十一，家家打炭墼。」

釋地

山峧　峧當爲嶅。《廣韻》：「嶅，五鎋切。山中絶皃。」《字典》無峧。

山岡　《爾雅》：「山脊，岡。」

山頂　《韻英》：「峯，山頂。」

山脅　《淮南子・原道訓》：「山岬。」《水經・河水》注引許注曰：「岬，山脅。」今脅音轉如雀，或言山雀。

崖　《韻英》：「高岸。」《説文》：「高邊也。」

山嶺　《説文新附》：「山道。」

嶼　《韻英》：「海中山也。」《説文新附》：「島也。」

礁　《字典》無之。《高麗圖經》：「小於嶼而有草木曰苫。如苫嶼，而其質純石者曰焦〔一〕，清州海中有雙女焦。」是其字作焦。

崛　《説文》：「崛，山短高。」

河　《莊子・外物》：「自淛河以東。」釋文：「北人名水皆曰河。」案，既曰淛河，則浙江人名水亦曰河矣。《漢書・司馬相如傳》注：「冀州凡水大小皆謂之河。」今縣中小河皆溏也。《廣韻》：「溏，池。」

港　《字略》：「水分流也。」《説文新附》：「水派也。」《説文》：「𠂢，水之衺流，別也。」

〔一〕曰：原脱。

田頭　古言田首，見《考工記》。

地頭　《唐書·食貨志》有地頭錢。《朱子語類》：「虛説此箇地頭。」

坊　《聲類》：「別屋。」《説文新附》：「坊，邑里之名。古通用堂。」堂爲防之或字。

邨　《説文》：「地名。」此尊切。鉉曰：「今俗作村。」《廣韻》：「村，墅也。」《唐令》：「在田野者爲村。」

堡　《聲類》：「高土。」《説文》：「堢，保也。高土也。」

䣊　《説文》：「里中道。巷〔一〕，篆文，省。」

街　《説文》：「四通道。」

䣞　《説文》：「國離邑。」今言鄉。

隩　《説文》：「墺，四方土可居也。」《漢書·郊禮志》師古注：「土之可居者曰隩，音於六切。」今言如奥。

坪　《説文》：「地平也。」

墩　《爾雅》「敦丘」注：「今江東呼地高堆者爲敦。」《廣韻》：「墩，平地有堆。」

𡊣　《廣韻》：「地名。丑凶切。」今縣有地名南𡊣，字作宂，非。

〔一〕巷：原誤作「巷」，據《説文解字》改。

㕓《集韻》：「呢洽切。㡅㕓，隘也。」今縣有地名伊家㕓，音如塔。

底《説文》：「山居也。」今有村名隩底，得此古義。

坵《匡謬正俗》區、丘音不別，今江淮田野之人謂區爲丘。

磡《廣韻》：「巖厓之下。」

甿《説文》：「甿，境也。一曰陌也。」胡文英《吴下方言考》：「田中徑曰田甿。」

窵角《説文》：「窵窅，深也。」又作逴。《説文》：「逴，遠也。」《楚辭·九章》：「道逴遠而日忘。」

伏《廣韻》十四泰：「伏，地名，在海中。徒蓋切。」今言地曰一伏、二伏。

疄《廣韻》：「田隴。」又：「疄，菜畦。」並力珍切。《集韻》：「堎，土壠。力準切。」《説文》：「堅，土稜。」[一]陸龜蒙詩：「我本曾無一稜田。」稜爲棱之俗字。杜甫：「塹抵公畦棱。」注：「京師農人指田遠近多曰幾棱。」棱讀去聲。《韻會舉要》：「農人指田遠近多少曰幾稜，音魯鄧切。」

夆《説文》：「夆，相遮要害也。從夂丰聲。」《廣韻》：「胡蓋切，相遮也。」今作卡，俗字。《字彙補》音雜，關隘地。今音轉如苦買切。

[一] 棱：《説文解字》作「稹」。

垻　《廣韻》：「必駕切。蜀人謂平川爲垻。」今作壩。

碶　《字典》無之，始見劉攽《象山西谷記》，又王安石《鄞縣經行記》。《記》云：「碶夫鑿石。」後奉化有《方勝碶記》，紹興六年。鄞有趙孟河《雲龍碶記》。大德十一年。

岔路　方以智《通雅》：「山岐曰岔，水岐曰汊。」二音同。岔字始見《集韻》。亦作差路。《韻會小補》引唐人詩：「枯木巖前差路多。」蘇軾詩：「溪邊古路三叉口。」今亦作叉。

谿　《説文》：「山瀆無所通者。」案，《爾雅·釋山》：「山豄無所通，谿。」而《釋水》云：「水注川曰谿。」字亦作溪。

堤閼　《漢書·召信臣傳》：「起水門堤閼。」《説文》：「閼，遮擁也。」今作堰。

塘　《埤倉》：「長沙謂堤爲塘。」《韻英》：「塘，隄防也。」《説文新附》：「塘，隄也。」又《説文》：「隄，塘也。」《廣韻》作隚。

水勃　《水經注》：「《巴峽歌》：灘頭白勃堅相持。」今言泡口勃。又《茶經》：「凡酌茶置諸盌，令沫餑均。」餑，亦沫之厚者。《漢書·藝文志》注：「泡，水上浮漚。」

土凷　《三倉》：「凷，土塊也。」《漢書·賈山傳》注：「東北人名土塊爲蓬顆。」《説文》：「凷，墣也。」塊或從鬼。

礅硶　《廣韻》十九鐸：「石聲。」礅音郭。硶，盧穫切。今象音轉入平聲。

海洋　趙令畤《侯鯖録》：「山東謂衆多曰洋。《爾雅》：『洋，多也。』《鶡冠子·秦鴻》篇：『開原流洋。』陸佃注：『若今海之有洋。』」是宋人已有海洋語。《三倉》：「洋，大水貌。」《廣

俗瀰從隹。」

沙灘　《三倉》：「磧，水中沙灘。」《説文》：「沙，水散石也。」「瀰，水濡而乾也。俗瀰從隹。」

漳　《説文》：「水朝宗於海。從水朝省。」鉉曰：「隸書不省，作潮。」

塗　《説文》：「涂也。」力嶂切。今言隴。《説文》：「壠，丘壠也。」

堪　《説文》：「地突也。」又：「坎，陷也。」兼高下言之，今言地坎。

井花水　《蓬島樵歌注》：「俗以井泉曰井花水。」

水孔　《書》鄭注：「九江從山谿而出，其孔衆多。」《説文》：「空，竅也。」音如孔。

馬頭　《晉書·地理志》武昌鄂縣有馬頭。《程途一覽》南宮爲旱馬頭。

矴步　《説文》：「砯，履石渡水也。」《廣韻》：「矴，矴石。丁定切。」今言名矴步。

地方　《晉書·懷帝紀》：「蒲子地方。」

當方　《周書·大行人》疏：「當方諸侯。」

上頭　見《毛詩》箋及古樂府。

旁邊　見徐陵《雜曲》。

當境　元至正二十一年，臨海立《當境徐府君廟記》。

水口　《方言》汭，注：「水口也。」《楚詞》注：「夏首，水口也。」

汥洇　《蓬烏樵歌注》：「俗於鄰田通水曰汥洇。」王盤《農書》：「塘堰之水，必置洇竇，以便通洩。」

步頭　韓昌黎《羅池廟碑》：「步有新塘。」柳子厚《鐵鑪步志》：「江之滸，凡舟可縻而上下曰步。」今俗作埠，始見《宋史》。《青箱雜記》：「嶺南謂水津爲步，有罾步，有船步。」

埳坑　《倉頡篇》：「埳坑曰穽。」又：「埂，小坑也。」《説文》：「臽，小阱也。」坑，鉉曰：「今俗作坑。」

窖　《説文》：「窖，地藏也。」《韻英》：「穿地藏物。」

塔　《字苑》：「佛堂也。」《説文新附》：「塔，西域浮屠也。」

塌　《廣韻》：「墮也。」

十字街　見《北史·李庶傳》。

火燭　隋煬帝后妃令司掌燈火燭。

塳塵　《集韻》：「塳，塵。」又埄勃，煙塵雜起貌。

坌　《説文》：「坋，塵也。」今作坌，蒲悶切。坌土，亦言坌開。

炱煤　《廣韻》：「灰集屋。」又：「塺，塵也。」皆莫杯切。

埃　《通俗文》：「灰塵曰埃。」

土苴　《莊子·讓王》篇釋文：「苴，側雅反。」《説文》：「揟，取水沮也。」水沮猶土苴。今俗作渣。《訂譌雜録》：「土音姹，苴音鮓，謂糞草、查滓、糟粕之類。」

滑澾 《説文》：「泰，滑也。」本音他達切，故言水潦曰滑澾。《楚詞集注》：「突梯，滑澾貌。」《漢天井道碑》：「夏雨滑汏。」汏同泰。又見皮日休《苦雨》詩。

窊 《韻詮》：「下濕地。」或從洼作窪。

漲 《韻詮》：「水洪大。」《文選・江賦》注：「水大之貌。」邱希範詩注：「沙始起將成時。」

濅 《廣韻》：「漸也，漬也。」子朕切，又子鴆切。今作浸。《韻英》：「浸，漬也。」没於水也。

澄 《廣韻》：「小水相益。」或作鼟，台鄧切，又他登切。

坍 《廣韻》：「水衝岸壞。他酣切。」

淋 《説文》：「以水沃也。一曰山下水貌。」力尋切。《廣韻》：「以水沃。」

渧 《廣韻》：「瀝漉也。」《集韻》：「一曰滴水。」《通俗文》：「霝滴謂之瀝渧。」《埤蒼》：「滴，瀝漉也。」

灡 《越語肯綮録》：「越鄉以物浮水曰灡，音探。」案，《廣韻》：灠、郎紺切。灡，他紺切。浮皃。

氽 《字林撮要》：「人在水上爲氽，人在水下爲休。」《纂文》休，古溺字。《説文》：「休，没也。」奴歷切。《桂海虞衡志》：粤中俗字有氽，云「人在水上」。《字彙》氽音土墾切。《俗書刊誤》又有氽字，温去聲，如搵。《七修續稿》：「氽音吞上聲。」

濽 《説文》：「汙灑也。一曰水中人。」今言打濽，俗作賸。《韻英》：「濺，濺水。」

蘸　《説文新附》：「以物没水也。此蓋俗語，斬陷切。」《廣韻》莊陷切。

涿　《説文》：「流下滴也。昿，奇字涿。」

涴　《廣韻》：「烏臥切。泥著物也。」亦作汙。

鹼　《説文》：「鹵也。」今以稻草、豆稭灰淋汁取之。北方有鹼。《正字通》：「俗以竈灰淋汁曰鹼水。」

糞坑　《韻英》：「廁溷也。」棄穢糞坑也。

鬼火　《説文》：「兵死及牛馬之血爲粦。粦，鬼火也。」

神燈　《約園初筆》引《草木子》云：「神燈，山之精英之氣，發爲光怪耳。」又《亭林文集·五臺山記》：「山中雨夜，時吐光焰。」王逸《九思》：「神光兮熲熲，鬼火兮熒熒。」

釋人 名稱

祖公　《顏氏家訓》：「齊朝士子，皆呼祖僕射爲祖公，全不嫌有所涉也。」

太公　《史記·齊世家》。又《南史》太翁，即太公。

公　《廣雅·釋親》：「公，父也。」今人呼王父曰公公。《漢書·賈誼傳》：「與公併踞。」是婦呼舅。《吕覽》：「問公，次及父母。」《顏氏家訓》：「昔侯霸之孩稱其祖父曰家公。」〔一〕《慎子》：「不瞽不聾不能爲公。」〔二〕

〔一〕侯：原誤作「候」。

〔二〕爲：原脱，據《慎子》補。

婆　《玉篇》：「婆，母也。」今人呼王母曰婆婆。又爵溪人呼嬭嬭，《廣雅·稱親》嬭，又奴解切，母也。《説文》媻，鉉曰：「今俗作婆，非是。」《廣韻》：「婆，老女稱也。」晉樂府：「後來新婦今爲婆。」是婦呼姑。

爺　《玉篇》父部：「爺，以遮切。俗爲父爺字。」今又呼祖父爲爺爺。古詩作耶。

爹　《廣雅·釋親》：「爹，父也。」《廣韻》：「爹，北方人呼父。」其音皆徒可切。今轉平爲丁邪切。《廣韻》九麻：「爹，羌人呼父也。」《鄞縣新志》引《説文》：「爹，父也。」《説文》無此字，見《廣雅》。《玉篇》：「爹，屠可切。父也。」又陟斜切。《通俗編》謂《集韻》始增有陟邪一切，非是。

爸　《廣韻》：「爸，父也。蒲可切。」今土人轉音如碑佳切。韓文：「阿爹阿八。」八爲平聲。

媽　《玉篇》：「媽，莫補切。母也。」《集韻》《類篇》引《廣雅》同。石浦人呼祖母。

毑　《廣雅》：「母也。」《新方言》：「今音如毑。」石浦人正同此音。《玉篇》毑、她，同姐。又祥預切。又㛂，是支切。《説文》：「江淮之閒呼母爲媞。」

孃　《玉篇》：「女良切。母也。」南北史、《唐書》並作孃字。高宇泰《敬止録》稱「母曰娘」，娘字非是。娘，少女之號。《輟耕録》又云：「娘字，俗書也。今通爲婦女之稱。穩婆曰老娘，娼婦曰花娘，婦人卑賤者曰某娘、幾娘，鄙之曰婆娘。」案，《輟耕録》謂古無娘字，亦非。夫娘之名，亦已見釋法琳《辨正論》。

姆　《説文》：「娒，女師也。」《玉篇》：「姆，女師。」又：「姥，老母也。」今以呼伯母。又呼夫之兄婦。

嬸　《集韻》：「俗謂叔母。」《正韻》又呼夫之弟婦，式荏切。張耒《明道雜録》：「嬸字乃世母二合呼。」吕祖謙《紫薇雜記》以母母與嬸對，言母母即姆，兄婦也。

伯翁、叔翁、伯婆、叔婆、媳婦、外翁、外婆、丈人、丈母　並見宋慶元六年龔大雅《義井題記》。

婈　《爾雅·釋親》：「女子謂兄之妻。」《説文》：「婈，兄妻也。」《玉篇》：「蘇老切。俗又作嫂。」

姨　《爾雅》：「妻之姊妹，同出爲姨。」今又呼從母爲姨母，見《漢·霍光傳》注。

姬　《漢書·文帝紀》如淳注〔一〕：「姬音怡，衆妾之總稱。」《玉篇》姬，又弋之切。今人以呼姬妾。《敬止録》：妾曰姨，父妾曰姨娘。作姨字誤，然《南史》已作姨。

姊　姊作姐，非也。《説文》：「蜀人謂母曰姐。」音兹也切，非將几切之姊。司空表聖詩：「姊姊教人且抱兒。」《能改齋漫録》：「姐，子也切，近世多以女兄爲姐。」

妹　女弟。

同胞　《漢書·東方朔傳》：「同胞之徒。」

〔一〕帝：原脱。

同堂　《通典》宋庾蔚之曰：「今人謂從兄、昆弟爲同堂。」

兒女　《公羊疏》：「妻者，己之私。」今人謂妻爲兒母。

大伯、小叔、小大。大姑、大娘。小姑小娘　《知新録》：「兄公，今稱大伯。叔，今稱小叔。女公，今獨大姑〔一〕。女妹，今稱小姑。」案，今又稱小叔曰小大，大姑、小姑曰大娘、小娘，娘音如姎。朱文公祭亡妹五十六娘。《容齋三筆》：「婦人呼夫之兄爲伯，於書無所載。」案，《五代史補》李濤弟澣婦參濤曰：「新婦參阿伯。」此其證。

遺腹子　見《淮南・説林訓》。

孩兒　《書・康誥》孔傳：「如安孩兒赤子。」

族長　見《儀禮》。

古老人　見《書・無逸》傳。

阿哥　《説文》：「周人謂兄曰罤。」《晉書・吐谷渾傳》謂兄曰阿干。罤、干與哥皆雙聲。《廣韻》：「哥，古作歌字，今呼爲兄。」唐人稱大哥。

阿大　《晉書・列女傳》：「一門叔父，則有阿大中郎。」今以呼叔，則大音如徒帶切。亦或以呼兄〔二〕，則大音如徒可切。

〔一〕獨：疑爲「稱」之訛。

〔二〕以：原誤作「从」。

小奼　《説文》：「奼，少女也。」音坼下切。今通呼小孩，如《廣韻》音陟駕切。今又言小娑。《廣韻》：「娑，斯氏切。小兒。」

小息　錢心溪詩集注：「邑人呼息如細。」邑注作小細，非也。《尸子注》：「息，小兒也。」台州方言呼息老。案，今亦有細老之語。

舅公　姜宸英《湛園札記》：「郭况族姊爲光武皇祖考夫人，光武謂况大舅，今稱舅公。」

外甥　見《後漢書·种暠范滂傳》，非《釋名》「妻之晜弟曰外甥」。

外孫　女子之子。見《爾雅》及《儀禮注》。

丈人　《三國志·蜀先主傳》注：「董承，漢靈帝母董太后之侄，於獻帝爲丈人。」古無丈人之名，故謂之舅。是丈人本稱祖母之姪。《恒言録》：「裴注所言丈人，唐人謂之表丈人，今人所謂表叔耳。」今以稱妻父。《顔氏家訓》：「命子拜伏，呼爲丈人，申父友之敬。」柳宗元《祭楊憑》文自稱子壻，稱憑丈人。《野客叢書》俗稱婦翁爲丈人。韋執誼爲杜黄裳壻，亦稱黄裳丈人。《能改齋漫録》以妻父爲丈人，本於漢單于所謂「漢天子，我丈人行」也。

泰山　《酉陽雜俎》：「泰山有丈人峯，故丈人謂之泰山。」

丈母　《顔氏家訓·風操》篇：「中外丈人之婦，猥俗呼爲丈母，士大夫謂之王母。」謂母云是丈母，非稱妻母。唐柳宗元祭獨孤氏丈母，韓湜稱元佐母爲丈母，皆長老之婦通稱。後人以妻父稱丈人，故沿稱妻母爲丈母。見朱翌《猗覺寮雜記》。

甥　《瞥記》引《唐書·朱延壽傳》：「妻之弟爲甥。」《恒言録》：「妻之兄弟爲甥，後世名甥，蓋從其子女之稱耳。」

半子　劉禹錫《祭陽庶子》文：「乃命長嗣，爲君半子。」

姑夫　始見《三國志·李恢傳》。

姨丈　《左傳》姨稱妻之姊妹，同《爾雅》。

連襟　《嬾真子》：「友壻，江北人呼連袂，亦呼連襟。」

姊夫、妹夫　見《釋名》，《後漢·耿秉傳》曰姊壻，《胡母班傳》曰妹丈。

妗母　《集韻》：「俗謂舅母曰妗。巨禁切。」《明道雜録》：「妗乃舅母字二合呼。」

親家　《集韻》：「婚姻相謂爲親，七刃切。又作䞓。」《韻會》：「今世俗謂姻家爲親家。」《輟耕録》：「二字見《唐·蕭嵩傳》。」《恒言録》：「親家公，見《隋·李穆傳》。親家翁，見《房陵王勇傳》。盧綸詩：『人主人臣是親家。』已作七刃切。」

親眷　見《三國志·毛玠傳》，又鮑照詩：「復與親眷違。」

婘屬　見《史記·樊噲傳》，索隱：「婘，音眷。」

表兄　始見《舊唐書·崔湜傳》。

表弟　見《宋史·文同傳》。

表姪　《唐徐浩碑》：「表姪張平題諱。」杜甫有《送重表姪王砅》詩。《朱文公集》有從表侄。

姐　《文選》繁休伯《與魏文帝牋》「謇姐」注：「姐，子也切。」吳曾《能改齋漫録》引此謂「漢魏婦人已稱姐」。今言小姐。朱有燉《元宮詞》〔一〕：「知是嫫嫫小姐來。」《夷堅志》有散樂林小姐。曲園《改吳》云：「今俗以爲仕宦家女之稱。」

妠　同上牋「史妠」注引《聲類》曰：「妠，奴紺切。」今言女兒曰妠，女郎爲姑。妠不當作奶。亦作娜。《宋史・列女傳》童八娜，《咸淳臨安志》有張娜兒橋，又《姑蘇志》：「俗呼女兒曰孥兒。」孥字音如拏上聲，不知其字爲妠也。

太夫人　《漢書・文帝紀》：「今列侯太夫人、夫人。」杜詩：「起居八座太夫人。」

夫人　白樂天詩：「惟有夫人笑不休。」

大老　《孟子》。

先生　《禮記》鄭注：「老人教學者。」

平民　《書・呂刑》《周禮・太宰》注。

卬、吾、我　本《爾雅》：「卬、吾，我也。」《説文》：「吾，我，自稱也。」「我，施身自謂。」

唔　汝爲唔，始見《紀效新書》。

你㴾　樓鑰《攻媿集》〔二〕：「上梁文《兒郎偉》猶言兒郎㴾。」敕局盜案：俗語云「我隨你㴾

〔一〕朱有燉元宮詞：原誤作「元朱有燉宮詞」。
〔二〕鑰：原脱。

去」，即俗言你們。《元典章》作他每、那底每。

你　《廣韻》：「乃里切。秦人呼傍人之稱。」始見《隋書·李密傳》《五行志》。

女客　《玄怪録》：「邀有女客。」

人客　杜甫詩：「問知人客姓。」白居易詩：「腰痛拜迎人客倦。」

孀　《玉篇》：「寡婦。」《淮南子》「脩務」「原道」言之。

大相公　見《舊五代史·末帝紀》。《直語補證》：「俗稱士人年少者曰相公。」

官人　見《韓昌黎集·王適墓志銘》。

小　《詩·邶》傳：「小，衆妾。」《漢·枚乘傳》小妻。《元后傳》小婦。

偏房　見《列女傳·頌》。

東道主　《左傳》僖三十年。

東家母　《淮南子·説林訓》。

當家人　《史記·始皇紀》：「百姓當家，則力農工。」王建詩：「不是當家頻向説。」

主人翁　《史記·范睢傳》。

大房、小房　見《唐書·宰相世系表》及《舊五代史·李專美傳》。

房分　見《魏·太武五王傳》。

家主婆　本《南史·張彪傳》家主。

家長　見《毛詩》傳、《管子》《墨子》。

客作　《越語肯綮録》：「今人指傭工之人爲客作。三國時，焦先飢則出爲人客作〔一〕，飽食而已。」又《能改齋漫録》：「凡言客作兒者，傭夫也。」陸遊詩：「陂塘移稻客相呼。」注：「鄉中謂傭工者爲客。」

作頭、副作頭　《元史·河渠志》有造船作頭，《金史·百官志》有脩内河作頭、國子監雕字匠人作頭、副作頭。

工匠　《説文》：「匠，木工也。」《方言》：「土作謂之杍，木作謂之柚。」

司父　《勸戒近録》自注：「俗呼做活計人爲司父。」《敬止録》：「凡工作人皆謂司務，其徒則呼爲司父。」

徒弟　《莊子》司馬注同，此徒弟所出。

賈　《説文》：「行賈也。」「賈，市也。一曰坐賣售也。」今皆借商字。

故工　《史記·馮唐傳》集解：「故行，不行。」索隱：「故與雇同。」雇，實故之借字。《説文》：「故，使爲之也。」《漢書·食貨志》《鼂錯傳》作顧，亦借字。《説文》：「賃，庸也。」俗作傭工。《史記·平準書》作雇。

〔一〕先：原誤作「光」，據《三國志》改。

長工、短工、忙工　都卬《三餘贅筆》：「長工，久傭於人。短工，暫傭。插蒔時曰忙工。」

牙儈　《聲類》：「合市人也。」《説文新附》：「儈，合市也。」

市牙　見《舊唐·食貨志》。

牙郎　見《安禄山傳》。

牙子　見《盧杞傳》。

販子　《韻英》：「販，買賤賣貴也。」《説文》同，也字作者。

主故　《日知録》：「市井人謂頻相交易者爲主顧。《後漢書》有主故字，故訛爲顧。」

駔　《廣韻》：「會馬市人。子朗切。」今音轉如主。主人，亦見《盧杞傳》。

三姑六婆　《輟耕録》：「尼姑、道姑、卦姑，牙婆、媒婆、師婆、虔婆、藥婆、穩婆。」

張三李四　王安石詩、《朱子語類》。

單夫隻妻　見《齊民要術》。

老爺　始見《元史·董摶霄傳》。

中人　古樂府：「人之仕進待中人。」又《魯褒傳》亦云：「仕無中人。」《晉書·李密孝友傳》亦言：「有因有緑，官無中人，不如歸田。」〔一〕案，古言居閒者，見《史記·游俠傳》。

〔一〕如：原誤作「知」，據《晉書》改。

小的　《吴越備史》有入内小底，即小的。又見宋、遼《史》。

債主　見《後漢書·陳重傳》。

本音　今人言姓爲音。《南齊書·輿服志》：「永明初，伏曼容議三代服色〔一〕，以姓音爲尚。」「周顒議：三代姓音，古無前記。」又《祥瑞志》：蘇侃釋《尚書中侯》曰：「角姓，合音之於蕭。」角姓也，是六朝人説姓音。《唐書·吕才傳》詳闢其非。《論語諳術》：「宅有五音，姓有五聲。」

老大　古樂府：「老大徒傷悲。」今言船人曰老大。

後生　見《論語》，又鮑照詩：「寄語後生子。」

火計　《宋書·孝義傳》：「卜天生爲隊將，十人同火。」與《唐書·兵志》同。《木蘭從軍》詩：「火伴相驚忙。」今言火計。

火頭　《南史·卜天與傳》：「十人同火。」《唐書·兵志》：「府兵十人爲火，火有長。」《通俗編》：「火伴，火計。今或作夥、作伙，皆非。」《宋史·食貨志》有火頭，亦見《南史·何承天傳》。

水手　見《通典》。

貨郎　文嘉《嚴氏書畫記》有《貨郎》八軸、《貨郎擔》十四軸。

〔一〕伏：原誤作「伏」，據《南齊書》改。

行販　《晉書・載記》：「行販洛陽。」〔一〕

短子看戲　《語類》：「見人道好，它也道好。」

奴才　始見《晉書・載記》，又見《唐書・郭子儀傳》。

手下　《三國・吴志》注引《江表傳》。

好漢　見《舊唐書・狄仁傑傳》。

敗子　見《史記・李斯傳》。《七修類稿》：「敗子，乃是稗草之稗。《寳積經》説僧之無行者曰『譬如麥田中生稗子』。」

下流　《論語》。

女生外向　《白虎通》有從夫之義。

惰民　祝允明《猥談》：「丐户，俗謂惰貧。」《紹興府志》墮民。屠本畯有《惰民猥編》。《敝帚軒剩語》：「浙東有丐户，俗名大貧。」

無賴　《漢書・高祖紀》晉灼曰〔二〕：「謂小兒多詐狡獪爲無賴。」《漢・季布傳》「贊」作無俚，俚賴雙聲。

脿子　《輟耕録》：「賤倡濫婦之稱。」《集韻》作婊子。《字典》：「俗呼娼家爲婊，又作表子。」

〔一〕販：原誤作「傳」，據《晉書》改。
〔二〕漢書：原誤作「史記」。晉：原誤作「普」。

雜種　《後漢》度尚、馬融傳並云「雜種蠻羌」，《晉書·前燕載記》：「蠢兹雜種。」

衆生　見《莊子·德充符》。又《傳燈録》：「舉足即佛，下足即衆生。」《翻譯名義集》：「《漢書》中衆生去呼，釋氏相承，平呼。」案，《廣韻》衆有職戎切一音。

畜生　《漢書·劉寬傳》駡曰畜産〔一〕。《隋書·后妃傳》：「畜生，何足付大事。」

蠱怪　《易林》：「老狐多態，行爲蠱怪。」〔二〕

妖精　《隋書·五行志》。

拆字　《隋·經籍志》破字訣，《通志·藝文略》相字書，皆拆字也。

風水　《史記·日者傳》有堪輿家，宋陳振孫《書録解題》：「江西有風水之學。」

扶乩　《説文》：「卟，卜以問疑也。」〔三〕《類篇》收乩字，爲卟之或體，亦作扶箕。

潑皮　《元典章》：「惡少潑皮。」

行頭　《周禮·肆長》疏：「若今行頭。」

油頭　黄山谷詩：「未嫌滿院油頭臭。」

艮頭　《輟耕録》：「杭人好爲隱語，朴實人曰艮頭。」今言艮古頭。

〔一〕書：原誤作「漢」。

〔二〕態：原誤作「熊」，據《易林》改。

〔三〕卟：原誤作「叫」，據《説文解字》改。

棍　李紳詩序：「閭巷惡少年謂之打棍。」《日知録》：「把棍，今言光棍。」

嫖　《癸巳存稿》：「挾妓曰嘌，起於宋，俗寫作嫖。亦作闞，曰女票拘魂，入門即敗。」

釋人 性質

痽　《廣韻》：「癡貌。敕加切。」今言如鉏加切。

儗　《廣韻》：「懛，他代切。儗也。海愛切。」今言儗頭。又憨，癡也，呼談切。

佁、懛　又嬯，遲鈍也。《説文》：「佁，癡貌。讀若騃。」佁即懛。《方言注》：「駑鈍貌。」今言佁子，亦言奤子。《倉頡篇》：「騃，無知也。」《説文》騃，五駭切。廣韻同，癡也。《七修類稿》：「癡人爲懛子。或書獃、騃二字。《説文》：『騃，馬行仡。』《韻會》：『騃，病也；癡也。』《海篇》載懛、獃二字，義同騃字。皆俗字。」案，《廣韻》懛、獃，皆丁來切。剴，五來切。懛剴，失志貌。獃癡，象犬小時未有分別。以爲俗字亦誤。

戇　《説文》：「愚也。涉絳切。」今言如撞。又如充上聲，《聲類》丑巷反。

顡　《廣韻》引《説文》：「癡顡，不聰明也。」今本癡，不聰明也，五怪切。今言大顡。又《説文》：「譺，騃也。」五介切。又：「懝，騃也。」五溉切。又《集韻》：「僸，吾含切。不慧也。」今皆作呆。《類篇》：「呆，同槑省，或作某，通作梅。」俗以爲癡獃之獃，誤。

鯫　《漢書·張良傳》「鯫生」注：「士垢反，小人也。」今言鯫頭。誤作壽頭。《史記·留侯世家》索隱：「鯫音趨勾反。」今亦言鯫頭。誤作湊頭。

辟　《方言》：「凡罵庸賤，或謂之辟。辟，商人醜稱也。」今音如僻。

惷　《倉頡解詁》：「愚無所知也。」亦鈍也。《説文》：「惷，愚也。」「惷，亂也。」

禺　《説文》：「愚，從心從禺。獸之愚者。」牛具切。《山海經注》：禺，説者不了，乃作牛字。今言人性牛，實禺之轉。

慢　《説文》：「惰也。」今言慢，又音轉爲莫，即木。《論語》木訥。《漢・地理志》民質，質，木。《史記・灌夫傳》正義：「今俗云人不辨事曰杌杌若木人。」

娝　《説文》：「不肖也。」匹才切。今言娝子。俗作痞。

花　《方言》：「獪曰蔿。」又云：「蔿，化也。」注爲花。今言人無實曰花，又言花泡。《方言》：「泡，盛也。」又《説文》：「偞，宋衛之閒謂華偞偞。」今亦言花偞偞。

靠　《説文》：「相違也。」《養新録》：「今借爲依倚之義。」《通俗編》：「唐曹松詩：『靠月坐春山。』始以俗語入詩。又史彌寧詩：『人事當先莫靠天。』」

隑　《方言》：「陭也。」〔一〕注：「巨代切。」今言倚靠亦曰隑，亦仗之轉音。《詩疏》：「馮者，可以委仗。」

㥯　《説文》：「謹也。」於靳切。穩从㥯。今言㥯重。《潛夫論》：「行步欲安穩。」杜牧詩：「爲報眼波須穩當。」〔二〕

〔一〕陭：原作「倚」，據《方言》改。
〔二〕穩：原誤作「隱」，據《白氏長慶集》改。

辣辣　《廣韻》：「辣辣，味辛也，桑割切，郎達切。」俗云辣辣，亦曰老辣。

嬥　《廣韻》引《聲類》云：「細腰皃。」今言媌嬥。或作媌條，非。

儇　《方言注》謂：「慧，黠。」《説文》：「儇，慧也。」又：「譞，慧也。」並許緣切。今言豩。二豩，本伯貧切，又呼關切。《漢皋詩詁》：「豩，頑也。」《集韻》：「豩，輕慧貌。」《蓬島樵歌注》：「俗以喆慧者曰豩。」

佳　《説文》：「善也。」今音轉如乖。

𠁁硬　《敬止録》：「强有力曰𠁁硬，𠁁音責。又曰硬傴，筝上聲。」案，《廣雅》：「竫，善也。」《集韻》：「勇悍。」案，《廣韻》：「𠁁，陟革切〔一〕。硬皃。」又云亂九，屈强貌。九音札。

壬　《説文》：「善也。」今亦言壬。他鼎反。又侹，長皃。

釥　《方言》：「好也。」注：「音錯少反。」今言釥如巧。又《集韻》：「俏，好貌。」

婧　《説文》：「有才也。」

歹　《字彙》：「多改切，好之反也。」《字學訂譌》：「俗誤作歺。歺，牙葛切，殘骨也。與歹不同。」《元典章》：「或好或歹。」

魏　《方言》：「能也。」今言會。《傳燈録》：「禮拜也不會。」此會爲能，非宋人言理會。又

〔一〕革：原誤作「責」，據《廣韻》改。

《爾雅》：「衛，嘉也。」

姡　《方言》：「獪也。」〔一〕「凡小兒詐而獪，或謂之婚。」〔二〕《三倉》：「猾，黠惡也。」《韻集》：「猾，狡也。」《字書》：「猾，惡黠也。」《韻英》：「黠，姦猾也。」《方言》：「自關而東謂之黠，亦謂之鬼。」

愞　《三倉》：「奴課切，弱也。」《説文》：「偄，弱也。」

䟄　《廣韻》：「查獲切，黠貌。出《方言》。」今音如賊。

能幹　《後漢書・循吏・孟書傳》：「能幹絶羣。」

鶻伶　王和卿詞：「假聰明，忒胡伶。」《北曲》：「伶俐，謂鶻玲也。」

𦠆力懷切臛仕懷切　形貌惡。見《廣韻》。

子細　《北史・源思禮傳》作子，白居易詩作仔。

騗　《字略》：「躍上馬也。」即今蒙古騗馬技。今作欺騙。《纂文》作䮁。

窳　《字統》：「懶人不能自起。」

兇　《韻詮》：「麤人也。」

〔一〕獪：原誤作「嬒」，據《方言》改。

〔二〕或：原誤作「成」，據《方言》改。

悖《説文》：「誖，亂也。誖或從心。」〔一〕又倍反也。

䦱《説文》：「智少力劣也。」奴禮切。

倢《説文》：「佽也。」

胖《説文》：「大貌。」普半切。《廣韻》：「胮，匹江切。胮肛，脹大也。」〔二〕《五音類聚》：「胮，普邦切。腹脹也。」《集韻》：「胧，薄江切。身大。」《錢大昕文集》：「今人讀胖爲普旺切。」互見疾病。

頜《蓬島樵歌注》：「邑俗語謂醜曰頜。」《通俗編》：「《越語肯綮録》：『人訾物之醜者曰堪。堪者，不堪也，反詞。』今觀《隋韻》知爲頜字，音堪，物醜也。」

伶《説文》：「弄也。」今言人玲瓏，或作伶俐，俐字俗，始見《字彙》。

僄《説文》：「輕也。」又：「慓，疾也。」又：「嫖，輕也。」今言僄亮。

侮《説文》：「傷也。」

嫚《説文》：「侮易也。」

婺《説文》：「侮易也。」

〔一〕誖：原均誤作「悖」，據《説文解字》改。

〔二〕胮肛：原誤作「肛胮」，據《廣韻》改。

醜　《説文》：「可惡也。」

犯　《説文》：「侵也。」

狷　《説文》：「恨賊也。」

慳　《説文》：「掔，固也。」鉉曰：「今别作慳。」

歆　《廣韻》：「不可知。」如惛之不明。

繳　《廣韻》：「迷惑不解理。」

媄　《説文》：「巧也。一曰女子笑皃。」

媆　《説文》：「好也。」鉉曰：「今俗作嫩。」《切韻》又音奴困切。

奸　《説文》：「犯婬也。」又：「姦，私也。」

匽　《説文》：「匿也。」「匿，亡也。」今言逃工曰匽。

謈　《廣韻》：「北教切。謈譟，惡怒也。」〔一〕《字林》：「很也；戾也。」

㑿　《廣韻》：「於教切。很也。」《五音篇海》引《字林》作拗。《肯綮録》：「狠强曰拗。」見《廣韻》，當作㑿。

慅　《玉篇》：「快性也。音燥。」今言人作事速曰慅。

〔一〕怒：原脱，據《廣韻》補。

嬉　《廣雅》：「戲也。」《方言》：「戲或謂之嬉。」《漢房中歌》：「神來宴娭。」字亦作娭。

頑　陳造《田家謠》注：「俗謂嬉爲頑。」

笨　《説文》笨本訓竹裏。《晉書》史疇爲笨伯，《宋書》粗笨，即《集韻》体，音部本切〔一〕，性不慧。《抱朴子·行品》篇言笨人。《朱子語類》言「諸葛孔明只是笨」。

傻　《廣韻》：「傻俏不仁。」《集韻》：「輕慧貌。數瓦切。」《通俗編》：「此即俗言耍。耍字初見《篇海》。」

㛤〔二〕　《説文》：「不媚，前卻㛤㛤也。」失冉切。《吹景集》：「俗謂人來而避曰閃，閃當作㛤。」

䟦〔三〕　《説文》：「輕也。」許月切。《廣韻》：「疾也。」《玉篇》：「走貌。」《字彙補》作魆，俗字。

𡤫　《廣韻》：「徂贊切。不謹也。」今言作事誤曰𡤫。《敬止録》：「作事舛錯曰綻。」未是。《廣韻》又「美好貌」。今言美好亦曰絶𡤫。

睬　《字彙補》：「偢、睬，俗言也，詞家用之。」《北齊書》：「更不採輕霄。」正作採字。

見笑　《莊子·秋水》篇：「見笑於大方之家。」

〔一〕本：原誤作「木」，據《集韻》改。
〔二〕㛤：原誤作「陜」。
〔三〕䟦：原誤作「䟣」。

不中意　見《漢書·酷吏傳》，又《孔光傳》，《晉書·羊祜傳》作不如意。

無落棠　《淮南子》：「日入落棠。」今言無落棠，猶云無歸宿。

落魄　《史》《漢》「酈食其傳」：「家貧落魄，無衣食業。」注：「鄭氏曰魄音泊。」今言落薄。

拏訛頭　《日知録》：「泰昌元年，御史張潑言京師姦宄，有謂之杷棍者，有謂之拿訛頭者。」注：「偵知一人作奸，則尾隨其後，陷人於罪，從而嚇詐金錢。」

高帽子　《北史·熊安生傳》。

照管　見《歐陽文忠集》。

攎掇　見《朱文公集》。又《至正直記》：「攎掇人起屋。攎掇人置玩器。」

安置　見陸象山《家訓》。

發作　《吴志·孫皎傳》，又韓文公《南海神廟碑》。

不耐煩　《南史·庾炳之傳》：「爲人强急而不耐煩。」

不中用　始見《禮記·王制》，又《史記·秦始皇本紀》。

不相干　《論衡》：「男女不相干。」

没雕當〔一〕　朱彧《萍洲可談》：「都下市井謂作事無據曰没雕當。」案，《湛園札記》：「宋市井讀當去聲，吾鄉則入聲。」

〔一〕没：原誤作「汲」，下同。

看三色　《湛園札記》：「五鄉諺語『看三色』。」三色，字出于韓嬰《詩傳》、《吕氏春秋》。

打把勢　林佶《遼金備考》：「遼東打鷹者名把勢，兼衙門行杖。」《直語補證》：「俗謂瞎打把勢。」

打秋風　《暖姝由筆》〔一〕：「今人干謁者，謂之打秋風。」《野獲編》：「都城俗，自遠干求爲打秋風。」《七修類稾》：「米芾札中有抽豐二字，乃知秋風當作抽豐。」

佻儻　《肯綮録》：「麤而不媚曰佻儻。」見《廣韻》。

傝𠑆　《肯綮録》：「不肖曰傝𠑆、闒茸。毾㲪。」見《廣韻》。

調代　《敬止録》：「人閒曰調代。」《鄞縣志》音如調大。

乖剌　《敬止録》：「歪賴，言人放刁，乃乖剌之訛。」東方朔謂人强歪賴，杜欽謂無乖剌之心。

釋人　疾病

毛病　本出徐咸《相馬書》，言馬旋毛之病。《黄庭堅集》言「荆南人毛病」〔二〕，則以言人。

病根　見《後漢·華陀傳》。

痳　《廣韻》：「病也。」音曹。今言痟疾，腹中疾。

疰　《廣雅》：「病也。」今言疰夏。《甕牖閒評》：「浙人有注船、注轎之説。」

〔一〕姝：原誤作「昧」。

〔二〕荆南：原誤作「南荆」，據黄庭堅《刀筆》改。

㥘　《聲類》：「短氣貌。」

㰤　《廣雅》：「欶昏狹切㰤火佳切，氣逆病。」

瘷　《倉頡篇》：「齊郡謂瘷曰欬。」

疥　《説文》：「搔也。」《倉頡篇》：「瘙，疥也。」

癩　《廣韻》：「盧達切。疥癩。」今言疥癩如蛤老，皆音轉。《集韻》：「瘑㾊，疥瘡。」

瘤　《三蒼》：「小腫也。」《通俗文》：「肉肤曰瘤。」《文字集略》：「赤瘤，腫病。」《説文》：「腫也。」

瘇　《説文》：「脛氣足腫。」《通俗文》：「腫足。」《古今字詁》：「瘇今作尰，同。」

皸　《通俗文》：「手足拆裂。」《説文新附》：「足坼也。」《説文》本有瘃，云「中寒腫覈」。《漢書・趙充國傳》：「手足皸瘃。」《莊子》「不龜手」，龜爲皸借字。

皴　《字略》：「皮細起。」《説文新附》同，七倫切。今言皴皮。

皵　杜詩：「手腳凍皴皵。」又皵，《廣韻》「丑格切。皴皵」。今言開皴皵。

㰦　《韻詮》：「嘔吐也。」氣逆胸中病。

胮　《埤倉》：「腹張滿也。」又：「胮肛，腹脹也。」《廣韻》胮脹，匹江切。痒，上同。

淡　阮孝緒《文字集略》謂胸中液也，俗作痰。《廣韻》：「痰，胸上水病。」

癊　《字林》：「心中淡水病也。」《韻詮》：「癊，亦痰病。」《字林》：「癊，心病。」今或作痰飲，非是。

瘦《方言注》謂㝮復也。《廣韻》：「瘦，病重發也。」

痢《字林》：「癘，竹世反。赤痢病也。」然則痢本言白痢。

瀉《廣韻》：「吐瀉。」

㴔[一]《説文》：「腹中有水氣也。」

㾤《廣韻》：「喉中病。苦江切。」今言喉㾤。

𤵸《廣韻》：「當故切。乳病。」今言乳妒，非是。

癘《字林》：女子赤白癘，「下病」。

痳《聲類》：「小便數。」

蠱《聲類》：「蠱物病害人。」《韻英》：「蠱毒媚惑人也。」

瘨《聲類》：「風病。」

㾠《集韻》：「寒病。」

癇《聲類》：「小兒瘨也。」

癉《廣韻》：「火癉，小兒病。」

痲《説文》：「痛病。」今作痲。

〔一〕㴔：原誤作「愁」，據《説文解字》改。

斗擻　《通俗文》斗擻作㲉轂。

風　杜詩：「愈風傳烏鷄，秋卵方漫吃。」又：「卷耳況療風，兒童且時摘。」皆不作瘋字。

麻瘋　《廣韻》：「熱病。」

𤸷痺　《廣韻》𤸷。五還切。今言頑皮，誤。

癀　《廣韻》：「病也。」今言黃胖。《説文》癉、疸並訓黃病，字本作黃。

癆　本訓藥毒，今言瘵病曰癆。

瘄　《字典》引《廣雅》云：「疾也，音未詳。」今《廣雅》無此字。今皆言如麻。

疢　《廣雅》：「病也。」音勑鎮切。今疹字。

疫　《説文》：「民皆疾。」〔一〕

痣　《漢書·高帝紀》注〔二〕：「中國通呼黑子爲黶子，吴楚謂之誌。」〔三〕《廣韻》别有痣，云黑子。

膿　見《聲類》。《説文》本作「𧖮，腫血也。膿，俗𧖮」。訓痛，非此。

脱肛　《文字集略》：「下部病也。」亦作脱疘。

痱瘤　《字略》：「小腫。」今言熱痱，又言小瘤。《説文》：「痱，風病也。」《玉篇》：「瘤，

〔一〕疾：原誤作「病」，據《説文解字》改。
〔二〕帝：原脱。
〔三〕誌：原誤作「痣」，據《漢書注》改。

皮起。」
創　《韻詮》：「疽疥曰創。」《説文》：「刅，傷也。」創或從刀倉聲。鉉曰：「今俗别作瘡。」
瘷　《韻英》：「惡疾。」今又言瘌頭。《廣韻》瘌，痛也；又傷也。《集韻》疥也，俗作㔣。案，又爲瘑。《蒼頡篇》：「瘑，秃也。」《韻集》：「瘡病。」張揖《雜字》作瘑。《淮南子》作疙秃。疙，魚乙切。
疛　《説文》：「腹中急也。」
痒　《説文》：「瘍也。」「瘍，頭創也。」痛痒字始見《三國志·孟光傳》。作癢字用。
瘀　《説文》：「積血也。」
疝　《説文》：「腹痛。」《廣韻》：「疝病也。」
瘚　《説文》：「屰氣也。欮或省疒。」
痤　《素問》：「汗出見濕，乃生痤痱，亦作痤疿。」注：「痱，風癮也。」《廣韻》：「痱，熱生小瘡。」
䟴　《集韻》：「手足膚黑。」《敬止録》：「手生堅皮曰䟴。」案，本字作胝。《史記》禹手足胼胝。《説文》：「胝，腄也。」「腄，瘢胝。」
㾓　《廣韻》：「痛。徒登切。」
虹　《詩箋》：「潰也。」今言瘡欲潰。
癰瘸　見《廣韻》。

癬　《説文》：「乾瘍也。」

痂　《説文》：「疥也。」《正字通》：「痂，瘡弁也。」

瘕　《説文》：「女病。」

瘧　《説文》：「熱寒休作。」〔一〕

痎　《説文》：「二日一發瘧。」今言四日病。

痔　《説文》：「後病。」

殭　《經典釋文》引《字書》：「死而不朽。」

犯土禁　見《後漢書・來歷傳》及《論衡・解除》篇，言解土。

將養　見《毛詩》傳，又《淮南・原道》：「將養其神。」《廣雅》：「將，養也。」

將息　《韓文公集》：「將息之道，當先理其心。」案，《北史・薛道衡傳》作將攝。

釋人〔二〕頭

堖　《説文》：「頭髓也。奴皓切。」今作腦。

囟　《説文》：「頭會，堖蓋也。」音息進切。今音轉爲仳孔。

頷角　《孟子》：「厥角。」《釋名》：「角者，生於頷角。」

〔一〕熱寒：原誤作「寒熱」，據《説文解字》改。

〔二〕以下至「口」類「釋人」二字原無，據體例補。

煩《説文》：「項枕。」《廣韻》：「頭骨後。章荏切。」今作枕骨。

釋人 髮

髻《説文新附》：「總髮也。」古通用結。案，《説文》有髤，云「簪結也」。《寧海縣志》：「婦人髻曰鬢，音質。」

鬢《説文》：「頰髮。」今言水鬢。

髦《説文》：「髮也。」今言頭髦。《韻英》：「髦，髮也。音毛。」

宣髮《易·説卦傳》：「巽爲宣髮。」《考工記·車人》注：「頭髮皓落曰宣。」《北齊書·慕容紹宗傳》：「吾自二十以還，恒有蒜髮。」宣音轉蒜。《湛園札記》作算髮，未及檢《北齊書》。

鬀 説文：「鬀，鬄髮也〔一〕。大人曰髡，小兒曰鬀。」徐鉉曰：「今俗別作剃，非是。」《周禮·雉氏》注：「薙讀如鬀小兒頭之鬀。」

髲《廣韻》：「平義切。頭髮也。」今亦言髲。

叩《古俗字略》：「叩頭有聲。磕音渴。」案，即叩聲轉。

頞《説文》《玉篇》：「内頭水中。」皮日休詩：「予頭向水頞。」又《説文》：「搵，没也。」

顉《説文》：「低頭也。」五感切〔二〕。《漢書·楊雄傳》《後漢書·周舉傳》作欽頤，是顉以

〔一〕髮：原脱，據《説文解字》補。
〔二〕五：原誤作「乎」，據《説文解字》改。

金聲如欽。今言顉如欽去聲。

圣　《肯綮録》：「低頭曰圣，音窟。見《廣韻》。」

頡頔〔一〕　《說文》：「頭頡頔也。」胡結、之出二切。今猶有此言。

⿱髟盤頭　《廣韻》：「曲髮爲之。」又：「臥髻也。」

假髻　《廣韻》引《證俗文》：「髻䰎，婦人僞髻。」今言假髻，本《周禮・追師》注：「如今假髻。」《廣韻》：「䰎，陟賄切。假髮髻也。」《廣雅》：「䰎，假髻謂之鬠。」

腯　《考工記》疏：「若今人頭髮有脂膏者則謂之腯。」《輟耕録》：「婦人髮爲膏澤所黏，正用此字。」今言打腯。

釋人　面

面孔　《開天傳信記》：「面孔不似胡孫。」

面子　《蒼》《舊唐書・張濬傳》：「賊平之後，方見面子。」

面皮　《南史・文苑・卞彬傳》：「面皮如許厚。」

圓　《玉篇》〔二〕：「須緣切〔三〕。面圓也。」

〔一〕頡：原誤作「碩」，下同。
〔二〕篇：原作「徧」。
〔三〕須：原誤作「頭」，據《玉篇》改。

頫《説文》：「面旁也。」

須《説文》：「面毛。」

面權《説文》：「頯，權也。」

顱 王延壽《魯靈光殿賦》：「顱顤顟而睽睢。」《玉篇》：「顱，頭面凹也。音坳。」《敬止録》：「貌不颺曰曉音歐皺。」不知即顱顤音轉。

皫《玉篇》：「面白皫皫。」

䵟《越語肯綮録》：「人面色紫曰䵟。」

皰《説文》：「面生氣也。」旁教切。《韻詮》：「面瘡。」《廣韻》匹貌切。案，《山海經》：「蝺渠可以已𦡊。」𦡊同皰。

皺《韻詮》：「面皮聚也。」皮不展也。

皯《説文》：「面黑氣也。」古旱切。

䵳《楊公談苑》：「馮暉號麻胡，以其面有䵳子也。」今言麻子。

頣《説文》：「大頭也。讀若魁。」苦骨切。今言大頣頭。

顆《説文》：「小頭也。」今言小顆子。

脰頸《説文》：「脰，項也。」「頸，頭莖也。」《韻詮》同。《禮·玉藻》：「頭頸必中。」

釋人 耳

耳朵 《説文》：「聸，垂耳也。」都甘切。音轉爲朵。或言耳火，爲耿之轉。耿，耳箸頰也。

筅耳 周密《雲煙過眼録》有王齊翰《巖僧筅耳圖》。

耳垢 《埤倉》：「耵聹，耳垢。」今言耳朵惡。

聯 《五音集韻》：「聯聯，耳聲。」《埤倉》：「聸，耳中聲。」

聽 《字林》：「聰纔聞。」

如風過耳 本《吴越春秋》季札語及《南齊書·武十七王傳》。

耳環 《韻英》：「環，佩也。即耳䗂，形如輪，亦耳中之寶飾。」《説文》髟部《新附》注：「古婦人首飾，琢玉爲兩環。」《山海經》：「青要女神，穿耳以鐻。」《莊子》：「不爪揃，不穿耳。」《釋名》：「穿耳施珠曰璫。」《三國志》：「穿耳附珠。」

釋人 目〔一〕

目 難將一人手掩天下目。曹鄴詠李斯詩。《三國志》：「刮目相待。」《三國志注》引《江表傳》。

睞 《説文》：「目旁毛也。」今言眼睞毛。

〔一〕 目：據體例補。

瞼　《字略》：「眼外皮。」《説文新附》：「目上下瞼也。」

眼孔　見《唐書・安禄山傳》。

眼圈　《説文》：「䀏，目圈也。讀若卷。」又：「眥，目匡也。」即俗云目眶。

仙人　即古云童子。《説文》：「矊，盧童子也。」「瞦，目童子精也。」又《新附》：「眸，目童子也。」

烏珠　《埤倉》：「瞳，目珠子也。」《廣韻》：「珠子謂之眸。」

䀵眵眼　《説文》：「眵，一曰瞢兜。」叱支切〔一〕。又䀵，讀若兜。

上眚　《説文》：「眚，目病生翳也。」

瞖　《韻集》：「目障病。」

兜針　《説文》：「䀵，目蔽垢也。讀若兜。」

眐眐　《集韻》：「目欲泣貌。」

淚　《韻詮》：「涕泣淚也。」

近覷　《欒城遺言》：「歐陽公讀書，五行俱下，但覷耳。」

看　《説文》：「睎也。」「睎，望也。」今又言看人。《韓非子》：「梁車新爲鄴令，其姊往看之。」

〔一〕切：原脱。

相　《説文》：「相，省親也。」「省，視也。」

賬　《集韻》：「賬，目大貌。」《敬止録》：「私窺曰賬。」《方言》：「凡相竊視，或謂之貼。」貼，轉音張。又《説文》：「覢，私出頭視也。」丑林切。今轉音賬。又《字彙》：「偷視曰瞧。音樵。」

䁢　《説文》：「䁢，察也。」戚細切。《類篇》：「一曰衺視。」

覭　《字林》：「覭，目有所察。」《説文》：「瞟，瞭也。」案，即瞥聲之轉。《敬止録》：「目略一過曰瞟。」又《説文》：「瞥，過目也。一曰財見也。」「覭，目有察省見也。」又《字彙》有瞟，音標，「著眼視也」。

盯　《玉篇》：「矙，盯視貌。」《鄞志》：「俗謂力視不釋曰盯。」又《廣韻》睖，丑升切，「睖瞪，直視」。又作覴，丑證切。《埤倉》：「瞪，直視也。」瞪作眙。《説文》：「眙，直視。」今作瞪。

旻　《説文》：「舉目使人也。」少劣切。

千里眼　《北史》楊逸有千里眼。

䀹　《廣韻》：「大目。」古録切。《類篇》：「目動貌。」

矞　《聲類》：「驚視。」

睔　《廣韻》：「大目露精。古困切。」岳元聲《方言據》云：「張目視曰睔。跳本切。」今音入聲。

瞎　《字書》：「一目合也。」

⿰目堯　《廣韻》：「深目貌。」亦作瞘，音謳，又音摳。

矇　《字林》：「目有眸無珠子。」《説文》：「矇，童蒙〔一〕。一曰不明也。」又：「盲，目無牟子。」又：「瞢，目不明也。」〔二〕

眣　《聲類》：「目露皃。」

⿱髟並　《説文》：「忽見。」蒲浪切。俗作碰見。

眣　《説文》：「頣，舉目視人皃。」式忍切。《春秋文七公羊傳》注以目通指。《釋文》引《字書》曰「瞚也」。《説文》：「瞚，開闔目數摇。」〔三〕《通俗文》：「目動曰眴。」《説文》又作旬。

望　《養新録》：「古讀如茫。」《釋名》：「望，茫也。」

瞗　《説文》：「目熟視也。」都僚切。

⿰目合　《廣韻》：「古洽切。眼細暗。」《集韻》：「眼瞌欲睡貌。」唐宋人言瞌睡，本作渴睡。今言打磕踵，讀曰沖，見《莊子》釋文。《説文》：「臥也。」今音轉如蒙去聲。

睏　《月令廣義》引諺云：「六月三日雨一陣，上晝芸田下晝睏。」《説文》：「困，古文朱。」合止木會意，猶𠂆之倚狀。

〔一〕蒙：原誤作「子」，據《説文解字》改。
〔二〕目：原脱，據《説文解字》補。
〔三〕摇：原誤作「動」，據《説文解字》改。

寱　《廣韻》：「匹尤切。寐作聲。」

寣　《説文》：「臥驚也。」段注：「今江蘇俗語曰睡一寣。」《五燈會元》：「一寣起來。」《廣韻》：「寣，覺也。」今又言睡一覺。《廣韻》：「寣，呼骨切。睡覺。」又𥨍，寢熟。又𥩓，睡多。皆呼骨切。又瞀，呼或切，睡目皃〔一〕。

呿　《韻詮》：「睡聲。」

睡　《説文》：「坐寐。」

安置　陸象山《家訓》：「暮安置。」

寱　《説文》：「楚人謂寐。」依据切。今言小兒寐，音如依究切。

覺　《廣韻》：「睡覺。」古孝切。

厭　《字苑》：「眠内不祥也。」俗作魘。《説文新附》：「魘，夢驚也。」又作嗱。《列子》：「夢中嗱囈呻呼。」釋文：「嗱，寱語也。」

眼不見爲浄　見《五燈會元》。

鶻淥轉　《樂妙山居集》：「我邑稱小兒眼目伶俐者曰鶻淥轉。」《西廂曲》「鶻伶淥老不尋常」，不知即睔淥轉。

〔一〕皃：原脱，據《廣韻》補。

齅　《説文》：「以鼻就臭也。讀若畜牲之畜。」本許救切。今音許仲切。又云：「亯，從亯從自。即鼻字。自知臭。讀若庸。」〔一〕

鼻頭　《南史·曹景宗傳》：「鼻頭出火。」

齆　《埤蒼》：「鼻病。」袁文《甕牖閒評》云：「王充《論衡》云：『鼻不知香臭爲甕。』則知今之人以鼻不清亮者爲甕鼻。作此甕字，未爲無自也。《通俗文》：『齆鼻曰齆。』」《説文》：「齆，病寒鼻窒也。」《廣韻》：「鼻寒曰齆。」

齇　《玉篇》：「鼻上皰。」《集韻》：「鼻病曰皅皻。」

䶑　《集韻》：「臥鼻息。」案，《説文》鼾、齂並訓臥息，讀若汗、虺。又：「眉，臥息也。」

鼾　《説文》：「臥息也。」《字苑》呼干反。

蕡香　《説文》：「蕡，雜香艸也。」〔二〕今言蕡如噴。

膉殠〔三〕　《字林》：「膉，臭貌。」《説文》：「殠，腐氣也。」《廣韻》：「[illegible][illegible]，臭皃。」〔四〕今言膉膿。

〔一〕「臭」上衍「香」字，據《説文解字》删。讀若：原脱，據《説文解字》補。
〔二〕香：原誤作「草」，據《説文解字》改。
〔三〕殠：原作「殨」，據下《説文解字》釋義改，下同。
〔四〕皃：原作「也」，據《廣韻》改。

肨　《廣韻》：「匹絳切。脹臭貌。」〔一〕

嚏　《説文》：「悟解氣也。」《倉頡篇》：「噴鼻也。」《詩箋》：「今人嚏云人道我。」《廣韻》：「嚏，鼻氣也。」嚏俗。《資暇集》：「今人呼振鼻爲噴涕，不知噴嚏。」《法苑珠林》：「世尊嚏，諸比丘願言長壽。」

洟　《説文》：「鼻液。」他計切。《韻英》：「鼻液。」

歙　《説文》：「縮鼻也。」

⿰⿱自丌欠　《廣韻》許激切〔二〕，《集韻》：「去涕也。」案，《北齊書》作拭鼻。

齈　《廣韻》：「奴凍切。多涕，鼻疾。」

擤　《集韻》：「虎梗切。捻鼻中膿也。」《五音篇海》：「亨上聲。手捻鼻膿。」

⿰禾鼻　《廣韻》：「興倚切。去涕也。」亦作䶑，虛豈切。

⿰鼻台　《廣韻》：「鼻息。」

齁　呼候切。蘇軾詩：「鼻息齁齁得自聞。」

哈臺　《世説》：「哈臺大鼾。」

〔一〕脹：原誤作「鼻」，據《廣韻》改。

〔二〕激：原誤作「繳」，據《廣韻》改。

仰人鼻息 《三國志・袁紹傳》。

釋人 口

口 《説文》：「張口也。」口犯切。凡言開口者皆口。

柴 《廣雅・釋親》：「柴，口也。」疏證觜與柴同。張衡《東京賦》：「秦政利觜。」案，潘岳《射雉賦》「破觜」注：「觜，喙也。俗作嘴。」

函 《通俗文》：「口上曰臄，口下曰函。」今言下頦。《玉篇》：「頦，頤下也。音孩。」《廣韻》頦，何開切。《齊東野語》頦本音孩。今俗語下杷。

唇 《説文》：「口耑也。」作唇誤。「唇，驚也。」側鄰切。

齙 《集韻》：「步化切。齒出貌。」今言齙牙，音轉如暴。

齦 《説文》：「齧也。」康很切。狠，音義同。

亶 《説文》段注：「今用飯、用茶字。」

嗢 《説文》：「咽也。」烏没切。

歆 《通俗文》：「大咽曰歆。」《説文》本作噲，咽也。「歆，咽中息不利也。」

唵 《埤倉》：「掌進食。」今言音如罨。

次唾 《説文》：「次，慕欲口液也。」保、㳄同。又：「唾，口液也。」涶，唾或從水。

喉嚨 《説文》：「喉，嚨也。」「喉，咽。」《漢書・息夫躬傳》注：「咽，喉嚨。」猶今人言胡嚨耳。

噍 《説文》：「齧也。」或作嚼。又：「䶧，噍聲。」《通俗文》：「咀齧曰嚼。」音才弱反。

欶 《説文》：「吮也。」借吃爲之。吃，本訓言蹇難也。《新附》又作喫字。《韻英》：「喫，噉也。」《説文新附》：「喫，食也。」《廣韻》：「喫，喫食。」嚉，上同。杜詩：「對酒不能喫。」又以飲酒爲喫酒，見《平等覺經》。《蓬島樵歌注》：「邑方言喫曰嗍。」《集韻》嗍音朔，吮也。《廣韻》作欶，别作嗽。韓詩：「酒醪傾共欶。」

㵣 《説文》：「欲飲也。」「喝，㵣也。」今借渴爲之。

欱 《説文》：「歠也。」「歠，飲也。」又：「呷，吸呷也。」呼甲切。《廣韻》：「欱，呼合切。大歠。」又：「呼洽切。欱嘗。」

嚃 《曲禮》：「毋嚃羹。」釋文：嚃，他答反。《埤倉》：「歠也。」《説文》：「䑙，歠也。」

咂 《通俗文》：「入口曰咂。」音同帀。今音轉如啜。《唐韻》：「咂，子合切。入口。」

䑛 《説文》：「舓，或從也。」作䑛。《古今字詁》：「舐，古文䑛。謂以舌取食。」今音如䑙，他合切。又：「㐁，舌貌。」他念切。又：「狧，犬食也。」他合切。《廣韻》：「舑，吐舌。」又作䑙，舌出貌。亦作嗒，云䑛嗒。

哽 《聲類》：「食骨留嗌中也。」《韻詮》：「噎也。」《説文》本作骾，食骨留咽中也〔二〕。又

〔二〕 骨：原脱。

作骭，《俗書刊誤》：「骭，骨鯁在喉。苦假切。」

㱮《左》哀二十五《傳》：「君欲㱮之。」注：「嘔吐也。」《説文》：「㱮，歐貌。」徐鍇曰：「心惡未至於歐，因㱮出之也。」又《列子》：「嘔之不出喀喀然。」今醫書作咯。俗言惡心，即歐之轉音。

歎《玉篇》：「吐聲。」音或。

餲《廣雅》：「餕，餲也。」音烏克反。今言打饐。即餲。《説文》：「噫，飽食息也。」《廣韻》：「餲，愛烏切。噎聲。」

嗽《通俗文》：「所角切。含吸。」《韻詮》：「漱，含水洗滌牙齒間。」《韻英》：「漱，以水洗蕩口。」《説文》：「漱，盪口。」

歕《埤倉》：「潠，歕也。」

呠《玉篇》：「普本切。噴也。」

齭《説文》齭、《字林》齭，並云「齒傷酢」，齭，讀若楚。

噦《説文》：「氣牾也。」於月切。

噎《説文》：「飯窒也。」《通俗文》：「塞喉。」《敬止録》：「氣不順曰嗌。《方言》：『嗌，噎也。』」打呃，呃一作嗌。《方言》：「嗌，噎也。」

呼《埤倉》：「吹氣聲。」

醒 《通俗文》：「酔除。」

𤞑 《説文》：「齧蠹也。」齵，𤞑或從齒〔一〕。

鹹 《説文》：「北方味也。」

辣 《廣雅》：「辛也。」

甜 《説文》：「美也。」

㕧欱 《廣韻》：「貪者欲食貌。」㕧，許羈切。又：「乞人見食貌。」㕧，香支切。

饞𩞄 《廣韻》引《字書》：「貪食也。」今言饞。又引《古今字音》，同。陳龍川《四集》：「只是口嘮噪。」

齩 《説文》：「齧骨也。」五巧切。《廣韻》〔二〕：「齧，噬也。」咬也。《訂譌雜録》：「俗誤作咬。」咬音交，鳥聲。

㗊 《廣韻》：「口偏。火媧切。」

噤口 《説文》：「噤，口閉。」巨錦切。又牛音切。《韻詮》：「口急不開。」

吞 《説文》：「咽也。」

㗖 《説文》：「飲聲。」

〔一〕 𤞑：原脱。
〔二〕 廣：原脱。

歐 《說文》：「一曰口相就。」今言歐小兒飯。

歐 《說文》：「吐也。」《廣韻》或作嘔，烏后切。又《廣韻》：「㖃，欲吐。胡口切。」又呼后切。

困 《玉篇》：「匹玄切。唾聲。」《廣韻》：「呃呃，唾也。」俗作呸。

𠵾 《廣雅》：「𠵾，孕萬切。吐也。」《集韻》又作㾦。

䶑 《廣韻》：「噍聲。陟加切。」

欶 《廣韻》：「呼北切。唾聲。」

啡 《廣韻》：「出唾聲。匹愷切。」

唉 《廣韻》：「於駭切。飽聲。」案，《說文》：「噫，飽食息也。」於介切。

嗤 《廣韻》：「吐氣聲。許戈切。」

因噎廢食 本《呂覽·蕩兵》《淮南·說林》。

酒囊飯袋 《金樓子》《顏氏家訓》皆云酒甕飯囊，此本《荊湘近事》。

釋人 言語

花言巧語 《語類》：「巧言，即所謂花言巧語。」

講說話 《說文》：「講，和解也。」「說，說釋也。」「話，合會善言也。」

嘂 《說文》：「大呼也。」又作訆。又：「訆，大呼也。」又：「叫，嘑也。」今皆言叫。

嘽　《集》《類》：「呼聲。」

唌　《玉篇》：「多言也。」案，《説文》：「㚔，疾言失次也。」今言插嘴。《五燈會元》：「插嘴厮駡。」

謅　《類篇》：「以言惑人。」今言唆使，始見《正字通》。古惟嗗唆，小兒語，見《玉篇》。

嗖　《廣韻》：「徒落切。口嗖嗖無度。」今言嗖頭。

聶　《説文》：「附耳私小語。」又：「咠，聶語也。」七入切。今言咠咠。《玉篇》引字亦作嚓，《廣韻》：「嚓，千結切。小語。」《書肱》：「耳語。」

訶　《説文》：「大言而怒。」

哽　《説文》：「語爲舌所介也。」

嗄　《老子》：「終日號而不嗄。」《莊子》釋文：「楚人謂嘑極無聲曰嗄。」《龐居士集》應辭曰嗄。今言無聲曰嗄。

啞　《史記·刺客傳》：「吞炭爲啞。」啞本訓笑。《埤倉》：「瘂，瘖也。」《廣韻》啞、瘂、瘖同。今不能言曰啞。

喝　《廣倉》：「聲之幽。」

嚾　《通俗文》：「大呼。」

欯　《説文》：「欠，張口气悟也。」《埤倉》：「張口頻伸也。」「呿，張口也。」今言呵欠。

訬　《説文》：「訬，擾也。」楚交切。又：「譟，擾也。」蘇到切。《聲類》：「譟，煩擾也。」今言訬。《國老談苑》《朱子文集》並有廝炒字，炒即訬。

讕　《説文》：「詆讕也。」今作賴誤。

謊　説夢言也，呼光切。《吕覽》：「無由接而言見，謊。」〔一〕《元典章》作説謊。

誗　《廣韻》：「言利美也。」直廉切。今言誗八，誤作趙七、趙八。

嬈　《字林》：「擾。乃了反。」

謾　《説文》：「欺也。」作瞞。今借瞞，本訓平目。《谷永傳》：「滿讕誣天。」作滿字。

唉　《説文》：「應也。」又：「欸，應也。」《方言》：「欸，然也。」《字書》：「唉，慢應也。」今人作阿聲，阿見《老子》。

謦　《説文》：「欬也。」「欬，屰气也。」《字林》：「欬，瘶也。」《莊子》釋文：苦愛切〔二〕。今咳聲。《通俗文》：「利喉曰謦。」又《韻英》：「欬，喉中聲通也。」

燠休　《春秋左傳》服虔注：「若今時小兒痛〔三〕，父母以口就之，曰燠休，代其痛也。」今曰阿唷。《埤倉》：「噢咿，痛念之聲。」

〔一〕無由接：原誤作「先識」，據《吕氏春秋》改。
〔二〕愛：原誤作「頂」，據《經典釋文》改。
〔三〕若：原誤作「苦」。

音〔一〕　《説文》：「相與語唾而不受也。」天口切。俗作哇。《集韻》：「⿰豆欠，匹九切。唾聲。」〔二〕亦作粃。《方言》：「粃，不知也。」音如糟，即屁，俗作呸。《集韻》啡音配，又鋪杯、普罪二切，唾聲。資作音〔三〕。

奇　《説文》：「語相訶歫也。」五葛切。

歐　《廣韻》：「大呼用力。於建切。」

⿷匚⿰妟欠　亦大呼用力。烏葛切。

⿰毄欠　《説文》：「且唾聲。一曰小笑。」許壁切。案，小笑曰⿰毄欠，大笑曰咥〔四〕。今言笑咥咥。《廣韻》：「咥，丑栗切。笑也。」又：「欦，含笑也。」今亦言笑欦欦。

⿰赤欠　《廣韻》：「笑聲。許激切。」《韻會》：「⿰赤欠，笑聲。」「田公笑嚇嚇。」《朝野僉載》。

㰤　《廣韻》：「大笑㰤㰤。呼個切。」又：「⿰口閜。大笑。許下切。」又：「呰，火佳切。笑貌。」又：「欸，苦哀切。笑聲。」《廣雅》：「呵呵，笑也。」《方言據》：「㰤，大張口笑也。」

詇　《説文》：「早知也。」《廣雅》：「告也。」今請人告曰詇。《通雅》：「以言託人曰詇。一

〔一〕音：原誤作「否」，據《説文解字》改。
〔二〕「聲」上原衍「上」字，據《集韻》删。
〔三〕資：此字疑誤。
〔四〕曰：據體例補。

作唤，今俗作央。」錢大昕曰：「央者，邀之轉也。」《玉篇》：「㹧，勸也。」

詒　《鄞志》：「邑人則爲喝物聲。」案，此實殺字變。殺見《説文》，《説文》：「城郭市里有不當入而入者，暫下羊皮以驚牛馬曰殺。」丁外反。

侑　《蒼頡篇》：「痛而嘑也。」羽罪反。又作侑，《通俗文》：「痛聲曰侑。」于罪切。又作侑，《廣韻》：「痛而叫。」

吏　《韻集》：「猥也。」「猥，衆也。」字從市从人，俗作鬧。《韻英》：「吏，擾雜也。」《廣韻》：「吏，不静。奴教切。」鬧同。《説文新附》：「鬧，不静。」

調戲　見《爾雅·釋訓》注，又《馮衍傳》：「房中調戲。」

蚩笑　《説文》：「欢欢，戲笑貌。」《字書》：「咍，蚩笑也。楚人謂相調笑爲咍。」

讚　《韻英》：「稱揚也。」亦言解也。

噱　《説文》：「大笑。」其虐切。

䶧　《廣韻》：「笑貌。丑飢切。」

請　《説文》：「謁也。」「謁，白也。」

譍許　《説文》：「譍，以言對也。」「許，聽也。」

譏　《説文》：「驗也。」今言籤。案，驗本作譣，問也。

詧訪　《説文》：「詧，言微觀詧也。」「汎謀曰訪。」

訊　《説文》：「問也。」

謝　《説文》：「辭去也。」多謝，見《漢書·趙廣漢傳》。

誂　《説文》：「相呼誘也。」徒了切。

陸鈔　《漢晉春秋》：「萬人陸鈔相中。」言上陸鈔掠也。《直語補證》：「俗謂紛擾不清。」

招呼　《倉頡篇》挑爲招呼也。《説文》：「招，手呼也。」又見《淮南·原道》：「招之呼之。」

分付　《漢·原涉傳》作分付，俗作吩咐。

訴　《説文》：「告也。」𧦝，訴或从言朔〔一〕。愬，訴或从朔心〔二〕。告訴，見《史記·龜筴傳》。

證　《説文》：「告也。」

診　《説文》：「視也。」

謎　《説文新附》：「隱語。」《南史》有履謎，《北史》有筋謎，《鮑照集》有字謎，《夢粱録》聚人猜詩謎、字謎。

吴　《説文》：「吴，一曰大言。」鉉曰：「今改吴作吳，音乎化切，謬甚。」五乎切。今斥人大言亦云吴説。

〔一〕 訴或从言朔：原無，據下「愬」體例補。

〔二〕 訴：原脱，據《説文解字》補。

齹糟　《蓬島樵歌注》：「沈周《客座新聞》：顧成章《俚語》詩：『姑姑嫂嫂會齹糟。』〔一〕喻瑣屑也。」按，邑志「方言」：「詬誶語聲曰嚌啗，音齊。」考《字彙》啗即啗。《説文》：「啗，食也。」則志載音義並誤。

[口盤]　《五音篇海》音盤，以言難人。

趙　《戒庵漫筆》〔二〕：「今人以虚妄不實，斥之曰『趙爾和無實李』。」注：「一名趙李。」今言罵人無實曰趙。

悗　《通俗編》：「《莊子·大宗師》：悗乎忘其言。」悗，母本切。今方音「悗聲發財」轉作平聲。案，亦默之轉，默亦作嘿，見《左傳》釋文。

嘈　《玉篇》：「嘈嘈，[口卉][口卉]，聲也。」[口卉]，才葛切。《文選·東都賦》：「嘈囐。」《文賦》「嘈囋」注：「《埤蒼》曰：嘈啈，聲貌。」囐、囋、啈同[口卉]。《抱朴子》：「管絃嘈雜。」元曲又作囉唣。趙叔向《肯綮録》：「聲雜曰唧嘈。」見《廣韻》。又《敬止録》：「詬誶之聲曰嚌啗。」《蓬島樵歌注》：「邑志『方言』：『嚌啗』，考《字彙》啗即啗。《説文》：『食也。』則志載音義並誤。沈周《客座新聞》載顧成章《俚語》詩：『姑姑嫂嫂會齹糟。』喻瑣屑也。」

比方　《荀子》及《漢書·楚元王傳》。

〔一〕糟：原誤作「漕」，據《客座新聞》改。
〔二〕戒：原誤作「成」。

咋　《管天筆記》：「《答客難》『孤豚之咋虎』〔一〕，注：仕各切。余鄉駡人曰咋。」案，爲孱之轉音。《廣韻》：「孱，惡駡也。士山切。」由平轉入則如咋。

商量　見《周易·商兑》注，又《曲禮》注，商，猶量也。《荀子·儒效》作謫量。

傛㕇　趙叔向《肯綮録》：「駡人曰傛㕇，音劄窒。」見《廣韻》。

釋人〔二〕發聲之詞

蓋　《毛詩·黍苗》箋疏：「蓋者，疑辭。」亦爲發端。《漢·郊祀志》注：「蓋，蓋發語辭。」今以爲發端之聲。古句吴之句亦發端，句、蓋亦雙聲〔三〕。古《喪禮》：「復，曰：『皋某。』」皋、蓋亦雙聲。《禮記·禮運》注：「皋者，引聲之言。」

阿　發聲。若吕蒙稱阿蒙，王戎稱阿戎，范蔚宗妻稱阿家，古樂府阿母、阿女、阿誰、阿得脂之比。《敬止録》：「訝聲曰阿嗏，驚聲曰阿訝，痛聲曰阿歆。」

唉　《説文》：「誒，可惡之詞。一曰誒然。」作發聲。《史記》：「亞父曰：唉，竪子不足與謀。」徐廣曰：「唉，烏來切。」陳芳《芸窗私志》：「今人暴見事之不然者，必出聲曰欸。」

嘻　《禮記·檀弓》注：「悲恨之詞。」今或轉音如熯，作歎息聲。《説文》：「嘆，太息也。」

〔一〕答：原脱。孤豚：原誤作「狐狸」，據《答客難》改。
〔二〕以下至「脅以下」類「釋人」二字原無，據體例補。
〔三〕亦：原誤作「赤」。

噫　《説文》：「飽食息也。」音於介切。今以爲發語詞。《詩箋》之言噫也。《荀子・勸學》注：「安，語助，猶言抑也。」或作案。

嗐　《玉篇》：「嗐，大開口。」《敬止録》：「嗐，大開口聲，驚訝意也。」

謑　《廣韻》：「怒言。火獬切。」今人亦有以謑發聲者。

呃　《廣韻》：「不平聲。」〔一〕烏界切。

曷　《説文》：「曷，何也。」何即誰何。今問人曰曷，發聲亦曰曷，溘盍，《楚詞》。並發聲。《廣韻》：「矦，何也。」《爾雅》：「矦，乃也。」矦、曷亦雙聲。

曾　《方言》：「曾，何也。」《詩》亦通作憯。《爾雅》：「朁，曾也。」注：「發語詞。」《説文》：「朁，曾也。」鉉曰：「今俗有朁字。」俗字作怎，始見《五音集韻》。

舍　《説文》：「余，從八，舍省聲。語之舒也。」故舍作發聲，俗作什麽，衍爲二字。《集韻》：「不知而問曰拾没。」《通雅》：「什麽即拾没之平聲。」黄庭堅詩「只麽」，《朱子語録》「甚麽」。

羌　《楚辭》王逸注：「羌，楚人語詞也。」今言蓋羌。《楚辭》又作蹇、謇，《漢書》又作慶。

啞　《韓非子・難》篇：「啞！是非君人者之言也。」《孟子》《莊子》作惡。俗字作呀。

呼　《春秋左傳》：「呼，役夫。」釋文：「呼，好賀反。」今語猶然，亦轉作嚇。《詩箋》：「以

〔一〕聲：原誤作「憂」，據《廣韻》改。

口拒人曰嚇。」俗字作嘿。《廣韻》四十禡：「嚇，呼訝切。」《莊子・秋水》：「嚇。」釋文：「一本作呼，許嫁反。」岳元聲《方言據》云：「《莊子》嚇音罅。」

咋　《廣韻》：「語聲。」音如詐。《通俗編》：「凡有所急問曰咋，以做舍二字反切也。」

嚄　《史記・外戚世家》：「嚄！大姊何藏之深也。」正義：「失聲驚愕貌。」

夥頤　《史記索隱》：「頤者，助聲。」《漢書注》：「應劭曰：夥音禍。」今言美好曰夥頤。《廣韻》：「夥，懷𦫳切，又胡果切，多也。」

囮　《玉篇》：「囮，户臥切，音如和。牽船聲。」

咄咄　見《後漢書・嚴光傳》《晉書・殷浩傳》。

儻　《莊子》：「儻乎。」謝靈運詩：「儻若。」今言儻然。俗作倘。

呴　《說文》：「厚怒聲。」呼後切。今言如呵。案，《說文》：「𠀀，反丂也。讀若呵。」

俖　《廣韻》：「不肯也。普乃切。」又：「倗，不肯也。普等切。」案，皆叵之聲轉。《說文新附》：「叵，不可也。」

䰩〔一〕　《說文》：「見鬼驚詞。」音諾何切。

嘺　《埤蒼》：「不知是誰也。」

〔一〕䰩：原誤作「魋」，據《說文解字》改。

⿰歹咼　《説文》：「屰惡驚詞，讀若楚人名多夥。」乎果切。

侉　《廣韻》：「侉，安賀切。痛呼也。」又：「绝，痛聲。呼鷄切。」

安偉　《北齊書·儒林傳》安偉，《舊唐書·安禄山傳》阿與，《傳燈録》阿耶言阿呼，《輟耕録》阿癐癐呵唧，《法苑珠林》受苦叫喚，同。俗作阿雅、阿噲、阿嚛、哎喲。《敬止録》訝聲曰阿唥，音過奈。驚曰呀，痛曰阿歆。餘六切。

釋人 連語詞

豈有此理　見《齊書·虞宗傳》。

偉　《大戴禮》：「孔子曰：『賜，女偉爲知人。』」案，《爾雅》：「偉，嘉也。」鄭樵注：「時俗訝其物則曰偉。」

暨至　《韻音》〔一〕：「亦詞也。及也。」

毛　《漢書·功臣表》注：「今俗語猶謂無爲耗，音毛。」《後漢書·馮衍傳》：「飢者毛食。」注：「毛與無同。」亦作禁止詞，如毋。《水經注》引《風俗地理志》：「燕俗謂亡曰無。」

故　今人音如箇，又轉音格。《禮記·曲禮》疏：「故，承上起下之辭。」《禮運》疏：「因上起下之辭。」今人言格末，猶北方言那末、那麽。縣洋北村人語已辭曰故。又如杭人語末言格。

〔一〕音：疑爲「英」之訛。

者箇。」

昭　《十國春秋》：「浙地云可則曰趙可。」《通俗編》：「今謂所言之是曰昭。」

之　《爾雅》：「之，間也。」又：「呰，此。」今言此亦曰之故。俗字作這箇。《助字辨略》：「俗謂此曰

那　《爾雅》：「那，於也。」今言彼曰那故。《助字辨略》：「俗謂彼曰那箇。」《廣雅》：「柰，那也。」蜀王衍詞「那邊走」「者邊走」。

享　《匡謬正俗》：「俗呼某人處爲某享。」今言格享。

甯　《説文》：「願辭也。從丂盌聲。」奴丁切。又：「甯，所願也。」徐鍇曰：「俗言寧可如此爲甯可如此，其義亦如憖。」《委巷叢談》：「杭人言甯可曰耐可。」李太白爲「耐可乘明月」〔一〕，音如能可。

不能彀　語本《漢書·匈奴傳》「不能彀弩」。《唐書·張巡傳》〔二〕：「皆癯劣不能彀。」

黨　《春秋左傳》：「何黨之乎。」猶言何所之乎。《公羊傳注》：「黨，所也。齊人語。」今言此所曰來黨。音如棠，棠黨古通。又曰黨頭。

里　《説文》：「里，居也。」今言之里、那里。音或如悝，悝本里聲。

將　《爾雅》：「將，且也。」今言將來。

〔一〕爲：疑爲「謂」之誤。

〔二〕巡：原誤作「廹」。

俔　《説文》：「俔，閒見[一]。《詩》：『俔天之妹。』」《釋文》徐邈音下顯反[二]。《漢書・溝洫志》「今見在」，今言現在。

況　《詩釋文》：「兄音況。」《説文》：「矧，況也，詞也。」古字況作兄，今言況且。

曼　《詩傳》：「曼，長也。」

諸　《聲類》：「詞之總也。」

除非　宋晏叔原詞：「問相思甚了期，除非相見時。」

因甚　史邦卿詞：「因甚參差。」[三]

詎　《韻英》：「疑詞。」

儘　始見《字彙》。白居易詩作盡，自注：「上聲。」案，《廣韻》十六軫有盡，即忍切，又慈忍切。

釋人　語已詞

㴂　《方言》：「㴂，或也。」郭璞注：「亦憨聲之轉。」今音正憨。

對　《廣雅》：「侻，可也。」音他括反。今音作對，不可曰不兑。

殺　《夏小正》傳：「肆，殺也。」《小爾雅》：「肆，極也。」今言極曰殺。俗作殺。

[一] 見：原誤作「也」。

[二] 邈：原誤作「貌」。

[三] 因：原誤作「問」，據《全宋詞》改。

尼　《爾雅》：「尼，定也。」今不定而求定之詞曰尼。俗作呢。

麽　無古音如模之轉音。王仲初詞「拾得從他要贖麽」，張泌詞「好是問他來得麽」，有平去二音。

黖　《説文》：「昆干，不可知也。」音古渾切。今問不可知者曰曷介。皆昆干音轉。

也　《廣韻》：「語助辭。」今終也。俗作嘘。

然　今音亦作是，亦作若。俗作喏。

了　《廣韻》《雅》：「了，訖也。」音轉爲里。俗作哩，又作咧。里，古同已。《考工記》注：「里，讀爲已。」

難謂　《説文》：「謂，報也。」猶言難報。

䚷　《説文》：「聲也。」呼形切。案，即晉人所謂馨，今亦有此聲。

而　《詩》「乎而」，《論語》「已而」，今轉音如來，亦語已詞，如《莊子》：「語來我。」

看　《朱子文集》：「更商量看。」

待　《爾雅》：「止，待也。」今語已詞待轉平音如臺，猶古言止。

箇　洋巴土音語尾必曰郭，即箇之轉音，見元曲。

釋人　肩

肩甲　《説文》：「髆，肩甲也。」《字林》：「髀，胛也。」《靈樞經》：「肩胛。」〔一〕

〔一〕胛：原作「⿰片甲」。

儋《説文》：「何也。」「何，儋也。」鉉曰：「儋何即負何。」今俗别作擔荷。

佗《説文》：「負何也。」徒何切。又《新附》：「馱，負物也。此俗語，唐佐切。」《廣韻》：「佗，負。」〔一〕俗作馱。《集韻》佗、駝、乾同。

背脊骨《説文》：「背，脊也。」「脊，背吕。」脊骨也。

揵《廣韻》：「舉也。渠焉切。」《集韻》：「以肩舉物也。」《玉篇》作搴，舉也。段注《説文》據以改舉字。

轉背　見《南史·蔡廓傳》。

肓〔二〕《説文》：「心上鬲下也。」今言膏肓，本《左傳》。

㝅《玉篇》：「嬭，乳也。」「㝅，嬭異名。奴斗切。」案，《左傳》：「楚人謂乳㝅。」釋文：奴口切。今音轉如嬭。《直語類録》：「鑊鼎文有㚷，謂乳。」《廣韻》：「嬭，妳同，奴蟹切。」《晉書·桓玄傳》妳媪，《宋書·何承天傳》妳母，《舊唐書·哀帝紀》妳婆，《北齊書·恩倖傳》乾阿妳。

釋人　心

心窩頭　今言心如身，身窩頭即膻中，言身窩頭痛即心包絡痛。

〔一〕《廣韻》無此條。

〔二〕肓：原誤作「盲」，據《説文解字》改。

懊惱　《鼠璞》：「《晉志》有懊憹歌，即今之懊惱字。憹，奴浩反。」《集韻》《類篇》俱奴刀切，注云痛悔，音如鏖猱。邵雍詩又作蒿惱〔一〕。又《集韻》：「懊憦，悔也。」《説文》：「悔，恨也。」「嫍，有所恨痛也。」〔二〕

忐忑　《五音集韻》音毯忒，心虛也。

忍　《説文》：「能也。」能與耐通，而軫切轉魚軫切。今俗言「忍字心上一把刀」，不知忍乃怒也，音魚既切。

痌　《爾雅》：「痛也。」今言疼。

悑　《説文》：「惶也。」或作怖，普故切。今言怕。怕訓憺怕無爲，匹白切，又葩亞切。《韻英》始云：「怕，怖也。」

惶　《説文》：「恐也。」今言慌。

快　《説文》：「喜也。」「㥦，快也。」〔三〕

忻　《説文》：「闓也。」今言開心。《馬援傳》：「開心見誠。」

想　《説文》：「冀思也。」

〔一〕雍：原誤作「維」，據《通俗編》改。
〔二〕痛：原脱，據《説文解字》補。
〔三〕也：原誤作「心」，據《説文解字》改。

悏《説文》：「思皃。」苦吐切。今言思曰悏悏看。

人心肉做　《賈子·淮難》：「世人以肉爲心。」

心肝　《晉書·載記》：「愛養將士同心肝。」

生心　《左傳》：「戎之生心。」又：「秦將生心。」

死心　《北齊書·宗室傳》：「奴見大家心死。」元曲：「死心搭地。」搭地，當作媘地。《説文》：「媘，俛伏也。一曰伏意。」他合切。

黑心　陶穀述于義方《黑心符》，謂繼婦。《法苑珠林》：「如來心不染黑。」

留心　見《文子·微明》篇。

情願　見《晉書·劉頌傳》，又顔延之《庭誥》：「施其情願。」

識認　《周禮·司市》注，《三國志·鐘離收傳》認，古作仞。

心滿　《説文》：「讀若心中滿該。」

意足　《纂文》：「意足曰惓。」

索性　《朱子文集》：「不免索性説了。」

良心發見　《孟子·告子章》集注〔一〕。

〔一〕　告子：原誤作「牛山」。

㘯 《廣蒼》：「用心並誤也。」

怢 《廣蒼》：「忽忘也。」

儢拒 《文字指歸》：「心不欲爲。」案，《莊子》作旅拒。

愇 《説文》：「不説貌。」《廣韻》引《字書》：「恨也。」

慊 《韻英》：「慊，嫌疑也。」嫌，恨也。

懺 《韻英》：「自陳悔也。」

怪 《説文》：「異也。」

啂 《廣韻》：「慮也。亡侯切。」

忖 《説文新附》：「度也。」《廣韻》：「思也。倉本切。」

忓 《廣韻》：「都了切。垂心。」今言提心弔膽，弔當作忓。

打算 《錢塘遺事》：「賈似道行打算法。」

釋人 手

手 「十指有長短，痛惜皆相似。」劉商《擬胡笳十八拍》。《七修類稾》作曹植詩，誤。

拇 《説文》：「將指也。」《韻英》：「大指。」

腡 《聲類》：「手理。」《廣韻》：「手指紋。」

厷 《説文》：「臂上也。厶，古文厷。」今言手肱。肱即厷之或體。

肘《説文》:「臂節。」段注:「今江蘇俗曰手挣注。」今縣人名手挣頭。

仞《説文》:「伸臂一尋,八尺。」

掔《説文》:「手掔。」今作腕。

叉〔一〕《説文》:「手足甲也。」今通作爪,爪非手甲。

叉〔二〕《説文》:「手指相錯。又:「臼,叉手也。」

𠬤《説文》:「引也。𢺕,或从手从樊。」今言攀。俗作扳。

捧《左傳》:「奉承。」《廣韻》:「捧,兩手承也。」《説文》:「捧,奉也。」《韻詮》:「撲,手掬撲也。」

拓《廣韻》:「手承物。」案,《説文》本訓拾,或作摭。《養新録》:「今人讀如橐,以爲開拓字。」案,今人又以托爲拓。

庹《字彙補》:「兩腕引長曰庹。音託。」案,古字作度。《説文》:「度,人之兩臂爲尋。」又:「度高曰揣。」

㫭〔三〕《五音篇海》:「比長短也。」案,《爾雅》:「隱,占也。」《廣雅》:「隱,度也。」隱音

〔一〕叉:原誤作「叉」,據《説文解字》改。

〔二〕叉:原誤作「叉」,據《説文解字》改。下同。

〔三〕㫭:原作「㫭」,據《五音篇海》改。

轉偃。

挼　《説文》：「兩手相切摩也。奴禾切。」今作挪。鉉曰：「俗作挼。」《字略》：「煩撋，猶挼莎也。」《廣韻》又作挪，云搓挪也。

揞　《方言據》：「揞，藏也。音烏感切。」《廣韻》：「手覆也。於陷切。吴人云抛。」《韻會》：「藏也。」案，《説文》：「掩，斂也。」又：「擪，一指案也。」又：「盦，覆蓋。」鉉曰：「今俗別作罯。」又：「罯，覆也。」烏感切〔一〕。又：「揜，一曰覆也。」《廣韻》：「扆，於改切。藏也。」

捺　《廣韻》：「奴葛切，手案。」案，《説文》：「按下也。」《字林》：「捏，捺也。」「捺，搦捎也。」《廣雅》：「攤，按也。乃旦反。」

搓　《字林》：「手搓物令緊也。」《埤倉》：「𢶍也。」《韻詮》：「挼繩也。」

搦　《説文》：「按也。」《埤蒼》：「捏，捺。」「搦，治也。」《説文新附》：「捻，指捻也。」《文選・笙賦》注：「擫，指捻也。」《廣韻》：「搦，女白切。捉搦。」又：「捻，奴協切。」

捦　《集韻》：「捦，按物。邱禁切。」〔二〕

撨　《廣雅》：「拭也。」

揩　《廣雅》：「摩也。看皆反。」案，《説文》：「摡，滌也。」《廣韻》：「摡，拭也。」

〔一〕感：原誤作「恩」。
〔二〕《集韻》無「物」字。

拷　始見《北史》。《説文》："考，敂也。""敂，擊也。"俗作拷。

打　《説文》本作朾，撞也。《穀梁傳注》："捶，朾。"《三倉》："椎，打也。"《韻集》："打，捶也。"《説文新附》："打，擊也。"《歸田録》：打字義本考擊，工造金銀器亦謂之打，至於打船、打車、打魚、打飯、打傘、打糊、打量，皆謂。《古今注》云：捶，猶今世俗作謂打。今人凡有修治者，悉謂之打〔一〕。《蓬島樵歌注》："《俗呼小録》：凡牽連某人及某物亦曰打。"又似帶之轉音。

把　《説文》："握也。"《廣韻》："搹，手把著也。苦格切。"又《詩傳》："秉，把。"古言把秉，今言把柄。

掊　《説文》："把也。"《廣韻》："爬，搔也。"又作扒。今鹽官入水取鹽爲掊。又捊，引取也。《字林》："掊，薄交切。手掊也。"俗作爬。《漢書·貢禹傳》注："把，薄巴切。以手掊之也。"

捉　《説文》："搤也。"《三倉》："捡，手捉物。"《通俗編》："捉迷藏俗謂之捉覓躲。"

挈　《説文》："縣持也。"

拎　《玉篇》："手懸捻物也。"音同零。《廣韻》同。

撮　《説文》："四圭。一曰兩指撮。"《字林》："手小取也。"七活反。案，《爾雅》："篹，

〔一〕謂：原誤作"爲"。

取也。」〔一〕

捾　《説文》：「搯，捾也。」烏括切。《匡謬正俗》捾音烏活反。又《説文》：「捾目也。」音同棺。《廣韻》：「捾，烏括切。捾取也。」斡同。又：「斡，烏八切。斡取物也。」又有：「穵，深穴也。」「揠，拔草心。」音義亦相近，俗作挖。

拏　《説文》：「牽引也。」《倉頡篇》：「捽也；引也。」俗作拿。

㧓　《説文》：「拈也。」「拈，㧓也。」《正韻》：「捝，捻聚也。」即拈之變。

撍　《廣韻》：「作紺切。手撼。」

揘　《廣韻》：「永兵切。拔也。」音同瑩。今言動之曰揘。

掮　《通俗文》：「捫摸曰掮。」今言持物曰掮。

汏　《説文》：「淅瀰也。」《廣雅》：「洒也。」《通俗文》：「汏米曰淅。」本《説文》。今凡洒物於水皆曰汏。

擟　《文選·笙賦》注：「指捻也。」

擸　《説文》：「理持也。」今言掠髮。《廣韻》以手理物爲擸。

掔　《三倉》掔亦牽字，引前也。

〔一〕篡：原誤作「纂」，據《爾雅》改。

抲　《説文》：「抲撝。」〔一〕引《書》曰：「盡執，抲。」虎何切。今言抲如枯駕切。《集韻》：「挌，持也。」《五燈會元》：「觡蛇。」借觡爲挌。

㩒、捦、擒　《廣韻》同巨金切，急持。又：「㪁，持也。」〔二〕

推　《説文》：「推，排也。」「排，擠也。」《蒼頡篇》：「軵前也。」《韻英》：「排也。」

搭　《集韻》：「搭，擊也。」李概《音譜》：「搭，打也。」《説文》本作笪，笞也。笞，擊也。《廣韻》：「笪，持也；笞也。」多旱切，又都達切。又：「担，笞也。」《直語補證》：「以手輕撲人曰搭。」今言打亦曰担，亦作搭、搨。《廣韻》：「搭，都合切，打也。出《音譜》。」又搨，都搕切，打也。㩉同。

舁　《説文》：「舉也。」

掀　《説文》：「舉出也。」《廣韻》：「以手高舉。」《五音篇海》：「擤，手捻鼻膿。呼梗切。」即掀字之變。

爯　《説文》：「並舉也。」又《廣韻》：「掅，千定切。捽也。」

掆　《廣韻》：「古浪切。捎掆舁也。出《字林》。」阮孝緒《文字集略》：「相對舉物曰掆。」《匡謬正俗》：「俗謂扛爲剛，乃有造掆字者。」案，《説文》本有扛，云横關對舉。

〔一〕抲：原誤作「何」，據《説文解字》改。

〔二〕㪁：原誤作「欲」，據《廣韻》改。

掇 《説文》：「拾取。」又《廣韻》：「𢭏，多則切。取也。」〔一〕

扱 《禮・問喪》疏：「扱，衣上衽于帶。」《説文》：「扱，收也。」《廣韻》：「插也。」

敲 《説文》：「横擿也。」又：「擎，旁擊也。」又：「毃，擊頭也。」《蒼頡篇》又云：「𢾕，苦交切。下擊也。」《字林》：「敲，横擿也。」

寽 《説文》：「五指持也。」「捋，取易也。」

攴 《説文》：「小擊也。」又：「撲，挨也。」「挨，擊背。」

撞 《説文》：「卂擣也。」「擣，手推也。一曰築也。」《韻英》：「擣，築擣。」又作搗。《字林》：「直舂曰搗。」

戳 《廣韻》：「直角切。築也；舂也。」

擎 《廣雅》：「舉也。」又《廣韻》：「捏，舉也。」

排 《説文》：「勃，排也。」今言搬。《説文》又作擘。

拒 《韻英》：「格也；違也。」

抗 《説文》：「扞也。」《詩・小雅》傳：「舉也。」又《韻詮》：「以手拒也。」《韻英》：「得也；舉也。」

〔一〕則：原誤作「取」，據《廣韻》改。

擡《方言》：「臺，支也。」今言擡。《通俗文》：「舉振謂之擡。」《廣雅》：「擡，動也。」《廣韻》：「擡，舉也。」

拕《說文》：「曳也。」託何切。《廣韻》：「拖，吐邏切。牽車。」

拍《說文》：「拊也。」普百切。今言拍手。

𢀳《說文》：「擊也。」博下切。今言𢀳掌。

掘《說文》：「搰也。」又：「撅，以手有所把也。」又《玉篇》：「豩，豕食發土。」音如掘。

插《說文》：「刺内。」一本作插肉。

摘《說文》：「拓果樹實也。一曰指近之也。」《蒼頡篇》：「以指摘取也。」《韻英》：「手取也。」

挑《說文》：「一曰撠也。」《增韻》：「挑，扙荷也。」今言挑儋。又：「挑，擇。」又：「挑，抉。」《聲類》：「挑，抉也；掘也。」又：「挑，撥。」《韻詮》：「挑，撥也。剔除也。」

捎《說文》：「凡取物之上者爲撟捎。」《方言》：「撟捎，選也。」《越語肯綮録》：「縛物爲絞帩。」不知即撟捎。

挂《說文》：「宣也。」

攙《廣雅》：「扶也。」

搵《說文》：「没也。」《廣韻》：「烏没切。手擦物貌。」又《字林》：「抐，没也。」《韻詮》：

「内物於水中。」

撦　《廣雅》：「撦，開也。」《廣韻》：「裂開也。昌者切。」案，《爾雅》：「斯、誃，離也。」《説文》：「誃，分離也。」誃轉爲撦。《莊子·庚桑楚》作拸，同奓。俗又作扯，不見明以前字書。又作撕，《集韻》：「斯，離。」或从手作撕。又《集韻》：拖、搋，皆同誃。《方言》：「廝、披，散也。」亦斯之變字。

輥　《韻詮》：「手轉下之令下也。」《五燈會元》：「輥繡毬。」亦作滚繡毬。又《夢粱録》百戲伎有打交輥。

抈　《説文》：「折也。」

戡　《爾雅》：「殺也。」今作砍。

釽　《説文新附》：「裂也。」《廣雅》：「扒，擘也。」噴八切。《廣韻》：「扒，破聲。博拔切。」又：「𤖹，破物也。」音同拍。《集韻》：「𤖹，分也。」

疈　《説文》：「副，判也。籀文疈。」今作劈。《埤倉》：「劈，剖也。」《玉篇》：「另下從刀，别也。」補買切。《集韻》：「髀，裂也。」

冎　《説文》：「剔肉取骨。」

勯　《説文》：「推也。」今推圓物曰勯。《埤倉》：「礧，推石自高而下。」擂，《玉篇》：「擂，研物。」〔一〕與礌同。

箝　《説文》：「刺也。」戳，今作〔二〕。見《篇海》。《廣韻》：「戳，刺也。敇角切。」《莊子》作擉。

豰　《説文》：「椎擊物。」冬毒切。《廣韻》：「㧻，擊也。」又擿也。

斫　《韻英》：「刀斫物。」《説文》：「擊也。」《集韻》：「砍也。」音同勺。

抱　《説文》：「褒，褎也。」鉉曰：「今俗作抱。」又捊，或作抱，本步侯切，鉉曰：「今作薄報切。以爲褎褒字。」「攤，抱也。」

挀　《廣雅》：「抓，引也。」音哇。《集韻》：「挀，手捉物也。」《類篇》：「吴俗謂手爬物曰挀。」

抯　《方言》：「抯、摣，取也。」《説文》：「抯，挹也。」又：「䖒，叉卑也。」側加切。《釋名》：「摣，叉。五指俱往也。」《聲類》：「摣，五指摣深也。」

摜　《敬止録》：「擲物於地曰摜。」《字書》摜音同患。又見下甩掩。

丟　《敬止録》：「抛物曰丟。」《俗呼小録》：「丟，丁由切。舍去。」案，爲「投，擿也」之變，見《説文》。

〔一〕研：原誤作「擂」，據《玉篇》改。

〔二〕戳今作：似爲「今作戳」之誤。

敗　《説文》：「迻予也。」彼義切。今以物予人亦曰敗，音轉如不。《説文》：「畀，相付與之。」必至切。畀亦轉不。

贛　《説文》：「賜也。」今以物予人亦曰贛，音轉如艮。

撲　《字林》：「手相搏也。」《説文》：「撲，挨也。」「挨，擊背也。」《通俗文》：「争倒曰撲。」《韻英》：「兩手搏投於地。」

揎　《字林》：「臂也。」先全反，音宣。《禮記·王制》注：「揎衣出其臂脛。」釋文：徐爰音患。

搕　《廣韻》：「烏合切。以手盍也。」

揫　《説文》：「束也。」又：「𩐙，收束也。」《廣韻》：「縻，束縛。丘尹切。」又縻，丘粉切，亦束縛。今作揪，於物於人皆言之。

搪　《方言》：「張也。」

攩　《説文》本訓朋羣。又：「倗，輔也。讀若陪位。」今音轉曰搿。《戒庵漫筆》：「今人以相助爲搿。」搿，《集》《類》：「捍也；並也。逋旁切。」《廣韻》又有「搿，捍也；衛也」。

舀　《説文》：「抒臼也。」抌、㧁或體，以沼切。今言舀水。《廣雅》：「抒也。」

斛　《廣雅》：「斛，抒也。」《肯綮録》：「去水曰斛，音豁。」見《廣韻》。

付　《説文》：「與也。從寸持物對人。」

𡬶〔一〕　《說文》：「傾覆也。」方歛切。

盩　《說文》：「引擊物。」今言若丟。

抛　《字林》：「擊也。」《埤倉》同。《說文新附》：「棄也。」注：「《左氏傳》通用摽，匹交切。」

撑　《說文》：「定，歫也。」又：「橕，歫也。」又：「歫，止也。一曰搶也。」今言撑。《字林》：「柱也。」又：「樘，衺柱也。」〔二〕鉉曰：「今俗別言撑。」《纂文》：「撐，觸也。」《廣韻》：「牚，支柱也。恥孟切。」岳元聲《方言據》云：「撐，拒也。見《廣雅》。與攩同。」又《字彙》瀴音湯，以手推止。

抓　《字林》壯交切，《廣雅》：「搔也。」《說文》本作爪，覆手曰爪，丮也。《集韻》抓音同掌，批擊也。則即《說文》反爪之爪。

搶　《廣韻》《說文》：「㧅，扶也。」《字林》又作搶，七良切。

摞　《廣韻》：「魯過切。理也。」

摺　《字林》：「疊衣服也。」

敨　《集韻》：「展也。他口切。」

抻　《廣韻》：「展也。抻物長也。」

〔一〕𡬶：原作「叟」，據《說文解字》改。
〔二〕樘：原誤作「撐」，據《說文解字》改。

捄《字林》：「又音救，扶捄。」

摞《廣韻》：「力質切。以力理物。」

幔〔一〕《說文》：「墀地，以巾撋之。」《漢書·楊雄傳》注：「杖拭也，乃回反。」

刷《說文》：「刮也。」《廣雅》同。又：「刷，拭也。」

華《禮·玉藻》注：「半破。」《周禮》：「形方氏華離。」今音如化。

澳《湛園札記》：「《通鑑注》：『明台人謂以水沃釜曰澳。』今余鄉猶然。」

撈《方言》：「撈，取也。」《字林》：「摸，取物。」《通俗文》：「沈取曰撈。」

攤《廣韻》：「開也。他干切。」《說文新附》同。

擺《釋名》：「捭，擺也。」《廣韻》擺、撥、捭同。《俗書刊誤》又作挐，音擺，布列也。《廣韻》：「挐，丈夥切。攙挐，挐物。出《聲譜》。」

擓《說文》：「摳衣也。」

侈《說文》：「掩脅也。」今言掩脅曰侈侈。

敇《說文》：「臿地。」恥力切。

趙《詩傳》：「刺也。」《考工記》注作搁。《廣韻》：「撨取也。昨焦切。」

〔一〕幔：原誤作「擾」，據《說文解字》改。

䤈　《説文》：「圮，毁也。或作䤈，从手从非配省聲。」今音如配入聲。

攋　《方言》：「壞也。」《廣韻》：「手披也。」音同辣。《集韻》又洛駭切。案，同拉。

剕　《玉篇》：「削也。」音同批。《集韻》：「刏，刀析也。」《韻會》通作批。

捘　《通俗文》：「入室求曰捘。」兄侯反。

掏　《通俗文》：「揞出曰掏。」

跌　《廣韻》：「陟栗切。手拔物。」

摶[一]　《説文》：「圜也。」《通俗文》：「手團曰摶。」

⿰幼力　《廣韻》：「魚乙切。動⿰幼力⿰幼力。」

掐　《通俗文》：「爪案曰掐。」案，爪當作叉。《埤倉》：「掐，爪也。」《説文新附》：「掐，爪刺也。」

摸　《字林》：「摞也。」《通俗文》：「捫摸曰揹。」《埤倉》：「摸，捫搎也。」《韻詮》：「捫搎，或摸索也。」案，《説文》：「㲻，入水有所取也。」莫勃切。

攫　《説文》：「扟也。」「扟，从上挹也。」《通俗文》：「手把曰攫。」《埤倉》：「攫，爪持也。」《開元文字》：「爪持曰⿰國爪。」

抄掠　《通俗文》：「遮取。」案，《説文》：「鈔，叉取也。」徐鉉曰：「今俗別作抄。」又《新

[一] 摶：原誤作「搏」。

附》：「掠，奪取也。」

撩理　《通俗文》：「理亂。」案，《説文》又「撩，理也」。又「敹，擇也」。洛蕭切。《書疏》：「穿擇之當使敹理。」又作料理，見《公羊》疏及《晉書》。

盪滌　《通俗文》：「澡器。」《説文》：「盪，滌器也。」

揀　《埤倉》：「揀，擇也。」《韻英》擇，亦揀也。本作柬。《説文》：「分別簡之，从束从八。」又：「擇，揀選也。」

図　《説文》：「下取物縮藏之。」女洽切。《集韻》図圀，並女減切。

探　《説文》：「遠取之。」《韻詮》：「引取也。」《方言注》〔一〕：「銛，挑取物。」他玷切。

敓　《説文》：「彊取也。」徒活切。今借奪。奪，本訓失隹〔二〕。

淪　《廣韻》：「水中曳船。盧困切。」

摩抄　《聲類》：「猶捫摸也。」《韻英》同。

尋　《説文》：「繹理也。从工从口，从又从寸，彡聲。」又《字諟》：「摰，摘物。」

拌　《韻詮》「拌攤，相和貌。」又《方言》：「拌，棄貌。」音判平。《雅》《廣韻》：「拌，弃也。」俗作拚。案，俗又作秚用，非。

〔一〕注：原脱。

〔二〕隹：原誤作「佳」，據《説文解字》改。

編 《說文》：「次簡也。」《聲類》：「以繩治物。」

辮 《說文》：「交也。」又：「緶，交枲也。」

剗 《聲類》：「平也。」

縛 《說文》：「束也。」《廣韻》符臥切。《左傳》釋文又扶臥反。重脣即如今言，讀如罷。

綳 《說文》：「束也。」

絭 《類篇》：「纏束也。」

拶 《周成難字》：「窄，拶也。」

結 《說文》：「締也。」「締，結不解也。」「紐，一曰結而可解。」

擽 《字統》：「擊也。」

總 《說文》：「聚束也。」鉉曰：「今俗作揔。」

捬 《字書》：「敷也。」《說文》：「捬，捫持也。」

嬺 《集韻》：「束也。訖得切。」《說文》本居夭切，竦身也。音轉爲縻。《札璞》：「束縛曰縻。邱隕切。」

摢 《字體》：「以拳加人也。勑佳反。」

扠 《肯綮録》：「謂以拳加物，丑皆反〔一〕。見《廣韻》。」案，《韻詮》：「扠，以拳擊人。」

〔一〕 丑：原誤作「臼」，據《肯綮録》改。

築　旁推令覺曰築，音逐，見《三國志·顔棐傳》。

拗　《韻詮》：「捝，以手拗捝。」又《韻英》：「捩，拗捩也。」《輟耕録》：「南方謂折花拗花。」《説文新附》：「拗，手拉也。」《廣韻》同。

㧑　《集韻》：「相擊也。」音同灰。今言㧑拳作揮，非。又轉音作豁拳。《六研齋書記》：「俗以手指屈伸相搏謂之豁拳，即手勢令。」

挨　《廣韻》：「推也。」亦「背負貌」。今言挨背作挨，非。挨訓擊背。《養新録》：「今借挨爲忍痛義，又借爲比附義。」

抽　《説文》：「搯，引也。」或作抽。《韻英》：「撤，以手抽去也。」

拔　《説文》：「擢也。」《韻英》：「救也；出也。」

揠　《説文》：「拔也。」

摝　《廣韻》：「以手核物。所簡切。」

擯　《韻英》：「擯，斥也。」今言擯如貶。

扡　《桂苑珠叢》：「凡以器斟酌於水謂之扡。」

㧗　《説文》：「反手擊也。」匹齊切。

扮　《説文》本訓握，讀若粉，房吻切。《養新録》扮讀若粉。《廣韻》補幼切，借爲打扮字；又花夥切，亂扮也。《中原雅音》：「俗以裝飾爲打扮。」

擦　《集韻》：「摩也。七曷切。」《篇海》作擦。今亦言擦。又張蝺《海賦》「來往相𢶎」注：𪊲合切。則爲擦著、擦過。

搶　庾闡《楊都賦》：「艇子搶風。」《廣韻》：「搶，拒也；突也。」

劬　《五音篇海》：「著力牽也。」堆上聲。

摟揪　《廣韻》：「取也。出陸氏《字林》。」

撢　《説文》：「探也。」今拂塵字用之，誤。《廣雅》：「担，擊也。」《玉篇》：「担，拂也。」俗以担爲擔，非是。又《字林》：「扰，都感切。拂也。」

戽　《廣雅》：「抒也。呼古切。」又斛，亦抒也，呼适切。今人言手去取水。《廣韻》：「戽斗，舟中渫水器。」

掙　《中原雅音》：「剉也。」今作挺用。

敕　《廣韻》：「搥打物。即甸切。」

搬　擊之或字，古止作般。《説文》：「般，象舟之旋。」《廣韻》：「般，運。北潘切。」擊，見《文選·射雉賦》注，步何切，開除之名。《字彙》：「今俗作搬移、搬演字。」

誖　《廣韻》〔一〕：「按物聲。」或省作誖。

〔一〕　廣：原作「傳」。

書信　梁武帝《賜到溉連珠》：「筆飛豪以書信。」古樂府：「有信數寄書。」

廞　《廣韻》：「廞，鼓初打也。」

厶　始見《穀梁傳注》。《困學紀聞》：「今或書某爲厶。」《玉篇》始讀厶爲某。

草藁　見《史記・屈原傳》。

二、匕　重書作二，本鐘鼎文。又作匕，爲上之省。《升庵外集》言同上字也。壹貳參肆伍陸柒捌玖拾，詳《海繁露》。柒，本作漆。丨、〢、〣、⿲丨〢丨，又丅、⿱一〢、⿱一〣、⿱一⿲丨〢丨，見《潛虛》。

帳目　《北史・高拱之傳》：「總集帳目。」《蓬島樵歌注》：「俗以計數曰賬。」諸字書無賬字。

合同　見《秋官・朝士》疏。

帳簿　見《隋書・食貨志》及《唐書・百官志》。又《漢武紀》注：「若今計帳。」

花字　《北齊書・後主紀》：「連判文書，各作花字。」亦曰花押，見《國史補》《輟耕録》。

別字　《後漢書・尹敏傳》：「多鄙別字。」今言別如白。

刴　《五音篇海》：「多上聲。摑人。」今轉入聲。

⿰扌臬　《智燈難字》音臬，揭蓋。

夯　《字彙》：「呼講切。用力以肩舉物。」〔一〕

〔一〕肩：原誤作「堅」，據《字彙》改。

撬《智燈難字》音轎，掀起。

掗《字彙》音亞，强與人。

甩《智燈難字》環去聲，一作摜，亦棄擲。

掽《字彙》彭去聲，搕撞。

搩《俗呼小録》音傑，抱持人物。

塑《廣韻》：「塑像。出《周公夢書》。」塐，《廣韻》：「捏土容。出《古今奇字》。」

作　古音如做。《廣韻》臧祚切，又則箇切，造也。作有二音，《莊子音義》作佐路反，即臧祚切。《荀子》作韻蠹，《後漢書》作韻度、暮、袴。今下南鄉音如是，其音則箇切者，俗作做。

払《廣韻》：「以手払物。丘犯切。」

翦𦁚　明律有此字。《委巷叢談》：「夾翦衫袖以掏財物謂之翦𦁚。」案，正作剪綹。《說文》：「綹，緯十縷。」

針指　《甕牖閒評》：「針指二字本俗語，《夷堅志》採而用之，記婺州民女書云：『晝則作針指於牖下。』」案，正作箴黹，見「衣服」。

釋人　足

𩨗頭　《說文》：「厀，脛頭卪也。」徐鉉曰：「今俗作膝。」《廣韻》：「𩨗，膝骨。苦何切。」

骽肚　《廣韻》：「骽股。吐猥切。」腿，俗。

骭　《埤倉》：「脛也。」今言腳莖。

跟　《説文》：「跟，足踵。」《廣韻》：「足後踵也。」䟴同。《北史・爾朱彦伯傳》：「腳跟齊。」又李氏《疑耀》、孫吾與《韻會定正》于跟字注云：又跟頭戲，倒頭爲跟也，斛斗二字當從跟頭，今作筋斗，皆誤。

腳指　《北史・李幼廉傳》：「作得李長史一腳指否？」

匐　《説文》：「伏地也。」即匐之轉音。《説文》：「匍，手行也。」《廣韻》跁，傍下切。跁跒，行貌。《正字通》：「俗謂小兒匍匐曰跁。」

蹩　《説文》：「跛也。」跛行不正也。又：「躄，人不能行也。」《玉篇》：「蹩躠，旋行貌。一曰跛也。」

趬　《説文》：「舉足也。」又：「蹻，舉足行高也。」又：「趬，行輕貌。一曰舉足。」

跽　《説文》：「長跪也。」渠几切〔一〕。又：「㠱，長踞。」暨己切。今音如渠上聲。《養新録》：「吴下方言跪讀如巨。」

蹈　《説文》：「践也。」《韻詮》：「踏也。」

跳　《説文》：「躍也。」「躍，迅也。」又：「趯，踴也。」「踴，跳也。」《説文》：「趒，雀行也。」徒遼切。《類篇》跳或作䠷。今分急行曰䠷，距躍曰跳。《説文》又云：「透，跳也。」《韻詮》：「踉

〔一〕切：原誤作「初」。

也。」《韻英》：「趒，越也。」《字林》跳，大幺反。《廣韻》徒聊切。如今急行音。

踱　司馬相如《大人賦》「踁踱」注：「互前卻。」《公羊傳》「躇階」注：「躇同踱。」《玉篇》：「踁踱，乍前乍卻。」今緩行曰踱。

站　《說文》：「䞍，不行也。讀若住。」《方言》：「隑，立也。」音巨代切。今言站，《集韻》：「站，久立也。」《廣韻》站，陟陷切。俗言獨立。又作竡。

蹁　《說文》：「足不正。一曰拖後足馬。」〔一〕

踵　《聲類》：「踵，足跟也。」《古今字詁》：「歱，今踵。」

踏　《三倉》：「著地。」《廣韻》同。又：「蹋，踐也。徒盍切。」同蹹。

蹋　踐也，徒盍切，同蹹。

跑　《廣雅》：「趵也。」

踼　《方言》：「立也。」今音如堂。

趹　《方言》：「蹶也。」《說文》：「蹶，僵也。」《通俗文》：「失躡曰趹。」《字書》：「失跖也。」《字林》：「失蹠也。」

踼　《字林》：「躡也；蹴也。」《說文》：「趹踼。」〔二〕別一義，即倜儻。無踼有踶，䠆也。劉

〔一〕馬：原脱，據《說文解字》補。

〔二〕踼：原誤作「踢」，據《說文解字》改。

侗《帝京景物略》踢毽子。

𨑢　《廣韻》：「𨑢，步渡水。白銜切。」《集韻》：「踫，涉也。」或書作𨑢。又：「湴，行淖中也。」

𧺆　《廣韻》：「自投下。」

𧾤　《說文》：「行遲。」《廣韻》同。

𨔬　《說文》「短人立𨔬𨔬貌。」《鄞縣志》：「吾鄉語：𨔬𨔬坐。」

赾　《廣韻》：「赾，腳立也。遷謝切。」

𨆣𨆣　《類篇》：「小兒行態。丁佐切。」即《廣韻》跢，今音轉入如䮴䮴。《廣韻》：「䮴，徒亘切。行欲倒。」又《說文新附》：「蹬，蹭也。徒亘切。」《韻英》：「蹬，踐也。」

踣　《說文》《字林》：「僵也。」

𧺫　《廣韻》：「丑隴切。小兒行貌。」

跰　《廣韻》跰與皻同，皮起也。《類篇》：「久行傷足謂之跰。」《三倉解故》：「胝，繭也。」

逭　《方言》：「轉也。」《說文》：「逃也。」今音轉如滾。

逢　《說文》：「遇也。」今音如普用切，又如蒲浪切。

遭　《說文》：「遇也。一曰邏行。」今言一遭。

达　《說文》达爲達之或字，又迭下「一曰达」。今言往來更迭曰來一达去一达。

趡《廣韻》：「走也。千水切。」今送客或言趡。趡，亦作踓。
㔸《説文》：「側逃也。」今音如溜。元人雜劇言潛逃去曰瀏了，不知《説文》有㔸字。
旻《説文》：「突前也。」今小兒旻迷，正音亡沃切。
朅《説文》：「去也。」邱竭切。今音如朅平聲，送客或言之。
踶《説文》：「躗也。」《通俗文》：「小踼謂之踶。」
蹂《通俗文》：「踐穀曰蹂。」
踒《説文》：「足跌也。」《通俗文》：「足跌傷。」
赶《説文》：「舉尾走也。」《通俗文》同。又《説文》：「迁，進也。」《養新録》：「今借赶爲追逐義。」案，錢氏尚忘有迁字。
踾《埤倉》：「踼地聲。」
踼蹄《聲類》：「偏舉一足。」
趁《纂文》：「關西以逐物爲趁。丑刃切。」
蹤踵《埤倉》：「行不進皃。」
㢟《廣蒼》：「走也，藏也。」《廣韻》陟山切。今言㢟出、㢟入。又今言幽般㢟。《莊子·則陽》：「自藏於畔其聲消。」《漢書·馮當世傳》注：「不敢當敵爲畔。」
循邏《韻略》：「邏，循行非常也。」《説文新附》：「邏，巡也。」

踼　《集韻》音儻，申足伏臥也。

䟴　《説文》：「步行躐跋。」朱翔音補會反。今俗云打腳䟴。

追　《説文》：「逐也。」

䟾　《廣韻》：「他突切。蹂也。」又：「他骨切。跢也。」

䞴　《説文》：「走皃。讀若紃。」今言跳曰䞴。

跔　《説文》：「天寒足跔。」今言跔音如葵候切。《廣韻》又舉朱切。

蹃　《廣蒼》：「蹈，走貌。」《玉篇》：「蹨，蹂也。」《類篇》：「蹨，蹈也。」今或作跈。《莊子・外物》注：「跈，相騰踐也。」今言跈蹨，音如蹃。

少　《説文》：「蹈也。」他達切。《韻會》：「少，行而不離地。」

歸　《説文》舉韋切，今言如舉平聲。《養新録》：「吴下方言歸讀如居。」

𧾔　《説文》：「進也。」《玉篇》：「蹔，超忽而騰疾。」

趰　《玉篇》：「行疾也。實洽切。」《集韻》：「趡，疾走貌。疾盍切。」今言趰進、趰出，即《禮》「拔來」「報往」。

𨃂鬄　《通志・六書略》鬄，蒲孟切。𨃂鬄，蹋地聲。《集韻》：「䃅鬄，石聲。」

踾　《埤蒼》：「蹋地聲。拍逼切。」亦作堛。

跰　《説文》：「曲脛。讀若逵。」《廣韻》同。今言音葵居切，如逵之通衢。

趤趠《集韻》：「逸遊。」案，本作浪蕩，故又言蕩子，又作流宕。張協《七命》注：「流宕，謂遠游。」

嶨《玉篇》：「仕角切。遠也。」《集韻》又有邉。

匐《玉篇》：「伏行。」《吴下方言考》：「吴中策馬牛類使行曰匐。」

躐跕《敬止録》：「失足曰躐跕，音羅剉。」今我縣音如落錯。

跦《三國志·賈逵傳》注：「一偏跌輾轉曰跦。」音搖。

釋人 脅以下

脅肋胳《説文》：「亦，人臂亦也。」俗作腋。《通俗文》：「腋下謂之脅。」又：「乑，象脅肋。」《説文》：「胳，亦下也。」古洛切。又：「脅，兩膀也。」「脟，脅肉也。」「肋，脅骨也。」是脅肋亦作脅脟。

腰骨《埤蒼》：「骭，腰骨也。」《韻英》：「髁，腰下骨。」

赤膊《韻詮》：「裸，赤體。」

脬《説文》：「脬，旁光也。」《倉頡解詁》：「盛尿者也。」《廣韻》：「腹中水府。匹交切。」今作胞，誤。

奎臀《説文》：「奎，兩髀之閒。」「屍，髀也。」或作臀，省作臀。奎或言髖，《説文》：「髀上也。」或言胯，《説文》：「股也。」或言朏，《廣韻》朏，苦骨切。朏，臀。俗又作膕〔一〕。

脘　《説文》：「胃府也。」今言胃脘。

胞　《説文》：「兒生裹也。」

胎　《説文》：「婦孕三月也。」

骨頭　《摭言》窮相骨頭，又莫先生身老骨頭。

毗　《説文》：「人臍也。」「齎，毗齎也。」〔二〕今言肚齎。

髀股　《説文》：「髀，股也。䟆，古文。」「股，髀也。」《韻詮》：「内曰股，外曰髀。」《韻英》：「髀，股外也。」

糟股眼　《傷寒論》：「穀道。」又《素問》名魄門。

卵子　前陰。《説文》：「卵，象形。」

牝　女前陰。《説文》：「也，象形。」今人無也音，皆呼牝。牝，从匕聲。

䩦毛　《廣雅》：「䩦謂之豪。」曹憲音汗。今言汗毛，實䩦毛。豪之俗字毫。

汗　《説文》：「人液也。」

月姅　《説文》：「姅，婦人月汙也。」《漢律》：「姅變。」《内經》：「月事以時下。」《釋名》：

〔一〕膕：原誤作「朏」。

〔二〕毗：原作「肶」，據《説文解字》改。

「有月事者止，不御。」

腇　《廣韻》：「淫腄〔一〕。府犯切。」

衇、脈、𧖴　《説文》：「血理分衺行體中者。」〔二〕

大肚　《北齊書》：「太原王紹德曰：『姊姊腹大。』」今言孕曰胎大肚。

小産　《説文義證》《集韻》：「姅〔三〕，褢子傷也。」今謂之小産。

蛕　《説文》：「腹中長蟲。」《廣韻》作蚘，《集韻》作蛔。

肚　《廣雅》：「胸謂之肚。」肚，《廣韻》徒古切，又當古切。今以言人畜之胃，則音當古切，與徒古切異。

肚皮　《五燈會元》：「將三條篾束取肚皮。」又：「自家肚皮自家畫。」

肚裏　《摭言》：「肚裏没嗔。」

⿰骨童　《廣韻》⿰骨童，宅江切；⿰骨空，苦江切；尻骨。今言⿰骨童骨。

朏　《廣韻》苦骨切，朏，臀。俗又作⿰月屈。

出恭　《直語補證》：「今人謂如廁出恭，不可解。案，《劉安别傳》：『安上天，坐起不恭。』

〔一〕腄：原誤作「腇」，據《廣韻》改。
〔二〕中：原脱。
〔三〕姅：原誤作「娋」，據《説文解字》改。

仙伯主者奏安不敬，謫守都廁三年。』或本此。」

髎　《字林》：「八髎也。」《通俗文》尻骨謂八髎。《埤蒼》同。今言猪八雕。

屎　《字林》：「小便也。」《説文》本作尿，「人小便也」。奴弔切。今言小尿。

糟　《字林》：「下出氣也。」又作宗、屁。《廣韻》：「屁，氣下洩也。」糟，上同。糟，見《東山經》注：「失氣也。」《齊東野語》：「章宗卿曰：『吾弟卻在此放屁耶。』」

菌　《説文》：「糞也。」《廣韻》式視切。本亦作矢，俗作屎，屎字本許伊切。

釋宮

科座　李詡《俗呼小録》：「俗謂所居曰科座。」當爲薖座。《詩》：「碩人之薖。」《廣韻》《集韻》薖並苦禾切，古讀若科。

五架屋　古制，屋五架，中楝，前後楣，前後扆。白居易詩：「五架三間一草堂。」

堂前　案亦古制，前堂後室。

霤　《説文》：「屋水流也。」

扇　《説文》：「屋穿水下。」

樀　《説文》引《爾雅》曰檐，讀若滴。今言滴水下。

店　《韻英》：「所以止扉也。小關也。」

閈　《荀子》：「外闔而不閈。」音别。

闗　《玉篇》：「門聲。」音剳。

戺　《説文》：「屋牡瓦也〔一〕。讀若環。」

筰　《説文》：「迫也。在瓦之下棼上。」今言迫轉筤。

簷　《説文》「檐，梍也。」鍇曰：「今俗作簷。」

門檈　《廣韻》二十七删：「檈，關門機。出《通俗文》。數還切。」《玉篇》：「檈，木檈。」俗作門，見《桂海虞衡志》。

門扇　見《漢書·霍光傳》。《字書》：「一扇曰户，兩扇曰門。」《説文》：「扇，扉也。」「扉，户扇也。」又閇、闔皆云門扇。

門柣　《匡謬正俗》謂門限爲門蒨。《爾雅》：「柣謂之閾。」注：「門限也。」柣音切，聲轉耳。俗作門檻。

門閫　《玉篇》：「門閫。」

地栿　《廣韻》：「房六切。梁栿。」今以言門栿。

椽　《説文》：「榱，椽也。」「椽，榱也。」

棟梁　《説文》：「棟，極也。」極、桴、宊皆云棟也。《爾雅》：「宊廇謂之梁。」

〔一〕牡瓦也：原誤作「牝瓦下」，據《説文解字》改。

天井　天井合音爲庭。《孫子・行軍篇》：「地有天井。」注：「四高中下。」《通俗編》：「上露井，下設漏井。」

摶壁　《釋名》「博壁」，今言板壁。

煙囪　《説文》：「宊，一曰竈突。」宊音轉爲囪。《越語肯綮録》：「越人呼竈突曰煙囪，讀作囪。」

竈枯　《廣韻》瘔謂之竈瘔，音轉爲枯。　案，《莊子》竈觚。

牆腔　《文字集略》：「腔，穿垣。」

地樓　《説文》：「窨，地室也。」

櫋檐　《説文》：「櫋，屋櫋聯也。」今言眠檐，當作櫋。

泥磚　《埤倉》：「形土而方曰墼。」今之土磚。《急就章注》：「北方有糞墼，南方又有炭墼。」

柱礎　《説文新附》：「礎，礩也。」「礩，柱下石也。」《廣韻》：「礎，柱下石。」

椶　《通雅》：「所監切，今以屋東西榮柱下之宇爲椶，工匠謂屋兩頭爲山，實是椶字。」案，韓文公詩、王安石詩並言屋山，范成大詩：「稻堆高出屋山頭。」

衖唐　《霏雪録》：「俗呼屋中別道爲衖，本當作弄。」《集韻》：「弄，廈也。」《通俗編》：「元《經世大典》火衖注：衖，音弄。」唐，亦路也。《詩》：「中唐有甓。」

隔壁　《宋書・范曄傳》：「隔壁遥望。」

門頭　《廣韻》：「闀，門頭也。」

屋角　《韻詮》：「隅，屋角也。」

壁角落頭　蘇文忠《大慧真贊》有此語。

柵迾　《説文》：「柵，編樹木也。」又：「迾，遮也。」亦作柵欄。

笆槍　《廣韻》：「笆，有刺竹籬。」《説文》：「槍，歫也。」

䈇子　《通俗文》：「竹障。」《甕牖閒評》：「取明槅子，人多呼爲亮槅。」《夷堅志》卻云涼槅子。

廠　《字林》：「露舍也。」《廣韻》：「廠，屋也。出《方言》。」

廛　《周禮·廛人》注：「貨賄諸物邸舍。」〔一〕今音轉如棧，曰棧房。

棚　《三倉》：「棧，閣也。」《説文》：「棚，棧也。」《廣韻》：「棧也；閣也。」

大堂　《倉頡篇》：「殿，大堂也。」

祠堂　見《漢書·霍光傳》《張安世傳》《龔勝傳》《文翁傳》。

家堂　《後漢書·延篤傳》：「坐於家堂。」

天窗　《文選·魯靈光殿賦》：「天窗綺疏。」

衕道　《倉頡篇》：「衕，巷道。」即弄唐。《爾雅》釋文：「衖，《聲類》以爲巷字。」

〔一〕「貨」上原衍「人」字，據《周禮注》刪。

楣　《埤倉》：「梁也。」

樓　《説文》：「重屋。」

廁　《廣韻》：「度侯切，行圊廁。」今言廁所曰坑廁閒。《論衡·四諱》云：「更衣之室，可謂臰矣。」

茅司　朱暉《絶倒録》：「宋人《擬老饕賦》：『尋東司而上茅。』今言茅司。《傳燈録》：『東司上不可與汝説佛法。』」

蓋　《説文》：「蓋，苫也。」「茨，以茅葦蓋屋。」《字統》：「苫也；覆也。」

亭　《説文》：「民所安定也。」

㮰　《説文》：「㮰，署也。」「扁，從户册，署門户也。」《續漢·百官志》：「扁表其門。」

椊　《字林》：「柱頭枘也。」

市　《説文》：「買賣所之也。」

寨　《説文》「柴」下鉉曰：「師行野次，豎散木爲區落，名曰柴籬。後人語譌，轉入去聲，又别作寨字。」

店　《古今注》：「店，置也。所以置貨鬻物也。」酒店，見《晉書·阮修傳》。開小店，見《南史·劉休傳》。莊店、布店〔一〕，見《隋書·李德林傳》。店鋪，見《舊唐書·食貨志》。鋪，俗

〔一〕布：原誤作「市」，據《隋書》改。

作鋪。

行　行頭，見《周禮・肆長》疏。行鋪，見《舊唐書・食貨志》《宋史・禮志》。

窰　《倉頡篇》：「燒瓦竈也。」《字林》同。《説文》作窯。

庵　《韻英》：「廬也。」《釋名》：「草圓屋曰蒲，又謂之庵。」黄庭堅謂當從艸作菴。菴亦《説文》所無。《廣韻》：「庵，小草舍。」「菴，果名。」

姜礤　《字彙補》：「姜礤石出《大内規制記》。」〔一〕《武林舊事》：「賣礓礤子。」

陽溝　見《爾雅・釋畜》注。又《莊子》逸文作羊溝。《中華古今注》：「羊喜抵觸垣牆，爲溝以隔羊，故曰羊溝。」《七修類稿》：「暗者爲陰溝，明者爲陽溝。」《三輔黄圖》：「御溝謂之楊溝。」

石敢當　本《急就篇》。《輿地碑記目》：「唐大歷五年，莆田縣令鄭銘一石，曰石敢當，壓災殃。」

牮　《字彙・音篇》：「屋料用柱。」《通雅》：「牮，撐屋使不欹。」《蜀語》：「正屋曰牮，砌石曰⿰石剩。」

天花板　《藝林伐山》：「綺井謂之鬬八，又曰藻井，俗曰天花板。」

無邊無㝵　《譚苑醍醐》：「佛經無邊無㝵。」㝵與礙同，《字書》不載。

〔一〕記：原誤作「訛」。

釋器

東西　《南齊書・豫章王嶷傳》：「止得東西一百，於事亦濟。」《逌旃瑣言》：「世稱錢曰東西。」

家生　《夢粱録》：「家生動事，如交椅、兀子之類。」〔一〕《俗呼小録》：「家生，一曰家貨，又曰家私。」

什物　《三倉》：「吴楚間謂資生雜具爲什物。」案，《漢・五行志》「什物」，即《史記・五帝紀》「什器」。

眠休　始見《南史・魚宏傳》。

椅子　周祈《名義考》：「今俗言椅以代席，棹以代几。椅、棹本無此字，俗書也。」案，古已有椅字，爲木名，特不作此用耳。宋鹵薄有金倚，不作椅。丁晉公《談録》：「起花椅子。」王銍《默記》：「取椅子。」岳珂《桯史》：「太師交椅。」皆作椅子。《養新録》：「吴中方言椅讀於據切。」

卓　唐釋齊己《白蓮集》有《謝人寄南榴卓子》詩。《正字通》：「俗呼几案曰卓。」

凳　《字林》：「凳，牀凳。牀屬。」《廣韻》：「凳，都鄧切。出《字林》。」又有櫈，注：「几櫈。」《晉書・王獻之傳》：「懸櫈置之。」字止作櫈。《涪翁雜説》以櫈爲非。《能改齋漫録》謂《世説》借鐙爲之。

〔一〕子：原誤作「字」。

朓凳《方言》：「牀，杠。」〔一〕注：「亦呼桃牀。」《廣雅》：「朓牀。」《廣韻》：「朓牀子。徒了切。」今言長朓凳，亦曰方朓凳。

木櫳《説文》：「檻也。」「檻，櫳也。一曰圈。」《三蒼》：「櫳，所以盛禽獸。」

火杴《説文》：「栝，炊竈木。」〔二〕他念切。《廣韻》：「㮇，火杖也。」又燈㮇。《容齋五筆》：「俗語挑剔燈火之杖曰㮇。」

木簰《方言》：「泭謂之簰。」蒲街切，與排同音。今竹排、木排當作簰。

苿鍬《説文》：「苿，兩刃臿也。」互瓜切。「釫，或從金。」《急就篇注》：「末，今曲把苿鍬。」俗作划。《廣韻》苿，户戈切。《方言》：「臿，鍫也。」鍫、鍬同。《説文》本作𣂁。「𣂁，一曰利也。𣂁謂之疀。古田器。」徐鉉曰：「今作鍫。」《通雅》：「今人呼鍫，秋蕭反。《肯綮録》誤。鍫，見《廣韻》。」

船篷《釋名》：「隨風張幔曰帆。」帆重脣音，轉即篷。《音學辨微》：「風帆之帆，今呼爲篷，並奉轉也。」

案《説文》：「几屬。」

鑃槌《月令》「植」釋文：「直吏反。鑃槌也。」《説文》：「橝，一曰鑃槌。」「槌，謂之持。」

棒《通俗文》：「大杖曰棓。」《説文》：「棓，棁也。」「棁，木杖也。」《漢・溝洫志》注：「棓，

〔一〕杠：原誤作「扛」，據《方言》改。

〔二〕栝：原誤作「枯」，據《説文解字》改。

白講反。今棒字。」《廣韻》：「棓，杖也；打也。」棒、棓上同。

斲頭　《說文》：「斲，柯擊也。」

槌　晉祖納言：「持鈍槌，捶利錐。」今言如椅。

沙羅　《蓬島樵歌注》：「邑呼盥盆曰沙羅，又曰廝羅。」《甕牖閒評》：「鈔鑼，《演繁露》『銅廝羅』，如今之銅面盆。」

舂杵　《說文》：「杵，舂杵也。」今音舂，如「舂不相」之相。

擣臼　《說文》：「臼，舂也。古者掘地爲臼，後穿木石。」「舂，擣粟也。」今言擣臼。舂，亦言臿。「臿，舂去麥皮也。」

衣架　《說文新附》：「椸，衣架也。」《埤蒼》：「椸，用以架衣。」《字林》：「桅，架也。」又《韻英》：「桁，衣竿也。」

轎　《字林》：「軺，轎也。」《廣韻》：「轎，小車。」小轎子，見《宋史・曹輔傳》。

檋　《史記・夏本紀》《河渠書》「山行乘檋」。今言踏高檋。《說文》：「趫，善緣木走之才。」《廣韻》起囂切。蹋樀行〔一〕，轎同。

炕牀　炕始見《魏書・儒林傳》〔二〕。《大金國志》：「穿土爲牀，緼火其下，家無大小，皆坐炕上。」今南人以木爲之，亦名炕牀。

〔一〕蹋：原誤作「踢」，據《廣韻》改。
〔二〕「炕」下衍「内」字。

花轎　《夢粱録》：「婚娶，用花藤轎往女家迎取新人。」
鋃鐺　《通俗文》：「鍾頭曰鋃鐺。」
刀削　《倉頡篇》：「削，思誚反。盛刀者也。」《韻詮》：「鞘，刀室。」《説文新附》同。
碾　《通俗文》：「石碢轢穀。」
碓　《説文》：「舂也。」
磨　《埤蒼》：「磨，鑢。」《通俗文》：「磨，齊曰鑢。」《説文》本作礳，石磑也。
碚　《通俗文》：「舂已復擣之。」
戉斧　《文字音義》：「戉，斧也。或爲鉞。」
礱　《廣韻》：「磨也。」
瓻　《廣雅》：「磨也。」今言瓻刀。
籮　《廣雅》：「箕也。」《字林》：「竹器。」《方言》：「所以注斛〔一〕。宋楚之間謂之籮。」《癸辛雜識》：「食籮一擔。」
籃　《字林》：「大筥也。」「筥，杯籠。」《説文》：「籃，大篝也。」《纂文》：「大筐。」
籭　《廣韻》：「良涉切。編竹爲之。」《通雅》：「倉中踢足隔貨者。」〔二〕
簾　《通俗文》：「户幃。」

〔一〕所以注斛：四字爲《方言》其他條釋文。
〔二〕踢：《通雅》作「蹋」。

雨繖　《通俗文》：「張帛避雨謂之繖蓋。」《説文新附》：「繖，蓋也。」亦作傘。《廣韻》：「傘，蓋。」《南史》：「王縉以笠傘覆面。」《左傳疏》：「若今繖扇。」《史記・五帝紀》注：「雨繖自扞。」

包𤦲　《説文》：「𤦲，車笭間皮篋。」讀與服同。

布幐　幐，今作袋。《説文》：「幐，囊也。」《新附》：「帒，囊也。」《韻詮》：「囊，有底袋。」《廣韻》：「袋，囊屬。」帒上同。

瓦瓪　《説文》：「瓪，敗也。」

甗甎　《通俗文》：「狹長者。」今言木甎。

枴杖　《廣韻》：「枴，老人拄杖也。乖買切。」又求蟹切，手腳之物枝也。《韻詮》：「枴，把頭杖也。患腳人扶身。」《集韻》：「呆，杖也。」或作拐。

抽屜　孔平仲《雜説》、周密《癸辛雜識》作抽替。庾信《鏡賦》：「還抽鏡屜。」是抽替作抽屜〔一〕。

繯　《通俗文》：「所以縣繩。」

縋　《廣韻》：「馳僞切。繩懸也。」

檢柙　《説文》：「檢，書署也。」《韓非子》：「令官具柙券。」今言檢柙。署書曰花柙。

〔一〕替：原作「替替」，衍一「替」字。

行李　《左》襄八《傳》，又昭十三作理。

包裹　《説文》：「裹，纏也。」「裝，裹也。」

裹兜　兜本兜鍪之名。

坏　《韻英》：「瓦器未燒。」

箝　《廣韻》：「鎖頭。」

鎖鑐　《廣韻》：「鎖中鑐。相俞切。」

鑰匙　《史・魯仲連傳》正義：「籥，鑰匙也。」

廚　《夢溪筆談》：「今吴人謂立鐀爲廚。」〔一〕

匱　《説文》：「匣也。」「匣，匱也。」求位切。今言求與切。《六書故》：「今通以藏器之大者爲匱，小者爲匣。」唐或有从木作櫃者。

烙鐵　《説文新附》：「烙，灼也。」

尉斗　《廣韻》引《風俗通》：「火斗曰尉。」《通俗文》同。《説文》：「尉，从上案下也。」徐鉉曰：「今俗别作熨。」

疏、比　《倉頡篇》：「麤者爲梳，靡者爲比。」《説文》：「筐，取蟣比也。」居之切。今言樹疏、比筐。又梳，理髮也。櫛，疏比之總名。

〔一〕爲：原誤作「僞」。

繅車　《通俗文》：「繅車曰軖。」

漆桶　《通俗文》：「受漆者曰桶。」《説文》：「桶，木方，受六升。」

籠　《説文》：「竹高篋也。簶，或。」《通俗文》：「籠謂之匱笥。」今俗作盝。盝本訓竭涸〔一〕，《集韻》同籠。

箱　《韻英》或云書器，衣箱也，盛衣盛書器物名。《説文》本訓大車牝服。歐陽公《謝胥内翰箋》：「投置皮箱。」

籌馬　《北史・王勇傳》：「探籌。」《禮記》：「投壺立馬。」《周禮・大司馬》疏：「假馬，謂所算之籌。」

珓杯　《甕牖閒評》：「今人皆言珓杯，古人謂杯珓。韓詩：『手持杯珓導我擲。』《唐韻》：『杯珓，古以玉爲之。』《集韻》：『杯珓，巫以爲吉凶器者。』皆作杯珓也。」案，象山多以竹根爲之。《演繁露》：「杯珓，用兩蚌殼，後人易以木爲之，書爲校。《義山雜纂》『殢神擲校』是也。今有以竹根爲之，俗書籢者是也。」

鬮　古曰鉤。《荀子・君道》：「探籌投鉤者，所以爲公也。」《慎子》：「投鉤分財。」又分田者用鉤。《羣書治要》引。《説文》：「鬮，鬭取也。」《至正直記》：「用竹箸拈瓶中紙毬謂之拈鬮。」

護書　《集韻》：「搲藉書具。」

〔一〕竭：原誤作「竭」。

如意《能改齋漫録》引《音義指歸》曰：「如意者，古之爪杖，或骨角竹木削作人手指爪，安柄可長三尺許〔一〕，或背有癢，手所不到，用以搔抓，如人之意。」〔二〕案，《陳定宇集》又名不求人。

籤　驗也。一曰鋭也，貫也。七廉切。

刷　《通俗文》：「所以理髮。」王義《小學篇》：「篦，刷也。」

竿　《説文》：「竹挺。」

篰　《説文》：「㒼爰也。」

筩　《説文》：「斷竹。」

箲　《廣韻》：「箲，帚飯具。」亦作筅。《通雅》：「筅帚，折竹爲帚，以洒洗也。」

筊　《説文》：「竹索。」

杠　《説文》：「牀前横木。」

笫　《説文》：「牀簀也。」「簀，牀棧也。」今言牀簀。

𠦒　《説文》：「箕屬，所以推棄之器。」北潘切。今言糞箕，糞言棄除也。

牛桊　《説文》：「桊，牛鼻中環也。」居倦切。今音如居郡切。《埤倉》：「拘桊，牛拘也。」今言牛拘。《玉篇》：「桊，牛鼻捲也。」

〔一〕長：原誤作「丈」。三：原誤作「二」。據《能改齋漫録》改。
〔二〕「人」上原衍「今」字，據《能改齋漫録》删。

犂鏵　《埤倉》：「鏵，土犂具也。」案，《説文》：「鋻，臿頭金。」

鉏　《説文》：「立薅所用也。」今言鉏頭。

鏟　《埤倉》：「鐇，鏟也。」《纂文》：「剗，柄長三尺，刃廣三寸，以剗地除草。」

鋸　《埤倉》：「鍝，鋸也。」

㑥　《廣韻》：「合板㑥縫。餘制切。」

馬韁　《埤倉》：「靮，馬韁也。」《説文新附》同。

猪槽　《聲類》：「槽，飯豕器也。」今言馬槽。《説文》：「槽，畜獸之食器。」

鼓𣝗　《埤倉》：「𣝗，鼓柢也。《字書》：「𣝗，鼓材也。」《廣雅》同。

馬絡頭　《説文》：「勒，馬頭絡銜也。」罵馬絡頭〔一〕。羈或以革。《字書》：「羈，馬絡頸也。」

水車　《古文苑》楊雄《答劉歆書》注：「龍骨，水車也。」禁苑池沼中或用以引水。

馬韏　《説文》：「韏，馬鞁具。」

钃　《説文》：「耜屬。」《齊民要術注》：「古曰耰，今曰䥽。」䥽即今耙。《烏程志》言揚耙。

鉸　《韻英》：「鉸，刀也。」即今斷草之刀。《廣韻》：「鉸刀，又裝鉸。」

鍥　《説文》：「鎌也。」今言沙鍥刀。《方言》：「鍥，刈鉤。」音結。《廣韻》鍥，古屑切。鎌別名鍥，同。

〔一〕罵：似爲「駡」字之誤。

橛《説文》：「筐當也。」今言橛頭。

梯《説文》：「木階。」

硯瓦《聞見後録》：「唐人語硯瓦。」

柄《説文》：「柯也。」「柯，斧柄也。」今通名柄。

瓢《説文》：「蠡也。」

斻《説文》：「方舟也。」徐鉉曰：「今俗別作航。」又或从木爲杭。

亅《説文》：「鈎逆者謂之亅。讀若橛。」

筆韜管《諸皋記》作筆鞜。《説文》：「鞜，以金有所冒也。」「揞，韜也。」《毛詩草木疏》言筆韜管，俗作套。

樬《廣韻》：「尖頭擔。倉紅切。」今言樬扛。

籭《字林》：「䉤粟也。」

簪《説文》：「兂，首笄也。簪，俗兂。」

釵《説文新附》：「笄屬。本止作叉。」

墵《廣韻》：「瓶屬。」

甂《説文》：「甗也。」

瓨《説文》：「似罌長頸。」古雙切。今作缸。《説文》：「缸，瓨也。」《方言》：「瓬，瓦器。」音岡。

瓷《説文新附》：「瓦器。」

釉《類篇》：「物有光。余救切。」

甏《字彙》：「蒲孟切。甕也。」

埕《韓詩外傳》：「酒令曰：後者罰飲一經埕。」《甕牖閒評》：「今人盛酒大瓶謂京瓶，京當用經字。普安人以瓦壺，小頸環口脩腹受一斗可以盛酒者名曰經。」

盇《集》《類》：「盛酒器。」音海。今言盇盌。

罐《說文新附》：「器也。」《廣韻》：「汲水器。」

餬　見《左傳》。俗作糊。

背《輟耕録》「俵背」，俗作褙。

篩《韻詮》簁羅簁去麤惡取精細。《衆經音義》：「簁，《聲類》作篩，所佳、所飢二反。《說文》：『籭，可以取粗去細。所宜切。』」《廣韻》：「簁，下物竹器。」又：「簁箄，竹器。」

檈《周成雜字》：「以繩轉軸，裁木爲器。」

籥　何承天《纂文》〔一〕：「關西以書笘爲籥。」〔二〕今亦言䈎。《說文》：「䈎，籥也。」

戽斗《纂文》：「抒水斗。」《說文》：「枓，勺也。」〔三〕「杓，枓柄。」徐鉉曰：「今俗作市若切。以爲杯杓之杓。」

〔一〕何：原誤作「可」。

〔二〕笘：原誤作「篇」，據《說文解字》改。

〔三〕枓：原誤作「抖」，據《說文解字》改，下同。

煬 《廣韻》：「烊，焇烊〔一〕。出陸善經《字林》。」《字略》：「釋金也。」《集韻》：「煬，烊，爍金也。」

煻 見《齊民要術》。《吴下方言考》以泥粉罏曰煻。

金花 《字略》：「鈿，金花也。」《新附》作金華。

銲 《玉篇》：「固金鐵令相著。」《廣韻》作釬，音同汗。《説文》：「釬，一曰固金鐵藥。」

鍍 《廣韻》：「金飾物。」

餅簇 《廣蒼》：「胡餅家用簇。」簇，刺也。《説文》：「簇，刺也。」

醡 《廣韻》引《證俗文》：「厭酒具。」今言醡箱。又「笮酒器」。《集韻》又作醯，或作榨，皆笮之變。嵇康文：「笮具不同。」

榨 《證俗文》：「打油具。」今言油車。《齊民要術》：「平板石上迮去水。」亦作迮。

牀鋪 《韻詮》：「鋪設，牀褥也。」

簸箕 《説文》：「箕，簸也。」「簸，揚米去糠也。」

釓 《廣韻》：「連絲釣曰釓。出《字苑》，來改切。」

笱 《説文》：「曲竹捕魚笱。」〔二〕今言笱籠。

〔一〕 焇：原作「出烊消」，據《廣韻》改。

〔二〕 笱：原誤作「筍」，據《説文解字》改。下同。

罩　《説文》：「捕魚器。」都教切。
罾　《説文》：「魚网。」作騰切。
篇　《廣韻》：「竹笪沈水取魚。薄胡切。」方志或作罦，或作箍。
枕頭　《韻詮》：「枕，所以承頭。」
幖　《説文》：「幟也。」《韻詮》：「爲記也；處所也。」
鑞　《韻英》：「鉛也。」
銹　《集韻》：「鐵生衣也。」本作鏥。
幟　《韻英》：「幟，旗也。以表物也。」
索　《説文》：「艸有莖葉，可以繩索。」
犂纅　《蓬島樵歌注》：「俗謂草索曰犂纅。」《玉篇》纅亦作縢，繩也。
棉　《説文》：「擊禾連枷也。」「枷，棉也。」今曰稻牀。
杷　《説文》：「收麥器。」
卌叉　《説文》：「耝，卌叉，可以劃麥。」
糞杷　《字統》：「卌，插糞把。」《廣韻》：「杈把，田器。」
嗩吶　亦作唆哪。
號頭　《正字通》：「喇叭，俗呼號頭。」
鋏　《説文》：「可以持治器鑄鎔者。」

鉗　《説文》：「以鐵有所劫束。」

丸　《説文》：「圜，傾側而轉者。」

戥　《字典》無之。本作等字，見《李廌師談記》《朱子語類》。

埽帚　《説文》：「帚，从又持巾埽冂内。」

舶船　《寰宇記》明州舊貢船舶。

綱梭船　見《地治考》。

檣　《方言》：「所以刺船。」《淮南》許注：「篙，刺船竹。」

筃　《玉篇》：「竹合切。纜舟竹索。」補籬亦曰筃。

艥　《廣韻》：「擑船木。」

錨　《通雅》：「船上鐵猫。」

艞板　《廣雅》：「艞版也。」《正字通》：「船首置長板，通往來。」

椿　《説文新附》：「橛杙也。」〔一〕

鉸　《廣韻》：「樂器，以土爲之，雙相黏爲鉸也。」案，《夢溪筆談》嗓叫子即此。

㢊　《玉篇》又「徒樓切，行圊也」。

馬桶　《夢粱録》：「小民家無坑廁，只用馬桶。」《通雅》名馬子。《雲麓漫抄》：「漢虎子，

〔一〕杙：原誤作「找」，據《説文新附》改。

唐詩虎改馬子。」〔一〕

櫓窡　元稹詩：「櫓窡動摇妨客夢。」今言櫓主。

錆　《字學訂譌》：「秤錘。音佗。」

榫　《集韻》音筍，剡木相入。音轉亦作𣀀，私合切。《直語補證》作筍頭，非。《廣韻》引《新字林》：「𠜊，𢻃起也。」《史記·孟荀傳》索隱：「方枘是筍，圜鑿是孔，以方筍枘圜孔，不可入也。」字本作筍。程子《語録》：「榫卯圓則圓。」卯爲卯眼，即孔。《七修續稿》引《海篇直音》：「剡木入竅曰榫。音損。」誤。

栓　《廣韻》：「木丁。山員切。」

箍　《廣韻》：「以篾束物。出《異字苑》。古胡切。」《玉篇》：「𣫍，急束也。呼角切。」《寧海縣志》：「箍桶曰笐桶。」

𦋇　《集韻》：「覆具。」音罩。或作𦊓。

鏩　《廣韻》：「秦人云切草。查鍇切。」〔二〕《集韻》：「鏩，斷草刀也。」

鉋　《玉篇》：「平木器。」《廣韻》：「鉋刀，治木器。防教切。」《釋名》：「鉋，鏩，言鏩彌之使平也。」元稹詩：「方椽郢匠鉋。」

燈籠　見《南史·宋本紀》，又《宋史·儀衛志》：「打燈籠子。」

爆仗　見施宿《會稽志》、孟元老《東京夢華録》，又《武林舊事》。《七修類稿》：「沈明德《除夕》

〔一〕詩：疑爲「時」之訛。

〔二〕「秦」上原重出「查鍇切」三字，據《廣韻》刪。

詞：『炮仗滿街。』《元旦》詞：『炮仗喧喧。』」

錘　《廣韻》：「錘，稱錘。」或作鎚，馳僞切。

鏟　《廣韻》：「平木器〔一〕。初限切。」

鈹　《説文》：「大針。」今俗音如别。

筳　《説文》：「繀絲筦。」俗言筳子。

簆　《廣韻》：「織具。」今俗言簆門。

緞　《説文》：「履後帖也。」本與鍛同。《養新録》：「今借爲紬緞字。」《字典》：「今以緞爲紬緞字，非是。」《通俗編》：今所呼緞，宋《咸淳臨安志》紵絲染絲所織也。《三朝北盟會編》索緞子，乃段疋之段。帛分而未麗曰疋，既麗曰段，非其一種名也。此字之誤，起於明季。

媒　《札樸》〔二〕：「擊石取火曰媒。」今作煤，誤。

妝匳　《字典》：「今俗以嫁女之具曰妝奩。」案，匳本字作籢，鏡具也。

鋪陳　《五代史》：「鋪陳物十三件。」《周官》「司九筵」注：「鋪陳曰筵。」

人事　《南齊書》：「王智深家貧，無人事。」《韓文公集》有《謝王用人事物狀》，又《奏韓弘人事物狀》。今言人情，始見《後漢·黄琬》《魏·賈逵傳》《晉書·武帝紀》〔三〕。

〔一〕木：原誤作「本」，據《廣韻》改。

〔二〕樸：原誤作「璞」。

〔三〕帝：原脱。

盤纏　見《舊五代史》後唐長興勅。又見《元典章》。

生活　《魏書·胡叟傳》引見《三國志注》。

鎞　《字典》：「蒲計切。治刀使利。」

弶　《廣韻》：「張取獸也。其亮切。」〔一〕今言弶鳥，亦有鼠弶。

耖〔二〕　《廣韻》：「初教切。重耕田也。」

秤　《廣韻》俗稱字。

砑　《蜀語》：「碾物使光曰砑。」

㮋即概　見《月令》《管子》《荀子》，《廣韻》：「㮋，所以平量斗斛。户恩切。」《字學訂譌》：「槩，平斛器。」音盪。今仍名斗斠。《説文》：「斠，平斗斛也。」古岳切。

塗　《廣韻》：「塗飾。宅加切。」俗作搽。

㓣　《韻英》：「入也。」《説文》：「敆，合會也。」古沓切。

切　《説文》：「刌也。」

劈　《説文》：「判也。」

刻　《説文》：「鏤也。」

剥　《説文》：「裂也。㓹，剥或從卜。」

〔一〕取：原脱，據《廣韻》補。其：原誤作「巨」，據《廣韻》改。

〔二〕耖：原誤作「粆」。

割　《説文》：「剥也。」

剺　《説文》：「剥也。劃也。」里之切。今言如里佳切。

划　《廣韻》：「撥進船也。」

刮　《説文》：「掊把。」又：「劀，刮去惡創肉。」

剉　《説文》：「折傷也。」

首飾　《釋名》有《釋首飾》，《俗呼小録》：「首飾曰頭面。」

褓　《聲類》：「小兒衣。」今言褓裠。《説文》：「禣，緥也。」徐鉉曰：「今俗別作褓。」又：「緥，小兒衣也。」鉉曰：「今俗別作褓。」

袷裏　《急就篇注》：「衣裳施裏曰袷。」《説文》：「袷，衣無絮也。」《字林》同。

大被　《説文》：「衾，大被。」

衫校　《玉篇》：「小袴。」《鄞縣志》：「吾鄉借爲繫身帶。」

肚篼　《札樸》〔一〕：「袜肚曰篼。」

次袼　《廣雅·釋器》：「袼，次衣也。」《廣韻》：「褔，小兒涎衣。烏侯切。」又：「次衣也。烏后切。」又「於侯切」。又：「褯，慈夜切。小兒褯。」

手巾　《説文》：「巾，佩巾也。」古樂府《爲焦仲卿妻作》：「手巾掩口啼。」《世説新語》手巾

〔一〕樸：原誤作「璞」。

拭面，又手巾函中出文。

帽幧 《方言》：「絡頭曰幧頭。」《廣雅》音幧，七消反。今言帽幧，音轉七由切。

被衴頭 《禮記》「紞」注：「緞之領側。」疏：「領爲被頭，側爲被旁。」《埤蒼》：「衴，被緣也。」《廣雅》音衴，都感切。今音轉如當。

藁荐 《説文》：「荐，薦席也。」

長衫 《説文新附》：「衫，衣也。」

短襖 《説文新附》：「襖，裘屬。」

襱絝 《説文》：「襱，絝踦也。」「絝，脛衣也。」

鞵 《説文》：「鞵，革生鞮也。」户佳切。

緼襠袴 見《南史・高昌傳》。《急就注》：「袴合襠謂之褌。」

裹腳 《釋名》：「偪，今謂之行縢。言以裹腳。」

韈 《説文》：「韤，足衣。」鉉曰：「今俗作韈。」〔一〕《直語補證》：「今人韈下緣曰船。」

鞾 《韻詮》：「有頸履也。」又：「有項履也。」亦鞢，履屬。《説文新附》：「鞮屬。」《南史・恩倖傳》：「北人嚴亶學著靴上殿，無肅恭之禮。」《學齋佔畢》：「鞾字不見於經，至趙武靈王變履爲之。」

〔一〕 韈：原誤作「韤」。

絲紇頭　《説文》：「紇，絲下也。」徐音下没切，今音轉平聲。

鞲布　《説文》：「鞲，韋毳飾。」徐音而隴切，與《書》氄毛音相似。今人言毛布如鞲。俗作絨。何承天《纂文》：「毦，以毛爲飾。」

開傢袍　《聲類》：「傪，開衣領也。」今言衣開胯。作開氣，非。《中華古今注》：「隋武官服缺胯襖子。」今缺襟袍。

襴衫　《説文新附》：「衫，衣也。」《唐書·車服志》《明史·輿服志》並云襴衫，而其制不同。其字亦可作藍，見《薛祥》《陸汧傳》。《廣韻》又作幱衫。《七修類稿》：「素積易以藍衫，謂之襴衫。」

韜褲　《説文》：「韜，劍衣也。」凡衣之可韜者皆名之。今作套，誤。

襌　《説文》：「衣不重。」

背答　《河南通志》：「短衫謂之背答。」《敬止録》：「無袖衣曰背搭。」

手帕　《説文》：「帊，帛三幅。」〔二〕當作手帊。《南史·張譏傳》：「錯綵經帕。」作帕。

挂　即背子。《説文》：「䘠，無袂衣。」《長箋》：「半臂衣也。」

屐　《説文》：「屩也。」《三倉》：「木屩。」

釘鞵　見《舊唐書·德宗紀》。

包頭絹　宋釋惠洪詩：「不著包頭絹。」

〔二〕 三：原誤作「二」，據《説文解字》改。

蘇頭　摯虞《決疑要録》〔一〕：「蘇，流蘇者，垂之若旒然，以其蕊下垂，故曰蘇。」

襻　《廣韻》：「衣襻。」《集韻》：「衣系曰襻。器系曰鋬。」皆普患切〔二〕。《類篇》同。

抵鍼　《説文》：「揞，縫指揞也。」《玉篇》：「帕，指揞也。」今曰抵針。

縫　《説文》：「以鍼紩衣。」

絎　《廣雅》：「絎，緣也。」《玉篇》：「絎，縫紩也。」

䌥　《通俗文》：「合袟曰䌥。」今俗言䌥被。《廣雅》：「䌥，緶也。」《廣韻》：「䌥，縫衣相著。於謹切。」

緁　《説文》：「緶衣也。」音七接切。「𦄒，緁或从習。」《通俗文》：「緶縫曰襵。」〔三〕《廣雅》：「𦁲、緤，縫也。」字並用。

緶　《説文》：「交枲也。一曰緁衣也。」《通俗文》：「緶縫曰襵。」〔四〕《廣韻》：「縫也。房連切。」輕脣從重脣音。

箴黹　《説文》：「黹，箴縷所紩衣。」音陟几切。《廣韻》猪几切。今音如針指。又云打黹。《説文》：「𧝓，紩衣。」

〔一〕録：原誤作「注」。
〔二〕患：原脱，據《廣韻》《集韻》補。
〔三〕緶：原作「便」。襵：原作「緝」，均據《通俗文》改。
〔四〕緶：原作「綆」，據《通俗文》改。

挑花　秦韜玉詩：「挑花日日出新奇。」

絣　《廣韻》：「絣，絣也。」音布耕切。今音轉如布亡切。又云絣金。《集韻》：「以木架編繒帛刺繡曰絣。」《説文》綳，音補盲切。

績麻　《説文》：「績，緝也。」「緝，績也。」今言嫧。《廣韻》引《異字苑》：「嫧，緝麻紵名。」

織布　《説文》：「作布帛之總名。」或作紝。今亦曰作。去聲，如做布。

帵子　《廣韻》：「帵，一丸切。裁餘也。」《容齋五筆》：「采帛鋪謂剪裁之餘曰帵子。」《通雅》：「裁衣餘帛曰帵子。」今言袝頭。

掍　《説文》：「同也。」今言如滾，言衣滾邊，店家滾存。

襇　梁簡文詩：「羅裙宜細簡。」《文字集略》：「襵，襇錯采。」今言打襇。《廣韻》：「襇，裙。」《類篇》：「襇，裙幅相攝也。」《集韻》又作襉。

經條　《説文》：「經，織也。」《埤蒼》：「凡織先經，以杓梳絲使不亂。」

緯　《説文》：「織横絲也。」《養新録》：「吴下方言緯讀如喻。」

梭　《通俗文》：「所以行緯謂之梭。」《説文》：「梭，木也。」徐鉉曰：「今人别音穌木切，以爲機杼之屬。」「杼，機之持緯者。」音轉如梭。

鞔　《廣雅》：「鞔，補也。」《説文》：「鞔，履空也。」莫官切。今人言鞔鞋面。《廣韻》：「鞔鞋履。」《韻詮》：「鞔，履也。」《吕氏春秋》有鞔工。今亦言鞔鼓。

鞍　《字林》：「刺履底也。」今言鞍鞋。《集韻》鞍、鞦同。

幫　《文字集略》：「衣，治鞋履。」引見《廣韻》，又云綁同。案，《説文》：「紨，枲履也。」博蠓切。《集韻》：「治履邊。」《六書故》：「裨帖也。」省作幫。王覆道詩：「鳳鞋微露綉幫相。」〔一〕

楥　《説文》：「履法也。」所券切。《通雅》：「鞋工木胎爲楥頭，亦作楦。」

氈㲰　《説文》：「氈，撚毛也。」《新附》氍毹毾㲪皆氈㲰之屬。

繅　《説文》：「繹繭爲絲。」

筳　《説文》：「繀絲筦也。」《字林》：「繀絲管也。大丁反。」今紡木棉亦有筳。

毠毲　《韻集》音加沙。《字苑》始改从衣，作袈裟。

毬　《説文新附》：「鞠丸也。」

椅披墊卓衣　《金史·儀衞志》：「明金團花椅背，素羅案衣。」即今椅披墊卓衣。

檷　《説文》：「絡絲趺。」《易》作柅。《通志》：「杘，籰柄。」

籰　《説文》：「收絲者。」王縛切。「⿰角閒，籰。」或《方言》：「籰，榬也。」

紡　《説文》：「網絲。」

⿸尸桑　《廣韻》：「移蠶就寬也。」《集韻》又作⿰蠶氏、⿸尸攴。又：「綈，蠶易箔也。」或作⿱糸夷。

紡專　《説文》：「專，一曰紡專。」

⿰黑展　《説文》：「⿰黑展謂之垽。垽，滓也。」《廣韻》：「澱，澱滓。亦藍澱也。」又藍⿰黑展，染者也。

〔一〕露：原誤作「霧」。

今言⿰黑巽青，亦作靛青。

釋器〔一〕 飲食器附

釀　《説文》：「醖也。」《埤倉》：「米麯所作曰釀。」

⿰𥫗匊鞠　《説文》：「酒母也。」今言酒娘。

糟醩　《説文》：「酒滓也。」

酵頭　《周禮・醖人》注疏：「起醪餅。」作醪〔二〕。又《漢書・李陵傳》注：「孟康曰：『媒，酒教。』」《南齊書・禮志》「起麪餅」注：「發酵也。」《玉篇》本此。《韻集》：「酵，酒酵也。古孝反。」《廣韻》同。

⿱將米板　《樂妙山房集》：「截⿱將米俗名⿱將米板，又名蜜林檎。」

甑　《字林》〔三〕：「炊器。」

椹板　《爾雅》：「椹謂之榩。」孫炎注：「斫木櫍。」《字林》椹，竹心翻。

鑊　《儀禮》《周禮》注並云：「鑊，亨飪器。」《説文》：「鬲，秦名土鬴。」古禾切。今言鑊。又小鑊音如鬲。

銅銚　《説文》：「銚，温器。」《廣雅》音銚。今人多作大弔反。《埤倉》：「鐎，温器，有柄

〔一〕釋器：二字原無。

〔二〕醪：原誤作「膠」，據《周禮正義》改。

〔三〕林：原爲空格，據下釋義補。

斗。」似銚。《聲類》：「銚，温器，有柄。」即刁斗也。

甂　《説文》：「甗也。」又：「甂，甖屬。」

盌　《方言》：「盌謂之盂。」又：「盌謂之櫂。」《説文》：「小盂也。」又：「䀂，小盂也。」鉉曰：「今俗別作椀。」

桮　《方言》：「閜，桮也。」《説文》：「䀀，小桮也。」「桮，䀀也。」今作杯。

盆　《説文》：「盆，盎也。」又：「甌，小盆也。」《字林》同。

木瓢　《通俗文》：「木瓢爲斗。」

瓢　《三倉》：「瓠勺也。」

甌　《三倉》：「瓦盂也。」

瓶　《説文》：「缾〔一〕，甖也。」或作瓶。《字書》：「似缶而高。」《韻英》：「缾，盛浄水，洗手澡漱器也。」

盞　《通俗文》：「醬杯。」《廣韻》琖盞醆同。

盋　《説文新附》：「盂屬。」鉢，「或从金从本。」〔二〕

楪　《宋史・吕蒙正傳》始言楪子。唐《濟瀆廟碑》：「疊子五十隻，盤子五十隻。」《方言注》：「今河北人呼小盂爲㽁子。」㽁音杜啓反，音轉爲疊、爲楪。今作碟。《通俗文》：「小甌曰㽁。」

〔一〕缾：原誤作「餅」。

〔二〕本：原誤作「木」。

《甕牖閒評》：「古椀楪以木爲之，故字皆從木。」

匙　《説文》：「匕也。」《漢・地理志》注：「蘇林曰：北方人名匕曰匙。」《玉篇》有⿰木是，即匙，从木作⿰木是。今言羹匙，亦言羹庛。《漢・律歷志》注：「庛，音篠。」或倒言庛羹。或曰即刀圭，十分方寸匕之一。或言羹瓢。

粟　《廣韻》：「抄飯匙。七遥切。」

快子敧　《説文》：「箸，飯敧也。」《菽園雜記》：「舟人諱箸爲快。」

笊籬　《廣韻》：「笊籬。」

筲　《説文》：「陳留謂飯帚曰筲。一曰飯器，容五升。一曰宋魏謂箸筩爲筲。」又：「筥，筲也。」又：「筲，飯筥也。受五升。」今言筲箕，即飯筥，又言筲帚。筲，轉音筅。

槃　《説文》：「承槃。」古文盤，籀文盤。

酒船、茶船　即《周禮》之彝有舟。《資暇録》名茶托。

晚飯少喫口，活到九十九。《七修類稾》引古樂府《三叟》詩。

烤　《考工記》撟榦、撟角，本作撟，又作鮳。《通俗編》：「時俗言乾魚之小者鮳，音若考。」《廣韻》：「燺，火乾。」字又作燺。

燂　《説文》：「火熱也。」《廣韻》：「以火爓物。」音徒南切。

烙　《説文新附》：「灼也。」

煺　《廣韻》引《字林》：「燖毛。」「以湯除毛。」他回切。一作挩。

燖　《通俗文》：「以湯去毛曰燅。」即燖。《聲類》。

胜　《字林》：「不熟也。」先丁反。

煻煨　《説文》：「煨，盆中火。」《廣雅》：「煴也。」烏回切。《通俗文》：「熱灰謂之煻煨。」今糖作燙。《廣韻》：「煻煨火。」

𦎫　《説文》：「熟也。讀如純。」《廣韻》又有肫，云：「肫肉。他衮切。」今言如頓。

熬、焣　並見《方言》，「火乾也」。《説文》：「鬻，熬也。」鉉曰：「今俗作𤏴，别作炒，非是。」熬亦轉作烤。

炙　《説文》：「炮肉也。从肉在火上。」音之石切。今作炸。音轉。

鮝　《廣韻》：「鮝，息兩切。乾魚腊也。」鮝本作鮺。《説文》：「鮺，臧魚也。从魚，差省。」音側下切。即《廣韻》之鮓。

蜜瀸　《説文》：「瀸，漬也。」音子廉切。

鬻　《爾雅》：「鬻，糜。」《説文》：「鬻，鍵也。」鉉曰：「今俗作粥。」

𪎊餈　《説文》：「餈，稻餅也。」饝、粢皆或字，今言𪎊餈。《異字苑》：「𪎊，食也。」《雲仙雜記》作餈。《夢粱録》作糍。《蓬島樵歌注》作麻慈，非。

團　《方言》餌或言餻。《廣雅疏證》〔一〕：「今人通呼餅之圜者。」今言圜爲團。俗作糰，見白居易詩，又范成大詩「撚粉團圞意」，注爲「糰子」。亦言湯圓。《蓬島樵歌注》：「《歲時記》：水團，其精者名滴粉團。」按即今水磨粉團。

〔一〕雅：原誤作「韻」。

包子　見《黄山谷外集》。

米果　陸游詩自注：「吴中名粔籹爲米果團子。」今言麥果。

餻　《韻詮》：「糕合蒸曰餅。」《説文新附》：「餻，餌屬。」《方言》：「餌謂之餻。」《隋・五行志》：「九月喫糕。」字亦作糕。

餅　《説文》：「鬻，粉餅也。餌，或从食耳聲。」「餅，麪餈也。」

餛飩　《方言》：「餅謂之飩。」〔一〕《衆經音義》引《廣雅》：「餛飩，餅也。」《類篇》引《博雅》同。《廣韻》餛飩亦作餫飩。

繭、桃　《正字通》：「麪食之長者曰繭，斜曰桃。」施於生辰曰壽桃。

餃　《字林》：「粄粡，米粉餅。」

燒餅　《齊民要術》引《食經》有作燒餅法。

飯　《説文》：「食也。」飰，《經典釋文》引《字書》扶萬反。

䊡頭　《夢粱録》：「饅飳。」《廣韻》：「䊡頭，餅也。」饅俗。《類篇》：「饅頭，餅也。」曼頭，始束皙《餅賦》〔二〕。又《直語補證》：「包子俗稱䊡頭。見《黄山谷外集》。」

鬻　《説文》：「五味盉鬻。鬻，鬻或省。羹，小篆。」今皆作羹。

〔一〕謂：原誤作「爲」，據《方言》改。

〔二〕晳：原誤作「楷」。

麨粉　《廣韻》：「麵，糗也〔一〕。尺沼切。」麨上同。

糉　《說文新附》：「蘆葉裹米也。」今亦以竹籜裹之。《廣韻》：「粽，糉俗。」

糖　《說文新附》：「飴也。」《方言》：「餳謂之糖。」《易林》有沙糖。

麪　《說文》：「麥末也。」《倉頡解詁》：「細麩也。」《餅賦》：「重羅之麪，塵飛雪白。」

麪筋　見沈括《夢溪筆談》，陸游《老學庵筆記》。

飯黏　《晉書·殷仲堪傳》：「飯粘落席間。」

飯乾　見《釋名》。

素食　《漢·霍光傳》注：「菜食無肉。」

葷　《說文》：「臭菜。」《莊子·人間世》：「不茹葷素。」《異録》：「解菜，猶今云開葷。」

米糝　《說文》：「糂，以米和羹也。一曰粒也。糝，古文糂从參。」徐音桑感切，今音同。

中飯　見《三國志·王脩傳》注引《魏略》。

點心　見劉崇遠《金華子雜録》及王楙《野客叢書》。

茶食　見《大金國志》。

酒糟　《廣韻》：「莤液。」《周禮》音糟。《蓬島樵歌注》：「邑酒早熟者曰十月紅，又曰缸面清。」

燒酒　白樂天詩：「燒酒初開琥珀光。」

〔一〕糗：原誤作「臭」，據《廣韻》改。

酒汗　李宗表稱阿剌古酒，作詩云：「年深始得汗酒法，以一當十味且濃。」

麥花　《勸戒近録》自注：「麥花俗稱油札粿。」案，今亦曰油雜規，又曰天籮絲。

䪥　《説文》：「墜也。齏，䪥或从齊。」〔一〕今言鹹齏菜。

秚　《集韻》：「物相和。部滿切。」今作拌，誤。《廣韻》：「攙搀，和雜也。」

米麷　《説文》：「麷，煑麥。」《爾雅義疏》：「今人蒸粳米暴乾炒之，呼米麷，讀若蓬。」今音爲胖。《烏程志》名風楞。

蟹醬　《字林》：「胥，蟹醬也。」《説文》：「蟹醢。」

腌　《説文》：「漬肉也。」又《廣雅》：「醃，藏菹。」古亦借淹，今皆鹽。鹽亦古，見《禮記·內則》。

敊豉　《説文》：「配鹽幽尗也。豉，俗敊从豆。」〔二〕今名豆豉醬。

味道　《説文》：「味，滋味也。」五味以甘受和。《説文》：「甘，美也〔三〕。从口含一，一，道也。」

䬴　《廣韻》：「飽也。他登切。」錢大昕曰：「今轉爲都騰切〔四〕，過飽也。」

〔一〕䪥：原脱，據《説文解字》改。
〔二〕豉：原脱。敊：原誤作「豉」，據《説文解字》補。
〔三〕「美」上衍「羡」字，據《説文解字》删。
〔四〕都：原脱，據《恒言録》補。

餲　《廣韻》：「食也。出《玉篇》。」今言餲口。《齊民要術》過，下飯酒。《過庭録》：「何物可下飯？」《夢粱録》賣諸般下飯。今亦言餲飯、下飯。

餕　《字林》：「飯傷熱濕也。」《玉篇》：「餕，飯壞也。」今言餿氣。

腥　《説文》：「胜，犬膏臭。」俗作腥。《通俗文》：「腥，魚臭。」又：「鮏，魚臭。」鉉曰：「今俗作鯹。」

臊　《説文》：「豕膏臭。」又：「鱢，鮏臭也。」《通俗文》：「臊，猳臭。」《韻詮》：「臭穢也。」今言猪臊氣。

羶　《説文》：「羴，羊臭也。羶，羴或从亶。」〔一〕今言羊臊氣。

涫　又《説文》：「涫，𤅴也。」古丸切。段注：「俗呼滚，一聲之轉。」又《説文》：「湆，涫溢也。今河朔方言謂𤅴溢爲湆。」〔二〕案，象山言湆湆涫。

𤅴　《説文》：「涫也。」《周禮·司爟》注：「燕俗名湯熱爲觀。」

𩱡　《説文》：「炊聲沸也。」蒲没切。今轉去聲如噴。

潷　《廣韻》：「盝也。」《通俗文》：「去汁。」

⿱罒齊　《廣韻》：「盝也。籍禮反。」今言手去汁曰⿱罒齊。

瀝　《説文》：「水下滴瀝。」今音轉如利。

〔一〕羴：原脱，據《説文解字》補。
〔二〕𤅴：原誤作「沸」，據《説文解字》改。

剔《通俗文》：「去骨。」

泔《説文》：「周謂潘曰泔。」「潘，淅米汁也。」今言米泔水。

汁《説文》：「液也。」

煠《廣雅》：「爚也。」〔一〕士洽切。《廣韻》：「湯煠。」〔二〕《衆經音義》：「江東謂爚。」今言煠熟曰煠。

⿰火象《廣雅》：「熅也。」呼勿切。《玉篇》《廣韻》作⿰火豕。今音呼罪切。《廣韻》又云：「燜，呼罪切。熟貌。」《集韻》：「熟謂之燜。」《字學訂譌》：「熟食以火再煮。」

焪《廣韻》：「火乾物。去弓反。」又「去仲反」。《方言》本作鞏，「火乾也」。

爋《廣韻》：「火乾物。許運切。」今作熏。

湯《山海經》言湯酒。《韻會》：「湯，他浪切。熱水灼也。」

燺《廣韻》：「火乾。苦浩切。」

烘《廣韻》：「燎也。呼紅切。」

腈《集韻》：「肉之粹者。」今亦作精，轉音赤，對肥肉言之。

渀《集韻》：「漬也。披教切。」今作泡，泡乃浮漚，誤。

⿰禾焦《説文》：「以火乾肉。」又：「糒，乾也。」《方言》以火五穀之類謂之僬。《集韻》僬音同

〔一〕爚：原誤作「瀹」。

〔二〕煠：原誤作「渫」。

備。《札璞》：「火乾曰僡。」誤矣。今作焙。

熄 《廣雅》：「煴也。」烏高切。《廣韻》：「埋物灰中令熟。」今轉音如温古切。《集韻》作爊，非。

焫 《玉篇》：「乃本切。熱也。」今作煖，非。

洮 洮米見《爾雅注》，杜詩從俗作淘。

敆 《肯綮録》：「以箸取物曰敆，音羈，見《廣韻》。」今音轉如皆。《説文》：「持去也。」

臑頭 《蜀語》：「豕項間肉曰臑頭。臑音曹。」

蜂糖 《名物考》：「楊行蜜據揚州，人呼蜜曰蜂糖。」

釋植物

穳 《廣韻》：「徂贊切。禾肥死。」〔一〕今作綻非。

橛 《説文》：「木本。讀若厥。」《莊子·達生》：「若厥株枸。」即橛字。亦作身，今言橛頭，言如掘。

茇 《説文》：「艸根。」今言茇頭，音如僕。《韻詮》：「篷，草根。」

莢 《廣韻》：「豆角謂之莢。」《周禮》曰莢物。《説文》：「草實。」

覈 《説文》：「實也。」《爾雅》：「桃李醜核。」注：「子中有核人。」今言覈，音如活。棡，

〔一〕切：原脱。死：原誤作「兒」。

《廣韻》：「户骨切。果子棚也。出《聲譜》。」亦作核。核本訓本皮匣。

瓤　《三蒼》：「瓤，瓜中子。」又《説文》：「瓣，瓜中實。」又《廣韻》：「瓡，瓜中瓤。」

株　《易》：「困于株木。」《韻英》：「根也。」《説文》：「根，木株也。」

茦　《爾雅》：「茦，刺。」注：「刺，針也。」《説文》：「朿，木芒也。」〔一〕「茦，莿也。」「莿，茦也。」七賜切。

杪　《説文》：「木標末也。」《通俗文》：「樹鋒。」

花　《廣韻正》：花字始見《後魏書》，自南北朝以上不見於書。《爾雅疏》《廣雅》已有花字〔二〕。

莖　《廣韻》：「莖，榦本也。」又：「柯，莖也。」今音轉如廣。

幹　《字書》：「枝也。」《韻英》：「樹身。」又：「大枝曰幹。」

根　《爾雅》：「荄，根。」

杈　《説文》：「枝也。」《方言》：「江東言樹枝爲椏杈。」

科厄　《説文》：「木節。」

秕　《説文》：「不成粟也。」今言癟。《玉篇》：「癟，枯病也。」《集韻》省作瘪。《明史・五行志》借作鼈。《烏程縣志》癟穀。

〔一〕朿：原誤作「茦」。
〔二〕字：原誤作「子」。

芒　《説文》：「艸耑。」《埤倉》：「蔪，麥芒也。」今音轉如蒙。

稈　《説文》：「禾莖也。秆，稈或从干。」〔一〕「稍，麥莖也。」今言麥稈、稻稈。

篾　《埤倉》：「析竹膚也。」

梱　《説文》：「梡木未析也。」胡昆切。《纂文》：「未判爲梱。」

蒂　《説文》：「瓜當也。」都計切。《聲類》：「果鼻。」《廣韻》：「草木綴實。」

菶　李概《音譜》：「草芽始生。」

橦　《字樣》本音同。今借爲木橦字。

菸　《説文》：「蔫，菸也。」《聲類》：「萎，草木菸也。」《韻英》：「萎，蔫也。」《廣韻》：「蔫，物不鮮也。」

嚲　《韻詮》：「草木萎垂皃。」

蕻　《廣韻》：「草菜心長。」《集韻》：「吴俗謂草木萌。」

稃　《説文》：「稃，𥹃，穭也。」〔二〕「穭，穅也。」「穅，穀皮也。康，穅或省。」〔三〕《經典釋文》引《字書》：「粗糠也。」今言稃皮。

麩　《説文》：「小麥屑皮。」今言麥麩皮。

〔一〕稈：原脱。

〔二〕穭：原誤作「會」。

〔三〕穅：原脱。

杌　《韻英》：「樹無枝。」

片　《説文》：「判木也。」

箬　《説文》：「楚謂竹皮曰箬。」

杮〔一〕　《説文》：「削木札樸也。」芳吠切。《蒼》：「杮，札也。」

荒　《説文》：「一曰艸淹地。」

椄　《説文》：「續木。」

榣　《説文》：「木動也。」

枯　《説文》：「槀也。」

柴　《説文》：「小木散材。」

版　《説文》：「判也。」邑大木亦破版。

腦　《直語補證》：「俗言花葉初發爲腦。參寥《黄耳蕈》詩：『葵心菊腦厭甘涼。』亦曰腦頭。」

釋動物

抱　《方言》：「伏鷄曰抱。」今音如捕。《説文》：「孚，卵孚也。」後以抱作哺。《管天筆記》：「鳥抱卵曰伏。扶富切。」

〔一〕杮：原誤作「秫」，下同。

蜕　《方言》：「蜕，蜕皮。舒芮切。」又他臥切，又他外切。亦作退。《正字通》吐困切，與褪同。

劇　《通俗文》：「以刀去陰曰劇。」今言犍。《字書》：「偄，犗也。」偄劇犍同。《廣雅》犗音居言反。《廣韻》又云：「騬，去畜勢。出《字林》。」又《肘後經》：「騸馬，宦牛，羯羊，閹猪。」宋戴石屏詩「線鷄」注：「閹，一作綫。」

草　《爾雅》：「牝曰騇。」注：「草馬名。」《顏氏家訓》作騲，今言草馬、草驢，亦言草鷄，蓋皆雌之雙聲轉。《淮南子》「草駒」，別一義。馬曰騬，牛曰犗，羊曰羯，亦曰羠，豕曰豶，皆去勢之名。孔平仲《談苑》：「俗呼牝馬曰課馬。出《唐六典》。」

雛　《韻英》：「初出卵鷇而能自食曰雛。」

齛齸　《說文》：「齝，吐而噍也。」「齛，羊粻也。」「齸，麋鹿粻。」今言轉齝。

麤　《說文》：「行超遠也。」《字統》：「警防也。」今作粗細用。

犇　《文字集略》：「牛驚。」

獸迹　《說文》：「远，獸迹。」《文字集略》同。

窠　《字書》：「巢也。」《說文》：「窠，空也。穴中曰窠，樹上曰巢。」

毨　《字書》：「落毛。」案，與蜕有皮毛之異。

㺜　《說文》：「犬容頭進〔一〕。一曰賊疾也。」山檻切。今言獸入，如存檻切。

〔一〕容：原誤作「客」。

餧　《月令》注：「餧者，啗之。」《韻英》：「飤牛也。」今飤畜借曰餧。《説文》本作委，云：「食牛也。」[一]又菽云：「以穀萎馬。」文言萎如餵。

鬉　《韻詮》：「馬鬣也。」《説文新附》：「駿馬鬣也。」今亦言猪鬉毛。

喈　《説文》：「鳥鳴聲。」古諧切。

哮　《説文》：「豕驚聲。」

喔　《説文》：「喔，鷄聲。」「咜，喔也。」

鱻　《説文》：「新魚精也。」相然切。《聲類》：「小魚。」今借魚名之鮮言之。

蟣　《韻英》：「蝨卵。」

胆　《説文》：「蠅乳肉中也。」《通俗文》：「肉中蟲謂之胆。」

𤛓　《爾雅翼》：「吴人謂犢曰𤛓。」《敬止録》作𤛓，音於杏切。

珂　《吴都賦》注：「老鵰入海化爲珬，已裁割者謂之珂。」案，即殼之轉平。

嗾　《左傳》釋文：嗾，素口反。服虔本作㗇。《説文》：「使犬聲。」《集韻》：「嗾，使犬聲。」

喌　《説文》：「呼鷄重言之。」之六切。

𪇨　《廣韻》：「側律切。鷄兒出殼聲。」

[一]「牛」後原衍「馬」字。

咬　《集韻》：「驅鳥聲。」

[口施]　《正字通》：「驅鷄聲。」

作獺　《南唐近事》：「一任作獺。」宋人詩云「作撻」，非。今言遭獺。

放鶡　《朱子大全集》言放鶡猶言使乖。俗作放刁，非。

潲　《廣韻》：「所教切。豕食。」

啄　《玉篇》都督切，今音轉如都奪切。

釋動物補

啝嘪　《敬止録》：「呼牛。」案，《説文》：「牟，牛鳴。」〔一〕轉爲嘪。

[牜虘][牜虘]　《敬止録》：「使牛，粗上聲。」

嘪嘪　《敬止録》：「呼羊。」案，《説文》：「芈，羊鳴。」〔二〕《玉篇》：「嘪，羊鳴。」《廣韻》同。

都都　《敬止録》：「呼驢馬。」案，《玉篇》：「[⺈肖]，伏行也。且烏切。」是當作[⺈肖]。

盧盧　《敬止録》：「呼犬。」案，《廣韻》：「嘍嘍，吳人呼狗，方言也。」又：「炊炊，呼犬子也。羊朱切。」又《字彙補》：「速，先族切。使犬聲。」案，當作嗾，見《左傳》。又呼犬曰呵盧。又：「呼鷄曰喌喌，亦作祝祝。」案，《説文》：「喌，呼鷄重言之。」又《伽藍記》：「把粟呼鷄曰朱朱。」俗或作祝祝，又作粥粥。又：「呼鴨曰畀畀，音惟。」案，畀見《五音篇海》，羊委切。然當作吡。《廣韻》：「吡

〔一〕牛鳴：原作「象牛鳴聲」。
〔二〕「羊」上原衍「象」字。

吡，鳥聲。」今呼鴨正如此。《類篇》同《廣韻》。《敬止録》無呼猫聲。案，白斑《湛淵静語》：「唇音汁汁，可以致猫，聲類鼠也。」又：「呼猪曰敹敹。」案，當作喔。《廣韻》：「嚧，呼猪聲。」又作嘍。《集韻》：「嘍嘍，吴俗呼猪聲。」

死馬醫　《猗覺寮雜記》：「世俗無可奈何尚欲救之者，謂之死馬醫。」今言死馬當作活馬醫。

釋詁

黬　積垢曰黬，五咸切。《莊子》：「有生黬焉。」

大　《廣韻》二十一箇：「大，巨也。唐佐切。」《韻會》同，如今音。下南鄉音徒故切，又徒蓋切之轉。

太　《集韻》三十九過：「大，太也。他佐切。」《詩》釋文：大，徐他佐反。《禮記》釋文：大音泰，徐音唾。

够　《廣雅》：「够，多也。」《文選注》引。《方言》：「凡物晠而多謂之寇。」寇即够。

揫　《方言》：「細也。」《廣雅》：「𠩺，縮也。」曹音子就反。今言圈縮小之物。

圈　《説文》：「圎，規也。」〔一〕《通俗文》：「畫圓曰規〔二〕。規模曰圎。」今言圈子。圈，訓養畜之閑。

䫙　《肯綮録》：「圓也。音混。見《廣韻》。」草束曰捆。

〔一〕圎：原誤作「圓」，下同。

〔二〕畫：原誤作「書」。

匚　《説文》：「匚，受物之器。讀若方。」今作方。方，訓併船。

扁　《釋文》：「蹁，扁也。」扁，本訓户册。今言低平之物。《衆經音義》：「今俗呼廣薄爲匾。」

竵〔一〕　《説文》：「不正也。」俗字作歪，亦或言尪〔二〕。《通俗文》：「斜戾曰咼。」《説文》：「咼，口戾不正也。」

笪　《廣韻》四十禡：「笪，斜逆也。遷謝切。」《韻英》：「笪，柱斜也。」《集韻》：「揸，七夜切。衺牾也。」斜逆物爲笪，斜逆風爲山笪風，俗字音變作戧。船逆風斜行爲打戧，或作蹌，皆非。姚燮詩自注「山雀風」，杜撰可笑。

尠　《廣韻》：「思句切。少也。」今言少尠。

尐〔三〕　《説文》：「少也。」子結切。今言少曰尐一點。

窄　《韻英》：「隘，窄。」

團　《楚辭・九章》章句：「楚人名圜曰摶。」摶通團。

曲　《説文》：「器曲受物。」今音如窟。

突　《蒼頡篇》：「不平也。」徒結反。今作凸。《字苑》：「凸，起也。」

容　烏交反，又烏狡反。今作凹。《字苑》：「凹，陷也。」《六書正譌》：凹，當作坳；凸，當

〔一〕竵：原誤作「竵」。
〔二〕尪：似爲「⿺尢左」之訛。
〔三〕尐：原誤作「疋」，下同。

作堊。

𧫷《俗書刊誤》音棚，虛張也。《寧海縣志》：「物隆起曰𧫷。撲平聲。」

䚍《說文》：「角曲中也。」今轉言彎。彎，本訓持弓關矢。

勻《說文》：「調勻也。」今本誤「少也」，《衆經音義》引。

㝥《說文》：「冥合也。」今言㝥縫。又《莊子》「脗合」，釋文：脗音泯。

㒼《說文》：「平也。」今言㒼殺。《集韻》：「㒼，無穿孔狀。母官切。」

鈵《方言》：「錮也。」注：「音柄。」今言鈵住。

哨《禮記・投壺》注：「哨，枉哨，不正貌。」《廣雅》：「哨，衺也。」《大戴禮・投壺》作峭。今言偏頗不平曰哨。《考工記》注：「藃，藃暴。」《廣韻》：「藃，邱召切。高藃。」〔一〕《智燈難字》：「皮起曰藃。音竅。」《蜀語》作骯。皆哨之後起字。

聑《說文》：「安也。」丁帖切。今言伏聑，即妥帖。又言聑當，即定當。

攪《說文》：「亂也。」古巧切。今言打攪。又亂亦訓治，故言治事亦曰攪。

細緻《釋名》：「絲細緻。」

麤慥 亦作粗繰，見《元典章》。

兆《說文》：「廱蔽也。讀若瞽。」今言兆住。

〔一〕藃：原誤作「貌」。

侹　《通俗文》：「平直。」

便　《字統》：「人有不善，更之則安。」《說文》：「便，安也。人有不便，更之。」

耎　《三倉》：「柔弱也。」《說文》：「耎，稍前大也。讀若畏偄。」

肕　《通俗文》：「柔堅曰肕。」《說文新附》：「韌，柔而固也。而進切。」今言如靳。《廣雅》：「⿰黍斤，黏也。」

硬　《字略》：「物堅曰硬。」《衆經音義》引《字書》：「鞕，牢也。」又引《字略》：「物堅曰鞕。」《韻英》：「鞕，堅也。」《廣雅》同。《廣韻》：「五諍切。堅牢。」硬同。《玉篇》：「鞕，堅也。」

⿰女贊　《說文》：「白好也。」今言好曰⿰女贊。

嬹　《說文》：「說也。」即悅。今言高嬹。

⿱困心　《通俗文》：「至誠曰⿱困心。」《說文新附》：「⿱困心，捆也。」

媌　《說文》：「目裏好也。」《通俗文》：「容麗。」

蹽　《廣雅》：「蹽蹻也。」〔一〕《埤倉》：「⿱髟尞，細長也。」亦作蹽。《玉篇》：「敹，小長貌。」

稍　《韻詮》：「漸漸也，少也。」

牢　《史記·外戚世家》：「牢甚。」《韓文公集》：「牢不可破。」

腝　《字苑》：「柔脆也。」

〔一〕蹻：原誤作「⿰𧾷秀」。

脆《説文》：「小耎易斷也。从肉从絶省。」《廣韻》脆，比芮切。膬上同，脆俗。

佯《廣雅》：「弱也。」

清泚 見《南史》。

横《韻詮》：「非理而來曰横。」非禍至亦曰横。

耗《韻詮》：「減也。」案，耗本作秏，今言耗曰無料，無音重脣。即秏。

儴 顧鄰初《客座贅語》：「物寬緩不帖帖者曰儴。囊去聲。」案，《集韻》纕、𧞤，乃浪切。寬緩也。

褘《爾雅》：「美也。」《韻英》：「形之美也。」《説文》「偉，奇也。」字又作瑋。

滜《説文》：「新也。」七皐切。今言滜新。

尖《説文》：「鑯，鐵器也。一曰鐫也。」徐鉉曰：「今俗作尖。」

觰《説文》：「下大者。」陟加切。《集韻》又作䐁、䚢。又《説文》：「庑，開張屋。」《廣韻》：「奓，上大下小。以冉切。」今音如觰。觰，牛角横，都賈切。

𩯭《集韻》：「物濕附著。」

殕《廣韻》：「曚，莫孔切。物上白醭。」今言白毛。又殕，芳武切，食上生白毛。《集韻》：「物敗生白膜也。」音同撫。《玉篇》：「醭，匹卜切。醋生白。」《楊公筆録》：「物壞生青白衣謂之醭。」

殎《廣雅》：「敗也。」或作㱫。今皆借爛。

⿰歹蕉　《集韻》：「孫租切。爛也。」或作⿰歹焦。元曲又作酥。

靸　《西湖游覽志》：「市人諱低物曰靸，以其履爲足物也。」案，《玉篇》：「靸，先盍切。履也。」

樣　《説文》：「像，象也。」《廣韻》四十一漾：「樣，式樣。」今言樣子。

素　《儀禮・士喪禮》注：「形法定爲素。」《廣韻》十一暮：「塐，捏土容。出《古今奇字》。」今言素子。《説文》：「㱿，一曰素也。」苦江切。

倜　倜壁、倜心、倜親，皆他歷切。

⿰丁夏　《廣韻》：「陟鍗切。⿰丁夏好〔一〕。出《證俗文》。」

哏　《元典章》：「哏不便好。」或作很。

砝實　《敬止録》：「堅牢，砝實。」

緊　《説文》：「纏絲急也。」

囫圇　見《朱子語類》，又作鶻淪。《傳燈録》作鶻崙〔二〕，實即《列子》渾淪。

釋言

賴　《左傳》昭十二：「鄭人貪賴其田。」《晉語》：「已賴其田。」《漢書・酷吏傳》注：「賴而不去。」又《方言》：「賴，取也。」今言小兒索取亦曰賴。

〔一〕⿰丁夏：原作「頂」。
〔二〕燈：原脱。

斡　《漢志》：「擅斡山海之貨。」《鄞縣志》：「俗謂買物減直曰斡。」

揇　《集韻》：「搦也。乃感切。」《俗呼小録》：「物美惡粗細兼謂暖，暖，當作揇。今言一揇，猶言一色。」案，《廣韻》掜，亦嬭佳切，搦兒，與揇略同。又《字林》醙飯，醙亦乃回切。

行　《周禮・司市》注：「謂物行苦者。」釋文：行，遐孟反，聶胡剛反。《唐律》注：「不牢謂之行。」今方音正如胡剛反。

賠　始見《字彙》，正作陪。《通鑑・宋紀》注：「備償，今人多云陪。」又古作備，《魏書・刑法志》：「盜官物一備五，私物一備十。」《唐律》「備贖」注：「備償。」

張羅　見《戰國策》。

嬉　《廣雅・釋詁》：「嬉，戲也。」《方言》：「江沅之間戲或謂之嬉。」《漢房中歌》：「神來宴娭。」字亦作娭。《切韻》又云：「戲，遊也。」

擡價　見《五代史・王章傳》。

⿰貝廛　《五音篇海》：「遭去聲。謀人財物。」

⿱艹亶　《字彙補》東本切，完整。今言⿱艹亶穀、⿱艹亶豆、⿱艹亶薯絲。

戤　同上，渠蓋切，以物相質。

贏　《說文》「有餘賈利也。」

賸　《說文》：「物相增加也。」以證切。

贈　《說文》：「玩好相送。」

賀　《説文》：「以禮相奉慶也。」

賖　《説文》：「貰買也。」見《周禮·泉府》。

責　《説文》：「求也。」《新附》：「債，債負也。」債古本作責。

儹　《説文》：「冣也。」作管切。冣即聚。今言儹錢。《廣韻》：「積，儹也。」《俗書刊誤》：「聚錢穀由少至多曰儹。」亦作覸錢。《説文新附》：「賺，重買也。佇陷切。」《廣韻》同。

㞟　《説文》：「偫也。」堂練切。今言㞟錢。借字作墊。

𠑛　《説文》：「市也。」都隊切。今言𠑛換。借字作兑。《説文》：「換易也。」

厭　《漢書·王莽傳》注：「當也。」《文選·西京賦》注：「於冉切。」《廣韻》：「贗，物相當也。于建切。」

賭　《通俗文》：「錢戲。」《字林》：「賭，賭勝。」《説文新附》：「賭，博簺也。」《抱朴子》：「予素惡賭博。」

乾没　《通雅》：「猶言白没之。」

貰　《説文》：「貸也。」「貸，从人求物也。」《聲類》式制反。

足　去聲。《韻英》：「增益也；添也。」《莊子》「以瓦注」「以黄金注」，宋王欽若言「孤注」，正如今言注。《廣韻》賀，亦作贎，質當也。《淮南子》「鉒」注：「鉒者提馬，雒家謂投翮。」〔一〕

貼　《説文新附》：「以物相質也。」《玉篇》同。白樂天詩：「補貼平生得事遲。」

〔一〕雒：原作「博」。翮：原作「鞫」。

僞《説文》：「引爲價也。」於建切。《廣韻》：「贗，物相當[一]。於幰切。」

斢　相易物俱等。易六切。今言斢弗斢。

賽《説文新附》：「報也。先代切。」

當《左傳注》：「當，以交質。」《後漢・劉虞傳》「典當」注：「當，音丁浪反。」宋時曰抵當鋪。

減《説文》：「損也。」

渻《説文》：「少減也。」[二]媘同。

找《集韻》找同划。《通雅》：「補不足曰找。」

取《攻媿集》卷一百三：「比鄰以室廬求售，成券已久，忽欲復取。」此即俗言贖爲取。

搭《蓬島樵歌注》：「俗以同舟共濟曰搭。」唐廖融《夢仙謡》：「擬就張騫搭漢槎。」皮日休詩：「擩酒三瓶搭夜航。」

剴《説文》：「剴，摩也。」《廣雅》：「摩，近也。」今言捱近，即剴近。《廣韻》音剴，五哀反。

替　代也。始見《宋書》。又《匡謬正俗》：代爲替，俗人作鬄髮字，訛舛，妄改作頣。

羼《説文》：「羊相廁也。」初限切。今言羼入。

[一] 物：原誤作「相」。

[二] 少：原脱。

相喚　《老學庵筆記》：「古揖但拱手，今所喏，始于江左諸王。」

待　今音等，由濁去變清上音。《漢志》注引《搜神記》作頓，又作亭。《風俗通》：「亭，留也。」今語有亭待。《續漢志》引。今言停，又言等。《恒言録》：「世俗謂待爲等。」《廣韻》等，多改切。唐路德延《孩兒》詩：「等鵲潛離畔。」《通俗編》：「《傳燈録》：『等箇人。』世俗以俟爲等，宋人詩亦屢用之。」

茫　《方言》：「遽也。」今言忙。《通俗文》：「時務曰茫，心亂曰忙。」

蘭　《通俗文》：「縱失曰蘭。」今言嬾。《説文》：「嬾，懈也；怠也。一曰卧也。」《後漢·王丹傳》作憻孏，陶詩作嬾惰。

差　《韻詮》：「錯也。」

没　《説文》：「沈也。」莫勃切〔一〕。今音如勃。

墊　《通俗文》：「支也。」《廣韻》徒念切，亦作磹。

婾　《説文》：「巧黠也。」《韻詮》：「苟且也。」今言婾嬾。

濕　《吕覽·貴卒》云：「智貴卒，遬爲上，濕爲下。」注：「濕猶遲久之也。」案，濕字本漯之變，今言遲久曰濕〔二〕。濕，正如漯字他答反之音。《廣雅》「傝㒌。」不省事也。

舞弄　《左傳》：「愚弄其民。」《史記·藺相如傳》：「以戲弄臣。」《漢書·汲黯傳》舞猶弄

〔一〕莫：原誤作「黄」。

〔二〕曰：原誤作「已」，據《字彙補》改。

也。《列子・仲尼》「爲若舞彼來者」注：「世謂相嘲調爲舞弄。」《説文》：「筭，从竹从弄，言常弄乃不誤也。」非獨弄玩本義。故今言操作曰弄。韓偓詩：「睡髻休頻攏。」亦作攏。

討 《秦子》：「孔文舉曰：『無有，來討。』」《藝文類聚》引。

泥 《升庵外集》：「俗以柔言索物曰泥，乃計切。諺所謂軟纏也。」字或作誽，亦作妮。今音轉如儺。

劇 《説文》：「務也。」今言劇力。又《説文》：「谻，相踦之也。」又：「𢓳，徼𢓳受屈。」又：「𢝊，勞也。」音義同。

募 《倉頡篇》：「問求也。」〔一〕

伺候 《韻英》：「伺，候也；察也。」《説文》：「侍，承也。」當言侍候。又：「候，伺望也。」《新附》：「伺〔二〕，候望也。」

豎 《説文》：「豎，立也。」又：「尌，立也。」臣庾、常句二切。

長進 《三國志・張昭傳》：「勤於長進。」

增氣 《史記》：「懦夫增氣。」今或言争氣。

券 《説文》：「勞也。」徐鉉：「今俗作倦。」

辨 《説文新附》：「致力也。」

〔一〕 問求：原誤作「問交」。
〔二〕 原作「伺伺」，衍一「伺」字。

羅　《説文》：「市穀也。」徒歷切。

糶　《説文》：「出穀也。」他弔切。

卸　《説文》：「舍車解馬也。」

䨏　《説文》：「雨濡革也。」匹各切。

賽　宋張惠號賽張飛，劉整號賽存孝。今俗亦言賽過。《魏書・任城王澄傳》：「往復賭賽。」

巴　《客座贅語》〔一〕：「今人盱衡望遠曰巴，不足而營之曰巴。」《四明續志》：「吳潛詞：『巴得西風起。』又：『異鄉時景春巴二。』宋人已有此語。」

懺　《癸辛雜識》：「梁武懺六卷。」

醮　宋玉《高唐賦》：「醮諸神。」李善注：「醮，祭也。」

囥　《集韻》：「藏也。」音同亢。《周禮注》抗爲舉藏。《朱子語類》：「藏頭伉腦。」又作伉。

無萬數　趙與時《賓退録》：「諺謂物多爲無萬數，《漢書・成帝紀》語也。」案，《秦嶧山碑》：「世無万數。」

饒　《古今黈》：「《魏書》郭祚謂李彪曰：『豈能饒爾。』此今人所云饒你、饒人之所出也。」饒者，相寬假之意。《西溪叢話》：「《棊》詩：得饒人處且饒人。」《説文》：「饒，飽也。」段注：

〔一〕座：原誤作「坐」。

「甚飽之詞，引以爲凡甚之稱。漢謡曰：『今年尚可後年饒。』〔二〕近人語索饒、討饒，皆謂已甚而求已。」

在行　班固《奕旨》：「博懸於投，不必在行。」

外行　京師以科班出身爲内行，票友爲外行。

得人憎　《劉賓客嘉話録》：「陳標《蜀葵》詩：『能共牡丹争幾許，得人憎處只緣多。』」

不耐煩　見《宋書》庾登之弟仲文傳。

得人惜　見王君玉《雜纂》。

折　《蓬島樵歌注》：「俗以虧本爲折。」《説文》折，食列切。《荀子》：「折閲。」《淮南子》：「折貨。」《漢書・食貨志》：「用其本價，毋令折錢。」

釋訓

成軸　見《管子・宙合》。

欛柄　朱子《雜學辨》，又《文集》。亦作把鼻，見《後山詩話》《紫微詩話》。又作巴鼻，見《五燈會元》。又作把臂，見高則誠《琵琶曲》。

搭對　《五燈會元》：「祇是無人搭對。」

頭緒　《禮記・中庸》《毛詩・載驅》正義並云端謂頭緒。

〔二〕下「年」字原誤作「人」。

毛嫜《廣雅疏證》：「《莊子》『孟浪之言』，《吴都賦》注『孟浪』，猶莫絡，不委細，聲轉謂之無慮，都凡也。今江淮閒人曰毋量。」案，今言毛嫜，亦即無慮。無，古音毛，見前。嫜、慮聲近。

估量《孝經》孔傳：「蓋者，辜較之辭。」較量義近。《匡謬正俗》：「今人謂算科量度爲章估，即商估也。」

枝挌《説文》：「挌，枝挌也。」古百切。

不暨《爾雅》：「暨，與也。」今言不濟。

格外《北史·賀若弼傳》：「格外重賞。」「格外望活。」

竘好《廣雅》：「竘，巧也。」竘音口。今作扣，誤。

箵巧《廣雅》：「箵，盈也。」楚驟反。今作湊，誤。

頭首　見《禮》皇疏、《周禮》《易》孔疏，又見《宋史·兵志》《外國傳》。

争交《夢粱録》：「角觝者，相撲之異名，又謂之争交。」

新聞　趙升《朝野類要》：「衷私小報，率有漏洩之禁，故隱而號之曰新聞。」

主張《莊子》：「孰主張是。」

結裹　沈作喆《寓簡》：「仕宦者謂至從官爲結裹。」

偡齊《札樸》：「長短相齊曰偡齊。偡聲如斬。」

一坒《説文》：「坒，相次比也。」毗至切。今言一坒一批，猶一層一重。又垐，以土增大道上。堲，古文，从土即〔一〕。今言一次爲一即。又坺，臿土謂之坺。今言一伐猶一坺。又輩，發車百兩爲一

〔一〕「从」上原衍「土」字。

輩。今言一排。又章，樂竟爲一章。今言一椿。又道，一達謂之道。今言一道。又件，分也。今言一件。又徧，帀也。今言一徧。又一傮，《方言》一周曰一傮。一頓，見《釋名》。一把，《韓詩外傳》。一個，《儀禮注》《大學》《吴語》一个。一塊，《易緯》。一概，《楚詞・九章》。一脚、二脚，《元典章》。一搭，盧仝《月蝕》詩。一花，《俗呼小録》：「數錢五文爲一花。」

媟嬻　《通俗文》：「相狎習。」《説文》亦作媟瀆。

不嚾　《勸戒六録》：「步香楠觀察詢河事，邱都閫廣玉答以『不嚾』一語。嚾者，怎之轉音。不嚾者，豫省土語，猶云不妨事、不怎麽也。」案，今土語亦然。

有分無分　《左傳》：「四國皆有分。」又：「楚是以無分。」

修娖　《唐書・懿宗紀》：「修娖部伍。」〔二〕

加一　見《左傳》昭三注。

鐵青　以鐵狀青色。

血紅　以血狀紅色，如言紅血輪。

金黄　《漢・食貨志》：「金有三等，黄爲上。」《説文》：「五色金，黄爲之長。」李白詩：「柳色黄金嫩。」

雪白　《孟子》「白雪」之白。

〔二〕部：原誤作「倍」。

漆黑　《陳書》張麗華髮鬒黑如漆。《北齊書》：「黑莫如漆。」

皂白　《詩・大雅》箋。

明白　《老子》：「明白四達。」

新鮮　《太玄經》：「新鮮自求。」

温黁　《説文》：「水温黁。」又：「黁，安黁，温也。」《廣韻》又作「喝黁，煖狀」。白居易、元稹詩、王建《宫詞》、《輟耕録》並作温暾，李商隱、皮日休詩作温麐。

籠總　《説文》：「籠，兼有也。」俗作攏。

廓落　《説文》：「霩，雨止雲罷貌。」徐鉉曰：「今别作廓。」《易林》《釋名》並言「廓落」。《廣韻》：「⿰石郭⿰車品，車聲。」《集韻》：「⿰石郭硄，盧獲切。石聲。」

磊⿺辶享　《説文》：「重聚也。」⿺辶享亦作⿰立享。《通雅》：「今方言皆作累堆。」〔一〕今言絫墜，實磊⿰立享。《肯綮録》：「物下重曰陲⿰𠂤缶，上音蕾，下都罪切，見《廣韻》。」

洛薄　《漢書・王莽傳》注：「洛薄，嗜酒。」《史記・酈生傳》：「家貧落魄。」集解：「落薄義同。」索隱：「魄音薄。」《陳・杜稜傳》：「少落泊。」

懵懂　賈誼《新書》：「反慧爲童。」故蒙童轉爲懵懂。

〔一〕皆作：原誤作「作皆」。

癶剌　《説文》：「癶，足剌癶也。」今倒言之，亦作潑辣。又犬足剌犮〔一〕。

鬔鬆　《廣韻》：「髮亂貌。」即蒙茸。

𠄏了　見《方言》、《玉篇》：「𠄏，丁了切。懸物貌。」又：「鳥，懸物也。」今亦作弔，誤。

儱侗　《廣韻》：「未成也。」見《朱子文集》。

𡳐𡰥　《廣韻》：「少也。」今言折閲曰𡳐楚洽切𡰥直立切。

趬趞　《説文》：「行輕貌。」

槷𡴘　《説文》：「不安也。」

積𥟍　《説文》：「多小意而止也。」徐鉉曰：「不伸之意。」職雉、俱羽切。」今言如枝句。

敁敪　《廣雅》：「稱量。」音丁兼、丁括二切。《莊子·知北遊》注：「玷捶鈎之輕重。」捶，丁果反，音朵。

《廣雅》：「敁挆，量也。」挆，都果反。《集韻》：「敁挆，以手稱物也。」《朱子文集》作點掇。

伄儅　《廣韻》：「不當貌。」《玉篇》：「不常。」《集韻》同。

𩫑𧆹　《廣韻》丘召、牛召二切，不安。又有𩫕云高𩫕，亦邱召切。

僻脱　《文選·景福殿賦》：「僻脱承便。」注：「便僻，輕脱。」

煩難　《淮南子》：「不避煩難。」

〔一〕犬：原誤作「大」。

容易　《漢書・東方朔傳》。

腌臢　《正字通》：「俗呼物不潔。」元曲多用此二字。《俗書刊誤》：「物不浄曰婄贜。」《肯綮録》：「不潔曰腌臢。」

鏖糟　見《漢書・霍去病傳》注。《孫公談圃》：「鏖糟陂裏叔孫通。」《輟耕録》：「今以不潔爲鏖糟。」案，即齷齪音轉。

⿰勞少⿰曹少　《集韻》：「物不精也。」《敬止録》：「貪食曰⿰勞少⿰曹少。」

眠誕〔一〕　見《列子》。

眉㿸　見《列子》：「墨屎。」〔二〕

歪賴　東方朔語。

占石　《五音集韻》烏陵、烏剛二切。

掀轟　陸龜蒙詩：「海上風雨來，掀轟雜飛電。」《七類稿修》引《俗字集》鑫轟。

碚礲　《廣韻》户冬、他冬二切，石落聲。

丁東　亦作丁冬，又作東丁，亦作丁當，亦云丁丁、東東、當當。

〔一〕誕：原誤作「誕」。
〔二〕屎：原誤作「床」。

闒靸　《朱子語類》[一]：「文字不奇而穩，只是闒靸。」《敬止録》：「不勤緊曰傝㒌。」[二]

擸搕　《廣韻》：「和雜也。」又：「破壞也。」《類篇》：「𢅣𢄼，衣破貌。」《廣韻》又云：「剌㓹，不浄也。」《集韻》：「𦙶膗，肉雜也。」即《晉書·五行志》拉颯，《夢梁録》作垃圾。

刢利　《廣韻》：「使性人。」俗作伶俐。東坡《雜纂》、黄庭堅詞、象山《語録》作靈利，朱淑真詩怜悧，《字彙》引《方言》：「黠，楚曰伶俐。」《肯綮録》：「使性曰刢利，見《廣韻》。」

邋遢　《玉篇》：「皺皵，皮寬瘦貌。」《廣韻》：「皮瘦寬貌。」《恒言録》：「今人言塵垢不浄。」又：「邋遢，不謹事。」《明史》張邋遢，徐禎卿《異林》作剌達，《青溪暇筆》剌闒，項安世詩辣闒，宋太祖詩辣撻。《朝野僉載》：「王熊爲澤州都督，百姓歌曰：『後得王癩獺。』」獺即作獺、遭獺字。《海篇》：「邋遢，行歪貌。」

傝㒌　《廣雅》：「惡也。」《廣韻》：「不謹貌。」《恒言録》：「今人以不謹爲没榻㒌。」亦作答颯，見《南史·鄭鮮之傳》。《女論語》作搨搕。《能改齋漫録》：「唐人謂事之不振者曰踏趿。」引《酉陽雜俎》：「世人踏趿。」范成大詩：「生涯都塌颯。」《山谷集》有傝㒌。《蜀語》：「物不𦆽。」《海篇》：「惡也。」岳元聲《方言據》云：「行事不緊切曰没傝㒌[三]，音塔靸。」

[一] 語：原脱。

[二][三] 緊：似當作「謹」。

尷尬　《説文》：「不正也。」音古咸、古拜二切。《集韻》：「賺賕，貪財也。」

希奇　《十洲記》：「品物羣生，希奇特出。」

潑賴　《餘冬序録》：蘇州以醜惡曰潑賴，潑讀如派。雲南夷俗諜言誣陷人曰毕賴之事，蓋亦潑賴之轉。

活絡　《鶴林玉露》：「胸次玲瓏活絡。」

菈擸　《文選・吴都賦》：「菈擸雷硠。」宋林逋詩：「歷刺烟篁露病捎。」

奞奊　亦作契奊，《山谷集》有此二字，音烈、音契，胸次不坦夷，舉事務出獨計，以乖忤人爲賢。案，《説文》音胡結、古屑二切，今以言急遽者。

銃靁　《山谷集》音充仲反、蒲迸反，亦作銃㗊，使令人不循謹便利。岳元聲《方言據》云：「人不受教令，而反以言相忤。」

蹶蹶　《爾雅》：「蹶，喜也。」重言之，今言括括。

斟斟　《説文》：「盛也。」子入切。

㞜㞜　《説文》：「行㞜㞜也。讀如僕。」

畟畟　《説文》：「畟畟，進也。」初力切。

㜫㜫　《篇海類篇》：「短貌。」

叿叿　《廣韻》：「市人聲。」通作訌，音烘。

聒聒　《書·盤庚》。

嚬嚬　《説文》：「争貌。」《敬止録》：「忿争聲曰嚬嚬。」

㖃㖃　《玉篇》：「㖃，吹口貌。」《敬止録》：「畏寒聲曰㖃㖃。」又曰寒噤噤。

喽喽　《玉篇》：「喽，小兒語。」《集韻》：「喽，聲也。」《敬止録》：「小兒啼聲爲喽喽，父母噢咻之亦曰喽喽。」又曰呷呷。呷呷，《五音篇海》：「呷，小兒啼也。」

白蒲沙　《敬止録》：「謂人肥白。以鯊有一種爲白蒲沙也。」今言蒲芯。

白皏皏　《廣韻》：「皏，白也。」音普幸切。《素問》：「色皏然白。」《吴下方言考》：「白皏皏。」

白晳晳　《詩》：「明星晳晳。」又：「揚且之晳也。」

紅丟丟　古諺。

墨窣窣　《語類》，又《傳燈録》：「黑漆漆。」

實辟辟　《素問》：「脈實，如指彈石辟辟然。」《元曲》作實丕丕。

硬綳綳　《閒中古今録》：「應履平詩：衣裳糨得硬綳綳。」

虚飄飄　蘇文忠有詩三首。

端端正正　《路史》引《鶡冠子》，今本正誤作王。

停停當當　《語類》。

條條直直　白居易詩。

蓬蓬孛孛　《漢書·天文志》注。

闐闐霍霍　《軒渠録》：「奶子又闐闐霍霍地。」《子虚賦》：「翕呷萃蔡。」翕呷，即闐霍。

彭彭魄魄　張舜民詩：「打麥打麥，彭彭魄魄。」即劉子翬詩：「秋山響蓬樸。」

市語垳

一，平頭，憶多嬌。二，空工，耳邊風。三，眠川，散秋香。四，睡目，思鄉馬。五，缺丑，誤佳期。六，斷大，柳摇金。七，皂底，砌花臺。八，分頭，壩陵橋。九，未丸，救情郎。十，田心，舍利子。

〔光緒〕寧海縣志

【解題】王瑞成等修，張濬等纂。光緒十八年（一八九二）修。寧海縣，今浙江省寧波市寧海縣。「方言」見卷二三《雜志·風俗》中。録文據光緒二十八年（一九〇二）刻本《寧海縣志》。

方言

考舊郡縣志，方言多不載。乾嘉閒姜氏《象山志》、戚氏《太平志》始有方言，近《黄巖志》更推廣而增益之。吾寧介諸邑之閒，方言亦略相同，稍加增損，摭拾成帙，以謡諺附焉。

稱父曰爹。《南史》云：「始興王，人之爹。赴人急，如水火。」音待可切，與火叶。邑人則爲丁邪切，音異義同。稱母曰孃，又曰姆。同姥。詩人多以爹娘公姆並稱，皆母之謂也。《木蘭詩》：「朝辭爹孃去，暮宿黄河邊。」王父曰爺爺，又曰公公。爺義與爹同。《吕氏春秋》：「孔子弟子從遠方來，孔子倚杖而問曰：『子之公不有恙乎？』次及父母，次及兄弟妻子。」按此所云公者，祖也。《宋史・宗澤傳》：「威聲日著，北方常尊憚之，必曰宗爺爺。」孫穀祥《野老紀聞》：「狄青爲樞密使，恬惜士卒，每得衣糧皆負之曰：『此狄家爺爺所賜。』」祖母曰孃孃，又曰婆婆。如云大娘娘、小娘娘及婆婆萬福之類，皆尊稱也。故以稱祖母。伯母曰大姆、二姆。叔母曰嬸。父之姊妹曰姑孃，其夫曰姑丈。母之姊妹曰姨孃，其夫曰姨丈。妻之姊妹曰姨。父妾亦曰姨孃。《左傳》莊十年：「蔡娶於陳，息侯亦娶於陳，息嬀將歸，過蔡，蔡侯曰：『吾姨也。』」夫父母曰公婆。《慎子》：「不瞽不聾，不能爲公。」晉無名氏《休洗紅》詩〔一〕：「後來新婦今爲婆。」妻父母曰丈人、丈母。丈人蓋本《論語》「丈人行」是也。《通鑑》唐韓滉謂劉元佐曰：「丈母垂白。」丈人、丈母皆尊者通稱。今則專稱妻父母矣。乳母曰妳姆。妳亦作奶。《南史・何承天傳》：「除著作佐郎，年已老，荀伯子嘲之，常呼爲妳姆。」稱尊祖曰太公。《後漢書・李固傳》：「固女文姬具知事本，默然獨悲曰：『李氏自太公以來，積德累仁，何以遇此？』」注：「太公，謂祖父郃也。」僕稱主婦曰孺人。邱濬《家禮儀》云：「無官者妣稱某氏夫人，今制二品方得封夫人。僭越太甚，不若從方俗借稱孺人。」故木主均書孺人。鰥夫曰光棍。無賴子則曰青皮光棍。此稱呼之言也。

貪食曰⿰⿱米力少⿰曹少。《集韻》云：「物未精也。」邑人以貪食爲⿰⿱米力少⿰曹少。待候曰等。范石湖《州橋》詩：「州橋南北是天街，

〔一〕氏：原誤作「氐」。

父老年年等駕迴。」不潔曰邋遢。《宋韻》云：「行不謹也。」邑人以不潔爲邋遢。謹慎曰仔細。《魏書·源懷傳》：「何必太仔細也。」糾纏曰嫐。音褭。嵇康《與山濤書》：「足下若嫐之不置。」庸劣曰体。蒲本切，亦作笨。所謂笨伯是也。材特出曰獨步。《晉書·王坦之傳》：「江東獨步王文度。」多曰夠。音遘。左思《魏都賦》：「繁富夥夠。」倚曰隑。巨代切。楊子《方言》：「隑，倚也。」注：「江南人呼梯曰隑。」手足生堅皮曰䗍。音繭。手足涷裂曰開皸。皸作龜，並音軍。《前漢書》：「手足皸瘃。」《莊子》：「不龜手。」肉胦起曰𤺥，亦曰皰。並音砲。《山海經》：「松果之山有鳥焉，其名曰螐渠，可以已𤺥。」韓愈《食蝦蟆》詩：「雖然兩股長，其奈脊皴皰。」氣逆行腹背曰蛓。生去聲。瘦曰瘵。土音柴去聲。吸而飲曰呷，又作欱。張平子《西京賦》：「欱澧吐鎬。」刺曰戳。敕角切。掘曰趙，或作𨇆。《詩·周頌》「其鎛斯趙」箋：「以田器刺也。」羅取鳥獸曰弶。强去聲，本作張。《周禮·秋官·冥氏》「掌設弧張」注：「弧張，罿罦之屬。」私窺曰𥆧。音張。熟視曰矃。寧去聲。着力牽曰劬。堆上聲。短小曰倔𡰪。音崛拙。强有力曰硬圁，又曰硬偃。圁音責，偃，箏上聲。相戾曰尷尬。《困學紀聞》〔一〕：「閒介，出《長笛賦》，原注：『閒介無蹊。』」比擬曰比方。《論語》：「子貢方人。」何晏注：「比方人也。」爪刺曰掐。音恰。《晉書·郭書傳》：「掐鼻灸眉頭。」拭曰抹，亦曰揩。棄物曰丟。丁羞切。擲物於地曰摜。土音古患切，字書音慣。挽引曰扳。音班，俗作攀字省文。裝飾曰打扮。扮，班去聲。黃公紹《在軒集·競渡櫂歌》：「十分打扮是杭州。」折物曰扼，又曰拗。拗音襖。《尉繚子》：「拗矢折矛。」拂曰担。音膽。搓摩曰挪。音儺。以手重按曰捺。難入聲。緊束曰揫。

〔一〕紀：原作「記」。

《禮·鄉飲酒義》注：「揫，斂也。」扶曰攙。楚銜切。抱持曰摙。音輦。排推曰擠。音几。《史記·項羽紀》：「漢軍卻爲楚所擠。」指執曰捻。《青瑣高議》：「牡丹有一捻紅。」墾土曰掏掘。抐物水中曰揾。温去聲。仰取曰撩。音料。爬取曰撧。音蛙。藏物曰囥。音伉。引取曰擪。音葉。相撞曰揣。彭去聲。急摩曰擦。和物曰拌。盤上聲。安置曰擺。拜上聲。馬融《廣成頌》：「擺牲班禽。」兩手擒物曰拕。音駝。舂穀曰擣。《禮·雜記》「杵以梧」注：「所以擣也。」舂米曰臿。音察。攜曰挈。《禮·王制》：「班白不提挈。」整理曰周捉。舁物曰扛。《史記·項羽紀》：「力能扛鼎。」作事濡緩曰摸捺。詰問曰嗑問。音盤。訝聲曰呃嗦。爲熱所傷曰湯。去聲。《禮·月令》：「如以熱湯。」水推物曰汆。吞上聲。取水曰舀。音舀。潑水曰戽，亦曰潃。呼去聲。涉水曰洿。音户。去汁曰潷。音筆。蕩費曰狼獺，亦曰狼藉。狼獺皆好殘棄物者。《孟子》曰：「樂歲粒米狼戾。」注：「狼戾，猶狼藉也。」《赤壁賦》：「杯盤狼藉。」以湯除毛曰燂。音台。瘠薄曰墝埆。《史記·三王世家》：「燕地墝埆。」崩墮曰倒塌。近火曰炙火。炙音責。《孟子》：「況於親炙之者乎？」支物不平曰㞕。音屏，或作墊，誤。此稱謂之言也。

土器未燒曰坏。普才反，音配平聲。《後漢書·崔駰傳》：「坏冶一陶，羣生得理。」田地壟數曰疄。音鄰。或作稜。婦女澤髮刷曰笢子。笢音民。節髮器曰笓筐。筐音姬。或作箕，誤。紡絲銓曰筳子。筳音廷。飯箒曰筅箒。筅，土音選上聲。飯箕曰笊篱。笊音爪，篱音離。除穅竹器曰米篩。《前漢書·賈山傳》：「篩土築阿房之宮。」箍桶曰筠桶。筠音抽。筏曰簰。音牌。編竹爲之，於溪中用以載物也。旁推令覺曰築。音逐。《三國志·顔斐傳》：「帝召市吏於斐前，杖一百。時典農私推築斐謝。」關門機曰櫎。刷平聲。挑燈杖曰燈梂。添去聲。火鍬曰火杴。音先。或作火掀。竈突曰烟囪。音匆。歧枝曰椏杈。音鴉汊。剡木入竅曰榫。音筍。斧斤殘木曰木柿。音廢。《晉書·王濬傳》：「濬伐吴，造船，木柿蔽江而下。」此命物之言也。刮去曰刨。音庖。撥起曰爬。《進學解》「爬羅」是也。足蹴曰踢。音惕。匍匐曰跁。踰越曰跳。音糶。避至隱僻曰跺。音朵。跌而輾轉曰跦。音擂。言相擾曰譊。音炒。馬融《廣成頌》：「輕譊趫悍。」言洩漏曰鬼擘口。王明清《揮麈餘話》：「蔡元度謂錢穆父曰：『公知章子厚不可撩撥，何故詆之如是？』穆公愀然曰：『鬼擘口矣。』」心助曰勴。土音預。字書音慮。《爾雅·釋詁》：「詔、相、導、左、右、助，勴也。」《説文》：「勴，助也。」不以力助，以心助也。相助曰幫襯。音邦寸。不看待曰弗俫睬。不精細曰毷氉。《唐國史補》：「舉子不捷而醉飽，謂之打毷氉，謂拂其煩悶也。」間隙曰空穽。音弄。柔堅曰韌。銀去聲。堅牢曰砝實。砝音劫。物飽滿曰綻。作事錯亦曰綻。音暫。古詩：「紅綻雨肥梅。」事綻，如衣有破綻也。物不飽曰癟。人疲輭曰癟逴逴。癟音鼈，逴音戳。物隆起曰䡴。樸平聲，如饅頭䡴是也。物搖動聲曰吸喻。吉角。物敗生白曰白殕。音甫。物不鮮曰殷，亦作蔫。《左傳》成十二年「左輪朱殷」杜預注：「朱，血色〔一〕。血色久則殷。殷音烟。」蘇軾詩：「深紅任早蔫。」甚新曰暫新。杜甫詩：「暫新花蕊未應飛。」衣新曰䙡新。䙡音促。純衣曰綑。音衮。衣服施裹曰袷，亦曰裌。卸衣曰褪。吞去聲，又音退。士服曰襴衫。俗作藍衫。《綱目集覽》：「馬周以襴衫爲上士之服。」婦女髻曰鬢。音質。假髮曰髲。音敝。《詩·鄘風》「不屑髢也」疏：「髢，一名髲。髲，益髮也。言髮少聚他人

〔一〕色：原誤作「包」，下同。

髮益之也。」積垢曰黬。音巖。《莊子·庚桑楚》篇：「有生黬也。」注：《字林》云：『釜底黑也。』」鼻音不清曰齆鼻。齆音翁。齒露曰齙牙。不安静曰轣轆。纏束曰紮。音扎。盡力曰飭力。飭，士音觸。《周官·考工記》：「飭力以長地財，謂之農夫。」注：「飭，勤也。」繫曰綁。幾次曰幾遍。《三國·魏志·賈逵傳》注：「最好《春秋左傳》，自課誦之，月常一遍。」舌取物曰餂。音忝。《孟子》：「是以言餂之也。」斜屋使正曰牮。音薦。鹹汁曰鹼水。鹼音減。起麪曰發酵。音告。蕭子顯《南齊書》：「永明九年正月，詔太廟四時祭薦宣皇帝，起麪餅。」注：「起麪，發酵也。」甕曰甏。彭去聲。牝畜曰騲。本作草。《三國·魏志·杜畿傳》：「爲河東太守，課民畜牸牛草馬，下逮鷄豚犬豕。」牡牛曰牯。閹牛曰犍牛。閹羊曰羯羊。閹鷄曰綫鷄。《肘後經》：「騸馬，宦牛，羯羊，閹猪。」宋戴石屏詩：「區别鄰家鴨，羣分各綫鷄。」自注：「閹，一作綫。」驅逐曰趕。《柳亭詩話》：「宋藝祖《曉日》詩：『趕卻殘星趕卻月。』」混稱某物曰東西。《隨園隨筆》：「今俗混稱某物爲東西，蓋取東作西成之義，猶作史稱《春秋》，不稱冬夏也。一云南方火也，北方水也，此二物不便持取，若東木西金皆可手取，故泛稱物名曰東西。」臭氣曰齅。音甕。蒸亦曰䤈。音南上聲。魚暫醃曰鱲。

冷曰冷凄凄。熱曰熱湯湯。去聲。煖曰煖烘烘。實曰實辟辟。音闢。見《素問》。圓曰圓衮衮。元稹詩。硬曰硬綳綳。昏曰昏董董。朱子《語録》。案當作懂。醉曰醉醺醺。儒雅曰文傷傷。元曲。盛怒曰氣吽吽。音烘。新曰鏃新。舊曰爛舊。《世説》。空曰鏡空。薄曰霏薄。青曰鐵青。白曰雪白。紅曰血紅。黄曰焦黄。黑曰漆黑。老老大大。《傳燈録》。端端正正。《路史》。停停當當。朱子《語録》。平平穩穩。戴石屏詩。汲汲忙忙。《論衡·書解》篇。恍恍忽忽。《六韜·選將》篇。顛顛倒倒。零零碎碎。朱子《語録》。局局促促。元曲。鈎鈎摘摘。條條直直。白居易詩。呼猪曰欶欶。音逾。羊曰嘪嘪，又曰芉芉。音乜。騾馬曰都都。鷄曰朩朩，亦作祝祝。《小説》祝氏善養鷄故云，恐未必然。鴨曰曱曱。音惟。牛曰啢嘪。犬曰阿盧。使牛曰攄，羅去聲。亦曰劃。橫入聲。

〔民國〕新昌縣志

【解題】金城修，陳畬等纂。新昌縣，今浙江省紹興市新昌縣。「方言」見卷十八《雜記》中。録文據民國八年（一九一九）鉛印本《新昌縣志》。

方言

風土不同，語言亦異。新昌越地，越與吴在上古爲東夷，其人鴃舌。漢爲會稽郡，五代爲錢氏小國，故語言亦大略相似也。今俗人以來爲鼇，以去爲棄，以人爲囊，囊即儂之訛耳；以在此處爲是故裏，以在彼處爲是蓬裏，蓬即傍之訛耳；自稱曰我儂，稱人曰你囊，指他人而稱曰其囊，囊即儂、其即渠之訛耳；以罷休爲歇鼇，以如何爲亨生，以幾許爲幾海，以取爲馱，以喚爲凹，以走爲跳，以不知爲勿兹，以五個爲性屆，以十個爲豎屆。凡此之類不能悉舉。《成化志》。

亮　《楊公筆録》：「浙諺云：『雨下畏天亮。』俗以明爲亮。」

黴《餘冬序録》：「俗謂蝳蝀曰黴。」

稜俗謂田一壟曰一稜。韻書：「疄，田壟也。」疄、稜通。

弄《枝山前聞》：「今人呼屋下小巷爲弄。」

爹《説文》：「爹，父也。」南人稱父曰爹，祖父曰爹爹。

媽《玉篇》：「媽，莫補切，母也。」或稱曰娘。

嬸《正韻》：「俗呼叔母曰嬸。」又：「呼夫之弟婦亦曰嬸。」

姨《敬止録》：「妾曰姨，父妾曰姨娘。」

妐《吕覽》：「姑妐知之。」故俗稱翁曰妐。

姐《直語補證》：「今人呼小艾曰姐。」

小《詩》「羣小」注：「小，衆妾也。」俗以妾爲小本此。

嫖《字典》：「俗謂淫邪曰嫖。」

奘《爾雅》：「奘，粗也。」秦晉之間凡人之大謂之奘。

寣音忽。《敬止録》：「暫睡而覺曰寣。」

䟿音甾。《敬止録》：「手生堅皮曰䟿。」

皸音軍。《敬止録》：「手足凍裂曰皸。」

乸《鐘鼎字音》：「乸，乳也。今人呼乳爲奶，亦有所自。」

顚　音拗。《玉篇》：「顚，頭凹也。」《肯綮録》：「面凹曰顚。」

曉　通作瞘。《玉篇》：「曉，深目貌。」

瞭　音砌。《説文》：「瞭，察也。」

脹　音張。《敬止録》：「私窺曰脹。」

相　《説文》：「相，省視也。」段玉裁曰：「目接物曰相。」

䀹　《月令廣義》：「俗謂眠曰䀹。」

齆　音瓮。《十六國春秋》：「王謨齆鼻，言不清暢。」今人以鼻不清亮爲瓮鼻本此。

呷　《説文》：「呷，飲也。」《敬止録》：「吸而飲曰呷。」

丙　同餂。《説文》：「丙，舌貌。」《敬止録》：「以舌取物曰丙。」

㱿　音吒。《説文》：「㱿，歐貌。」《左傳》：「君將㱿之。」

嚃〔一〕　《禮記》：「毋嚃羹。」

欭　音闃。《集韻》：「欭，去涕也。」《敬止録》：「欭，哭後作聲也。」

欸　音哀。《説文》：「欸，訾也。一曰然也。」

歐　歐呼也。俗謂高呼曰歐。

〔一〕嚃：原誤作「㘉」。

嗄《集韻》：「楚人謂啼極無聲爲嗄。」俗謂應辭亦曰嗄。見《龐居士集》。

齙 音杷。《集韻》：「齙，齖齒出皃。」

爬《廣韻》：「爬，搔也。」《敬止録》：「手撥曰爬。」

掀《廣韻》：「掀，以手高舉也。」《敬止録》：「揭起曰掀。」

捝 音蘖。《正韻》：「捝，捻聚也。」指執曰捝，亦作捻。

撦《韻會》：「撦，裂開也。」

捺《廣韻》：「捺，手案也。」《敬止録》：「手重案曰捺。」

擂《韻會》：「擂，推石自高而下也。」

庹 拓同。《吴下方言》：「吴中以手量物曰庹。」

扒《元包經》：「拔屵扒氐。」

掚 音蛙。《集韻》：「掚，手捉物也。」

拕《説文》：「拕，曳也。」《敬止録》：「曳物曰拕。」

擽《俗呼小録》：「抱持人物曰擽。」

旛《篇海》：「旛，比長短也。」

捼 音糯平聲。《説文》：「捼，推也。一曰兩手相按摩也。」

跁《正字通》：「俗謂小兒匍匐曰跁。」

踱　《敬止録》：「緩行曰踱。」又曰踱索。

蹻　《説文》：「蹻，舉足小高也。」

𧽜　《説文》：「𧽜，行遲也。」段玉裁曰：「今人通作慢。」

䡐　《廣韻》：「䡐，負也。」《肯綮録》：「以肩負物曰䡐。」

𠄏　《玉篇》：「懸物貌。」音釣。又作鳭。

丢　《俗呼小録》：「舍去曰丢。」《敬止録》：「拋物曰丢。」

㤓　亦作笨。《集韻》：「㤓，性不慧也。」

豩　呼關切。俗謂詰慧曰豩。通作儇。

綻　《敬止録》：「作事舛錯曰綻。」言如衣之破綻也。

頓　頓猶候也。《搜神記》：「武陵南溝水畔頓汝。」

訣　《通雅》：「以言託人曰訣。」今勸客飲酒曰訣，亦作抉。《玉篇》：「抉，勸也。」〔一〕

㑭　《説文》：「㑭，市也。」俗作兑。

够　《廣韻》：「够，多也。」俗謂多曰够，少曰不够。

秚　同伴。《集韻》：「秚，物相和也。」

〔一〕《玉篇》無「抉」字，似爲「𠡒」字。《玉篇》：「𠡒，勸也。」

揞　《集韻》且去聲，「衺梧也」〔一〕。俗以斜字代之。

𤭛　《蜀語》：「正屋曰𤭛。音薦，俗作𤭛。」

磩　《蜀語》：「砌石曰磩。」

卓　元大定七年應天門外設卓子。《正字通》：「俗呼几案曰卓。」

倚　宋鹵簿有金倚，俗作椅。

戽　音虎。《廣韻》：「戽斗，舟中渫水器也。」〔二〕又潑水曰戽。

筳　《説文》：「筳，繀絲筦也。」俗呼筳子。

㓜　音绷。以木架編繒帛刺繡曰㓜。

篾　《廣韻》：「織具曰篾。」

襻　《類篇》：「衣系曰襻。」

兜　《札樸》：「袜肚曰兜。」

鑯　俗謂錫爲鑯。

餿　《玉篇》：「餿，飯壞也。」與餿同。俗謂餿氣本此。

〔一〕梧：原脱，據《集韻》補。

〔二〕舟：原誤作「酒」，據《廣韻》改。

腈　音精。《集韻》：「腈，肉之粹者。」

腌　《札璞》：「鹽藏魚菜曰腌。」

煺　音退。《越語肯綮録》：「以湯去鷄鵞毛曰煺。」〔一〕

燂　《敬止録》：「以火爕物曰燂。《禮》云『燂湯』是也。」

煠　音閘。《敬止録》：「煮物曰煠。」

汏　《説文》：「淅，汏米也。」

㳰　音泡。今用泡字。《清波雜志》宋高宗有温湯泡飯事。

潷　《通雅》：「去渣曰潷。」音泌。

瀝　《蜀語》：「漉去水曰瀝。」

渧　音帝。俗謂餘瀝曰渧。

烊　《廣韻》〔二〕：「烊，消烊也。」又通作洋。

黴　《敬止録》：「物久而青黑曰黴。」

蔫　音煙。《廣韻》：「蔫，物不鮮也。」

靸　聲如吸。杭州市人諱低物曰靸，以其足下物也。

〔一〕鵞：原誤作「鶩」。

〔二〕廣韻：原誤作「韻廣」。

癟《説文》：「秕，不成粟也。」段玉裁曰：「今評穀之不充者曰癟〔一〕，即秕之俗音俗字也。」《敬止録》：「不飽曰癟。」

韌　音刃。俗讀作銀上聲。

鉋　音庖。《玉篇》：「鉋，平木器。」

箍《廣韻》：「古胡切。以篾束物謂之箍。」

羼　雜和也。《顔氏家訓》：「典籍錯亂，皆因後人所羼。」

囥《集韻》：「囥，藏也。」《敬止録》：「藏物曰囥，亦作寙。」

綳　補盲切。《説文》：「綳，束也。」

紮《類篇》：「紮，纏束也。」

竵《説文》：「竵，不正也。」段玉裁曰：「俗作歪。」

⿰高几　音竅。《蜀語》：「不平曰⿰高几。」

汆　音吞上聲。《敬止録》：「水推物曰汆。」

⿰咅殳　音彤。《博雅》：「⿰咅殳，鼓聲也。」

⿰牛曹　於杏切。《爾雅翼》：「吴人謂犢曰⿰牛曹。」

〔一〕評：原誤作「評」。

騲牯　《敬止録》：「畜之牝者曰騲，牛之牡者曰牯。」

屬　呼犬聲。《公羊傳》宣六年：「呼獒而屬之。」疏：「今呼犬謂之屬。」義本此。

獤　音鑽。《説文》：「獤，犬容頭進也。」

日　讀如蘖。王嗣奭《六十日謡》：「立夏種，立秋割，野月已三圓，奚名六十日。」注：「日叶蘖，俗音。」

晚　讀如漫。《説文》：「晚，莫也。」《詩》毛傳：「莫，晚也。」莫晚聲相近。

望　讀如芒上聲。《養新録》：「古讀望如茫。《釋名》：『望，茫也。遠視茫茫也。』」

作　讀如做。韓退之《方橋》詩「可居兼可過」，後乃云「方橋如此作」，是讀作如做也。

鬼　讀如舉，歸讀如居，跪讀如巨，均吴中方言，載《養新録》。

丸　讀如圓。方書丸多作圓。

鳥　讀如弔。《詩》：「蔦與女蘿。」《説文》蔦，音弔。《廣韻》：「鳥，都了切。」是鳥有弔音也。

驢　讀如閭。《王會》篇有閭字，江永曰：「閭即今之驢也。」俗又轉閭爲虞矣。

猫　讀如茅。案《宋景文筆記》：「知呼猫爲茅，由來久矣。」

蚊　讀爲門。《水經注·漢水》篇文水，即門水也。蚊門古通。

月亮　李益詩：「庭木已衰空月亮。」

温暾　王建《宫詞》：「新晴草色暖温暾。」

開年　庾信《行雨山銘》：「開年寒盡，正月遊春。」

月邊　《直語補證》：「《公羊傳》：『是月者何？僅逮是月也。』注：『是，月邊也。魯人語。月之幾於盡也。』今俗猶有初十邊、二十邊、月盡邊之説。」

日子　《敬止録》：「今人謂擇吉日爲揀日子。出《文選》陳琳《檄吴將校部曲》文『年月朔日子』注『發檄時也』〔二〕。然則日子，日時也。」

開春　《楚詞》：「開春發歲風。」

疰夏　元池《説林》：「立夏日，取李汁和酒飲之，名駐色酒，曰令不疰夏。」

地方　《晉書·孝懷帝紀》：「蒲子地方馬生人。」

甕城　《五代史·朱珍傳》：「率兵叩鄆城門，已入甕城。」

水口　郭璞《方言注》：「汭，水口也。」

馬頭　《程途一覽》：「臨清爲天下水馬頭，南宫爲旱馬頭。」

步頭　《知新録》：「步頭，凡泊舟之所皆是。俗作埠頭。」

科座　《俗呼小録》：「所居謂之科座。」

〔二〕陳琳：原誤作「曹公」。

眠牀　《南史·魚宏傳》：「有眠牀一張，皆蹙柏。」

外公　外婁　《蜀語》：「母之父母曰外公、外婁。」

家口　《南史·張敬兒傳》：「家口悉下至都。」

半子　劉禹錫《祭陽庶子文》：「乃命長嗣爲君半子。」

女客　《玄怪録》：「邀召女客。」

偏房　《列女傳》晉趙衰妻頌曰：「身雖尊貴，不妒偏房。」

相公　《直語補證》云：「《舊五代史·末帝紀》：『大相公，吾主也。』」俗稱士人年少者曰相公。

官人　《昌黎集·王適墓志銘》：「一女憐之，必嫁官人。」

小的　《吳越備史》：「錢俶入朝，宋以入内小底迎勞，凡三見。」俗語供役使者自稱小的。底的一聲之轉。

手下　《吳志·太史慈傳》注引《江表傳》曰：「先君手下兵數千餘人，盡在公路許。」

好漢　《舊唐書·狄仁傑傳》：「則天問仁傑曰：『朕要一好漢任使，有乎？』」

敗子　《史記·李斯傳》：「《韓子》曰『慈母有敗子，而嚴家無格虜』者何也〔一〕？則能罰之

〔一〕虜：原作「鹵」，據《史記》改。

加焉必也。」

下足　《直語補證》：「下足，微賤之稱。《傳燈録》：『黄蘗曰：舉足即佛，下足即衆生。』」

無賴　《史記·漢高紀》：「大人常以臣無賴。」

賬子　《直語補證》：「賬子，倡伎之稱。見《輟耕録》。」

衆生　《直語補證》：「俗罵人曰衆生。衆音中，以畜呼之。」

瘊子　《通雅》：「《素問》曰：『汗出見濕，乃生痤瘊。』今俗通以觸熱膚生細疹曰瘊子。」

痦痻　《集韻》：「痦痻，疥病。」《蜀語》：「疥瘡曰痦痻。音杲老。土音作格勞。」

凍瘃　《越語肯綮録》：「凍瘡曰凍瘃。即《漢書·趙充國傳》所稱手足皸瘃者。」

草病　《敬止録》：「瘧曰草病。」俗曰毛草病，亦曰毛柴病。

土氣　《敬止録》：「土氣，今人所最避者。《後漢書》：『安帝時，皇太子驚病不安，避幸乳母野王君王聖舍，太子廚監邴吉以爲聖舍新繕修，犯土禁，不可久御。』此土氣之説也。」

媌條　《客座贅語》：「南都言人物之長曰媌條。」

躴躿　《敬止録》：「身長曰躴躿。」

小産　《説文義證》云：「《集韻》：『娌，褱子傷也。』今謂之小産。」

豁拳　《六研齋筆記》：「俗以手指屈伸相搏謂之豁拳。」

出恭　《直語補證》：「今人謂如廁曰出恭，殊不可解。案《劉安別傳》：『安既上天，坐起不恭，仙伯主者奏安不敬，謫守都廁三年。』或本此。」

小便　《説文》：「㞙，人小便也。」

過飯　《齊民要術》：「鯉魚脯過飯下酒，極是珍美。」

下飯　《過庭録》：「惟飢可下飯耳。」

點心　《野客叢書》：「世俗例以早晨小食曰點心。唐鄭傪爲江淮留後〔一〕。夫人曰：『爾且點心。』則唐時已然。」

臑頭　《蜀語》：「家項間肉曰臑頭。臑音曹。」

開葷　《表異録》：「東昏侯喪潘妃女，閹豎營肴羞曰：『爲天子解菜。』猶今云開葷也。」

䘼𧘇〔二〕　《玉篇》：「䘼𧘇，小褌也。」俗借爲繫身帶曰䘼𧘇。

背搭　《敬止録》：「無袖衣曰背搭。古謂之背子，又謂之搭護，故合言之爲背搭。」

東西　《逌旃璅言》：「世稱錢物曰東西。」

家生　《夢粱録》載家生動事如交椅、兀子之類。

麩炭　白居易詩：「日暮半爐麩炭火。」

木柹　音廢。《晉書・王濬傳》：「濬伐吴造舟，木柹蔽江而下。」

〔一〕傪：原誤作「慘」。
〔二〕䘼𧘇：原誤作「𧘇䘼」，下同，據《玉篇》改。

頭家　《吹景集》：「博戲者立一人司勝負，曰頭家。」

剪綹　《委巷叢談》：「夾剪衫袖以掏財物謂之剪綹。明律有剪綹條。」

打扮　《中原雅音》：「俗以裝飾爲打扮。」

家常　嵇康《養生論》：「此家常而不變者也。」

談吐　《南史·賀革傳》：「子徽善談吐。」

相唤　《敬止録》：「以揖爲相唤。古人揖必相呼，謂之諾。」

將攝　《北史·薛道衡傳》：「帝曰：『爾侍奉誠勞，朕欲令爾將攝。』」韓愈書作將息。

鏖糟　《管天筆記》：「俗謂不浄曰鏖糟。」

拉颯　見《晉書·五行志》。拉颯，言穢雜也。

偡齊　《札樸》〔一〕：「長短相齊曰偡齊。偡聲如斬。」

古老　今之五銖謂之古老錢。

扯淡　杭人謂胡説曰扯淡。本梨園市語也。

財主　《世説》：「陳仲弓曰：『盜殺財主，何如骨肉相殘？』」

息錢　徐鍇曰：「息者，身外生之也。故古謂賖貰生舉錢爲息錢。」見《漢·陳重傳》。

〔一〕樸：原誤作「璞」。

合同　《通俗篇》：「合同二字見《秋官・朝士》疏。」

花字　《北齊・後主紀》：「連判文書各作花字，不具姓名，莫知其誰。」

債主　《後漢書・陳重傳》：「有同署郎負息錢數十萬，債主日至詭求無已。重乃密以錢代還。後郎覺之而厚辭謝之。」

中人　《知新録》：「文契交易必用中人。此字亦有所本。樂府云：『龍欲升天須浮雲，人之仕進待中人。』」

邋遢　《廣雅》：「邋遢，不謹事也。」

⿰勞少⿰曹少　《敬止録》：「貪食曰⿰勞少⿰曹少。」

⿰歹彔速　不自在曰⿰歹彔速。

歪賴　《敬止録》：「歪賴，言人放刁之語。乃乖刺之訛。」

刺撒　《敬止録》：「不潔曰刺撒。佛印《與東坡書》：『佛法在痾尿刺撒處。』」

呵呵　《廣韻》：「呵呵，笑也。」

⿰口戉⿰口戉〔一〕　《玉篇》：「⿰口戉，吹口貌。」畏寒曰冷⿰口戉⿰口戉。

唎唎　《篇海》：「小兒啼也。」

〔一〕⿰口戉：原誤作「⿰口戍」。

都都　《敬止録》：「呼驢馬曰都都。」

咊嘪　《敬止録》：「呼牛爲咊嘪。」

嘪嘪　芈芈　《敬止録》：「呼牛曰嘪嘪，呼羊曰芈芈。」

盧盧　《敬止録》：「呼犬曰阿盧盧。《詩》：『盧令令。』」

咢咢　音唯。《篇海》：「咢，呼鴨也。」

喌喌　音祝。《説文》：「喌，呼鷄重言之。」

上燈夜　王嗣奭《桂石軒》詩：「立春之日上燈夕。」自注：「正月十三日，俗稱上燈夜。」

大後日　《通俗編》云：「《老學庵筆記》：『後三日爲外後日，意其俗語耳。偶讀《唐逸史·裴老傳》乃有此語。裴，大歷中人也。』今又謂之大後日。」

笑面虎　龐元英《談藪》：「王公衮居，常若嬉笑，人謂之笑面虎。」

眼中釘　《五代史·趙在禮傳》：「眼中拔釘，豈不樂哉。」

老骨頭　《摭言》：「莫忘生身老骨頭。」

抱佛腳　孟郊詩：「垂老抱佛腳，教妻讀《黄庭》。」

遺腹子　《淮南子·説林訓》〔一〕：「遺腹子不思其父，無貌於心也。」

〔一〕説林：原脱，據《淮南子》補。

主人翁 《史記·范雎傳》:「主人翁習知之。」

小家子 《漢書·霍光傳》:「使樂成小家子得幸將軍。」

小官人 《澠水燕談録》:「李文定曰:『吾女不妻先生,不過爲一小官人妻。』」

拏訛頭 《日知録》:「泰昌元年八月御史張潑言京師姦宄叢集,有謂之拏訛頭者,亦作拿鵝頭。御史出巡,不許拿鵝,宴會用鵝,則以鷄頭飾之。此語所自起也。」

弜出頭 《敬止録》:「弜,音强上聲。昔蜀人從漢高祖出關者,謂之弜出頭。」

高帽子 《通俗編》:「《北史·熊安世傳》:『宗道暉好著高翅帽、大屐,州將初臨,輒服以謁見。』今謂虚自張大冀人譽己者,蓋本於此。」

千年調 古詩:「人無百年期,强作千年調。鑄爲鐵門限,鬼見拍手笑。」〔二〕

鬼畫符 元好問詩:「兒輩從教鬼畫符。」

水皮襖 《小説補遺》:「淡酒一名水棉襖。」

拜見錢 《草木子》:「元末官吏貪汙,其問人討錢各有名目,始參曰拜見錢。」

細簡裙 梁簡文帝詩:「羅裙宜細簡。」

高底鞋 謝觀詩:「來索纖纖高底鞋。」

〔二〕笑:原誤作「哭」,據《韻府羣玉》改。

一佛出世　《隋·經籍志》：「每一小劫，則一佛出世。」

酒囊飯袋　《三國志》：「禰衡曰：『荀彧可與强言，餘皆酒瓮飯囊耳。』」

雪中送炭　范成大有《雪中送炭與龔養正》詩。

腳踏實地　《聞見録》：「康節曰：司馬君實腳踏實地人也。」

粗茶淡飯　楊萬里詩：「粗共淡飯終殘年。」

對牛彈琴　牟融《理惑論》：「公明儀爲牛彈《清角》之操，伏食如故，非牛不聞，不合其耳。轉爲蚊虻之聲、孤犢之鳴，即掉尾奮耳，蹀躞而聽。」

天高皇帝遠　黄溥《閒中今古録》云元末民間語。

遠水不救近火　《韓非子》：「失火而取水於海，必不滅矣。遠水不救近火也。」

若要長看後樣　陳龍正《學言詳記》引鄉諺云云。

不服藥爲中醫　《漢書》：「有病不治，常得中醫。」

謂胸曰肚。　《廣雅》：「胸謂之肚。」

謂不曰弗。　朱子《偶讀漫記》：「浙人謂不曰弗。」

謂箸曰快。　《菽園雜記》：「舟行諱住，以箸爲快。」

謂五錢曰一花。　《俗呼小録》：「數錢以五文爲一花。」

謂二十曰念。　《説文》：「廿，二十并也。」楊用修云：「廿，韻書皆音入，惟市井商賈音念，而學士大夫亦從其誤也。又夫差女名二十，故吴兒呼二十爲念。」

謂錢一貫曰一千。《猗覺寮雜記》：「錢元瓘據浙，浙人以一貫爲一千。」

謂密曰蜂糖。《猗覺寮雜記》：「楊行密據揚州，淮人諱密謂蜂糖。」

謂胡餅曰麻餅。《戲瑕》：「石勒名胡，故胡物皆改名。如胡餅曰麻餅，胡荽曰香荽，胡豆曰國豆。」

謂胡瓜曰王瓜，胡麻曰芝麻。《管天筆記》：「黄瓜原名胡瓜，晉五胡亂中原，諱胡尤峻，因改爲黄瓜。呼胡荽爲元荽，胡麻爲芝麻，胡桃爲核桃。」

謂石榴曰金櫻。《青箱雜記》：「錢武肅王諱鏐，至今吴越間謂石榴爲金櫻。」

謂雉曰野鷄。《猗覺寮雜記》：「吕后諱雉，以雉爲野鷄。」

謂鸜鵒曰八哥。《負暄録》曰：「李後主諱煜，改鸜鵒曰八哥。」以上均《沃洲小紀》。

謂久不得見者曰恰似菖蒲花難見面。施肩吾詩有「古柏」云云，缺十二字，則俚語亦久矣。

〔光緒〕浦江縣志稿

【解題】善廣修，張景青等纂；黄志璠增補。浦江縣，今浙江省金華市浦江縣。「方言」見卷三《輿地志·風俗》中。光緒二十年（一八九四）始修，光緒三十一年（一九〇五）金國錫續增，民國五年（一九一六）黄志璠再增補鉛印。録文據民國五年黄志璠再增補鉛印本《浦江縣志稿》。

方言

方言始於揚子，志書多仿其例類爲一門。邑人語言隨地而異，音之土雜，字之沿訛，縉紳先生難言之。茲舉稍可通俗者，采摭數字，以類其餘云爾，志方言。

秤　《廣韻》昌孕切，稱去聲，「正斤兩也」。俗以十五斤爲秤。按，《小爾雅》：「斤十爲衡，衡半爲秤。」邑人名秤，其義本此。

墨　邑之績布者，以一丈二尺爲一墨。按，韋昭《國語注》：「五尺一墨。」俗語本此。

籆　揚子《方言》：「籆，榬也。」《説文》作篗，五縛切。俗呼紗籆，即此字。

楥　所券切，亦作楦。今鞋工木胎曰楥頭。

屜　音替。今俗呼抽屜，又曰抽斗。

醡　《唐韻》：「醡，壓酒具也，側嫁切。」

甏　音彭去聲，甕也。俗呼甕爲甏。

氵卜　《集韻》音卜，水也。塘中再鑿深坎貯水以備旱者曰氵卜。

丼　音黕，投物井中聲。俗呼地中低陷處曰丼。

塍　田塍所界曰塍，小溝亦曰塍。

礃　吴氏《字彙補》：「徒曷切，石礃也。」今俗書礃作塔，或作塌，並誤。

塳　《隋韻》讀若蓬〔一〕，塵也。一作埄。又《廣韻》：「塵起曰埄。」讀菶。

戽　呼古切。《博雅》：「戽，抒也。」貫休詩：「月下取魚戽塘水。」邑人以桶取水灌田曰戽水，謂抒水器爲戽桶。

箍　讀若枯，以篾束物也。宋儒語録：「有箍桶者精《易》，程明道兄弟就質所疑，酬應如響。」

摣　以加切，取也。五指俱往取物曰摣。

般　《説文》：「般，象舟之旋。」般運、般移，乃般字之本義。

屟　《廣韻》楮几、丑利二切，「移蝨就寬也」。《集韻》屟或作蝨㕭。又有𥡴，音替，「蝨易笛也」。或作𥡴。按，俗謂移蝨曰體蝨，實當書屟，移後所有咡餘曰替子，實當書𥡴。

幫　逋旁切。《集韻》：「治履邊也。」或作縍鞤皷。《六書故》：「裨帖也。省作幇。」〔二〕按，此即鞋幫字。明姚可上詩「不知露濕鞋幫膩」是也。又掱訓捍也、並也，亦見《集韻》，乃俗所謂扛掱。

煺　他回切，直讀若堆。《集韻》：「以湯除毛也。」一作挨。

煠　士恰切。《博雅》：「瀹也。」蘇軾《十二時偈》：「百滚油鐺裏，恣把心肝煠。」邑人煮物

〔一〕韻：原誤作「書」。

〔二〕幇：原誤作「幫」。

曰煠。

秤《集韻》：「部滿切，物之相和。通作拌。」〔一〕俗用秤。

㨶音律，去滓汁曰㨶。

潷音筆，去滓也。如俗曰潷藥是也。

另補買切，𤗚裂也。物以折裂曰另開。

銲音翰，銅錫器以藥合之曰銲。

扒噴八切。《博雅》：「擘也。」《廣韻》：「破物也。」擘橙橘之屬曰扒。

拍質劑書分出若干曰拍。

㩆邱禁切，按物曰㩆。

𦈐音弔。《玉篇》〔二〕：「丁了切，懸物也。」邑人以物懸高處曰𦈐。

拎《玉篇》音零，手懸物曰拎。

戩《字彙補》：「渠蓋切，以物相質曰戩。」又倚物曰戩。

䁙於建切，音匽，又音猒。《廣韻》：「物相當也。」邑人以兩物較其長短曰䁙。

㲉音敦，冬毒切，以椎擊物曰㲉。

〔一〕拌：原作「伴」，據《集韻》改。

〔二〕玉：原誤作「王」。

丟　音兜。李氏《俗呼小録》丁由切，舍去曰丟。

甩　《智燈難字》一作摜，音環去聲，棄擲曰甩。

⿰扌梟　《智燈難字》音梟，揭蓋曰⿰扌梟。

橇　《智燈難字》音轎，掀起曰橇。

⿰高皮　《智燈難字》音竅，皮起曰⿰高皮。

牮　音薦，屋斜用拄曰牮。

掽　音彭去聲，搕撞曰掽。

挈　焦氏《俗書刊誤》音擺，布列曰挈。

⿰普工　《俗書刊誤》音搠，虚張曰⿰普工。

掗　《字彙》音亞，强與人曰掗。

搩　《字彙》音傑，抱持人物曰搩。

刴　音多上聲，摑人曰刴。

摑　古獲切，打也。盧仝《示添丁》詩：「父憐母惜摑不得。」邑人以掌擊面曰胡臉摑，又以手批面亦曰搧，音羶去聲。

⿱敦手　《集韻》都昆切，音敦，擊也。以拳觸人曰⿱敦手。

抑　同抑，本於邑切，轉烏證切〔一〕。《説文》從反印，或從手。邑人以手壓人曰抑。

㨜　音亨上聲，以手撚鼻出涕曰㨜。

㗴　音盤，以言難人曰㗴。

㧑　音灰，兩人交争，以手揮之曰㧑。

㐁　《説文》：「舌貌，象形。」他念切。《六書精藴》：「舌在口，露其端以舐物也。」

囟　音信。《説文》：「頭會，腦蓋也，象形。」方書謂之門囟，亦作顖。陳起《賀友人子滿月》詩：「點易餘硃抹顖兒。」囟，俗呼如子，稱曰子門。

鬌　音朵。《禮·内則》：「三月末，擇日剪髮爲鬌，男角女羈。」疏云：「所留不剪者爲鬌。」邑人謂小兒頂心留髪不剃者曰樣子門搭。搭即朵之轉音，子即囟之轉音。

頦　《玉篇》：「頤下也。」音孩，俗訛轉若杷。

㚷　《直語類録》：「鐘鼎文有㚷字，謂乳也。俗呼爲奶，實當爲㚷。」

寣　音忽。《説文》：「臥驚也。」酒仙遇賢偈曰：「長伸兩腳眠一寣，起來天地還依舊。」邑人以酣睡一醒爲一寣。

懆　音燥，急性曰懆。

〔一〕烏：原誤作「鳥」。

⿸疒來　音曹，腹常如饑曰⿸疒來。

⿰艮頁　古恨切，俯首曰⿰艮頁。

汪　《左傳》「周氏之汪」服虔注：「停水曰汪。」《集韻》轉作去聲，亦訓停水。俗言飲水過多曰汪住。

嗗　餘聲曰嗗，見《說文》。

⿰口或　《桂海虞衡志》：「粵中俗字有閄，和馘切，隱身忽出驚人之聲也。」按，揚子《方言》：「⿰口或，聲也。」《廣韻》音呼麥切，所云閄字，當以作⿰口或爲正。

躽　音偃，身向前也。俗以匿迹前卻爲躽。

踱　音鐸，緩步而行曰踱。

⿱執毛　音殿，牀几不平，以物支之曰⿱執毛。

晾　音浪，曬曝曰晾。

渀　《集韻》：「渀，披教切，漬也。」按，《清波雜志》：「高宗：自相州渡河，荒野中，借半瓮盂温湯渀飯〔一〕，茅檐下與汪伯彦同食。」俗呼渀湯即此字。

揾　《說文》：「揾，没也。」按抐也。温去聲。焦竑作氼字，謬。俗謂落水曰揾。

〔一〕飯：原誤作「飲」。

潭　音澹。《廣韻》：「沈水底，没潭。」俗有云没頭潭者。

氽　《字彙》：「土墾切，音吞上聲，水推物也。」《字林撮要》：「人在水上爲氽。」俗謂人物墮水而流曰水氽去，又曰水推去。

斫　音勺，砍柴曰斫。

趚　音寵，小兒行欲跌曰趚。

韌　而進切，柔而固也。

蔫　於乾切。《廣韻》：「物不鮮也。」俗呼曰蔫。

瘺　音鱉。枯病也。凡物乾枯曰瘺。

殏　音殠。《説文》：「腐也。」《博雅》：「敗也，臭也。」《列子・殷湯篇》：「楚人有炎人之國，其親戚死，殏其肉棄之，然後薶其骨。」《搜採異聞録》作殏〔一〕。邑人謂穢氣不堪曰殏。

黴　音眉。《説文》：「物中久雨青黑。」《博雅》：「敗也。」《古雋略》：「黄梅雨之梅，當爲黴，因雨當梅熟之時，遂訛爲梅雨。」《臞仙肘後經》：「芒種逢丙入黴，小暑逢未出黴。」用此字。今俗代以霉字。

殕　音撫。《集韻》：「物敗生白膜也。」按，人膚經秋肅而浮垢白色，有皮起白殕之諺。又

〔一〕搜採異聞：原作「採易開」，據《康熙字典》改。

謂物生白膜曰白殕。

嬯　《集韻》堂來切，音臺。《説文》：「遲鈍也。」邑人謂迂曰腐嬯嬯。

呆　音孩，人不靈動曰呆，又曰呆鄧鄧。

瀏　音留上聲，潛逃去曰瀏了。

睞　音砌，俗以短視曰近睞。

澤　音鐸，俗呼簷冰爲瓴澤。

夠　《廣韻》：「多也。」音遘。《文選・魏都賦》：「繁富夥夠，不可殫究。」邑人謂多曰夠，少曰不夠。

阿　於何切，音婀，又音倭，應辭。《老子》：「唯之與阿，相去幾何。」按，應之速曰唯，緩曰阿。阿，邑人應緩，固曰阿；而應速，則爲王過切，即唯之轉聲也。

嗀　《鬱岡齋筆塵》〔一〕：「引物從喉而出之口，其音與壑同。」

囿　《廣韻》音殼，訓鞭聲，以鞭擊空硬物曰囿囿然。

啡　《集韻》啡音配，又鋪枚、普罪二切，俱訓唾聲。按，元人劇本有呸字，即啡之俗體。《字彙》謂呸爲相爭之聲，蓋當云爭。

〔一〕鬱岡齋筆塵：原誤作「鬱輪岡筆塵」。

䉿《篇海》白巴切，音琶，五齒䉿泥，用以取草，俗呼曰釘䉿。

筧 音繭，以竹通水曰筧。

梘 音繭，通水器也。俗呼曰水梘。

朳 博拔切，音八。《玉篇》：「無齒杷也。」俗呼曰板朳。

筳 今紡絲銓曰筳子。

脉 音禾。《玉篇》：「棺和也。」《廣韻》：「棺頭。」俗謂脉頭，即此字。《集韻》或作杯，通作和。

不 音滑，木無頭者曰不。

榫 音笋，剡木入竅曰榫頭。

麩 音敷。《説文》：「小麥屑皮也。」一作麱。俗有云麩筋者，即此字。

采 徐醉切，音遂。俗曰稻采，又曰一采，即此字。

棒 步項切，旁上聲。《魏志·武帝紀》：「除北部都尉，造五色棒，懸門左右，各十餘枚。」

踼 音逖，以足傷人曰踼。

跳 疾走曰跳。

爬 匍匐曰爬。

熯 烝物曰熯。

賽　俗以鬥勝曰賽。

䁍　生意得財曰䁍。

贃　凡物有餘曰贃。

濾　音慮。唐白行簡有《濾水羅賦》，注：「羅者，濾水具，用輕紗粗葛爲之，滓在上，水在下，則水潔净。」

濺　音贊，水激汙灑曰濺。

溜　水溜下也。

擂　推石自高而下曰擂。

歕　音噴平聲，口食物歕出也。

欸　烏開切，音哀，歎聲。今人暴見事之不然者，必出聲曰欸。

惹　音喏，邑人多以惹爲語辭。

体　音笨，性不慧者曰体人。

淖　尺約切，音綽，水濕曰淖，又曰淖落落。

黯　天晚曰黯。

笨　《廣韻》蒲本切，麤率也。《晉書》：「豫章太守史疇以人肥大，時人目爲笨伯。」今俗曰粗笨。

掂　《字彙》：「丁廉切，點平聲。」邑人以手稱物輕重曰掂。

茸闒　俗呼人之無用者曰茸闒頭。
怎勒　怎音革上聲，問何事曰怎勒。
倒煤　受辱也。
囉唆　囉音儺，唆音梭，謂之言語不清楚曰囉唆。
漐漐　音蟄，小雨不輟也。俗謂出汗多曰汗漐漐。
渹渹　呼宏切，音轟。《玉篇》：「水浪渹渹聲。」俗謂大水聲響曰渹渹。
溞溞　音騷，俗謂淘米聲曰溞溞。
斑駁　夾雜也。
海蓋　劉敞《檀州》詩：「市聲衙日散，海蓋午時消。」自注：「每日海氣如霧，土人謂之海蓋。」按今俗有此語，猶云大概，或即因此。
邋遢　《廣雅》：「不謹事也。」《七修類稿》：「鄙猥糊塗之意。」邑謂人不潔淨曰邋遢。
修娖　《唐書》：「中和二年，修娖部伍。」按，娖音捉，俗謂整葺爲修娖。
阿哪　病而呻吟之辭。邑人曰阿哪阿哪。
犽㹤　《集韻》：「吳人謂赤子曰㹤犽。」〔一〕汪价《儂雅》讀鴉、牙二音，俗以兒啼則口作犽㹤聲以慰之。

〔一〕㹤犽：原作「犽㹤」，據《集韻》改。

吡吡　驅牛曰吡吡。

芈芈　芈音如羊鳴，近米，綿婢切，邑人呼羊曰芈芈。

嚧嚧　《廣韻》落胡切，《集韻》龍都切，呼猪聲。

盧盧　按，《廣韻》有嘍字，音屢，注云：「嘍嘍，吴人呼狗方言也。」今俗呼狗曰阿六，嘍與六俱盧字轉音。

喌喌　之六切，音六。《説文》：「喌，呼鷄重言之。」施肩吾詩：「遺卻白鷄呼喌喌。」按，《伽藍記》：「沙門寶公曰：『把粟與鷄呼朱朱。』」朱爲喌之轉音。俗或借作祝祝，亦作咮咮，又作粥粥。

生骨頭　言語隱刺也，或曰三角語。

野草子　即云野種也。

寬定宕　見《癸辛雜志》。

光辣撻　陳鬱《話腴》：「藝祖《詠日》詩：『欲出不出光辣撻，千山萬山如火發。』」

在鼓裏　《釋名》：「瞽，鼓也，瞑瞑然目平合於鼓皮。」〔一〕俗謂懵昧之人如在鼓裏。

醉醺醺　岑參詩：「青門酒樓上，欲别醉醺醺。」

〔一〕目平：原誤作「如」，據《釋名》改。

飽蓬蓬　高誘《鴻烈解·叙》述淮南民歌云：「一尺繒，好童童；一升粟，飽蓬蓬。」

黄晃晃　《釋名》：「晃晃，日出光也。」

白𩈲𩈲　見《越語肯綮録》。邑人謂神減而面瘠白曰白𩈲𩈲。

黑漆漆　《傳燈録》：「僧問紹修：『古鏡磨後如何？』修曰：『黑漆漆地。』」一作黑窣窣，又作黑洞洞。

紅丟丟　丟，丁羞切。楊慎載古諺云：「平霞紅丟丟，晌午雨瀏瀏。」

新鏃鏃　《世説》：「謝鎮西謂敬仁：『文學鏃鏃，無能不新。』」〔一〕

圓衮衮　元稹詩：「曉指轆轤圓衮衮。」

薄鬆鬆　王建詩：「蜂鬚蝶翅薄鬆鬆。」

厚蟄蟄　李賀詩云：「蟄蟄垂葉厚。」

冷清清　見元喬孟符《揚州夢》曲。

硬綳綳　應履平《題部門》詩：「衣裳褪得硬綳綳。」一曰硬邦邦，又曰硬剥剥。

必律不剌　剌音辣，煩言聲也。

伊哩烏盧　謂讀書聲。

〔一〕能：原脱，據《世説新語》補。

唏唏欨欨　《廣韻》：「笑聲也。」

傒傒索索　杜荀鶴詩：「傒傒陰風有鬼聲。」陸璣《毛詩疏》：「沙鷄飛而振羽索索。」

條條直直　白居易詩：「條條直直如筆抽。」

零零碎碎　朱子《語録》：「去理會甚麽零零碎碎。」

腷腷膊膊　腷音逼。陸游詩：「且對窗前腷膊棋。」又《古兩頭纖纖》詩：「腷腷膊膊鷄初鳴。」

〔道光〕金華縣志

【解題】黄金聲修，李林松纂。金華縣，今浙江省金華市金東區、婺城區。「方言」見卷一《疆域志・風俗》中。録文據道光三年（一八二三）刻本《金華縣志》。

方言

方言有字别、音别，毛氏奇齡《越語肯綮録》、翟氏灝《通俗編》、梁氏同書《直語補證》多及之，大抵浙土之所同也。

邑人質劑書分出若干曰拍。塘中掘深坎貯水以備旱者曰𡊨。田塍所界曰埂。澤所鍾曰瀛。倚物曰戤。而其土地名曰楗健、曰梘繭、曰磡勘、曰檡宅之類。縣西有水曰八漒者，讀若强，見《集韻》。殊不數見。又謂飲聲曰嗗，見《説文》。急性曰悛，見《玉篇》。支物曰𢸨，見《廣韻》。物雜曰[illegible]

剁，見《羣芳譜》。雖口熟焉，往往迷其字。他若鄉塾虛造之體，村氓訛異之音，不雅馴者，不勝是正矣。

〔光緒〕金華縣志

【解題】鄧鍾玉等纂。光緒二十年（一八九四）修。金華縣，今浙江省金華市金東區、婺城區。「方言」見卷十六《類要志》中。録文據民國四年（一九一五）鉛印本《金華縣志》。

方言

金華山高水清，人秉其性，以吐音多出舌上，蓋得諸徵，至發爲語言，往往有求其字而不可得，而鄉俗率多僞造，搢紳先生難言之。因采俗語稍有本者，列爲方言，以期通俗焉。

拍　邑人質劑書分出若干曰拍。

丼　塘中掘深坎貯水以備旱者曰丼。

埂　田塍所界曰埂。

瀛　澤所鐘曰瀛。

戤　倚物曰戤。

楗　其土地名曰楗，又曰梘、曰磡、曰檡之類。

漒　縣西有水曰八漒，讀若强，見《集韻》。

㖒　飲聲曰㖒，見《説文》。

悛　急性曰悛，見《玉篇》。

㩳　支物曰㩳，見《廣韻》。

刲桀　物雜曰刲桀，見《羣芳譜》。以上《道光志》。

來　里之切，音釐。《詩·邶風》：「莫往莫來，悠悠我思。」此來字即釐字音也。邑鄉人謂來曰釐，仍遵古音。城中則如今音落哀切。

太　《漢書·地理志》：「太末。」孟康曰：「太音如闥。」按，漢太末縣與烏傷鄰。邑人謂太過、太長之太音如闥，本此。

嬯　《集韻》堂來切，音臺。《説文》：「遲鈍也。」邑謂迂曰腐嬯嬯。

抑〔一〕　同抑。本於邑切，轉烏證切。《説文》從反印，或從手。邑人謂以手壓人曰抑。

躃　《篇海》：「匹亦切，走貌。」邑人謂走曰躃。

町　《字彙補》都汀切，音丁。邑人謂補衣裳曰補町。

黴　《古雋略》：「黄梅雨之梅當爲黴。因雨當梅熟之時，遂訛爲梅雨。」《臞仙肘後經》：「芒種逢丙入黴，小暑逢未出黴。」用此字。今邑人以霉字代之。

〔一〕抑：原誤作「抑」。

洛　王逸撰《楚辭・九思》：「霜雪兮漼溰，水凍兮洛澤。」邑人呼簷冰爲沍凌洛，本此。

嗀　《鬱岡齋筆麈》〔一〕：「今人謂引物從喉而出之口，其音與墼同。」

阿　於何切，音娿，應辭。《老子》：「唯之與阿，相去幾何。」按，應之速曰唯，緩曰阿。邑人應緩固曰阿，而應速則爲王過切，即唯之轉聲也。

阿　音遏。陳壽撰《三國志・吕蒙傳》注：「魯肅撫蒙背曰：『非復吴下阿蒙。』」今人小名多以阿字挈之，如明本邑宋氏題郵亭壁歌有「阿弟遠送龍江邊」之句。

⿴囗百　《廣韻》音殼，訓鞭聲。邑人以鞭擊空硬物曰⿴囗百⿴囗百然。

够　《廣韻》：「多也。」音遘。《文選・魏都賦》：「繁富夥够，不可殫究。」邑人謂多曰够，少曰不够是也。

塳　《隋韻》讀若蓬，塵也。一作埄。又《廣韻》：「塵起曰埄。」讀菶。

汏　《説文》徒蓋切，「淅灡也」。按，邑人以浣衣曰汏，即此字。

澄　《廣韻》：「小水相添益貌。」他登切。一作鼟。」按，邑人以盆水傾注曰澄，即此字。

頞　納頭水中也，烏没切，見《隋韻》。皮日休詩：「學海正狂瀾，予頭向水頞。」

〔一〕鬱岡齋筆麈：原誤作「鬱輪岡筆麈」。

鬆　《説文》：「臥結也。」〔一〕音班。徐鍇曰：「《古今注》所謂盤桓髻。」〔二〕《廣韻》：「鬆，頭屈髪爲之。」邑人以小女子之頭髻曰鬆絡髻。

蹩　《集韻》《類篇》皆以屈足爲蹩。邑人謂蹩坤坐是也。

奤　《集韻》：「普半切，面大。」邑人言奤是也。

䀩　《廣韻》：「盧各切，大目也。」《類篇》：「目動貌。」邑人謂大眼䀩是也。

覭　辟了切。《説文》：「目有所察省貌。」按，目略一過爲覭。又《説文》有瞟字，解云「瞭也」。邑人有覭白眼語。

頣　古恨切。《説文》：「頰後也。」《類篇》：「頰高也。」邑人以俯首爲頣。《西溪梵隱志》有虎頣頭也。

齙　《集韻》：「步化切，齒出貌。」又邦洼切，齙齖，亦齒出貌。

嬭　《廣韻》：「嬭，乳也。奴蟹切。」邑人呼乳爲嬭本此。

腡　音螺。《廣韻》：「手指紋也。」按，東坡文「齊安王几上美石，其文如指上螺」，只作螺字。

〔一〕結：原作「髻」。
〔二〕桓：原誤作「垣」，據《説文解字繫傳》改。

蛕　音回。《説文》：「腹中長蟲也。」《廣韻》作蚘，《集韻》作蛔。今邑人皆書蛔字。

寣　音忽。《説文》：「臥驚也。」《博雅》《廣韻》皆云覺也。邑以一覺爲一寣。釋普濟撰《五燈會元》〔一〕：「酒仙遇賢偈曰：長伸兩腳眠一寣，起來天地還似舊。」

㰌　數還切，關門機也。木㰌，出《通俗文》。今俗作閂。按，閂乃林桂土書，范成大帥靖江時已有之，載《桂海虞衡志》。

榫　《集韻》榫，音筍，剡木相入。程子《語録》：「枘鑿者，榫卯也。」

榨　《唐韻》：「榨，打油具也。」「醡，壓酒具也。」皆側嫁切，出《證俗文》。

殍　音殞。《説文》：「腐也。」《博雅》：「敗也，臭也。」《列子・殷湯篇》：「楚人有炎人之國，其親戚死，殍其肉棄之，然後薶其骨。」《搜採異聞録》作殍〔二〕。邑人謂穢氣不堪曰殍。

攏　《文選・江賦》：「攏萬川乎巴梁。」攏，括束也。邑人謂泊船曰攏。

鉋　音庖。《釋名》：「鉋，鏩。言鏩彌之使平也。」元稹詩：「方椽郢匠鉋。」

捺　《容齋五筆》：「挑剔燈火之杖曰捺。」

釉〔三〕　《類篇》：「余救切。物有光也。」按，今窑器所云釉水是也。

〔一〕燈：原誤作「登」。

〔二〕搜採異聞：原誤作「採易開」，據《康熙字典》改。

〔三〕釉：原作「釉」，據《類篇》改，下同。

鳭　《玉篇》：「鳭，丁了切，懸物也。」邑人以物懸高處曰鳭。

鋻　《集韻》：「器系曰鋻。普患切。」

袥　音託。《説文》：「衣衸也。」《廣韻》：「開衣領也。」邑人曰袥見，即此字。

幫　逋旁切。《集韻》：「治履邊也。」或作縍鞤皴。《六書故》：「幫，裨帖也。省作幇。」〔一〕邑人所謂扛幫是也。

襻　劉孝標詩：「襻帶雖安不忍縫，開孔裁穿猶未達。」《集韻》：「衣系曰襻。普患切。」音撥去聲。

皶　《廣韻》：「七到切，米穀雜。」《類篇》：「米未舂也。」與糙同。

𠯗　應劭《風俗通》：「入口曰𠯗。」音帀。

蕻　音閧，《唐韻》：「草菜心長也。」《集韻》：「吴俗謂草木萌。」《野菜譜》：「菜名雪裏蕻，雪深諸菜凍損，此菜獨青。」

殕　音撫，《集韻》：「物敗生白膜也。」按，人膚經秋肅而浮垢白，邑人有皮起白殕之諺。

䁙　于建切，音厭。《廣韻》：「物相當也。」按，邑人以兩物較其長短曰䁙。

抗　《周禮·服不氏》：「賓客之事則抗皮藏物也。」《隋韻》作伉，《集韻》作囥。

〔一〕幇：原誤作「幫」。

㐁　《說文》：「舌貌。象形。」他念切。《六書精蘊》：「舌在口，露其端以舐物也。」

秚　《集韻》：「部滿切，物之相和。通作拌。」〔一〕俗用拌。

⿰火追　他回切，直讀若推。《集韻》：「以湯除毛也。」一作㨃。

渧　披教切，漬也。《清波雜志》：「高宗：相州渡河，荒野中，借半破瓮盂溫湯渧飯，茅簷下與汪伯彥同食。」

煠　士洽切。《博雅》：「瀹也。」蘇軾《十二時偈》：「百滾油鐺裏，恣把心肝煠。」邑人以食物納油及湯中一沸而出曰煠。

搧　《六書故》謂：「掌擊曰搧。」今邑人以手批面曰搧。

⿰扌灰　音灰。《集韻》：「相擊也。」

⿱敦手　《集韻》都昆切，音敦，擊也。邑人以拳觸人曰⿱敦手。

捼　音攤，奴禾切。《說文》：「兩手相切摩也。」徐注曰：「今俗作挼。」

⿱罒齊　音濟，子禮切，濾也。按，邑人以手逼物出汁曰⿱罒齊，如云⿱罒齊乳之類。

潷　音筆。《博雅》亦訓濾。《集韻》逼密切。今云潷藥是也。

攋　音辣。《廣韻》：「手披也。」邑人謂以手爪披毀物者如之。

〔一〕拌：原誤作「伴」。

拎　《玉篇》音零，「手懸捻物也」。

揵　渠焉切。《集韻》：「以肩舉物也。」

扒〔一〕　噴八切。《博雅》：「擘也。」《廣韻》：「破物也。」邑人謂擘撜橘之屬曰扒。

軀　音偃。《廣韻》：「身向前也。」邑人以匿迹前卻爲軀。

奘　揚子《方言》：「秦晉之間凡人之大謂之奘。」

俏　好貌。《三夢記》有「鬟梳嫽俏學宮妝」句。

媄　音岸。《博雅》：「好也。一曰婦人齊整貌。」

堹　竹用切，音湩。池塘塍埂也。

媌條　《列子·周穆玉篇》：「鄭衛處子，娥媌靡曼。」邑人言人物之長曰媌條。

邋遢　《廣雅》：「不謹事也。」《七修類稿》：「鄙猥糊塗之意。」邑人謂邋遢相公是也。

郎當　楊大年《傀儡》詩：「笑他舞袖太郎當。」

磊淳　《説文》淳，丁罪切。「磊淳，重聚也。」邑人言事物煩積而無條理曰磊淳。

喞溜　見盧仝《送伯齡過江》詩：「不喞溜鈍漢，何由通姓名。」邑人謂不伶俐爲不喞溜，本此。

〔一〕　扒：原作「朳」，據光緒《浦江志稿》改，下同。

鯽令　《容齋三筆》作即零。鯽从即聲，零從令聲，故爲一語。邑人謂潔浄爲即令，本此。

拉颯　《晉書·五行志》：「太元末京口謡云：『衣被拉颯棲。』言穢雜也。」

喌喌　之六切，音祝。《説文》：「喌，呼鷄重言之。」施肩吾詩：「遺卻白鷄呼喌喌。」楊衒之《伽藍記》：「沙門寶公曰：『把粟與鷄呼朱朱。』」章俱切，朱爲喌之轉音。

嚧嚧　《廣韻》落胡切，《集韻》龍都切，呼猪聲。

鶻淪　朱子《語録》：「乾是鶻淪一箇大底事物。」

淜滂　宋玉《風賦》：「飄忽淜滂。」邑人謂風擊水聲。

滂硠　張衡《思玄賦》：「代柯鼓之滂硠。」邑人謂舟聲水聲。

鱻笨　《宋書·王微傳》：「王樂小兒時尤鱻笨。」

淅颯　吴師道詩：「僵禽淅颯動寒竹。」

菈擸　左思《吴都賦》：「菈擸雷硠。」邑人謂木摧傷之聲。

烏滮秃　徐應秋撰《玉芝堂談薈》載占諺：「四月初入烏滮秃，不論上下一齊熟。」

麻曷剌　剌音辣。《樊榭山房集》：「吴山麻曷剌佛像。」按，邑人嘲笑黥者曰麻曷剌，乃借言之。

光辣撻　陳郁《話腴》：「藝祖《詠日》詩：『欲出不出光辣撻，千山萬山如火發。』」

寬定宕　見《癸辛雜志》。

長敹篠　《越語肯綮録》：「身長曰敹，離了切。」今邑人謂身莽長者曰長敹篠。

冷清清　見元喬孟符《揚州夢》曲。

漫悠悠　《巴渝竹枝詞》：「大河水長漫悠悠，小河水長似箭流。」

漫騰騰　見宋人題極中院詩。

呆鄧鄧　見《元曲選》。

怒吽吽　見李文蔚《同樂院博魚》曲。

醉醺醺　見岑參詩：「青門酒樓上，欲别醉醺醺。」

飽蓬蓬　高誘《鴻烈解・叙》述淮南民歌云：「一尺繒，好童童。一升粟，飽蓬蓬。」

白醿醿　見《越語肯綮録》。今邑人謂神減而面瘠白曰白醿醿。

黄晃晃　《釋名》：「晃晃，日出光也。」

黑漆漆　《傳燈録》：「僧問紹修：『古鏡磨後如何？』修曰：『黑漆漆地。』」

紅丢丢　丢，丁羞切。楊慎載古諺云：「早霞紅丢丢，晌午雨瀏瀏。」

新鏃鏃　《世説》：「謝鎮西謂敬仁『文學鏃鏃，無能不新』。」〔一〕

光蕩蕩　《史記》：「秦二世欲漆其城，優旃曰：『佳哉，漆城光蕩蕩。』」

〔一〕能：原脱，據《世説新語》補。

密摻摻　朱子《語録》：「不是陰便是陽，密摻摻在這裏。」摻音側。
厚螯螯　李賀詩云：「螯螯垂葉厚。」
薄鬆鬆　王建詩：「蜂鬚蝶翅薄鬆鬆。」
圓袞袞　元稹詩：「繞指轆轤圓袞袞。」
硬綳綳　見黄溥言《閑中古今録》。
硬邦邦　見《硃砂擔》曲。
硬剥剥　見釋普濟撰《五燈會元》。
火焰焰　白居易詩：「桃飄火焰焰，梨墮雪漠漠。」
速禄颯拉　《唐詩紀》：「飄風驟雨相激射，速禄颯拉動簷隙。」
紇梯紇榻　崔涯《嘲妓》詩〔一〕：「更著一雙皮屐子，紇梯紇榻出門前。」
必律不剌　剌音辣。煩言聲也。見《元曲選》。
伊哩烏盧　邑人謂讀書聲。
彭彭魄魄　張舜民詩：「打麥打麥，彭彭魄魄，聲在山南應山北。」
唏唏欨欨　《廣韻》：「笑聲也。」

〔一〕崔：原誤作「崖」。

偲偲索索　杜荀鶴詩：「偲偲陰風有鬼聲。」陸璣《毛詩疏》：「沙鷄飛而振羽索索。」

條條直直　白居易詩：「條條直直如筆抽。」

零零碎碎　朱子《語録》：「去理會甚麽麽零零碎碎。」

蓬蓬孛孛　《前漢書》：「汪文穎曰：『孛星其光四出，蓬蓬孛孛。』」

闐闐霍霍　見《軒渠録》。

膈膈膊膊　膈音逼。陸游詩：「且對窗前膈膊棋。」又古《兩頭纖纖》詩：「膈膈膊膊鷄初鳴。」

〔民國〕湯溪縣志

【解題】丁燮等修，戴鴻熙等纂。民國十五年（一九二六）修。湯溪縣，一九五八年併入當時的金華（今浙江省金華市金東區、婺城區）、蘭溪（今浙江省金華市蘭溪市）、龍游（今浙江省衢州市龍游縣）三縣。「方言」見卷三《民族·風俗》中。録文據民國二十年（一九三一）鉛印本《湯溪縣志》。

方言

康熙《志》：湯溪，割四縣邊隅之地爲邑，故習俗各隨其鄉，惟言亦然。一事一物，各鄉稱謂往往互有異同。今且就其異同之處，約舉一二，以爲是湯溪人耳言也，則亦適成爲湯溪人之言焉之。

天陰曰晻，有雨曰霒，雨霽曰開。諺云：「當午開，雨頭煨。」

虹霓曰鱟。諺云：「秋前鱟米穀來，秋後鱟米穀去。」見胡煒《治家略》。

雹曰矆睒。

歲旱曰曬，水曰頌。温入聲。

地方亦曰地頭。明縣人王鑑《和雷霖千松教寺》詩：「無出清幽此地頭。」

田地曰石、曰斗，爲之畦曰坵，鋤作小壠曰埼。

築土遏水爲塘，塘中掘深坎曰井，亦曰洿。《金華縣志》：「塘中掘深坎貯水備旱者曰井。」縣人亦有此稱，但或又稱爲洿。

淤地謂之圩上。

人謂之儂，自稱曰我儂，稱人曰你儂，明知縣宋約《湯溪八景》詩《葛隴農談》云：「我儂你儂用知感。」或曰渠儂。

稱尊長曰先生，或單曰先。《陔餘叢考》：「先生，古人有單稱先者。」《史記·鼂錯傳》：「學申商刑名於軹張恢先所。」徐廣曰：「先即先生。」據此縣人之稱先生曰先，亦有所本。稱幼孩男曰小，女曰嬭。

陌路人之偶相問訊稱表伯、表叔、表哥。

大老佛稱紳富。

地頭蛇稱地痞。

物不潔浄曰婄贜。音諳臧。焦竑《俗用雜字》：「物不潔曰婄贜。」潔浄曰即令。《金華縣志》：「《容齋三筆》作即零。」

物有別名，魚曰漚，漚魚聲之轉。蝦曰花公，《事物紺珠》：「蝦名虎頭公，龍游人稱虎公。」花虎聲之轉。鳧曰水鴨，雁曰外鵝，菘曰白菜，莧曰花菜，芸薹曰油菜，釜曰鑊，卓曰臺盤，戽水者槔曰車。明縣人張文濂《汪侯二堰水利碑記》：「豐家堰亦車注邵田若干畝。」

事至即行曰發狠，狠奮聲之轉。延緩曰嬾病。

承父兄餘業曰帶挈。

得子弟服勞曰替手腳。

無所事事曰嬉頑。

專事空談曰白嚼。

瞌睡謂之打夢痕，或謂之得華胥。

言有疑問曰亨麽，亨何聲之轉。猶怎麽也。言經解釋曰者麽，猶這麽也，或曰格麽。者這格，皆聲之轉。

來或曰釐，亦曰郎。行或曰避，四亦切。亦曰走。

天目睽睽，天網恢恢也。俗呼網若目。睽恢聲之轉。多煩出言，多聞闕疑也〔一〕。煩聞、言疑，皆聲

〔一〕闕：原誤作「關」。

之轉。

蝴蝶争空，譏無謂之糾紛。狨猻望丐，哀無聊之依賴。攻訐人之陰私曰戳桶底，虛張己之好處曰吹法螺。

〔民國〕衢縣志

【解題】鄭永禧纂修。民國十五年（一九二六）修。衢縣，今浙江省衢州市衢江區。「方言」見卷八《風俗》中。録文據民國二十六年（一九三七）鉛印本《衢縣志》。

方言

方言大都因水土而别，有清濁之不同。衢之發音，半由輕唇，牙音次之，惟吴魚字音從鼻出，有特殊之點。然城與鄉有若逕庭，四鄉又各因其區域之所近而差移。或曰鄉音，本土音也。宋元時，名流碩彦多僑居衢城，故有文言參雜其間，句語清晰，聞者易解。兹略加詮釋，不斤斤於揚子《方言》例也。

名詞

天類

天行之日曰日頭，日音讀如業，下同。亦曰太陽。時日之日曰日子，又曰日甲。據干支而言，古義也。有前音如賢日、昨音如閘日、今日、明日、後日等名。鄉音謂日近似訥。前日之前謂大前日。即上前日。後日之後謂大後日。即晚後日。黎明曰天亮，《楊公筆録》：「浙諺云：『雨下畏天亮。』亮即明也。」鄉音稱天光，故謂早稻爲天光早。又曰五以鼻音呼之爲魚上聲更，音將，五更二字指早晨，意較天亮爲晚。或加早字爲五更早。故食早粥曰喫五更。半午前曰曉，日中正午則曰日中，又曰中飯邊，過午曰飯後。以飯定時，豈《尚書》「食哉惟時」之意乎？晡時曰點心邊，晚曰黄昏，稍早爲邊，稍遲爲底。又曰煞黑邊，又曰烏陰底。陰一作蔭。夜之初更曰定更，更音讀如金，下同。二更至五更則數之曰二更鼓、三更鼓、四更鼓、五更鼓。更皆讀爲金，或爲幾記鼓，又云幾擊鼓。鄉間謂午前曰豆前，前字音近似許。午後曰豆罷。鄉謂稻爲豆稻花，以午時開，借此定名。亦鄉人重視五穀意也。

雲曰雲頭。月曰月亮。見李益詩。霧音如暮。霞音如牙。音衙。下雨曰落雨，鄉音曰騰雨。騰當爲墜音之轉也。鄉音呼天暖曰炖，《方言》：「炖，赫貌也。」注：「火盛熾之貌。」又曰烘。音讀爲閧。虹讀去聲，音降，鄉亦呼作鱟，音吼。雷曰雷公。電曰忽閃。意亦同扇。夏多雨曰霉，實爲黄梅之梅，亦作黴。秋夜銀河曰河西。一作荷西。鄉社會設供具五穀酒果曰擺荷西，不知何義。冬日雲陰欲雪曰烏風凍。霰曰雪油。音又。雪珠曰雪子。積雪不化曰雪不烊等雪娘。謂將再雪也。冰冱曰凍，鄉音曰膠。音教，稍偏如沼字音。簷冰如玉柱曰壺鐸。有音無字。

地類

可耕之高地曰埂。音梗，鄉間土音。田塍所界亦曰埂。義或爲堧。地中有深坎貯水曰井。此古井字，今假爲坎窖之窖。水所鍾曰瀛，亦作溋，省爲盈。四鄉以此名地者多矣。陰溝曰瀛溝，其水所出曰瀛洞。塇音昏，鄉音讀如烘。菜塇，即菜圃也。茅塇，即茅廁也。字亦作⿴囗昏。古書未見。山尖突起曰峯，分水處曰崗，實即岡字，讀去聲。亦作降，其平處爲坪，音如並。凹處爲窪，音轉爲渦，又或作窈，變爲坳。曲而深者爲塢。亦作隖，即鄔字。山坡甃石有步可行者曰踏步，亦曰踏道，凡上下有階級者皆同。田坂之坂，鄉音呼爲蓬。石坡光潔不生草木者曰塔壇。泥土之泥音如嚴，鄉音如涅，轉音爲惹。以土音讀。泉水曰漩，音讀如善。水音爲汝，鄉音如女。火，鄉音作燬。

人類

呼父曰爹，低亞切。亦有呼伯伯者，亦作爸爸。通常相謂爲老子。呼祖父曰爺爺，亦單稱爺。轉音爲呀。曾祖曰太公。呼母曰姆媽。《廣雅》：「媽，母也。」鄉間或呼曰姐。《說文》：「蜀人呼母曰姐。」本有母義。後假爲女兄之名，同姊。通常相謂爲娘。後母曰晚娘。晚讀如慢。呼祖母曰媽媽，或單稱爲媽，讀平聲如麻。字或作嬤、作麽。曾祖母曰太婆，亦單稱太。伯父曰伯伯，或分行呼之。伯母曰伯娘，亦曰大音如杜娘。叔父曰叔叔，或亦分行呼之。叔母曰嬸母，或重言之曰嬸嬸，與叔叔同。姑母本爲姑娘，連呼之爲娘娘，讀上聲，音如仰。年長者曰姑媽，亦曰媽娘，音仍如仰。祖姑曰姑婆媽。祖太姑曰姑太。兄曰哥哥。弟曰弟弟，或分行呼之。兄，況也。俗謂兄曰老況，讀如賞，義同貺。兄之妻曰嫂，或連聲呼之，或分行呼之。嫂呼夫弟爲叔。本於《禮經》。母之兄弟皆曰舅，其妻曰舅母。母之姊妹爲姨母，長者稱大姨娘，幼者稱小姨娘，亦連呼姨姨。音轉去聲，近似異。庶母稱姨，言與適母若有姊妹之義也，或曰姨爲如字之轉音，於義亦通。妻之父母爲岳父母，尊稱丈人、丈母。或云泰山下有丈人峯，因名。妻之兄弟亦曰舅，舅之妻爲舅嫂，或亦以舅母稱之。婚姻兩家互稱曰親家。親讀去聲，音慶。親家母亦曰親母親婆。此親字仍爲平聲。兩壻相謂爲連襟，稱大小姨夫，亦以長幼别之。姊妹之子曰外甥、姨甥，亦通稱外甥。此下悉以一表字呼之。俗云一代親，兩代表，三代全不曉。又云一表三千里，言愈遠也。小兒爲孩，亦曰牙兒，音倪。言如萌芽初生也。又謂牙牙學語也，字當作𡥅。《集韻》牛加切，音牙，「吴人謂赤子曰孲𡥅」。亦作𣧄。今俗謂始生之孩曰毛頭。代客買賣曰牙郎。牙字本作㸦，即互字，古爲互市郎，變爲互市牙郎，今單稱牙郎。商販曰客人。音如雀銀，有山客、水客。外賓曰人客。音同上。婦人曰堂客。閨女曰小娘。年長者曰大音杜小娘，年小者曰娜妳，亦曰小媄媄。《説文》：「媄，色美也。」言其嬌小可愛，作妹妹，非。稱寄父謂寄養之父，俗又有寄拜他家香火爲乾兒者曰乾爺、親爺、老爺。稱寄母曰乾娘、親娘、老娘。對於乳公、乳母謂育兒者亦同。店東曰老板，疑板爲販之轉，誤係老於販運之人。店友曰夥計，徽人則通稱之曰朝奉。醫士曰郎中。堪輿師曰地仙。

身材之長者曰長子，短者曰矮子。耳曰耳音你朵，重聽曰聾子。目曰眼音如岸睛。近視曰眯覰眼。眼多白曰白子。瞽曰瞎子。鄉音爲夾子。視不明曰矇矇亮。鼻塞曰齆鼻。《集韻》齆，烏貢切。《埤倉》云：「鼻病也。」缺脣曰缺子。口難於語言曰吃子。吃音葛。《史記·韓非傳》《漢書·周昌傳》並作口吃，俗誤爲哈。不能言曰啞吧子，亦簡稱啞子。齒露於脣外曰齙牙齒。《集韻》：「齙，步化切，齒出貌。」女人挽髮爲髻曰頭鬃。《玉篇》：「鬃，高髻也。」或云當如總笄、總角之總，非是。小兒翦圈於頂曰劉海圈。雛尼多作此妝束，女子額髮未齊者亦謂之前劉海。初生嬰兒留髮護腦曰囟命搭〔一〕。小女子梳髻於兩旁耳邊曰搭耳。音亦如你。項曰項頸。肩曰肩膀。音榜。衢於手膀、力膀、膀子頭皆用此字，與膀胱之膀義別。背曰背脊。背曲而若有臃腫者曰駝子。如駝之有峯。足跛曰蹺子，蹺亦作蹻。或曰蹪腳。蹪義同蹇，若顛仆然。夜睡曰困覺。《月令廣義》：「俗謂眠曰睏覺。」音教。早起曰爬起。小睡曰一寣。音忽。

物類

門外有竹籬者曰笆籬門。院子曰天井。屋簷挑出於外者曰撩簷。簷際有燈垂下曰長壽天燈，亦有點於路口者。其燈上或書南北斗及三官觀音等佛號。牆角高聳者曰鼇頭。格簷溜水者曰水梘，亦作筧，山中引泉水者亦同。階沿出水，明曰陽溝，暗曰陰溝。打油者曰麻車。擠油具曰榨，見《唐韻》，又壓酒具也。此義《廣韻》作醡。今俗以人多擁擠爲榨，即本此義。舂米杵臼曰碓頭，今俗與人不合亦謂碓頭，有衝突之意。廳堂供於上者曰香几桌，古時以供香案者也。長連者爲供桌，設供品者也。坐八人者曰八仙桌。坐四人者曰四仙桌。團坐者爲圓桌。獨腳者爲金鷄獨立桌，可分可合者爲和合桌。椅有紗帽椅、筆管椅、醉翁椅、太史椅、美人椅。此類甚多，不勝枚舉。酒壺有耳者爲酒注，亦作酒持。杯，鄉稱爲鍾，又曰盞。箸稱曰筷，此字不典，但從快音。鄉音仍爲箸。一作筯。筴菜爲筴。《廣韻》筴亦箸也，義同挾。瓢匙曰調羹。鎖鑰之鑰稱鑰匙。火鍋

〔一〕囟：原誤作「囱」。

曰煖碗。火爐曰風爐。熨手之火籠曰火熜。音聰。亦作爋，《廣雅》：「炬也。」一曰温也。省作熜。燭曰蠟燭，鄉間曰油燭，又曰皂燭。鞭爆曰爆仗，爆竹音轉。亦曰百子爆。俗作火爆。地上堆積塵垢物曰攋搕。《廣韻》作此二字，「和雜也」。上音臘，下音乿入聲。俗作垃圾。或假齷齪字爲之。《廣韻》別作邋遢。物之不净者義同。掃帚曰笤帚。盛土器曰坌斗。《説文》：「坌，掃除也。」《廣韻》音奮。鄉間謂之畚斗，音本。《左傳》稱畚築，與坌稍別。今俗稱糞斗，殊非。

算數。一，爲單獨之義，又爲統概之詞。惟行輩第一稱老大，不稱老一。二，音義。推排各數則爲兩。三。四。音讀如戲。五。此讀魚上聲，以鼻音出之，鄉音如臥。六。七。八。九。鄉音讀如苟。十。廿。二十相并爲廿，音作念。相傳吳王女名二十，故諱二十爲念，見《韻鶴軒筆談》。卅。音颯。《説文》有此字，云「三十并也」。《廣韻》：「𠦃，三十也。」今作卅，直爲三十字，俗於簿記中往往書此，實古義也。卌。四十并也，與卌同，實古文庶字。見《漢孔和碑》。今人用此者鮮矣。百。音近似必，如土音柏枝之柏。千。萬。音曼，十千爲萬，然計數者多云幾十千，不云幾萬也。不定數曰幾個。渾舉數曰兩個。極多數曰許多。許或作庶。極少數曰些小。亦作稀微。數錢以五計數曰一花。積錢滿千曰一串。古作一貫。

動詞

分開曰拍，故兄弟析産爲分拍。質劑書分出若干分亦曰拍。音近似擘。湊合曰攏，凡物品成謂之抖攏，舟人泊船到岸亦曰攏船。手擕物曰拎，《玉篇》音零，「手懸捻物也」。今音近丁。以手捻鼻出涕曰擤，音虎梗切，讀如很，俗謂擤鼻涕。以手擊物曰圔，《唐韻》音確，鞕聲，俗謂圜腦別子、圜潮煙筒，當即此字。以手扯物曰撕，音雌。《詩》：「斧以斯之。」亦離析之意。摔物於地曰兜，字作丟。揚子《方言》：「一去不還也。」〔一〕作丟，非。今俗亦曰甩，或音豁，或音慣。甩亦用爲箱甩、籃甩字，然字書未見。抛物於空中亦曰兜。行路轉曲亦曰兜，故山行便轎名兜子。倚物曰戤，音該上聲。懸物於繩曰⿰糹鳥，《玉篇》音丁了切，俗以懸物字作弔。補衣曰帄，《字彙補》都汀切，音丁，俗亦謂之打補帄。衣肩曰袥，音託，《說文》：「衣衿也。」《廣韻》：「開衣領。」俗謂託肩。無袖衣曰背搭。《敬止錄》：「古謂之背子，又謂之搭護，故合爲背搭。」漿洗衣服出清曰汏，音徒蓋切。《說文》：「淅瀾也。」故俗謂之汏衣裳。土音如代，與淘汰字別。向乾曰晾衣裳。晾音朗，字書未見，疑即景字之變。《詩》：「汎汎其景。」叶音讀舉兩切，其聲近似。去渣出汁曰滗，音筆。《廣韻》：「滗，一曰汁也。」閹鷄曰騸。本音扇，讀如線。閹猪、閹猫曰鐓。本音隊，讀如登。《正字通》：「騸，割去勢也。」《肘後經》「騸馬，宦牛，羯羊，閹猪，鐓鷄，善狗，浄猫」皆同此類，故亦通稱。今惟騸鷄、鐓猪爲普通法。牝猪則爲抵，不令其孕也。燖猪曰煺，亦作㨤，讀如推，《集韻》：「以湯除毛也。」鷄鴨他物亦可曰㨤。鑪起火曰⿰火數，音豔。添火曰爙，音相。吹火曰煸。挑燈曰掭，音忝。《容齋五筆》謂挑剔燈火之杖曰掭，俗謂掭燈棒。食飯曰喫。《說文》：「喫，食也。」俗作吃，誤。北鄉謂食，從亦聲。與小兒食爲喂，音讀作與，鄉亦曰飼。飯送口曰划。言如船之划進也。茶酒曰呷。

〔一〕見《康熙字典》所引，今本《方言》中無此條。

《説文長箋》：「吸而飲曰呷。」以舌試物曰舔。《説文》本作㐁，亦作丙，象舌外出之形，《孟子》書作餂。餐飯爲頓，每日三餐爲三頓。杜詩「頓頓食黄魚」，即此意也。鄉人説來爲釐、或作利音。下爲户，皆有古音。

代名詞

自呼曰我，鄉音曰卬。《爾雅》：「卬，我也。」讀如《詩》「人涉卬否」之卬。又曰儂。古詩歌自稱爲儂者甚多。合爲卬儂。又轉别曰吾，音爲衙，讀如執金吾之吾。私己曰自家，合衆曰大家。對人謂曰你，讀泥上聲。《通雅》云：「爾汝而若乃，一聲之轉。」爾又爲尔，尔又作你。《説文》尒從入，變從人作尒，加亻作伱，俗書作你。謂他人曰其，即彼也。如《詩》「彼其之子」，讀平聲，西鄉稱爲伊。指彼曰彼格。彼音如必。指此曰個格。猶這個也。問何人曰那個。地有所指曰彼里、旁里，鄉音曰彼落。落有處義。人有所指曰其能，鄉音爲渠儂。《古樂府》有《懊儂歌》。《六書故》云：「吴人謂人儂。即人聲之轉，甌人呼若能。」今此音亦同渠，轉爲其，故謂其能。泛指物件曰東西，鄉音呼作里舍。

助詞

嘩，驚訝之詞，亦曰嘩刺。唉，讀哀上聲，《説文》：「譍也。」又讀平聲。《史記》：「范增曰：『唉！豎子不足與謀。』」歎恨之聲。呸，音丕，讀如配，啐聲。阿唷，疑訝之詞。是麽、音末。好麽，皆問詞。是格、好格，皆應詞。曷音如瞎等，即何故也，疑詞，亦問詞。鄉音曷曷，轉變爲憨憨。蘇有憨憨泉，此二字爲無知之貌，其義似不能解也。問何物曰要此什麼二字之短音，讀沙上聲，非玩要字東西，亦曰要里，鄉音爲假里。假猶假若、假設之詞，當用重舌音讀之。杭人所謂假格者即此字。按假與遐通，何加切。《詩傳》：「遐，何也。」亦轉音爲格。吾鄉正合此音。如此則曰這等，這讀爲格音，亦作者、作只。或曰個樣。這些、這點，皆對物而言。

語詞

盈餘曰賺音棧錢。虧折曰蝕本。博之勝負曰贏曰輸。拚一擲曰孤注。計贏而抽采曰頭錢，總其事者曰頭家。《吹景集》：「博戲者，立一人司勝負，曰頭家。」不用錢而以籌計數曰籌馬。意與天平之法馬同。得有好處曰舔糖拇指。拇指音如牧竹。作事艱難曰嘗辣湯，亦曰喫苦頭。言辛苦之至也。憑空生事曰發潮風。藉端滋擾曰起花頭。詐財曰捉鵝頭。語見《日知録》，鵝一作訛。爲人排解曰打圓場。有挾而求曰捻酸鼻。攻訐陰私曰挖痛瘡。欺誑人語曰搭赸頭。赸亦作山。冒取他人物曰打雪孔。遇事生風曰敲竹槓。捲物而逃曰打瓜精。善語求人財物曰打秋風。一作抽豐。罄其所有曰倒湯瓶。送客人曰⿺走曼去或⿺走曼走。《説文》：「⿺走曼，行遲貌。」今多通作慢。道歉曰待慢或簡慢。善鉆營曰頭削尖，善偃臥曰頭睡扁。皆諷刺語。喜奉承曰戴高帽，不喜奉承曰戴石臼。煽人生事曰持蒲扇。從旁吹噓曰打邊鼓。敷衍了事曰著水膏。事後不履行曰抽橋版。七零八落，湊不齊也。八瓶七蓋，遮不過也。老虎吞蝴蝶，食不飽也。螞蟥釘螺螄，捨不脱也。聾子放火爆，聽不見聲。啞子吃黃連，説不出苦。燈籠照火，把亮見亮。義烏人釘碗，自顧自。小爐匠打鐵，丁打丁。泥菩薩過水，自身難保。鐵將軍把門，主人外出。箬帽插花，四圍團轉也。樓版鋪紙，一曰草薦。增高不多也。雲端跑馬，足不踏實地也。陽溝翻船，失於不措意也。

形容詞

門大開曰豁閜。音呼下切。《史記・司馬相如傳》：「谽呀豁閜。」在高曰架閣老。鋭頂曰筆尖。圓曰滚圓，亦曰鵲落子。極遠曰慢遠、曰遼遠。遼轉音老，故亦曰慢老遠。大音讀如杜，亦讀如代。字别爲达，亦讀爲杜。小音爲卸。亦逕作卸。甚之之詞曰惡勃，凡物盛多曰勃勃，滿滿而溢曰孛孛出，亦單言曰孛。字亦作浡。紅曰紅曈曈。當作此字，如曉日初出。緑曰緑英英。亦作陰陰。黄曰黄嬌嬌。亦作焦焦〔一〕。黑曰黑闥闥。唐初有劉黑闥。白曰白晳晳。或曰當作雪雪，然晳有白義。謂玄色爲青。此自明初避太祖元璋諱改。黑色爲烏。架空大言曰黄六。或曰黄巢行六，其人多詐騙，因有是名。虚張聲勢曰黄龍，或曰空心黄龍。言如龍燈之中空也。量小曰小器，亦曰小家子。奢華曰闊氣。美麗曰齊整。醜陋曰難看。慙愧曰羞面，又曰難好、難爲情。事急曰快、曰趕緊。事緩曰慢、曰疲。音如皮。事多急速曰連忙。倭子夾韃，言不清也。胡里胡塗，言不明也。

村言俗諺，多不勝述。撮其大概，亦舉一反三之意也。

〔一〕作：原誤作「則」。

〔民國〕天台縣志稿

【解題】李光益等修，褚傳誥纂。天台縣，今浙江省台州市天台縣。「方言」見《風土略·風俗》中。録文據民國四年（一九一五）油印本《天台縣志稿》〔一〕。

方言

案太平、黄巖二志所載方言，有與吾邑同者，篇中□□□摭不□一一注明，以節繁冗。古者歲八月常遣輶軒之使，覓覽異言，凡車軌所交，人迹所至，罔不畢搜，以爲奏籍。有如虎爲菟、得來爲登來之屬，傳記紀之靡遺。周秦以後，嚴君平、翁孺才各有擬述，世罕傳之。揚雄《方言》，其最著者也。近來方志往往列載，蓋取邇言必察，亦使入境問俗者可一覽而知，無言語不通之病。但方言出於市井，大率不典，在可解不可解間，且多有音而無字者，然觀於此，正可以觸類而通。若必求其字以實之，則鑿矣。

狀雨之大者曰倒竹筒。鄉先生齊息園侍郎官京師時，與諸名公宴集，適大雨，侍郎偶作此語。諸名公以侍郎博洽，此語必有出處，遍查類書不得。詢之侍郎，以爲俗語，乃皆大笑。風之大曰劈竹，又曰開鐵。謂南極之星曰南大人。井宿之星曰七窺星。啓明曰天亮曉。長庚曰黄昏曉。蝃蝀曰鱟。

〔一〕本篇底本多處漫漶不清。

鱟本魚名，俗乃借以名螮蝀。俗又謂人之瘦者曰鼈殼。晨起曰窺星。明日謂之天釀。前二日曰前日。後二日曰後日。當午曰日晝。午前曰晝前。東鄉曰早屆。午後曰晝了。東鄉曰晚屆。始昏曰暗屆。入夜曰晚頭。去年曰上年。來年曰下年。

謂山之峭立者曰岊。邑西鄉有青山岊、沓溪岊。山之高崪者曰嵴。邑東鄉有沓嵴，西鄉有湖嵴、浙嵴。山旁隴曰涌。《釋名》：「涌，犹桶，桶狹而長也。」〔一〕山谷曰灣。四郊曰田洋。水流曰氽。土懇切。挹彼注此曰舀。以沼切。見《説文》。木直曰睔。古困切。

稱祖曰爺。祖母曰孃。稱曾祖曰太尊祖。祖妣曰太婆。俗於高祖、高祖妣且有太太公、太太婆之稱。稱父曰伯，亦曰爹。見《釋名》。母曰姥。稱兄曰哥。姊曰大。俗音平聲。稱父之兄曰大伯。稱父之弟曰叔。稱伯母曰大姥〔二〕，叔母曰嬸。姒娣相呼亦曰大姥、曰嬸。稱從母曰姑，從母之夫曰姑丈。稱外祖曰外公。外祖母曰外婆。稱母之兄弟曰孃舅。母兄弟妻曰孃妗。稱妻之父曰丈人，妻之母曰丈姥。俗又稱内兄弟爲冷飯舅，内兄弟之妻爲冷飯妗。尤不可解。呼壻曰子丈。僚壻相呼曰姨丈。謂妾曰姨。妻之姊妹亦曰姨。母之姊妹曰娘姨。呼兒之初生曰崽、揚子《方言》：「崽者，子也。」曰烏歪。俗字。平交道稱曰某相。謂丈夫年高者曰老官，婦人年高者曰条人。新婦稱姑亦曰条人。案，臨黄諸邑通稱老年婦人曰老安人。安、条音近。条人當即是安人也。客作曰相幫，亦曰長年。室女曰

〔一〕狹：原誤作「夾」。
〔二〕姥：原作「老」。

大仰，已適人者曰女客。四鄉人謂董事者曰頭腦。少壯之夫曰後生。少年相結曰弟兄。諺有云：「好則弟兄，否則石頭亂搼。」

謂燕坐之所曰坐起。廚曰竈間。屋内透光之處曰天井。門曰門頭。東鄉曰臺門。廁所曰東施。思是取其醜之義。小帽曰奇秋，一種曰觀音兜，婦人戴。又一種曰[illegible]。小兒戴。[illegible]衣曰象鼻裝。以形名。短襖曰緊身。一曰三弗象。帶，一種曰條龍。以形名〔一〕。木屐曰的檔。婦女耳璫曰丁香。雜佩謂之牙籤。釧謂之鐲。耳曰耳朵。臀曰髖臀。背僂曰呵駝。俯首曰搵。温去聲。見《說文》。齒出曰齙。《集韻》步化切。乳謂之奶。鐘鼎文作𠂊。指文謂之腡。音螺。見《廣韻》。赤膊曰赤赤條條。肥大曰胖，亦曰奘。以舌取物曰舔，亦曰餂。欲吐曰噦。孚萬切。以鼻取氣曰齅。薰去聲。見《廣韻》。麻面者曰麻葛剌。音辣。目不能視曰定。音訂。口不能言曰啞。俗音琴去聲。手抓爲穴曰窋。音搵。見《廣韻》。髮亂曰鬔鬆。見《廣韻》。以手取物曰馱。以手擊人曰摑，古獲切。又作攌，音同。亦作扑。以手按物曰捺。奴曷切。以手團粉曰搦。女角切。以手碎物曰輾。尼展切。兩手摩物曰挼。奴禾切，亦作挼。立身曰踦。奇上聲。舉足曰[illegible]。白銜切。緩行曰昱。他陷切。慢走曰踱。音鐸。潛逃曰劉。音曲。蹲謂之亣。俗字。壼魂切。睡覺曰[illegible]。俗音若周。倦欲睡曰迷齊。小臥曰寣。音忽。通宵不寐曰夜不收。詳兵律條例。目瞳子曰仙人。喉曰喟朧。小兒啼曰𡧧。《集韻》烏化切，又烏瓜

〔一〕形名：原誤作「名形」。

切。哭謂之叫。腹肌曰肚凹。噎聲曰餩。愛黑切。俗云打餩。飲聲曰嗗。《説文》。咳聲曰咯。食不下曰餂。烟入聲。應聲曰啞。俗音亞上聲。驚聲曰咦。《説文》：「南陽謂大呼曰咦。」唱聲曰囉唻。《廣韻》：「囉唻，歌聲。」響聲曰砉。《廣韻》虎伯切。掐物曰魒。《説文》：「魒，見鬼聲。」諾那切〔一〕。喝人曰咄。願詞曰耐可。李白：「耐可乘明月。」忘而忽憶曰阿耶。見《傳燈録》。小兒戲蒙目相逐曰摸盲戲。匿曰尋幽戲。相撲曰僕交，亦曰翻金剛。踼毬曰踼[illegible]兼同。有挑打水干觔扳雙腳扛諸名目。女兒擊毬曰打翻身。有雙手扛打鴛鴦諸名目。美好曰標緻。早慧曰伶俐。不慧曰呆笨。重滯曰累埻。《説文》：「重聚也。」今作累堆。勤苦曰嗀力。見《廣韻》。俗作喫力。飼物曰餧。見《月令》。兩物相和曰秚。俗作拌。今挤字也。滚水漬物曰渧。《集韻》皮教切。俗作泡非。以火煖物曰燂。徒南切。熟物和吾味曰燗。呼再切。餛飩又謂之扁食。以火乾物曰烤。見《廣雅》。俗音銃。以水煮物曰炳。見《廣雅》。俗音[illegible]悦切。粗米曰糙。舂去米皮曰[illegible]。音察，一作臿。重搗曰橐。見《説文》。俗音戌。抄飯匙曰棗。音抄。以器抄物曰鍬。見《廣韻》七遥切。枯者曰𤺋。《玉篇》蒲結切。支物曰峕。徒念切。納物水中曰頞。烏没切。物聳起曰蹺。《集韻》苦弔切。物不鮮曰蔫。見《廣韻》，於乾切。以器荐物曰屜。音替。摩物曰擦。展物曰敨。音頭。拭物曰膽。《禮·内則》：「桃曰膽之。」《字林》作扰。剮物曰刺。音批。見《玉篇》。用力掇物曰𠡠。堆上聲。抛物曰祋。丁外切。見《説文》。懸物曰鳥。見《玉篇》。今借作弔。移物謂之般。俗作搬。藏

〔一〕那：《説文解字注》作「何」。

物謂之抗。《周禮・服不氏》：「賓客之事則抗皮。」今或作伉、囥。物敗生白膜曰生白殕。音撫。見《廣韻》。以木範履曰楥。俗作楦，喧去聲。《説文》：「履法也。」以篾束物曰箍。俗音邱。治皮曰甏。讀若荐。見《説文》。編竹曰籭，密者曰篣，東鄉謂燥穀之篳曰篣。小而圓者曰䈜。俗徒駭切。覆屋者笮。皮見切。刿木相入曰榫。俗作筍。關門之機曰櫎。見《玉篇》。俗作閂。張鳥之機曰弶。巨亮切。以刀破物曰劙。挑燈曰掭。銅金鐵令相著曰銲[一]。音翰。《玉篇》《唐韻》作釬。多曰無數，亦曰無萬。《漢書・成帝紀》：「青蠅無萬數。」物足曰夠。《魏都賦》：「繁富夥夠。」李善注引《廣雅》「多也」。有力曰劤。《埤倉》[二]：「多力也。」讀如禁。無賴曰無徒。《友今叢談》：「世有無徒之人。」以勢力加人曰硬幫。無故擾人收物曰敲竹槓。士不立品曰破靴幫。事不稱心曰王録。楊詩爲嗔髮匪曰長毛王録事。急送曰遞。取驛遞之義。更易財物曰擢。俗作掉。以醜易好曰孋包。事託人曰訣，見《通雅》。又曰勞。謝人作事曰多勞。不分皂白曰囫圇吞。即囫圇吞棗省棗字。有所具曰㦗。悶作切。不潔曰邋遢[三]，亦曰鏖糟，又曰歪賴[四]。老不中用曰尳尷。俗作灰頹。何爲曰齋生，又曰遮個。醜顏曰怕羞，又曰没趣相。事得手曰[illegible]。勸人作事曰攛掇。掇，俗去聲。事不尋真曰莫須有，又曰假[illegible]。留滯曰拖塌。以物與人曰撥。模

[一] 曰：原脱。
[二] 倉：原誤作「花」。
[三] 潔：原誤作「急」。
[四] 曰：原脱。

糊了事曰慁。胡困切。謂[illegible]曰賴。《左傳》：「鄭人貪賴其田而不我與。」麤率不精曰藞苴。見《指月録》。藞，郎假切。苴，音鮓。事多不成曰倒竈。見云俗信。器物不正曰馬邪。兩相角曰打架。貨物得贏曰賺。驅物曰庶庶。《周禮·庶氏》注：「驅除毒蟲之言。」呼犬曰盧盧。韓盧，犬名。呼鷄曰朱朱。《説文》作呪〔一〕，音祝。急辭曰緊緊。緩辭曰慢慢。鬧聲曰叿叿。《廣韻》：「市人聲也。」笑聲曰欯欯，許結切。見《廣雅》。亦曰咦咦。喜夷切。大聲曰⿰言共⿰言共，音洪。亦曰訇訇。冷曰冷冷清清，亦曰冷堂堂。涼曰涼冰冰。熱曰熱湯湯，去聲。亦曰熱彭彭。煖曰煖烘烘。輕曰輕飄飄。實曰實辟辟。音闢。薄曰薄霏霏，亦曰薄鬆鬆〔二〕。硬曰硬綳綳，亦曰硬冬冬。昏曰昏董董。醉曰醉醺醺。儒雅曰文□□〔三〕。盛怒曰氣吽吽。音烘。新曰新鏃鏃。見《世説》。青曰青猗猗。白曰白雪雪。紅曰紅血血。黄曰黄䵱䵱〔四〕。讀若觥。黑曰黑漆漆。

滴滴答答，雨聲。淅淅索索，雪聲也。轟轟烈烈，雷聲也。老老大大，《傳燈録》。齒爵尊也。端端正正，德行純也。平平穩穩，素位行也。孜孜念念，專且精也。清清確確，事乃成也。乾

〔一〕呪：原誤作「兕」。
〔二〕曰：原脱。
〔三〕原文爲兩空格。
〔四〕原脱一「䵱」字。

乾浄，滌凡穢也。結結實實〔一〕，無虚僞也。汲汲忙忙，求名利也。懵懵懂懂，精神怠也。安安穩穩，寡尤悔也。幽幽咽咽，欠慷慨也。拘拘縮縮，進退難也。惶惶碌碌，心不安也。躹躹踏踏，睡方酣也〔二〕。支支節節，功多間也。顛顛倒倒，卒貽患也。恍恍惚惚，思慮闇也。劫劫波波，操作工也。零零碎碎，勢難終也。條條直直，美在中也。停停當當，成厥功也。

〔光緒〕黄巖縣志

【解題】陳寶善等修，王棻纂；陳鍾英等續修，王詠霓續纂。同治七年（一八六八）修，光緒元年（一八七五）續修。黄巖縣，今浙江省台州市黄巖區。「方言」「方音」「里諺」見卷三二《風土・謡諺》中。録文據光緒三年（一八七七）刻本《黄巖縣志》。

方言

《太平志》：方言字多不典，在可解不可解之間。葉《志》「如何爲齋生」之類。或並無其字。葉《志》「以人爲秂」之類。亦有俗稱自昔有者，如呼小兒曰崽，揚雄《方言》：「崽者，子也。」郭璞注：「音枲。」〔三〕此音北轉爲宰。水母曰藏魚，亦呼曰鮓。《説文》：「鮓，藏魚也。」音讀如上。物足曰

〔一〕原脱一「結」字。
〔二〕也：原脱。
〔三〕枲：原誤作「葸」，據《方言注》改。

够。音彀。《魏都賦》：「繁富夥够。」李善注引《廣雅》「多也」。應聲曰唉。《説文》「譍也」，烏開切。味不適口鼻曰鼾辣。《本草》「楚人呼草氣味辛毒爲䓞」，鼾即䓞假字。與人争曰嚬嚬聲。《韓非子》：「一棲兩雄，其鬬嚬嚬。」注：「争聲也。」謂打曰彭。《後漢·戴就傳》：「每上彭考。」李賢注：「彭即搒。」古諺：「打麥打麥，彭彭拍拍。」有力曰劤。《埤蒼》：「劤，多力也。」讀如禁，《玉篇》音靳。無賴曰無徒。《友會叢談》：「世有無徒之人。」他書或作無圖。謂事有緒不成曰王録事。杜少陵詩：「爲嗔王録事，不寄草堂貲。」其所本也。至如以急送爲遞，取驛遞之義；以深藏爲幽，取幽深之義，此類皆顯然。

案太平本從黄巖析出，故其謡俗亦略與黄巖同。今考吾黄方言，多有所本。戚氏《太平志》尚未盡載，姑摭其略以補之。如應聲曰唉，見上。亦曰阿。《老子》：「唯之與阿，相去幾何？」歎聲曰啞。《韓非子》：「師曠曰：啞，是非君人者之言也。」啞音亞，注云「歎息之聲」。驚聲曰咦。《説文》：「南陽謂大呼曰咦。」嚮聲曰砉，《莊子》：「砉然嚮然。」《廣韻》虎伯切。字亦作㖪。指物曰䰡。《説文》：「䰡，見鬼聲。」〔一〕諾何切。案與儺哪通。願詞曰耐可。李白詩：「耐可乘明月。」忘而忽憶曰阿唧。《傳燈録》。失物曰阿呵。《十六國春秋》：「阿呵嗚呼奈子何。」唱聲曰囉唻。《廣韻》：「囉唻，歌聲。」使犬曰嗾。素口切。《左傳》：「公嗾夫獒焉。」驅物曰庶庶。《周禮·庶氏》注：「驅除毒蠱之言。」呼犬曰盧盧。韓盧，犬名。《廣韻》作嚧，音屢。呼鷄曰朱朱。《説

〔一〕 聲：《説文解字》作「驚詞」。

文》作𦥑，音祝。肥大曰胖，亦曰奘。不净曰齷齪，亦曰邋遢，又曰麤糟。《輟耕録》。不慧曰怢。《集韻》：「部本切，性不慧也。」《晉書》作笨。重笨曰磊𥜥。《説文》：「重聚也。」《通雅》：「今作累堆。」累平聲。輕倩曰鯽令。亦作即零、唧伶。抛物曰祋。丁外反，見《説文》。喝人曰咄。何物曰什麼。何爲曰怎生，怎音齋。亦曰怎兒馨。怎音窄。馨，《説文》作䅞。多曰摩訶，《翻譯名義》：「梵言摩訶，此云大多勝也。」亦曰無數，《詩》「萬億及秭」疏云：「言其多無數也。」又曰無萬。《漢書·成帝紀》：「有青蠅無萬數。」事不稱心曰不能彀。《漢書·匈奴傳》：「不能彀弩。」更易財物曰㩳。或作掉。以醜易好曰㩳包。《㑩山外集》：「京師婦女許嫁以美者，出拜臨娶，以醜者易之，曰㩳包兒。」以言托人曰訣。見《通雅》。案俗作央，言挽之居間也。誘人爲非曰攛掇。見《字典》。謂欺曰賴。《左傳》：「鄭人貪賴其田而不我與。」粗率不精曰𦽳苴。見《指月録》。𦽳，郎假切。苴，俗音鮓。僞爲遜順曰眠娗。《列子·力命篇》張湛注，眠，莫典切。娗，徒典切。「瑟縮不正貌。」《方言》：「欺謾也。」洪容齋作緬靦。騃不曉事曰墨杘。見《列子》張湛注，墨音眉，杘，敕夷反。物醜曰頷。音堪，見《廣韻》。勤苦曰㲉力。㲉音喫，見《廣韻》。俗作喫力。納物水中曰頞。烏没切。俯首曰揾。《説文》：「没也。」温去聲。齒出曰齙。《集韻》步化切。謂乳曰奶。鐘鼎文作乃。膺曰胸脯。《類篇》：「蓬逋切，雉膺肉。」指紋曰腡。音螺，見《廣韻》。蘇文借用螺字。小臥曰寣。音忽。《説文》：「臥驚也。」伸足臥曰踢。音儻。謂黠曰豩。《廣韻》呼關切。今借用儇字。欲吐曰噃。《博雅》孚萬切。《集韻》作疲。瘡爛曰虹。去聲。《詩》「實虹小子」箋云：「潰也。」物聳起曰𩫏。《集韻》苦弔切。或借作趬，非。物大曰睔。《廣韻》古困切。水推物曰汆。《字彙》土墾切。舉足曰蹩。白銜切。緩行曰㞕。他陷切。據《集韻》當作槃掞。慢走曰踱。音鐸。潛逃曰瀏。元曲。語多曰沸，又曰諸諸。

《荀子・正名篇》：「諸諸然而沸。」小兒啼曰嗁。《集韻》烏化切，又烏瓜切。飲聲曰嗗。《説文》。噎聲曰餩。愛黑切。俗云打冷餩。嗽聲曰喀。《列子》：「嘔之不出喀喀然。」吐聲曰呸。元曲。嘶聲曰咋咋。音賾，見《列異傳》。鬧聲曰叿叿。《廣韻》：「市人聲也。」音烘，又作訌。小兒戲匿曰尋貎幽。《譚概》：「貎，獸名，善遁，入人室，覓之，即不見。」伸指賭酒曰豁拳。《六研齋筆記》。通宵不寐曰夜不收。詳兵律條例。遊手好閒曰流宕。古樂府：「流宕在他縣。」事多牽制曰兜搭。不成曰倒竈。俱見《通俗編》。物不鮮曰蔫。於乾切。枯者曰癟。《玉篇》蒲結切。支物曰𡺸。徒念切。《廣韻》通作磹。今俗借墊。小者曰㦰。私洽切。見《中州集》。以器蔫物曰𠥽。音替。以木範履曰楥。俗作楦，喧去聲。《説文》：「履法也。」壓油曰榨。壓酒曰醡。俱見《廣韻》。以篾束物曰箍。本音孤，轉音枯。俗音若邱。撈漉河泥曰罱。俗音儼，或作𦋸。治皮曰㲊。讀若薦。見《説文》。編竹曰籪，密者曰篿，小而圜者曰篣。俗徒駭切。剡木相入曰榫。《考工記》「筍虡」作筍。闗門之機曰櫎。見《玉篇》。俗作閂。張鳥之機曰弶。巨亮切。挑燈曰掭。他念切。懸物曰㘸。見《玉篇》。今借作弔。菜心曰蕻。俗音烘去聲。不鞍而騎曰驏馬。驏，初限切。移物謂之般。俗作搬。藏物謂之抗。《周禮・服不氏》：「賓客之事則抗皮。」鄭注：「出舉藏之。」今或作伉囥。貨物得贏曰賺。或借作撰。齧物曰齦。康很切，俗平聲。飼物曰餧。《月令》：「餧獸之藥。」兩物相和曰拌。俗作拌，乃𢫬字也。滚水漬物曰淬。《集韻》披教切。今俗作泡，非。以火乾物曰焙。《説文》作𤎣，皮力切。今作焙，陪去聲。以火暖物曰燂。徒南切。以湯瀹物曰煠。士洽切。熟物和五味曰燘。呼罪切。俗音晦。錮金鐵令相著曰銲。音翰，見《玉篇》。《唐韻》作釬。削物曰剕。音批，見《玉篇》。《集韻》又作刺。破開曰華。見《曲禮》。俗音上聲。挹彼注此曰舀。以沼切，見《説文》。以掌打人曰摑。古獲切。摩物曰擦。亦作攃。展物曰敨。音黈。兩手摩物曰挼。俗作挼，奴禾切。拭物曰膽。《禮·内則》：「桃曰膽之。」《字林》作：「扰，拂也。」用力掇物曰⿰自力。堆上聲。物敗生白膜曰打白醭，音僕。亦曰出白殕。音撫。不分皂白曰烏漉禿，又曰囫圇吞。即囫圇吞棗省棗字。狀物之長曰長敲篠。音了挑。寬曰寬定宕。《癸辛雜識》。麻面者曰麻葛剌。音辣。滑澤曰光辣撻。陳郁《話腴》。冷曰冷清清，又曰冷湫湫。音愀。熱曰熱湯湯。去聲。煖曰暖烘烘。實曰實辟辟。音闢，見《素問》。空曰空飄飄。薄曰薄鬆鬆。王建詩。圓曰圓衮衮。元稹詩。硬曰硬綳綳。又作硬邦邦。昏曰昏董董。朱子《語録》。案當作懂。醉曰醉醺醺。儒雅曰文傷傷。元曲。盛怒曰氣吽吽。音烘。新曰新鏃鏃。《世説》。青曰青猗猗。白曰白雪雪。紅曰紅血血。黃曰黃光光。音觥。黑曰黑窣窣，又曰黑漆漆，亦曰黑洞洞。菈菈攋攋，風聲也。滴滴答答，雨聲也。老老大大，《傳燈録》。齒爵尊也。端端正正，《路史》。德行純也。停停當當，朱子《語録》。所見明也。平平穩穩，戴石屏詩。素位行也。汲汲忙忙，《論衡·書解》篇。求利名也。恍恍惚惚，《六韜·選將》篇。欠精神也。顛顛倒倒，心不明也。迷迷癡癡，飾僞態也。劫劫波波，有所爲也。零零碎碎，朱子《語録》。難終窮也。條條直直，白居易詩。順有功也。

方音

吾邑方音之誤，以字母言之，如人之讀銀，日之讀嶷，仍之讀迎，任之讀吟，則臨文者皆然。至於俗語，則柔爲牛，饒爲蕘，讓爲軔，魚亮切。染爲儼，軟爲阮，忍爲釿，蘂爲婗，絨爲濃，認韌皆爲凝去聲，是以日母轉爲疑母也；而肉爲衄，瓤爲孃，又轉爲娘母矣。他如讀從混邪，讀牀混禪〔一〕，疑娘不分，喻匣不辨，若斯之流，不能殫述。惟而爾耳諸字，卻較中州之音爲稍正耳。

以韻部言之，支韻本與微齊通，而讀爲惟近余，讀垂隨蕤誰近如，吹近趨，規龜嫣近車，危近魚，葵夔逵近渠，麾撝近虛，虧窺近區，錐近朱，則轉入魚韻。悲近杯，羸近來，則轉入灰韻。又如歌韻多科磨等字音與模韻混；庚韻兄榮宏紘泓轟訇瑩吰等字音與東韻混，行耕氓等字音與陽韻混；蒸韻朋肱薨等字音與東韻混。而十三元一韻，如元原園言則與先混，煩蕃翻則與删混，垣暄萱則與寒混，魂渾温奔則與文混，孫尊存則與真混，竟不知本韻究屬何紐。尤爲方音之偏，與古不同。按十三元，古音本分爲二，均真文爲一類，寒删爲一類，此又方音近古處。他如富音近覆而讀如賦，則尤虞混矣。褒音近包而讀如哀，則尤豪混矣。佳音近街而讀如嘉，則佳麻混矣。此皆方音之偏，與韻不合者也。至於四聲之誤，則仔祇斟艘閩竣等字，以平聲而讀上去。技庀荷擔荷之荷卉殆妓垢等字，以上聲而讀去。懿汶等字，以去聲而讀平。累屨餌珥嗣稗示曙忤等字，以去聲而讀上。鼻呰值等字，以去聲而讀入。此皆俗師相承沿誤，不可不正者也。又有俗語不誤而讀書不辨者，如上下之下，上聲爲體，去聲爲用，今俗言潮退曰下岸，蔬肉曰下飯，皆讀如暇，而學者概讀上聲，則誤矣。截物曰斷，如小兒斷嬭之類，俗音如短，而學者概讀徒管切，

〔一〕牀：原誤作「狀」。

則誤矣。他若狼戾、眼淚，俗語如利，而學者讀如類。褒貶之褒，俗語如包，而學者讀如裒。此皆俗音近正，亦邇言所當察者焉。

里諺

《太平志》：里言淺近，至理存焉，經史並引之。吾邑諺有可味者：君子一言，快馬一鞭。取直也。年荒可過，兒小能大。在守也。姑娘嫂，落得好。處有時也。等人益久，憎人益醜。隨心變也。家有千金，不掭雙芯。儉之積也。有錢布施，不問落處。施之博也。寧添一斗，莫添一口。慮之長也。忍一忍，喫不盡。能懲忿也。若要好，大叫小。寧自屈也。差人面，轉轉變。好無常也。送人送上岸，送佛送到殿。有始終也。依你算，發迹兩年半。勸安分也。見説道是，見哭道死。譏輕信也。磨得鴨嘴尖，鷄嘴弗值錢。笑趨時也。來者不猷，猷者不來。慎敵也。砟高礙樹，砟低礙地。慮偏也。隔牆抛箕，仰仆不知。事難定也。牆頭草，風吹兩邊倒。不足倚也。人往高頭，水往低流。宜審所嚮也。富者算，窮者拚。亦各有説也。弗買弗賣，三代分敗。世漸衰也。三代眷親，世代族人。厚薄殊也。不怕折，只怕歇。終必獲報也。凡此皆醒世名言，君子其可無邇言之察哉。

案吾黄里諺與太邑同者已見於前矣，至《太平志》所未載者尚多，今録於後，並釋其義，亦足爲察邇之一助云。如勸讀書則曰：開卷有益。《澠水燕談》宋太宗語。書中自有黄金屋。李之彦《東谷所見》云《勸學文》言書中自有黄金屋。自斯言一入於胸，未得志時已惟以金多爲榮矣。宰相須用讀書人。《宋史·太祖紀》。一日爲師，終身爲父。元曲。讀書百徧，其義自見。《魏志·王肅傳》注。秀才不出門，能知天下事。《老子》：「不出户，知天下。」俗語本此。

勸爲善則曰：舉頭三尺有神明。《南唐書》徐鉉語。住場好，不如肚腸好；墳地好，不如心地好。《癸辛雜志》。

勸安命則曰：憑天所斷。《晉書·符堅載記》：「憑天俟時。」天不生無禄之人。元曲。錢財八雙脚，生世趕不著。富不可求也。十年水流東，十年水流西。運至則通也。

戒爲惡則曰：過路石頭有人掇。言如石子礙路，人必掇去之也。辣蓼自有辣蓼蟲。即《詩》「剛亦不吐」意。好事不出門，惡事傳千里。《北夢瑣言》引古語。

戒詐僞則曰：弄巧成拙。《傳燈録》。弄假成真。《瑣綴録》。上樹拔梯。《通俗編》。水落石出。蘇東坡《赤壁賦》。越奸越巧越貧窮。詐無益也。

戒多言則曰：前言不應後語。即《孟子》「言不顧行」意。話不投機半句多。元曲。一言既出，駟馬難追。《論語》：「駟不及舌。」嬾狗好條尾，嬾人好張嘴。言能言不能行也。

勸節儉則曰：屋寬不若心寬。言無財勿造屋。無有閒錢補笊籬。見元曲。

勸安分止足則曰：量體裁衣。言貴相稱。賭錢喫酒量家當。即《朱氏家訓》「勿貪意外之財，勿飲過量之酒」意。人心不足蛇吞象。羅洪先詩，本《山海經》。比上不足，比下有餘。《文選·鷦鷯賦》：「上方不足，下比有餘。」一飲一啄，皆有前定。不可强得也。人無千年好，花無百日紅。日中則仄也。

戒妄取則曰：君子不奪人所好。《指月録》。得人錢財，與人消災。元曲。君子愛財，取之以道。《五燈會元》。

戒争訟則曰：悗聲大發財。悗，母本切。今俗音悶。即「忍一忍，喫不盡」意。嗔拳弗打笑臉。《五燈會元》。一箇半斤，一箇八兩。言一般見識也。相駡無好言，相打無好拳。猶可説也。一字進衙門，九牛拔不出。悔無及也。見《普燈録》。氣死弗可打官司，餓死弗可做盜賊。言必遭刑責也。

戒安佚則曰：不受苦中苦，難爲人上人。慮患則達也。見元曲。成人不自在，自在不成人。死於安樂也。見《鶴林玉露》引諺。

論處家則曰：家有千金，不如薄技在身。貴有諸已也。娶箇新婦賣箇兒。孝衰於妻子也。娘飯香，夫飯長，兄弟飯，莫思量。母家難恃也。兄弟姊妹，各人自類。男女異業也。喫弗窮，著弗窮，算弗到，一世窮。用度無節也。種田錢，該萬年；生意錢，六十年；衙門錢，一塳煙。悖入悖出也。管顧弗勤，吵亂四鄰。慢藏誨盜也。家中三件寶，濫田醜婦破絮襖。人不嫉媢也。千年宗，萬年族。緩急可靠也。

他如論人情物理則曰：隨鄉人鄉。貴從俗也。范成大詩。女生外嚮。當從人也。見《白虎通》。嫁鷄隨鷄，嫁狗隨狗。義從夫也。見《埤雅》。龍生龍，鳳生鳳，老鼠生兒打地洞。子肖其父也。《普燈録》作「緣屋棟」。外甥多類舅。氣所孚也。《容齋隨筆》。一歲肖狗，千歲肖狗。少成若性也。桑枝從小壓。教子齠齔也。月裏崽老不可竦，新娶老婆不可寵。教子嬰孩，教婦初來也。謂幼孩曰崽老。崽，俗音嘶。三子出一豹。多男可喜亦可懼也。《癸辛雜志》作彪。兒要親生，田要冬耕。凡事宜豫也。隔重肚皮隔重山。同父異母常難處也。生兒防老，積穀防饑。子宜養父也。不郎不秀。無執業也。《留青日札》：「元時稱人以郎官、秀才爲等第。」一説即《詩》「不稂不莠」。獨隻皮鞋摑不響。勢不敵也。官無悔筆。不可錯也。《譚概》。窮官抵富户。禄不薄也。瞞上不瞞下。背公黨惡也。無針不引線。事必有因也。有麝自然香。誠則形也。見元曲。板板六十四。定理不易也。《豹隱紀談》：「鑄錢，每一板六十四文，乃定例也，多一文則爲私鑄。」近火前燒。勢所必及也。遠水不救近火。無能爲力也。見《韓非子·説林》。樹倒猢猻散。失其所恃也。見《談藪》。養虎遺患。寇由自致也。《史記·項羽紀》。神差鬼録。妖由人興也。神出鬼没。技可通神也。《黄石公兵略》。青大白日。明且清也。本云青天白日，俗語改天作大，蓋由一人誤讀，衆從而效之耳。風聲草動。常自驚也。隨風倒舵。心不定也。見禪宗語録。擵風捉影。不足信也。擔泥填井。事難成也。雪上加霜。怨難平也。雪中送炭。真仁人也。有天没日頭。無良心也。花言巧語。人所輕也。借花獻佛。徒損人也。佛面刨金。貪不情也。飛簷走壁。技通神也。啞吃苦瓜。難告人也。斬草除根。不留情也。路上只可栽花，不可栽刺。宜解紛也。千年田，八百主。業無常也。《五燈會元》。日餧猫，夜餧狗。事有章也。屋倒連夜雨。數奇有悔也。火燒眉毛眼下緊。急不能待也。宰相肚裏好撑船。量如江海也。《水東日記》。强將手下無弱兵。下觀而化也。神仙難斷粢粒價。物無定價也。依樣畫壺蘆。不可認真也。《續湘山野録》。有箇壺蘆畫箇圈。語必有因也。㿟冬瓜，畫壺蘆。識失真也。大樹按丈竿。不足徵也。捉著封皮當信行。虚無憑也。平地打滑澾。掉以輕心也。上梁弗正下柱差。宜反身也。楊泉《物理論》：「上不正，下參差。」俗語本此。斧頭喫鑿，鑿喫樹。勢相逼也。大蟲口裏列碎肉。何所得也。狗口無有好象牙。斷可識也。《抱朴子》：「象牙不出鼠口。」麻狸過，打黄狗。事無及也。猪來窮，狗來富，猫來拔直過。驗往昔也。路遥知馬力，日久見人心。觀後日也。只重衣衫不重人。有賢不識也。人善得人欺，馬善得人騎。人情之薄也。有錢能使鬼行磨。爲富則惡也。見《錢神論》《幽明録》。鬪風點火自燒身。孽由自作也。落水求人救，上岸討包布。無厭之索也。甲子乙丑，拏弗到手。無底之壑也。儇人做牙，獃人做抱。自取縛也。猪到喫猪頭，羊到喫羊頭。惟利是視也。《容齋四筆》：「兩商人入神廟，其一陸行欲晴，許賽以猪頭。其一水行欲雨，許賽以羊頭。神顧小鬼言：『晴乾喫猪頭，雨落喫羊頭，有何不可？』」俗語本此。熱鑊孔著把，冷鑊孔著把。平視彼此也。《五燈會元》：「冷處著把火。」俗語本此。千里送鵝毛，禮輕情意重。不以貨財爲禮也。蘇黄詩俱用之。緣繩落地，敲鑼没趣。同事之恥也。一朝權在手，便把令來行。譏自恃也。朱灣戲擲籠籌詩。三十六相，走爲上相。笑無智也。《齊書·王敬則傳》：「三十六策，走爲上計。」蝨多弗癢，債多弗愁。莫可爲計也。頭痛灸頭，脚痛灸脚。急則治標也。有病不治，常得中醫。食飲宜調也。《漢志》引諺。閒事莫管，廚到三盌。省事加餐也。《苕溪叢語》載諺「聞事莫説，問事不知。閒事莫管，無事早歸」。豈有不省事乎？將酒勸人，並無惡意。所以盡歡也。李昌齡《樂善録》。喫食自家門風，相唤自家禮義。非以觀美也。輕人自輕自，重人自重自。出爾反爾也。旁觀者明，當局者暗。臨事貴問也。看事容易做事難。勿爲高論也。見怪不怪，其怪自敗。有定識也。事見《風俗通》。工夫深，鐵杖磨細針。勤之積也。一法通，萬法通。貫以一也。《莊子》云：「通於一而萬事畢。」其無關勸戒者，不悉録焉。

〔嘉靖〕太平縣志

【解題】曾才漢修，葉良佩纂。太平縣，今浙江省台州市温嶺縣。「方言」見卷二《地輿志》中。録文據嘉靖十九年（一五四〇）刻本《太平縣志》。

方言

風土不同，語言亦異。太平，故越地也，在上古爲東夷，漢以後爲會稽郡，故自浙以東，俗之言大略相似。

吾邑以人爲秂。音闇。自稱曰我儂，我或訛爲厊。稱人曰你儂，你與薾同音，蓋古爾字之訛。指他人而稱曰隑儂，隑，跽迴切。即渠字之訛。以取爲馱。以喚爲凹。呼人曰誧。應人曰欸。以去爲嘅。以幾許爲幾海。以罷休爲歇鼇。以在此處爲是箇裹。以在彼處爲是旁裹。以如何爲嗟生，又或訛爲齋生，寧、紹人曰亨生。以寧馨爲瓢馨。凡此之類，不能悉舉，姑綴其一二，以續輶軒殊語之後云。

〔嘉慶〕太平縣志

【解題】慶霖修，戚學標等纂。嘉慶十六年（一八一一）修。太平縣，今浙江省台州市温嶺縣。方言見卷十八《雜志·風俗》中。録文據光緒二十二年（一八九六）重刻本《太平縣志》。

風俗

方言字多不典，在可解不可解閒。葉《志》「如何爲齋生」之類。或並無其字。葉《志》「以人爲𥝌」之類。亦有俗稱自昔有者。如：

呼小兒曰崽。揚雄《方言》：「崽者，子也。」郭璞注：「音枲。」〔一〕此音北轉爲宰。

水母曰藏魚，亦呼曰鮓。《説文》：「鮓，藏魚也。」音讀如上。

呼人曰癐。《輟耕録》：「淮人寇江南，齊聲大喊呼『阿癐癐』。」

如此曰馨。《世説》：「冷如鬼手馨，强來捉人臂。」或言這馨，猶言寧馨也。

物足曰够。音彀。《魏都賦》：「繁富夥够。」李善注引《廣雅》「多也」。

物低曰鐃。後漢童謡：「今年尚可後年鐃。」《風俗通》引作譊。

擔物曰桀。《春秋傳》：「高固桀石以投人。」注：「桀，擔也。」

應聲曰唉。《史記》范增撞破玉斗曰「唉」。注：「烏開切。」《説文》：「譍也。」

味不適口鼻曰齂辣。《本草》：「楚人呼草氣味辛毒爲蔱。」齂，即蔱假字。

與人争曰㘓㘓聲。《韓非子》：「一棲兩雄，其鬭㘓㘓。」注：「争聲也。」

謂打曰彭。《後漢·戴就傳》：「每上彭考。」李賢注：「彭即搒。」古諺：「打麥打麥，彭

〔一〕枲：原誤作「葸」，據《方言注》改。

彭拍拍。」

有力曰劤。《埤倉》：「劤，多力也。」讀如禁。《玉篇》音靳。

無賴曰無徒。《友會叢談》：「世有無徒之人。」他書或作無圖。

謂事有緒不成曰王録事。杜少陵詩：「爲嗔王録事，不寄草堂貲。」其所本也。

至如以急走爲遞，取驛遞之義；以深藏爲幽，處幽深之義。此類皆顯然。

方音、方言不同。方言，楚人謂虎於檡是也〔一〕。方音，陳宋之俗讀桓如和是也。

黄、太，一縣所分，數十里之隔，而音有絶不同者。黄多開口，近時下官音；太多閉口，合古音。瓜字，黄讀夬平聲，太讀近孤。《春秋傳》：「緜緜生之瓜。余爲渾良夫，叫天無辜。」則太音古也。潭字，黄讀談，太讀如豚。《韓詩外傳》：「逢天之暑，思思潭潭；願乞一飲，以洗我心。」則太音古也。簪字，黄讀贊平聲，太讀近尊。崔琦《外戚箴》：「宣王晏起，姜后脱簪。齊桓好樂，衛姬不音。」則太音古也。南男二字，黄並讀難，太讀嫩平聲。《詩》：「凱風自南，吹彼棘心。太姒嗣徽音，則百斯男。」則太音古也。至平聲之花、上聲之寡、去聲之化、入聲之納，莫不黄開口，而太閉口。古音之斂，略可推見。近者不能無楚夏，況千百里之遠哉。台音俗師多有失讀者。嫫母之嫫，音模，而讀摸。竣事之竣，音筌，而讀俊。海艘之艘，蘇遭切，而讀叟。斟酌之斟，音鍼，而讀怎。略一拈出，不能悉舉。

〔一〕檡：《方言》作「䖘」。

〔民國〕平陽縣志

【解題】王理孚修，劉紹寬等纂。民國四年（一九一五）修。平陽縣，今浙江省温州市平陽縣。「民族」見卷十九《風土志》中。録文據民國十五年（一九二六）刻本《平陽縣志》。

民族

甌粤民族，自漢悉徙江淮，其地虚矣，自是居者已非舊族。厥後孫恩、盧循、袁晁、裘甫之亂，皆及永嘉，而平陽之遭蹂躪與否，實無可考。五季朱褒、盧約迭據永嘉，朝夕反覆，卒歸錢氏。平陽又與閩接壤，閩越交争，屬當戰地，鋒鏑所及，流移必多，故吾平民閒族譜，多言唐季避王曦亂自赤岸來徙。赤岸者，古長溪地，今福鼎縣也。《陳高族譜序》云：「陳氏在五季時，自閩之長溪赤岸避亂遷居平陽。」《吴氏世譜序》云：「吴氏之先，自閩遷平陽。」《徐氏族譜序》云：「徐氏自晉天福閒，於閩之秦川徙居平陽。」縣西《愚翁墓志序》云：「顧氏其先，李唐末自閩之長溪赤岸避亂始遷。」《鄭處抑先生行狀》云：「其先自高密遷閩之長溪赤岸，石晉時徙温之平陽宰清鄉。」明時倭寇之擾平陽，被害最鉅。清順康閒以鄭成功之難，沿海徙界，民族變遷，此時尤甚。

今以言語分別，約有五派：曰甌語、曰閩語、曰土語（俗稱蠻話）、曰金鄉語、曰佘民語。大別區之，縣治及萬全區純粹甌語，小南則閩語十一，江南則閩語、土語與甌語參半，金鄉語惟舊衛所而已，北港則閩語六、甌語四，南港蒲門則閩語七八、甌語二三焉。甌語本爲甌族，閩語來自閩族，此最易辨。惟土語，江南一區有之，其稱甌語爲後生語，則似海濱土著本作是語，後蓋化爲甌語也。金鄉一衛，前明指揮部屬居焉，初自用其鄉之語，後與土語相雜成金鄉語。若佘民，散居南北港蒲門各山奥，其語亦居少數，相傳先世自閩廣來，蓋本苗種，俗稱佘客，謂爲客民也，其言語習俗，不與土民同，婦女向不裹足，勤耕作，雜傭保，男子亦有讀書入學者。按《麗水縣志》云：「嘉慶八年，巡撫阮元會同學使文寧咨准一體考試，其散居温州者，於道光六年求考，學使朱士彦不准與考，然則吾平佘民之與考者，始於何時，無案可稽矣。」舊不與土民爲婚，近始有稍稍通婚者。處州、麗水、青田等縣亦有之。其字，《麗水縣志》作畬。俗或作畬、作畲。

〔同治〕泰順縣志

【解題】 又題《泰順分疆録》。林鶚纂，林用霖續纂。泰順縣，今浙江省温州市泰順縣。同治四年（一八六五）修。「方言」見卷二《風俗》中。録文據光緒五年（一八七九）刻本《泰順縣志》。

方言

附郭設縣時，安插栝人最多，至今言語猶近麗水、松遂之音，郊以外仍近閩音。一都界景寧，音即近景。二三都界青田、瑞安，音遂雜以青瑞。東南各鄉皆閩音，近各縣邊界則尤異，南北語言有如秦越。又自康、雍以後，多汀州人入山種靛，遂至聚族而居，今皆操汀音。乾隆以後，多平陽北港人入山耕種，有發族者，類皆國初由興泉内徙之民，故又特操泉音。地方二百里閭，言龐語雜，未有如吾邑者。故詳及之。

〔同治〕麗水縣志

【解題】彭潤章等纂修。麗水縣，今浙江省麗水市蓮都區。「雜記」見卷十五。録文據同治十三年（一八七四）刻本《麗水縣志》。

雜記

麗邑鄉音，如考曰口、來曰釐之類，稍涉學者皆知其與古合，至讀爲曰于，則或訝其僻謬矣。考古聲爲于相通。《聘禮記》：「賄再聘于賄。」鄭注：「于讀曰爲。」《詩·定之方中》篇「作于楚宫」「作于楚室」，正義曰：「作爲楚邱之宫」「作爲楚邱之室」，是亦讀于爲爲也。《文選·魏都賦》張載注、謝朓《和伏武昌》詩、王融《曲水詩序》李善注引《詩》並作「作爲楚宫」「作爲楚室」，是所據本于皆作爲，二字同音，蓋顯然矣。案，考讀口，爲讀于，係雲和音，蓋雲前實屬麗耳。

〔民國〕松陽縣志

【解題】吕耀鈐修，高焕然纂。松陽縣，今浙江省麗水市松陽縣。「方言」見卷六《風土志五》中。録文據民國十五年（一九二六）活字本《松陽縣志》。

方言

松陽腔口，語言謂腔口。大略有五種。一、松陽腔。西自界首龍虎坳，北至平田，東至南州等處語之，其近遂昌村方雜遂昌語，近龍泉村方雜龍泉語，近宣平村方雜宣平語，然皆平聲讀去聲，去聲讀平聲，虞韻讀歌韻，歌韻讀虞韻者也。二、麗水腔。上自象溪，下至堰頭，東北至桐榔等處語之。三、汀州腔。石倉源、小港一帶及清源坌等處語之。四、福州腔。丁山頭、砬下、謝家等處語之。五、畲客腔。東南鄉山間寄居之畲民語之，其發音有似粵語者，有似滿語者。五種腔口，惟松陽語、麗水語近似，其他則毫不相通。茲所述者，爲松陽土語，僅執所知者記之，遺漏尚多，聊以備考而已。方今中外交通，凡歐西各國語言且必繹而習之，況國內方言，可弗究心歟？因特補記方言一編，以便官斯土者及商旅遠人得資所取證焉。入鄉問俗，此亦問俗者所必要也。爰將松陽土語分俗字、俗名、俗呼、俗語四部，述之如下。

俗字部

槰，音蓬去聲，小叢林也。囮，音紛，園也。坌，音奔去聲，畈也，田疇也。丼，音遁上聲，窪地也。墶，音答，又作塔，草圩也；又此處、彼處曰乙墶、阿墶。哀，音菩，五哀，村名。丬，音張，丬塘，地名有丬塘橋。崗，石倉區曰崀，山之分水也。塢，東鄉曰垵，山之合水也。峴，又作奈，音現，山巔之平沿也。畲，音蛇，畲客也，苗人遺種。壟，音隆，又作隴，兩山間之田疇。坳，音拗，兩山巔中凹處。墈，音勘，矮牆也。汞，音閧，同澍，深滑泥也。填，同壩，又作壋，疊石引水灌溉田禾曰壩。澳，音奧，壩上歸水處曰澳。圳，同堰。⿰山瓜，音卿去聲，水流石成凹處也。坟，同墳。⿰土玄，同壇。畹，音怨，田園分鋤，低處曰畹，高處曰疄。疄，音吝。屖，音春，穴也。橨，又作⿰黽賁，音耿，蓋也。棹，同桌。橙，同凳。⿱竹瓬，音列，篾製晒具也；篾籬亦曰篾⿱竹瓬。楞，音勒恨切，大秤也。稱，音磬，秤也。戥，音燈上聲，秤分釐者也。簰，筏也。槖，音拋，又作橰，大柚也。帑，音儻，月形大刀也；公帑，公款也。鍓，音丹入聲，鈎也。⿰骨玄，音袞，圓筒式物，如氣⿰骨玄、火⿰骨玄類。⿺毛也，音鋪，凡桐茶子、蓮子之托皮皆曰⿺毛也。⿰石叕，音得，小酒罌也。鐣，音産平聲，風鐣、風爐也。樛，音責，梁上橫梁，庋樓板者曰樓樛。奋，音拔旺切，胖也，漲也。⿱一貝，同匾。甩，音貫，籃柄也，拋棄也。甪，音退入聲，脱也，神不清也。找，音爪，補不足也。⿱丷土，音改，起立也。扚，音約，拿也。掇，音端入聲，提取也。啜，音輟，喫也。拚，音判，買賣山木也。⿱⺮則，音翠，斫也。⿰貝單，音短，估值販賣也。盦，音曷，閉物使發酵也。閂，音蕭，門橫關也。⿵門丨，音槓，扛去聲，門直關也。⿰片瓜，音派，劈開也。担，同擔。⿱癶足，音統，失足前仆之狀。趽，音彭，跨也。扳，音板，翻轉也。⿰亻縣，音酣，癡也，浮腫也。稓，音觸，刺也。⿰高尤，音敖，板類乾燥不平之狀曰⿰高尤。⿰鬲尤，音趬，板棒類其端仰豎之狀曰⿰鬲尤。冇，又作殼，音喊，無仁曰冇。有，又作㱿，音彈，有仁曰有。笐，音各旺切，架起也，笐几香、几桌也。蓌，音乍，障也，鏡蓌障，鏡布也。⿱山皿，音⿱山皿，拗⿱山皿，揭水木器也。鋽，音調去聲，鐵製撥火器。⿱艹寮，音⿱艹寮草，草屋也。⿰木暴，音薄，户樞，門閂所承處曰門⿰木暴。櫋，音綿，瓦下椽頭之聯木曰櫋裏。⿰冎刂，同快。圝，又作圞，音迴去聲，製板壁也。闠，音聘平聲，又作搵，合也；一闠，一排也。篓，音切，榖篓，竹製撥斗也。簄，同籭，細籮也。柹，音鄙，鉋斧削下木屑曰樹柹。夯，同扛。賺，音盞，貿易得利曰賺。奅，音豹，奅滿，充實也；凡物突出亦曰奅。掮，音岸上聲，敷種也。趫，音掩，躲隱也。綵，音祭，麻線也；搣綵，搓製麻線之謂。㡜，音世，棉㡜，即棉絮，被内棉也。㡢，音機，腰㡢，夏布也。釪，焉入聲，音咽；又音子，鎌刀也。犢，音厄，犢兒，犢也。妗，音儉，舅母；又内兄弟妻；一作娢。嬤，音馬平聲，祖母也。嬍，音咩，妹平聲，母也。爊，音奥平聲，猛火久煮也〔一〕。燜，音悶，漸火閉蓋煮也。煠，音餞，油煎食物曰煠。爤，音蹋，義同上，煠帶水之物曰爤。爀，音閘，清水煮物曰爀。戶冃，音故貫，閉門聲也。彳亍，音剃泰，步聲也。邋遢，音蠟塌，齷齪也。刁卜，音滴鐸，水滴聲也。舀，音邀，撥水也，挹彼注此也。搣，音滅，兩指搓線曰搣線。扒，音杷，搔取也。跁，音把，跌也，跌倒曰跁倒〔二〕。兰，同藍。

俗名部

大猫，音馱毛，虎也。儂熊，狒狒也，猩猩也。犬熊，音淺庸，狼也。馬熊，羆也。荒鷄，雄鷄也。草鷄，女鷄也。山荒鷄，雉也。山鳳凰，白雉也。水鴨，鶩也。野猫，音夜毛，狸也。雨鴉，夜鶴也。螟蛹，墨魚也。乍魚，水母也。蜘蛛干，屏魚也。大猫魚，鱖

〔一〕火，原誤作「大」。
〔二〕跁：原作「跑」。

也。捕翼，蝙蝠也。火魚，金魚也。紙鷂，風箏也。酒羹，莎鷄也。銀魚兒，蠹魚也。凄蟲，孑孓也。八腳蟢，大蜘蛛也。八八兒，鸜哥也。吉吉兒，麻雀也。烏鱸用，七星魚也。跳子，蚤也。大猫蒼蠅，蠅虎也。菽兒，又曰蘆穄，高粱也。菜頭，萊菔也。蒲兒，瓠也，胡盧瓜也。哨瓜，白瓜也。蔞蕳，薄荷也。菊花菜，又曰蒊菜，金菊菜也。馬蹄菜，東莧菜也。麥豆，蠶豆也。佛豆，又曰羅漢豆，豌豆也。麻車，又曰山底紅，山查子也。薊蕌，薤也。花麥，蕎麥也。日頭花，葵花也。死復活，復音拔，石松也。煙酒，菸草也。魁圓，龍眼也。藻，浮萍也。七姑星，北斗也。長間，中堂也。八尺後，中堂後也。廚頭，又曰下間，廚房也。伙廂，屋外廚房也。衕堂，廊下也。包風，椽頭下垂之附板也。東司，毛廁也。東央，中心點也。狹袖，長衫也。緊身，小衫也。布褲，袴也。背褡儿，背身也。煖肚，肚兜也。襦袴，婦女足脛用圍襪也。紮包，圍帶也。麵食，餛飩也。天羅細，油炸檜也，油條也。耕繩兒，油繩也，杭語曰麻花。饅頭，包子也。蔴餈，糯米粿也。米粿，水晶糕也。稠穀，晚穀也。香蓋，香菰也。布襴，裙也。鉸剪，剪刀也。薄刀，菜刀也。水滾，圓筒水杓也。筅羽，竹帚也。鳥羽，掃帚也。口鑊，音可涸，大鍋也。銅鑊，曰堂涸，有柄小鍋也。風鏜，竈爐也。飯匙，飯瓢也，匙音其。畚箕，音半衣，盛土篾器也。酒揭，酒壺也。手照，燭臺也。小妵兒，小女也。小儂兒，少孩也。媛妵客，婦人也。後生，青年也。奶兒，東鄉曰嬸，女兒也。拋鬼，流氓也。老奶，婢女也。新媛妵，新嫁娘也。濫撩，無賴也。姻嫪，壽頭也。香式，闊老也。不棒，不，的餘切，棒音綁，挑物用助器。半開門，私娼也。售子，妻前夫子也，售音就。馱叔，隨母嫁父也，馱音徒去聲。

俗呼部

太陽曰熱頭。虹曰秏。吼去聲。彗星曰鳥羽星。霰曰雪雜。雜音責。落雨曰遁雨。雹曰霍閃。火曰虎。水曰聚。冰曰照。石曰砿頭。塵埃曰錫索。人曰儂。何人曰那儂。那音難。老人曰老頭儂。我曰俶我。尔曰錫尔。他曰彼。音而改切。父曰老爺。音若揄，又曰相。翁曰大官。又曰相公。姑曰大家。又曰妹。富曰財主。窮曰倒灶。落魄曰啜鼓。又曰倒霉。兒戲曰較。惡戲曰蠻。美貌曰像樣。像音丈。醜陋曰死形。腹曰卜。肚飢曰卜該。膝曰腳臁頭。食指曰槍指頭。又曰天指頭。屁股曰窟臀。脛曰腳卜袋。陽具曰水奶。又曰卵。音亂上聲。陰物曰匹兒。又曰巴。音拜平聲。交合曰鍾。尿曰稀。屎曰汙。解手曰羅汙。欠伸曰打空快。噴嚏曰打阿翠。笑曰趬。哭曰叫。音要。癢曰慫。音訟上聲。立曰坐。音改。行曰迢。來曰釐。去曰愾。而次切。有曰鳰。無曰麻。長曰滕。短曰懟。上聲。深曰千。淺曰坦。近曰感。遠曰憒。厚曰估。粗曰雌。圓曰侖。濕曰卻。舊曰鈎。去聲。漲曰燈。去聲。晚曰案。陷入曰吞。音脱恩切。溢出曰罷出。好曰吼。歹曰滲。襯上聲。寒曰趁。喜甚曰爽顯。怒甚曰躁顯。懼甚曰嚇顯。恨曰怨心。樂曰捎脾。享福曰養顯。得意曰超宗。可憐曰罪過霉。奢華曰排場。儉嗇曰不堪。慌張曰凶險。小兒馴善曰呱的、曰儻債。小兒週歲曰對攸。罵詈曰鑿儂。猜謎曰猜任。睡曰昆。坤音聲〔一〕。睡下曰倒落。扒起曰挖起。怎麽曰斬，又曰斬三。何處曰察兒。何物曰難儂西。何説曰難儂護。何時曰察時節。何事曰難道路。不愛曰哦敖。與曰喀尔。取曰約鼇。二曰煖。讀若南上聲。三曰山。讀若桑。四曰世。五曰瓦。七曰赤。九曰狗。今日曰根納。昨日曰賊慢。賊山入聲。前日曰全納。後日曰隝納。吃曰啜。吃早飯曰啜天光。吃中飯曰啜煖。吃晚飯曰啜烏蔭。首席曰坐上横。白吃曰打破鑼。奉承曰捧卵抛。不遇曰見卵鬼。有服娶妻曰誑親。誑音霍。牛曰耦。平聲。犬曰淺。猪曰都。東鄉曰低，汀汀腔曰兹。魚曰呆。坐魚曰蜷。又曰時魚。蝦曰火兒。鳥曰刁兒。鶯曰黄頭刁。杜鵑曰擱工鳥。班鳩曰鼓姑兒。準曰茄鷄兒〔二〕。巢曰科。蠅曰蒼星。蚯蚓曰龍罕。蟻曰厓艾。蟬曰硬硬低。曰硬低低。蜻蜓曰花咬。音敖平聲。蜥蜴曰綿剪。又曰蜿蝙。促織曰徐羊。水蛭曰螞蝗。氣蛙曰蛤。樹曰舊。松枝曰層柯。羅浮曰金彈。蓬曰着克。穀秧曰暗。菜秧曰菜基。莠曰罷。紡紗曰捧線。布線曰奇奢。

俗語部

用壳，十三點，六錢八，夾銅，輕分，福浄，二百五，癡大腐，音欺度付。均心神不清之謂。輕謂頭，辣骨頭，討飯胚，敖面皮，面皮古，厚也。福算儂，福職世務，均不知自愛之謂。假斯文，鄉式慖，菜頭皮，均虚有其表之謂。

〔一〕與體例不合，疑有錯漏。

〔二〕準：疑爲「隼」之誤。

空卜餅，虛誣也。雙夾餅，夾忙也。畚箕揭，駡人少年亡也。敲竹槓，詐財也。閒卵搭，搭山頭也。炒猪肚，争風也，夫婦口角也。白頭打根搭，喻無中生有也。雨打鼻頭孔，喻湊巧也。口喝啜鹽滷，喻勢不獲已也。駝背弗搭席，喻兩不討好也。喝嘴啜苦瓜，喻有苦莫訴也。和尚拜丈母，喻未曾做過也。水漲船高，喻彼此相長也。船多碍港，喻人多害事也。跙倒播捺沙，喻太貪也。偷鷄弗着蝕撮米，喻求得反失也。眼睛生在額角上，喻驕傲也。猫抄食籮犬造化，喻爲人作嫁也。爛脚碰着瓜缸爿，喻雪上加霜也。到處可鑊仰天燒，喻莫妄想也。屁股門得芥菜子，喻慳吝也。一字弗職火腿滿壁，庸人多厚福也。翻砭頭磕脚背，喻自害自也。上水愛財落水愛命，喻人之無良也。卜痛埋怨鑊灶佛，喻錯怪也。好心着天雷打，喻行善不得善報也。和尚頭擺西瓜，喻不穩也。担水不知埠頭，喻莽撞也。水奶跙啦無錢丑，喻窮極也。熬一熬出得一身毛，喻儉則有益也。作惡倉倉滿，修行無根卵，喻爲富不仁，爲仁不富也。面皮厚一厚，值得籮三穀，喻厚顔多得也。呆儂有（音隝）呆福，六月插田也有穀，喻人虧天不虧也。直算横算，算得窟臀如角鑽，喻弄巧反拙也。鷄卵壳内做事，也有儂曉的，喻終必敗露也。

〔同治〕雲和縣志

【解題】伍承吉修，涂冠續修，王士鈖等纂。咸豐七年（一八五七）修。雲和縣，今浙江省麗水市雲和縣。「風俗」見卷十五。録文據同治三年（一八六四）續修刻本《雲和縣志》。

風俗

雲俗鄉音，與處屬不同，分之則四境又自各異。赤石、四都。桑嶺九都之間純乎閩音。多福建汀州人僑居者。此外，若石塘八都以東類麗水王莊，四都。以西類龍泉林山，三都。以南類景寧。準以隅内附郭諸鄉音，不無疾徐之别，總之不離雲音者，近是兹不悉載，姑記其語之有本、音之近古者。

多謝。《漢書》。留神。《漢書・東方朔傳》。子細。《漢書・源賀傳》。打算。《元史・劉秉中傳》。帳目。《宋史・孫何傳》。牀鋪。唐釋玄應《佛本行集經》。手下。《太史慈傳》注引《江表傳》：「先君手下兵數千餘人。」〔一〕客氣。《左傳》。難爲人。《禮・表記》。電謂之霍閃。蝃蝀謂之鱟。《田家雜占》本雩字。《爾雅注》于句切，音之轉也。檐冰謂之澤。《楚辭》。浣衣曰汏。《説文》。水底曰潭。浮水曰氽。范石湖《桂海虞衡志》。閉門曰閂。音拴，《桂海虞衡志》：「閂，門横關也。」濕飯曰爛。《爾雅》。虚而小實者曰空。《北史・解律金傳》：「空頭漢合殺。」物之闊者曰扁。崔融《大禹碑》：「蟠書扁刻。」匠斲木而復平之曰鉋。去聲，元微之詩。有所倚曰靠。范致明《岳陽風土記》〔二〕。負而不償，許而不予，皆曰賴。《晉語》。以手取物曰摣。音查，劉熙《釋名》：「摣，叉也，五指俱往也。」擘橙橘之屬曰朳。音如八，《廣雅》。謂人不慧曰獃。《唐韻》。麤蠢曰笨。《王

〔一〕江表傳先君手下兵數千餘人：原作「下兵數江表傳先君手千餘人」，據《三國志注》改。

〔二〕明岳陽風：原誤作「陽風明岳」。

微傳》〔一〕。言人猶豫不前曰墨杘〔二〕。音如眉癡，皮日休《反招魂》篇。小食曰點心。《唐史》。謂語不明曰含胡。《唐書・顏杲卿傳》。謂指鐶曰手記。鄭康成《詩箋》。扶持曰擡舉。白樂天詩。事穩曰妥帖。杜詩。習氣曰毛病。黄山谷《刀筆》云：「此荆南人毛病。」田畔曰田頭。《後漢書》。太甚曰忒⿰口熬。朱子《答敬夫書》。問辭曰能亨。周公謹《癸辛雜識》。應辭曰嗄。《龐居士傳》。事煩無條理曰磊竨。趙宧光《長箋》。石聲曰⿰𧾷虒⿺辶髟。《通志・六書略》。饋人曰作人情。杜詩。

他如來曰𨈇、考曰口、爲曰干、人曰能，此鄉音之通於古也。以上方言。

〔同治〕景寧縣志

【解題】周傑修，嚴用光等纂。景寧縣，今浙江省麗水市景寧畲族自治縣。「風俗」見卷十二《風土》中。録文據同治十二年（一八七三）刻本《景寧縣志》。

風俗

景屬鄉音，隨地各别。在坊郭者多和緩，在鄉隅者多勁直，各都接壤於青、雲、龍、慶、甌、泰順。閩壽寧者，語多類之。其近城六七十里諸村莊語音不甚相遠。事關掌故，而言爲心聲，兹

〔一〕傳：原誤作「詩」。
〔二〕杘：原誤作「床」，據《列子》改。

惟採其雅合於古者，以見崖略。如：

虹曰鱟。《田家雜占》本雩字，《釋文》雩，于句切。父母曰爺孃。《古木蘭詩》。兄曰哥。《廣韻》。言曰話。《雲麓漫鈔》。握曰捻。《青瑣高議》。負强不屈曰矯。《中庸》。多爲謙遜曰客氣。《左傳》。感恩曰多謝。《漢書》。侍從曰手下。《吴志·太史慈傳》注。慎重曰子細。《北魏書·源賀傳》。假禮以取羨餘曰抽豐。《堅瓠集》。財貨往來曰帳目。《宋史·孫何傳》。籌畫曰打算。《元史·劉秉忠傳》。言之不實曰荒唐。《莊子·天下》篇。順從曰作人情。杜詩。事物有誤曰賺。許慎《説文》。論事不明曰含糊。《唐書·顔杲卿傳》。苟且曰糊塗。《宋史》。措置周密曰妥帖。王逸《楚辭序》。事之繁雜曰磊竨。趙宧光《長箋》。名銜貴顯曰腳色。《朝野僉要》。扶助曰擡舉。白居易詩。習氣曰毛病。黄庭堅語。洗物曰汏。《説文》。入水曰潭，浮水曰氽。范成大《桂海虞衡志》。争競曰操刺。《後漢·高祖紀》。貧曰落魄。《史記·酈生傳》。物闊曰扁。崔融《禹碑》。平木曰鉋。元稹詩。木段曰不。吴棫《韻補》。指環曰手記。鄭康成《詩箋》。小食曰點心。《唐史》。客裝曰行李。《泊宅編》。臥榻曰牀鋪。唐釋玄應《佛本行經》。遲延曰擔閣。《朱子語類》。大聲曰轟。《説文》。應聲曰嗄。《龐居士傳》。手取物曰攎。劉熙《釋名》。省視曰邏。《説文》。相抑曰捺。《集韻》。聲蹋地曰蹏[illegible]。鄭樵《通志》。末鋭曰尖。《北史》。外圍曰套。《五代史》。謂人不慧曰獃。《唐韻》。欠識曰笨。《晉書》。依倚曰靠。范致明《岳陽風土志》。睡聞鼻息曰鼾。宋太祖語。

又如鮮曰少、爲曰作、諉曰推、非曰否之類，雖土音是操，未始不與經傳相合也。以上方言。

安徽省 凡十八種

〔民國〕安徽通志稿

【解題】安徽省通志館編。民國二十年（一九三一）始修，邊修邊印，未全部蕆事。全書不編卷，各「考」獨立成編。「方言考」，凡三卷，方勇纂。録文據民國二十三年（一九三四）鉛印本《安徽通志稿》〔一〕。

方言考

弁言

《左氏傳》稱「遒人以木鐸徇於路」，説者謂：「遒人，行人之官，以歲八月巡路，求代語僮瑶歌戲。」而漢揚子雲亦嘗懷鉛提槧，從諸上計吏採别國殊語。蓋古雅逸言多存於口語中，而辨章聲韻，亦自采覽方音始也。吾皖襟江帶淮，自昔有吴頭楚尾之稱。然吴楚之方音，古本與中

〔一〕《中國地方志聯合目録》《中國地方志總目提要》均稱《安徽通志稿》（一百五十七卷，含《方言考》）有民國二十三年鉛印本，但方勇《方言考》「弁言」的落款日期卻在民國二十四年九月。

原不同，《詩・小雅》以雅以南，荀子居夏語夏，居楚語楚。《左氏傳》亦稱吴語爲夷言，則其語音之殊異可知矣。秦漢以還，江淮之間已入於版圖，然其語音仍自成一系。

今考之《方言》，如：憐，愛也；江淮之間曰憐。顙，雙也〔一〕；南楚江淮之間曰顙，或曰滕〔二〕。泡，盛也；江淮之間曰泡。木細枝謂之杪，江淮陳楚之間謂之蔑。庇、寓，寄也；汝潁江淮之間曰庇，或曰寓。瞯、略，眄也；吴揚江淮之間或曰瞯，或曰略。鍇、鐕，堅也；吴揚江淮之間曰鐕。蘇、芥，草也；江淮南楚之間曰蘇。芡，鶏頭也；青徐淮泗之間謂之芡。逞，快也；江淮陳楚之間曰逞。戎，拔也；江淮南楚之間或曰戎。慰，凥也；江淮青徐之間曰慰。掩，同也；江淮之間曰掩。虔，殺也；青徐淮楚之間曰虔。侹，代也；江淮陳楚之間曰侹。襌衣，江淮南楚之間謂之褋。襜褕，江淮南楚之間謂之𧞟褣。汗襦，江淮南楚謂之䙡。蔽厀，江淮之間謂之褘，或謂之袚。襌，陳楚江淮之間謂之衳。鍑，江淮陳楚之間謂之錡，或謂之鏤。刈鉤，江淮陳楚之間謂之鉊，或謂之鐹。薄，陳楚江淮之間謂之苗，或謂之麴。槌，陳楚江淮之間謂之植。聳，聾也；陳楚江淮之間謂之聳。虎，江淮南楚之間謂之李耳，或謂之於䖘。貔，陳楚江淮之間謂之𧳏。矛，吴揚江淮南楚五湖謂之鍦，或謂之鋋，或謂之鏦，其柄謂之矜。箭，江淮之間謂之鍭。江淮家居簰中謂之薦。而《説文》亦有「淮南謂母爲社」之言。蓋當時方言，

〔一〕雙：原誤作「隻」，據《方言》改。
〔二〕滕：原誤作「滕」，據《方言》改。

今多已不復存於口語中矣。及至晉代，五胡亂華，驅中原之人入於江左，而河淮南北間雜夷言，聲音之變，或自兹始。明清以來，北音盛行，而皖中語音又復因地殊異。蓋淮北一帶大體似朔方，而徽、寧一帶則音似金華、蕪湖，安慶之音又略近九江。黎錦熙《國語教學法》所分三系，蓋頗能得其概況焉。

劉左庵先生《新方言後序》曰：「草昧初闢，文字未繁，一字僅標以一義，一物僅標以一名。然方言既雜，殊語日滋，或義同而言異，或言一而音殊，乃各本方音，增益新名，或擇他字以爲代，由是一字數義，一物數名，匪惟義符，抑且音近，有雙聲疊韻以通其閡焉。蓋古本一字，音既轉而形亦更，則一義不一字。有其音轉而形不變者，則一字不一音。一義數字，是爲字各異形。一字數音，是爲言各異聲。然皆方言不同之所致也。」章太炎先生《新方言序》曰：「有誦讀占畢之聲既用《唐韻》，俗語猶不違古音者。有通語既用今音，一鄉一州猶不違《唐韻》者。有數字同從一聲，《唐韻》以來一字轉變，餘字則猶在本部，而俗語或從之俱變者。迒陌紛錯，不可究理。方舉其言，不能徵其何字，曷足怪乎？」今考之《廣韻》，叔，式竹切，此唐宋以來之音也，然與叔同从尗聲之茮，《詩·東門之枌》與荍爲韻，知其古音當讀茮矣。今讀書之聲叔爲式竹切，而桐城呼叔父爲椒椒，此所謂占畢之聲用《唐韻》，俗語猶不違古音也。《廣韻》加，古牙切；牙，五加切，二字均讀開口呼。今通語讀家爲ㄐㄧㄚ，讀牙爲ㄧㄚ，則變爲齊齒呼，惟安慶仍讀開口呼，此所謂通語用今音，而一鄉一州不違《唐韻》也。罷聲之字，如儷如襬，均在支韻，惟擺字讀北買切，今則儸襬亦讀北買切，此所謂一字轉變，而俗音或從之俱變也。黨，不鮮也，本多朗切，今俗謂汙穢爲黨，則轉音如臧，此所謂一字數音也。躩，大步也，而俗謂大步爲奓，是又所謂一義數字也。觀章、劉兩先生所言，而方言成立之原因可知矣。

兹編所述，略用章先生《新方言》之例。計分爲釋方音、釋詞、釋詁、釋訓、釋稱謂、釋形體、釋宫、釋器、釋飲食、釋天、釋禮俗、釋地、釋植物、釋動物等篇〔一〕。凡前人著述有關於吾皖方言者，大致甄録。至近儒著作，如章先生之《新方言》、胡樸安先生之《涇縣方言考證》，以及師友之稿本尚待刊行者，如王炯炎先生之《通俗文》、陳慎登先生之《通俗雜纂》、光明甫先生之《語故》、孫養癯先生之《今雅》，亦靡不引用。蓋匪徒不敢掠美，亦以明其非嚮壁虚造也。惟余見聞既寡，學識尤疏，商蚷馳河，力所不勝，掛一漏萬，自知不免。儻蒙博雅之士匡所不逮，實所欣幸焉。民國二十四年九月壽縣方勇記。

目録

〔一〕「目録」同，正文中無「釋禮俗」部分。

釋方音

章炳麟《檢論·方言篇》曰：「開封而東，山東曹兗沂至江淮之間，大略似朔方，而具四聲，爲一種。東南之地獨徽州、寧國處高原，爲一種。」

《國故論衡·正言論》列有「正音表」，兹録其關於安徽方言者如下：

濁音上聲變去聲界　原表云：除浙江嘉興、湖州二府，他處皆然。

輕脣音歸牙音界　原表云：除廣東，他省多有。

齒頭音歸喉音界　原表云：各省多有。

齒頭音歸正齒音界　原表云：各省多有。

疑紐誤娘紐界　原表云：除廣東，他省多有。

泥紐變娘紐界　原表云：除雲南、貴州，他省多有。

泥紐變來紐界　原表云：安徽北部。

彈舌音變來紐界　原表云：安徽北部。

鼻音收舌收脣無別界　原表云：除廣東，他省皆然。

東冬二韻無別界　原表云：除湖南、江西、安徽，他省皆然。按安徽亦東冬二韻無別。

青真二韻無別界　原表云：除廣東，他省皆然。

江陽二韻無別界　原表云：除江西，他省皆然。

麻韻亂佳韻界　原表云：除江蘇江寧、浙江紹興，他處皆然。

麻韻誤先韻幽韻界　原表云：除浙江、江西、湖南、廣東，他省皆有。

黎錦熙《國語教學法》依江湖流域，分漢語方言爲十二系。其二爲河南系，河南中部開封一帶，山東南部、江蘇、安徽之淮北一帶屬之。其四爲江淮系，江蘇之江北一帶，安徽之中部蕪湖、安慶一帶，及江西之九江屬之。其九爲浙源系，浙江上流之金華道，溯源而上，安徽之徽州、寧國等處，及江西之饒州、廣信等處屬之。

中央研究所歷史語言研究所所製《中國方言表》，其中皖方言以歙縣爲代表，而分布區域則在安徽東南，所列特點如下：

無全濁音。

見系聲母在齊撮文言顎化，白話間或不顎化。

分辨 n-e-，但分類與《切韻》不同。如婺源音南藍同讀 n-，盧奴同讀 e-之類。

除祁門外，皆不分 j ch sh 與 tz ts s。

韻尾鼻音或變半鼻音，或完全失掉，惟-n 尾間或保存，通攝字在婺源讀爲附-m 尾之閉口音。

複音 ai ei au ou 有單音化趨勢。

舌尖韻特別多。

聲調分陰陽，上聲有地方不分。

入聲後附閉喉音亦有只保存調位，而音勢延緩成舒聲者，但陽入多變陽去。

聲調相連變化不甚顯著。

代名詞及指示詞等在本區内甚不一致。

《徽州府志》曰：新安居萬山之中，風土獨厚，稟其氣者，言語遲重，口舌艱澀，而欲繩以五方之正音，勢不可也。然而方之古韻，核以雙聲，亦復有不謀而合者。如歙城人棖讀如長，映呼如漾，更呼如岡，轉入陽韻。歙之西鄉呼華如呼，轉入虞韻；呼麻如磨，轉入歌韻。績溪人呼嫂如叟，轉入尤韻；呼婦如否，轉入之韻。此皆不合於唐人二百六部，而合於古韻者。又以等韻論之，牙音喉音，新安呼之最善，而重濁一位尤能一毫不亂，如呼羣字、窮字、渠字、近字之類，皆重呼之，似溪之濁，不似李安溪所云南方人呼爲見之濁也。疑母之字，尤不能混入喻母，如呼義字、宜字、吾字、魚字之類，皆咬牙呼之，不似江、寧、池、太等處呼之緩懈，混入喻母也。又江字、講字、解字之等，南方各處呼之似三四等之細音，獨新安一郡呼江如扛，呼講如港，呼解如改，合於一二等之粗音也。古本有四聲，然去聲字最少，多讀作上聲。段大令謂古無去聲之説，非無卓見。檢今韻書，上去兩收之字最多，此其證也。而以新安論之，如鮑字、在字、上字、坐字、咎字之讀作上聲者，十居六七，不可謂非古音之正也。

江永《音學辨微》曰：去聲逢濁位方音或有似入者。注云：婺源土音如此。

又曰：吾五二字，舉世呼之似喻母，一若吾爲烏之濁，五爲鄔之濁者，然婺源西北鄉有數處呼之獨得其正。

又曰：婺源人呼羣定澄並諸母字，離縣治六十里以東達於休寧，皆輕呼；六十里以西達於饒，皆重呼之。

又曰：婺源人於最濁位，離縣治六十里以東皆輕呼，以西皆重呼。不但仄聲，即平聲亦然。注云：惟奉從二字否。

黄承吉《字詁合按》曰：歙音有兩去聲，衆與仲用並不一讀。若東字之去洞與凍亦不一讀，凍之音如衆，洞之音如仲。用此非筆墨所能寫出，他方口中亦不能讀出，無從喻人，惟有歙人自喻。而遯鄧字乃亦與洞如一讀，磴字則又與凍如一讀，其口音在分别與不分别之間，而實一如無别。然如遯鄧已屬兩聲，更安能與洞一聲，而歙音實如此。所謂聲有定而音無定者。

又曰：吾歙腔匡昌三字皆一讀無異。

又曰：讀好如吼，吾歙有此音。又云：歙語讀厚後等字皆如好。

又曰：歙音讀宜如揚州之讀泥。

又曰：歙音讀玉必如裕，而不能如育。

又曰：歙之讀續孰，自揚人聞之則如搜，西鄉如是。而郡城及他鄉則反有讀續孰而揚人聞之如穌。

又曰：歙之讀收疇，自揚人聞之則如休求。

又曰：歙之讀蘇與揚同，而其讀殊，自揚聞之又近虛，郡城、西鄉皆同。

黄生《義府》曰：《禮記·檀弓》曰：「檀弓免焉。」免者，免冠而以布纏其頭也。舊音問。按問當作謨岔切始得其聲。注云：吾鄉呼問如悶，正合古音。

又曰：《爾雅》之孟諸，《周禮》謂之望諸。望，莫浪切。注云：吾鄉作此音。

又曰：《禮記·檀弓》曰「何居」，與《詩·小雅》「夜如何其」、《書·微子》之「何其」，皆當音基字濁音。注云：吾鄉有此音。

又曰：古外與艾同音。注云：吾鄉至今作此音。

又曰：娓古音近米。吾鄉謂尾爲米，與古音同。

程瑶田《通藝録》曰：吾歙人呼芒音與盲同。

黟縣謂殷爲衣，讀終如章，見朱駿聲《説文通訓定聲》。

《太平府志》曰：語輕清不如省會，而亦明白易曉。官語之外，有城語，有鄉語，在十里五里之外即稍異，非童而習者莫辨。城語與官語不甚遠，而一二鄙俚之言又似可解不可解者。大約當塗語氣重而較清，蕪湖語氣清而稍濁，繁邇南陵語，視蕪較重，清濁相半，其大致也。至鄙俚之言或有與他處同者，或爲太屬獨者，至如當塗儕輩相稱無貴賤曰老爺，稱人之父無貴賤曰太老爺，尊其人而故親之，亦同祖稱曰爺爺，稱謂尤爲失中，在有識者力返之。若夫轉音别韻無意味而不經者，諸方有之，不能瑣陳也。

《南陵縣志》曰：凡語音之異於讀音，又限於一方，莫知其所自來，尤爲真正之方言。約略舉之，如這曰格，那曰貴，小兒曰昂呢，小兒性情乖張謂之拐撮，問其事之成敗曰然疑，嫁人不知嫌忌曰没答煞，末了曰煞格。原注云：西南鄉人語。如何曰羅格。上北鄉近繁昌處口語。聰明曰停當，花朝後五日鄰右設膳請客謂之殺猫。西鄉何家灣有此語。以酒食犒工匠謂之送神福，你老人家呼爲你南格，稀來敝舍呼爲稀裹八叉，人讀若鄰，菜讀若臭，皆是。凡遇舌音等字，則連捲其舌以出之，蓋陵邑之本音如是也。

郁官城《天長風十志》曰：縣地近維揚，故語音略似揚州而稍硬，四鄉各惟其環境而稍有變易。如南鄉秦欄金家集一帶，與揚州似更相近。西南鄉近六合一帶，略仿六合。西鄉近盱、來屬，發音較硬。北鄉龍崗，則完全近似高郵音調矣。

釋詞

都　《聲類》：「諸，詞之總也。」按通作都，壽縣則轉音兜。

是　《新方言》曰：「《廣雅》：『是，此也。』淮西謂此曰時箇，音如特。淮南指物示人則呼曰時音如待。」

俞　羅氏《客方言》曰：「《廣雅・釋詁》：『俞，益也。』又訓進。相承以愈爲之。俞與越聲近通轉。《説文》：『踰，越也。』《玉篇》：『越，逾也。』故今語謂愈，聲轉爲越。如字愈寫愈好則曰越寫越好，書愈讀愈熟則曰越讀越熟。《晉語》「使越於諸侯」注：「越，發聲，聞也。」越發疊韻。原作雙聲，今改。今直以越發連語，若愈好，又謂之越發好矣。」以上羅説。按今皖俗亦謂踰爲越。

罷　《説文》：「否，不也。」按否又轉爲商問詞，古音讀重脣音，與罷雙聲。今俗商問詞所用之罷字，即否之轉音。

肆　俗謂極爲死。如極壞曰死壞。桐城謂極熱極冷曰死熱死冷。羅翽雲《客方言》曰：「死即肆字。《説文》：『肆，極陳也。』《詩・崧高》：『其風肆好。』肆好與孔碩相對成文。孔碩即甚碩，肆好即極好也。肆轉爲死，而或諱爲語嫌。古義之亡久矣。」

唉　《説文》：「唉，譍也。」《唐韻》烏開切。今俗譍人詞曰唉，音如哀陽平聲。轉入麻韻則音如阿，轉入痕韻則音如恩，轉入唐韻則音如映。今潁上應人音如映。《新方言》曰：「聲稍侈則爲俞。今公庭唱名，應者曰俞，讀如或舂或揄之揄。世俗皆書作有，誤矣。」是此數音皆一聲之轉也。

阿　《新方言》曰：「反丂曰𠀀。今語曰阿。經典相承作猗。其在語末者，《書・秦誓》『斷斷猗』，《詩・魏風》『河水清且漣猗』，今皆作阿，猶讀歌部本音。其在語首者，《商頌》『猗與那與』，《漢書・武帝紀》『猗與偉與』，此詠歎之音也，猗亦即阿。今自淮南以至吳越，鄙語謳歌猶云阿原註：讀若亞得偉，以是爲曼聲。苻秦趙整《琴歌》發聲曰阿得脂，亦猶阿得偉矣。」

杏　《説文》：「杏，相與語，唾而不受。从丶、从否，否亦聲。」按杏从否聲，則其音當如丕。今俗唾而不受發聲如呸，即杏之轉音。

於　《新方言》曰：「《易・繫辭》『於稽其類』，《書・堯典》『黎民於變時雍』，於即於是也。其單言於者，《堯典》：『僉曰：於，鯀哉。』『夔曰：於，予擊石拊石。』皆指其人其事爲言，於即訓是。今淮西蘄州言此物在是則指曰於，於讀好惡之惡。」

阿喈　《後漢書・光武紀》：「蘇伯阿遥望見舂陵郭，喈曰：『氣佳哉！鬱鬱葱葱然。』」注云：「喈，歎也。」今安慶驚異之則曰阿喈。《廣韻》喈，子夜切。安慶則轉音如姐。

旤　魌　孫養癯《今雅》曰：《説文》：「旤，屰惡驚詞也。讀若楚人名多夥。」段注[一]：「遇惡驚駭之詞，猶見鬼驚駭曰魌也。」今江淮間屰惡作驚駭之詞曰旤曰魌。

赫　嚇　《今雅》曰：《詩・大雅》「反予來赫」箋曰：「拒人曰赫。」釋文赫亦作嚇。又《莊子》：「鴟得腐鼠，鵷過之，仰而視之曰：『嚇。』」注：「司馬云：怒其聲，恐其奪己也。」今南北通習曰拒人曰嚇，驚而偉之曰嚇。又訶叱犬畜亦曰嚇。

咄　啐　又曰：《説文》：「咄，相謂也。」謂欲相語而先驚之之詞。凡言咄嗟、咄喈、咄咄，皆取猝然相驚之義。今汝潁之間猝然相驚而問之曰咄。又《説文》：「啐，驚也。」《倉頡篇》：

〔一〕段注：原誤作「玉篇」。

「咄，啐也。」《文選》李善注引《説文》：「咄，叱。」今江淮間相驚曰咄，相叱曰啐。按《語故》云：今人告人以事，促使注聽亦曰咄，或曰咄咄，音如垤。

好　《爾雅·釋器》：「肉倍好謂之璧。好倍肉謂之瑗。肉好若一謂之環。」郭注：「好，孔也。」古音孔好通用。《爾雅·釋言》：「孔，甚也。」今人遂假好爲孔，而訓爲甚。今通語曰好駔、好大、好遠，俱孔甚之叚借也。章太炎説。

得　得爲語詞，惟青陽人用之。青陽人謂鵝爲鵝得，鴨爲鴨得，狗爲狗得，蓋其所言得，猶他處言子也。古子得同部，是得即子矣。

惡　《孟子》「惡，是何言也」注：「惡，不安事之辭也。」按不安事之辭，今轉音如丫。

格　《新方言》曰：「居，辭也。轉入如格。」以上章説。按南陵謂末了曰煞格，如何曰羅格，格均語辭，無意義。

麽事　《新方言》曰：「湖北問何事曰麽事，麽即無字，問訊辭也。」按今懷寧亦曰麽事。

什麽　俗問何事曰做什麽，問何人則曰什麽人。按《世説新語·言語》篇：「羊權侍簡文坐，帝問曰：『夏侯湛作《羊秉叙》〔一〕，絶可想。是卿何物？』」又《方正》篇：「盧志於衆坐問陸士衡：『陸遜陸抗是君何物？』」何物者，何物人也。至唐時乃轉爲是勿。唐趙璘《因話録》

〔一〕湛：原誤作「秉」，據《世説新語》改。

云：「玄宗問黃幡綽：『是勿兒可憐？』」蓋支歌古通，何之轉是，猶皮聲之字今讀支韻也。由是勿再轉，乃變爲什麽矣。

舍　《孟子·滕文》篇：「舍皆起諸宮中而用之。」《晉書·元帝紀》：「舍！長官禁貴人，女亦被拘耶？」舍，猶今言什麽。今阜陽猶謂什麽爲舍，讀如沙去聲，鳳陽則轉音爲ㄍㄚ的，五河又再轉爲ㄍㄞ的，懷遠則再轉爲ㄍㄤ的。

不　《黟縣志》曰：「不，北鄉讀背入聲。」

終歸　俗謂到底或云終歸。按《客方言》云：「《呂氏春秋》『順説』『求人』二篇注并云：『終，歸也。』歸與終同義，物之所歸即物之所終。《雜卦》傳曰：『歸妹，女之終也。』終歸連文，二字同義，此訓久失，賴方言存之也。」

來　《儒林外史》潘保正拿了十來個鷄子來者，不定數之詞也。今俗猶有此言，音轉如拉去聲。

仂　仂爲語詞，惟無爲用之。無爲人於物名及人名下多喜用仂字，猶他處用子字也。

呀　光明甫《語故》曰：《説文》：「乎，語之餘也，从兮，象聲上越揚之形也。」即今俗用之呀字，魚麻古通也。《論語》：「參乎，吾道一以貫之。」通以今語，可易爲參呀。《論語》「歸與歸與」〔二〕，今語亦可易爲歸呀歸呀，與，今變爲歟，以別於黨與、賜與。《説文》：「歟，安氣也。」非

〔二〕下「與」字原誤作「依」，據《論語》改。

其義，仍應爲乎之借，而爲今之呀字也。

嗎　又曰：乎，以語餘而有游揚不定之意，故又爲疑詞，喉脣相轉，別出麼字。麼又由歌入麻爲嗎字，魚歌麻聲通，仍一乎字之孳乳也。

止　又曰：《説文》：「止，下基也。象草木出有阯，故止爲足。」止有定住之義，故亦引申爲語已詞，如「君子戾止」「征夫邇止」，《詩》中如此結句者不可更僕數。今人説來曰來止，喫曰喫止，與《詩》語正同。

止在　又曰：《詩・王風》：「其樂只且。」今俗謂正來曰來止在，正喫曰喫止在，止在，即只且。且，千也切，齒頭旁轉，故變爲在也。

些　又曰：些字，《説文》所無，從二亦無取義，蓋本作口，古口字作ㄩ，下書稍伸直則成二字矣。些蓋呰譌，即只之譌也。然音義皆爲此字相系。王君念孫謂些與《詩》之斯字同義，斯亦此也，音與些之息計切亦最近，如人斯、鹿斯、兔斯、恩斯、勤斯、閔斯，與《楚辭》用些皆大同，與用只、用止之句亦多可互易也。些，今讀麻部，正音息耶切，又息賀切之變，皆支脂歌麻通轉之理。今人言些有僅少之意，如好些、快些，與《楚辭》所用不同，亦非語已詞。與用只、用止亦不同，此又音義之變。

了　又曰：《廣雅》：「了，訖也。」今用了爲已事之詞，即了訖之引申。今語謂了畢曰掉，曰喫掉、搬掉、弄掉。《説文》：「掉，摇也。」偏考諸字書，掉亦無可解爲畢者，蓋當本爲了字。

丂　又曰：《説文》：「丂，氣欲舒出，上礙於一也。」今人以所見告人徵其同意，語終每叮嚀之曰考，出氣甚急，正欲舒被礙之象，蓋即丂字。又有所否認曰那可不行，有所决定曰那可很對，用可皆非，其義亦即丂字也。

然　又曰：吾鄉俗語謂事後曰連後，連字無義，蓋即然後。

晉　又曰：《説文》：「晉，曾也。」引《詩》：「晉不畏明。」今語問人曰那晉可以來，或作幾晉，或作多晉，即謂那時、幾時、多少時乃可以來。其非問詞則曰那晉來的，或這晉來的，亦謂那時或這時來的。皆正用此晉字。惟音由七感切稍轉爲子感切耳。詩辭慣用幾曾、何曾，其始蓋與幾晉那晉同語。習用既久，曾轉才登切而爲曾經之專義，則詞同而意已變。

寧可　又曰：《説文》：「寧，願詞也。」古人云與其如何寧如何，蓋不得已而思其次之意。吾鄉俗語表退一步之意曰我能可如何，能字無義。能可，即寧可也。

老　又曰：吾鄉俗語狎稱人家姓張曰老張家，姓李曰老李家，以古語通之，猶之乎有虞氏、有扈氏也。有，已久廢不行。阿，僅行於江浙一隅。惟老猶爲通語，俗稱昆弟曰老大、老二、老三，即古阿大、阿二、阿三。蘇滬則用爲妓妾之稱。然人之小名，則亦依行次而加阿字。又或附以表象之字，如阿狗、阿弟，則猶古之阿嬌、阿瞞也。俗語老父、老母、老伯、老兄，似含老大之意，然尋其語源，則猶是阿父、阿母、阿伯、阿叔、阿兄之變耳。故亦有老弟、老姪之稱。中表曰老表，同鄉曰老鄉，同夥曰老夥計，此亦皆爲發聲之詞，無含義之可求也。老字有用以表事物情狀者，如俗言老好人、老大的臉、老長的樹，則與「有皇上帝」「有頍者弁」「有鬱者柳」之辭例同也。

誒　噫　嘻　又曰：《詩・周頌》「噫嘻成王」傳：「噫，歎也。」《禮記・檀弓》「夫子曰：嘻」注：「悲恨之聲。」噫，本訓飽出息，蓋誒之借字。《説文》：「誒，可惡之詞也。」古之韻歸咍。噫讀如哀，嘻讀如咍，今語猶如此。誒噫同音，故相借。

很　《説文》：「很，不聽從也。一曰行難也。」今俗語很好、很壞，皆與本義不相涉。蓋乃甚之轉音。甚很古音原不同部，然《國語》甚讀ㄕㄣ，很讀ㄏㄣ，韻母相同，故能相轉。甚，尤安樂也，故引申有尤甚義。

還　《語故》曰：《説文》：「還，復也。」還有回環往復之意。又用爲猶然之詞，即環復之意，今轉音變如鞋，讀開口音，如還好曰鞋好，還不來曰鞋不來。按鞋還雙聲相轉，壽縣音轉如ㄏㄚ之上聲，亦以雙聲相轉。

生　又曰：唐宋人詩辭每用生字爲助辭，如太憨生、太瘦生、可憐生，今語促人注意曰好生，難爲情曰太憨生一點。憨由曉紐轉匣若函。又謂人軟弱曰儜生，明敏曰斤生。生又有用爲發語者，如生憎、生怕、生受。生怕，今猶爲通語，乃極怕之意。

許　又曰：許音變爲把，如俗言丈把長、尺把長、寸把長。把字無義，即丈許、尺許、寸許也。

釋詁

大　安慶人謂大爲大䰠的。䰠即大之轉音。陳慎登説。

奞　《新方言》曰：「《方言》：『奞，始也。』『奞，化也。』郭璞音歡。奞即《爾雅》所謂權輿。《大戴禮》：『百草權與。』謂始化生也，與胎同意。淮西謂婦人免乳爲奞，音如看。」

鬼　《方言》：「虔、儇，慧也。或謂之鬼。」按鬼亦慧之轉音。今謂人聰慧曰小鬼。又謂人刁巧曰拐，拐則鬼之轉音。

憭　《説文》：「憭，慧也。」《方言》三：「慧，或謂之憭。」注云：「皆意精明也。」字亦作了。《爾雅序》「其所易了」釋文：「照察也。」今謂聰慧爲刁，即憭之轉音。

漮　《新方言》曰：「《爾雅》：『漮，虚也。』《方言》：『康，空也。』古通以康爲之。江淮間謂蘆菔受涷中虚曰康。鄧廷楨説。通語謂罄盡爲光，亦漮之音變也。」按壽縣小兒謂物盡曰邦，亦康之轉音。

嘗　《小爾雅・廣言》：「嘗，試也。」今俗猶謂試曰嘗，或轉音如湯。

奔　陳慎登《通俗雜纂》曰：奔，走也。安慶謂疾赴爲奔，讀去聲。

赶　《説文》：「赶，舉尾走也。」朱駿聲曰：「謂獸畜急走。字亦作趕。」按今謂急走、追逐皆曰趕，又轉音如輂。

隶　《通俗雜纂》曰：隶音代，從後及之也，从又持尾。今長沙及郥陽人謂捕捉盜賊曰隶，讀上聲。按壽縣、舒城一帶亦有此言。凡言舒城方言，均見王炯炎之《通俗文》。又謂捕捉牲畜曰隶。

賊　《通俗雜纂》曰：盗从次从皿，賊从戈毁則，是盗爲今人所謂偷竊，賊則搶刼，所謂强盗。然二名今俗正相反。通常謂夜間穴壁偷兒曰賊，音轉如嘴之陽平聲。

疼　瘝　《新方言》曰：「《爾雅》：『恫，痛也。』『瘝，病也。』《書》『恫瘝乃身』鄭注：『刑罰及己爲痛病。』引申凡愛憐曰痛，亦謂之瘝。瘝亦作矜。《方言》：『悛、憮、矜、悼、憐，哀也。』今凡謂愛憐小兒者通言曰疼，江南運河而東曰肉痛，揚州、安慶曰瘝，讀如貫。或説丱字，非也。」按章氏之解疼字是也。皖俗之所謂瘝，乃溺愛使養成惡習之意，其本字蓋當作慣也。

會　《説文》：「慧，儇也。」《方言》三：「知，或謂之慧。」注云：「慧、憭，皆意精明。」慧既明知之稱，故引申有能義，今通謂能爲會，即慧之轉音。

譽　《説文》：「譽，稱也。」今通謂稱人之善曰譽，讀若誇。

慕　《説文》：「慕，習也。」《淮南子·原道》篇：「誘慕於名位。」注云：「慕，貪也。」俗謂心之所欲曰慕，音轉如巴。

𠬪　《説文》：「𠬪，物落。上下相付也。」通作摽。《爾雅》：「摽，落也。」今謂物落曰弔，又引申爲遺失之義，通作丢，均即𠬪之轉音。又《今雅》曰：今淮南北謂受給因而喪失貨賄曰𠬪，又所謀不成亦曰𠬪，又謂寄食於人曰喫𠬪飯，俱引申落義而叚借之。

勞　《説文》：「勞，勮也。」通謂疲勞曰累。勞累雙聲。

差　《説文》：「差，貣也，差不相值也。」今淮南北謂不相值曰俄。差俄古音同部。

壯　《方言》：「凡草木刺人者，北燕朝鮮之間謂之茦，或謂之壯。」今壽縣謂刺人曰壯，讀若囊上聲。

洋　《新方言》曰：「《爾雅》：『洋，多也。』《匡謬正俗》曰：『山東呼衆曰洋。』今淮南、吴越偉大其物則稱曰洋。」

海　《説文》：「海，天池也，以納百川者。」按海有大義，故今懷寧稱物大者爲大海。

抈　《説文》：「抈，折也。」今潁上猶謂折爲抈。潁上方言見《潁上縣志》。又《今雅》曰：今淮南北通語折物而斷之曰抈。又壽州鳳台謂手頭告乏曰愛抈，此引申之義，猶《詩》所謂「予手拮据」也。

攩　《方言》十：「挻、扰〔一〕，推也。或曰攩。」今猶謂推曰攩，壽縣轉音如上，俗作搡，安慶則轉音囊上聲。

爪　《廣雅·釋詁》三：「攩，擊也。」《列子》釋文：「攩，搥打也。」攩者，爪之假借，壽縣、舒州一帶謂打嘴曰爪嘴，又通謂擊爲攩，轉音黑鶩切。

譌　《説文》：「譌，僞言也。」俗謂僞言以詐財爲譌，當塗則謂之拿鵝頭。凡當塗方言見《太平府

〔一〕扰：原誤作「枕」，據《方言》改。

志》。

頗　《説文》：「頗，頭偏也。」《廣雅》：「頗，衺也。」通作詖。《孟子》：「詖辭知其所蔽。」俗謂邪辭爲屁話，即頗字。王炯炎説。

諞　《説文》：「諞，便巧言也。」今謂欺人曰諞，壽縣或轉音屁。

拌　《廣雅·釋詁》三：「拌，棄也。」壽縣謂棄物曰拌，音如版。

唴　《説文》：「兒泣不止曰唴。」壽縣謂大聲哭泣曰唴，讀黑鴦切。

僞　《説文》：「僞，詐也。」俗謂賬目不實曰花賬，花即僞字轉音。

兆　《説文》：「兆，灼龜坼也。」「𪚰〔一〕，灼龜不兆也。」今謂事能成曰兆，不能成曰不兆。

県　《説文》：「県，到首也。」引申爲縣物之義。通作佻。《方言》：「佻，縣也。趙魏之間曰県。」今俗謂縣物曰弔，即県之轉音。

奄　《説文》：「奄，覆也。大有餘也。」壽縣謂覆爲坎，即奄之轉音。

號　《通俗雜纂》曰：號，呼也。安慶人謂呼人曰號，讀若敖之陰平聲。按涇縣亦有此言，胡韞玉謂係嗥之轉音。

瞧　壽縣、無爲均謂視爲瞧。按《説文》：「諸侯三年大相聘曰覜。覜，視也。」瞧即覜之後

〔一〕 𪚰：原誤作「龜」，據《説文解字》改。

起字。

欑　《説文》：「欑，積竹杖也。」《倉頡篇》：「欑，聚也。」壽縣謂積竹木或積柴均謂之欑，讀組丸切。

攣　王氏《通俗文》曰：攣，音鸞，聚也。俗謂物散而復之曰攣。

詷　又云：諫音東上聲，多言也。俗謂言語不休曰諫，音董。以上王説。按《説文》：「詷，共也。」一曰譀也。服虔《通俗文》：「言過謂之譀詷。」諫即詷之後起字。

詐　又云：譇音詐，誘言也。俗謂探人陰私、設巧語誘之使言曰譇。以上王説。按《説文》：「詐，欺也。」誘言乃其引申義。《集韻》作譇，乃詐之假借字。

謟　又云：謟，音插，儳言也。俗謂言未及而言曰謟。以上王説。按《漢書·儒林·孔僖傳》「鄰房生梁郁儳和之曰」注：「謂不與之言而傍對也。」是謟之本字當作儳。《説文》：「儳，儳互，不齊也。」故言未及而言亦謂之儳。儳臿古音同部，故可轉爲臿音。涇縣則謂之儳言，亦謂之媑。

謾　《説文》：「謾，欺也。」《漢書·匈奴傳》「是面謾也」注：「欺誑也。」俗謂言多失實曰磨，見王氏《通俗文》。即謾之轉音。壽縣或轉音如猫。又俗謂不使人知曰瞞，瞞，亦即謾字。

訌　《説文》：「訌，讃也。」《詩·召旻》「蟊賊内訌」箋：「争訟相陷人之言也。」壽縣謂陷人之言曰訌，音如剛。

虹　《詩・大雅・抑》篇：「彼童而角，實虹小子。」傳：「虹，潰也。」虹亦訌之假借。今壽縣謂誘人之言曰虹，讀紅上聲。

訬　王氏《通俗文》云：訬音偷上聲，誘也。今俗欲求於人以甘言誘之曰訬，音團上聲。按訬者，誘之，後起字，壽縣則轉音鬬。

訹　《今雅》曰：《説文》：「訹，誘也。」安慶謂欺騙人曰訹哄，訹讀思律切。

咢　《説文》：「咢，驚詞也。」思允切。今人以大言虛赫人謂之咢，音轉如熏。見章氏《新方言》。

吰　胡韞玉《涇縣方言考證》曰：人聲雜亂曰吰。《廣韻》：「吰，呼東切。吰吰，市人聲也。」吾邑方言即本於此。又按吰即《説文》訌字。《説文》：「訌，讀也。」《司馬法》曰：「師多則人讀。讀，止也。」師多而讀，人聲必雜亂。

㱿　又曰：欲歐而作聲曰㱿。按《説文》：「㱿，歐皃。」《玉篇》：「歐吐貌。」今俗字作嘔，非。

嗙　又曰：以大聲叱人曰嗙。按《説文》：「嗙，訶聲。」〔一〕補盲切。訶聲〔二〕，今本《説文》或作訶聲。嗙，與嗻呹嗑噧相次，當爲訶。《玉篇》：「嗙，訶聲。」《廣韻》：「喝聲。」《集韻》：

〔一〕訶：原作「訶」，據《説文解字》改。
〔二〕訶：原作「訶」，據文義改。

「叱也。」

吒　又曰：怒而叱曰吒。按《説文》：「吒，噴也，叱怒也。」《廣韻》：「吒，歎也。陟駕切。」

吺　又曰：多言無次第曰隨口亂吺，音同兜。按《説文》：「譶吺，多言也。」當侯切。《廣韻》：「吺，輕出言也。」以上胡説。又按今桐城謂多言曰吺。

嘁　又曰：禁止小兒之動作曰嘁。按《廣韻》曷韻：「嘁，訶也。許葛切。」

喊　又曰：大聲呼人曰喊。按《方言》：「喊，聲也。」《廣韻》呼豏切，《集韻》火斬切。

嗄　又曰：言不中理曰亂嗄。按《廣韻》：「嗄，徒落切。嗄嗄無度。」此字實當爲諤。《説文》：「諤，妄言也。」

誧　《説文》：「誧，大言也。」讀若逋。今謂以大言震人爲誧，讀若鋪。

絶　壽縣謂罵人爲絶人。按《左傳》：「晉侯使呂相絶秦。」罵人爲絶，蓋即由此義引申。或云此乃「侯作侯祝」之作字轉音，存參。

訐　《説文》：「訐，面相斥辠，相告訐也。从言干聲。」今懷寧、桐城謂罵人或曰罵，或曰宣，宣蓋即訐之轉音。訐从干聲，古音與宣相近也。

詶　《今雅》曰：《説文》：「詶，詛也。」合肥謂咒罵人曰抽人，抽乃詶字音轉也。

嘻　安慶謂大聲呼喊曰嘻。按《説文》：「譆，痛也。」朱駿聲曰：「字亦作嘻。《大戴禮・少間》：『公曰：嘻。』注：『歎息之聲。』」《易・家人》「婦子嘻嘻」馬注：「笑聲。」又《説文》：

「唏，笑也。一曰哀哭不泣曰唏。」〔一〕《方言》：「唏，聲也。」譆與唏均與大聲呼喊義近。

叫　《說文》：「叫，嘑也。」壽縣謂稱謂曰叫，桐城則轉音鑣。

嗾　《說文》：「嗾，使犬聲。」壽縣凡使犬及慫恿人皆曰嗾，音如抽。

𧾵　《說文》：「𧾵，大步也。」《莊子・山木》「蹇裳躩步」司馬注：「躩，疾行也。」《漢書・司馬相如傳》注引張揖說：「躩，跳也。」今壽縣、舒城、合肥之間猶謂大步爲𧾵，轉音欺亞切，俗字或作奆。

捅　王氏《通俗文》云：捅音桶，進前也，引也。俗謂移物曰捅。按《說文》：「挏，推引也。」捅即挏之俗字。

宕　《涇縣方言考證》曰：走一次曰走一宕。按《廣韻》宕，徒浪切。《說文》：「過也。一曰洞屋。」〔二〕過即走一宕之義。故《通俗文》曰：「迴過曰宕。」又按《廣韻》逿音義皆與宕同，逿即踼之後起字。《倉頡篇》：「踼，馳驅貌也。」走一次之義當用踼。宕乃同音假借字。

傮　又曰：謂往某處一次曰走一傮。按《說文》：「傮，終也。」錢氏坫曰：「今人謂事一終爲傮，音同遭。」

〔一〕哭：原誤作「痛」，據《說文解字》改。
〔二〕屋：原誤作「室」，據《說文解字》改。

𣪠[一] 又曰：以手揉屈物曰𣪠。按《説文》：「𣪠，揉屈也。从殳从皀。」居又切。

挼 又曰：以手摩物而碎之曰挼，讀乃回切；以手摩物而輭之亦曰挼，讀奴禾切，轉入尤韻如蹂。按《廣韻》灰韻：「挼，乃回切。手摩物也。」此即方言之第一義音也。又按《説文》：「挼，推也。一曰兩手相切摩也。」《三蒼》奴禾切。此即方言之第二音義也。

扳 又曰：以手屈物曰扳。《廣韻》刪韻：「扳，挽也。布還切。」

揎 又曰：去其覆曰揎。按《説文》：「揎，手發衣也。」須緣切。又按《説文》：「掀，舉出也。从手欣聲。《春秋傳》曰：『掀公出於淖。』」虚言切。掀揎，正俗字。

拖 又曰：謂曳曰拖。按《説文》：「拕，曳也。」託何切。字變作拖。

撈 又曰：水中取物曰撈。按《方言》：「撈，取也。」《通俗文》：「沉取曰撈。」

拗 又曰：以手屈物曰拗。按《廣韻》：「拗，手拉也。於絞切。」温飛卿詩：「拗蓮作寸絲不絶。」知拗之一語其來已久。

撚 又曰：以指捏物而旋轉之曰撚，占鬮亦曰撚鬮。按《説文》：「撚，執也。一曰揉也。」《通俗文》：「手捏曰撚。」

挏 又曰：以手推人曰挏。按《説文》：「挏，推引也。」徒總切。挏者，推引人而動之，故

[一] 𣪠：原誤作「毁」，據《説文解字》改，下同。

《玉篇》云「動也」。吾邑方言自後推之曰挏，自前引之曰拉。

扭　又曰：以手轉物曰扭。按《廣韻》有韻：「扭，手轉也。其久切。」《説文》無扭字，當即是丑字。《説文》：「丑，紐也。」从又而縶之，手轉物之意由此引申。

摻　又曰：相攜曰摻。按《廣韻》豏韻：「摻，所斬切。《詩》：『摻執子之袪兮。』」

拓　又曰：以手承物曰拓。按《説文》：「拓，拾也。」拓本拾物之稱，引申爲手承物之稱。《廣韻》：「拓，他各切。手承物也。」

搦　又曰：以手支持曰搦。按《廣韻》覺韻：「搦，持也。女角切。」又持之曰搦，讀女白切。

擈　又曰：以手掌擊物曰擈。按《廣韻》覺韻：「擈，擊聲。」匹角、蒲角二切。又按《説文》：「𢶀，衣上擊也。」錢氏坫曰：「今俗擊衣被謂之𢶀，讀若拍。」然則𢶀擈，正俗字。

扤　又曰搖動曰扤。按《廣韻》：「扤，五忽切。搖動也。」

掐　又曰：以手爪傷人曰掐。按《廣韻》：「掐，苦洽切。爪掐也。」又按《説文》：「𡆨，下取物縮藏之。从口从又。讀若聶。」錢氏坫曰：「《繫傳》讀若籋，即掐字。」

摘　又曰：取物自下引之曰摘，讀他歷切，在錫韻，一陟革切，在麥韻。吾邑讀書概作陟革切，講話自下引之讀他歷切，摘花之摘又讀苦洽切。又按《説文》手部：「摘，拓果樹實。」他歷切，又竹戹切。

捋　又曰：打人曰捋。按《廣韻》德韻：「捋，他得切。打也。」

搯　又曰：以手從袋中取物曰搯。俗謂之搯荷包。按《說文》手部：「搯，掮也。《周書》曰：『師乃搯。』搯者，拔兵刃以習擊刺。」《通俗文》：「掮出曰掏。」掏即搯字。

抯　又曰：以手取物曰抯。按《說文》：「抯，挹也。」側加切。

擊　又曰擊人曰擊，俗作拷。《說文》：「擊，旁擊也。」錢坫曰：「吴之東地讀如攷。」

寽　涇縣謂合手持物而落之曰寽，淮泗汝潁之間謂以五指寽物曰寽一把，讀吕戌切。按《說文》：「寽，五指寽也。」《詩經》：「薄言捋之。」段玉裁云：「五指寽而落之。」即方言之所本。

㧗　《說文》：「㧗，捽也。」側氏切。「捽，持頭髮也。」壽縣謂鬥争時手持人頭髮或衣服曰㧗，音如資。

揢　《集韻》：「揢，丘加切。扼也。」本作抲。又作㧡。《六書故》：「抲，搹之力也。」按《說文》：「搹，把也。」「把，握也。」《說文》無揢㧡等字，則其本字當做把，今俗猶謂扼曰揢。

擘　《說文》：「擘，撝也。」「撝，裂也。」《西京賦》「擘肌分理」注：「破裂也。」今俗猶謂兩手斷物曰擘。舒城轉音比，壽縣則讀辟也切。

捈　《說文》：「捈，臥引也。」《廣雅·釋詁》一：「捈，引也。」羅隱詩：「微香暗惹遊人步。」惹即捈之後起字。今俗謂挑撩爲惹，即由引義而引申。

擢　《說文》：「擢，引也。」《廣韻》直角切。今壽縣、舒城均謂引物使長曰擢，讀朱外切。

搑　《說文》：「搑，推擣也。」壽縣、潁上謂以手輕推物曰搑，壽縣音如拱。

簎　《通俗雜纂》曰：簎，刺也。俗謂鍼刺入物曰簎，音如戳。

挨　《說文》：「挨，擊背也。」壽縣謂擊曰挨。

嫽　《廣雅》：「嫽，嬈也。」《說文》：「嬈，苛也。一曰擾，戲弄也。」今壽縣曰戲弄小兒曰嫽。

奉　《說文》：「奉，承也。」按奉者，捧之本字，今俗猶謂手承物曰捧。

抒　《說文》：「抒，挹也。」《廣雅》：「抒，渫也。」俗謂渫水外出曰⿰氵戽。⿰氵戽者，抒之後起字。⿰氵戽本火五切，因以雙聲而轉音火。或謂⿰氵戽者，戽之引申義。《廣韻》：「戽斗，舟中渫水器。」故引申爲渫水義。

⿸厂刅　《涇縣方言考證》曰：以手折物曰⿸厂刅。按《字彙補》⿸厂刅，匹美切，音嚭，枝折也。

俄　揚雄《羽獵賦》「俄軒冕」注：「俄，卬也。」按俄卬一聲之轉。今壽縣、舒城猶謂卬爲俄，如令人頭卬起則曰頭俄起。

顉　《說文》：「顉，低頭也。」今壽縣謂低頭爲顉，讀若根去聲。又謂臥牀頭部低下者曰倒顉頭，顉讀欽去聲。

拈　《說文》：「拈，⿰扌耴也。」「⿰扌耴，拈也。」《釋名》：「拈，黏也，兩指翕之黏著不放也。」今俗猶謂兩指取物曰拈。

檢　《廣雅》：「檢，拈也。」今安慶謂拾物曰檢。

紾　《説文》：「紾，轉也。」《廣韻》章忍切。舒城及安慶均謂浣衣轉去其水曰紾，安慶轉音泥銀切。

撦　《廣雅》：「撦、坼、啓，開也。」《廣韻》撦，昌者切。今俗猶謂兩手啓物曰撦。

剥　《潁上志》云：「木去枝曰剥。」

达　王褒《洞簫賦》：「其妙聲則清静厭瘱〔一〕，順叙卑达。」注：「达，滑也。」《字林》：「达，足滑也。」《廣韻》《集韻》並他計切，音替。今俗猶謂足滑爲达，音如痴。

遻　王氏《通俗文》曰：遻音拙，走貌。俗謂人之疾走曰遻。

斡　《通俗雜纂》曰：斡，烏括切，蠡柄也。今人謂挹水爲斡水，音如瓦。

璺　《新方言》曰：「璺，裂也。字亦作璺。《方言》：『器破而未離謂之璺。』今淮南謂器裂曰璺，音如悶。」

㥠　王氏《通俗文》曰：㥠音松。揚子《方言》：「隴右人名嬾曰㥠。」俗謂勞而疲憊曰㥠。

懦　《説文》：「懦，駑弱者也。从心需聲。」按需聲之字，後世或轉入豪韻，故臑字讀爲奴刀切。懦爲駑弱之稱，故俗謂駑弱下劣不好均爲懦，讀臑之陰平聲。《集韻》：「㦪，劣也。奴

〔一〕瘱：原誤作「瘱」，據《文選》改。

刀切。」即懦之後起字。

壞　《説文》：「壞，柔土也。」段玉裁曰：「壞異乎堅土，與柔、弱雙聲。」今俗謂柔曰壞，即由柔弱之音義而轉。

勇　《説文》：「勇，气也。」《周書·謚法》：「勝敵壯志曰勇。」今謂人有力曰勇，或轉音如凶。

傀　王氏《通俗文》曰：傀，公回切。大也，美也，盛也，偉也，怪異也。俗謂事物之美好皆曰傀，音如鬼。

農　《左傳》襄十三年：「小人農力以事其上。」《廣雅·釋詁》三：「農，勉也。」朱駿聲曰：「農，假借爲努，農努一聲之轉。」按今舒城、壽縣、太平均謂勉强而作爲農，舒城讀上聲，壽縣則讀陰平聲。

下　《廣韻》：「下，賤也。胡雅切。」今謂物之下劣者曰下，仍讀胡雅切。

死　《説文》：「死，澌也，人所離也。」死本息姊切，壽縣及合肥或音轉如屁。

養　《孟子》：「未有學養子而後嫁者也。」《荀子》「父能生之不能養之」注：「養，謂哺乳之也。」今壽縣謂生子爲養。

添　《唐書·盧仝傳》：「盧仝生子名添丁，欲爲國持役也。」壽縣謂生子或曰添。

儸　《集韻》：「儸，甫委切，停也。」按《論語》：「欲罷不能。」皇疏：「罷，猶罷息也。」停儸之儷，實即罷之後起字。今俗謂事之暫停曰儷，音如擺。

𤃩　《涇縣方言考證》曰：去水曰𤃩。按《廣韻》𤃩，郎計切，音麗。《埤蒼》：「漕𤃩，漉也。」《玉篇》：「𤃩，滴也。」漉滴即去水之義。

滓　又曰：取汁去滓曰滓。按《廣韻》：「滓，盝也。一曰去汁也。」《通俗文》：「去汁曰滓。」盝與漉同。

漬　又曰：水浸潤曰漬。按《説文》：「漬，漚。」又：「浸，漬也。」

溜　又曰：謂滑曰溜。按《倉頡解詁》〔一〕：「溜，水下垂也。」滑溜之義當本於此。

鍛　《通俗雜纂》曰：鍛，小冶也。今安慶謂以火炕物曰鍛，或謂暑日炙人曰鍛。

侈　《説文》：「侈，好也。」按参聲晉聲古音同部，故侈音可轉爲晉。今俗謂好曰侈，音轉如晉。段玉裁謂侈不見古義，而不知其猶存於方言也。

汖　《涇縣方言考證》曰：以筒貯水，推而出之曰汖，謂之汖水筒。又小孩之屎忍之不能忍而出亦曰汖。按《廣韻》汖，資悉切，音唧，水出也。又按《説文》：「矞，滿有所出也。」滿有所出，即汖之義。《説文》：「潏，涌出也。」涌出之義與汖更爲相近，推而出之，即涌出也。是知汖爲矞潏之後起字。

〔一〕解：原誤作「訓」。

湇　又曰：水滴曰湇。按《説文》：「湇，注也。从水啻聲。」都歷切。

潰　又曰：水潑地曰散。按《説文》：「潰，汙灑也。」灑有四散之義。

澇　又曰：以水調粉，水不足爲乾，水有餘曰澇。按《説文》：「澇，水名。」通用爲旱澇字。旱澇之澇，即潦字之假借。《廣韻》《集韻》潦，郎到切，與澇同，淹也。吾邑方言即由淹之義而引申，字音讀郎到切，字形作澇。

湔　《新方言》曰：「《説文》：『湔，一曰手瀚之。』子仙切。淮南類面亦曰湔臉。」

揩　《廣雅》：「揩、摩，拭也。」壽縣或謂類面曰揩臉。

刷　《説文》：「刷，飾也。从又持巾在尸下。」朱駿聲曰：「飾，即今之拭字。」按今俗謂以巾拭物曰擦，蓋即刷之轉音。壽縣又謂類面盥手曰擦。

振　《爾雅》：「振，清也。」《禮記·曲禮》「振書端書於君前」注：「振，去塵也。」壽縣謂以巾拭去灰塵曰振，音轉如舜。

沐　《説文》：「沐，濯髮也。」《廣雅》：「沐，洒也。」壽縣通謂沐浴曰沐澡，又謂以巾拭其灰塵曰沐。

濾　《玉篇》：「濾，濾水也。」今俗猶謂用物滲水，使滓在上水向下曰濾。按鍇本《説文》：「漉，水下皃。」《廣雅》：「漉，滲也。」漉即濾之本字，漉濾雙聲。

饒　安慶謂寬恕曰饒。按朱駿聲云：「饒恕雙聲連語，猶單言恕也。」是饒乃恕之假借也。

摽　《説文》：「摽，擊也。」朱駿聲曰：「字亦作抛。」按今俗謂抛曰丢，或音轉如料，均即摽之轉音字。今之尤韻多由蕭韻轉來。或云丢即投字，亦通。

擠　俗謂扭出其汁曰擠。按《説文》：「擠，排也。」《廣雅》：「擠，推也。」扭出其汁，即由排推之義引申。《玉篇》：「羼，手出其汁也。」羼蓋擠之後起字。

煨　《涇縣方言考證》曰：以物置火中曰煨。按《説文》：「煨，盆中火。」烏灰切。《六書故》：「煨，火中熟物。」即吾邑方言之義。

烌　又曰：火爆曰烌。按《集韻》：「烌，火聲。」匹降切。《六書故》：「完物遇火張起也。」

焙　又曰：以餅置火上而熟之曰焙。按《集韻》蒲昧切。《六書故》：「烘也。」吾邑方言亦有烘之一語，惟用不同，衣服曰烘，食物曰焙。

熻　又曰：以灰蓋火曰熻。按《集韻》：「熻，遏合切。藏火也。」《正字通》：「今人謂藏火使復燃曰熻，讀若遏。」

焱　又曰：火光曰焱。按《説文》：「焱〔一〕，火華也。从三火。」《廣韻》以贍切，音同艷。吾邑方言謂火猛烈有光曰有焱頭，反是曰無焱頭，正合火華之訓。

胡　壽縣謂物爲火所傷曰胡。按《説文》：「枯，槁也。」《荀子·勸學》「淵生珠而崖不枯」

〔一〕焱：原誤作「猋」，據《説文解字》改。

注：「枯，燥也。」胡即枯之假借。

烱　《涇縣方言考證》曰：物腐爛曰烱。按《玉篇》：「烱，爛也。」《廣韻》賄韻：「烱，爛。武罪切。」又讀「呼罪切。熟也」。吾邑方言亦有此語，凡物之不枯而爛者讀武罪切，枯爛者讀呼罪切。

疌　《通俗雜纂》曰：疌，《説文》：「居之速也。」俗謂作事促進曰疌，即此疌字。

速　《説文》：「速，疾也。」壽縣謂疾爲速，讀私傲切，蓋因雙聲而轉也。

儺　《説文》：「儺，行有節也。」今俗謂小步曰儺，蓋即由行有節之義而引申。

卣　《説文》：「卣，草木實垂卣卣然。象形。」讀若調。《莊子·齊物論》：「而獨不見之調調之刁刁乎。」注：調調、刁刁，皆動摇皃。今壽縣、舒城謂懸物動摇曰卣，音轉如攸，尤蕭音古通也。

蕩　《禮記·樂記》「天地相蕩」注：「蕩，動也。」《左傳》莊四年「余心蕩」注：「蕩，動散也。」今俗謂物未安放穩固而動摇者曰蕩，又謂心動曰蕩，均音轉如荒去聲。

摇　《説文》：「摇，動也。」今俗謂手持繩而摇之曰摇，音轉如攸。按《禮記·檀弓》：「咏斯猶猶。」即摇之假借。知俗音之有所本矣。

盪　《説文》：「盪，滌器也。」俗謂以水滌器曰盪，讀若朗。

抻　《潁上志》曰：「漬物去水曰抻。」按《集韻》抻，勒没切。《玉篇》：「捽也，捋也。」漬物去水，蓋由捽、捋之義引申。

扱　王氏《通俗文》曰：扱音揷，收也，斂取也。《禮·曲禮》：「以箕自向而扱之。」扱音吸。今人掃糞穢用物斂取而棄之曰扱，音如策，或音如徹。又《今雅》曰：毛傳：「扱衽曰襭。」今江淮間謂扱衣上帶曰扱。

𧾷甫　《説文》：「𧾷甫，手行也。」俗謂手履地行曰爬，即𧾷甫之轉音。

衺　《説文》：「衺，𡕥也。」[一]引申爲不正之義，通以斜爲之。舒城則轉音晒平聲。

渀　《説文》：「渀，溉灌也。从水芺聲。」壽縣、舒城謂以油潤釜曰渀，讀奴號切。

抗　《新方言》曰：「《小雅》『大侯既抗』傳：『抗，舉也。』戴物於上亦曰亢，字通作康。《明堂位》『崇坫康圭』是也。淮南謂以肩任物曰抗，淮西謂戴物頭上舉之亦曰亢。」

瓾　《説文》：「瓾，瑳垢瓦石。」字亦作磢。《海賦》：「飛澇相磢。」今安慶謂磨擦以去刀之垢膩曰磢刀，讀若搶，或讀如錫。

𠝹　《説文》：「𠝹，斷也。一曰剽也；釗也。」按今俗謂以刀斷物曰斫，蓋即𠝹之後起字。

劐　《潁上志》曰：「鉞刺曰劐。」按《廣韻》劐，虛郭切。

𠜱　王氏《通俗文》曰：𠜱，居銜切[二]，牒切也。俗謂以利刀數數斫肉物曰𠜱，音如斬

[一] 𡕥：原誤作「襾」，據《説文解字》改。

[二] 居：《廣韻》《集韻》作「古」。

平聲。

閼　《新方言》曰：「《説文》：『閼，遮攤也。从門於聲。』古音當讀如烏。今人謂以手掩口曰閼，以被掩身亦曰閼，皆讀如隖。」

𢿢　《新方言》曰：「直隸謂掩口曰堵。堵即杜字，本𢿢字也。」按今皖俗亦有此言，又謂閉塞曰𢿢。

闌　《説文》：「闌，門遮也。」壽縣謂由前遮人曰闌，音轉或如短。

行　《周禮・地官・司市》：「凡治市之貨賄、六畜、珍異，利者使阜，害者使亡。」鄭注：「利，利於民，謂物實厚者。害，害於民，謂物行苦者。」《唐書・韓琬傳》：「器不行窳。」注：「器物不牢曰行。」行者，㰠之假借。今俗謂器物不牢曰行，音如杭，或即讀户庚切。

勩　《説文》：「勩，勞也。从力貰聲。」余制切。朱駿聲曰：「今蘇俗語謂物消磨曰勩。」按今壽縣、涇縣均謂物消磨於不覺者曰勩。

安　《涇縣方言考證》曰：置物曰安。按《爾雅・釋詁》：「安，止也。」郝懿行云：「今人施物於器曰安。」亦取其止而不動意。

夆　又曰：小物置大物中，左右無空，大小適合曰夆。按《説文》：「夆，相遮要害也。」呼蓋切。要害，猶險隘。相遮於險隘，即左右無空之義。

剌　《説文》：「剌，戾也。从束从刀。刀者，剌之也。」孫愐《唐韻》剌，盧達切。黟人謂以刀劃物曰拉，即剌字。朱仲我説。

㘝 《涇縣方言考證》曰：以手握物曰㘝。按《説文》：「㘝，取物縮藏之。讀若聶。」女洽切。

滲 又曰：盛水之器有小漏曰滲。按《説文》：「滲，下漉也。」所禁切。《集韻》讀若侵，與浸同。吾邑方言所謂滲者不僅水下，含有侵淫漸漬之義；若水下，直以漏當之矣。

燶 俗謂物壞及事敗曰燶。按《説文》：「燶，焦也。」段玉裁曰：「今俗語謂燒壞曰燶，凡物壞亦曰燶。」

内 《涇縣方言考證》曰：收藏物品，器小物件多，用力以入之曰内，讀奴答切。按《説文》：「内，入也。」奴答切。

弸 又曰：凡物用力張之曰弸。按《説文》：「弸，弓彊貌。从弓朋聲。」父耕切。

斯 又曰：以手劈物而破曰斯。按《説文》：「斯，析也。」俗作撕，息移切。

脃 又曰：凡物之易碎者曰脃。按《説文》：「脃，小耎易斷也。从肉絶省。」

緆 《韻會》：「緆，以索罥物。」今舒城謂以繩繫人曰緆。王炯炎説。

霤 《通俗雜纂》曰：霤，屋水流也。因爲凡流之名。一作溜，俗謂走之流速者曰一溜烟。

夠 《廣雅》：「夠，多也。」恪侯切。按《禮記·王制》：「國無九年之蓄曰不足。」今俗謂足曰夠，不足曰不夠，讀各漚切。句聲足聲古音同部，知夠即足之後起字矣。

癟　俗謂物中虛曰癟。按羅翽雲《客方言》曰：「段若膺説：『蘇州評穀之不充者曰癟，補結切。』今案順天人謂穀屬實不滿飽曰癟殼，又謂高粱取米餘皮曰癟花。《玉篇》：『癟，枯病也。』誼雖不誤，究是俗字，古當爲秕。《説文》：『秕，不成粟也。』」以上羅説。蓋秕原係粟之不成者，引申乃泛指一切物之中虛矣。

交　俗謂周徧曰交，如徧遊其地曰遊交，徧嘗其味曰嘗交，徧觀其物曰看交。羅翽雲以爲竟之聲轉，殆非也。按《書·禹貢》：「庶土交正。」《孟子》：「上下交征利。」《小爾雅》：「交，俱也。」是交原有周徧之義矣，古音匊如貂，亦與交疊韻。今壽縣讀交爲基幺切，安慶則音如高。

闖　《説文》：「闖，闢門也。」《廣雅·釋詁》：「闖，開也。」壽縣謂自外用物以開門曰闖，音轉如波，波闖古音同部也。

摟　《説文》：「摟，曳聚也。」今通謂擁抱曰摟，讀樓上聲。壽縣又謂以杷曳物而聚之曰摟，讀樓陰平聲。當塗謂不告其人而私取其財若盜焉曰瀏，亦摟之轉音也。

騰　《説文》：「騰，傳也。」今謂挪移錢財以作他用者曰騰。

夕　《新方言》曰：「《廣雅》：『夕，衺也。』今淮南、吴越謂兩物相覆參差不正曰夕，音如鵲，亦謂邪轉曰夕轉。吴越音如字，淮南音如鵲。」

㝠　又曰：「《説文》：『㝠，冥合也。』讀若《書》『若藥不眄眩』。凡物冥合，淮西曰㝠，音如泯。」

歊　又曰：「《考工記》『轂雖敝不歊』注：『歊，歊暴。』《毛詩·國風》傳云：『喬，上竦也。』今謂物不妥帖偏頗暴起爲歊，音如喬。」

剴　又曰：「《説文》：『剴，摩也。』《廣雅》：『摩，近也。』曹憲音剴爲五哀切。今人謂相切近爲剴，俗作捱。」

舞　又曰：「《漢書·汲黯傳》『好興事舞文法』注：『舞，猶弄也。』盧之合肥謂作事爲舞。」

略　又曰：「《方言》：『略，强取也。』『撈，取也。』今人謂摭取爲撈。其乾没者，淮南謂之撈，吴越謂之略，略音如洛。所乾没者曰略頭，聲亦如洛。」以上章説。按壽縣亦謂之略，音如洛。

紡　《儀禮·聘禮》「賄用束紡」注云：「紡，紡絲爲之，今之縛也。」《晉語》「獻子執而紡之于庭」注云：「紡，縣也。」今俗謂縛曰綁，即紡之轉音。

誑　《説文》：「誑，欺也。」壽縣謂誘人曰誑，讀若匡。又謂被人欺曰上誑，讀若當去聲。

誘　《説文》：「誘，相訹呼也。」壽縣、舒城均謂惑人爲誘，轉音豆，或謂之豆侯，實亦誘之疊韻連語也。

朗　《説文》：「朗，明也。」引申爲知義，《方言》作黨。俗謂明憭爲懂，又即黨之聲轉。

化　《晉語》：「勝敗若化。」注云：「轉化無常也。」俗謂老人目視物不明曰花，蓋即化字。

佳　《説文》：「佳，善也。从人圭聲。」俗謂小兒好曰佳，轉音乖。

踐　《説文》：「踐，履也。」《集韻》才線切。壽縣謂足所履曰踐，音如釆，以雙聲相轉也。

俗用踹爲之，蓋非。

睬　俗謂不過問爲不睬。按《説文》：「采，捋取也。」過問之義由捋取而引申。

諑　王氏《通俗文》曰：諑音絺去聲，緩言也。俗謂澀於言曰諑口。按《説文》：「滯，凝也。」諑口之字，蓋本應作滯，諑乃後起字也。

㢮　《説文》：「㢮，迫也。」通作强。《周禮·司諫》「强之道藝」注：「猶勸也。」《考工記》：「强飲强食。」今俗謂勸人加食曰强，音如央。按《廣韻·釋詁》一：「怏，强也。」是昔人亦有此音矣。

儠　《説文》：「儠，長壯儠儠也。」壽縣、舒城之間謂人有力曰儠，讀若臘，或若獵。

趬　《説文》：「趬，一曰舉足也。」今俗猶謂舉足曰趬。

鈍　《説文》：「鈍，錭也。」引申之義。《廣雅》：「鈍，遲也。」俗謂不慧爲笨，即鈍之轉音。

呆　《説文》：「嬯，遲鈍也。」《玉篇》：「嬯，鈍劣也。」今俗謂愚鈍爲呆，即嬯之轉音。呆，本古梅字，古音莫哀切，與嬯疊韻，故可轉音德哀切。

愚　《説文》：「愚，戇也。」今壽縣謂愚爲𨨏。

牛　《魏氏春秋》曰：「曹子丹佳人，生汝兄弟，豚犢耳。」按桓範所謂豚犢，猶今人所謂猪牛也。是知此語蓋肇自漢魏間。章太炎乃謂牛爲愚之轉音，蓋非其本也。

呴　《新方言》曰：「《説文》：『呴，厚怒聲。』呼后切，後變作吼。今通謂蓄怒爲呴。或言呴氣，讀烏遘切。或言發呴。」

䐿　又曰：「《説文》：『䐿，豕息也。』芳無切。安慶謂發怒大息爲䐿，讀如鋪。」

土　俗謂鄉曲樸實之風爲土。安慶因謂不離鄉曲愚惷無知爲土，音轉如駝。

戇　《説文》：「戇，愚也。」陟絳切。今俗謂人性情愚直爲戇。壽縣音如絳，潁上音如罔去聲。

匄　《説文》：「匄，气也。」匄者，今之丐字，引申之義。《廣雅》：「匄，予也。」《漢書・西域傳》「我匄若馬」注云：「匄，與之也。」今俗謂與人物曰給，即匄之聲轉。

䰟　《涇縣方言考證》云：人欲取己之物，吝而不與輒曰䰟，音如一。䰟者，以聲表示吝嗇之意。按《方言》卷十：「䰟、嗇，貪也。荆汝江湘之郊凡貪而不施謂之䰟，或謂之嗇，或謂之悋。」《方言》之貪而不施，即吾邑之吝而不與之義。

要　《説文》：「憿，幸也。」引申爲求義。經典作徼。《漢書・嚴安傳》：「民離本而徼末矣。」注云：「徼，要求也。」今壽縣謂向人索物曰要，安慶則通曰討，均即憿之轉音。

請　《廣雅・釋詁》三：「請，求也。」《釋言》：「請，乞也。」壽縣謂向人求物曰請，音轉如行。

敖　《説文》：「敖，出遊也。从出从放。」今壽縣、霍丘均謂出行爲敖，音轉如勞去聲。

擾　《説文》：「擾，煩也。從手夒聲。」今字作擾。《廣雅・釋訓》：「擾，擾亂也。」壽縣謂人亂翻衣物曰擾，音如牢陰平聲。

撈　《方言》：「撈，取也。」《通俗文》：「沈取曰撈。」朱駿聲曰：「今俗呼入水取物爲撈。」

旁　《説文》：「抗，扞也。」涇縣謂與人相抵拒曰旁，讀去聲，即抗之轉音。

槍　《説文》：「槍，歫也。」俗謂兩不相下曰槍。涇縣讀其兩切。

契　《新方言》曰：「《説文》：『契，齘契，刮也。从㓞夬聲。』今天津、河間皆謂搔癢曰契癢，音如快。」以上章説。按壽縣亦有契癢之言，契讀快上聲。亦謂之搔癢，搔讀奴刀切。

𦤎　《涇縣方言考證》曰：自後追人牽而獲之曰𦤎，音如堆之上聲。按《篇海》：「𦤎，都罪切。著力牽也。」著力牽，即牽而獲之義。蓋牽而獲必著力也。𦤎字他書未見，當是追之後起字。《説文》：「追，逐也。」從後逐之謂之追，從後逐而獲之亦謂之追，義本相因。

𤆍　又曰：併氣下力曰𤆍。小孩大便不出，其母每語之曰𤆍下子，意謂併氣用力下送使大便易出也。按《玉篇》：「𤆍，用力也。」《集韻》陟甚切，音近枕。

㑐　又曰：以物易物曰㑐。按《説文》：「㑐，市也。」錢氏坫曰：「今市買兑换貨物字。」

引　《晉語》韋注云：「引，取也。」壽縣謂手提物曰引，讀若引陰平聲。

劉　《新方言》曰：「《爾雅》：『劉，殺也。』淮南謂刀殺曰溜刀子，溜之言劉也。凡今語以拳打曰打拳，以杖打曰打杖，故以刀殺曰劉刀子，其詞例同矣。」

箾　《説文》：「箾，以竿擊人也。」《廣韻》色角切。今壽縣猶謂以鞭擊人曰箾，讀若朔。

撞　《説文》：「撞，卂擣也。」《學記》注：「撞，猶擊也。」今壽縣謂擣擊曰撞，讀若沖去聲。

豰　《涇縣方言考證》曰：以尖物刺人重曰丵，輕曰豰。按《説文》：「豰，椎擊物也。」〔一〕冬毒切。《廣韻》竹角切，與丵同音。吾邑方言以刀刺曰丵，讀竹角切；以椎刺曰豰，讀冬毒切。丵重而豰輕，言語分別不相互用，實則當取豰。

奏　《周禮・鼓人》：「以晉鼓鼓金奏。」疏：「奏，擊也。」奏，本作樂之稱，今俗乃施之於人，因謂擊人曰奏矣。俗作揍。

㚇　《涇縣方言考證》曰：謂斂足而跳曰㚇。按《説文》：「㚇，斂足也。」子紅切。《廣韻》東韻：「㚇，飛而斂足也。」又送韻：「㚇，作弄切。」吾邑之音爲作弄切。

蹦　俗謂跳躍爲蹦。按《漢書・李廣傳》：「暫騰而上胡兒馬。」注云：「騰，跳躍也。」騰即古蹦字。騰聲朋聲古音同部。

⿰足長　《新方言》曰：「⿰足長蹬，立也。今淮南謂立曰⿰足長，音如撐。」

困　又曰：「《説文》：『困，故廬也。』《易》言『困于石』『困于葛藟』，傳曰：『非所困而困焉。』則困亦有居處之義。今淮西謂寢曰困。」

亢　又曰：「《廣雅》：『亢，遮也。』《左傳》：『吉不能亢身〔二〕，焉能亢宗。』杜解：『亢，蔽

〔一〕「擊」上原衍「豰」字，據《説文解字》删。

〔二〕吉：原誤作「既」，據《左傳》改。

也。』案《爾雅》蔽訓微，謂隱匿之也。則亢亦有遮使隱匿之義。今淮西、淮南皆謂藏物爲亢，讀若抗。」

剔　俗謂食物後用牙籤去齒中餘物曰剔。陸雲《與兄機書》記曹公器物有剔齒纖，趙孟頫詩：「食肉先尋剔齒籤。」是其得名蓋已久矣。按《淮南子·齊俗》篇：「柱不可以摘齒。」《説文》：「摘，拓果樹實也。」〔一〕《廣韻》：「他歷切。發也，動也。」是剔牙之義，漢人亦作摘齒矣。

椓　《説文》：「椓，擊也。从木豖聲。」壽縣謂屈指擊人曰椓，或曰丁丁椓。

謓　《説文》：「謓，恚也。賈侍中説：謓笑。」按俗謂内怒而外笑曰冷笑，蓋即謓笑之轉音。

顛　俗謂振動曰顛。按《説文》：「䟢，動也。從足辰聲。」真先二韻古本相通，則顛動之本字宜作䟢。

敁　俗謂以手稱物曰敁。按《廣韻》：「敁，丁兼切。敁敠，稱量也。」《類篇》：「敁挆，以手稱物。」

等　《説文》：「待，竢也。從彳寺聲。」俗謂俟爲等，即待之轉音。待等均從寺得聲。

遷　《説文》：「遷，登也。」《爾雅》：「遷，徙也。」俗謂遷居曰搬，即遷之轉音。

〔一〕拓：原誤作「遮」，據《説文解字》改。

幢　《説文》：「幢，陷陣車也。」引申爲衝突之意，又引有泛然而遇兼有無所顧忌之義，通作闖，讀若窗上聲。按《説文》：「闖，窺頭貌。」《廣韻》恥陰切〔一〕。音義皆不合。

攪　《涇縣方言考證》曰：攪亂之攪，吾邑讀古巧切。按《説文》：「攪，亂也。」《唐韻》《集韻》皆古巧切。

舀　又曰：以瓢取水曰舀。按《説文》：「舀，抒臼也。」挹彼注此謂之舀。《廣雅》篠韻：「舀，以沼切。」

刅　《説文》：「刅，傷也。」壽縣呼剃頭時頭上被刀所傷曰打刅子，刅讀若掌。

攩　舒城、壽縣、潁上均謂手握物曰攩。按《説文》：「拳，手也。」朱駿聲曰：「張之爲掌，卷之爲拳。」是攩之本字蓋當作拳，由名詞而引申爲動詞也。

踹　《淮南子·人間訓》：「追者至踹足而怒。」注：「踹足，躍足也。」《廣韻》踹，都玩切。今壽縣、舒城均謂頓足爲踹，以雙聲轉爲多去聲。考《説文》：「頓，下首。」引申則足之下叩地亦謂之頓，踹足之義通作頓足，音義皆可通也。

攱　《説文》：「攱，頃也。從匕支聲。匕，頭頃也。」朱駿聲曰：「匕者，偏也，與頃卬同意。」按今黟縣謂人偏頭曰攱頭，攱讀若豸。

〔一〕「闖窺頭貌」不見於《説文》，「恥陰切」不見於《廣韻》。

齦　《説文》：「齦，齧也。」康很切。潁上及壽縣均謂齒齧曰齦。

歁　《説文》：「歁，飢虛也。」黟人謂腹飢曰慊，即歁之轉音。

哽　《涇縣方言考證》曰：氣咽曰哽。按《説文》：「哽，語爲舌所介也。」《玉篇》：「語爲人所忿疑也。」〔一〕《廣韻》：「哽，咽也。」皆一義之相承。

噦　又曰：氣逆曰噦。按《説文》：「噦，氣啎也。」於月切。《正字通》：「有物無聲曰吐，有聲無物曰噦，有物有聲曰嘔。」以上胡氏之説。按壽縣讀噦如月之陰平聲，涇縣則讀歐入聲。

嗢　又曰：逆氣而出曰嗢。按《説文》：「嗢，咽也。」烏没切。王氏筠曰：「咽，當作噎。」噎，飯窒也。飯窒於喉，逆氣以出之，故謂之嗢也。

嘛　黄生《字詁》曰：「嘛，音嗎，口動也，見山谷小詞，字書不載。吾鄉謂口欲發悲曰嘛，閲黄詞，則知宋人已有此語矣。」

歐　《涇縣方言考證》曰：吐曰歐。按《説文》欠部：「歐，吐也。從欠區聲。」字亦作嘔。

欶　又曰：吮曰欶。按《説文》欠部：「欶，吮也。從欠束聲。」

歕　《説文》：「歕，吹氣也。」俗謂含水吹散曰歕，或以雙聲轉音鋪。

訶　《説文》：「訶，大言而怒也。」轉作赫。《詩》：「王赫斯怒。」又轉作猲。《漢書・王子

〔一〕爲：原脱，據《玉篇》補。

侯表》「恐猲受賕」注云：「以威力脅人也。」今謂以威力脅人曰猲，因謂恐懼曰猲怕。黟縣謂驚訝曰赫殺著，赫轉音下。又轉爲盍饞著。盍、赫雙聲，饞、殺旁紐雙聲也。

嫍　《涇縣方言考證》曰：恨人曰嫍，因之恨人不與之言，他人見之輒曰某與某嫍了。按《說文》：「嫍，有所痛恨也。」《廣韻》奴皓切。

娋　《說文》：「姣，好也。」今通稱面貌美麗曰娋，即姣字，又轉音如標。

朿　朱仲我曰：黟人吮曰朿，即欶字。《說文》：「欶，吮也。」孫愐所角切。

僩　《涇縣方言考證》曰：癡曰僩，謂癡人曰僩頭。按《說文》：「僩，武皃。」非此義。當是癎之借字。《說文》：「癎，病也。」《聲類》：「小兒癲曰癎。」《廣韻》假用僩，⿰𧾷兼韻云：「僩，癡也。丑減切。」吾邑方言義本《廣韻》，音轉如燦。

剁　又曰：以刀斷物，輕曰割，重曰剁。按《玉篇》：「剁，斫也。」《廣韻》：「剁，都唾切。斫剉也。」剁即莝字。《說文》：「莝，割芻也。」斬芻之訓與剁之義合。

刺　又曰：以刀傷人，直而重曰刺，橫而輕曰刺。以上胡氏之說。按《說文》：「刺，盭也。」無刀傷義。又云：「劌，利傷也。」刀傷之義蓋本作劌。刺劌古音同部。

剾　《廣雅》：「剾、⿰飠刂，剜也。」今潁上謂剜物之裏曰剾。

垛　俗謂物加於物上爲垛。按《說文》：「加，語相增加也。」引申之義。《爾雅》：「加，重也。」加古音歌，知垛乃加之轉音矣。

仂　王氏《通俗文》曰：仂，數之餘也。俗謂購物於大數中取得小數曰仂頭，又縫工裁衣竊取餘布曰仂布。

墁　又曰：墁音瞞，土覆也。一作墁，一作鏝，牆壁之飾也。俗謂地上增土令高曰墁土，以磚石砌階沿亦曰墁，音滿去聲。以上王氏之説。按《説文》：「槾，杇也。」《荀子·禮論》「以象槾茨番閼也」注云：「槾，猶墍茨也。」是墁之本字當作槾，作墁者乃其後起字也。

扮　又曰：扮音班去聲。俗以裝飾爲打扮。以上王氏之説。按《説文》：「扮，握也。」無裝飾義。扮者，粉之假借。粉，所以傅面者，故謂裝飾曰粉。扮粉同從分得聲。

硍　又曰：硍音懇去聲，石有痕曰硍。俗謂循舊例曰抓硍頭。以上王氏之説。按《説文》無硍字。硍頭之字，蓋本作痕，惟音轉如懇去聲耳。

廛　《新方言》曰：「《爾雅》：『廛，久也。』今人謂物久爲陳積，亦曰廛。淮南狀物之多曰廛千廛萬。」

覼　《説文》：「覼，求也。」俗謂乞求爲化，如募化、化緣。又乞丐之稱叫花字，均即覼字。覼古音羅，化古音吪，二字古本疊韻。

稇　《説文》：「稇，豢束也。」《廣雅》：「稇，束也。」今黟縣、壽縣均謂草木一束曰一稇。

倗　《涇縣方言考證》曰：相伴曰倗。按《説文》：「倗，輔也。」錢坫曰：「今吴語云倗客徑作陪者，非。」以上胡氏之説。按倗伴雙聲，蓋即伴之轉音。

僁　又曰：意有所驚曰僁。按《説文》：「僁，意䐡也。從人然聲。」人善切。段玉裁云：「意者，志也。䐡者，耎易破也。意䐡，謂有此意而不堅。」《通俗文》：「驚聲曰僁。」僁，于簡切。吾邑方言讀音如《通俗文》。亦有讀人善切者，其義與驚略異，爲歎息之聲。

伭　又曰：與人相争鬧曰伭，與人相戲謔亦曰伭，音如懸之上聲。按《説文》：「伭，很也。」「很，不聽從也。」吾邑方言之第一義由忿恨而引申，第二義即由第一義而引申，争鬧與戲謔，輕重之不同耳。

湊　又曰：偶然相聚曰湊，臨時以一人補空亦曰湊。按《説文》：「湊，水上人所會也。」一曰聚也。吾邑方言即由聚會之義而引申，音讀倉奏切，與《廣韻》同。

氽　《廬州府志》曰：「合肥人謂泅水曰喫氽。氽，土墾切。《字林撮要》：『人在水上爲氽。』」

圮　《新方言》曰：「《説文》：『圮，毀也。《虞書》曰：方命圮族。』今廬州謂物漸傾積曰圮下去，讀若擺。案徐鉉音圮爲符鄙切，古無輕脣，則圮正當讀擺。」

薅　又曰：「《説文》：『薅，拔去田草也。從蓐，好省聲。』呼毛切。今山西、淮西、淮南皆謂刈草爲薅草，讀呼到切。」以上章氏之説。按今壽縣仍謂拔草爲薅，讀呼毛切。

穮　壽縣謂鋤去田草曰鉋，讀薄交切。按《説文》：「穮，耕禾田間也。」昭元年《左傳》「是穮是蓘」注：「穮，耘也。」釋文引《説文》：「耨鉏也。」是鉋者，穮之轉音也。鉋穮疊韻。

衍　《説文》：「衍，水朝宗於海也。」引申爲饒溢之意，又引申爲多餘之義，通作羨。《詩·十月之交》「四方有羨」傳：「餘也。」今桐城謂多餘曰羨，如飯之多餘者曰羨飯是也。

喬　《涇縣方言考證》曰：凡謂物求過於供曰喬，讀七肖切。按《説文》：「喬，高而曲也。」〔一〕凡物求過於供，其價即高，故曰喬。喬讀渠廟切，與七肖切之音相近。

快　《説文》：「趹，馬行皃。」《後漢書·班彪傳》注：「趹，奔也。」通作決。《莊子·逍遥遊》篇：「我決起而飛，搶榆枋。」李注：「決，疾皃。」今通謂疾爲快，即趹之轉音。

周　《廣雅》：「周，旋也。」按旋有回義，故《字林》云：「旋，回也。」則周亦回意。周照古音同部，故今合肥東鄉、巢縣西鄉謂回家曰照家。

跓　舒城、壽縣之間謂緩行相近曰跓。按《論語》：「就有道而正焉。」《孟子》：「猶水之就下。」《廣雅》：「就，歸也。」緩行相近，即由相就之義而引申，惟音轉如丘去聲耳。

遊　《禮記·曲禮》：「遊毋倨。」注：「遊，行。」今安慶謂出遊曰打遊。遊，讀若留陰平聲。

吸　《太平府志》曰：「以計吞人之資曰吸。」按《説文》：「吸，内息也。」朱駿聲曰：「假借爲歙。」《廣雅》：「歙也。」則其本字作吸作歙均通，惟歙字今已少用耳。

囮　俗謂圖賴曰囮。按《説文》：「僞，詐也。」《廣雅》：「僞，欺也。」圖賴之意即由欺詐之

〔一〕高而曲：原誤作「曲而高」，據《説文解字》改。

義而引申。是囮之本字當作僞。僞古音與囮同也。又《太平府志》云：「持人之陰事而利之曰拿鵝頭。」鵝亦即僞字，仍用其欺詐之義也。

賴　俗謂不認前言爲賴，因謂欠債不認曰賴債。按《説文》：「賴，赢也。」此今之利益字，非不認前言之義。不認前言之字當作獪，《説文》：「獪，狡獪也。」故引申爲不認前言之義。

鉤　《太平府志》曰：「餌人就己曰鉤。」按《小爾雅》：「鉤，取也。」《後漢書·范滂傳》注：「鉤，引也。」均與餌人就己之義近。

籂　又曰：「設計範圍人曰籂。」按此乃由篾籂之義而引申。

𥈡　《涇縣方言考證》曰：看人一眼曰𥈡一眼。按《廣韻》歌韻：「𥈡，偷視也。素何切。」又按此字即䀢之累增字。《説文》見部：「䀢，司人也。」司人即伺人，偷視之訓近之。

瞟　又曰：以目斜視人曰瞟。按《説文》：「瞟，瞭也。」敷沼切。段玉裁云：「今江蘇俗謂以目伺察曰瞟，音如瓢上聲。」吾邑方言音如飄上聲。

䁱　又曰：以目引誘使之歸己曰䁱。按《説文》：「䁱，目熟視也。」〔一〕都僚切。以目引誘人，正熟視之引申。

矚　《類篇》：「矚，視之甚也。」《魏書·張淵傳》：「凝神遠矚。」壽縣今猶謂凝神以視曰

〔一〕目：原脱，據《説文解字》補。

矚，音轉如督。按《晉語》：「先入，則恐國人之屬耳目於我也。」視甚之義，本宜作屬，矚，其後起字也。

丙　《涇縣方言考證》曰：以舌取物曰丙。按《集韻》：「丙，他點切。以舌鉤取物也。」《説文》：「舌貌。」訓爲鉤取物，是因形容義引申爲動義也。

卯　俗謂遺漏曰卯。按卯無遺漏義，蓋少之轉音。少，不多也，故引申有缺少意。

閃　《太平府志》曰：「與人期必而背之使失望焉曰閃。」按《禮記正義》：「閃是忽有忽無，故字從門中人。」是期必而背之，乃閃之本義之引申也。

轂　《新方言》曰：「《玉篇》：『轂，呼角切。急束也。』今山西謂急束髮捽之爲轂頭髮，轉去聲，音如耗。」以上章氏之説。案今壽縣亦有此言，讀若蒿。

覂　《涇縣方言考證》曰：展轉反側于牀蓐曰覂，音如版。按《説文》：「覂，反覆也。」方勇切。《集韻》補范切。吾邑方言義如《説文》，音同《集韻》。

晃　又曰：光烱爍不定曰晃。按《説文》：「晃，明也。」《釋名》：「光，晃也，晃晃然也。」晃晃，即烱爍不定之貌。

萎　王氏《通俗文》曰：病衰曰萎。按《説文》：「痿，病也。」通作萎。《禮記・檀弓》：「哲人其萎乎。」病衰之義蓋即由此而引申。

謣　俗謂妄言爲寡話。按《説文》：「謣，妄言也。從言雩聲。」或從荂聲作誇。謣寡古音同部，寡話之本字當作謣。

劐　俗謂缺口曰劐，脣之缺者亦曰劐，讀火之陰平聲。按《説文》：「鏬，裂也。」《廣韻》呼訝切。《唐韻正》云：「古人讀鏬如呼。」劐鏬雙聲，故知劐即鏬之轉音矣。

鈔　《説文》：「鈔，叉取也。」俗作抄。《通俗文》：「遮取謂之抄掠。」壽縣謂以鏟掠取鍋中之物曰鈔。

越　懷寧謂差爲越，差多少爲越多少。按《説文》：「逑，踰也。」「越，度也。」二字義相近。越爲度越之義，故引申有相差意。

捎　太平謂有財曰梢，否則曰落梢。壽縣謂空手赤拳以致富曰打捎。按《説文》：「饒，飽也。」《小爾雅》：「饒，多也。」《漢書》：「陳平既取張氏女，資用益饒。」捎，蓋即饒之轉音。

紂　王氏《通俗文》曰：不循正道曰紂。按《獨斷》下：「殘義損善曰紂。」不循正道，蓋即由此義而引申。

嚏　《涇縣方言考證》曰：鼻噴曰嚏。按《説文》：「嚏，悟解氣也。」《倉頡篇》：「嚏，噴鼻也。」嚏爲噴鼻，古今悉同。

噴　《説文》：「噴，吒也。一曰鼓鼻。」《廣雅》：「噴，嚏也。」今俗通稱鼓鼻爲打嚏噴。

擤　《篇海》擤，呼梗切，亨上聲，手捻鼻膿曰擤。按《説文》：「挺，拔也。」《廣雅》：「挺，出也。」《漢書·師丹傳》注：「挺，引拔也。」《説文》無擤字，捻去鼻膿，蓋即由引拔之義而引申。

⿰氵奅　俗謂以水漬物曰⿰氵奅，讀披教切。按《説文》：「泡，水。出山陽平樂，東北入泗。」非其義。按《説文》：「溲，浸沃也。」溲即⿰氵奅之本字，俗或作泡。

淐　俗謂水漲而激射曰淐。《集韻》：「淐，水漲也。」蓋其所本。按《西山經》「其源渾渾泡泡」注：「水濆涌之聲也。」蓋本形容其聲，因謂濆涌亦曰淐矣。

⿰氵閻　《涇縣方言考證》曰：戲謔人，其人腆腼不能報復者，輒曰阿⿰氵閻。按《説文》：「海岱之間謂相汙曰⿰氵閻。」〔一〕《廣韻》鹽韻余廉切。⿰氵閻本相汙之稱，故受人之汙亦以⿰氵閻報之。

涵　王氏《通俗文》曰：水寒砭骨曰涵人，音如酣。按《説文》：「涵，寒也。」《集韻》胡南切，音含。

椎　安慶謂呆笨曰椎。按《史記・周勃世家》：「其椎少文如此。」集解：「椎，不撓曲直至如椎。」《漢書注》：「謂樸鈍如椎也。」此即方言之所本。

忘　《涇縣方言考證》曰：記憶力不繼曰忘，音如孟。按《廣韻》漾韻：「忘，巫放切。」

坏　又曰：謂人本質不良曰壞坏子。按《説文》：「坏，丘一成者也。一曰瓦未燒。」芳桮切。範土爲器首在坏良，若無良坏，必無良瓦。坏者，瓦之本質，故人之本質亦可謂之坏。

芇　王氏《通俗文》曰：俗謂賭物曰芇。按《廣韻》仙韻：「芇，武延切。」《説文》：「相當

〔一〕海岱：原誤作「淮海」，據《説文解字》改。

也。」今人賭物相折謂之芇。

退　《説文》：「退，卻也。从彳从日从夂。」夂亦聲。《廣韻》他内切。今俗讀退之退爲他内切，但言往後退則多讀吐困切。按《正字通》退，吐困切，知此音之由來已久矣。

挫　王氏《通俗文》曰：俗謂被壓迫而不能脱去曰挫。按《説文》：「挫，摧也。」《孟子》：「思以一毫挫於人。」《廣韻》挫，則臥切。

捦　又曰：俗謂拘留不放曰捦，讀欽去聲。按《説文》：「㯉，止也。」朱駿聲曰：「謂係而止之。」係而止之，即所謂拘留不放也。是捦乃㯉之後起字。

搊　又曰：舉手推物使上，俗謂之搊。按《廣雅》：「摳，舉也。」搊疑即摳之後起字。

摳　《説文》：「摳，繑也。」朱駿聲曰：「謂扣結所紐也。」今壽縣謂手持衣領曰摳，又由名詞而轉爲動詞也。

剉　壽縣或謂斬人爲剉。按《説文》：「剉，折傷也。」《玉篇》：「斫也。」《六書故》：「斬截也。」蓋本義爲折傷，而斬截則其引申義也。

絆　俗謂足爲物所礙以致蹎跲者曰絆。按《説文》：「絆，馬縶也。」爲物所礙，即由馬縶之義而引申。

穛　俗謂兩物相和曰穛。按《説文》：「散，雜肉也。」引申之義。《後漢書·華陀傳》「漆葉青黏散」注：「謂藥石爲屑雜和也。」散有雜和之義，當即穛之本字。

嘐　王氏《通俗文》曰：俗謂言不實而夸曰嘐。按《説文》：「嘐，誇語也。」《孟子》「其志嘐嘐然」注：「志大言大者也。」《廣韻》嘐，許交切。

陶　黄生《字詁》曰：「吾鄉謂長曰陶，如謂日長曰好陶天。此語亦有所本。《楚辭》：『陶陶孟夏。』」

冎　《涇縣方言考證》曰：謂凌遲曰冎。按《説文》：「冎，剔人肉置其骨也。」《廣韻》冎，古瓦切。

坎子　《太平府志》曰：「爲隱語歇後以欺人曰打坎子。」按《漢書·東方朔傳》：「上嘗使諸數家射覆。」注云：「於覆器之下而置諸物〔一〕，令闇射之，故云射覆。」是隱語古或謂之射覆。《説文》：「奄，覆也。」打坎子之言，蓋即由奄覆之義而引申也。

拐　俗謂轉灣曰拐。當塗謂展轉造端曰拐端。按《説文》：「乖，戾也。」戾有轉義，故《文選·射雉賦》注云：「戾，轉也。」訓拐曰轉，蓋由乖戾之義而引申。

栽　《太平府志》曰：「人未有其事而誣之曰栽。」按《禮記·中庸》「故栽者培之」注：「栽，猶植也。」今人名草木之植曰栽，栽誣之義即由栽植之義而引申，故俗又稱以盜賊之贓送入人家以便誣賴者曰栽贓。

〔一〕物：原誤作「家」，據《漢書注》改。

背　又曰：「揥己所有與人角勝負曰背。」按《左傳》：「請收合餘燼，背城借一。」此方言之所本也。

雌　又曰：「無因而靦焉，附人以入之曰雌。」按《説文》：「雌，鳥母也。」《老子》：「知其雄，守其雌。」《淮南·原道》「聖人守清道而抱雌節」注：「雌，柔弱也。」其用以爲靦焉附人之意，亦即原義而引申也。

嶄　《涇縣方言考證》曰：山峻曰嶄。凡一切高峻者皆曰嶄。俗語曰逼嶄的。

侖　涇縣謂事至而思曰侖。按《説文》：「侖，思也。」今淮南北亦有侖的中、侖不中之言。

睖　王氏《通俗文》曰：俗謂用意察視曰睖。按《説文》：「瞟，瞭也。」「瞭，察也。」《廣韻》敷沼切。睖，即瞟之後起字。

放　《説文》：「放，逐也。」引申有放散之義。敖字从出放會意，則放字亦有敖遊之意。《太平府志》曰：「無事而翱翔曰搬曰幌。」又懷寧謂散步曰逛，其本字蓋均當作放。

玩　《太平府志》曰：「故陷人于過，令其處負也曰要曰作弄。」〔一〕按《説文》：「玩，弄也。」《吳語》：「將還，玩吳國于股掌之上。」玩與弄義同，故要即玩之轉音，今壽縣亦有此言。

煦　《説文》：「煦，烝也。」《韓詩章句》：「煦，暖也。」《樂記》「煦嫗覆育萬物」注：「氣曰

〔一〕要：原誤作「耎」，據《太平府志》改，下同。

韻字也。

煦，體曰嫗。」〔一〕按煦嫗疊韻連語。壽縣謂手足寒冷偎近熱物以取暖謂之煦，轉音務，嫗務疊

作　《孟子》引《太甲》曰：「自作孽，不可逭。」壽縣因謂人自作自受者曰作，如作打、作挨是也。

下　《禮記·射義》：「下而飲。」注：「下，降也。」今俗謂人失職曰下臺，曰下來。貴池音轉如苦瓦切。

啄　《涇縣方言考證》曰：尖嘴禽食曰啄，音如篤，轉爲得。凡以尖物刺人重曰刺，輕曰啄，音如篤，不讀得。按《說文》：「啄，鳥食也。」《廣韻》屋韻丁木切。又覺韻竹角切。古人舌上音皆爲舌頭音，則丁木切之音爲是。吾邑讀書之音如竹角切，説話之音爲丁木切，而轉爲得矣。

鑽　《太平府志》曰：「乘間而入曰鑽。」按《漢書》：「商鞅挾三術以鑽孝公。」《宋史》：「王安石秉政，鄧綰、李定之徒俱以趨媚擢用，士論有十鑽之目。」此均謂夤緣曰鑽也。《說文》：「鑽，所以穿也。」故引申有乘間而入之義。

包兒　又曰：「謂人之壯大而不慧巧，在蕪曰包兒。」按《荀子·非十二子篇》「世俗之溝猶

〔一〕嫗：原誤作「傴」，據《禮記注》改。下同。

瞀儒」注：「瞀，闇也。」《廣韻》：「愗，愚也。」包無愚笨意，當即瞀之轉音。

棞 《説文》：「完木未析也。」朱駿聲曰：「今蘇俗常語謂之或侖。或侖者，棞之合音。」按今壽縣謂之骨侖，骨侖合音爲昆，又棞之轉音也。

奇 江淮間凡讚美則曰卻。按卻者，奇之轉音。奇卻旁紐雙聲。

渴 《今雅》曰：《説文》：「渴，水盡也。」苦葛切。今貴池青陽謂凡物告罄曰渴。渴竭古同音義，亦即古今字，渴即竭也。又《爾雅・釋詁》：「觳，盡也。」郭注：「觳，今直語耳，忽然盡貌。苦角切。」貴池青陽之言忽然盡者，宜从觳字。

唐 《今雅》曰：《説文》：「唐，大言也。」引申之訓爲大。又引申之爲空。今江淮間謂虛言相與曰唐塞，冒然以大言相加曰唐突，浮埃曰唐坌，用火烘發之花曰唐花。

訏 詡 又曰：《詩・溱洧》「洵訏且樂」毛傳：「訏，大也。」《爾雅・釋詁》同。《説文》：「詡，大言也。」《白虎通》吁亦作詡。今江淮間謂大言曰訏曰詡。

譜 《廣雅・釋言》：「譜，牒也。」《史記・三代世表》「不可得而譜」正義：「譜，布也。」今江淮間謂事之可信者曰有譜子，言過其實則曰没有譜子。

儹 《今雅》曰：《説文》：「儹，冣也。」《廣韻》：「儹，聚也。」今江淮間謂積儲曰儹，聚錢曰儹錢。

龘 黄生《字詁》曰：「龘字，《説文》訓『行超遠也』，吾鄉語行之速者猶有此稱。」

侹　《今雅》曰：《方言》：「侹、佚，代也。江淮陳楚之間曰侹。」今江淮間謂代人傭工曰打侹工。

寡　又曰：《説文》：「寡，少也。」引申之，凡倮然單獨皆曰寡。今淮泗間謂刻薄曰寡情，又謂徒手曰寡手，空口曰寡口。又凡倮然單獨之事物而加以比擬之詞曰寡寡的。

儝　又曰：《方言》：「儝，特也。楚曰儝。」《詩》毛傳：「㷀㷀，獨行皃。」㷀儝古今字。今淮泗間謂人自命不凡曰儝。

嬗　又曰：《説文》：「嬗，緩也。」今江淮間謂性緩曰性子嬗的很，曰憨嬗的很。

嫳　又曰：《説文》：「嫳，易使怒也。」讀若擊擊之擊。今淮南北謂嘔氣曰嫳氣，謂與人争較曰鬧嫳扭。壽州謂小兒怒不語曰嫳兆。

弄　又曰：《爾雅》：「弄，玩也。」引申之，今江淮間謂一切作爲曰弄，又謂揶揄人曰作弄人。作弄，猶戲弄、玩弄也。

惏　歁　《今雅》曰：《方言》：「叨、惏，殘也。」惏，洛含反。又《方言》：「𢹿，殘也。晉魏河内之北謂𢹿曰殘，楚謂之貪，南楚江湘之間謂之歁。」郭注：「言歁𢹿難厭也。」惏𢹿古同音義。歁，《説文》：「食不滿也。」《廣雅》：「歁、惏，貪也。」曹憲：「歁，若感切。」今壽州語曰抓把口惏，亦可作抓把口歁；又曰歁一口，亦可作惏一口，俱飢甚無厭貌，貪殘之義也。

扐　又曰：《説文》：「扐，《易》筮，再扐而後卦。」扐，數之餘也。今淮南北謂避讓曰扐，引中分散之義。

捘　捽　《説文》：「捘，推也。」子寸切。《左傳》：「捘衛侯之手。」音義：子對切。捘，古訓推也，排擠也，今江淮間謂引繒曰捘，與古訓推排微異，其音正讀子寸切。又《淮南·氾論訓》：「溺，則捘其髮而拯。」〔一〕捘又作捽，其義則引，其讀則子對反。今江淮間謂引而上之、引而下之、平衡而引之，俱曰捽。

樊　又曰：《説文》：「樊，樊也。」今江淮間謂張兩臂半合其抱以樊籬曰樊，又謂多所牽合而作爲之曰樊。

午　牾　《今雅》曰：《説文》：「午，牾也。」又：「牾，屰也。」今江淮間謂氣逆不舒曰牾，手足錯節亦曰牾。

憡　又曰：《方言》：「憡、刺，痛也。」郭注：「憯憡，小痛。」《玉篇》：「憡，小痛也。」《廣雅》：「憡，小痛也。」今江淮間謂小痛曰憡著痛，又謂腋下汗漬成傷曰汗憡。

窒　罄　又曰：《説文》：「窒，空也。《詩》：『缾之窒矣。』」今《詩》作罄，古今字也，與《爾雅·釋詁》合。今江淮通語謂倒瓶而盡其餘瀝曰窒一窒。

侂　《説文》：「侂，寄也。」朱駿聲曰：「字亦作仛，俗作托。」今江淮通語謂以手承物曰侂，

〔一〕其：原作「而」，據《淮南子》改。

名茶槃曰茶侘。

𡖋　《今雅》曰：《説文》：「𡖋，大也。」古回切。今安慶驚而偉大之曰老𡖋的，淮南北驚而偉大之曰𡖋。

処　所　《説文》：「処，止也。」或作處。《廣雅・釋詁》二：「處，居也。」古叚所爲之。《論語》：「居其所。」即居其處也。又在所，爲漢代方言，即在處也，猶今言所在。《漢書・張敞傳》：「即敞家在所召敞。」師古曰：「在所，即所在也。」是在漢曰在所，在唐曰所在也。今淮南北猶以居處名所在。孫養癯説。又安慶謂居處那裏，那音如挪，當亦處音之轉，此由魚模而轉入戈麻。蘇滬語謂内曰裏許，讀如裏化，可爲此旁證。

厥　《通俗雜纂》曰：厥，發石也。《孟子》：「厥角稽首。」趙注：「厥角叩頭，以額角撅地也。」鄖襄間人謂人含怒努嘴曰厥，其音平聲。蓋人含怒而不言，每努其嘴或戾其躬，其形狀正如有觸厥者。以上陳説。按今壽縣謂努嘴及以杖發石均謂之厥，音亦讀平聲，通作撅。

諎　《涇縣方言考證》曰：猝然而驚曰諎。按《説文》：「諎，驚貌。」七雀切。

傿　《新方言》曰：「《説文》：『傿，引爲賈也。』於建切。淮南謂研磨作價爲傿，音如奥。原注云：此如奥字，本在元寒，轉爲今音。」

濈　朱孔彰曰：黟人謂水射衣曰濈，即濽字。《説文》：「濽，水中人。」按讀若贊。

泌　《説文》：「泚，清也。」引申爲濾水使清之義，俗作泌。《説文》：「泌，夾流也。」非其義。

椎《説文》：「椎，所以擊也。」引申爲擊義。《字林》：「椎，擊也。」《三蒼》：「椎，打也。」今阜陽通稱打爲椎。

膏《説文》：「膏，肥也。」今壽縣謂豕肥曰上膔。舒城謂肥肉曰膔肉，讀若標。膔即膏之轉音。

託《潁上志》曰：「聚居曰一託。」按《説文》：「宅，所託也。」《廣雅》：「宅，居也。」託宅同从乇聲，託即宅之轉音。霍丘謂之一駄駄，又由託而轉音也。

俄《新方言》曰：「《説文》：『俄，行頃也。』《公羊》桓二年《解詁》：『俄者，謂須臾之間，創得之頃也。』江南運河而東謂少待頃刻曰俄一俄，歌戈轉麻，作吾駕切。」以上章説。按壽縣謂有意延遲曰俄，讀吾駕切。

傫《涇縣方言考證》曰：困頓曰傫。按《説文》無傫字，傫字即人部之儽：「垂貌，从人纍聲。一曰懶解。」解即懈字。《廣雅》：「儽儽，疲也。」《廣韻》字作傫，奴對切，極困也。

媌朱孔彰曰：黟人謂小女美曰苗頭好，即媌字。《説文》：「媌，目裏好也。」按讀若苗。

斗《一切經音義》十四：「斗擻，縠穀也。江南言斗擻，北人言縠穀。」按斗藪、縠穀均係疊韻連語。今江淮間謂戰慄曰斗。

湔《涇縣方言考證》曰：浣衣去其汙曰湔。按《廣韻》先韻：「湔，洗也。子先切。」

襭　又曰：以衣盛物曰襭。按《説文》衣部：「以衣衽扱物謂之擷。」胡結切。吾邑方言變爲舌頭音。

裝　又曰：盛物曰裝。按《説文》衣部：「裝，裹也。」側羊切。段玉裁曰：「束其外曰裝，故著絮于衣亦曰裝。」吾邑方言即著絮于衣義之引申。

八　又曰：以物與人曰八，讀去聲。按《説文》：「八，分也。」段玉裁曰：「今江浙俗語以物與人謂之八，與人則分别矣。」以上胡説。按《説文》：「貱，迻予也。」俗謂以物與人曰把，蓋即貱字，以雙聲相轉也。

迦　《新方言》曰：「《説文》：『迦，迦互，令不得行也。』古牙切。今謂强止人行曰迦住，音去駕切。又凡關津置木水中以禦舟行，古曰水衡，今謂之迦，讀苦野切。俗字作卡，無已下筆。」按物哽于喉，俗亦謂之卡，涇縣則謂之苄，讀苦蟹、工瓦二切，胡樸安謂苄當从丫形而誤，然其音當由迦字轉變也。

丫　羊角也。今舒城謂羊角觸人曰丫，音如拐。

豹　《封氏聞見記》云：「御史舊例，初入臺陪直二十五日，節假直日，謂之伏豹，亦曰豹直，言衆官皆出，己獨留，如藏伏之豹，伺候待搏也。」按豹直，《玉海》作㑍直。壽縣、舒城均謂程外課作曰打㑍工。

旁　《語故》曰：《説文》：「旁，溥也。」《廣雅》：「大也，廣也。」《詩》：「四牡彭彭。」彭彭，即旁旁，亦溥義之引申也。物脹大曰膨脹，文言讀蒲庚切，口語讀鋪郎切，若滂、膨字，《説文》所無。彭鼓，聲也，非其義，皆旁之假借。俗謂内虛而外大曰膨，讀滂。魚之頭大者曰膨頭，亦可作旁頭。

霏 又曰：霏，雨濡革，讀若膞。革濡則虛起。今謂皮革沾濕張起猶曰霏起，引申凡物漲大而内不實皆曰霏，音轉如脬，鋪鑣切。

曹 又曰：《説文》：「曹，獄兩曹也。」引申之，《廣韻》「曹，輩也」。吾鄉俗語謂一班爲一曹，如享客人多分班進食，曰一曹一曹的。

兀 又曰：《莊子》：「兀者叔山無趾。」兀爲跀之假借。今俗語謂癱瘓者之以臀行曰兀，因而行之遲緩亦曰兀，讀吾懷切，若嵬。又讀我懷切，若皚。又跛行者顛倒不正及小兒學步不穩定亦曰兀，讀上聲五藹切。

嫗 又曰：《禮記·樂記》「煦嫗覆育萬物」鄭注：「以氣曰煦，以體曰嫗。」母夜眠，置子于懷以體熯之，今猶謂之嫗。吾鄉冬月釀酒，以稻草擁覆之，謂之嫗鋼。嫗有威遇、衣遇二切，今文言用衣遇，如鏂；口語則用威遇，如塢。吾鄉老者夜使小兒擁其足趾以眠，或以他熯物，謂之嫗腳。親喪斂服，子先服之，然後以斂，意在取熯氣以畀死者，謂之嫗衣，音皆如塢。

煦 又曰：煦，烝也。香句、況羽二切。吾鄉俗以釜盛水，架冷物其上，火爇其下，謂之煦。如煦飯、煦菜，讀平聲。

保　又曰《説文》：「保，養也。」引申爲保任，故擔任即擔保。今工匠曰包工，立約曰包約，農人有包佃，船户有包裝、包載。包，蓋即保字，仍即保任之意。凡今言承包者，皆言擔任其事而不愆爽也。如包好、包圓者，皆即保好、保圓。

釋訓

紅赨赨　《説文》：「赨，赤色也。」《廣韻》徒冬切。俗狀紅色曰紅赨赨，轉音通。

黑黝黝　《新方言》曰：「《爾雅》：『黑謂之黝。』」安慶狀暗黑曰黑黝黝，音如幽。

白茶茶　又曰：「《考工記》曰：『欲其茶白也。』茶爲茅秀白色。浙江狀雲氣之白曰白茶茶。」〔一〕按壽縣通狀白曰白茶茶。

白皛皛　《説文》：「皛，顯也。」李善《文選注》引《説文》「通白曰皛」。俗狀白曰白皛皛，皛蓋皛之轉音。

緑沈沈　杜甫詩：「苔臥緑沈槍。」梁簡文詩：「驥馬緑沈弓。」是緑色昔人或謂之緑沈矣。今壽縣狀緑曰緑沈沈，沈轉音陰。

黑黷黷　《説文》：「黷，握持垢也。从黑賣聲。」壽縣狀黑曰黑黷黷，或轉音都。

黑漆漆　《山海經·大荒東經》：「有黑齒之國。」注云：「齒如漆也。」黟縣及壽縣均狀黑

〔一〕茶：《新方言》均作「荼」。

曰黑漆漆，黟縣轉音疽入聲，壽縣則或讀本音，或如疽。

黑黪黪　又曰〔一〕：俗狀黑曰黑黪黪。以上王説。按《説文》：「黪，淺青色也。」《廣雅・釋器》：「黪，黑也。」

烏冬冬　黟縣狀黑曰烏冬冬。按《説文》：「黨，不鮮也。从黑尚聲。」黨冬變聲，是冬即黨之轉音矣。

黄配配　《説文》：「黊，鮮明黄色也。」户圭切。《廣韻》户瓦切。壽縣及舒城均狀黄曰黄配配。配即黊之轉音。

紅霞霞　《釋名》：「霞，白雲映日光而成赤色，假日之赤光而成也。」《蜀都賦》：「舒丹氣而爲霞。」壽縣或狀紅曰紅霞，霞音如呼加切。

亮　《新方言》曰：「《説文》：『㬎，衆微杪也，从日中視絲。古文以爲顯字。讀若唫唫。』通語狀顯耀曰亮㬎㬎，音本如金，稍變作子林切。」

重㞟㞟　又曰：「《廣雅》：『㞟、鈂、鎮、珍，重也。』㞟，曹憲音鼎。今人狀物之重曰重㞟㞟。」以上章説。按㞟音稍變，作都年切。

輕僄僄　《説文》：「僄，輕也。」字亦作嫖。今俗狀物之輕曰輕僄僄。

〔一〕上條未言出王氏《通俗文》。

輕嫳嫳　王氏《通俗文》曰：⿱敝毛、嫳，輕也。俗謂物之輕者曰輕嫳嫳，音如撇。以上王說。按嫳僄雙聲，則嫳當亦爲僄之轉音。

大夻夻　《説文》：「夻，大也。」《集韻》烏瓜切。按夻从瓜聲，古音當讀如烏。今俗狀物之大曰大夻夻，音轉如路之陰平聲。

長镺镺　《廣雅·釋詁》曰：「镺，長也。」《廣韻》烏浩切。今俗狀物之長曰镺，镺音轉如夭。

長撱撱　王氏《通俗文》曰：撱音妥，狹長也。俗謂物之狹長者曰長撱撱。

短⿱叕出⿱叕出　《新方言》曰：「《方言》：『⿱叕出，短也。』凡叕聲字有短義。《莊子·秋水》篇：『掇而不跂。』《淮南·人間訓》：『愚人之思叕。』郭、高二注皆訓爲短。《説文》訓⿱窡女爲短面〔一〕，《聲類》訓惙爲氣貌，不止短柱稱棳也。今江淮、浙西於物之短者稱爲短⿱叕出⿱叕出，或曰禿⿱叕出⿱叕出。」

扁巴巴　又曰：「《説文》：『甂，似小瓿大口而卑。』引申凡體卑平者皆曰甂。相承作扁。扁庳聲轉。《説文》：『庳，中伏舍。一曰屋庳。』《唐韻》作便俾切。《説文》又讀若逋。故今揚州狀扁曰逋逋，逋音如巴。魚模轉麻，若今父稱爸矣。」以上章說。按今壽縣狀物之扁亦曰扁巴巴。

〔一〕⿱窡女：原誤作「⿱宀⿱叕女」，據《説文解字》及《新方言》改。

圓賧賧　《説文》：「輥，轂齊等貌。」朱駿聲曰：「謂榦木正圜不橈減。」《廣韻》輥，古本切。今舒城狀圓曰圓賧賧，賧即輥之後起字。

齊截截　《説文》：「截，斷也。」《詩・長發》「海外有截」鄭箋：「整齊也。」壽縣及舒城狀齊整曰齊截。截截轉音挙。舒城又謂箸衣整齊曰齊齊褿褿，褿亦截之轉音。

厚沓沓　《説文》：「沓，語多沓沓也。」段借爲疊。《顔氏家訓・書證》篇：「重沓是多饒積厚之意。」今舒城狀厚曰厚沓沓。

急遄遄　《説文》：「遄，往來數也。」《爾雅・釋詁》：「遄，速也。」又：「遄，急也。」今壽縣狀急曰急遄遄。

慢牧牧　《説文》：「牧，牛徐行也。」段注：「俗謂舒遲曰牧牧。」今俗狀舒遲曰慢牧牧。

澀僿僿　《廣韻》：「僿，瘖據切。不滑也。」壽縣及舒城狀澀曰澀僿僿，壽縣轉音區，舒城則轉音據。

暖和和　《素問・五常政大論》：「其候温和。」是和有温暖義。今俗狀暖曰暖和和，和轉音呼。

寒噏噏　《涇縣方言考證》曰：噏，息入切，忍寒聲。俗謂忍寒曰寒噏噏。

冷冰冰　俗狀寒曰冷冰冰。按《説文》：「仌，凍也。」「冰，水堅也。」則其本字當作仌。

冷漱漱　《涇縣方言考證》曰：謂冷曰冷漱漱。冷漱漱者，形容戰栗縮瑟之狀，謂寒氣侵人，其狀如是也。按《廣韻》侯韻：「潄，速侯切。冷潄。」《集韻》侯韻：「潄，先侯切。冷也。」吾邑方言即本於此，讀先侯切。

温湯湯　《説文》：「湯，熱水也。」《西山經》：「湯其酒百樽。」注：「湯其酒，温酒令熱。」是湯有温義。今俗狀水之温曰温湯湯。

火烲烲　《涇縣方言考證》曰：人有熱疾曰火烲烲。按《集韻》烲，郎達切，音同辣，火貌。以上胡氏之説。按《方言》三：「瘌，痛也。」壽縣謂熱而痛曰火瘌瘌的痛，是其本字蓋當作瘌矣。

水漬漬　《説文》：「漬，漚也。」《通俗文》：「水浸曰漬。」今俗狀溼曰水漬漬。漬讀若鷄。康與之重陽遇雨爲詛詞云：「茱萸胖，黄菊溼虀虀。」蓋昔人曾作虀虀也。

濕納納　《説文》：「納，絲濕納納也。」今俗狀濕曰濕納納，納讀若答。

雨霹霹　《説文》：「霹，小雨財零也。讀若斯。」今舒城謂小雨初零曰雨霹霹，音正如斯。

風颸颸　《廣韻》：「颸，楚持切。涼風也。」今桐城謂微風從側來曰涼颸颸，音如持。

甜旨旨　《説文》：「旨，美也。从甘匕聲。」今俗狀味之甜曰甜旨旨，旨轉音師。

辣豁豁　《説文》：「楚人謂藥毒曰痛瘌。」《廣雅·釋詁》四：「瘌，傷也。」朱駿聲曰：「今蘇俗言物味辛曰辣。辣即瘌之俗。又言蟲螫痛或膚小痛皆曰瘌豁豁。」按瘌豁古音同部，豁即辣之轉音。今壽縣又以雙聲轉豁音爲蒿。

苦畬畬　《説文》：「畬，酒味苦也。」《廣韻》於琰切。壽縣狀小苦曰苦畬畬，畬轉音音。

酸潃潃　《説文》：「潃，久泔也。」《淮南・人間》「及漸之于潃」注：「臭汁也。」〔一〕蓋泔之久者，則味變酸而氣惡，是謂之潃。今壽縣狀味之酸曰酸潃潃，潃轉音劉陰平聲。

香芬芬　《説文》：「芬，艸初生，其香分布也。」《廣雅・釋訓》：「芬芬，香也。」今俗狀花之香曰香芬芬，音如布悶切。古無輕脣音，正讀布悶切之平聲矣。

醉醺醺　《説文》：「醺，醉也。」引《詩》「公尸來燕醺醺」。今俗狀醉曰醉醺醺。

戰癛癛　《説文》：「癛，寒也。」引申爲戰懼之義，字亦作懍。《家語・致思》「懍懍焉若持腐索之扞馬」注：「戒懼之貌。」《文賦》「心懍懍以懷霜」注：「危懼貌。」又通作廩。《漢書・食貨志》「而直爲此廩廩也」注：「危也。」今俗狀人恐懼曰戰癛癛，讀癛之陰平聲。

哭泣泣　《説文》：「無聲出涕曰泣。」今俗狀語帶哭聲曰哭泣泣。

笑䖔䖔　《涇縣方言考證》曰：謂人歡笑曰笑䖔䖔。按《説文》：「䖔䖔，笑貌。」錢氏坫云：「今吴人語笑䖔䖔聲近嬉。」即此字。

厖㾑㾑　《方言》二：「厖，豐也。秦晉之間凡大皃謂之厖。」《字林》：「㾑，肥皃。」今舒城狀肥曰厖㾑㾑。

小細細　《説文》：「細，微也。」《玉篇》：「小也。」安慶狀物之小曰小細細，細讀陰平聲。

〔一〕汁：原誤作「味」，據《淮南子》高注改。

厚敦敦　《説文》：「惇，厚也。」經傳通以敦爲之。今俗狀物之厚曰厚敦敦。

潮沮沮　《廣雅·釋詁》一：「沮，溼也。」今俗狀溼曰潮沮沮，音如居。

嚚嚚叫　《説文》：「嚚，聲也。」《詩·車攻》「選徒嚚嚚」傳：「聲也。」《板》「聽我嚚嚚」疏：「不聽之狀。」壽縣謂大聲亂呼曰嚚嚚叫，轉音於刀切。

肥腯腯　王氏《通俗文》曰：俗狀肥曰肥腯腯。以上王説。按《説文》，牛羊曰腯，豕曰肥。《禮記·曲禮》豚曰腯肥。《左》桓六年《傳》：「吾牲牷肥腯。」則肥腯二字義實相同。

晶晃晃　又曰：俗謂光耀射目曰晶晃晃。以上王説。按《説文》：「晶，精光也。」「晃，明也。」《廣雅·釋訓》：「晃晃，明也。」《埤蒼》：「晃煌光耀，熾盛皃也。」

刮刮叫　俗讚美物名曰刮刮叫。按《説文》：「聒，讙語也。」《書·盤庚》：「今汝聒聒。」傳：「無知之皃。」馬注：「拒善自用之意。」《左》襄公二十六年《傳》：「聒而與之語。」疏：「聲亂叫謂之聒。」〔一〕蓋聒聒者，自以爲善而大聲亂叫也。今俗刮刮叫蓋即本之於此。

鬼魃魃　《今雅》曰：《説文》：「魃，一曰小兒鬼。」今江淮間謂小兒狡⿰犭夬曰鬼魃魃的。

大丕丕　《語故》曰：《説文》：「丕，大也。」丕在咍部，古讀如派平聲。今俗語曰大丕丕，轉上普海切〔二〕，又讀鋪窪切若葩者，皆一聲之轉。

〔一〕謂：原誤作「爲」，據《左傳正義》改。

〔二〕「上」字疑誤。

空婁婁　《語故》曰：《説文》：「婁，空也。」洛侯切。今語曰空婁婁，音如洛侯切之清音，或如勞勞，亦讀清音。

喬獷獷　又曰：《説文》：「獷，犬獷獷不可附也。」古猛切。吾鄉俗語謂人負氣不可附曰喬獷獷。

氣駉駉　又曰：《説文》：「駉駉，馬怒皃。」吾浪切。《廣韻》平聲。今俗謂人怒曰氣駉駉，蓋由馬而迻用於人。作昂昂，則不見怒義。

規規　朱孔彰曰：黟人謂女子細腰嬌脆者曰規規，即嫢字。《説文》：「秦晉謂細爲嫢。」

笙笙　《方言》：「凡細貌謂之笙。」壽縣謂細微之物曰笙笙，笙讀如星。

點點　《説文》：「姑〔一〕，小弱也。」壽縣謂少曰點點，蓋即姑之轉音。桐城又從點點而轉音爲底底。

鐀鐀　《涇縣方言考證》曰：見物大或物多曰鐀鐀。按《廣韻》賄韻：「鐀鐀，多貌。口猥切。」

嘓嘓　又曰：笑聲曰嘓嘓。按《廣雅·釋訓》：「呵呵、嘓嘓，笑也。」《廣韻》：「大笑。許下切，又呼訝切。」此字即《説文》之訶，《説文》：「大言而怒。」字變作呵。大言而怒者，其氣息

〔一〕姑：原誤作「姑」，據《説文解字》改，下同。

必粗，大笑之聲，其氣息亦粗，故又訓爲笑，而字變作呵。

欱欱　又曰：笑聲曰欱。又作呵。按《廣韻》箇韻：「欱欱，大笑也。呼箇切。」

嗑嗑　又曰：謂多言曰嗑嗑。按《説文》：「嗑，多言也。」讀若甲。吾邑方言音正如甲。

咠咠話　《涇縣方言考證》曰：小語曰咠，與人耳語曰講咠咠話。滬人鄙諺謂之咬耳朵，言口附於耳也。按《説文》：「咠，聶語也。」「聶，附耳私小語也。」《集韻》《韻會》並七入切，音同緝。

唧唧嗻嗻　又曰：多言曰唧唧嗻嗻，謂爲囉擾吵鬧之聲，所嬲亦曰嗻。按《説文》：「嗻，遮也。」之夜切。段氏玉裁云：「謂多言遏遮人言也。」《廣韻》：「多語之貌。」吾邑方言即本於此，惟音變如齋耳。

咠咠嚓嚓　《玉篇》：「嚓，小語。」《集韻》音同察。今涇縣謂小語曰嚓，與人耳語曰咠咠嚓嚓。見《涇縣方言考證》。

語語　《説文》：「語，論也。」《詩·公劉》「于時語語」傳：「論議曰語。」壽縣謂與人閒談曰語語〔一〕，音轉如絮絮。

斤斤　《涇縣方言考證》曰：言人細事認真曰斤斤必較。按《爾雅·釋訓》：「斤斤，察

〔一〕閒：原作「間」。

也。」舍人云：「斤斤，物精詳之察。」吾邑斤斤必較一語，當由《爾雅》斤斤之訓而來。

嘻嘻　《通俗雜纂》曰：《易·家人》：「婦子嘻嘻。」鄭康成曰：「嘻嘻，驕佚喜笑之意。」今人謂喜笑而無節曰嘻嘻哈哈。今安慶有此語。又狀人笑聲曰嘻嘻。

賒賒　《説文》：「徐，緩也。」「徐，安行也。」徐徐義相近，故《廣雅》皆訓爲遲。今舒城謂不急事爲賒的，賒讀晒平聲。賒即徐之轉音。

䑆䑆　王氏《通俗文》曰：䑆䑆，欲吐。俗謂心中翻䑆䑆，有欲吐之狀，音如央。以上王説。按壽縣謂之鬧䑆䑆。考《詩·二子乘舟》「中心養養」傳：「養養然，憂不知所定。」鬧䑆䑆之義，即由不知所定而引申。

呼呼　《説文》：「嘑，號也。」通作呼。今形容風聲、鼾聲皆曰呼呼。壽縣因謂睡曰睡呼呼。

蔌蔌　又曰：俗謂小言曰蔌蔌。以上王説。按《説文》：「誎，言之促也。」小言蓋由言促之義而引申。

蹬蹬　壽縣今小兒學立曰蹬蹬站。按《集韻》：「蹬，都騰切。蹬蹬，立貌。」此方言之所本也。客家謂小兒學立曰打顛顛，顛亦即蹬字。

冶由　《淮南子·修務訓》：「冶由笑，目流眺。」高注：「冶由笑，巧笑。」按冶由一聲之轉。今舒城謂婦女媚笑爲冶由。

孟浪　《莊子·齊物論》：「夫子以爲孟浪之言。」崔注：「不精要之貌。」朱起鳳《辭通》云：「即莽戆之轉音，按孟浪、莽戆均係疊韻連語。」今壽縣謂人粗率曰莽戆。

含胡　《黟縣志》曰：「説話不了曰含胡。《文選·笙賦》：『含胡蟬諧。』」

安偉　《北史》：「宗道暉好着高翅帽、大屐，後齊任城王湝鞭之，道暉徐呼：『安偉安偉。』」按安偉者，呼痛之聲也。今壽縣呼痛之聲音如哀歪，即安偉之轉音。

覼縷　《玉篇》：「覼縷，委屈也。」《吴都賦》：「嗟難得而覼縷。」朱駿聲曰：「詳言之意。」按覼縷雙聲連語，俗用此語有二義，一爲言詳而贅之意，俗轉爲嚕嘛，壽縣則音如羅數；一爲麻煩意，壽縣託人作事而向其致謝輒曰覼縷你，音亦如羅數，二字均讀陰平聲。

毗劉暴樂　《新方言》曰：「《爾雅》：『毗劉，暴樂也。』郭璞曰：『謂樹木葉缺落蔭疏。』〔一〕今人狀木葉果實之墮落曰毗劉杷刺。」按壽縣狀打人之聲及爆竹聲曰毗李拍勒，亦即毗劉暴樂之聲轉。

亭當　《新方言》曰：「《説文》：『亭，民所安定也。』今人謂物之安、事之定曰亭當。」按南陵謂聰明曰亭當。

麤礤　《涇縣方言考證》曰：謂物不精曰麤礤，音轉如糙。按《玉篇》：「礤，粗石也。」《廣

〔一〕落：原脱，據《新方言》補。

韻》曷韻：「礤，七曷切。麤礤也。」礤、糙本聲近義通。糙爲米之粗糙，礤爲石之麤礤，析言有別，渾言皆可通也。

蹺蹊　王氏《通俗文》曰：事違常道，俗謂之蹊蹺，音如闕氣。按《朱子語類》曰：「聖賢語自平正，卻無蹺欹如許。」蹺欹者，雙聲連語。壽縣謂奇特曰蹺欹者，亦如闕氣。

倜儻　王氏《通俗文》曰：俗謂小兒言動超羣爲倜儻，音如出蕩。按倜儻，雙聲連語。《說文新附》：「倜儻，不羈也。」然其字舊多作俶儻。《廣雅·釋訓》：「俶儻，卓異也。」《子虛賦》「俶儻瑰瑋」注：「非常也。」言動超羣，即由卓異、非常之意而引申。

文莫　《論語》：「文莫吾猶人也。」《晉書·欒肇傳》曰：「燕齊之間謂勉强爲文莫。」按文莫者，黽勉之轉音，字亦作密勿。《漢書·劉向傳》：「密勿從事。」今壽縣謂人忠厚爲文莫。

氐惆　《新方言》曰：「《方言》：『惃、愁、頓愍，惛也。或謂之氐惆。』郭璞曰：『氐惆，猶懊憹也。』今江浙、安徽皆謂小兒煩懣懊憹爲氐惆，舌音迤齒聲如躋遭。」

閃榆　王氏《通俗文》云：閃榆，傾佞貌。《後漢書·趙壹傳》：「榮納由於閃榆，孰知辨其蚩妍。」俗謂相約失信而受其欺者曰閃榆，音如蟾須。以上王說。按班昭《女誡》：「親聽陝輸。」以陝輸爲之，蓋雙聲連語，初無本字也。

勃排　《說文》：「勃，排也。」壽縣謂有意舖張者爲勃排，勃讀若舖。

陶誕　《荀子·榮辱篇》：「陶誕突盜。」楊注：「陶當爲檮杌之檮，頑嚚之貌。」按今俗謂有意爲難爲搗蜑，即陶誕之轉音。

熚炥　又曰：火燒物之聲曰熚炥。按《集韻》炥〔一〕，匹角切，音同朴；熚，卑吉切，音同必。炥熚，竹火聲。又按《說文》火部：「熚㷮，火貌。从火畢聲。」此即熚炥。

垢圿　王氏《通俗文》曰：垢圿，音苟憂。《山海經》「錢來之山多洗石」注：「石可以去垢圿。」俗謂身垢爲垢圿，音如苟絶。以上王說。按垢圿，雙聲連語。《說文》：「垢，濁也。」而無圿字。《淮南・兵略》「揚塵起堨」注：「堨，埃也。」圿與堨蓋本一字。

𩮜𩯔　又曰：李翊《俗呼小録》：「俗謂性劣者爲𩮜𩯔。」今俗謂性不伶俐者曰𩮜𩮜𩯔𩯔，音如董董答答。以上王說。按𩮜𩯔舊音兜達，故以雙聲而轉爲董答。

婁羅　王氏《通俗文》曰：婁羅，幹辦能事之稱。俗音訛爲能哥。以上王說。按能婁旁紐雙聲，哥羅疊韻，故可相轉。《宋史・張思均傳》：「思均起行伍，征伐稱有功，質狀小而精悍。太宗當稱樓羅，自是人目爲小樓羅焉。」今壽縣亦有能哥之言，與小而精悍之意相同。凡人物之短小悦目者，均得稱爲能哥。

摸扶　《今雅》曰：《方言》：「扶摸，去也。齊趙之總語也。扶摸，猶言持去也。」《莊子》有《胠篋》篇，胠與扶同義。今江淮間目小竊曰摸扶子，目盜竊行爲曰扶扶摸摸。

〔一〕炥：原脱，據體例補。

暮固　桐城謂人愚陋爲暮固。按《客方言》云：「暮固，即㲉瞀二字之倒呼。《説文》：『㲉，㲉瞀也。』又云佝瞀，《廣雅》佝訓愚，是佝瞀爲愚而無知之貌。《荀子·儒效篇》：『其愚陋溝瞀。』又《非十二子篇》：『溝猶瞀儒。』均以溝爲之。今謂人愚陋者曰暮固。暮與瞀、固與㲉〔一〕，皆雙聲。是暮固即㲉瞀之倒文。《説文》：『暮，日且冥也。』固，亦訓陋。則暮固本有冥昧鄙陋之義。」

渾敦　《左傳》文十八年：「天下之民謂之渾敦。」杜注：「不開通之貌。」俗駡人昏愚不曉事曰混蛋，即渾敦之轉音。蛋敦雙聲。

殟孫　《新方言》曰：「《説文》：『殟，暴無知也。』《廣韻》殟、殙皆訓極。殙有瞀義，則殟亦有瞀義。淮南、吴越謂人性句瞀爲殟孫，讀如温。此疊韻連語也。」

光塲　又曰：「《説文》：『塲，治穀田也。』〔二〕引申謂平滑修潔爲光塲，塲讀如盪。」

䶢總　《説文》：「䶢，兼有也。」壽縣謂物之合計曰䶢總。

懵懂　《涇縣方言考證》曰：謂人不慧曰懵懂。按《廣韻》董韻：「懂，多動切。」送韻：「懵，莫孔切。」懵懂，心亂皃。不慧義即由心亂而引申也。

㱥㱩　《潁上志》曰：「敗興曰㱥㱩。」按㱥㱩疊韻連語。一作𧽚𧾢。《廣韻》：「𧽚𧾢，行

〔一〕㲉：原誤作「穀」。

〔二〕穀田：原誤作「田穀」，據《説文解字》改。

病。」而猥㱣、𡰪𡰯又實痿之長言也。痿，痹也，故謂體氣衰弱曰痿，再引申而敗興曰猥㱣矣。壽縣亦有此言，讀若威雖。當塗則謂少精采曰委睢。

支離　《荀子·非十二子篇》：「綦谿離跂。」〔一〕猶支離也。王延壽賦：「支離分赴。」今壽縣、潁上均謂物未安放妥帖曰支離子，離轉音如勒，離勒雙聲。

嗵唆　《涇縣方言考證》曰：小兒戲嬉相逐曰嗵唆。按《玉篇》：「嗵唆，小兒相應也。」《廣韻》同。《集韻》：「小兒相應之聲。」即吾邑方言之所本。嗵，户戈切。唆，蘇禾切。音亦同也。

野呼　《黟縣志》曰：「黟人於夏秋間稻穀將熟時，夜必用人守護，蓋防野獸踐踏也，時聞驅逐之聲有野呼二音。」按《南史》作邪呼，係驅鬼呼叫聲。

磞硠　《説文》：「硠，石聲也。」《文選·思玄賦》：「伐河鼓之磅硠。」黟縣謂聞響聲震耳曰磞硠，音如烹郎，即磅硠之轉音。

誒詒　《説文》：「誒，可惡之詞也。」南陵謂憎惡之聲爲誒詒。誒詒者，疊韻連語也。《莊子·達生》篇：「公反，誒詒爲病。」司馬彪注：「懈倦貌。」蓋形況字原可用於多方面也。

矵矺　《涇縣方言考證》曰：物破裂之聲曰矵矺。按《廣韻》黠韻：「矵，普八切，石破聲也。」《集韻》同。又《廣韻》盍韻：「矺，都盍切。擲地聲。」吾邑方言謂物破裂之聲曰矵矺一響，

〔一〕綦：原誤作「基」，據《荀子》改。

即本此。

礳硞　又曰：謂不規則之響曰礳硞。按《廣韻》鐸韻：「礳硞，石聲也。」礳，苦郭切，音同廓。硞，盧穫切。《集韻》同。

答颯　《南史》：「今日答颯，去人遼遠。」按答颯疊韻連語。南陵謂嫁人不知嫌忌曰没答颯。當塗謂人舉動失宜曰没搭撒。舒城則謂無趣曰没趣答颯。

磊違　《涇縣方言考證》曰：物多累曰磊違。按《説文》立部：「磊違，重聚也。」丁罪切。

從容　黄生《義府》曰：「今俗語事之需遲爲從容，二字本出《禮記》，人多忽之〔一〕。按《學記》云：『善待問者如撞鐘，叩之小者則小鳴，叩之大者則大鳴，待其從容，然後盡其聲。』注：『從讀舂字，舂戈之舂，舂容，重撞擊也。』疏：『每一舂而爲一容，必待盡其聲。』此見凡俗語未嘗無來處也。」

撟捎　《方言》：「撟捎，選也。自關而西秦晉之間凡取物之上謂之撟捎。」今涇縣謂去樹木曰撟掉，係用《方言》撟捎之語，惟捎音稍變爲掉耳。舒城則謂取物不如意而再選取者曰撟一捎。

叜掉　《説文》：「叜，物落，上下相付也。」平小切。《廣韻》：「叜，物落也。」今涇縣謂有所

〔一〕之：原脱，據《義府》補。

求而不得曰𠬪掉，乃取物落之義而引申之。

褦襶　王氏《通俗文》曰：俗謂不曉事爲褦襶，音如耐代。按褦襶，疊韻連語，其本字當作癡騃。《周禮・秋官・司刺》「惷愚」鄭注：「生而癡騃童昏者。」〔一〕字亦作貸騃。《駢雅・釋訓》：「貸騃，不解事也。」又作儓儗。《廣韻》：「儓儗，癡皃。」蓋疊韻之字固可任意通假也。

浮休　《南陵志》曰：「物不堅牢曰流休。」注云：此浮休之訛也。《莊子》：『其生也若浮，其死也若休。』唐張鷟自號浮休子，宋張舜民自號浮休居士，皆本《南華》，而含寓形不久意。」

潦草　俗謂作事麤率爲潦草。按草乃麤之假借字。《史記・陳丞相世家》「更以惡草具進楚使」集解〔二〕：「草，粗也。」以草長言之，乃爲潦草。朱子《訓學齋遺規》云：「寫字未問工拙如何，且要一筆一畫，嚴正分明，不可老草。」又《能改齋漫録》云：「文士以作事迫促者，謂之恅愺。」蓋昔人亦曾作老草或恅愺矣。

麨⿰曹少　王氏《通俗文》曰：俗謂不精潔之物爲麨⿰曹少，⿰曹少音操平聲。按麨⿰曹少疊韻連語。《集韻》：「物不精也。」蓋與老草乃音近而轉也。

逮暨　又云：俗謂個人之事累及他人爲逮暨。按逮暨疊韻連語。《爾雅》：「逮，及。」「暨，與也。」是二字義本相同也。

〔一〕 而：原脱，據《周禮正義》補。

〔二〕 具：原脱，據《史記》補。

趫趚　又曰：俗謂失業爲閒遊趫趚。按《類篇》：「趫趚，逸遊。」此蓋俗語之所本。《廣雅·釋訓》：「徜徉，戲蕩也。」《漢書·禮樂志·郊祀歌》：「雙飛常羊。」顔注：「常羊，猶逍遥也。」黄香《九宫賦》：「聊優游以尚陽。」宋玉《高唐賦》：「當羊遨遊。」均係閒遊之意。趫趚二字，《説文》無，或可作爲浪蕩也。

眠娗　又曰：俗謂形狀羞澀爲眠娗，音如面忝。按《容齋隨筆》云：「中心有愧，見之顔面者，謂之靦㥦。」〔一〕是昔人本或作靦㥦。《説文》：「靦，面見也。」「㥦，青齊謂慙曰㥦。」二字今音疊韻。

能耐　俗稱有幹才爲有能耐。按能耐疊韻連語。耐亦能也。

冄鐮　《方言》：「冄鐮，危也。東齊僞物謂之冄鐮。」今南陵謂物不真實爲冄鐮，音轉如穰腔。

搕㩉　《涇縣方言考證》曰：謂糞土曰搕㩉。按《廣韻》盍韻：「㩉，私盍切。搕㩉，糞也。」以上胡氏之説。按字亦作垃圾。《夢粱録》云：「每日掃街盤垃圾者，支錢犒之。」今俗謂糞土爲垃圾。

邋遢　蝲蜡　《南陵志》云：「不潔曰邋遢。」《潁上志》云：「不潔曰蝲蜡。」按《晉書·王沈傳》：「拉荅者有沈重之譽。」《敬止録》云：「俗謂不潔曰邋遢。」宋項安世詩：「辣闒山頭破草

〔一〕謂之：原脱，據《容齋隨筆》補。

亭。」〔一〕蓋疊韻連語，原無本字也。當塗謂不潔曰哩拉，蓋由邋遢而轉音。

踏趿　王氏《通俗文》云：俗云作事遲緩爲踏趿。按《能改齋漫録》云：「俗謂事之不振者曰踏趿，唐人有此語。《酉陽雜俎》『錢知微賣卜，爲謂語曰：世人踏趿，不肯下錢』是也。」字亦作塌颯。范成大詩：「生涯都塌颯。」又作傝㒓。《廣韻》：「傝㒓，不著事也。」

丘里　《新方言》曰：「《廣雅》：『丘，空也。』今淮南謂空言無實爲丘里。尋《莊子・則陽》篇：『何謂丘里之言？丘里者，合十姓百名而以爲風俗也。』彼謂大言，此謂空言，義相引申也。」

鏖糟　胡文英《吴下方言考》云：「蘇東坡與程伊川議事不合，譏之曰：『頤可謂鏖糟鄙俚叔孫通矣。』鏖糟者，執拗而使人心不適也。」按鏖糟疊韻連語。壽縣謂心中愁悶難解曰鏖糟。

幌盪　王氏《通俗文》云：俗謂動曰幌盪，蓋以一往一來爲幌，一左一右爲盪。幌音荒去聲。

無慮　《新方言》曰：「《廣雅》：『無慮，都凡也。』《周髀算經》趙爽注：『無慮者，粗計也。』王念孫曰：『《莊子・齊物論》「孟浪之言」，李頤云：「孟浪，猶較略也。」《吴都賦》劉逵注〔二〕：

〔一〕頭：原誤作「亭」，據厲鶚《宋詩紀事》改。
〔二〕逵：原誤作「達」。

「孟浪，猶莫絡，不委細之意。」莫絡、孟浪、無慮，皆一聲之轉。總計物數謂之無慮，總度事情亦謂之無慮。今江浙間謂揣度事宜曰母量〔一〕，即無慮之轉。』原注：以上王説。驗今南北皆謂大數爲大母子，又謂粗率嫥量爲毛嫥，約舉大數曰約莫。蓋無慮疾呼成無，無古音模，母、毛、莫皆無之聲轉。」

傒醯　王氏《通俗文》曰：傒醯音溪西。揚子《方言》：「傒醯，危也。東齊掎物而危謂之傒醯。」〔二〕今人謂冒危險而得全者必曰傒醯乎，音如希希乎。

嬰纏　王氏《通俗文》曰：黄山谷《與吕晉甫書》云：「多病嬰纏。」俗謂久病爲嬰纏。以上王説。按《方言》：「殗、殜，微也。宋衛之間曰殗，秦晉之間凡病而不甚曰殗殜。」《廣韻》殗，於業切；殜，與涉切。《集韻》殗，衣廉切；殜，直涉切。今壽縣謂久病不愈爲殗殜，殗讀於廉切，或讀若殃；殜讀若纏，蓋纏殜雙聲也。其謂之嬰纏者，嬰亦即殗之轉音。

嗗呐　《潁上志》：「小語曰嗗呐。」以上《潁上志》。按嗗呐疊韻連語。壽縣則以雙聲而轉音爲姑奴。

腳膩　王氏《通俗文》曰：腳膩，膏澤也，又光澤皃。俗謂物之光滑潤澤曰光腳膩的，音即戚。

〔一〕浙：《新方言》作「淮」。
〔二〕掎：原誤作「倚」，據《方言》改。

鋃鐺　《説文》：「鐺，鋃鐺。」鎖也。《六書故》：「鐺鋃之爲物連牽而重，故俗以困重不舁爲鋃鐺。」按鋃鐺疊韻連語。今壽縣謂物多曰一大鋃鐺，鋃讀如郎。

郎當　鋃鐺，字通作郎當。唐明皇奔蜀，驛中聞鈴聲，黄幡綽曰：「鈴言三郎郎當。」郎當者，頹唐之皃。今壽縣謂人困蔽曰郎當倒，郎讀陰平聲。

齟齬　《説文》：「齟，齬齒也。」〔一〕朱駿聲曰：「齒不平。」壽縣謂二物未全相合曰齟齬子，音如初語子。又謂物之捷業如鋸齒者曰齟齟齬齬，音如禍禍牙牙。

⿱上口⿱下口　《涇縣方言考證》曰：用力前呼曰⿱上口，後應曰⿱下口，猶古之邪許也。按《五音集韻》：「⿱上口，烏陵切，音同鷹；⿱下口，烏郎切，音同鴦。應聲。」《篇海》作：「⿱口上⿱口下，應喚語也。」二字字書少見。⿱下口即《廣韻》之呹字。《廣韻》：「呹，應聲也。」

恣睢〔二〕　《説文》：「恣，縱也。」「睢，仰目也。」《荀子·解蔽》「無正而恣睢」注：「矜夸也。」《非十二子篇》「安恣睢禽獸之行」注：「矜放皃。」恣睢疊韻連語。字亦作恣雎。《説文》：「恣雎，恣也。」今壽縣、合肥謂小兒恃愛自縱曰恣睢，讀若恣肆。

䚡理　《今雅》曰：今淮南北謂人出言有章曰䚡條䚡理，曰有䚡路。按《説文》玉下云：「䚡理自外，可以知中。」此䚡理二字之所本。䚡、理古音同部，乃疊韻連語。

〔一〕「齬」上原衍一「齟」字，據《説文解字》删。
〔二〕恣：原誤作「姿」。

捫搎《通雅》曰：「摸摖，捫搎也。此解見《唐韻》《韻會》。今俗實有捫搎之言。」

瀧涷　又曰：「《廣韻》：『瀧涷，沾漬也。』俗謂水濕爲瀧涷。」

摸摖　《太平府志》曰：「作事不果決曰摸摖。」

儱侗　《太平府志》曰：「不分别曰儱侗。」按儱侗疊韻連語，即巃之長言也。《説文》：「巃，兼有也。」故引申爲不分别之意。

閬曠　王氏《通俗文》曰：《莊子·外物》篇「胞有重閬」注：「閬，空曠也。」俗謂寬大不著曰閬曠。

禮體　光明甫《語故》曰：《廣韻》：「禮，體也。」今俗謂人有禮節曰有禮體。

老考　《説文》：「老，考也。」「考，老也。」二字疊韻互訓。今俗謂人老誠曰老考，考音轉如靠。

唧噥　《涇縣方言考證》曰：兩人私語不休曰唧噥。按《玉篇》：「啾，唧也。」《廣韻》：「資悉切。聲也。」又按《玉篇》：「噥，多言不中也。」《廣韻》噥，奴冬切，《集韻》同，一曰「語不明」。

攪擾　《説文》：「攪，亂也。」《後漢書·馬融傳》「梏羽羣」注：「梏，《字書》作從手，即古文攪字〔一〕，謂攪擾。」案今潁上、壽縣均謂攪物曰攪擾，音如觡撈。

〔一〕古：原脱，據《後漢書注》補。

暴趮 《説文》：「暴，疾有所趣也。」「趮，疾也。」今壽縣、潁上均謂麤急曰暴趮，通作譟譟。

㧊㩉 《南陵志》曰：「小兒性情乖張謂之㧊㩉。」按㧊㩉者，乖剌之轉音。

爽瀞 《説文》：「爽，明也。」「瀞，無垢薉也。」今潁上謂清潔爲爽瀞。

訬閙 《説文》：「訬，擾也。」今通謂讙呶曰訬閙，即今訬擾字。

詛咒 《説文》：「詛，詶也。」今俗謂誓言爲詛咒，即今詛咒字。詛，今轉音如覻。

急趮 《説文》：「趮，疾也。」《管子·心術》：「趮者不静。」壽縣謂性急曰急趮。

冒失 俗謂孟浪爲冒失，因罵孟浪之人爲冒失鬼。按《説文》：「冒，冢而前也。」「失，縱也。」故謂孟浪爲冒失。

蹧蹋 《新方言》曰：「《説文》：『蹴，躡也。』《廣韻》子六、七六二切。子六切者，今轉平聲如糟，俗字作蹧。凡事被蹴蹋則壞，故今謂損壞爲蹧皋，或言蹧蹋。」

寬綽 又曰：「《説文》：『綽，緩也。』《爾雅》：『寬，綽也。』今謂屋及器寬大爲寬綽，或轉去聲如操。」

掉皮 又曰：「《方言》：『陂、傜，衺也。』《廣雅》：『佊，邪也。』《孟子·公孫丑》篇：『詖辭。』趙云：『險詖之言。』今人呼邪人爲佊子，俗誤書痞；又謂欺詐爲掉皮，即傜陂也。」以上章説。按《顔氏家訓》：「有一士族，好爲可笑詩賦誂擎邢魏諸公。」誂擎者，以言戲人也。是北朝曾作誂擎矣。

峭皮　又曰：「《方言》：『釥，好也。』郭璞音錯妙反。今人謂好曰釥，俗作俏。釥之言峭也。又《説文》：『庯，石間見也。』《字林》：『峬峭，好形也。』今南人言波峭，北人言峭皮。」

混帳　《爾雅》：「侜張，誑也。」〔一〕《尚書》：「無或侜張爲幻。」郭璞曰：「幻惑欺誑人者。」今通謂人之幻惑而可惡者爲混帳，即幻張之轉音。幻混雙聲，張帳同聲也。

忘八蛋　《説文》：「譀，誕也。」「誇，譀也。」〔二〕「誕，詞誕也。」按此即忘八蛋之本字。譀之重文作誌，故俗譌爲忘音。八之平聲爲巴，與誇疊韻，故誇轉爲八音。蛋誕音同。以此知忘八蛋乃罵人誇誕而不實，其本字當作譀誇誕。至俗謂孝弟忠信禮義廉恥爲八蛋，乃無稽之談也。

惰嬾　《説文》：「惰，不敬也。」《廣雅·釋詁》：「惰，嬾也。」今俗謂嬾不任事曰惰嬾，惰讀如多上聲。

倔强　又云：倔强，梗戾貌。俗謂言行乖戾者曰倔强，音如夾江。又謂惡言反對者曰發倔强，音如翻急腔。

遼遠　《説文》：「遼，遠也。」安慶謂遠爲遼遠，遼音如牢。

知道　《説文》：「㤵，朗也。」按朗有知曉之義，故《方言》以黨訓知，黨乃朗之假借。俗謂知曉曰知道，道即㤵字。

〔一〕誑：原誤作「狂」，據《爾雅》改。

〔二〕譀：原誤作「誕」，據《説文解字》改。

祥怪　《説文》："祥，吉也。"引申爲祥怪之祥。《莊子·庚桑楚》："而孽狐爲之祥。"〔一〕李注："祥，怪也。"今壽縣謂人傲慢不羣爲祥怪，祥讀若羊。

名昌　《新方言》曰："《爾雅》：『昌，當也。』郭璞引《書》『禹拜昌言』，《孟子》引《書》作『禹讜言』。《典引》蔡邕注：『讜，直言也。』直亦訓當。《説文》：『當，田相直也。』然則直是當直，不謂侃直。名當其實謂之昌。《申子》曰：『名者，聖人之符。』《荀子·正名》曰：『名無固宜，約之以命。約定俗成謂之宜，異於約則謂之不宜。』合符得宜，是之謂名，是之謂昌。陝西、江南、江西皆謂名爲名昌，昌讀如堂。"

故意　《説文》："故，使爲之也。"俗謂有意爲之曰故意。

刻省　《荀子·禮論》："刻死而附生謂之墨。"注："刻，損減也。"壽縣謂吝嗇爲刻省，刻讀如ㄎㄞ之陰平聲。

陪丞　《説文》："丞，翊也。"俗謂意在此而借他物以爲陪筆曰陪丞，丞讀去聲，俗作襯。

幫承　《説文》："承，奉也。"壽縣謂求人周濟曰幫襯，即奉承之轉音。

冤枉　《吕氏春秋注》："無罪而殺之曰枉。"《廣雅·釋言》："冤，枉也。"今俗猶謂冤屈曰冤枉。

〔一〕狐：原誤作「孤」，據《莊子》改。

脾胃　脾胃皆内臟之名也。胃能受食，舊説謂脾能助胃消化，因以脾胃連稱。今壽縣及舒城均謂家私爲脾胃。

辣燥　《論語》：「子温而厲。」皇疏：「厲，嚴也。」《左傳》定十二年：「與其素厲。」杜注：「厲，猛也。」壽縣謂人剛嚴猛烈者爲辣燥，燥即厲之轉音。《説文》：「燥，乾也。」猛烈之謂燥，猶仁和之謂温矣。

條暢　《漢書・地理志》：「中谿木條。」注：「條，脩暢也。」〔一〕壽縣謂心中舒暢曰條暢，否則曰不條暢，條讀若抽。或曰抽暢者，舒暢之轉音，亦通。

展掛　《潁上志》曰：「整齊曰展掛。」按《説文》：「𡨄，窒也。从𤪌从廾，窒宀中。𤪌猶齊是也。」𤪌本有齊義，掛古音在齊韻，是即齊之假借也。

偡偡齊齊　王氏《通俗文》曰：偡，齊整貌。俗謂人之齊整曰偡偡齊齊，音近斬。以上王説。按偡當亦𤪌之俗字。𤪌偡本音雖有抵齶閉口之不同，但俗音早已混同之矣。

招呼　《後漢書・西南夷傳》：「招呼諸君長。」今謂招人使來曰招呼，又謂告人使知曰招呼。

輕趬　《説文》：「趬，行輕皃。」壽縣謂事物之輕曰輕趬。

〔一〕脩：原誤作「條」，據《漢書注》改。

板骨　《江南通志·太平府·方言》云：「目方正拘謹曰板骨。」按板、骨均指其性之堅定。壽縣則稱爲古板。古、骨雙聲字。

聒談　《説文》：「聒，讙語也。」《左》襄二十六年《傳》：「聒而與之語。」今舒城及壽縣均謂談天爲聒談，音轉如刮蛋。王燮陽説。

主張　《小爾雅·廣言》：「掌，主也。」《周禮》鄭注：「凡言掌者，主其事也。」俗謂人有定見曰有主張，張即掌之轉音。

生分　黄生《義府》曰：「《漢書·地理志》：『薄恩禮，好生分。』分去聲。生分，乖戾之意，謂心曲有彼此分界也。今俗語猶如此。」

正經　《詩·君子陽陽》章《譜》云：「路寢之常樂，風之正經。」今俗謂人不挾詐趨邪爲正經。

擔閣　王氏《通俗文》曰：林逋詩：「聊爲夫君一擔閣。」俗謂遲延曰擔閣。按《説文》：「綝，止也。」「閣，所以止扉也。」《廣雅》：「閣，止也。」擔閣，即綝閣之轉音。綝古音籃，故可轉音擔。

口吻　《説文》：「吻，口邊也。」《廣韻》武粉切。俗謂語氣爲口吻。壽縣又謂口中喜説駡人之詞爲帶口吻，吻訛音忽。

呶嘮　《説文》：「呶，讙聲也。」「嘮，嘮呶，讙也。」今涇縣謂言語不休曰呶嘮。《説文》之讙聲，即言語不休之意，所自出《説文》，言嘮呶〔一〕，涇縣則顛倒其詞曰呶嘮，嘮讀舌頭音如刀。見《涇縣方言考證》〔二〕。

嚼咀　涇縣謂人言語多而不清者曰嚼咀。按《説文》：「噍，齧也。或从爵。」「咀，含味也。」是知嚼咀有含味不茹不吐之義。言語多而不清，正如口含食物不茹不吐也。故謂言語多而不清者曰嚼咀。因之謂無條理之言亦曰嚼咀。或單言亂嚼。嚼，北音讀去聲，南音讀入聲，涇縣則讀音如學。同上。

然疑　《南陵志》曰：「問其事之成敗曰然疑。」

舒泰　舒服　快活　舒泰、舒服、快活，快樂也。安慶通稱曰快活。阜陽通稱曰舒泰。壽縣則通稱曰舒服，而以舒泰、快活爲鄙語，指男女性交事，惟舒泰均讀爲粗談耳。

濗淺　《涇縣方言考證》曰：極淺曰濗淺。按《廣韻》錫韻：「濗，莫狄切。水淺皃。」

儼傑　《説文》：「儼，長壯儼儼也。」「傑，傲也。」《詩·伯兮》「邦之桀兮」傳：「桀，特立也。」俗謂强而有力爲儼傑，傑轉音札。

矯飾　《荀子·性惡》：「以矯飾人之情性而正之。」今壽縣謂有意造作爲矯飾，矯讀音喬。

嫉厭　《廣雅·釋詁》：「嫉，妬也。」又：「嫉，惡也。」今壽縣謂厭惡曰嫉厭，嫉讀若秘。

〔一〕嘮呶：原誤作「呶嘮」。
〔二〕考：原誤作「疏」。

孬孬骨　《南陵志》曰：「婦人相詈謂之孬孬骨。」注云：「孬，呼怪切；孬，音臘。范石湖《桂海雜志·土俗字》〔一〕：『孬，不好也。孬，人不能舉足也。』」以上《南陵志》。按孬即壞之俗字，孬則跆之轉音也。

郤薄鬼　江淮間目輕薄人曰郤薄鬼。按郤即輕之轉音。郤輕一聲之轉。

傀互　《今雅》曰：《說文》：「傀互，不齊也。」《周語》「戎翟冒沒輕傀」注：「進退上下無列。」〔二〕《左傳》「鼓傀可也」注：「傀巖，未整陣。」皆不齊之意。今壽州謂凡物色之不齊者曰傀互。

希罕　又曰：《爾雅·釋詁》：「希、寡、鮮，罕也。」《老子》：「大音希聲。」今江淮間謂凡事物之鮮見者曰希罕。

推宕　《易·繫辭》：「八卦相盪。」注：「相推盪也。」今江淮間謂設詞推諉曰推宕，蓋即由推盪之意而引申也。

延宕　江淮間又謂設詞推諉曰延宕。按延者，延緩之意，與推宕之義相近也。

教窣　又曰：《說文》：「窣，从穴中卒出也。」卒猝，古今字。《子虛賦》：「嫛姍教窣，上乎金堤。」韋昭曰：「嫛姍、勃窣，匍匐上也。」按嫛姍謂徐行，教窣謂急行，《說文》所以訓卒出也。

〔一〕雜：《南陵志》作「虞衡」。
〔二〕列：原誤作「別」，據《國語注》改。

今淮南北以教卒象氣喘貌，亦謂急行也。

甹夆　抨蜂　乒乓　又曰：《説文》：「甹，使也。」「夆，使也。」又夆下曰「啎也」。甹，普丁切。夆夆俱敷容切。《詩·周頌》「莫予抨蜂」毛傳：「抨蜂，摩曳也。」《爾雅·釋訓》：「甹夆，掣曳也。」郭注：「謂牽拕。」甹甹抨、夆夆蜂、摩掣俱同音假借。今江淮間謂不合㓞度而作爲之曰甹夆，又謂無所爲而從事曰打甹夆。今俗字則作乒乓。乒乓，球之戲，一擊之，一逆之，亦摩曳牽拕之義云爾。

拾掇　收拾　又曰：《説文》：「拾，掇也。」又：「掇，拾取也。」引申之，今江淮間謂料理一切曰拾掇，曰收拾。

災眚　又曰：《易》：「无眚。」釋文：「《子夏傳》：『妖祥曰眚。』馬曰：『災也。』鄭曰：『過也。』」皆引申之義。《説文》：「眚，目生病也。」此爲本誼。今南北通語謂舉凡一切疾病、災難、妖祥曰災眚、難眚，亦引申而言之。以上孫説。按眚本讀所景切，今俗災眚、難眚之字則音如星。

辜磔　又曰：《説文》：「辜，辠也。」《周禮》「殺王之親者辜之」鄭注：「辜之言枯也，謂磔之。」今壽州謂猫食鼠曰辜磔，象其聲也。又謂人齧骨曰辜磔，亦象其聲也。鳳陽謂深宵説鬼曰噍牙辜。

譪詍　《今雅》曰：《説文》：「譪詍，多言也。」《詩》：「無然詍詍。」《玉篇》：「譪詍，欺謾之言。」《廣韻》：「弄言也。」今壽州謂弄言曰譪詍。

訕擣　又曰：《説文》：「訕，謗也。」《論語》：「惡居下流而訕上者。」今淮南北謂挑唆是非曰訕擣。

詥諧　又曰：《説文》：「諧，詥也。」「詥，諧也。」今淮南北謂漫爲附和曰詥諧。

譙訶　《今雅》曰：《方言》：「譙，讓也。」《説文》：「訶〔一〕，大言而怒也。」《史記·衛綰傳》：「不譙訶綰。」注云：「責讓也。」今合肥謂斥責人曰譙訶，讀若嘲號。壽州謂斥責人亦曰譙訶，讀若責末。

標緻　王氏《通俗文》曰：俗謂容貌美好曰標緻。以上王説。按《方言》：「釥、嫽，好也。」釥嫽古音均與標同部。緻者，凿之後起字，假借爲至。《詩·節南山》箋云：「至，猶善也。」

儽弱　《涇縣方言考證》曰：謂柔弱曰儽弱。按《廣韻》：「儽，儽弱也。魯過切。」《説文》偄、懦：「駑弱者也。」段玉裁訂即偄字。《説文》：「偄，弱也。」「嫋，順也。」《廣韻》之儽，其形由嫋而遞變，其義則由偄而引申。

撮補　又曰：慫恿人之助己也曰撮補。

條直　又曰：事物就理曰條直，否則曰不條直。

乾浄　又曰：言人標致曰乾浄。

〔一〕訶：原誤作「呵」，據《説文解字》改。

刮削　《太平府志》曰：「剥人取財曰刮削。」

掤拽〔一〕　扯拽　《太平府志》曰：「人之貧乏而勉强經營也曰掤拽，曰扯拽。」按掤疑抳之轉音。《説文》：「抳，引急也。」引與拽意近。壽縣所謂扯拉，拉讀如勞去聲。蓋亦即太平掤拽、扯拽之意。

巴結　又曰：「人之貧乏而勉强經營也曰巴結。」按俗謂妄欲攀附曰巴結，勉强經營蓋由此而引申也。

行伍　《太平府志》曰：「謂人之冠服鮮潔而從時尚也曰行伍。」

扛調　又曰：「謂人之冠服鮮潔而從時尚也曰扛調。」按扛者，工之轉音。《説文》：「工，巧飾也。」《詩・楚茨》傳云：「善其身曰工。」調者，《説文》云「和也」，《賈子・道術》云：「合得周密謂之調。」工調二字意義相近。

跌薄　又曰：「見人有財曰有稍，否則曰跌薄。」按薄者，落之轉音。跌薄二字意義相近。

結著　又曰：「見人殷實曰結著。」按結著二字意義相近。《南都賦》：「結根竦本。」注云：「結，猶固也。」著亦著實之意。

憊賴　又曰：「謂人很惡曰憊賴。」按憊者，憋之轉音。備聲、敝聲古通。《易》：「遯有疾

〔一〕掤：原作「棚」，據清《太平府志》改，下同。

[亻悳]也。」王肅本[亻悳]作斃，此其證也。《方言》十：「憨，惡也。」賴者，刺之轉音。《說文》：「刺，盭也。」《周書·謚法》〔一〕：「愎很遂過曰刺。」憨賴二字意近。

譁張　又曰：「孩童之遊戲而無所輕重也曰譁張。」按《廣韻》：「譁，弄言也。」張當作倀。《說文》：「倀，狂也。」

炒皮　又曰：「孩童之遊戲而無所輕重也曰炒皮。」按炒當作訬。《說文》：「訬，訬擾也。」朱駿聲曰：「今蘇俗謂讙呶曰炒鬧，即此訬擾字。」皮者，鄙之轉音。《後漢書·馬融傳》：「鄙駿謀讙。」注云：「鄙駿，獸奮迅貌也。」鄙駿謀讙，簡言之則言鄙謀，再簡言之，乃成炒皮矣。

兜搭　《太平府志》曰：「謂人谿刻曰兜搭。」按兜搭雙聲連語，蓋即兜之長言也。兜者，攪之意。又翟灝《通俗編》云：「《晉語》：『在列者獻詩，使弗兜。』注云：『兜，惑也。』搭則粘附之義。多所兜惑，而搭住不解，意自顯然。」翟氏所談，亦可備一說。

混芒　《莊子·繕性》：「古之人，在混芒之中。」崔注：「混混芒芒，未分時也。」壽縣駡小兒愚惷無知曰混湯，即混芒之轉音。

了朗　了了　《語故》曰：《廣韻》：「了，慧也。」《方言》：「了，快也。」《後漢·孔融傳》：「小時了了，大未必佳。」《宋書·戴法興傳》：「彭城王覔一了了令史，得法興使爲之。」了了實

〔一〕書：原誤作「盡」。

兼明快兩義。今稱人明快亦曰了了朗朗，或了了當當，亦簡稱了朗、了當，當讀去聲。又曰斤弔弔，弔弔即了了。

周正　俗謂人不苟且曰周正。按《説文》：「周，密也。」無正義，蓋端之轉音。周古音如貂，與端雙聲。

茁壯　茁實　《語故》曰：《説文》：「茁，草木初生地貌。」《孟子》：「牛羊茁壯長而已。」趙注：「茁，生長貌。」今俗語謂人體健曰茁壯，壯讀若岡去聲。又曰茁實，或累稱曰茁茁實實。

抵押　又曰：《説文》：「質，以物相贅。」今曰抵押，當作壓抵，即此質字。

陶嫌　《説文》：「嫌，不平於心也。」引申有厭惡之意。今俗謂作事使人厭惡者爲陶嫌。陶者，求之轉音也。

麻纏　《説文》：「纏，繞也。」壽縣謂無理要求爲麻纏，讀去聲。

打繳　《廣雅·釋詁》：「繳，繞也。」《漢書·司馬遷傳》：「名家苛察繳繞。」壽縣謂掣肘曰打繳，因而自謙擾人亦曰打繳，蓋繳繞之引申義也。

站眙　《新方言》曰：「《方言》：『眙，逗也。』今淮南謂久立不前曰站眙，讀如殆。」

望眙　又曰：「《説文》：『眙，直視也。』今淮南謂注意睎視曰望眙，讀若殆。」

雜毛　《爾雅》：「驪白雜毛，駂。黄白雜毛，駓。陰白雜毛，駰。蒼白雜毛，騅。彤白雜毛，騢。」雜毛者，謂毛色之不純也。今壽縣謂人性情乖僻者曰雜毛，或曰雜毛貨，又謂很好曰很雜毛。

弄塤　王氏《通俗文》曰：塤同壎，樂器，燒土爲之，乃不堅之物，故時俗指人慣弄虚澆者曰弄塤。今俗音如訓，謂行險僥倖曰弄塤，音如信。

厭祥　《西京賦》：「用厭火祥。」李注：「厭，於冉切。」按厭祥者，祭祀以止不祥。今壽縣謂以大言厭人者，謂之厭祥，讀若厭羊。

苗準　《説文》：「瞟，目有所省視也。」〔一〕今通稱放槍時視綫所集注曰苗準。苗即瞟字。

面子　《舊唐書·張濬傳》：「賊平之後，方有面子。」俗稱有光榮爲面子。

頂真　王充《論衡》：「就世俗之書，訂其真僞，辨其虚實。」俗謂切實作事爲頂真，當即訂真之轉音。

盤纏　俗謂路費曰盤費，或曰盤纏，或曰盤川。按《廣雅》：「般，行也。」是盤乃般之假借，纏與川蓋均錢或泉之轉音。《元典章·户部例》有「長行馬斟酌盤纏條」，《刑事例》有「侵使軍人盤纏條」，是元時已有盤纏之名矣。

雜種　梁邱遲《與陳伯之書》：「姬漢舊邦，無取雜種。」今俗以雜種爲駡人之稱。

戳包　王氏《通俗文》曰：《稗史》：「京師有婦女，歸外京人爲妻妾者，初看時以美者出

〔一〕《説文》「瞟」字無此釋義，此蓋誤引朱駿聲注語「今常州人俗語有所省視曰瞟瞟」，見《説文通訓定聲》「瞟」字注。

拜，及臨娶以醜者換之，名曰戳包兒。」今俗謂人作事差謬者曰戳包。

孥殃　又曰：《稗史》：「京師有婦女，歸外京人爲妻妾者，過門信宿，盗其所有逃去者，名曰孥殃兒。」今俗謂人始從終違故作艱難者曰孥殃。

弄猴　壽縣謂人闖禍曰弄猴。原其本意，蓋其弄猴以闖禍，繼乃爲一切闖禍之稱。

點正　壽縣城區謂事成及一切如意事均曰點正。蓋點有指點之意，點而正，即表明目的之已達也。

敆火　《涇縣方言考證》曰：兩人同居曰敆火。按《説文》：「敆，合會也。」《爾雅》：「敆，合也。」《玉篇》敆，公答切。郝懿行云：「今人同爨共居謂之敆火，本於《爾雅》也。」

撇開　《黟縣志》曰：「謂推卻爲撇開。《楊雄傳》師古注：『撇，猶拂也。』」

卡著　又曰：「事被挾制曰卡著。」以上《黟縣志》。按壽縣謂之搭著。搭即把字，見《釋詁》篇。

倒霉　《左氏傳》曰：「君人者將禍是務去，而速之。」注：「速，召也。」《説文》：「侮，傷也。」俗謂召人侮慢曰召侮，讀若倒霉。其或曰討霉者，討求之轉音也。

獻蚩　《禮記・坊記》：「拜自獻其身。」注云：「獻，進也。」《後漢書・趙壹傳》：「孰知辨其蚩妍。」朱駿聲曰：「蚩，假借爲醜爲顛。」按今壽縣譏人無力而强作以失敗者爲獻蚩，蚩轉音寺。譏人曰獻蚩，猶自謙之爲獻醜矣。

內行　《韓策》三：「美人知內行者也。」又曰：「故善爲計者，不見內行。」俗謂知事之底蘊者曰內行，因謂不知底蘊者曰外行，行皆讀若杭。

相干　《淮南子・説林訓》：「不得相干。」俗謂事之無關係曰不相干。

釘樁　《涇縣方言考證》曰：凡物堅定不可移動曰釘了樁，音如當。以上胡氏之説。　按壽縣亦有此言，樁讀株江切。

弄敵　又曰：戲弄人曰弄敵。又在人後以手推人亦曰捅。弄敵之敵，即推人之捅義之引申〔一〕。

逯頭　又曰：罵人慌張曰逯頭，或曰見逯頭子鬼。按《説文》：「逯，見鬼彪貌。」房六切。《廣韻》屋韻：「逯，見鬼也。盧谷切。」音同禄。

起坋　又曰：鼓躁曰起坋。羣起驅人而去之亦曰坋，讀昏之喉音。按《説文》：「坋，塵也。」房吻切。鼓躁必塵起，故曰起坋。

夥頤　《史記・陳涉世家》：「夥頤，涉之爲王沈沈者。」服虔曰：「楚人謂多爲夥，頤者，助聲之詞也。」今南陵人見物盛多而信口出聲曰夥頤。

仂卦　《今雅》曰：《易・繫辭》：「歸奇於仂以象閏，五歲在閏，故再仂而後卦。」江淮間謂

〔一〕捅：原作「敵」，據文意改。

人衣飾不整潔曰仂卦，正叚借《易》「再扐而後卦」爲之義也。

鬼傀　《今雅》曰：《説文》：「傀，鬼變也。」火跨切。今淮泗汝潁間謂人詭詐曰鬼傀。

攔天　《太平府志》曰：「解兩家之忿或緩其事而擔當調劑之曰攔天。」

裂瓜　又曰：「事敗而不可收拾曰裂瓜。」按壽縣謂之華瓜，華讀若花，蓋本之「爲天子削瓜者華之」之意。瓜之破也，不可復完整，故謂事敗而不可收拾曰裂瓜，曰華瓜。

寡辣　《太平府志》曰：「用財之吝不以及人曰寡辣。」

掃眉　《太平府志》曰：「摧折之使興敗而返也曰掃眉。」

揣皮　《太平府志》曰：「不合事宜曰揣皮。」按《劇談録》云：「開成中，有龍復本者，無目，善聽聲揣骨，言休咎必中。」揣骨，爲相術之一。今謂不合事宜曰揣皮者，蓋猶謂但觀外貌之爲皮相也。

狼扈　《周禮・條狼氏》注：「狼扈道上。狼扈者，狼籍也。」今謂人貪饕無厭曰狼扈。

八刀　《南陵志》曰：「分財謂之八刀。注云：離合字體。本之《説文》：『分，别也。从八从刀。刀以分剖物也。』」〔一〕

各寶兒　又曰：「譏人不識物情曰各寶兒。注云：亦八刀之類，蓋將各字分開。謂生客

〔一〕刀：原脱，據《説文解字》補。

初來不識物情，每爲人欺，故有此稱。」以上《南陵志》。按今安慶謂之闍伯兒，伯與寶雙聲。考《玉篇》黑部：「黯，猥茸貌。《晉書》有黯伯。」〔一〕闍伯疑即黯伯之轉音。

窟籠　宋祁《筆記》：「窟籠爲孔。」按今亦謂孔爲窟籠。當塗則謂有隙可乘曰窟籠。

囫圇　《太平府志》曰：「無破敗曰囫圇。」按《説文》：「梱，完木未析也。」朱駿聲曰：「今蘇俗謂之或侖。或侖者，梱字之合音。」囫圇，亦即或侖，本指完木未析者，引申乃爲一切無破敗之稱。

嚦喇　《潁上志》曰：「細碎聲曰嚦喇。」

喳哇　《太平府志》曰：「言噪而不密曰喳哇。」

哰叨　的達　又曰：「言多而不休曰哰叨，曰的達。」

汩洞　骨都　又曰：「形容入水之聲曰汩洞，曰骨都。」

滑刺　又曰：「凡物之聲音急疾曰滑刺。」

釋稱謂

爹　《廣雅》：「爹，父也。」曹憲音大可切。《廣韻》：「爹，羌人呼父也。」《正韻》丁邪切。按爹从多聲，本在歌韻，歌麻相轉，故又轉入麻韻。今俗讀爹爲ㄉㄧㄝ。壽縣呼祖父爲爹，他

〔一〕猥茸貌：《玉篇》黯字下無此注，實出《字彙》黯字注。書：原脱，據《玉篇》補。

處則呼父爲爹。霍丘及壽縣又讀爲ㄉㄚ，以麻韻開口讀之。惟壽縣讀陰平，霍丘則讀陽平耳。又《潁上縣志》曰：「父曰達。」實亦ㄉㄚ之轉音也。青陽則呼爹音如低阿。

爺　《玉篇》：「爺，以遮切。俗呼父爲爺。」按今通稱父爲爺爺，壽縣則呼高祖父爲爺爺，當塗稱祖父爲爺爺，太湖則呼叔父爲爺。

爸　《廣雅》：「爸，父也。」《玉篇》蒲可切。《集韻》必霸切。按爸即父之轉音。今通稱父爲爸。壽縣讀爲伯，南陵或讀音如八八。

老子　陸游《老學庵筆記》云：「西人呼父曰老子。」按今通稱父爲老子。壽縣又或稱叔父爲老子。

亞伯　《南陵縣志》曰：「俗呼父曰亞伯，謂次於伯也。《史記·項羽本紀》：『亞伯。』注：『亞，次也。尊敬之如次父。』」以上《南陵志》所載。按亞者，阿之轉音。亞伯者，阿伯也，非次父之謂。

媽　皖俗通稱母爲媽，或曰媽媽。按《説文》無媽字。媽从馬聲，馬古音母，媽之與母，古今音之不同耳。又按太湖稱伯母、嬸母均爲媽，惟伯母之媽則讀如麻耳。

娘　俗稱母爲娘，或曰娘娘。按《南史·竟陵王子良傳》：「子良曰：『娘今何處？何用讀書?」』〔一〕《北史·韋世康傳》〔二〕：「世康與子弟書曰：『娘春秋已高，温清宜奉。』」〔三〕則稱母爲娘其來已久。

艾姐　《南陵縣志》曰：「鄉人稱母曰艾姐。注云：《小爾雅》：『艾，老也。』《方言》：『凡尊老謂之艾。』《説文》：『蜀謂母曰姐。』是艾姐猶言老母也。」按今桐城東鄉亦稱母爲艾姐。一作唉姐。《通俗雜纂》云：「唉姐，猶言阿母耳。」

阿姊　《廬州府志》曰：「無爲人稱母曰阿姊。」按北齊太原王紹德呼其母文宣皇后爲姊。羅翽雲《客方言》云：「姊乃姐之聲轉。」然則稱阿姊，猶稱艾姐矣。

大大　壽縣或稱母爲大大。按大本尊稱，故用以稱母。

毑　《新方言》曰：「《廣雅》：『毑，母也。』今淮西别謂母爲毑，音如貤，與也聲合。」以上章説。按太湖亦稱母爲毑，字作媓。英山則轉音如鴉。

嬭　《廣韻》：「嬭，楚人呼母。奴禮切，又奴蟹切。」壽縣、南陵均呼祖母爲嬭嬭，懷寧呼母謂嬭嬭，均讀奴蟹切。桐城除呼母外，呼祖母爲嬭嬭，惟轉讀陰平聲耳。

大爺　壽縣、桐城或稱伯父爲大爺。按爺，父也。伯父年長於父，故稱爲大爺。

〔一〕「用」上原脱「何」字，據《南史》補。

〔二〕世：原脱，據《北史》補。

〔三〕清：原誤作「清」，據《北史》改。

大娘　壽縣稱伯母爲大娘。

阿母　壽縣稱伯母爲阿母。

伯爺　歙縣呼伯父爲伯爺。按爺，亦父也。

叔　《廣韻》：「叔，季父也。」今俗通稱父之弟爲叔，桐城則轉音椒。按椒从叔聲，知叔之古音如椒矣。

豆豆　《今雅》曰：《説文》：「尗，豆也。」尗豆爲古今語。今鳳陽人呼叔父曰豆豆，音轉如堵，猶漢代語也。

娘娘　皖俗通呼父之姊妹爲姑，或稱姑媽。壽縣附郭之人多呼娘娘，讀娘之陰平聲。惟娘娘之稱，皖俗凡有三種，一呼母，二呼姑，三則懷寧西鄉高河埠呼叔母爲娘娘。

嬸娘　皖俗通稱叔母爲嬸，懷寧則呼爲嬸娘。

老老　《南陵縣志》曰：「呼祖父爲老老。」

老爹爹　桐城呼曾祖父爲老爹爹。蓋稱祖父爲爹爹，故祖父之父曰老爹爹。惟他處則以此爲祖父之稱。

老奶奶　桐城呼曾祖母爲老奶奶。惟他處則以此爲祖母之稱。

太太　《南陵縣志》曰：「俗呼曾祖母曰太太。注云：胡應麟《甲乙賸言》：『中丞以上之眷屬得稱太太，然則太太，婦之尊稱也。』」按太本大之俗字，大爲人之尊稱，故壽縣曾祖父爲男

意也。太太，曾祖母曰女太太。《客方言》曰：「曾祖曰公太，曾祖母曰婆太。」蓋與壽縣之稱謂同

安安　《方言》：「安，父老也。東齊魯衛之間凡尊老謂之安。」《廣雅》：「安，父也。」按安古音蕭。今休寧呼祖父爲安安，音如樵樵。

兄　《新方言》曰：「《爾雅》：『男子先生爲兄。』詩用兄字，即今況字。黟縣呼兄爲況漢。」

兄兄　壽縣、霍丘、合肥俗呼弟爲兄兄。

姐姐　皖俗通稱姊謂姐姐，合肥則呼姊姊。

妹妹　合肥謂妹妹如迷之去聲。

哥弟　石埭人謂男兒爲哥弟，音如孤堆。蓋以雙聲相轉也。孫養癯説。

皮兒　《潁上志》曰：「螟蛉子曰皮兒。」按皮有不着實及表面之義，故有皮相、皮毛、皮傅

諸詞。皮兒，蓋謂非真兒也。

崽　《新方言》曰：「《方言》：『崽者，子也。』郭璞音宰。今通謂子爲崽。成都、安慶駡人則冠以

崽子，成都音如哉，安慶音如簪。」以上章説。按壽縣呼男兒爲小崽，音如思，俗作小廝，恐非。

囝　黄生《字詁》曰：「囝，《集韻》九队切〔一〕，與蹇字同音。閩人呼兒曰囝。按此字當爲

〔一〕　队：《集韻》作「件」。

女琰切，吾鄉謂小兒正作此呼。」

小把戲　無爲、蕪湖之間呼小兒爲小把戲，蓋謂其可玩也。或曰小皮皮者，把戲之合音也。

茅頭　《新方言》曰：「《方言》：『杪，小也。木細枝謂之杪。江淮陳楚之内謂之蔑。』郭璞曰：『蔑，小兒也。』今或謂赤子爲茅頭，一聲之轉。茅亦小也，蟬之小者，《爾雅》謂之茅蜩，其證也。」

犽犌　《廬州府志》曰：「合肥人謂小兒爲犽犌。《集韻》音牙鴉。揚子《方言》：『吴人謂赤子曰犽犌。』」

小牙子　懷寧謂小兒爲小牙子。按《後漢書·崔駰傳》注：「重牙，謂幼小也。」是古人亦謂小兒爲牙矣。牙本讀開口呼，今懷寧猶讀此音，合肥或轉音爲小霞子。

妹兒　石埭人謂女兒爲妹兒，音如迷兒。

女　《説文》：「女，婦人也。」引申爲子女之女。壽縣、無爲均轉音爲女咬切，蓋以雙聲相轉也。

幺　《説文》：「幺，小也。」《爾雅》：「幺，幼。」壽縣謂最幼之子曰幺兒子，幺轉音老。

老幺　《今雅》曰：淮泗汝潁之間喜名子最後生者曰老幺。

壓子　《語故》曰：吾鄉舊俗，無子者先領一童養媳畜之，以待子生，謂之壓子。

重孫　《爾雅》：「孫之子爲曾孫。」郭注：「曾，猶重也。」今壽縣謂曾孫爲重孫。

老闆　桐城呼夫爲老闆。按《士喪禮》：「管人汲。」〔一〕注：「管人，主館舍者。」今以移稱家主。而桐城乃進而移稱於夫矣。管闆疊韻。

燒鍋的　懷、桐人呼妻爲燒鍋的。

老婆　俗呼妻爲老婆。

小老婆　俗呼妾爲小老婆。按《客方言》曰：「婆，古字作媻。《陳風·東門之枌》『市也婆娑』，《説文》引《詩》作媻娑。媻婆古今字〔二〕。《説文》鍇本：『媻，一曰小妻也。』小妻爲妾，是古者妾本稱婆，以小爲大之對，别妻曰大婆，妾曰小婆，則後人語也。」

小　俗呼妾曰小。按俞正燮《癸巳類稿》曰：「小妻或曰小。小者，幼也。」

老的　桐城人稱男子爲老的，婦女爲奶奶們。

婆媽　壽縣通稱婦女爲婆媽。

外頭人　家裏人　壽縣稱男子爲外頭人，婦女爲家裏人。

公公　婦呼夫之父爲公公。按《古詩爲焦仲卿妻作》：「便可白公姥，及時相遣歸。」是漢人亦稱夫父爲公矣。今徽州則稱祖父爲公公。

婆婆　夫之母，俗呼爲婆婆。按《説文》無婆字，婆娑之字，古本作媻。《説文》：「媻，奢

〔一〕人：原誤作「子」，據《儀禮》改。
〔二〕婆：原誤作「娑」，據《客方言》改。

也。」《韻會》引《説文》：「一曰老女稱也。」蓋婆本老女稱，因以移之於夫之母矣。懷寧稱婆奶奶，意亦相同，惟淮北則稱祖母爲婆婆。

新婦　黄生《義府》曰：「漢以後呼子婦爲新婦。《後漢・何進傳》：『張讓向子婦叩頭云：「老臣得罪，當與新婦俱歸私門。」』蓋當時謂婦初來者爲新婦，習之既久，此稱遂不改耳。吾鄉俚語至今尚稱新婦。」

姐子　翁姑呼媳。壽縣及桐城或呼孩子，或呼丫頭，而壽縣東南鄉瓦埠則呼姐子。按《新方言》曰：「《説文》：『奼，少女也。』坼下切。今人謂處女爲小奼，讀若姐。」姐子之姐，蓋亦即奼之轉音。子，則其語尾也。

童養媳　未成婚而先到夫家者，懷寧稱小媳婦，通稱童養媳，壽縣轉音爲團椏媳。童團、椏養均係雙聲也。

大伯子　夫之兄，壽縣呼爲大伯子。按《五代史補》：「新婦參阿伯，豈有答禮？」則夫兄稱伯其來已久。

小叔子　夫之弟，壽縣呼爲小叔子。

妯娌　兄弟之妻相呼爲妯娌。按《方言》：「築娌，匹也。」郭注：「今關西兄弟婦相呼爲妯娌。」《廣雅》：「妯娌、娣姒，先後也。」《漢書・郊祀志》注：「古謂之娣姒，今關中俗呼之爲先後。吴楚俗呼之爲妯娌。」

小姑　俗呼夫之妹爲小姑。按《古詩爲焦仲卿妻作》云：「新婦初來時，小姑始扶牀。」則小姑之稱甚古。今壽縣或稱爲姑子。

艾公　黄承吉曰：「歙俗呼外祖爲艾公，艾即外之方音。」

家婆　懷寧稱外王母爲家婆。

老爺　壽縣呼外王父爲老爺。按爺，父也。母之父，故呼曰老爺。歙縣則稱祖父爲老爺。

老娘　壽縣呼外王母爲老娘。

嫽嫽　壽縣又呼外王母爲嫽嫽，音如勞。按《康熙字典》：「北人呼外祖母爲嫽嫽。一曰盧皓切，與媪通。」

家公　《南陵縣志》曰：「小兒稱母之父曰家公。注云：《後漢書·侯霸傳》注：『子孫稱其祖父曰家公，殆視外祖如祖也。』」按懷、桐之間亦稱外祖父爲家公。

外公　外婆　蕪湖及歙縣稱外祖父母爲外公、外婆，休寧呼外婆，音如阿保。

外爹爹　外奶奶　合肥稱外祖父母爲外爹爹、外奶奶，惟外音轉如謂耳。

妗　《新方言》曰：「舅妗雙聲，故山東謂舅妻爲妗。」按壽縣亦或謂舅妻爲妗。

丈人　俗稱妻父爲丈人。按《通鑑》，韋執誼係杜黄裳壻，杜勸執誼請太子監國，執誼驚曰：「丈人甫得一官，奈何啓口議禁中事乎？」此稱妻父爲丈人也。裴松之《三國志注》：「古無丈人之名，故謂之舅。」則是南北朝已稱丈人矣。《漢書》單于謂漢天子「我丈人行」，其時漢以女妻單于，故有此稱，當爲妻父稱丈人之元始。

丈母　俗稱妻母爲丈母，或曰丈母娘。按《顔氏家訓》云：「中外丈人之婦，猥俗呼爲丈母。」妻父爲丈人，則其母亦遂稱丈母矣。然章炳麟説：「婦考曰丈人，義已無稽，婦妣曰丈母，名實乖謬。」章氏以爲：「丈乃音譌，山西稱婦考曰㚉人，婦妣曰㚉母，音作陟駕切。」羅翽雲《客方言》云：「郭音㚉爲多，曹憲則音多可切，皆舌頭音也。《説文》音尺氏切，《廣韻》音昌石切。尺古音昌，入舌頭，則尺㚉皆入舌頭。丈讀古音亦舌頭也，與㚉雙聲相轉。尺音迆爲舌上而切㚉如侈，直音亦迆爲舌上而切丈如杖。又正紐音和。」

岳父　俗稱妻父爲岳父。舊有二説，一謂晉樂廣爲衛玠妻父，岳係樂之譌；一謂泰山有丈人峯，妻父稱丈人，故稱泰山，又轉爲岳父。按《爾雅》：「妻之父爲外舅。」郝懿行曰：「加外者，别之也。」外岳雙聲，故妻父稱爲岳父。

岳母　俗稱妻母曰岳母。

泰山　俗或稱妻父爲泰山。《酉陽雜俎》云：「玄宗封禪泰山，張説爲封禪使，女壻鄭鎰本九品官〔一〕，封禪後，因説驟遷五品。玄宗怪而問之，鎰無辭以對。黄旛綽曰：『此泰山力也。』」俗謂妻父爲泰山本此。」按妻父既稱岳父，而泰山爲五岳之長，故俗又有泰山之稱，未必因張説

〔一〕鎰：原誤作「鑑」。

事也。

泰水　俗或稱妻母爲泰水。歐陽修《歸田録》云：「今人又呼丈母爲泰水，不知出何書也？」按此乃因山水相對，而連類及之。

親家　《涇縣方言考證》曰：親家之親，讀去聲。《廣韻》震韻：親，七遴切，讀去聲。又唐人詩：「人主人臣是親家。」已不作平聲讀矣。以上胡氏所説。按《後漢書》：「西都舊有上陵。東都之儀〔一〕，百官、四姓親家婦女皆會陵。」注引《獨斷》曰：「凡與先后有瓜葛者。」此以親家爲姻親之通稱。至唐人乃以爲男女兩姻家相呼，見《唐書·蕭嵩傳》。

相公　壽縣呼女壻爲相公。按王粲詩：「相公征關右。」相公指曹操，時操爲漢丞相，封魏國公，故粲以是稱之。其後乃以移稱於士人年少者。《舊五代史》「大相公，吾主也」是也。壽縣之呼相公有二，一係岳父母之呼壻，一則婢呼主人之子，均由本意而借用。

布袋　《南陵縣志》曰：「稱贅壻曰布袋。注云：《三餘帖》：『馮布少時，贅於孫氏，其外舅有瑣事，輒曰：「令布代之。」布袋之訛本此。』」

連襟　俗呼友壻爲連襟。按《嬾真子》云：「江北人呼僚壻曰連袂，又曰連襟。」《容齋隨筆》云：「從兄在泉幕，淮東使者，其友壻也，發京狀薦之，爲作謝啓曰『襟袂相連，夙媿末親之

〔一〕儀：原誤作「義」，據《後漢書》改。

孤陋』云云。乃用杜詩『孤陋忝末親，等級堪比肩。人生意氣合，相與襟袂連』句也。」蓋宋人已有此稱矣。本條本之《辭源》。

姨妹　安慶呼妻姊妹爲姨妹。按《世説新語》：「孫秀降武帝，妻以姨妹。」是晉人已有此稱矣。壽縣則稱妻之姊妹爲大姨、小姨。

舅　妻之兄弟俗謂之舅，壽縣則曰舅子。按《新唐書》楊行密謂其妻弟朱延壽曰：「得舅代我，無憂矣。」是唐人已有此稱。妻之父爲外舅，其兄弟不得更稱舅，俗或稱小舅，猶夫之妹稱小姑，或得其本。

外孫　女之子俗呼爲外孫。按外孫者，以女外適而生，故名，見賈公彦《儀禮疏》。《釋親》：「女子之子爲外孫。」是古人已有此稱。

外甥　姊妹之子，壽縣呼爲外甥，讀生去聲，以别於外孫之孫。按《世説新語》：「王子敬兄弟見郗公，躡履問訊，甚修外生禮。」是晉人原作外生矣。《釋名》：「舅謂姊妹之子曰甥。甥亦生也。出配他男而生，故其制字男旁作生也。」是甥之本義已有外生之意也。

家門　壽縣謂家族爲家門。按《南史》：「政可南行，以存家門耳。」此呼家族爲家門之原始也。

都户長　《語故》曰：吾鄉族長之大者，俗號之曰都户長。

嬭娘　《涇縣方言考證》曰：謂乳曰嬭，音如乃。按《廣韻》蟹韻：「嬭，奴蟹切。乳也。」《晉書·桓玄傳》：「玄幼時，嬭母爲抱詣温。」謂乳爲嬭，故謂乳母爲嬭母。惟吾邑方言則曰嬭娘。以上胡氏之説。按俗亦謂之孋媽。

乾兒　俗謂義子曰乾兒。按《留青日札》云〔一〕：「乾兒、門生布滿天下。」是昔人亦稱乾兒矣。蓋乾有不有其事而空居其名之意，故義子謂之乾兒。

乾爺　俗謂義父曰乾爺。

乾娘　俗謂義母曰乾娘。壽縣又稱女傭爲乾娘。按《北齊書》穆提婆母陸令萱嘗配入掖庭，後主繈褓中，令其鞠育，謂之乾阿孋。蓋謂其不乳哺，而但任抱保也。壽縣又引申爲一切女傭之稱。

師娘　懷寧人通稱人妻爲師娘。蓋舊稱文案爲師爺，其妻爲師娘，故推廣爲一切人妻之稱。

老爹　《南陵縣志》曰：「鄉人稱年老爲老爹。」

昂呢　又曰：「小兒曰昂呢。」按兒古音倪，倪者，昂呢之合音也。

乖乖　又曰：「小兒曰乖乖。」按《新方言》曰：「《説文》：『佳，善也。』岳州謂水清淑爲水佳，音如乖。佳从圭聲，音本如乖也。山東、直隸及淮南北凡與女子相憐愛者，則呼曰小乖乖。乖亦佳之假借。」

婆娘　余正燮《癸巳類稿》云：「江南於婦人賤之則曰婆娘。」

〔一〕日札：原作「札記」。

大　《新方言》曰：「《説文》：『大，象人形。』故知古語稱人曰大。今廬州鄙人，謂都邑人曰奋子。奋音如太，即大之俗字也。」

先　俗稱某先生或省稱爲某先。按《漢書·鼂錯傳》：「上招賢良，公卿言鄧先。」顔注：「鄧先，猶言鄧先生也。」《晉書·郭璞傳》：「著《客傲》，曰：『無沈冥之韻，而希風乎嚴先。』」注：「嚴先者，嚴先生遵也。」是昔人亦省稱先生爲先矣。

老己　《新方言》曰：「《春秋左傳》：『夫己氏。』杜解：『猶言某甲。』今淮西、淮南輕其人則有老己。」

猲子　《今雅》曰：《魏書·司馬睿傳》：「中原冠帶，呼江東之人皆爲貉子，若狐貉之類也。」《晉書》孫秀妻蒯氏呼秀曰貉子。此蓋北人輕賤南人之詞。其語源則始於晉代五胡入中國以後。今淮南北輕賤人曰縮頭猲子，蓋貉子之訛。

臧獲　臧貨　《今雅》曰：《方言》：「荆淮海岱雜齊之間，駡奴曰臧，駡婢曰獲。齊之北鄙燕之北郊，凡男而壻婢謂之臧，女而婦奴謂之獲。」今淮南北駡奴婢曰臧獲，亦曰臧貨。

羍子　《今雅》曰：《説文》：「羍，小羊也。」薛綜答韋昭書曰：「羊子初生曰羍，小名羔，未成羊曰羜，大曰羊，長幼之異名也。」〔一〕今淮泗汝潁之間，目小兒之不潔者曰臊羊羍子，又漢族

〔一〕也：原誤作「曰」，據《毛詩正義》所引改。

目韃靼曰達子，亦應作羍。蓋以其腥羶之俗而爲之名也。

胚子　胎子　又曰：《説文》：「胚，婦孕一月也。」「胎，婦孕三月也。」《爾雅》釋胎亦訓始，郭注：「胎者，人成形之始也。」今淮泗汝潁之間，父母怒斥其子曰胚子，曰壞胚子，曰胎子，曰壞胎子。

兔崽子　又曰：《方言》：「崽，子也。江湘之間凡言是子謂之崽。」《玉篇》子改切。今淮泗汝潁之間罵人曰兔崽子。

麇子　又曰：《爾雅·釋獸》：「麋，其子麇。」今淮泗汝潁之間，父母怒斥其子曰麇子，於兆切。

羔子　又曰：《説文》：「羔，羊子也。」《詩》：「羔羊之皮。」毛傳：「小羊曰羔。」今淮泗汝潁之間，父母怒斥其子曰羔子。

悶子　《説文》：「悶，懣也。」《道德經》：「其政悶悶。」注云：「似若不明也。」今壽縣謂人似若不明者爲悶子，悶讀陰平聲。

豎　《新方言》曰：「《説文》：『豎，豎立也。』凡人初能立者謂之童豎。豎有短義，故《方言》曰：『襜褕，短者謂之裋褕。』豎猶裋也。短人淺小，童子蒙昏，故罵人昏愚謂之豎儒。或轉如斗，今淮西謂僮僕爲斗子，直隸、山東謂農夫無知者爲莊家老斗，斗即豎子也。」

婟嫪　又曰：「《説文》：『嫪，婟也。』郎到切。『婟，嫪也。』胡誤切。秦有淫人曰嫪毐。今江南運河而東謂淫人爲姻嫪，音如固老。安徽謂其所私亦云。」

相於　《通雅》曰：「杜詩曰：『良友幸相於。』今人稱交好爲相與，於字之轉也。」

都衿耆　《語故》曰：鄉紳稱衿耆，取青衿耆老之義。其有權力者，俗號之曰都衿耆。

迓客　又曰：《説文》：「訝，相迎也。」字變作迓。吾鄉俗謂婚喪爲人知客曰迓客。

老媽子　懷、桐人呼女傭爲老媽子。按《廣雅》：「嫛，嫗也。」媽嫛雙聲，媽即嫛之後起字。

大姐　壽縣或呼女傭爲大姐。

小妹　懷寧呼未成年之女傭爲小妹，青陽則呼男孩爲小妹兒。

妹兒　青陽呼女孩爲妹兒。

丫頭　《南陵縣志》曰：「俗謂婢爲丫頭。注云：劉賓客詩：『花面丫頭十二三。』」按《輟耕録》云：「吴中呼女子之賤者曰丫頭，又張耒詩云〔一〕：『粉腮玉指雙鴉鬟。』蓋謂其梳頭爲兩髻也。故今亦稱婢女爲丫鬟。」

班　《新方言》曰：「《廣雅》：『辯，使也。』辯通作班。淮南謂役使曰班子，在男曰男班子，在女曰女班子，自餘多言跟班，皆辯字也。」

管家子　壽縣謂奴爲管家子，讀若給。按明吴時興劾嚴嵩疏：「俗呼文選郎萬寀爲文管

〔一〕耒：原誤作「來」。

家，武選職方郎祁祥爲武管家。」則明人已有此稱矣。

倌人　《今雅》曰：《詩・鄘風》：「命彼倌人。」毛傳：「倌人，主駕者也。」《説文》：「倌，小臣也。」古訓臣爲奴。毛傳、許書所釋義訓俱合於古也。今通語名奴僕曰倌家，給役飲食之酒保曰堂倌，商店之小廝曰小倌，娼妓曰倌人，俱引申人奴之義而名之者。

華　《新方言》曰：「華，中國也。《傳》曰：『夷不亂華。』古人以國稱其種族，今直隸、淮南皆謂山東人爲侉子，侉即華之聲借，若華亦作荂矣。蓋淮南古有徐戎、句吴，直隸亦雜山戎，南北相望，惟山東純爲諸夏，故獨被以華名。其語流傳至今，因謂山東人侉聲侉氣。然國族命名本象其聲，夏、楚、吴、揚是也。」

財主　《粵游小志》云：「財主者，潮人稱財東也。」按壽縣呼多財之人爲財主。

盇商子　《説文》：「𧶠，行賈也。」壽縣謂商人擔箱行賈者曰盇商子，商讀狼陰平聲。

媱姐　《通俗雜纂》曰：《方言》《廣雅》：「媱，淫也。」《廣韻》訓「美好」。今人謂妓女曰媱姐。

婊子　《説文》：「嫖，輕也。」按嫖訓輕者，蓋所謂掌上舞也。俗謂妓女爲婊子，蓋即嫖之轉音。

卬　《新方言》曰：「《爾雅》：『卬，我也。』今徽州言吾如牙，亦卬字也。俗用俺字爲之。

變爲陽。《爾雅》：『陽，予也。』字亦作姎〔一〕。《説文》：『姎〔二〕，女人自稱，我也。』今直隸、山東農婦皆自稱老姎們，聲在娘、牙之間。或書作娘，非也。」以上章説。按今壽縣人多自稱爲俺，婦女駡人時亦有自稱爲老娘者。

朕　又曰：「《爾雅》：『朕，我也。』今北方音轉如簪，俗作偺。偺即晉字，本朕字耳。」

吾　《通俗雜纂》曰：秋浦人讀吾爲我。我吾雙聲也。

渠儂　《黟縣志》曰：「指此謂彼曰渠儂，渠口平聲。」

爾　又曰：「謂爾如人不然其説嗤以鼻音者。」

格　《南陵志》曰：「這曰格。」以上《南陵志》。按這之本字作者，古音者格同部。

貴　又曰：「那曰貴。」以上《南陵志》。按《廣雅・釋言》：「匪，彼也。」貴匪古音同部。

那　《説文》：「它，虫也。上古艸居患它，故相問無它乎。」《詩・鶴鳴》「它山之山」釋文：「它，古他字。」今俗謂彼曰那，即它之轉音。它那旁紐雙聲也。或曰那者，若之轉音，亦通。

渠　太湖、望江謂彼爲渠，轉音如ㄎㄞ。

們　《説文》：「門，聞也。」《論語》：「有朋自遠方來。」注：「同門曰朋。」《檀弓・門人》：「至門人弟子也。」門爲同門之通稱。故俗以門爲代表多數之稱，通作們。們者，門之俗字也。

〔一〕姎：原誤作「佒」，據下引《説文解字》改。

〔二〕姎：原誤作「佒」，據《説文解字》改。

阿　歙縣謂我爲阿，讀如丫。

其　歙縣謂彼爲其。

太老爺　《太平府志》曰：「稱人之父無貴賤曰太老爺，尊其人而故親之亦同。」

釋形體

頭　《廬州府志》曰：「巢縣湖邊人謂頭曰顗。《集韻》當侯切，音兜。《玉篇》：『顗顗，面按。』顗即頭之轉音。」

顱　《説文》：「顱，頊顱〔一〕，首骨也。」引申爲頭顱之意。《文選·射雉賦》「擬青顱而點項」注：「顱，頭也。」舊日或呼僧爲秃顱。顱通作驢，而以爲戲謔之詞矣。

腦袋　俗或稱頭爲腦袋，蓋謂其所以盛腦者。

額角頭　壽縣謂額爲額角頭子，音如額犖頭子。按羅氏《客方言》云：「《釋名》：『角，生於額角也。』《詩》：『揚且之顔。』毛傳：『謂顔角豐滿。』即今語額角飽滿也。俗通謂額爲額角，亦古之遺語。」

㚅　又曰：「《説文》：『㚅，頭傾也。』古屑切。今淮南音烏拐切。」

勃　又曰：「《釋名》：『肺，勃也，言其氣勃鬱也。』今北方謂頸曰勃子，亦由其氣勃鬱，故

〔一〕頊：原誤作「頭」，據《説文解字》改。

得是名矣。俗字作脖。」

宣髮《新方言》曰：「《考工記》注：『頭髮皓落曰宣。』《易·説卦》『其於人也爲宣髮』釋文：『黑白雜爲宣髮。』淮西、淮南、吴越謂黑髮中有一二莖白爲宣髮，讀若蒜。」

頭毛《説文》：「髮，頭上毛也。」今俗亦稱髮爲頭毛。

盤辮朱仲我云：鬏，臥結也。黟人謂之盤辮。

髮稠又云：黟人謂髮密曰髮稠。稠即髩字。《説文》：「髩，髮多也。」

鬐《黟縣志》曰：「鬐，則瓜切，讀若抓。黟女子未笄，櫛髮綰之曰鬐。」

撮又曰：「《通俗文》：『露髻曰鬣。』以麻雜爲髻，如今撮也。見《西都賦》注。黟謂少以繩纏之於頂曰撮。」

總又曰：「女子髮不足，以所落亂髮，或以人之髮櫛來〔一〕，整齊包入本人髮中曰總。即《禮·内則》笄總遺制。」按以他人之髮入本人髮中，《説文》謂之髲，壽縣則謂之假髮。

鬟《廣韻》：「鬟，户關切。髻鬟。」《類篇》：「鬟，屈髮爲髻。」今俗猶謂髻爲鬟，音轉如轉。

耐面黄生《義府》曰：「《漢書·高帝紀》應劭注：『輕罪不至於髡，完其耏鬢，故曰耐。』

〔一〕以：原誤作「也」。

此説非也。耐正留髮去須鬢之名。吾鄉婦人以綫繳面毛者謂之耐面，其名猶沿古義。」按俗通謂之繳臉。

頂門囟　壽縣謂囟爲囟門，又稱頂門囟，音如頂名心。按《碧嚴》三十五則乘云：「若不是頂門上有眼，肘臂下有符，往往當頭蹉過。」李顒《答顧寧人書》云：「鞭辟近裏，一語實吾頂門鍼，對症藥。」則稱囟爲頂門其來已久。桐城則謂囟門宕。

輔　《新方言》曰：「《説文》：『酺，頰也。』『輔，人頰車也。』《釋名》輔車，或曰牙車，或曰頷車，或曰頰車，或曰鼸車。今安慶謂頰爲輔，音如巴。」

面䩄子　又曰：「䩄，面見也。或从旦作靼，他典切。人面見處莫如兩頰，故直隸謂頰爲臉靼子，音如旦。」以上章説。按壽縣亦有此言，讀如班。

叵　又曰：「《説文》：『叵，顄也。篆文作頤。』今安慶謂留須爲留下頤，音轉如海。」

兩權　俗謂頰間骨曰兩權。按《客方言》曰：「《易》『壯于頄』注：『頄，面權也。』《廣韻》云：『頰間之骨也。』今頰骨之隆起者，謂之兩權。高進赭《白馬賦》：『兩權協月。』此雖稱馬，然足徵此語起源，蓋甚古矣。」

老臊胡　《五燈會元》：「宣鑒禪師曰：達摩是老臊胡。」胡人頷下多髯，故有是稱，見梁同書《直語補證》。今俗以多髯連鬢者爲落腮鬍，或作髭腮鬍，蓋均老臊胡之轉。壽縣則謂之臉面鬍。

酒渦　俗謂輔中宛曰酒渦。按酒者，臼之轉音。蓋謂其形如臼也。宋胡銓貶海外十年，北歸之日，飲於湘潭胡氏園，愛名妓黎倩，留題壁間，有「君恩許歸此一醉，傍有黎頰生微渦」之句。是宋人亦謂輔中宛曰渦矣。

耳聸　《新方言》曰：「《説文》：『耽，耳大垂也。』『聸，垂耳也。』耽音丁含切，聸音都甘切。今人謂耳曰耳聸，音轉如朵。」以上章説。按壽縣又轉音如耳道。

耳卦　《新方言》曰：「《説文》：『耿，耳箸頰也。从耳烓省聲。』今天津、德州謂批耳至頰爲打耳卦子。讀耿如卦，正合烓聲。」按今淮南北通語謂批頰曰掌耳摑，合肥謂掌耳曰摑，均耿之轉音。

眊子　《通俗雜纂》曰：眊，目少精也。《孟子》：「眸子眊焉。」安徽謂近視眼曰眊，音如猫。

睞毛　又曰：《説文》：「睞，目旁毛也。」《廣韻》作睫。長沙呼睞毛曰眼睞毛，音如雜。按皖俗亦然。

眼眶　俗謂眼外郭曰眼眶。按《客方言》曰：「古作匡。《説文》：『眥，目匡也。』後加目爲眶。《玉篇》：『眶，眼眶也。』《釋名》：『睫，插也，接也，插於眼眶而相接也。』凡外郭皆曰匡。木部櫃下云：『匡當也。』則謂物之腔子爲匡，亦古語然矣。」

眼睛　《説文》：「瞦，目童子精也。」段注：「精謂精光也，俗作睛。」《玉篇》：「睛，目珠子也。」今俗謂眼曰眼睛。

眼水　俗謂眼淚爲眼水。

抵眼棍　《説文》：「艮，很也。从匕目。匕目，猶目相匕，不相下也。」〔一〕按目相比不下，壽縣謂之抵眼棍。棍即艮之轉音。

眼圈子　《語故》曰：《説文》：「䀠，目圍也。讀若書卷之卷。」今人稱目眶亦謂之眼圈子，當用此字。

眅白眼　又曰：《説文》：「眅，多白眼也。」今人眼多白謂之眅白眼，轉輕脣上聲如反。

眉毛　《説文》：「眉，目上毛也。」今俗謂眉爲眉毛。

喉嚨　《説文》：「喉，嚨也。」今壽縣謂喉曰喉嚨。

亢　《説文》：「亢，人頸也。」《倉頡篇》：「亢，咽也。」《漢書・劉敬傳》「不搤其亢」注：「喉嚨也。」今俗謂喉曰嗓子，即亢之音轉。

喉⿰月絜　王氏《通俗文》曰：俗謂喉嚨曰喉⿰月絜。按《廣韻》：「⿰月絜，胡計切。喉脈。」《説文》：「嗌，咽也。从口益聲。籀文作𦤎，上象口，下象頸脈理也。」疑⿰月絜即嗌之後起字。

鼿鼻　王氏《通俗文》曰：俗謂鼻孔仰上曰鼿鼻，讀巧去聲。按《玉篇》：「鼿，仰鼻也。」

〔一〕匕：原作「比」，據《説文解字》改。相：原脱，據《説文解字》補。

《廣韻》五弔切。《集韻》：「鼿，詰弔切。仰鼻也。」《説文》無鼿鼿字，其本字蓋當作歊。《説文》：「歊，歊歊，气上出皃。」故引申有上仰之意。

打嚏噴　《説文》：「噴，吒也。一曰鼓鼻。」《廣雅》：「噴，嚏也。」今俗謂鼓鼻爲打嚏噴。

盡頭牙　王氏《通俗文》曰：「齻音顛，牙末也。」俗謂之盡頭牙。按真聲、盡聲古音同部，其本字蓋當作盡，齻乃其後起字。

版牙　壽縣謂臼齒爲版牙。按臼齒爲平面，蓋以其形如版，故謂之版牙。

齰牙　《新方言》曰：「《説文》：『齰，齧也。』側革切。鄧廷楨曰：『江寧謂寐後切齒爲齰牙，音如錯。』」

暴牙　俗謂門齒外出曰暴牙，暴讀旁傲切。《客方言》曰：「《集韻》有齙字，云：『齒出皃。步化切。』按讀如霸，聲轉爲暴，則暴牙即齙牙。」以上羅説。按《説文》：「暴，晞也。从日出収米。」是暴原有外出之義，故齒之外出亦謂之暴。

齜牙　《語故》曰：「《説文》：『齜，一曰開口見齒之皃。讀若柴。』仕街切。今人心有不然，開口齊齒向人，謂之齜牙。狗争食或欲齧人，露齒相向，亦云。《廣韻》齜，側宜切，音菑，正與今音合。」

口水　《説文》：「㳄，慕欲口液也。从欠从水。」今俗謂之口水。桐城謂之口㳄。又謂口中之黏水曰黏涎水。

打眉　《涇縣方言考證》曰〔一〕：疲倦張口出氣曰打眉，許介切。按《説文》：「眉，臥息也。」蓋本臥息之聲，引申爲疲倦張口出氣之聲。

下胡　《語故》曰：《説文》：「胡，牛顧垂也。」「顧，頤也。」蓋牛自頤至頸下垂如囊而扁者，今俗謂之牛項袋。又俗謂兩頤下曰下户，即下胡。或曰下杷，亦即下胡。皆牛顧垂之引申也。

餯餿氣　又曰：《説文》：「噫，飽出息也。」字亦作餯。《廣韻》：「餯，通食氣也。」〔二〕食飽而氣窒上衝。今猶有此語，音歌奢切。俗謂之餯餿氣。平時胸有鬱結，氣从口出，亦謂之餯氣。

肩髆　《説文》：「髆，肩甲也。」壽縣謂肩爲肩髆子，髆音轉爲邦上聲。

胳髆　《説文》：「胳，腋下也。」「髆，肩甲也。」壽縣謂臂曰胳髆，髆轉音抱。

胳腋子　《説文》：「胳，腋下也。」亦人之臂亦也。壽縣謂亦爲胳腋子，腋若ㄌㄚ，子讀若持。

胳髆籠　桐城謂亦爲胳髆籠，蓋謂其在臂下如鳥之籠也。

手髆子　桐城謂臂爲手髆子，髆轉音邦上聲。

羅　俗謂手指文曰羅。按《客方言》曰：「羅當爲蠃。《嘉應志・方言》引《廣韻》：『腡，手指文也。』通作蠃。《淮南・本經》：『冠無觚蠃之理。』注云：『蠃，讀指耑蠃文之蠃。』」

手爪　《説文》：「爪，丮也。」「叉，手足甲也。」叉本手足甲，今俗或謂手指爲手叉。叉通

〔一〕證：原誤作「語」。
〔二〕《廣韻》釋爲「通食氣」義之字爲「餩」。

用爪。

嬭頭　俗謂乳部爲嬭頭。按《廣韻》：「嬭，乳也。」嬭乳義本相同。

肚　俗謂胃爲肚子。按《廣雅》：「胃謂之肚。」是魏時已有此言矣。

肚子　俗謂腹爲肚子，讀去聲。按王念孫《廣雅疏證》云：「肚之言都也，食所都聚也。」蓋胃之得名，取其都聚食物。腹之名肚，意亦當同。惟俗以上去二聲分别其音耳。蘇軾詩：「細觀初以指畫肚。」是昔人亦稱腹爲肚矣。

佗背　《新方言》曰：「《方言》：『凡以驢馬馲駝載物者謂之負佗。』佗，今作馱，此通語也。負物必曲背，故今謂僂者爲佗背。」以上章説。按壽縣謂之背鍋子，背讀平聲，鍋亦佗之轉音。安慶則呼爲佗子。

髀股　《説文》：「髀，股也。」「股，髀下也。」今俗通謂臀部爲髀股。

腿肚　《説文》：「腓，脛腨也。」「腨，腓腸也。」段氏注云：「諸書或言膞腸，或言腓腸，謂脛骨後之肉也。」按腓腸，今俗通名腿肚。

胯股　《説文》：「胯，股也。」段注云：「合兩股言之曰胯。」《廣韻》曰：「胯，兩股間也。」按今俗謂兩股之間曰胯。《廣韻》胯，苦故切，又苦瓜、苦化二切。今俗則讀苦瓦切。

絜蓋　《新方言》曰：「絜蓋，陝西、四川、湖北、江南、浙江皆謂之蓋絜頭，自淮南至山東、直隸或謂之槫櫨頭。《説文》槫櫨即棔。《爾雅》：『柮謂之棔。』李巡以爲斗栱。《釋名》：『櫨，在柱頭，如都盧，負屋之重也。』然則人脛如柱，厀蓋在上如斗栱，以負兩髀之重，故謂之欂櫨頭。淮南又稱厀蓋爲蓋枅頭。《說文》：『枅，屋櫨也。』《廣雅》：『欂謂之枅。』曹憲音鷄，今亦正作鷄音。此則在屋在人皆通名矣。」

孤踝　又曰：「《釋名》：『踝，确也。居足兩旁，磽确然也。』今人或稱脛下骨隆起者爲孤踝。孤踝本雙聲。孤借爲軱。《莊子・養生主》曰：『而况大軱乎。』釋文：『軱音孤。向、郭云：軱，戾大骨也。』」以上章說。按踝本胡瓦切，今俗轉音拐。

大腿　《說文》：「股，髀也。」按自胯至厀曰股，今俗謂之大腿。

小腿　《說文》：「脛，胻也。」「胻，脛也。」段氏曰：「厀下踝上曰脛。」按厀下踝上，今俗謂之小腿。

寒毛　《新方言》曰：「《說文》：『𣬛，獸豪也。』《廣雅》：『𣬛謂之豪。』則不別人獸矣。曹憲音汗。今直隸、陝西、江浙、廣東皆謂豪爲𣬛毛，讀平聲。」以上章說。按壽縣亦謂之𣬛毛，音如寒。《晉書・夏統傳》：「聞君之言，不覺寒毛盡戴。」是晉人亦有寒毛之言矣。

瘸子　俗謂跛者爲瘸子，讀ㄑㄩㄝ之陽平聲。按《廣韻》八戈：「瘸，腳手病。巨靴切。」《說文》無瘸字，蓋即尵之轉音。尵，蹇也。《廣韻》布火切，故可轉爲巨靴切。

曲𦟛彎　又曰：𦟛音秋，股脛間。俗謂足彎處曰曲𦟛彎。

尥腳　《涇縣方言考證》曰：行不便利曰尥腳。按《說文》：「尥，行脛相交也。」力弔切。

𦗶　黄生《字詁》曰：「焦澹園《俗書刊誤》云：『耳垂曰𦗶，皮寬曰皵。並音答。』吾鄉今有此語，但呼如答平聲。按此聲即𦗶之轉。」

皵皮　《通俗雜纂》曰：《廣韻》：「皵，皮寬也。」今長沙謂爲皵皮，讀如諂去聲。按今壽縣亦有皵皮之言，音如牽去聲。

趟䠞　王氏《通俗文》曰：趟䠞，體不伸也。俗謂身體局促曰趟䠞，音窟聰。

鳥　《説文》：「県，到首也。」引申爲懸物之義。通作㑿。今通謂男子生殖器爲鳥，實即県㑿字，蓋狀其懸也。《禮運》：「天秉陽，垂日星。」孔穎達曰：「垂懸日星。」此其義也。

丘　壽縣或謂陰器爲丘。按《爾雅》曰：「白州，驠。」郭璞曰：「州，竅也。」章氏《新方言》曰：「州本陰器，有時移以言後竅。」〔一〕丘州音近，則丘即州之轉音也。

牝　《新方言》曰：「《説文》：『牝，畜母也。』毗忍切。《經典釋文》引徐仙民牝作扶死反，與匕聲合。牝引申爲陰器。《老子》曰：『谷神不死，是謂玄牝。』今人謂女陰通曰牝，從徐音作平聲呼如毗。凡妃媲妣，皆取此聲。」

卵脬　《涇縣方言考證》曰：謂卵曰卵脬。按《説文》：「脬，膀光也。从肉孚聲。」匹交切。《通俗文》屎本曰脬。錢氏坫曰：「今俗呼卵脬聲如包。」吾邑方言仍謂匹交切。

〔一〕時：原誤作「以」，據《新方言》改。

有事　壽縣婦女諱大小便曰有事。

打岔　王氏《通俗文》：俗謂出恭曰打岔。

施　《左傳》：「夷射姑旋焉。」阮元《釋矢》云：「旋當爲施。施者，謂便溺也。便溺有施舍之義。旋乃字之訛也。」按字又作私。《左傳》：「師慧過宋朝，將私焉。」注：「小便也。」又通作遺。《漢書·東方朔傳》：「小遺殿上。」今俗猶謂小便爲施〔一〕，音轉如雖。

屎　《涇縣方言考證》曰：小便曰屎。按《説文》：「屎，人小便也。从尾从水。」奴弔切。

把把　壽縣謂小兒之糞曰把把。因小兒出恭須以人把持之也，故疊言之曰把把。

雄　《説文》：「雄，鳥父也。」今壽縣謂精蟲爲雄，即由鳥父之義而引申。

淋　《涇縣方言考證》曰：小孩屎多自出曰淋。按《説文》：「淋，以水沃也。一曰淋淋，山下水皃。」淋有水多之義。引申爲水下之稱。小孩屎多自出曰淋，又本水下之義而引申之。

有娠　《涇縣方言考證》曰：婦人有孕曰有娠，音如身。按《左傳》：「邑姜方娠。」娠音身。

有囡　歙縣謂懷孕曰有囡。

褢子　歙縣又謂褢孕曰褢子。

亥孩子　俗稱懷孕爲亥孩子。按《説文》：「亥，荄也。十月微昜起，接盛侌。从二，二，古

〔一〕「謂」，據文義補。

文上字。一人男，一人女也。从乚，象裹子咳咳之形也。帀，古文亥。亥而生子，復從一起。」是亥有裹子之象也。或曰亥有當作害，婦人裹孕則身有病害者，病害之意也。

有喜　《語故》曰：鄙語謂婦人受孕曰有喜。此借爲吉兆之義。非喜樂意也，當用禧。

皵子斑　《涇縣方言考證》曰：人面有點曰皵子斑。今人訛作雀。按《廣韻》皵，七雀切。《説文》：「皴，皮細起也。」《廣韻》亦以皮細起訓皵。皵，本皮細起之稱，因而爲一切粗皮之稱。《爾雅·釋木》：「大而皵，楸；小而皵，榎。」樊光云：「皵，猪皮也。」〔一〕謂樹皮粗也。人面有點，其皮似粗，故曰皵。以上胡氏之説。按雀斑，壽縣謂之黑雀子。

皯斑　又曰：人皮膚起點曰皯斑。俗作汗斑，謂汗出而成斑，非是。《説文》：「皯，面黑氣也。」《列子·黃帝篇》：「肌色皯黣。」《廣韻》《集韻》古旱切。

瓻　《新方言》曰：「《釋名》：『瓻，頭生創，白瘕如瓻然也。』《玉篇》：『瓻，胡割切，瘌也。』《廣雅》瘌㿉並訓傷，㿉之言剡也。今自淮、漢而南謂頭生創白瘕蒙茸者曰瘌子，與瓻同義。因而致禿亦曰瘌子，自河北而北直言禿子。」按壽縣亦謂之禿子。

極輔子　《新方言》曰：「《方言》：『極，吃也。』《説文》：『吃，言蹇難也。』居乙切。通語謂言蹇難爲吃。淮南謂之極輔子。輔者，《毛詩·國風》傳曰：『好口輔。』故今謂口爲輔，音如

〔一〕皮：原脱，據《康熙字典》所引補。

巴，魚模轉麻，若傅爲巴、輔爲爸矣。」

踒　王氏《通俗文》曰：踒，烏禾切，足跌也。又烏臥切，音涴。俗謂手足腰肢被閃折而痛曰踒，音訛匃。

風癉　《涇縣方言考證》曰：手足疲輭不能行動曰風癉。按《廣韻》寒韻：「癉，風在手足病。徒干、都彈二切。」

痤　黄生《字詁》曰：「《説文》：『痤，小腫也。一曰族絫。』《左傳》：『瘯蠡。』陸德明引《説文》作『瘯瘰』，云：『皮肥也。』肥即疿，古字通用，今俗謂之瘤。吾鄉人謂之痤。音近宰。凡繩有結亦謂之痤，連言之則曰瘯瘰。力改切。詳吾鄉轉音之始，則痤字古當音坐耳。」

頜毛癬　《語故》曰：《説文》：「頜，秃也。」苦骨切。杭州謂頭上生癬蝕髮曰頜髮癬。吾鄉則謂之頜毛癬，音如乞。

胖　《涇縣方言考證》曰：謂身肥曰胖。按《廣韻》胖，匹絳切。《玉篇》：「胖，脹也。」《左傳》：「將食脹，如廁。」脹，腹滿也。引申爲胖義。吾邑方言亦有胖之一語。

哈曲牖　王氏《通俗文》曰：今俗兒戲搔癢曰哈曲牖。

釋宫

角落頭　《太平府志》曰：「室宇之一隅曰角落頭。」

庳庌子　舒城謂屋旁小屋曰庳庌子。按《説文》：「庳，中伏舍。一曰屋庳。」〔一〕《玉篇》：「庌，旁屋也。」故屋旁小屋曰庳庌子。

匽⿰木函　舒城謂室中隱穴通流曰匽⿰木函。按《説文》：「匽，隱也。」⿰木函字《説文》無，當作函。隱穴通流曰匽⿰木函，猶《周禮》謂霤下池受蓄水而流謂之匽豬也。

㮰　朱仲我曰：木部〔二〕：「檐，㮰也。」黟人謂之披水，倚墻屋半間亦謂之披。㮰披音近。朱説見《黟縣志》。

椽　《涇縣方言考證》曰：屋桷曰椽，音如傳。按《廣韻》仙韻：「椽，直攣切。」音如椽。

仰扇　《潁上志》曰：承塵曰仰扇。以上《潁上志》。按《説文》〔三〕：「扇，扉也。」承塵在上，形如扉，故謂之仰扇。

天花板　俗通稱承塵爲天花板。

閣漏　《通雅》曰：「《檀弓》疏：『承霤，以木爲之，宫中以銅，用行水。』俗呼閣漏。」

楣坊　又曰：「凡屋多五架，正中衡梁曰棟，次曰㞒，下架曰楣，楣下多設門，故曰門楣，如

〔一〕庳：原作「卑」，据《説文解字》改。
〔二〕木：原誤作「本」。
〔三〕説：原誤作「曰」。

人之眉，今呼楣坊是也。」〔一〕

囱　《通俗雜纂》曰：在屋曰囱，今轉音爲楚江切。惟烟囱之囱音葱。安慶語。以上陳說。按壽縣謂之烟籠筒。

天窗　《説文》：「在墻曰牖，在屋曰囱。」按在屋者，今謂之天窗。《魯靈光殿賦》云：「天窗綺疏。」張注：「高窗也。」此天窗二字之所本。

窗户　《説文》：「窻，通孔也。」朱駿聲曰：「在上者爲窗，在旁者爲窻。」《考工記》注：「窻，助户爲明。」今俗謂窻爲窻户。

檻色　朱仲我曰：网部：「䍐，牖中网也。」今黟人以鐵條爲网，讀爲檻色。自注云〔二〕：色應易册，象形也。

腳門　《説文》：「閤，門旁户也。」朱駿聲曰：「今穌俗所謂腳門是也。」按壽縣亦名腳門。閤腳一聲之轉。

霤　《新方言》曰：「《爾雅》：『宋廇謂之梁廇。』一作霤。《釋名》云：『中央曰中霤。古者寝穴，後室之霤當今棟下，直室之中，古者霤下之處也。』淮西、蘄州謂兩柱中間曰霤〔三〕，音如留。」

〔一〕呼：原誤作「乎」。
〔二〕「注」原誤在「應」上。
〔三〕間：原誤作「門」，據《新方言》改。

扶下　《黟縣志》曰：「户限曰扶下。下字轉爲盞。《戰國策》嫁女及扶謂門限，車至此應扶而下也。」

門閂　《説文》：「關，以木横持門户也。」通作櫎。《通俗文》〔一〕：櫎，木關。今俗謂門關曰門，門即關字。

楗　《通俗雜纂》曰：楗，歫門也。通作鍵。《月令》：「修鍵閉。」安慶謂門閂曰鍵。

門了佻　李商隱詩：「鎖門金了鳥，展障玉鴉叉。」《方言》郭注曰：「了佻，懸物皃。」朱駿聲曰：「今北人謂屈戌曰了［乚］，當取其字象屈戌形也。」按壽縣謂之門了挑，佻讀如條。

門套子　桐城謂門了佻爲門套子。

門紐子　門鼻子　了佻所套之物。桐城謂之門紐子，壽縣則謂之門鼻子。

橑椽　《涇縣方言考證》曰：謂屋椽曰橑椽。按《説文》：「橑，椽也。」段玉裁云：「榱爲屋椽，橑爲複屋之椽。」

貼方　方以智《通雅》曰：「《禮》所謂棖者，門兩旁長木。今謂之貼方。」

直拴　又曰：「《禮》所謂臬者，門中關木。今所謂扊，古詩謂之扊扅，俗謂之直拴。其横者呼爲槓，小者爲拴。其門大，則需直立木作拴也。」

〔一〕「文」字據段玉裁《説文解字注》補。

和門　《新方言》曰：「《夏官》『以旌爲左右和之門』注：『軍門曰和。』今淮南、吴越謂醮祭以竿張布爲左右門曰和門，和音如歡，元寒、歌戈對轉也。案《匡謬正俗》云：『如淳《漢書音義》曰：陳留之俗言桓聲如和。今猶謂之和表也。《説文》云桓是郵亭表也。』據此，和爲假借，桓爲正字。今謂和門爲歡門者，是合於本音也。」

磉　《涇縣方言考證》曰：柱下石曰磉。按《廣韻》蕩韻：「磉，柱下石也。蘇郎切。」《正字通》：「俗呼礎爲磉。」

柱礩石　《廣雅》：「礎、碣、礩，礩也。」《説文》：「礩，柱下石也。」今壽縣謂柱下石爲柱礩石，礩轉音經。

㭼　《説文》：「扞，支也。」朱駿聲曰：「楷柱之意。」按俗謂墻斜用木楷柱曰㭼。蓋即扞之引申義也。

墝垣　《涇縣方言考證》曰：謂堂下緣壁之周帀曰墝垣。按《説文》：「墝，周垣也。」段玉裁曰：「周垣，謂垣之圍帀者也。」

籬笆　《説文》：「杝，落也。」朱駿聲曰：「字又作籬。」又曰落，假借爲格，籬也。按杝、格，今謂之籬笆。笆即格之轉音。黟縣謂以枳棘爲藩籬曰薄籬笆，笆讀斜去聲。

院子　《説文》：「寏，周垣也。」或體作院。朱駿聲曰：「今所謂圍墻也。」按院本爲圍墻之稱，今俗則謂天井爲院。

天井　《説文》：「廷，朝中也。」朱駿聲曰：「古外朝、治朝、燕朝皆不屋，君立於門中，臣立於廷中，故雨霑服失容，則廢朝。」今所謂天井，即廷之合音。

鯖魚背　《通雅》曰：「今街道及庭院多以磚側累之，園亭有累瓦成水紋者，取其漉水，有似於瓴，中飽邊庳，呼曰鯖魚背。」

圩　壽縣謂村居爲圩，讀能圍。按《尚書大傳》：「十邑爲都。」《管子》：「乘馬四鄉曰都。」《廣雅·釋詁》：「都，聚也。」村莊爲人所聚，則其本字應作都。都轉爲圩，又以雙聲轉音爲圍。

邨　《廣雅·釋詁》：「屯，聚也。」《漢書·陳勝傳》注：「人所聚曰屯。」今俗鄉邨、邨落字當即由人所聚之義而引申。壽縣、舒城之間又轉音如郢。

杈路　《涇縣方言考證》曰：謂樹有歧枝曰杈，因之路之歧者曰杈路。按《説文》木部：「杈，枝杈也。从木叉聲。」初牙切。段玉裁云：「杈如手指相錯之形，故从叉。《方言》云：江東言樹枝爲椏杈也。」〔一〕

鄉下　《語故》曰：《家語》：「孔子曰：吾觀於鄉所，知王道之易易也。」今俗鄉下，下字無義，蓋即鄉所，下古音如滸，與所同呼，及魚麻分韻，下入麻部，而此鄉所之俗音亦變近麻，而字遂變作下矣。又云：吾鄉鄙語，言鄉下音近貨，仍在魚麻之間。

〔一〕「江」字上原衍「江東云」三字，據《説文解字注》删。

釋器

斨頭　《説文》：「斨，柯擊也。」《廣韻》來可切。今壽縣、舒城之間謂木槌曰斨頭，斨讀若郎。

棓椎　《説文》：「棓，棁也。」步項切。段玉裁曰：「棓棒正俗字。」今俗謂木椎曰棓椎。本條本之《涇縣方言考證》。

梩　黄生《字詁》曰：「字書有梩字，莊皆切，木椿也。吾鄉謂刀鈍曰梩，謂人拘攣亦曰梩，正作此音。蓋木椿鈍而不鋭，故取義於此。」

老鼠枷　《説文》：「梱，梱斗，可射鼠。」朱仲我曰：按捕鼠之器，黟人謂之老鼠枷。

坌箕　《説文》：「坌，掃除也。」方問切。按以箕棄穢汙曰坌，因之棄穢汙之器曰坌箕。壽縣仍讀方問切，涇縣則音如奔。本條本之《涇縣方言考證》。

轂杷　朱仲我曰：耝，册叉可以劃麥。黟人謂之轂杷。

連枷　《説文》：「柫〔一〕，擊禾連枷也。」今涇縣謂打豆麥之器曰連枷。枷本古牙切，涇縣之音則變爲古聱切。據《涇縣方言考證》。

笸斗　《説文》：「笿，杯笿也。」按笿本訓棓笿，引申爲編器之稱。壽縣謂麻稭所編之斗曰

〔一〕柫：原誤作「拂」，據《説文解字》改。

笆斗。笆即答之轉音。

磑　《説文》：「磑，䃺也。」按磑本音五對切，今俗則轉音如類。

碾　《説文》：「⿰車反，轢也。」朱駿聲曰：「字亦作碾作輾。《通俗文》：『石碢轢穀曰碾。』」按字又作⿰石反。《廣韻》⿰石反，女箭切。今俗音年上聲。

石滾　《潁上志》曰：「碌碡曰石滾。」

風磨　江淮間謂風車爲風磨，磨讀如波。

楤擔　《涇縣方言考證》曰：兩頭尖用以荷物者曰楤擔。按《廣韻》東韻：「楤，倉紅切。尖頭擔也。」

⿰巾盾　又曰：聚穀之器曰⿰巾盾。按《説文》：「⿰巾盾，載米䆃也〔一〕。讀若屯卦之屯。」錢氏坫曰：「此屯聚正字。」今俗稱屯米户爲屯户。

宛積　《新方言》曰：「《方言》：『宛，蓄也。』《爾雅》：『宛中，宛丘。』孫炎曰：『中央下。』蓋中窊可積蓄者爲宛。故盌亦从宛聲。淮南謂圈席蓄米爲宛，因名其物爲宛積，讀若窩籮，籆之屬。亦曰宛蜃，蛤之屬。亦曰宛，音在畏彎之間。皆以中央宛下得名。」

格繩　《方言》五：「絡謂之格。」朱駿聲曰：「絡絲具，枝格相交意。」按今壽縣謂互繩爲

〔一〕米：原誤作「衣」，據《説文解字》改。

格繩。

卯　《釋名》：「卯，冒也。載冒土而出也。」〔一〕俗謂剡木入木，以盈入虚謂之卯。即冒出義引申也。

桄　《説文》且下云：「足有二横。」段玉裁曰：「横音光。即桄字。俗語讀光去聲是也。」按今涇縣謂几足上之横木曰桄，音如當之去聲。本條本之《涇縣方言考證》。

牀椽杠　《説文》：「杠，牀前横木也。」今涇縣謂牀前横木爲牀椽杠。《廣韻》江韻：「杠，古雙切。」涇縣之音則轉爲古巷切。同上。

屜　《涇縣方言考證》曰：盛物之器一層曰一屜。按《廣韻》：「屜，履中薦也。他記切。」履中薦，即履底上之一層，與今語之一屜義相合。

桯凳　《新方言》曰：「《方言》：『榻前几，江沔之間曰桯。』郭璞音刑。《廣韻》又他丁切。今淮南謂牀前長凳爲桯凳，音如晴。」

杓　朱仲我曰：《説文》禾部：「杓，禾危穗也。」《玉篇》亦「懸物也」。引申爲穀數之名，都了切。黟人二十斤爲一勺，即杓字。

石　黄生《字詁》曰：「《説文》百二十斤爲柘。後人省作石。漢以石爲奉禄之等，故有二

〔一〕載：原誤作「戴」，據《釋名》改。

千石之稱。今俗用此爲僭字，至呼二千石亦如此音，此最鄙謬。」

銀則子　黄生《義府》曰：「俗呼法馬作餅定樣爲銀則子。」

幕　《漢書·西域傳》：「罽賓國錢，文爲騎馬，幕爲人面。」如淳云：「幕音漫。」今壽縣謂錢背爲幕，猶讀漫音。黄生《義府》云：「今戲錢者名錢面爲字，錢背爲幕，正作幕本音讀。」是歙人所讀又與如淳不同矣。

鈴鍚　《左傳》桓二年：「鍚鸞和鈴。」今壽縣謂鈴曰鈴鍚，鍚讀若當。

稛　《涇縣方言考證》曰：以繩束物曰稛。按《説文》：「稛，豢束也。」苦本切。

𣠮　朱仲我曰：《説文》：「𣠮，小束也。讀若薾。」黟人取薪一小梱曰一薾柴，即𣠮字。

盅　《涇縣方言考證》曰：謂小碗曰盅子。按《説文》皿部：「盅，虚器也。从皿中聲。」

燈頭　《説文》：「主，燈中火主也。」今俗謂燈中火主爲燈頭，或曰火頭。頭即主之轉音。

皁　《説文》：「草，草斗櫟實也。」俗作皁。今徽州人謂皁爲租，皁豬雙聲也。

馬桶　俗謂婦人之便篅爲馬桶。按《説文》：「髁，髀骨也。」苦瓦切。馬即髁之轉音。或曰馬子，即古虎子。馬古音母，與虎疊韻。

銚　《新方言》曰：「《説文》：『銚，温器也。』《廣雅音》云：『銚，今人多作大弔反。』又《説文》：『鐎，鐎斗也。』漢人皆作刀斗。銚鐎本一字。今淮南謂小釜爲銚子〔一〕，音正作大弔反。」

〔一〕子：原誤作「字」，據《新方言》改。

籍箕〔一〕　又曰：「《説文》：『籍，飯筥也。』今淮南謂飯筥爲籍箕，音如消。箕當爲丌。《説文》丌訓薦物之丌，讀與箕同。飯筥無取箕義，不當作箕也。」

筷簫　朱仲我曰：箸，栖箸也。一曰盛箸籠。黟人謂之筷簫。按壽縣、霍丘之間通稱筷籠。

木椀　壽縣謂木椀爲滿子，滿讀陰平聲。蓋以木椀合音爲滿也。

檕皮紙　《涇縣方言考證》曰：謂宣紙曰檕皮紙。按《説文》木部〔二〕：「檕，楮也。」古祿切。陸機疏云：「江南以其皮擣爲紙，謂之檕皮紙，潔白光輝。」

攤　又曰：賭博之一種，以骰置盒中而摇之，猜其點數，曰攤。按《廣韻》攤蒱，賭博也，他干切。蓋攤之義爲開，賭博者置骰於盒中摇之，而猜其點數，開之而驗其中否。以攤爲賭博之名稱，亦開義之引申也。

和　《新方言》曰：「《吕氏春秋·開春論》：『欒水齧其墓，見棺之前和。』高誘曰：『棺頭曰和。』今淮南謂題字於棺前端曰題和，音如壺。」

煻煨火　《涇縣方言考證》曰：灰多火微曰煻煨火。按《廣韻》：「煨，煻煨火也。」《通俗

〔一〕籍：原作「箱」，據《説文解字》《新方言》改。
〔二〕木：原誤作「本」。

文》：「熱灰謂之煻煨。」《集韻》同。
磧子〔一〕　又曰：武人鍊力所用之石曰磧子。按《廣韻》至韻：「磧，脂利切。柱下石也。」鍊力所用之石，與柱下石形式略同，故曰磧子。
弓　弓矢之弓當讀撮口音。今涇縣讀彈棉花弓弦之弓仍爲撮口音，餘皆變爲公矣。
艭艚　《新方言》曰：「《方言》：『舟，南楚江湘小而深者謂之䑿。』郭璞曰：『即長艭也。』〔二〕《廣雅》：『艭，舟也。』今寧國、池州、太平之間謂船小而深者爲艭艚。艚蓋即䑿字。《釋名》：『三百斛曰䑿。』」
牽　《涇縣方言考證》曰：挽船之繩曰牽，讀去聲。按《廣韻》霰韻：「牽，挽也。苦甸切。」
䑳　又曰：船帆曰䑳。按《說文》：「䑳，䑳雙也。讀若鴻。」錢坫曰：「今篷字。」朱駿聲曰：「如今糧艘以篾席爲帆。」然則以布曰帆，以篾席曰篷。
艭　王氏《通俗文》曰：艭，色降切，音淙去聲，捍船木也。今俗音槍去聲。
刬　又曰：刬，撥進船也。俗呼小船曰刬子。
砑石　朱仲我曰：《說文》：「砑，以石扞繒。」黟人謂之砑石。以上朱說。按《玉篇》：「砑，光石也。」蓋梁時已有此稱矣。

〔一〕磧：原作「礩」，據下引《廣韻》改。下同。
〔二〕艭：原誤作「舡」，據《方言注》《新方言》改。

尉斗 《説文》：「尉，從上按下也。」俗作熨。《通俗文》：「火斗曰熨。」按《廣韻》熨，於胃切，又紆物切。壽縣呼尉斗音如運頭，以尉運雙聲，頭斗疊韻也。

楥頭 《説文》：「楥，履法也。」朱駿聲曰：「字亦作楦。蘇俗謂之楦頭。」按皖俗亦然。

書包布 朱仲我曰：《説文》：「幡，書兒拭觚布也。」黟人謂之書包布。

扣襻 《通俗雜纂》曰：襻，《廣韻》云：「衣襻。」今俗有扣襻之名，襻即紐也。

鞆 《玉篇》：「鞆，諸兩切，音掌，扇安皮也。」俗謂以皮安鞋頭曰鞆。

補靪 《説文》：「靪，補履下也。」《廣雅·釋詁》：「靪，補也。」朱駿聲曰：「今俗猶有打補靪之言。」

衲 《新方言》曰：「《廣雅》：『紩，衲也。衲，補也。』《論衡·程材》篇：『衲縷之工不能織錦。』今淮南、吴越謂破布牽連補綴者爲衲頭，亦謂刺繡爲衲繡。直隸謂粗縫曰衲。」以上章説。按壽縣亦謂粗縫曰衲，又謂碎布條爲布衲子，衲讀若拉。

絎 又曰：「《廣雅》：『絎，緣也。』曹憲音下孟切。《玉篇》：『絎，縫紩也。』今淮南、吴越謂粗縫爲絎，音如行。」

敹[一] 《書·費誓》：「善敹乃甲胄。」鄭注：「敹，穿徹也。」俗謂補衣曰敹，讀如遼。又謂

[一] 敹：原作「敿」，據《尚書正義》改，下同。

細縫爲敹，讀如巧平聲。

帵子　《説文》：「帑，幡也。」朱駿聲曰：「書兒拭觚布。」按拭觚布多以剪裁布帛所餘爲之，故南陵謂剪裁所餘曰帵子。帵蓋帑之後起字〔一〕。

藉子　《新方言》曰：「《説文》：『藉，祭藉也。一曰草不編狼藉。』凡在下承物者皆被此名。鄧廷楨曰：『淮北小兒臥處以布禦穢，謂其布曰藉子，亦其一矣。』」以上章説。按壽縣城内亦謂之藉子，音如借，而通俗則謂之尿布。

褓被　又曰：「《廣雅》：『裲謂之褓。』今淮南謂小被爲褓被。」

敦子　又曰：「《説文》：『袛裯，短衣。』上都兮切，下都牢切，雙聲連語也。氐聲、周聲皆近敦。淮南謂短衣曰敦子，即袛裯矣。」

襖子　俗謂裌衣之短者曰裌襖，棉衣之短者曰棉襖。按《説文》：「褐，短衣也。」襖蓋褐之後起字。

峨　《黟縣志》曰：「笄珈，黟人謂之峨。他處曰冠子。展轉取峨冠之義。」

眉箍嘴　又曰：「女圈帽曰眉箍嘴。」

履黏　朱仲我曰：「黎，履黏也。黟人謂之鞋百，讀去聲。以麪漿粘布而成。以上朱説。按

〔一〕起：據文義補。

履黏，安慶謂之鞋骨。

紨　《説文》：「紨，枲履也。」朱駿聲曰：「字亦作䋎作鞲。今蘇俗謂履之判合者爲鞲。」按皖俗亦然。字又作㲃。

膝褲襱　朱仲我曰：《説文》：「襱，絝踦也。」黟人謂女襪曰膝褲襱。

袴腳襱　《説文》：「襱，袴踦也。」大冢切。段玉裁云：「言袴之近足狹處也。」按今涇縣謂袴腳管曰袴腳襱。《廣韻》董韻：「襱，力董切。袴也。」涇縣則讀平聲。

襯衫　《涇縣方言考證》曰：近身之衣曰襯衫。按《廣韻》震韻：「襯，近身衣也。初堇切。」

裮　《説文》：「襄，漢令：解衣耕謂之襄。」按字亦作裮。《廣雅・釋訓》：「裮被，不帶也。」今俗謂披衣不帶爲裮。《玉篇》裮音昌。今則轉音昌上聲。

揾　《説文》：「揾，没也。」《廣韻》：「揾抐，按物水中也。」壽縣及舒城均謂以衣布按入染料中爲揾，音門之陰平聲。

手帤子　《新方言》曰：「《説文》：『巾，配巾也。』『帤，巾帤也。』帤音女余切。今人謂巾曰手巾，亦曰手帤兒。魚模轉麻，讀帤爲女加切，或讀入聲如搦。女白切。帤之言搦也。」以上章説。按今安慶呼爲手帤子，帤讀如捏。

背搭　安慶謂背心爲背搭。按《客方言》云：「搭者，當之聲轉。《儀禮・鄉射禮記》『韋當』注：『直心背之衣曰當，背搭者，背當也。』謂當乎其背也。當與搭雙聲。」

套褲 《說文》：「絝，脛衣也。」按今俗謂之套褲。

編子 《廣雅·釋器》：「編，條也。」《倉頡篇》：「編，文織也。」按今俗亦謂之編子，其有牙者，壽縣謂之狗牙編子。

圍嘴 《方言》：「襦袼謂之福。」郭注：「小兒次衣也。」按小兒次衣，俗謂之圍嘴。

草鞋綀子 《說文》：「緉，絞也。」字亦作綀。《方言》：「緉、綀，絞也。」注云：「履中絞也。」今壽縣、舒城之間謂以細麻索作草鞋絞絡曰草鞋綀子。

袥肩 王氏《通俗文》曰：袥肩，衣領也。以上王說。按《廣韻》：「袥，開衣領也。他各切。」

下襬 安慶謂衣邊曰下襬。按《說文》：「裔，衣裾也。」朱駿聲本云：「衣末邊也。下襬之襬，當即裔之轉音。」《廣韻》襬，彼爲切。故音與裔近，惟俗音則轉如襬耳。

筒絹 《通藝録》曰：「絹以生絲爲之，體硬，亦可卷爲筒。」今俗猶呼筒絹，余疑《蜀都賦》「黃潤比筒」蓋即綃也〔一〕。

褻子 桐城方以智《通雅》曰：「《方言》：『江淮曰褋，關東西曰襌衫。』今吾鄉謂之褻子。」

饞袷 又曰：「《禮記》『曲袷』注謂：『方領也。』疏曰：『如今擁咽，若小兒衣領，但方折

〔一〕綃：疑爲「絹」之誤。

之。』宋曰涎衣。俗名𩞄袷。」

蓋頭　又曰：「《儀禮·士昏禮》『加景』注云：『景之制如明衣，加之以行道御塵。』智謂非禦塵，以爲蔽也。北齊納后禮有所謂加幜去幜，即此字。今俗親迎，羃其首曰蓋頭。」

炫紅　《新方言》曰：「炫，耀也。淮南、浙西謂明赤曰炫紅。」

黇黃　《説文》：「黇，黄黑色也。」《廣雅》：「䵒、黇，黄也。」曹憲音䵒，齒善切；黇，他丸切。今壽縣謂淺黃色曰黇黃色，黇讀若膽。

黑　阜陽讀黑如血之陰平聲，潁上則讀如本字之陰平聲。

樣子　《涇縣方言考證》曰：範物爲式曰樣子。按《説文》：「樣，栩實也。」即橡之正字。段玉裁云：「今人用爲式樣字，像之假借也。」

物事　歙縣呼物爲物事，音如冒事。

黃黃　壽縣呼玩具爲黃黃。按名爲黃黃者，蓋指其色澤而言也。

小買賣　鳳陽謂玩具爲小買賣。

督　黄承吉曰：「歙語謂凡物之尾皆曰督。」又曰：「歙縣謂底爲督，乃轉聲，實一聲也。」

捎　王氏《通俗文》曰：《漢書·趙皇后傳》注：「關東俗器物一再著漆者謂之捎漆。」捎音筲，又音稍去聲。捎即髹聲之轉。俗謂器再漆曰捎，音如照。

𢼊　《方言》六：「南楚之間器破而未離謂之𢼊。」《集韻》𢼊一作㪗。今江淮南之間謂竹木裂曰㩁。

座　《涇縣方言考證》曰：瓶及爐等物之底曰座，讀如坐之去聲。

碖　又曰：謂物之圓而匀者曰一碖。按《廣韻》慁韻：「碖，盧本切。大小匀貌。」

嵒　又曰：謂物之突兀不平曰嵒，或繁言之曰嵒起嵒嵒。按《説文》：「嵒，山多大石也。」是山之突兀不平爲嵒，方言假名詞爲動詞也。

轂轆渠　程瑶田《果蠃轉語記》曰：「車有轂有輪，合言之曰轂輪。輪又轉爲轆，今皆謂之車轂轆。自有轂轆之名，凡塊然者皆得謂之矣。吾徽呼物終葵首通曰轂轆渠。」

黴　《涇縣方言考證》曰：物生衣曰黴。按《説文》：「黴，中久雨而青黑也。」武悲切。《韻會》引徐鍇本作「物中久雨」。

桊　《説文》：「牛鼻環也。」按今壽縣猶謂之桊，涇縣則謂之鼻桊。

牛迅　黟縣謂牛鼻環爲牛迅。按《説文》：「牽，引前也。从牛，象引牛之縻，玄聲。」迅牽古音同部。牛迅之迅當即牽之假借。

稾薦　《新方言》曰：「《説文》：『荐，薦席也。』『薦，艸也。』通語稾秸之席曰草薦，揚州謂之稾薦。」以上章説。按今安慶謂之草薦，壽縣則謂之稾薦。

草約　《新方言》曰：「《説文》：『約，纏束也。』江寧謂以草索束物爲草約，約讀如要古音。約如要，《釋名》：『要，約也。』鄧廷楨説。」以上章説。按今壽縣亦謂草索束物爲草約。

釋飲食

喫天光　《黟縣志》曰：「曉餐曰喫天光，謂天初明也。天光時喫，反其義云然。」

碓飯　又曰：「午飯曰碓飯。碓即舂，取日下舂義。亦曰喫舂飯，或作中。」

鐌飯　《説文》：「鐌，晝食也。」今壽縣謂午飯曰鐌飯，鐌讀時掌切。

吃當晝　休寧人謂吃午飯爲吃當晝，當讀如刀，晝讀如低又切。

吃黄昏　休寧人謂吃晚飯爲吃黄昏，音如吃無分。

啜　《新方言》曰：「《説文》：『啜，嘗也。』今北方謂食之爲尺，尺即啜字。」以上章説。按壽縣或謂食爲弛，由尺而轉爲平聲也。

吃餂　又曰：「《説文》：『餂，噍聲。』古活切。淮南謂會食曰吃餂，獨食曰啗餂。」

齦　又曰：「《説文》：『齦，齧也。』康很切。今人謂噬剛物曰齦。」

啗　《説文》：「啗，食也。」壽縣謂以就食曰啗，轉音諳上聲。

絮　《廬州府志》曰：「合肥人稱以物入口咀吮曰絮。絮猶調也。」以上《府志》説。按《説文》：「絮，敝緜也。」朱駿聲曰：「假借爲挐。《曲禮》注：『絮猶調也。』紛挐攪和之意。」蓋朱氏以絮爲挐之假借。今考《説文》：「咀，含味也。」絮咀音近，則絮乃咀之假借字。

噆　《説文》：「噆，嗛也。」「嗛，口有所銜也。」今涇縣謂咀嚼曰噆，音如帀。《廣韻》噆，子答切，正與涇縣之音相合。見《涇縣方言考證》。

䶒嘴　《説文》：「䶒，口滿食也。」丁滑切。口滿食，口舌必動而有聲，故涇縣謂食物有味口舌鼓動有聲曰䶒嘴。同上。

饞　《説文》：「饞，小啐也。」「啐，小歓也。」是饞有嘗之義。今俗謂見食物欲取而嘗之曰饞。同上。

打尖　《説文》：「鑯，嚵也。」朱駿聲曰：「小小食也。」俗謂長途旅行中途休息曰打尖。尖蓋鑯字。

長飯　《漢書·嚴安傳》：「壤長地進。」注：「長，進益也。」今壽縣謂添飯曰長飯，又轉音壯。

𡳐　《説文》：「𡳐，滑也。一曰取也。」壽縣謂以箸取菜曰𡳐，音如刀。

箝　籋　《今雅》曰：《説文》：「箝，籋也。」巨淹切。按箝，脅持也，以竹脅持之，故曰箝。又籋下云「箝也」，尼輒切。按籋，夾取之器也。今荆楚吴越之間謂以箸夾取食物曰箝，淮泗汝潁之間曰籋。

梜菜　《黟縣志》曰：「以箸奉菜與人曰梜菜。謂羹之有菜者用梜，其無菜者不用梜。」

㴸　《新方言》曰：「《説文》：『㴸，飲也。』緜婢切。今人謂小歠曰㴸。《周禮》杜子春注讀㴸爲泯。㴸泯雙聲，故浙江亦謂㴸爲泯。」以上章説。按今安徽通謂小飲爲泯。

欱　《説文》：「欱，歠也。」今俗通謂飲爲欱，俗作喝。

欶　《通俗雜纂》曰：《説文》：「欶，吮也。」安慶俗語謂含吸食物曰欶，色捉切。以上陳説。按壽縣謂小兒吸乳爲欶。

嚌　又曰：嚌，《説文》：「嘗也。」又《廣雅》：「啐，嘗也。」嚌至齒，啐入口。今桐城土語謂人獨持壺酒欶飲曰嚌，音如霽，亦即啐也。

寫　又曰：寫，置物也。引申爲除也，傳也。湘俗謂茶酒自壺寫出曰寫茶、寫酒。以上陳説。按淮南北亦有寫酒之言，讀如本音。

噄　《説文》：「噄，食辛噄也。」《玉篇》：「大啜曰噄。」今涇縣謂大口食物質稀而流者曰噄，如粥、如湯、如茶酒皆曰噄，音如熇。見《涇縣方言考證》。

開水　《説文》：「涫，灊也。」俗謂水灊曰滾，即涫字。章氏《新方言》已證明之矣。其或謂之開水者，開亦即涫字，開滾旁紐雙聲也。

酒漊子　《新方言》曰：「《説文》：『汝南謂飲酒習之不醉爲漊。』力注切。今淮西謂嗜酒無厭爲酒漊子。」

濃　《廣韻》鍾韻：「濃，厚也。女容切。」俗謂汁厚曰濃。今涇縣説話之音同，《廣韻》讀書則改爲力鍾切如龍矣。

飲湯　王氏《通俗文》云：酏，今俗謂飲湯。

觓　《説文》：「觓，治魚也。」《廣雅・釋詁》：「觓，割也。」今壽縣謂破魚曰觓，讀若池。

鏖　《新方言》曰：「《説文》：『鏖，温器也。』於刀切。今淮南謂煮菜爲鏖菜。」以上章説。按涇縣又謂煮飯曰鏖飯，見《涇縣方言考證》。

煦　又曰：「《説文》：『煦，烝也。』《方言》：『煦，乾也。』今淮南謂以濕餅承火爲煦，音如呼。」

鮺　又曰：「《説文》：『鮺，藏魚也。』側下切。字亦作鮓。淮南言鮺如字。」

菹　又曰：「《釋名》：『菹，阻也，生釀之遂使阻於寒温之間不得爛也。』《廣雅》：『醃，菹也。』今人治菜作菹謂之醃，亦謂之將。淮南謂生醃蘆菔爲將蘆菔，菹蟹爲將蟹。將即菹字，將且雙聲相轉。菹之爲將，猶蕰之爲醬。」

烝　《説文》：「烝，火氣上行也。」俗謂烝菜曰烝，讀本音。壽縣謂破鷄卵於飯上烝之，則轉音鄧。

炙肉　《涇縣方言考證》曰：烝肉曰炙肉，音如鷓鴣。按《説文》：「炙，炮肉也。」之夜切，又之石切。

燅　又曰：以肉或菜内湯中而熟之曰燅。按《説文》炎部：「燅，於湯中爚肉也。从炎，从熱省。」徐炎切。《玉篇》：「⿰月習〔一〕，瀹也，生熟半也。」燅肉即生熟半之肉。今人音譌爲川。而

〔一〕⿰月習：原誤作「臞」。據《玉篇》改。

川湯肉即以川字當之，莫知其正字矣。

華開　《黟縣志》曰：「凡果瓜分以與人曰華開，讀若劃。《禮》：『削瓜爲國君者華之。』胡瓜切。黟乃轉入聲。」

婆名　又曰：「殺鷄爲婆名，言以婆爲名而自享其成。」

噴豆芽　朱仲我曰：黟人謂種豆芽曰噴豆芽，蓋即墣字。《説文》：「墣，種也。一曰内其中。」墣讀如鲞。

雜和韲　《説文》：「韲，墜也。」或作齏。劉熙《釋名》：「齏，濟也，與諸味相濟成也。」今壽縣謂雜和羣菜於一器中曰雜和韲。

安樂菜　壽縣呼馬齒莧爲安樂菜。

太平菜　壽合途中旅店呼辣椒爲太平菜。

賺頭　食店中呼舌頭爲賺頭，蓋以舌殺音近，諱言其殺本也。

穀侖塊　程瑶田《果蠃轉語記》曰：「吾徽諺語，切魚肉成厚塊，不藿葉切者〔一〕，謂之穀侖塊，余謂即囫圇也。」

鮓肉　《釋名》：「鮓，菹也，以鹽米釀魚以爲菹，熟而食之也。」《廣韻》側下切。今壽縣謂

〔一〕葉：原脱，據《果蠃轉語記》補。

粉烝肉爲鲊肉，蓋由原義而引申也。

血衁　《説文》：「衁，血也。」《左傳》僖十五年：「士刲羊，亦無衁也。」《廣韻》衁，呼光切，音荒。今俗通稱血爲血衁，衁讀荒去聲。

肉　《説文》：「肉，胾肉。象形。」《廣韻》如六切。今俗通讀肉爲如授切。按《爾雅·釋器》：「肉倍好謂之璧。」釋文：「肉如字。又如授切。」是肉字原有如授切一音矣。

板油　俗謂肪爲板油。按《客方言》曰：「肪从方，古無輕脣，方讀如謗。板與謗雙聲，則猪板即猪肪之轉。」

花油　安慶謂油之薄而花者而花油〔一〕。

稀飯　壽縣呼粥爲稀飯。

靠山子　壽合途中旅店呼鍋檗爲靠山子。

飯粘　俗謂飯粒爲飯粘，音如年。按《客方言》曰：「《説文》：『糂，一曰粒也。』桑感切。古文作糝。《釋名》：『糝，粘也，相粘黏也。』則以飯糝爲飯粘，名義亦甚正。」

閉飯　朱仲我曰：黟人謂閉飯喫或言油閉飯〔二〕，當爲饙字，讀爲賁卦之賁。《説文》：「饙，滫飯也。」

〔一〕下「而」字似爲「曰」之誤。

〔二〕「閉」下原衍「口」字，據民國《黟縣四志》删。

米糷　《通俗雜纂》曰：《廣韻》：「糷，飯相著。」〔一〕引《爾雅》「摶者謂之糷」。今安慶呼米粉爲米糷。

餬餬　又曰：餬，饘也。今安慶謂米粉調熟充食曰餬餬。

粑　《語故》曰：吾鄉食品有一特殊之名，以粉作成平圓形，其邊稍殺，音如巴，俗書粑，字書所無，蓋即霸字，由月霸之義引申而出。

春捲　王氏《通俗文》曰：春繭，蠶吐絲成繭也。今茶館以麥麪捍成薄皮，坎其中，實以雜菜，捻爲扁形麪具，油煠供食，謂之春繭子。俗訛爲春捲子。

檜腿　又云：秦檜冤殺岳飛，後人思食其肉而不得，以麥麪搓爲長條，油煠食之，呼爲檜腿。俗訛爲鬼腿。

連展　《潁上志》曰：「麥未熟爲食曰連展。」

饅頭　屑麪發酵蒸熟隆起成圓形者，江淮間通謂之饅頭。按束晳《餅賦》云：「三春之初，陰陽交至。於時宴享，則饅頭宜設。」《事物紀原》云：「諸葛亮南征，土俗殺人祭神。亮令以羊豕代，取麪畫人頭祭之。饅頭名始此。」《七修類稿》謂：「本名蠻頭，音轉訛爲饅頭也。」

饆饠　《酉陽雜俎》曰：「韓約能作櫻桃饆饠，其色不變。」《資暇集》云：「蕃中畢氏羅氏好

〔一〕飯：原脱，據《廣韻》補。

食此味，後加食旁也。」按畢羅合音爲波，故順天呼波波。北平呼饆饠，則以疊韻而轉音。今江淮間通稱饅頭之别名爲饆饠。

包子　饅頭之有餡者，江淮間通稱包子。其以糖者爲糖包子，以肉者曰肉包子。

蒸捲子　壽縣之東南鄉呼饅頭之長而方者曰蒸捲子。按蒸捲原指饅頭之捲者，蓋安慶之所謂花捲也，寖假而移稱於其長方者。

海沙　歙縣城内謂鹽爲海沙。

撮子　休寧人謂鹽爲撮子〔一〕。

餳　黄生《字詁》曰：「《釋名》：『餳，洋也，煮米消爛之，洋洋然也。』據此，則餳當音洋。鄭注《周禮》：『簫，如今賣飴餳所吹者。』疏：『音辭盈切。』《説文》譌从易作鍚。孫氏徐盈切。餳字無論从易从昜，皆不可爲徐盈切。今世尚有此物正呼爲徐盈切，當是漢世自讀如洋，至唐以後始訛轉其音耳。」

鏡面燒　《通雅》曰：「燒酒之法，自元始有。今廬州有鏡面燒。」

汏　《説文》：「汏，淅灡也。」代何切，又徒蓋切。今涇縣謂淅米曰汏。

淘米　《説文》：「滌，洒也。从水條聲。」《東京賦》「滌饕餮之貪慾」注：「滌，蕩去也。」今

〔一〕謂：原誤作「爲」。

俗謂淅米曰淘，即滌之後起字。

瀝　《説文》：「瀝，浚也。」今涇縣謂淘米去水曰瀝。見《涇縣方言考證》。

米泔水　《説文》泔下云：「周謂潘曰泔。」今涇縣謂淘米之水曰米泔水。同上。

潲水　《廣韻》：「潲，豕食。」《廣雅》：「潲，滫也。」今俗謂食餘及洗鍋之水貯以供豕食者曰潲水。

火𤎸　《通藝録》曰：「《方言》云：『熬、𦤎、煎、𤎸，乾也。凡以火乾五穀之類，自山而東，齊楚以往，謂之熬；關西隴冀以往，謂之𤎸。』今吾歙南鄉高山藝粟豐年，穫之積如坻京，不得日曝，則爲竈火乾之，俚諺呼火𤎸也。」

米蓬　又曰：「後鄭從司農説熬麥曰䵄。」又曰：「今河間以北，煮穜麥賣之，名曰逢與。《説文》所謂『䵄，煮麥。讀若馮』者，蓋今南方蒸粳米爲飯，曝乾鬻之，呼爲米蓬。殆逢音之轉與？」

噎　《説文》：「噎，飯窒也。」烏結切。今涇縣無論氣窒、食窒皆謂之噎。間有謂之哽者，惟不如噎之一語通行耳。見《涇縣方言考證》。

釋天

虹　《新方言》曰：「《爾雅》：『螮蝀謂之雩。螮蝀，虹也。』《廣韻》虹入四絳古巷切下。今直隸、山東及淮南北正作是音。」以上章説。按涇縣亦讀古巷切，見《涇縣方言考證》。

團　懷寧西鄉、桐城東鄉呼虹爲團。按《白虎通》曰：「天弓，虹也。」《通雅》曰：「虹本圓形〔一〕，半在地者不見。」然則其名團者，蓋以其形言之。

閃　服虔注司馬相如《大人賦》云：「列缺，天閃也。」今俗猶呼電光爲閃。休寧則呼閃閃，歙縣則呼熱閃。

閃霍　《海賦》注：「閃，暫見之貌。」《甘泉賦》注：「霍，疾貌。」閃霍二字，意義相近。顧雲詩：「金蛇飛狀霍閃過。」以霍閃狀電光之疾。今懷寧、太湖謂電光曰閃霍，音轉如扯和。

𥗲磹　《廣韻》掭韻：「𥗲磹〔二〕，電光也。」𥗲，他念切。磹，徒念切。今涇縣謂電光曰𥗲磹，惟他念切之音略變如綫耳。

熱頭　壽縣呼太陽爲熱頭。

月亮　俗呼月爲月亮。

月霸　《語故》曰：《説文》：「霸，月始生霸然也。」〔三〕今俗語稱月爲月霸，音變平如巴，又累言之曰月霸霸。

風圈　蘇洵文：「月暈而風。」今壽縣月暈爲風圈。

〔一〕形：原誤作「者」，據《通雅》改。
〔二〕𥗲磹：原誤作「磹𥗲」，據《廣韻》改。
〔三〕下「霸」字原誤作「霸霸」，據《説文解字》改。

星宿　《廣韻》：「宿，星宿也。息救切。」今涇縣讀星宿之宿爲息救切，壽縣俗讀與宿止之宿同音。

牛郎　壽縣呼牽牛星爲牛郎。

天光曉　《黟縣志》曰：「啓明，東方宿，黟謂之天光曉。」

落昏曉　又曰：「長庚，西方宿，黟謂之落昏曉。」

擔鼓星　《通雅》曰：「河鼓三星，見《天官》。《説文》引何鼓是荷負也，故俗名擔鼓星。」

雲彩　俗呼雲爲雲彩。

濛濛雨　《説文》：「濛，微雨也。」《詩·東山》「零雨其濛」傳：「雨貌。」壽縣謂微雨曰濛濛雨。

瀑雨　《涇縣方言考證》曰：夏日驟雨曰瀑雨。按《説文》：「瀑，疾雨也。」《廣韻》莫報切。

雨毛叢　朱仲我曰：《説文》：「霂，小雨也。」按讀若叢。黟人謂微雨曰雨毛叢，即霂字。

雨毛斯　又曰：《説文》：「霹，小雨財雾也。讀若斯。」黟人謂微雨又曰雨毛斯，即霹字。

滕子　《新方言》曰：「《説文》：『滕，仌出也。《詩》曰：納於滕陰。』或作凌。力膺切。華山之陽、漢中保寧謂雹及霰皆曰凌子，讀上聲。」以上章説。按壽縣亦謂之凌子，凌讀若冷。

颭拉颭　朱仲我曰：《説文》風部：「颭，大風也。」按讀若胃。黟人謂大風之聲曰颭拉颭。

瞢瞢光　《周禮·眡祲》：「六曰瞢。」司農注：「日月瞢瞢無光也。」今黟縣謂昧爽曰瞢瞢光，瞢讀平聲。

餘午　《説文》：「餘，晝食也。」晝食多在午時，故引申爲中午之意。通作晌。今壽縣謂午時爲餘午，或曰中餘。又謂午前一二小時爲小餘午。

下晝　《新方言》曰：「今淮西謂日昃時爲下晝。」

晏　《涇縣方言考證》曰：天晚曰晏，讀若暗。按《説文》：「晏，天清也。」無天晚義。旰，晚也，从日干聲。天晚字當用旰。

才個　壽縣謂前日或謁如才個，蓋才前雙聲也。

夜昨　阜陽人謂昨夜爲夜昨，惟讀昨如哥之陽平聲。

今日　六安人謂今日爲皆個，無爲人則呼爲高，蓋皆高均今一聲之轉也。

麻個　六安人謂明日爲麻個，無爲人亦謂爲麻，蓋麻明雙聲也。

號個　六安人謂後日爲號個，無爲人亦謂爲號，蓋號後雙聲也。

大後天　後日之次日，壽縣謂之大後天。

外後天　後日之次日，安慶謂之外後天。

將才　《説文》：「鼏，不久也。」「才，木初生也。」俗謂不久之前曰將才。將即鼏之轉音。

噯　《廬州府志》曰：「合肥人謂天氣炎燠曰噯。《玉篇》：『於蓋切。噯氣也。』」

釋地

岡　《新方言》曰：「《爾雅》：『山脊，岡。』今廬州謂山脊曰岡，讀如字。」

山　望江人謂山爲賒，蓋以山賒雙聲而轉也。

孤堆　壽縣謂土丘爲孤堆。按孤當爲岡之轉音。蓋孤岡雙聲且模唐對轉。堆，《説文》作自，小阜也。

棧　朱仲我曰：黟人謂險峻曰棧，有羊棧嶺，即棧字。《説文》：「棧，尤高也。」

墩　《涇縣方言考證》曰：土堆曰墩。按《爾雅·釋丘》：「丘一成爲敦丘。」郝懿行曰：「敦之言堆也。」敦訓爲厚，厚重義近。《廣韻》：「墩，他昆切。平地有堆也。」

碪砌　又曰：高於平地可登者曰磡砌，以石曰石磡。按《廣韻》勘韻：「磡，苦紺切。巖崖之下也。」

畈　又曰：平田曰畈。按《廣韻》：「畈，田阪也。」讀反之去聲。

窨礦　又曰：築墓而未葬者曰窨礦。按《説文》：「窨，地室也。从穴音聲。」窨礦之義，即由此引申。

墳煙　壽縣謂墳墓爲墳煙。按《聲類》：「峴，山嶺小高也。」墳煙之煙，蓋即峴之轉音。峴之爲墳，猶帝王墓之稱邱陵也。

黄泥疆子　《禮記·月令》：「可以美土疆。」注：「强檗之地。」今舒城謂黄土爲黄泥疆子，疆轉音講。

騂土　《周禮・草人》〔一〕：「彊騂用蕡。」注：「彊，堅者。」騂者，堅之假借。今舒城謂磽确不生五穀之地黄者曰黄騂土，白者曰白馬騂，黑者曰黑馬騂。

石頭碣子　《説文》：「碣，石地惡也。」《廣韻》下革切。舒城謂地多堅石爲石頭碣子，轉音客。

甴甶　鮮卑謂土爲拓，謂后爲跋，北魏自稱黄帝苗裔。黄帝以土德王，因以拓跋爲氏。今壽縣、潁上、舒城均謂土塊爲渣巴，實即拓跋之轉音，俗作甴甶。甴本音塊，而甶則本無其字也。

平場　《説文》：「場，祭神道也。」《漢書・郊祀志》注：「平地爲場。」潁上謂平地爲場，壽縣謂平地爲平場，均轉音如易。

坷唐　《潁上志》曰：「微凹積水曰坷唐。」以上《潁上志》。按坷，坎坷也。《孟子》：「盈科而後進。」科，坎也。唐，本字當作塘。

水垈　《周禮・獻人》注：「水堰。」按謂築土以壅水也。偃壅一聲之轉。沈約詩：「東出千金堰。」字變作堰。今舒城謂築土壅水曰水垈，音又轉如薦矣。

〔一〕禮：原誤作「禱」。

堤堨　《黟縣志》曰：「提閼即堤堨。字見《漢書·召信臣傳》：『起水門提閼。』師古曰：『閼，所以壅水。音一曷反。』其他碑板文字亦有用遏字者。遏，止也，與壅義同。」

畕田　王氏《通俗文》曰：《説文》：「畕，比田也。从二田。」音薑。今俗謂二田頭相連者曰畕田。

田埂　《説文》：「畺，界也。」俗謂田界爲田埂，即畺之轉音。畺聲、更聲古音相同也。

水　阜陽讀水爲匪。

澗溝　《通俗雜纂》曰：澗，山夾水也。安慶鄉中謂大溪曰澗溝。

活水溝　壽縣謂田間小溪曰活水溝，活讀如花。

起蛟　《方言》：「泡，盛也。」今通謂大水忽至曰起蛟。蛟即泡之轉音。

湯　《廣雅·釋詁》：「湯湯，流也。」今壽縣謂水流曰湯，讀湯上聲。

田沖　《語故》曰：《説文》：「沖，涌摇也。」今謂水急流曰沖。又通盅。盅，《説文》：「器虚也。」俗稱田畈之低處曰田沖，亦曰沖田。

嵅　又曰：《廣韻》：「嵅，大壑。」今俗謂叢山中窊處曰山嵅，音如洪去聲。

豅　又曰：《説文》：「豅，大長谷也。」《廣韻》：「竉，孔竉。力董切。」竉，豅之字變，而音又異耳。俗謂山洞曰竉。

汪水　又曰：《説文》：「汪，深廣也。一曰池也。」今俗謂地有水停蓄不流曰汪水。

釋植物

王瓜 《禮記·月令》：「孟夏之月，王瓜生。」按王瓜，舊有多説，今通以夏開白花，實橢圓而長者爲王瓜。皖俗則轉音如黄瓜。

北瓜 南瓜，安慶呼爲北瓜。按南瓜以出於南番故名，今呼爲北瓜，殊失其本矣。青陽亦呼爲北瓜，北讀如筆。

方瓜 桐城人呼南瓜爲方瓜。按方瓜者，番瓜之轉音。曹赤霞説。

郎瓜 休寧呼南瓜爲郎瓜，南郎一聲之轉也。

香瓜 小瓜 瓜之小而甘者，皖俗通呼爲香瓜。壽縣或呼爲小瓜。

麻瓟 《爾雅》：「瓞，瓟。其紹瓞。」段注《説文》云：「瓞瓟者，一種艸結小瓜名瓞，即瓟瓜也。」按今壽縣呼艸之結小瓜者爲麻瓟，音轉如馬庖。

結丩 朱孔彰曰：「《説文》：『丩，瓜瓠結丩起。象形。』丩，居虯切。黟人謂藤上生瓜多曰結毬，音近丩。」

花生 《物理小識》：「番豆名落花生。」按落花生，今俗通呼爲花生。

地栗 葧薺，今江淮間通呼爲地栗，蓋謂其形如栗而生於地也。

必薺 王氏《廣雅疏證》曰：「凫茨，俗所謂蒲薺，或謂之必薺。」按壽縣間有呼爲必薺者，蓋蒲必雙聲也。

水莎　《本草綱目》曰：「香附水，淮南名水莎。」

荇菜　《本草綱目》曰：「荇菜，池人謂之莕公鬚，淮人謂之靨子菜。」

楚葵　《本草圖經》曰：「紫堇，淮南名楚葵。」

蒲公英　《本草綱目》曰：「蒲公英，淮人謂之曰鼓釘。」按今壽縣謂之黄花菜。

王不留行　王不留行，壽縣呼爲公鷄翼，蓋謂其形如公鷄之翼也。

藼艸　《説文》：「藼，令人忘憂草也。」按藼艸通稱金針菜，壽縣則轉音爲金金菜。

車前　車前草，壽縣呼猪耳朵科。

魚腥草　《説文》：「蕺，菜也。」段玉裁注云：「即今魚腥草也。凶年人掘食之。」按今江淮間亦呼爲魚腥草。

萵苣　萵苣，今江淮間通呼爲萵笋。按名爲笋者，蓋謂其形如竹之笋也。

茄　《本草》：「茄，一名落蘇。」《廣韻》茄，逑迦切。今江淮間通稱茄如ㄑㄩㄝ之陽平聲。

芥菜　芥菜，壽縣呼爲辣菜。

菘　菘菜，通稱青菜。壽縣或呼爲白菜。

馬齒菜　《神農本草》：「莧實，一名馬莧。」陶隱居注云：「今馬莧别一種，布地生，實至微細，俗呼爲馬齒莧。亦可食，小酸，恐非莧實也。」按馬齒莧，今江淮間通稱爲馬齒菜，齒轉音矢。

茅尾　程瑶田《通藝録》曰：「茅短者不過一二尺，秀於三月，一莖秀只一條，小兒采食之。吾歙呼茅尾，讀若米。」

荻芒　又曰：「菅小者，五月秀，初色紫，後漸白，每莖末其秀疏散，多者數十條。歙人謂人荻芒。」

蘆芒　又曰：「菅大者，八月始秀，每莖末十餘節，每節爲小莖數十。歙人謂之蘆芒。」

狗尾草　《通藝録》曰：「莠亂禾粟之草，一本或數莖，多至五六穗，穗多芒，類狗尾，俗呼狗尾草。」

茭筍　又曰：「吾歙業茭塘者云，茭草有牝牡之異，根成菌者俗呼茭筍。其草不抽莖，不秀不實，根不成菌者爲牡；秋末抽莖，吐秀結實以生穀者爲牡。」

一丈紅　又曰：「葵類之大者名蜀葵，俗呼一丈紅。」

拖泥穀　又曰：「黑穀俗謂之拖泥穀。」

黄粱　高粱　又曰：「俗粱，黍曰黄粱，稷曰高粱，皆不可爲典要。」

秫秫　又曰：「稷黏者爲秫，北方謂之高粱，或謂之紅粱，通謂之秫秫。」以上程説。《説文》：「秫，稷之黏者也。」朱駿聲曰：「今北地謂高粱之黏者爲秫。秫，蓋古語也。」按今江淮間通稱稷爲秫，秫其黏者則曰黏秫秫。

秫稭　江淮間通稱秫稈爲秫稭。按《説文》：「稭，禾稾去其皮者。」故稷稈謂之秫稭。

秔稻　《聲類》：「秔，不黏稻也。」「稻，不黏者。」《説文》謂之稴。稴即俗云秈。陸德明：「秔，古行切。」讀入陽韻。今涇縣謂稻不黏曰秔，讀入陽韻。

粠　朱仲我曰：《説文》：「粠，陳臭米。」黟人言米變曰發紅，即粠字。

大豆　《爾雅》：「戎菽謂之荏菽。」《詩·生民》：「蓺之荏菽。」毛傳：「戎菽，荏菽也。」鄭箋：「戎菽，大豆也。」按大戎同，菽豆係古今名詞之不同。今江淮間亦通呼爲大豆。

六月黄　八月白　冬豆　《通藝録》曰：「南方大豆，有在春社前後下種，夏至時結莢。六月穫者，吾徽人呼爲六月黄；其八月穫者，爲八月白；冬月穫者，爲冬豆。」

飛來牡丹　《趙氏本草》曰：「一粒金丹，江南人呼飛來牡丹。」

扁豆　扁豆，壽縣之東南鄉或呼爲茶豆。

豇豆　《廣雅》：「胡豆，跭𨇾也。」《本草綱目》：「豇豆，一名跭𨇾，音絳雙。李時珍曰：此豆紅色居多，莢必雙生，故有豇跭𨇾之名。《廣雅》指爲胡豆，誤矣。」按江淮間通稱豇豆、豇跭𨇾。《説文》無。李時珍云「莢必雙生」，則其本字原應作雙矣。

玉蜀黍　壽縣呼玉蜀黍爲玉頭秫秫，蓋蜀頭古音同部。安慶則呼爲玉頭鷄。

芸　《通藝録》曰：「芸，俗呼七里香。」

粟稈　稻穰　豆箕　麥殼　《黟縣志》曰：「粟稈、稻穰、豆箕、麥殼皆應傳記，稻穰，湖南瀘溪則曰穀穰。」

白麻　《通藝録》曰：「余曾見涇縣鬻紵者云是白麻，謂苴枲之屬爲黄麻。」

百結　蘇詩施注曰：「江南人呼丁香爲百結。」

狗㜷子　《廣雅》：「枸乳，苦杞也。」王引之疏證曰：「《爾雅》：『杞，枸檵。』郭注：『今枸杞也。』枸與枸同。蘇頌《圖經》云：『俗謂之甜菜。』今世亦謂之甜菜〔一〕。初食味苦，苦杞之名起於此矣。」江淮間謂之狗㜷子。狗枸同聲。㜷即乳也。《玉篇》：「㜷，乳也。」

茅栗　《埤雅》曰：「江南有小栗謂之茅栗。人謂爲茅栗，誤。」按今皖俗亦呼爲茅栗。

馬棗　《新方言》曰：「古人於大物輒冠馬字。今淮南、山東謂大棗爲馬棗。」

白樸棗　又曰：「《説文》：『樸，棗也。』今自徽州以東，至於江南、浙江皆謂白棗爲白樸棗。樸讀裴遇切。」

板栗　栗，今通稱板栗。

栗跗　《説文》：「臚，皮也。」今舒城謂栗之殼斗曰栗跗，音如蒲，蓋即臚之轉音。

梗　《説文》：「梗，山枌榆，有朿。」古杏切。段玉裁曰：「引申爲柯莖骾刺之稱。」今涇縣謂樹枝曰梗，亦其引申之義，惟音讀古項切。涇縣讀杏爲項，故古項切亦即古杏切也。見《涇縣方言考證》。

〔一〕亦：原誤作「今」，據《廣雅疏證》改。

朿　《説文》：「朿，木芒。」《廣韻》寘韻：「朿，七賜切。」今通稱木芒曰朿。

柿　《説文》：「柿，削木朴也。」芳吠切。「朴，木皮也。」《集韻》蒲蓋切。今涇縣謂木皮曰柿，義同《説文》，音同《集韻》。見《涇縣方言考證》。

花孤毒　花骨朵　皖俗通稱花苞之未放者爲花孤毒，或曰花骨朵。按程瑶田《果蠃轉語記》曰：「《集韻》：『胍肜〔一〕，大腹貌。一曰椎之大者。』故俗謂杖頭大爲胍肜。余按胍肜音同孤都。今《集韻》曰椎曰杖頭，則花之初作苞也彷彿似之，後人依聲作字，遂屢易其文歟？」

勡　《説文》：「勡，勞也。」余制切。今涇縣謂果實未熟，傷於水旱自蔽而落曰勡。

覭髳　《爾雅·釋詁》：「覭髳，茀離也。」郭注：「謂草木之叢茸翳薈也。」釋文：「覭音陌。髳音蒙。」今舒城、壽縣謂樹及刺之成叢者曰刺覭髳子樹。覭髳子，音鋪龍子。

椄樹　《涇縣方言考證》曰：以彼樹之枝移在此樹曰椄樹。按《説文》：「椄，續木也。」《廣韻》：「椄，即葉切。接續木也。」據此知今字作接者，非是。

釋動物

犅牛　《説文》：「犅，特牛也。」「特，牛父也。」今壽縣謂牡牛爲犅，轉音堅。

㸺牛　《廣雅》：「㸺、牸、牝，雌也。」《集韻》㸺，式夜切。壽縣謂牝牛爲㸺，轉音沙。

〔一〕胍：原誤作「脈」，據《集韻》改。下同。

牸　《新方言》曰：「《史記・平準書》：『乘字牝者儐而不得聚會。』字變作牸。《廣雅》：『牸，雌也。』淮南謂牝牛爲牸牛。」

㸬　又曰：「《爾雅》郭璞注曰：『今青州呼犢爲㸬。』釋文音火口切〔一〕。古但作軥。《漢書・朱家傳》：『乘不過軥牛。』晉灼曰：『小牛也。』後變作㸬，亦作𤙖。今淮南北謂犢爲㸬，音如苟。」

犢　《説文》：「犢，牛子也。」今壽縣謂牛子爲牛犢子。

犍　《新方言》曰：「《方言》：『虔，殺也。』引申爲去陰。《通俗文》：『以刀去陰曰劇。』字變作犍。《廣雅》犍作犗。淮西、淮南皆謂去畜陰曰犍。」

豭　《説文》：「豭，牡豕也。」壽縣謂牡豕曰豭，轉音角。又謂牡豕之被奄者曰豭，轉音牙。又按《廣雅》：「豰，豭也。」蓋亦即豭之假借。

豚　《説文》：「豚，小豕也。」豚本小豕之稱，今壽縣則謂牝豕之被奄者爲豚。

削　又曰：「削，鞞也。一曰析也。」《漢書・禮樂志》注：「削謂有所刪去。」今壽縣謂劇猪曰削，轉音消。

亥　朱仲我曰：《説文》古文亥與豕同，黟屠肆中記賬曰亥幾斤。

〔一〕口：原誤作「后」，據《經典釋文》《新方言》改。

獶獅狗　舒城謂犬之多毛者爲獶獅狗。按《字林》：「獶，犬多毛也。」謂多毛爲獶，與《字林》合。

羅猎狗　《涇縣方言考證》曰：短腳狗曰𤞑猎狗。按《説文》犬部猈，薄蟹切，「短脛犬」。段玉裁云：「猈之爲言卑也，言𤞑猎也。」又按《廣韻》𤞑，薄蟹切；猎，苦駭切。揚子《方言》：「桂林人謂短爲𤞑猎。」

哈叭狗　《説文》：「猲，短喙犬也。」《廣韻》許竭切。壽縣謂犬之小者曰哈叭狗，蓋即猲猈狗之轉音。

猈　《説文》：「猈，短脛狗也。」《廣韻》薄蟹切。今潁上謂小犬曰猈，讀如巴。

猫女　陸繼輅《合肥學舍札記》曰：「廬州婦人呼牝猫爲猫女。」

郎猫　媄猫　《廬州府志》曰：「竔猫，牡曰郎猫，牝曰媄猫。媄音美，《説文》：『色好也。』〔一〕《六書統》：『少女也。』」

豾大狐　《廣雅·釋獸》：「豾，貍也。」按狐與貍一類而别。今壽縣謂圓耳者曰豾大狐。

黄鼠狼　《廣雅·釋獸》：「鼠狼，鼬。」王氏疏證曰：「鼬善捕鼠，故有鼠狼之名。今通呼黄鼠狼。」

〔一〕好：原誤作「美」，據《説文解字》改。

馬猴　《説文》：「爲，母猴也。」母猴者，獮猴也。字亦作沐。《漢書·項籍傳》「人謂楚人沐猴而冠」是也。今江淮間通稱馬猴。馬沐獮均係一聲之轉。

刺蝟　《爾雅》：「蝟，毛刺。」今江淮間呼蝟爲刺蝟。

隙虎　《新方言》曰：「《爾雅》：『蠑螈，蜥易；蝘蜓，守宫也。』今呼在壁者爲壁虎。」以上章説。按壽縣謂之隙虎，以其藏於壁隙中也。

蛇郎中　《方言》：「守宫，秦晉西夏謂之守宫，或謂之蠦蝘，或謂之刺易，其在澤中者謂之蜥蜴，南楚謂之蛇醫。」朱駿聲曰：「蛇醫，即蜥易之轉音。」按今安慶呼爲蛇郎中，又由蛇醫附會以生也。

老鴰子　王氏《通俗文》曰：俗呼烏鴉曰老鴰子，音如郭。

水老鴉　俗稱鸕鷀爲水老鴉。按《説文》：「鸕，鸕鷀也。」《字林》：「似鷀而黑，水鳥也。」朱駿聲曰：「今蘇俗謂之水老鴉，畜以捕魚。」

麻雀　壽縣呼麻雀爲麻秋子，蓋雀秋雙聲也。

喜鵲　《廣韻》：「䧿鵲，鵲也。」王引之曰：「今人通呼喜鵲。」按今壽縣或呼爲喜秋子。

鳻鳩　《方言》：「鶝鳩，自關而西，秦漢之間謂之鵴鳩，其大者謂之鳻鳩，其小者謂之鶝鳩。」郭注云：「音班。」《毛詩義疏》曰：「班鳩，桂陽人謂之班隹，項有繡文班然，故曰班鳩。」按今通呼班鳩。

火鳩　鳩之小而色赤者，壽縣呼爲火鳩子，鳩轉音求。

鵓鳩　陳慎登《果贏轉語記校語》曰〔一〕：「今懷寧、桐城人呼鵓鳩音如蒲鉤。」

夜猫　《爾雅》：「怪鴟。」郭注：「即鴟鵂。」王念孫《廣雅疏證》曰〔二〕：「怪鴟，頭似猫而夜飛，揚州人呼爲夜猫。」按今江淮間亦通呼夜猫。

猫頭鷹　怪鴟，俗又名猫頭鷹。按《客方言》曰：「此鳥頭似猫，大目，有毛角，故俗呼爲猫頭鳥。」客家呼爲猫頭鳥，與此呼爲猫頭鷹，其意一也。

鷂鷹　《説文》：「鷂，鷙鳥也。」《毛詩義疏》曰：「隼，鷂也。齊人或謂之雀鷹。」按今壽縣謂之鷂鷹。

瞬覩得　青陽南鄉及太平石埭之邊邑，均稱梟爲瞬覩得。瞬讀如寸。蓋此鳥夜中明察秋毫，故名瞬覩。其謂之得者，青陽之語詞，猶他處之言子也。

子規　《爾雅》：「巂周。」郭注：「子巂鳥。出蜀中。」按子巂今通作子規。壽縣呼爲子巂郎，音轉如詐呼郎。蓋詐古音租，與子雙聲，而呼巂亦係一聲之轉也。

雀子　雀，隹之小者也。壽縣則呼鳥類爲雀子，或曰鳥雀子。

蟲豸　《爾雅》：「有足謂之蟲，無足謂之豸。」今壽縣呼鳥類爲蟲豸，轉音翼。

〔一〕語：原誤作「説」。
〔二〕念孫：原誤作「引之」。

鷇《新方言》曰：「《説文》：『鷇，鳥子生哺者。』[一]口豆切。《魯語》曰：『鳥翼鷇卵。』池州、太平移以言卵，謂鷄卵曰鷇，音如吼。」

嗉《涇縣方言考證》曰：「羽屬受食物之處曰嗉。」按《爾雅》[二]：「亢鳥嚨，其粻嗉。」注：「嗉，受食之處。」《廣韻》桑故切。

毻毛　又曰：《方言》：「隋、毻，易也。」今淮南謂鳥獸易毛爲毻毛，蛇蟬之屬解皮則謂之蜕。毻蜕聲義相轉。

公《説文》：「雄，鳥父也。」今通稱禽獸之牡者爲公，即雄之轉音。

母《説文》：「雌，鳥母也。」「牝，畜母也。」《孟子》有五母鷄、二母彘之言，故今通稱禽獸之牝者爲母。

水《白虎通·五行》篇：「水者，陰也。」《淮南子·天文訓》：「陰氣爲水。」今壽縣呼牝獸爲水。如牝羊謂之水羊[三]，牝狗謂之水狗。

草鯇　王氏《通俗文》曰：鯇音混，魚名，俗呼草鯇。

鰲鰷魚　又曰：俗呼鰷魚曰鰲鰷魚。

[一] 鳥：原誤作「卵」，據《説文解字》改。

[二] 爾：原脱。

[三] 「謂之水羊」下衍「謂之水羊」四字，今删。

屎光皮　又曰：鮬音枯，小魚，俗呼屎光皮。

鮎魚　《廣雅》：「鮧、鯷，鮎也。」《爾雅翼》云：「鮧魚，偃額，兩目上陳，頭大尾小，身滑無鱗，謂之鮎魚，言其黏滑也。」按今江淮間亦通稱鮎魚。

黑魚　《廣雅》：「鱺，鰑也。」鱺一作鱧。王氏疏證曰：「今人謂之烏魚，首有班文，鱗細而黑，故名鱺魚。鱺之言驪也。」《説文》：「驪，馬深黑色。」按今江淮間通稱黑魚。黑與烏義同。《養魚經》曰：「黑魚者，鱧魚也。一名烏魚。」則黑魚之名，亦非自今始矣。

鯉魚　《爾雅》：「鯉，鱣。」舍人注云：「鯉一名鱣。」郭璞以爲二魚，云：「鯉，今赤鯉魚。」《楚辭·大招》：「鯪魚何所。」注云：「鯪魚，鯉也。」按今淮南北呼爲鯉魚，安慶則呼爲鯪魚，音如陵上聲，或讀如冷。

鯿魚　《爾雅》：「魴魾。」郭注：「江東呼魴魚爲鯿魚。」按今安慶亦呼爲鯿魚。

鱖魚　《説文》：「鱖，魚也。」按鱖魚亦名罽魚。鱖罽古音同部。今安慶呼爲鱖魚，壽縣則呼爲罽花魚。

鱴刀魚　《爾雅》：「鮤，鱴刀。」郭注：「今之鮆魚也。亦呼爲刀魚。」按今壽縣呼爲鱴刀魚，音如毛刀。

魚秧　《爾雅》：「鱦，小魚。」郭注：「今江東亦呼魚子未成者爲鱦。音繩。」《廣韻》鱦音猛。按鱦从黽聲，古音當讀如茫。今壽縣呼爲魚秧，秧即鱦之轉音。

麻蝦　今江淮間通呼蝦爲麻蝦。

泥鰌　《爾雅》：「鰼，鰌。」郭注：「今泥鰌。」按今江淮間亦通呼泥鰌。

烏龜　今江淮間通稱龜爲烏龜，以其色黑也。

腳魚　青魚　忘八　江淮間通稱鼈爲腳魚，或名青魚，又名忘八。

蛤互兒　《通俗雜纂》曰：蛤蚌之類。《周禮》謂之互物。安慶呼蚌蛤曰蛤互兒，音如刮骨。

蛤蜊　《説文》：「盒，蜃屬。」字亦作蛤。《淮南·道應》：「方倦龜殼，而食蛤梨。」注：「蛤梨，海蚌也。」按今作蛤蜊。壽縣猶呼蚌爲蛤蜊，音如該留。

癩呆疣子　《爾雅》：「鼀鼁，蟾諸。」郭注云：「似蝦蟆，居陸地。淮南謂之去蚥。」郝疏云：「詹諸大而黑黄色，其行遲緩，故名鼀鼁。鼀鼁，猶局蹙也。」按壽縣謂之癩呆疣子，或謂之癩呆。蓋詹諸皮上多痱磊，故曰癩曰疣；其行遲緩，故曰呆。

蝦蟆骨都　《爾雅》：「科斗，活東。」郭注：「蝦蟆子。」今壽縣呼爲蝦蟆骨都。骨科旁紐雙聲，都斗正紐雙聲也。

土虺蛇　《新方言》曰：「《説文》：『虫，一名蝮。』《爾雅》作虺。今自淮漢以南稱土虺蛇，亦云土骨蛇。骨借爲虺。虺聲骨聲同部。」以上章説。按壽縣又謂土公蛇。公骨雙聲也。

馬蟥　《説文》：「蛭，蟣也。」《本草》：「水蛭，一名蚑蒫。」宗奭云：「汴人謂大者爲馬鼈，腹黃者爲馬黃。」按今江淮間通呼馬蟥。

水蠆　《淮南子·齊俗訓》：「水蠆爲蟌。」注云：「蟌，青蛉也。」按水蠆蟲，今壽縣俗呼水飽蟲。

蜻蜓　《爾雅》：「虰蛵，負勞。」郭注：「即蜻蛉。」按今通呼蜻蜓〔一〕。壽縣呼爲星星，桐城則呼爲青青。

打田婆　蜻蜓之小而黑者，壽縣呼爲打田婆。按打从丁聲，古音與青同部。田蜓則雙聲，故打田實即蜻蜓之轉音。

螞蚱　壽縣呼阜螽爲螞蚱，安慶呼爲蚱蜢。按阜螽，郭注《爾雅》謂之虴蛨，《順天志》謂之蚱蜢，《固安志》謂之螞蚱，《方言》謂之蟅蟒。虴蛨、蚱蜢並蟅蟒之轉音〔二〕，而螞蚱則蟅蟒之倒稱也。

蟞蟧　《新方言》曰：「《方言》：『蟬其大者謂之蟧。』今直隸謂蟬即蟧，山東、淮南北謂之蟞蟧。」以上章說。按今俗轉音如遮留。

壁螔　又曰：「《爾雅》：『蚹蠃，螔蝓。』今通言蝸牛，淮南謂之壁螔，音如蹏。」

蠜　又曰：「《說文》：『蜚，臭蟲，負蠜也。』今淮南謂之蠜。」

〔一〕蜓：原作「艇」。
〔二〕蟅：原作「蚱」，據文義改。

蠤螋　《涇縣方言考證》曰：多足蟲曰蠤螋。按《説文》：「蠤，多足蟲也。」巨鳩切。蠤爲多足蟲，單呼曰蠤，累呼曰蠤螋，或曰肌求。蠤螋疊韻，肌求雙聲也。

蓑衣蟲　蠤螋，今通呼蓑衣蟲。

草鞋底　壽縣附郭一帶呼蠤螋爲草鞋底。

剜田狗　歙縣呼螻蛄爲剜田狗，見《通藝録》。

土狗　《方言》：「蛄詣謂之杜蛒，螻螲謂之螻蛄，南楚謂之杜狗。」按今通稱土狗。

皮匠　壽縣東南鄉呼螻蛄爲皮匠。

書魚子　《爾雅》：「白魚。」郭注：「衣書中蟲。」按書中蟲，今通稱書魚子。

烏蚤　桐城呼蚤爲烏蚤。

蓋蚤　《新方言》曰：「《楚辭・離騷》：『溘埃風余上征。』《九歌》：『盍將把兮瓊芳。』溘盍皆是發聲。今人舉物發聲言蓋，蝗曰蓋蜢，蚤曰蓋蚤〔一〕，音如古盍切。」

蟣子　《涇縣方言考證》曰：蝨子曰蟣子。按《説文》：「蟣，蝨子也。」居豨切。

蚊　涇縣讀蚊如門。按古無輕唇音，讀蚊如門正爲古音。

火螢蟲　《爾雅》：「螢火，即炤。」按螢火，今俗稱火螢蟲。此物名之倒呼者。客家語呼爲

〔一〕蚤：原脱，據《新方言》補。

火炎蟲，義亦同。炎螢雙聲也。

刀蜋　《爾雅》：「莫貈，蟷蜋蛑。」郭注：「螗蜋，有斧蟲，江東呼爲石蜋。」郝氏義疏曰：「今呼刀蜋，聲之轉也。」

趨趨　淮南俗呼蟋蟀爲趨趨。按《爾雅》：「蟋蟀，蛬。」郭注：「今促織也。」郝疏云：「今順天人謂之趨趨，即促織、蟋蟀之語聲相轉耳。」

推矢蝍蜋　《新方言》曰：「《爾雅》：『蛣蜣，蜣蜋。』《説文》作蜋。今淮南謂之推矢蝍蜋，以其轉糞也。」

金殼蜋　壽縣呼蜣蜋爲金殼蜋。

毛蟲　《説文》：「𧊒，毛蟲也。」按今俗亦呼爲毛蟲。

蠓蠓蟲　《爾雅》：「蠓，蠛蠓。」郭注云：「小蟲，似蜹，喜亂飛。」按今稱蠓蠓蟲。

窠　《小爾雅·廣獸》：「鷄雉所乳謂之窠。」今壽縣、潁上之間謂鷄孚卵曰孚窠，孚轉音報。又謂犬豕生子曰過窠。

蘭　《漢書·王莽傳》：「與牛馬同蘭。」師古曰：「蘭謂遮蘭之，若牛馬蘭圈。」今黟縣猶謂牛猪所棲之處爲牛蘭、猪蘭。

桀　《詩·君子於役》：「鷄棲於桀。」《爾雅》：「鷄棲於弋爲榤。」今壽縣謂鷄籠爲鷄架，架即桀之轉音。

嗾　《涇縣方言考證》曰：逐狗曰嗾，音同所。按《説文》：「嗾，使犬聲。」蘇奏切。《廣韻》蘇后切，音叟。所音即由叟而變也。

喓喓　又曰：呼狗聲爲喓喓。按《廣韻》：「喓喓，吴人呼狗聲。良遇切。」

嚖嚖　又曰：呼猪聲爲嚖嚖。按《集韻》：「嚖嚖，吴人呼猪聲。音魯。」

喌喌　《説文》：「喌，呼鷄重言之。」《廣韻》尤韻喌，呼鷄聲，職流切；又屋韻之六切，義同。今鳳陽呼鷄聲音如州州；涇縣呼鷄之音其聲長而舒者讀職流切，其聲短而急者讀之六切。壽縣則音如朱朱，朱喌雙聲也〔一〕。

䶑䶑　《潁上志》曰：「犬食曰䶑䶑。」按《説文》：「狧，犬食也。」他合切。䶑䶑者，蓋即狧長言之也。

犕　《涇縣方言考證》曰：服馬曰犕，音如備。按《説文》引《易》「犕牛乘馬」。錢氏坫曰：「今西北猶謂裝馬曰犕馬。」

鍊丹　《晉書・葛洪傳》：「從祖玄吴時學道得仙，號曰葛仙公，以其鍊丹秘術授弟子鄭隱。」按鍊丹者，道家之修，鍊丹藥也。今壽縣諱言獸類之交合，謂之鍊丹。

也把　《説文》：「也，女陰也。」按也聲與尾聲古通用，故魯公子尾字施父。今江淮間猶謂

〔一〕「喌」上「朱」字據文義補。

尾爲也把。

檮杌　《今雅》曰：《左傳》：「顓頊氏有不才子〔一〕，不可教誨，天下之民謂之檮杌。」又《周語》：「檮杌次於丕山。」朱傳俱以爲惡獸名檮。《唐韻》《集韻》並作徒刀切，亦有作直由切者。此唐以後故爲分別耳。其在古代，舀聲之字本在幽尤部，如恌之與偷，搯之與抽，其例不勝枚舉也。今南北通語「老檮杌來了」，爲恫嚇小兒語，檮讀直由切，宵幽旁轉也。孫毓筠説。

〔光緒〕續修廬州府志

【解題】黄雲等修，汪宗沂等纂。廬州府，轄境包括今安徽省合肥市區、巢湖市、廬江縣、舒城縣、無爲縣等地，府治在今合肥市。「方言」見卷八《風土志》中。録文據光緒十一年(一八八五)刻本《續修廬州府志》。

方言

袁枚《隨園詩話》：「古今聲音不同，淮南人呼母爲社。」《唐韻》：「江淮以韓爲何。」今皆無此音。

廬州人凡鵝鴨之血曰衁。《易》：「士刲羊，無血。」《左傳》：「士刲羊，無衁。」正義：「《易》言血，而此言衁，故杜知衁是血也。」廬州婦人呼牝猫爲猫女。陸繼輅《合肥學舍札記》。

〔一〕才：原誤作「孝」，據《左傳》改。

合肥人稱以物入口咀吮曰絮。絮猶調也。《曲禮》：「毋絮羹。」謂天氣炎燠曰嗄。《玉篇》：「烏蓋切〔一〕。嗄氣也。」泗水曰喫氽。氽，土墾切。《字林撮要》：「人在水上爲氽。」小兒曰犽𤵭。《集韻》音牙鴉。楊子《方言》：「吴人謂赤子曰犽𤵭。」〔二〕豣猫，牡曰郎猫〔三〕，牝曰媄猫。媄音美，《説文》：「色好也。」〔四〕媄又同。而《六書統》：「少女也。」

無爲人稱母曰阿姊。《正韻》：「姊，祖似切。同姊。」北齊太子稱生母爲姊姊。巢縣湖邊人謂頭曰頸。《集韻》：當侯切，音兜。《玉篇》：「頤頸，面折。」

〔同治〕潁上縣志

【解題】都寵錫等修，李道章等纂。潁上縣，今安徽省阜陽市潁上縣。「方言」見卷十二《雜志》中。有同治九年（一八七〇）刻本。録文據光緒四年（一八七八）補刻本《同治潁上縣志》。

〔一〕烏：原作「於」，據《玉篇》改。
〔二〕《方言》無此條，出《集韻》。
〔三〕牡：原誤作「牝」。
〔四〕好：原作「美」，據《説文解字》改。

方言

父曰達。母曰媽。螟蛉子曰皮兒。家私曰脾胃。巫祭曰打柳。地高平曰岡，廣平曰洋，下濕曰灣，微凹積水曰坷唐。土塊曰渣巴。碌碡曰石滾。承塵曰仰扇。餠曰烙鐪。麥未熟爲食曰連展。犬生曰過窩。小犬曰獔。讀如巴。犬食曰飴飴。馬負曰鞁。施鞍曰犕。聚處曰一託。手握曰攥。折曰抈。推曰揖。攬物曰格擷。讀如辣。齒齧曰猳齩，聲曰齣齝。應聲曰呋。細碎聲曰嗞喇。小語曰嗗吶。孟浪曰冒實。麤急曰謯譟。敗興曰猥猥。物弗帖曰支拉。整齊曰展挂。潔清曰淶瀞。不潔曰蝲蟽。在上曰高頭。剜裹曰劃。去滓曰準。漬物去水曰揵。剥取曰刮削。竹木裂曰皺。木去枝曰剥。鍼刺曰劖。

〔光緒〕續修舒城縣志

【解題】吕林鍾修，趙鳳詔等纂。舒城縣，今安徽省六安市舒城縣。「方言」見卷六《輿地志·風俗》中。録文據光緒三十三年（一九〇七）活字本《續修舒城縣志》。

方言

凡鵝鴨之血曰衁。《易》：「士刲羊，无血。」《左傳》：「士刲羊，无衁。」正義：「《易》言血，而此言衁，故杜知衁是血也。」婦人呼牝猫爲猫女。《陸繼輅學舍記》。

以物入口咀吮曰絮。絮，猶調也。《曲禮》：「毋絮羹。」泅水曰喫氽。氽，土墾切。《字林

撮要》：「人在水上爲氽。」小兒曰犽㹢，《集韻》音牙鴉。揚子《方言》：「吴人謂赤子曰犽㹢。」〔一〕

〔嘉慶〕蕪湖縣志

【解題】梁啓讓修，陳春華纂。蕪湖縣，今安徽省蕪湖市區。「方言」見卷一《風俗》中。有嘉慶十二年（一八〇七）刻本。録文據民國二年（一九一三）活字重印本《嘉慶蕪湖縣志》。

方言

邑有舊姓爲𠊱，土人謂之臭。王貽上《香祖筆記》云：近在部見爰書有𠊱姓，而不載字音。今字書有此字，音丑。或云本俞姓改爲𠊱。按《唐韻》《集韻》俞字並丑救切，抽去聲。《唐韻》漢人姓。鄭樵《通志·氏族略》俞氏音平聲，又吐溜切，云古有俞跗善醫，及漢有司徒掾俞連，前趙有俞容，唐天后時有俞文俊，今爲平聲之氏甚多，望出漢東河間。據此則俞氏自宋以前多有作臭音者。𠊱之與俞，音本合而體小異，其爲俞之改寫當屬可信。

縣境直西北有地，土人謂之姚家𣝗，音近綳去聲。按字書不載此，字音義俱無考。惟《史記·天官書》唐張守節正義云：「辰星，一名細極，一名鈎星，一名𣝗星。」亦不載音義。不知此

〔一〕《方言》無此條，出《集韻》。

地何以名此，疑誤也。舊聞老人云，元作浜。布耕切，音崩。考《集韻》浜，「安船溝也」。此地前後多溝池，或初時通大水可以納舟，此浜之所以名歟？《宋史》載蘇、湖、常、秀諸州秋冬旱涸，涇浜斷流。今吴越地多有此名，可以斷此地爲浜。

濱江地謂之邵家蕩。案，史傳多載水名爲蕩，如菱蕩、草蕩，皆指水言也。其陸地寬廣平易處亦曰蕩，《詩》「魯道有蕩」是也。蕪地有梅家蕩、魯家蕩，地皆空闊坦易，以名此之宜矣。若邵家蕩，係水旁沙灘，偏頗不平。《爾雅》云：「潬，音但。沙出。」郭注：「江東呼水中沙堆爲潬。」〔一〕《白孔六帖》載唐明皇詔張説製《河橋贊》樹於中潬之上，昌黎《此日足可惜》詩「中流上灘潬」，皆本《爾雅》「沙出」之義。今不曰潬而曰蕩，誤。

火神謂之南正。按，《國語》：「顓頊命南正重司天以屬神，命火正黎司地以屬民。」《史記》及《山海經注》皆同。《國語注》：「唐尚書云：『火當爲北。北，陰位也。』」應劭曰：「黎，陰官也。火，數二。二，地數也。故火正司地以屬萬民。」索隱曰：「《左傳》：『重爲勾芒，木正；黎爲祝融，火正。』重黎二人，元是木火之官，兼司天地之職。而天是陽，南是陽位；木亦是陽，所以木正爲南正也。火是地正，亦稱北正者。火，數二。二，地數也。地陰，主北方，故火正亦稱北正也。」自宋樂《出火祀》火之章有云：「孰儷厥德？聿惟南正。功楙陶唐〔二〕，澤流億姓。」竟

〔一〕江東：原作「河中」，據《爾雅注》改。
〔二〕楙：原誤作「樹」，據《出火祀》改。

以南正爲火神，沿其誤至今。

俗賽會爲火部前驅者，謂之謝將軍。案，宋《劉貢父詩話》云：「永州何仙姑不飲食，無漏泄〔一〕，世傳其神異。岳州天慶觀爲雷火所焚，餘一柱，有倒書『謝仙火』三字，仙姑云：『雷部夫婦二人，長闊各三尺，銀色，名謝仙。』莫不駭信。」疑俗以雷火亦火，遂以爲炎官熱屬，傅會爲謝將軍也。然劉又云：「有熟於江湖間事者曰：『南方賈人各以火自名，一火猶一部也。此賈名謝仙刻木記己物耳。』」此又一説也，皆不可知。

邑東南地名山口，有廟謂之老菩薩，即睢陽張公之神。以菩薩稱，又以老稱，奇矣。案，公之子亞夫與公同殉節，唐贈金吾大將軍，同時立廟睢陽。意江淮間以亞夫有廟，因謂公之神爲老以別之。其稱菩薩則俗人呼，凡鬼神多如此也。每年三月二十五日以爲神誕，鄉城男婦進香者坌集，必殺鵝爲饗。公之生，困於危城糧盡，至羅雀掘鼠而食，今一日而薦䴕䴕之肉者無慮千百，神之居歆其在是乎？然豈在是乎？

土地祠，俗謂之福德。按《白虎通》：「人非土不立，封土立社，示有土也。」《甫田》詩「以社以方」，毛傳：「社，后土也。」《漢書》臣瓚注：「舊制二十五家爲一社。而民或十家五家共爲田社，所謂私社也。」今土地神祠之制率如此。杜預曰：「在家則主中霤，在野則爲社。」杜氏《通

〔一〕泄：原脱。

典》曰：「中霤，土神也。」今人家又多龕土地神於堂而祀之，是亦主中霤之義。此與郊社之大社、春秋祈報祭土穀之王社，大小不同，均名爲社也。土居五行之中，其象爲填星，一名地候。《春秋文耀鉤》曰：「鎮，黄帝，含樞紐之精，若福德。」則歲星也。《周禮・馮相氏》疏：「歲星本會在東方，爲青龍之象，天之貴神福德之星，所在之國必昌。」《左》昭三十二年：「史墨曰：越得歲而吴伐之，必受其凶。」燕司徒長史申胤曰：「今福德在燕，秦雖得志，而燕之復建不過一紀耳。」又石越曰：「今福德在吴，殆不可伐。」皆指東方歲星言之也。今以福德名土地祠，不知何昉。又按，《天官書》：「黄帝主德。」又云：「其居久，福厚，易徐廣曰「易猶輕速也」福薄。」俗或牽合文義，遂以福德名之歟？雖然，社爲五土之神，古配以勾龍夏禹，後世如《夢粱録》載岳武穆故第，爲南宋國學，其土地祠在東南隅，所祀即武穆。王漁洋《居易録》載明南京吏部土地祠，祀蹇忠定公。今吏部、禮部、翰林院衙門土地祠，皆祀韓文公。各以其所神者而土地之，不必勾龍夏禹也，於福德乎何有？又《月令廣義》：「立春後五戊爲春社，立秋後五戊爲秋社。」蓋本《月令》「中央土，其日戊巳」，召誥社用戊日是也。今時憲書載春秋之社皆如之，而俗秖以二月二日里中相聚爲會謂爲土地生日，又能合於戊日之社乎？

赭山所祀之神，謂之甪姑。按甪本角字，音覺。《通雅》：「角，音禄。」陳第《毛詩古音考》亦音禄。《周南》：「麟之角，振振公族。」《召南》：「誰謂雀無角，何以穿我屋？」又《漢書・東方朔傳》：「臣以爲龍又無角，謂之爲蛇又有足。」董子《賢良策》：「予之齒者去其角，傅其翼者兩其足。」蘇伯玉《盤中》詩：「今時人，知四足，與其書，不能讀，當從中央周四角。」仲長統詩：「騰蛇棄鱗，神龍喪角。至人能變，達士拔俗。」俱叶禄音。《史記・司馬相如傳》：「獸則麒麟，角䚡。」〔一〕《魏志》作「甪端」。蓋獸一角，正立不斜，故曰角䚡。元世祖駐師西印度，見大獸作人語，耶律楚材曰：「此名甪端，旄星之精。」是甪即角，角即甪也。然唐李濟翁《資暇録》云：「漢四皓，其一角里先生，角音禄。今人輒呼角爲覺，而角里改作甪，音禄，非是。」而鄭漁仲《姓氏略》又有甪氏，以爲甪里先生所居在甪里。後漢有甪若叔者，其後也，亦音禄，而無角、甪之辨。《宋史》太宗謂崔偓佺曰：「四灝中一先生姓甪，字加撇或云加點，爾知否？」偓佺曰：「臣聞刀用爲角，音權。兩點爲甪，音鹿。一撇一點皆不成字。」是又以用上加二點爲角矣。紛紛之説，不可究詰。今之甪姑，其爲姓氏里居皆不可考，亦不知何自而起耳。聞其神，不過十數年之近。姑如三十許婦人，亦相好。道人帷其前，旛幢若林。農家者流奉之唯謹，每年場圃畢，多醵錢演劇以娱神，謂稼穡皆神福，然亦未見甚靈異也。又三數十年前，邑人祀一像，謂之王奶奶，字從俗書。其像黄衣杖而立，傍伏一虎，狀甚馴。或云其子爲虎所傷，亦臆説也。衆以爲神，操奩飯豚蹄以祝者，繦屬不絶，後稍稍怠，尋則迹如掃矣。嘗觀應劭《風俗通》所載鮑君神、李君神，歎其事多如兒戲。昌黎云：「偶然題作木居士，便有無窮求福人。」兹於甪姑之神

〔一〕 䚡：原誤作「[illegible]」，據《史記》改。

益信。

祈子之神謂之娘娘。案，《月令》：「仲春玄鳥至之日，以太牢祠於高禖。」蔡邕《章句》曰：「高，尊也。禖，祠也。爲人所以祈子孫之祀也。」盧植亦云：「居明顯之處，故謂之高；因其求子，故謂之禖。」陳氏澔謂：「高禖，先媒之神。高，尊之之稱。變媒言禖，神之也。」古有禖氏，祓除之祀，位在南郊，禋祀上帝，則亦配祭之，故謂之郊禖。漢毛萇《玄鳥》詩傳：「有娀氏女簡狄，配高辛氏帝。帝帥與之祈於高禖，而生契。」而鄭注《月令》：「娀簡吞卵生契，後王以爲禖官，嘉祥而立祠，蓋直以高辛爲高禖矣。」與毛説異，且鄭《生民》詩箋又謂：「姜嫄爲高辛氏妃，乃禋祀於郊禖，以祓除其無子之疾，而得其福。」〔一〕是先有高媒，高辛且祠之，何又以爲高辛之神也？杜氏《通典》載漢武帝年二十九乃得太子，甚喜，始立高禖之祠於城南〔二〕，主用石。晉、宋、北齊及唐皆立禖壇，而不名爲何神。《路史》則謂古高禖祀女媧，後世失考。持論多不一，莫能定也。至王伯厚《困學紀聞》謂《天官書》云傅説一星，主後宫女巫禱祠求子之事。傅説，商賢臣而主此，此《天官》之不可解者。而鄭夾漈《天文略》謂傅説星在尾後。謂之傅説者，古有傅母，有保母，傅而説者，謂傅母喜之也。今之婦人求子皆祀婆神，此傅説之義也。偶商之傅説與此同音。諸子百家更不詳審其義，則曰傅説騎箕尾而去，殊不知箕尾專主後宫，故有傅

〔一〕其：原脱，據《毛詩》鄭箋補。
〔二〕於：原誤作「與」。

説之佐，非商之傅説也。據此，則今所謂娘娘，即宋俗所謂婆神，爲傅説之星耳。又按唐《封氏聞見記》：「後魏時，流俗婦人多於孔廟祈子，有露形登夫子榻者。孝文詔：『孔子廟不聽婦人合雜祈非望之福。』」然則婦人弗子之私，豈能一一以義理求乎？

竈神謂之竈公、竈母。許氏《五經異義》：「顓頊有子曰黎，爲祝融火正，其後爲竈神，姓蘇，名吉利，婦姓王氏，名搏頰。」《路史・疏仡紀》：「蘇伯吉利，是世祝融逮妻，搏頰死，託於竈。」宗懔《荆楚歲時記》所載略同。然則竈公乃吉利，竈母乃搏頰也。又《酉陽雜俎》云：「竈神名張單，字子郭，或又云名劉單。夫人字卿忌，有六女，皆名察。」此又一竈公、竈母也。《文獻通考》載唐肅宗至德元年八月道士李國正請立天地婆父等祠。又《通典》載汾陰脽上后土祠，舊爲婦人壕像，武后時移河西梁山神壕像就祠中配焉。天地鬼神，必求翁父婆母以實之。聾俗之不經，大率類是。

俗爲竈神位，謂之東廚司命。按《莊子・達生》篇：「竈有髻。」音結。司馬彪注：「竈神狀如美女，而赤衣。」《淮南子》：「炎帝作火，死而爲竈神。」馬融謂：「五官之神，配食者勾芒，食於木，祝融食於火。」章懷《後漢・陰識傳》注：「竈神名禪，字子郭。」《六帖》：「竈神，名壤子。」又云竈神名隗，狀如美女。禮竈者，老婦之祭。鄭注謂祭竈是祭老婦人，古之先炊者，非祭火神。《漢書》高祖令「晉巫祠族人炊」注：「族人炊，古主炊母之神。」此皆竈神之權輿也。《周禮》：「以槱燎祀司中、司命。」鄭注：「司命，文昌宫也。」《天官書》：「文昌宫四曰司命。」《漢書》：「荆巫祠堂下、巫先、司命、施糜之屬。」師古注：「司命，説者云文昌第四星也。」《風俗通》：「今民間祀司命，刻木長尺二寸爲人像，行者擔篋中，居者别作小屋，齊地大尊重之，汝南諸郡亦多有，祠以臘，率以春秋之月。」《南華·至樂》篇：「吾使司命復生子形。」《楚詞·少司命》李翰周注：「司命，星名，主知生死，輔天行化，誅惡護善也。」夫七祀之制，載於《祭法》。首曰司命，而七曰竈。則司命之非竈神明矣。晉武帝以司命配享南郊，非小神祀比。今合司命、竈神爲一，而祭於竈陘，其誣甚矣。或云神號曰東廚司命九靈帝君，此蓋道家之言，爲俗語所本。

臘月二十三夜，設酒果祀竈，謂之送竈。所謂盛於盆，尊於瓶也。按古有五祀，而竈必以夏。《月令》：「孟夏其祀竈。」《尚書大傳》：「仲夏之月，御明堂正室，牲先肺，設主於竈，索祀於离。」《漢·禮儀志》：「季夏衣黄祭竈。」隋制及《開元禮》皆云竈以夏。《抱朴子》曰：「孟夏可以祀竈。」竈神每月晦日上天言人罪狀，大者奪紀，小者奪算。紀三百日，算一百日。不聞祀之於臘也。《漢記》：「陰子方臘日晨炊，而竈神見，其後暴富，子孫常以臘日祀竈。」今或沿此俗歟？又《東京夢華録》：「年夜，備酒果送神，帖竈馬於竈上，以酒糟塗抹竈門，曰醉司命。」是以除夕送竈也，今則是夕謂之接竈矣。而以司命爲竈神，則自宋已如此。疑皆林靈素等之説。

端午，黄冠以符紙送居人，上爲真人像，謂之天師符。馬貴與云：「張道陵、寇謙之之徒專言符籙，而不言煉養、服食是已。」或云天師之封始於唐天寶七載，不知杜氏《通典》載天寶六載五月詔後漢張天師册贈太師，六載之詔已稱天師，七載之封又何贅焉？按《莊子·徐無鬼》

篇：「黄帝再拜，稱天師而退。」天師之名，已見於前。《晉書》安帝隆安三年，孫恩寇會稽，内史王凝之世奉天師道，不出兵，曰：「我已請大道借鬼兵。」恩遂陷會稽。又殷仲堪奉天師，禱請鬼神，不吝財賄。《世説》郤愔及弟曇奉天師道。《通志・藝文略》有《漢天師内傳》一卷、《漢天師外傳》一卷。此皆指張而言也。《北史・崔浩傳》言嵩山道士寇謙之繼道陵爲天師，浩師受其術，言於魏主，欣然迎之，起天師道場於平城南。《通鑒》宋文帝太子劭信惑吴興巫嚴道育，使道育祈請，號曰天師。柳宗元《龍城録》載開元六年八月望夜，上皇與申天師遊月中。唐謝良嗣有《吴天師内傳》一卷，趙檜有《廣成先生劉天師傳》一卷。古稱天師者不一，今黄冠秖知有張天師而已，而符籙實以張爲祖。

五日，俗翦帛製虎頭，雜綴蒜符、小角黍數事，繫小兒背，謂之端午景。按《酉陽雜俎》曰：「時俗於門上畫虎頭，書聻音賤字，謂陰府鬼神之名可以消瘧癘。」一名滄耳，《通典》謂爲司刀鬼。又漢舊史，儺立桃人、葦索、滄耳、虎頭等，皆不主五日之義。

中元，俗延僧誦經謂之施食。蓋本釋氏目連救母事，即盂蘭盆會也。《六典》：「七月十五進盂蘭盆。」《唐書・王縉傳》：「七月望日，宫中造盂蘭盆，設高祖以下七聖位，幡節衣冠皆具。」《荆楚歲時記》：「七月十五，僧尼道俗悉營盆供諸佛。」皆此義。而陸游《老學庵筆記》謂：「故都殘暑，不過七月中旬。俗以望日，具饌享先。織竹作盆盎狀，貯紙錢，承以一竹焚之。視盆倒所向，以占氣候。謂向北則冬寒，向南則冬温，向東西則寒温得中，謂之盂蘭盆。

蓋俚俗老媪輩之言也。」又云：「孟蘭盆倒，則寒來矣。」晏元獻詩云：「紅白薇英落，朱黄槿豔殘。家人愁溽暑，計日望孟蘭。」此俗江淮間罕行之。

迎春，雜傅土木爲策牛，人謂之拗木郎，以其科跣，衣履皆與時相戾也。五代皮光業《見聞録》〔一〕：崔謹由，開成後已入翰林，一夕見中使宣召，命學士草廢立。謹由大驚不從，二閹引至一小閣，文宗坐於殿上，曰：「不爲此拗木枕措大，更不復在此坐矣。」拗木之語本此。

人家於衢巷所直之處豎石以厭勝之，謂之石敢當。漢史遊《急就篇》有石敢當名，顔師古注云：「敢當，言所當無敵也。」五代劉智遠爲晉祖押衙，有力士名石敢當。

怖止兒啼謂之麻胡子。語本顔師古《大業拾遺記》：「煬帝將幸江都，命雲屯將軍麻叔謀濬黄河入汴隄。叔謀銜命甚酷，以鐵腳木鵝試淺深，鵝止，謂濬河之夫不力，羣伍死水下。至今兒啼聞人言『麻胡來』即止。其譌言可畏若此。」

小兒稱母之父謂之家公。《列子·黄帝篇》：「家公執席。」《莊子·寓言》篇同。《孔叢子》：「申叔問子順曰：子之家公有道先生既論之矣。」皆稱父爲家公也。《漢書》則侯霸之子孫稱其祖爲家公。俗殆視外祖如祖也。

鄉人稱母謂之艾姐。孔鮒《小爾雅》：「叟、艾，老也。」揚子《方言》：「凡尊老謂之艾。」《説

〔一〕見聞：原作「聞見」，據《宋史》改。

文》：「蜀謂母曰姐。」張揖《廣雅》：「姐，母也。」艾姐猶言老母也。北齊太子稱生母爲姊姊，宋呼嫡母爲大姊姊。姐與姊義同。雖鄉人語，殊不謬於古。又《唐書·王琚傳》元宗泣曰：「四哥仁孝，同氣惟有太平。」四哥，謂睿宗也。睿宗班行四，爲元宗父。稱父爲哥，與稱母爲姐，正是絶對。然哥字於古無據。

小兒呼父多謂之八八。韓文公《祭女拏女文》：「阿爹阿八。」廖百子云：「夷語稱老者爲八八或巴巴。」按晉常璩《南中志》云：「夷中有桀黠者謂之耆老，好譬喻物，謂之夷經。」今南人言論雖學者亦半引夷經，意即此類。

新安人僑居縣境者甚衆，呼祖母多謂之婺婺。鄉音如此。案，《漢書·高帝紀》：「帝常從王媪、武負貰酒。」如淳曰：「俗謂老大母爲阿負。」師古曰：「古語謂老母爲負。」負負蓋疊稱老大母也。俗訛爲務音耳。

婦人謂之奶奶。俗音作奈字平聲。案，字書無奶字，惟吴元滿《六書總要》乳字云：「胸，酥也。諺呼爲奶。」廖百子《正字通》⿴囗乳字下引舊注：「音奶，乳也。」《廣雅·釋親》：「嬭，母也。」曹憲注：「奴解切。」《博雅》：「楚人呼母曰嬭。」簡文帝《金樓子》：「有人讀書，把卷即睡，人因呼書爲黄嬭，謂怡神養性如乳媪也。」蓋⿴囗乳嬭嬭字並通〔一〕，而奶爲俗，皆乳義。因以名母，遂爲尊

〔一〕「嬭嬭」，疑衍一「嬭」字。

稱。作平聲，乃方音也。

乳媪謂之妳媽。不乳而抱持者謂之乾妳媽。案，媽本音姥。《博雅》：「母也。」《史記·倉公傳》索隱曰：「是王之妳母。」高齊陸令萱以乾阿妳受封郡君，皆是媽義。惟俗音作馬平聲，誤耳。又俗謂竈下嫗及老婦駔皆曰媽媽，誤之甚者也。

傭人謂之二漢子。《北史》：魏愷遷青州刺史，固辭。宣帝大怒曰：「何物漢子，與官不就。」《老學庵筆記》謂漢子語始此，爲賤丈夫之稱是也。二，則又以其次者名之，益微之也。又或謂之長功。《唐書·百官志》：「凡工匠以州縣爲團，四月至七月爲長功，二月、三月、八月、九月爲中功，十月至正月爲短功。」語本此。

凡廝役謂之底下人。《通典》載《趙匡舉選議》有云：「故受官多底下之人，修業抱後時之歎。」語見於此。又今廝役多自稱曰小的。案，《音學五書》云：「宋人書中，凡語助皆作底，並無的字。小的亦當作小底。《宋史》『内班小底』，《遼史》『承應小底』，皆可證。」

僧家傭謂之道人。宋葉少藴《避暑録》云：「晉宋間佛教初行，未有僧稱，通曰道人。」按《隋書·經籍志》云：「僧者，譯言行乞也。」《晉書》武帝太元十四年，范寗爲豫章太守，上疏云：「僧尼乳母，競進親黨。」又《武十三王傳》：「姏姆尼僧，尤爲親暱。」〔二〕《綱目》：「宋文帝

〔二〕姆：原作「母」。暱：原作「⿰口匿」。據《晉書》改。

元嘉二十七年侵魏，軍用不足，富民家貲滿五十萬，僧尼滿二十萬，皆四分借一，事息即還。」是晉宋間未嘗無僧稱。史稱葉多識前言往行，乃亦昧此耶？今多稱僧爲師，自後秦姚興禮鳩摩羅什爲國師始也。又曰和尚，自石勒奉佛圖澄爲大和尚始也。尠有稱之爲道人者，惟僧與僧相稱爲道友，而道人之稱，則多移之於其傭矣。

市儈謂之牙行。宋劉貢父云：「古稱駔儈，今謂之牙，非也。」引劉通原説：「本稱互郎，主互市，唐人書互爲⽛，⽛似牙，因訛作牙。」按《舊唐書·史思明傳》有「⽛市郎」〔一〕，《安禄山傳》「互市牙郎」，蓋爲後人添一牙字。韓詩：「交明舌⽛齺。」朱子注：「俗互字。」柳柳州《夢歸賦》：「⽛參差之白黑。」唐玄度《九經字樣》：「互俗作⽛者，譌。」知唐人多以互爲⽛也。然按郭景純《方言注》「亦審諦〔二〕，⽛見其意」，顔延年《曲水詩序》「延帷接枑」，五臣注：「延帷便相接而迴枑也。」枑即互。《北史·文苑傳序》：「彼此好尚，⽛有異同。」《周禮·牛人》：「凡祭祀，供其牛牲之互。」徐音牙。《漢書·劉向傳》：「宗族盤互。」師古曰：「字或作⽛。」是唐以前已有書作⽛者，劉説亦未該備。

人之柔善者謂之菩薩。《綱目》：「五代，唐潞王李從珂弑閔帝李從厚，斂民財，以賜軍士，軍士無厭，猶怨望，爲謡言曰：『除去菩薩，扶立生鐵。』蓋以閔帝仁弱，潞王剛嚴也。」

〔一〕明：原誤作「鶯」。

〔二〕亦審諦：王念孫、盧文弨校作「諟亦審」。

人不曉事謂之糊供孤切，俗音譌作去聲生。唐武后如意間沈全交續時人謡云：「糊心存撫使，眯目聖神皇。」義見此。

交財不直謂之賴生。《十國世家》：「高從誨所向稱臣，蓋利其賜予。故諸國皆目爲高賴子。」注云：「俗謂奪攘苟得無愧恥者爲賴生。」

里中惡少謂之油柴。按，此厓柴之譌也。《魏志》：丁謐、何晏、鄧颺附曹爽，時謂「臺中三狗，厓柴不可當」。又《管子》：「東郭有狗啀啀，旦暮欲齧我，猳而不使也。」厓、啀同義，皆以犬喻其獰惡也。

不成人謂之化生。孫光憲《北夢瑣言》：「大食西有國，樹生人首，如花不語。人視之輒笑，笑則花落，謂之化生人。」

侈然自大謂之奯奘。昨朗切。《爾雅》：「奘，駔子黨切也。」郭注：「今江東呼大爲駔。駔猶奯也。」揚子《方言》：「秦晉之間，凡人之大謂之奘。」

以里魁目人謂之二伍長。劉宋制，五家爲伍，伍長主之。二伍爲什，什長主之。十什爲里，里魁主之。《通典》列之鄉官。

苫蓋工謂之宼吾化切，蛙去聲匠。顧野王《玉篇》：「泥宼屋也。」《通志·六書略》：「施瓦於屋也。」

婚禮納采，女父母製壻履，以女履置其中爲荅，謂之同偕。五代馬縞《中華古今注》：「東晉時，凡娶婦之家，先下絲麻鞋一緉，取和偕之義。」俗禮亦自有本。

婚禮，婦至門，多以氈袋藉地，謂之傳代。白香山《娶婦》詩：「青衣捧氈褥，錦繡一條斜。」元陶宗儀《輟耕録》：「今新婦至門，則傳席以入，弗令履地。」此禮自前代已行之，今則易以袋，取語吉爾。

嫁女之家，至三日必以針黹諸物饋女，謂之送三朝。案，古以女嫁後三日餉食爲餪暖女，今以女紅之物，於義亦優。

喪家署紙於門，謂之門狀。按唐宋啓事用門狀，即今士大夫投謁之名刺也。唐李涪《刊誤》：「『投刺始於雋不疑冠進賢冠、帶櫑具劍上謁，白勝之。』〔一〕上謁，如今之投刺也。」周益公《癸辛雜志》：「節序交賀之禮，不親至門者，每以束刺僉名於上，使一僕徧投之。」司馬温公以爲不誠之事，自臺閣時不送門狀。陸務觀云：見東都時蘇、黄諸名公門狀一卷，率皆手書，古人鄭重不苟如此。今所謂門狀，與古異矣。

新喪之家謂之守七。案，宋仁宗居真宗喪，羣臣每七日入臨，至四十九日止。此七七之説所由起。《元史·祭祀志》：「每日用羊二次燒飯以爲祭，至四十九日而後已。」

士人禫後即吉謂之起復。按，趙昇《朝野類要》：「已解官持服，而朝廷再推用者爲起服。」起服，即奪情也。《五代史·劉岳傳》：「唐鄭餘慶採唐士吉凶書疏之式，雜以當時家人之禮，

〔一〕白：原誤作「暴」，據《漢書·雋不疑傳》改。

爲《書儀》兩卷。唐明宗見其有起復、冥昏之制，嘆曰：『儒者所以隆孝弟而敦風俗，且無金革之事，起復可乎？』」《綱目》：「唐睿宗時，許公蘇瓌卒，制起服瓌子頲爲工部侍從，頲固辭，聽其終制。」「開元二十一年起服張九齡同平章事，九齡自韶州入見〔一〕，求終喪。」徐度《卻掃編》云：「宋文臣起復必先授武官，蓋用墨衰從戎之義，示不得已也。故富文正公以宰相丁憂起復，初冠軍大將軍，餘官多授雲麾將軍然。」《宋史》如岳武穆居母憂，累詔授起復，乃就軍，是即墨衰從戎之説。若《趙范傳》紹定三年丁母憂，起復直徽猷閣。《楊億傳》丁內艱未卒哭，起復工部侍郎，令視事權。《邦彥傳》父死解官，尋起復，爲言者所論。《徐元杰傳》丞相史嵩之丁父憂，有詔起復，元杰力争，命遂寢。如此甚多，亦不盡授武職，然皆係奪情也。《元史·文宗本紀》：「監察御史陳思謙言：『內外官非文武全才、出處係天下安危、能拯金革之難者，勿許奪情起復。』制可。」今動稱起復，及士人亦名此者何居乎？未之前聞也。

音書謂之書信。案，古謂使者爲信。《史記·韓世家》：陳軫説楚王「發信臣，多其車，重其幣」。司馬相如《諭巴蜀檄》：「故遣信使，曉諭百姓。」黄伯思《法帖刊誤》謂朱處仁帖中「往得其書信，遂不取答」爲「昔得其書，而信人竟不取報書耳。信乃使人也」。又《古樂府》：「有信數寄書，無信長相憶。」《通鑑》：劉裕欲得一府主簿〔二〕，何無忌曰：「無過劉穆之。」即馳信

〔一〕自：原誤作「郎」，據《資治通鑑》改。
〔二〕簿：原脱，據《通鑑》改。

召之。時穆之聞京口讙譟聲，晨出陌頭，屬與信會，直視不言者久之。是信爲使人之明徵矣。然《周禮》「掌節」注：「節，猶信也。」《説文》：「符，信也。漢制以竹，長六寸，分而相合。」《墨子》：「大將使人行，守操信符。」《莊子》：「聖人治天下，爲符璽以信之。」《漢·平帝紀》注〔一〕：「漢律，諸乘傳者持尺五寸木傳信。」〔二〕則又以符節爲信矣。五代馬縞《中華古今注》：古有信幡，所以題表官號，以爲符信。魏有五色幡，以爲五方信。晉朝惟用白虎幡。書信幡用鳥書，取其飛騰輕疾也。義亦同信符。而書信之名，已見於此。顧寧人乃謂梁武帝賜到溉《連珠》曰「研磨墨以騰文，筆飛毫以書信」，爲今人遂有書信之名。而不知晉之幡有書信，且閣帖親故帖末云「數附書信，以慰吾心」，亦連用書信二字，事皆在梁前，而顧皆不知引，何也？

邑子弟工度曲者，聚而演劇，謂之柯班。劉熙《釋名》：「人聲曰歌。歌，柯也。歌之言是其質也，以聲吟詠有上下，如草木之有柯葉也，故兖冀言歌聲如柯也。」又按《説文》歌作哥，《漢·藝文志》亦作哥。《宋書》樂府鐃哥，漢舊曲。梁張纘《南征賦》：「下太乙之靈旗，撫安哥以會舞。」《陳世祖紀》：「樸棫載哥。」《唐·劉禹錫傳》：「屈原作九哥。」沈約《宋書》凡歌字皆作哥，蓋歌與哥古通。

市中以石爲器謂之料貨。按《逸雅》：「小石曰礫。礫，料也。小石相枝拄其間，料料然出

〔一〕注：原脱。

〔二〕寸：原脱。傳信：原誤作「轉信」。據《漢書注》補改。

「鉢也。」《玉篇》：「盔，音塊平聲，盂器。」按元《韻會》：

内氣也。」料字本此。

鬻兜鍪及假面皆謂之盔頭鋪。按元《韻會》：「盔，音塊平聲，盂器。」《玉篇》：「鉢也。」《書》：「敹乃甲胄。」孔穎達曰：「胄，兜鍪，首鎧也。經傳皆言甲胄，秦世以來始有鎧、兜鍪之文。」許慎曰：「兜鍪，帽也。」《事物紀原》云：「盔鍪，胄也。《黄帝内傳》所述蓋玄女請帝製之以備身者。」《雲笈七籤》：「《軒轅紀》云：蚩尤始作鎧甲兜鍪，時人不識，以爲銅頭鐵額是也。」無有名盔者，惟明趙凡夫《説文長箋》有云「首鎧曰殺，音奎，俗乃改作盔」。《二如亭羣芳譜》金魚門乃見盔頭字。至假面，則《周禮·方相氏》注：「冒熊皮者〔一〕，以驚毆疫厲之鬼，如今魌音欺頭。」王應麟《漢制考》引《説文》云：「今逐疫有䫏同魌頭。」范成大《桂海虞衡志》：「戲面，桂林人以木刻人面，窮極工巧，一枚或值萬錢。」《歲時記》：「孫興公嘗著戲頭，一説作假面。與逐除人共至桓宣武家。」又政和中大儺，桂府進到面具一副，凡八百枚，老少妍陋，無一相似者。是戲頭、魌頭、面具、戲面、假面皆當名盔，則誤也。

賈肆鬻木髹器及銅錫雜事件者，謂之京貨鋪。按京貨乃星貨之譌也。李濟翁《資暇集》：「市肆中，筐筥鱗次其物以粥者曰星貨鋪。言羅列繁密如星也。或謂之星火鋪。」鋪亦當作舖，音敷，取陳肆之義。古正史所載如店鋪、馬遞鋪，偏旁皆從金，作舍旁乃俗書也，今廣陵市中，

〔一〕皮：原誤作「羆」，據《周禮注》改。

望子多有書作鋪者，尚不失古意。

人家連樓謂之走馬樓。《晉書》：「王濬拜益州，作大船連舫，方一百二十步，受二千人，爲城起樓櫓四門，其上皆馳馬往來。」《六帖》：「許敬宗營第舍華僭，至造連樓，使諸伎走馬其上。」

裝璜畫幅謂之裝堂子。按米元章《畫史》：「趙昌、王友之流初甚可惡，終須憐而收録，裝堂嫁女亦不棄。」又云：「徐熙畫梅一大枝，謂之滿堂春色。」道君《宣和畫譜》有裝堂海棠圖、裝堂躑躅花等圖。郭若虛《圖畫見聞志》：「江南徐熙畫，常供李主挂壁，謂之鋪殿花，其次爲裝堂花。」是堂爲宫室之堂耳。今爲裝潢之名所未聞，竊意字當作賗，音菪，卷首帖綾也。元章《書史》云：「隋唐藏書皆金題錦賗。」賗又謂之玉池，所謂裝池是矣。土音堂、賗二音不分，賗爲賗上聲，與賗近，故譌爲堂耳。又今人寫文書或先留空處，謂之空白，俟後再填寫，即謂之填堂子。按《莊子·田子方》篇：「是求馬於唐肆也。」世謂空館無壁曰唐肆。唐，空也。王阮亭《池北偶談》謂《雲龕李氏水懺序略》「如是而施福不唐捐」。唐皆訓空。今填寫其空處，當作唐也。又裱工於畫額著矮紙一幅曰詩堂，蓋空其紙以俟題詠耳。亦當作唐。

事過謂之過功。案，此過更之訛也。功與更音近。《漢書·昭帝紀》如淳注：「更有三品，古者正卒無常人，皆迭爲之，一月一更，是謂卒更。貧人欲得雇更錢者，次直月出二千雇之，是爲踐更。天下人皆直戍邊三日，不可人人自行。諸不行者，出錢三百入官，以給戍者，是爲過更。」過更則不成矣，故以事過爲過更。

召工匠治所事謂之上功，事竣平聲，音逡，又音詮而散謂之下功。按，《詩·豳風》：「上入執宮功。」功，葺治之事也。毛傳：「入爲上，出爲下。」俚語一名一義，要亦有本。

舟行而風不利者謂之戕風。木玄虚《海賦》：「海童邀路，馬銜當蹊。」注：「馬銜、海童，並海中神怪。」邀路、當蹊，言將戕風以害之也。又帆音梵上風曰打搶。鏘去聲。晉庾闡《陽都賦》：「艇子搶風，榜人逸浪。」搶義見此。

行裝謂之行李。《左傳》僖三十年：「行李之往來，共其乏困。」襄八年：「亦不使一介古賀切行李告於寡君。」郵置行李，關驛也。《通典》：「驛各有將，以州里富强之家主之，以待行李。」又昭十三年：「行理之命，無月不至。」李又作理。唐李匡乂《資暇集》曰〔一〕：「古文使字作山八字，寫爲岺字，岺與李形近，因謂作李。」則行李實行使也。《舊唐書·温造傳》言：「元和、長慶中，中丞行李不過半坊，今乃遠至兩坊，謂之籠街喝道。」是唐又以官府導從之人爲行李矣。諸書皆無貲裝之義。

燭謂之火把。按，古未有蠟燭，以火炬照夜，皆束薪葦爲之。《管子·弟子職》篇：「蒸間容蒸。」〔二〕注：「蒸，薪也。蒸之間必令容蒸，所以通火氣。」經傳所謂燭，其制率如此。亦謂之

〔一〕集：原作「録」。
〔二〕容蒸：原誤作「容間」。

燎。《周禮·天官·閽人》：「設門燎。」注：「地燭也。」《説文》：「庭燎，火燭也。」陸氏《經典釋文》引鄭云：「在地曰燎，執之曰燭。」《曲禮》：「燭不見跋。」[一]注：「本也。」疏：「本，把處也。」今曰火把。把即跋也。樂史《太平寰宇記》：「不灰木，俗多爲鋌子，燒之爲炭，而不灰。出膠州。注：葉如蒲草，束以爲燎，俗呼爲萬年火把。」

杵炭之屑而規之，謂之炭墼。音激。其製見後魏賈思勰《齊民要術》，謂：「炭聚之下碎末，勿令棄，擣簁，煮淅米渡之，更擣令熟，丸如鷄子，曝乾，以供用，輒得達曙，踰炭十倍。」即今之炭墼也。墼字見《禮·雜記》「堊室」注，云：「壘墼爲之，不塗塈也。」《急就篇》「墼壘」注：「墼者，抑泥爲之[二]，令其堅激。墼壘，壘墼而爲之障蔽也。」今謂之土墼。

編竹爲籠，中陷瓦器以貯火，謂之火櫏。《方言注》：「今俗通呼小籠爲桶櫏。」《廣雅》櫏，音忽。《廣韻》蘇公切。

土釜謂之沙鍋。按經傳秪有釜。《詩》毛傳所謂「有足曰錡，無足曰釜」，而無鍋字。至秦乃有鬲，古禾切。《説文》：「秦名土釜曰鬲。」《呂覽》亦有釜鬲字，一作鬲。鍋字見於漢，而非釜義。《方言》：「車釭，齊燕海岱之間謂之鍋。自關而西謂之釭，盛膏者乃謂之鍋。」《通典》：「唐折沖府火有備六馱馬驢，米糧介冑，戎器鍋幕，貯之府庫。」《宋·食貨志》：「環海之湄有亭

[一] 燭：原誤作「爲」，據《禮記》改。
[二] 抑：原誤作「切」，據《急就篇注》改。

户，有鍋户。」又《五行志》：「隧道穿得銅鍋，有兩耳。」〔一〕⿰鬲斗字遂不經見。然嗜古者，猶能識字體之本來，如陸劍南詩「沙⿰鬲斗煮麥人」是也。而俗稱沙鍋，亦具見所出。

門上施釘鉸以繫㡘，謂之門鷄。《周禮・冶氏》：「戈廣二寸。」鄭氏云：「戈，今勾孑戟也。」或謂之鷄鳴，或謂之擁頸疏。勾孑戟、鷄鳴者，以其胡似鷄鳴故也。黄長睿《東觀餘論・銅戈辨》謂戈援之下如磬折，稍刓而漸直，若牛頭之垂胡者，所謂胡也。今釘鉸，前胡垂而復昂上，形如之。俗昏禮，父母資送女，凡幣物皆次之，必先以匣函門鷄送聓家，釘於壻之户以垂㡘。壻家厚犒使者，蓋視此爲重也。旁近縣謂之喜相逢云。

拭几案布謂之挋音震布。《爾雅》：「挋、拭、刷，清也。」《禮・喪大記》：「挋用浴衣。」《儀禮・士喪禮》：「挋用巾。」拒布是拭刷使清之物也。又謂之瀎布，瀎音末，與抹通。《説文》：「拭滅貌。」又以布漬水而戾之使乾以拭物，亦謂之抮布。《方言》：「軫，戾也。」注：「相了戾也。」《考工》：「老牛之角紾而昔。」鄭司農注：「紾，讀爲抮縛之抮。」〔二〕《孟子》：「紾兄之臂。」孔鮒《小爾雅》：「摎而紾之爲絻。」〔三〕軫紾抮同，皆了戾義。《詩集傳》：「糾糾繚戾，寒涼之意。」繚戾，即了戾也。《唐書・五行志》：「大中末，京師小兒疊布漬水，紐之向日，謂之曰拔

〔一〕兩：原誤作「雨」。
〔二〕上「抮」字原誤作「紾」，據《考工記注》改。
〔三〕摎：原作「樛」，據《小爾雅》改。

暈。」紐，亦了戾義。

縳鷄毛爲帚以拂塵謂之撣杜宴切帚。《齊民要術》：「作大麥醋法：再餾飯，撣令小暖如人體。」又：「酒糟醋法：撣去熱氣，與糟相拌。」撣字義見此。

剪餘帛謂之帵音剜子。《廣韻》：「帵子，裁餘帛也。」亦見《金壺字考》。又《玉篇》：「𢃳，音例。帛餘也。」《廣雅》：「㡜，音細，又音薛。遺餘也。」《説文》：「㡜，裂也。」與《急就篇》「帔音比爲㡜殘之帛」，皆帵子之類。

小兒爲戲具，[illegible]一足蹴起之，謂之縳音絹子。《爾雅》：「一羽謂之箴，十羽謂之縳。」今戲具束數鷄羽於上，下承以一二錢爲跗，疑本「十羽爲縳」之義，與土音相符合。然其名已見於前人書。《帝京景物略》：「諺云：楊柳兒青放風箏，楊柳兒紫踢毽音建子。」字乃作毽。

自造酒謂之家釀。《老學庵筆記》云：「晉人所謂見何次道令人欲傾家釀，猶云欲傾竭家貲以釀酒飲之也[一]。故韓文公借以作《簟》詩云：『有賣直欲傾家貲。』黄魯直云：『欲傾家以繼酌。』皆得晉人本意。至朱行中舍人有句云：『相逢盡欲傾家釀，久客誰能散橐金。』用家釀對橐金，非也。」然案昌黎《別竇司直》詩：「閒筵交履舄，爛漫倒家釀。」已直用二字矣。若以爲誤，則自韓始。

[一] 釀酒：原脱，據《老學庵筆記》補。

藥飲謂之香茶。或云古有荼無茶。《爾雅》：「檟，苦荼。」即今所謂茶也。魏了翁言：「自陸羽、盧仝以後，遂易荼爲茶。」此未必然。按《吴志・韋曜傳》：「孫皓每饗宴，曜飲酒不過二升。皓初禮異，密賜茶荈以代酒。」張華《博物志》：「飲真茶令人不眠。」《晉中興書》：「陸納爲吴興太守，謝安詣納，所設惟茶果。」《晉書》：「桓温爲揚州牧，每讌飲，唯下七奠柈茶果而已。」劉琨《與兄子書》：「吾體中潰悶，常仰真茶。」左思《嬌女》詩：「心爲茶荈劇。」張孟陽《登成都樓》詩：「芳茶冠六情。」唐以前言茶者甚多，不始於盧、陸也。今乃以藥爲茶，蓋藥味苦，茶亦苦，俗諱言藥，故以近似者名之。且藥爲百草之總名，《急就篇注》：「草木、金石、鳥獸、蟲魚之類愈疾者，總名爲藥。」《國史補》謂：「五十年前多患熱黄，近代悉無，以茶能治熱耳。」《茶經》謂：「熱渴、凝悶、腦疼、目澀、四支煩、百節不舒，聊四五啜，與醍醐、甘露抗衡。」是茶即藥矣。名曰香茶，有以也。又案，茶之香爲欶，音使。亦見《茶經》。字又作叟，見宋人《香譜》。

俗以茶奉客，置果子數枚於中，謂之芼音帽，俗譌音作拗頭。按，芼亦烹芼義。《詩》「左右芼之」是也。《茶經》：「荆巴間，欲煮茗飲，先炙令赤色，搗末置瓷器中，以湯澆覆之，用葱薑橘子芼之。」《桐君録》：「南方有瓜蘆木，亦似茗，至苦澀，交廣最重。客來先設，乃加以香芼之。」此芼頭所由名歟？然蔡君謨《茶録》謂：「建安民間試茶，皆不入香，恐奪其真。若烹點之際，又雜珍果香草，其奪益甚，正當不用。」

讌席初進肴饌謂之熱喫。《國策》：「趙襄子與代王飲，陰告廚人曰：『即酒酣樂，進熱啜，反斗擊之。』」俗語殆本此。

天寒飲酒謂之盪《廣韻》音唐風。鄭熊《番禺記》：「廣俗，壻未見妻父母，先飲一大杯，曰盪風。」

鬻餻者以甑實粉而炊之，謂之甑子糕。按，甑乃奘音壯字之訛，音奘，熏蒸也。宋《集韻》作洴[一]，「實米於甑也」。梅膺祚云：「今炊粉餈謂之奘糕。」

人家粉麥爲餻以餽歲，謂之麷糕。《周禮》：「朝事之籩，其實麷蕡。」鄭注：「麷，熬麥。」今河間以北煮穜麥賣之，名曰䴸。䴸即麷也。《荀子》：「取其將若巨麷。」注：「麷，至脆弱。」喻行師取將，如以手掇麷也。今之麷餻，正如韋撥源《食單》所載婆羅門輕高麪，乃發酵浮起。荀卿所謂脆弱者是也。其製係籠蒸而成，與古熬煮者異。

沙糖謂之洋餹。《老學庵》引閒人德茂云：「沙糖，中國本無之，唐太宗時外國貢至。」云：『以甘蔗汁煎成。』用其法，自此中國方有沙糖。唐以前凡言及糖者皆糟耳。如糖蟹、糖薑皆是。」又《唐書·西域傳》：「太宗遣使摩揭陀國，取熬糖法。詔揚州上諸蔗，榨瀋如其劑，色味愈西域遠甚。」宋王灼《餹霜譜》云：「唐大歷間有鄒和尚者，居繖山。一日鄒驢犯山下黃氏蔗苗，鄒教黃窨爲霜，利十倍。自此流傳其法。」諸説皆謂始於唐耳。按《齊民要術》引《臨海異物

〔一〕洴：原誤作「澀」。

志》云：「甘蔗，交趾所産，特醇好，榨其汁如飴，名曰糖。時人謂之石蜜。」張平子《七命》亦有沙糖、石密。史繩祖《學齊佔畢》謂宋玉《大招》已有柘同蔗漿字。《前漢·郊祀歌》：「柘漿析朝酲。」注：「謂取甘蔗汁以爲漿。」則蔗汁並見於秦漢以前，正不自唐始也。然疑漢及六朝秖能榨蔗取汁，故皆謂之蔗汁，亦謂之石蜜，至唐始得其法，煎成而爲霜。則陸所引及王譜、《西域傳》亦未爲失據。至《佔畢》又云「孫亮取交州所獻甘蔗餳」，而引二《禮》飴字注云「煎米蘗也，一名餳」，以甘蔗餳而釋以米蘗煎之飴，不辨蔗與米蘗之分，則非是。《元史·廉希憲傳》：「憲嘗有疾，醫言須用沙糖作飲。時最難得，阿合馬與之二斤。憲卻之曰：『吾終不以姦人所與求活也。』世祖聞而賜之。」是知沙糖其行未廣，至元時尚如此之珍。若煎米蘗成之，何難立致也？蔡君謨《橘録》云：「閩人稱物之甘美者必曰沙，如沙瓜、沙密、沙糖之類。」特方言耳。方言名方物，不可概之於飴餳也。其或謂之甘蔗餳者。《説文》：「粭，米蘗煎也。」〔一〕《釋名》：「餳，辭盈反，又音唐。洋也，煮米消爛洋洋如也。飴，小弱於餳，形怡怡如也。」《急就篇注》亦曰餳之爲言洋也，取其洋洋然也。以蘗消米取汁而煎之，軟弱者爲飴，厚强者爲餳。今取蔗汁之初亦復洋洋怡怡如餳飴然，即漢所謂蔗漿，故亦可以飴餳目之。其成爲霜，則沙糖矣。而米蘗煎之飴餳，則不可謂之沙糖，只可謂之洋糖也。《禮記》：「稻米爲飩。」《楚辭》：「有粻餭些。」方

〔一〕蘗：原誤作「麥」，據《説文解字》改。

言稱謂之餹。《廣雅》：「餦餭〔一〕、飴餒，音該。餹餳也。」皆是今吹簫自表而賣於市，乃其厚强者，俗謂之蠻糖其物也。而乃以沙糖爲洋糖，誤矣。至陸所云糖蟹、糖薑爲糟，則大謬。賈思勰：「藏蟹法：著活蟹於冷糖甕中一宿。注云：糖，薄餳。」已明指餳糖而言，何得謂之糟也？佔畢云：「糟字止訓酒粕，不以訓糖。」知言哉。

鷄鴨卵謂之蛋。按古無蛋字。《説文》：「蜑，南方夷也。」晉常璩《巴志》曰：「涪陵郡諸縣北有獽蜑。」《後山叢談》：「二廣舟居人謂之蜑人。」范至能《桂海虞衡志》：「蜑，海上水居蠻也。入水能視，合浦珠池蚌蛤，惟蜑能入水採取。」陶宗儀《輟耕録》：「廣東採珠之人，懸絙於腰，沈入海中，得珠撼其絙，舶上人挈出之，有司名曰烏蜑户。」《元史・張珪傳》：「有蜑户七百餘家，官給之糧。」諸書或音延，或音但。《通志・六書略》音蕩旱切。《通考》：荆州之地含帶蠻蜑，音但。皆不作蛋也。惟《宋史・食貨志》：「建炎二十六年，罷廉州貢珠，散蜑丁。」而《兵志》則云：「咸淳末，廣東籍蛋丁。」書而蜑、蛋互異。又柳宗元《饗軍亭記》有云「胡夷蛋蠻」，竟以蜑作蛋，疑皆鋟版誤也，否則自唐已書作蛋，不應宋元諸人皆相仍爲蜑，無一作蛋者。蓋蛋爲譌字。廖百子云：「廣東有蛋户。」蜑、蜒、蜑義皆通，蛋則俗譌省也。故王新城《居易録》載：「海蠻師，虎頭，無鱗，身有豹文，長八九尺，見人泣數行下，蛋人網得，輒放之。」又王《池北

〔一〕餦：原作「粻」。

偶談》云：「張敦復宗伯言色侍衛所居精舍數椽，多取蝶蛋養之奩中。」又《廣東新語》：「蛋人謂箸曰梯。」《羣芳譜》亦云柚，俗呼爲香欒，又有名文蛋、名仁崽者，亦柚類也。省筆相沿，莫之是正。而鷄鴨卵之名蛋，則見於《字彙補》及《字典》所謂「俗呼鳥卵爲蛋」。又鴨蛋洲，江上地名是也。至民間食卵，則《周禮·夏官》「掌畜祭祀其卵鳥」注謂：「其卵可薦之鳥。」《史記》：「子思言苟變於衛侯曰：變嘗賦於民食二鷄子。」是周之食卵有明文矣。而《博物志》及《路史》則云始於夏后氏之季，然《山海經·大荒西經》云：「有沃之國，沃民是處，沃之野，鳳鳥之卵是食，甘露是飲。」則食卵之説，亦不能窮所自云。

一貫錢謂之一吊。按，吊，俗吊字也。《説文》弔作弔，像人持弓會葬。上古葬者皆衣之以薪，無有棺槨，常苦禽鳥爲害，故弔問者持弓貫矢會之，以助彈射也。今謂錢爲吊，無義。若循其音求之，當作佻。丁小切。《方言》：「燕趙之郊，縣物於臺上謂之佻。」注：「了佻，懸物貌。」今市肆錢販家以繦貫錢，排比懸之於門，是其義。旁郡縣所謂一挂錢是也。而謂之吊則誤矣。宋、元史有吊橋、吊眼之類，皆從俗語，不足爲據。今又謂畫軸爲吊挂，亦同此誤。黄長睿《東觀餘論》謂小宋《太一宮》詩：「瑞木千尋竦，仙圖幾弔開。」注云：「《真誥》謂一卷爲一弔。」不知《真誥》乃弓字，蓋從省文，非弔也。黄氏此書凡卷字皆作弓。陶九成《説郛》弓，又音周。

市錢以七十爲一百，謂之七折錢。其足百，則謂之長錢。案《梁史》：「大同間鑄鐵錢，自破嶺以東以八十爲陌，通百。名曰東錢。江郢以上七十爲陌，名曰西錢。京師以九十爲陌，名曰長錢。帝詔通用足陌，而人不從，末年遂以三十五爲陌。」唐天祐中以八十五錢爲百，後唐天成中減五錢，漢乾祐中復減三錢。宋初，凡輸官者亦用八十或八十五爲百，然諸州私用則各隨其俗，至有以四十八錢爲百者。太平興國二年，詔所在用七十七錢爲百，是蕪之七折錢，如梁之西錢。而足陌長錢，則前代鮮有行之者。《抱朴子》云：「取人長錢，還人短陌。」錢之有折，其來久矣。又每貫底除二錢，謂之底串。唐憲宗元和中，京師用錢每貫除頭二十文。穆宗長慶元年，勅内外公私用錢，每貫除墊陌錢八十，以九百二十爲貫。墊陌即底串也。

少年爲攤錢之戲，錢面謂之字，錢背謂之漫。《漢書·西域傳》：「罽賓國以銀爲錢，文爲騎馬，幕爲人面。」韋昭曰：「幕，錢背也。音漫。」《食貨志》臣瓚注曰：「摩錢漫面以取其屑。」如淳謂：「一面有文，一面幕，幕爲質。」幕即漫也。顧寧人《日知録》云：「唐開元以後各年號錢皆一面有字，一面無字。儲泳曰：『自昔錢之有字處爲陰，無字處爲陽。古者鑄金爲貨，其陰則紀國號，如鏡陰之有款識也。』凡器物之識，必書於其底，與此同義。」是以陰爲背，爲有字一邊。陽爲面，爲無字一邊也。然按宋《集韻》謂「平而無文曰幕」，洪景巖《泉志》云：「前漢五銖錢品數最多，背文四出者名角錢。四出者，以背無字有四隱起斜文耳。」又《漢·靈帝紀》：「鑄五銖四出文錢。」《梁武帝紀》：「鑄鐵錢。」文曰五銖，背四出。文又大吉五銖、大通五銖、大富五銖，皆背文四出。是皆以有五銖字一邊爲面，而無字一邊惟有四出文者爲背也。後魏永安土字錢，面文永安五銖，幕文有一土字。唐武宗會昌六年鑄新開元錢，敕鑄錢之所，各以本州郡名一字爲背文，是又以字多一邊爲陽、爲面，字少一邊爲陰、爲背也。又按，錢載年號始於宋武帝，孝建元年更鑄孝建四銖錢，舊譜亦謂面文曰孝建，背文曰四銖。今錢多兩面有字，而俗亦以載年號一邊爲字、爲陽面也。揆之於古，皆合。顧所引亦臆説，不足據。

今人爲隱語，萬謂之方，千謂之撇，此語自宋已有之。《劉貢父詩話》云：「今言萬爲方，千爲撇，非謁也，若隱語爾。」又凡官文書紀數，壹貳叁肆伍陸柒捌玖拾，謂之大寫數目字。唐張參《五經文字》及唐玄度《九經字樣》皆如此書。陸務觀云：「柒字，晉唐人皆作漆。」洪容齋《五筆》：「九作久，陽數，九爲老久義也。玖，黑色玉，借作玖，非。」或謂秦法，凡數目字文單者取茂密字易之，一作壹，二作貳是也。然秦諸碑一、二、三改易，四以下仍用本文，十字並改，非秦之舊也。

市肆貿物索客錢，謂之賣鈔。按鈔，楮幣也。陳希夷謂之紙錢。始于宋，盛於元，而明亦嘗行之。今無鈔法，而謂之鈔者，民間私市亦嘗書銀錢之數於紙，加印記以信其取，即宋鈔交子、會子之義，故襲爲此語耳。祝允明《野記》：「明洪武始造鈔，不就，一夕夢神告曰：『用秀才心爲之。』寤思曰：『豈得殺士爲之耶？』高后曰：『士子苦心程業文課，即心也。』因命取太學積課簿擣造，果成。」然則秀才心可以成鈔。而今之秀才多不名一錢，富於心而貧於身。我蓋求其故而不得也噫。

主人於朔望後一日，以肉食勞其傭，謂之牙嚌。才細切。《禮·雜記》：「主人之酢也嚌之，衆賓兄弟則皆啐七内切之。」注：「至齒爲嚌，入口爲啐。」又《鄉飲酒義》：「嚌肺，嘗禮也。」疏：「取俎上之肺嚌齒之。」牙嚌，齒嚌也，語義本注疏。

食有塵垢謂之沙墋。初飲切，參上聲。《漢書》：「功臣贊：茫茫宇宙，上墋下黷。」注：「垢也。」《齊民要術》有治麪沙墋法。

食味傷鹽者謂之蜇音折口。《列子》：「客有獻芹者，鄉豪取而嘗之，蜇於口，慘於腹也。」柳宗元《讀毛穎傳》：「雖蜇吻裂鼻，縮舌澀齒，而咸有篤好之者。」

聚飲而人不速自至謂之敠粗送切，音銃食。《類篇》：「敠音掇敠，食不速也。」《廣韻》：「不迎自來也。」俗又謂語言戇直爲敠敠，失其旨矣。

温酒謂之抱。晉羊琇冬月釀，常令人抱甕，須臾復易人，酒速成而味好。語故典雅。

瀹物沸湯中謂之爨。七丸切，音攛。《周禮·夏官·挈壺氏》：「及冬，則以火爨鼎水，而沸之，而沃之。」注：「以火炊水。」爨有平去二音，平音則義主活用也。又謂之湉。音插。《齊民要術》有湉蒜、湉韭。

酒肉隔器著沸湯中謂之頓。《要術》：「豚肉餅法：以小杓子挹粉著銅鉢内，頓鉢著沸湯中。」頓乃頓置之義。《居易録》有「隔湯盞熟」語，頓作盞。《廣雅》：「盞，盂也。」殆無義解。

酒漿醲厚者謂之釅。音驗。《要術》：「作胭脂法：燒藜、藋及蒿作灰，以湯淋取清汁。」下注：「初汁純厚太釅，不中用。」東坡詩：「香似龍涎仍釅白。」又：「翠釅紅螺醬。」楊萬里詩：

「新菱剥釃紅。」

物不真實者謂之冉鎌。俗音若穰腔，此冉鎌聲之轉也。《方言》：「僞物謂之冉鎌。」注：「冉音髯，鎌音廉。」

物之麤惡者謂之下沽。音古。俗音近假估。《周禮・夏官・司兵》：「掌五兵五盾，各辨其物與其等。」注：「等，謂功沽上下。」疏謂：「麤惡者爲下等也。」「酒正」注：「亦謂沽，猶惡也。」《春官・巾車》：「凡良車、散車不在等者，具用無常。」注：「作之有功有沽。」疏：「精作爲功，則曰良。麤作爲沽，則曰散也。」沽亦通苦。《國語》：「辨其功苦。」韋昭曰：「堅曰功，脆曰苦。」又義通鹽。《前漢・息夫躬傳》：「器用鹽惡。」亦不堅牢之義。

又不堅牢謂之流休。此浮休之譌也。流與浮音近。《莊子》：「其生若浮，其死若休。」賈誼《鵩鳥賦》：「其生兮若浮，其死兮若休。」唐張鷟自號浮休子，宋張舜民自號浮休居士。東坡詩：「等是浮休無得喪。」皆本《南華》。

分財謂之八刀。離合字體，本之《説文》：「分別也。從八從刀，刀以分別物也。」

憎物之詞謂之牢實。《前漢・天文志》：「其伏見蚤晚、邪正、存亡、虛實。」孟康注：「虛實，若天牢星實則囚多，虛則開出之屬。」牢實故可憎也。

舁重者作聲勸力謂之邪音耶許音虎。《詩・小雅》：「伐木許許。」傳：「許許，柹費貌。」朱傳謂：「衆人共力之聲。」《淮南子・道應訓》：「夫舉大木者，前呼邪許，後亦應之。」又《呂氏春秋・淫辭》篇作「輿謣音吁」，云：「今舉大木者，前呼輿謣，後亦應之。」與《淮南》音讀小異，皆謂舉重勸力之歌。

近俗多於事之迫速者謂之馬上。按，《宋史・張雍傳》：「雍在三司置簿籍，有『案前急』『馬前急』『急中急』之目，爲時論所誚。」馬上，即馬前急之義。

事多計較謂之多心。《晏子春秋》：「梁邱據問晏子曰：『子事三君，君不同心，而子俱順焉，仁人固多心乎？』」俗語出此。又謂之三心二意。本焦贛《易林》：「五心六意，歧道多怪。」

膚體有垢汙謂之耇革。《方言》：「乾都、耇、革，老也。」注：「老者皮色枯瘁之形也。」今遂以垢汙視之。

虐遇人謂之作獺。《六帖》：「張崇帥廬州，不法，有伶人假爲人死，有譴當作水族，陰府判曰：『焦湖百里，一任作獺。』」

俗以穢汙積人牆隅謂之作踐。語本《儀禮・公食大夫禮》：「牛羊豕陳於門內西方，東上。」注：「爲其踐汙館庭〔一〕，使近外。」

糞掃之餘積謂之落索。《顏氏家訓》云：「『落索阿姑餐。』此其相報也。」

索逋而詈者謂之下瓦。二字見《管子・形勢》篇，云：「弱子下瓦，慈母操箠。」又齊竟陵王

〔一〕爲：原誤作「謂」，據《儀禮注》改。

子良《表》：「守宰務在裒刻〔一〕，圍桑品屋，以準貲課，致令斬樹發瓦，以充重賦。」此即索逋下瓦之義。

與人通有無，簿記不了了，謂之糊賬。俗音糊作互聲。亦糢糊之義。賬則俗書，當作帳，古無賬字也。《漢·武帝紀》：「明堂朝諸侯，受郡國計。」注：「若今之諸州計帳也。」〔二〕《隋書》高熲奏〔三〕：「文帝時，長吏肆情，文帳出没無定簿。」《唐書》：天寶中，天下計帳户約有八百九十餘萬。《通典》：「諸課役，每年計帳至尚書省。」《通志》内侍省：「秦置永巷，漢武更名掖庭，置令掌宫人簿帳。」又《綱目》：晉高祖天福五年，李崧奏諸州倉糧於計帳之外所餘頗多。《宋史·邊肅傳》：「至道初，置行帳司以會財用之數。」陶穀《清異録》：「韋巨源故書中尚有食帳。」史傳如此者，不可勝數，從未作賬者。

事有準備謂之抵樁。按，宋熙寧五年，「詔以銀絹賜河東，聽人賒買，收本息封樁備邊」。八年，「詔緣邊入米麥粟封樁，聽羅便司兑用，須歲豐補償」。又王巖叟《議役法》：「助錢歲歲樁留一分〔四〕，或時支用，即隨撥補。」〔五〕政和元年改名準備錢抵樁。義本此。俗又有老樁之

〔一〕裒：原誤作「衰」，據《南齊書》改。
〔二〕州：原誤作「侯」，據《漢書注》改。
〔三〕熲：原誤作「熲」。
〔四〕原脱一「歲」字，據《宋史》補。
〔五〕隨：原誤作「道」，據《宋史》改。

語，亦然。

言不實而善遁者謂之弔詭。《莊子・齊物論》：「是其言也，其名爲弔詭。」注：「至怪也。」

骫骳狗人謂之乖角。宋朱彧《可談》：「都下市井謂不循理者爲乖角。」又羅隱《焚書坑》詩〔一〕：「祖龍算事渾乖角，將謂詩書活得人。」〔二〕皆以乖角爲乖張意。今語殆正言若反也。

凡人輕狡者謂之即溜，又謂之鯽令。此本漢孫炎作反切語，出於俚俗常言，蓋即溜反切爲就，即令反切爲精。唐盧仝用以入詩云：「不即溜鈍漢。」

又體性姣好者謂之嫽釥。音了俏。《方言》：「釥、嫽，好也。」注：「今人通呼小姣潔喜好者爲嫽釥。」

服飾都麗謂之火色。《汲冢周書・太子晉解》：「汝色赤白，火色不壽。」又《新唐書・馬周傳》：「岑文本曰：『鳶肩火色，騰上必速，恐不能久。』」今義與古異，亦非佳語。

氣不爽朗謂之們渾。俗多書作悶混，乃譌也。《方言》渾字注：「們渾，音悶溷。肥滿也。」義本此。們字，諸書不概見。今俗又謂我們、他們，傳奇家亦通用之，作平聲讀，皆俗，不可從。

糊塗謂之忽突。《宋史・吕端傳》：「太宗欲相端，或言端爲人糊塗。帝曰：『端小事糊塗，大事不糊塗。』」孫弈《示兒編》糊塗讀爲鶻突。朱子《語録》亦作鶻突。《金壺字考》讀忽突。

〔一〕羅隱焚書坑：原誤作「韓偓香奩集」。

〔二〕將：原誤作「自」。

居事中而多梗者謂之䖈牛召切䯪騎去聲，音轎，不安也。韓詩：「我亦平行踏䖈䯪。」

意不適曰懠牋西切慅音草。《廣雅》：「懠慅，秋愁也。」

螫人蟲見之毛起謂之悚刺。上音策，下盧達反。《方言》：「悚、刺，痛也。」《廣雅》作瘌。又《方言》：「凡草木刺人謂之茦。初革反。」《爾雅》曰：「茦，刺也。」

物之鬈鬆者謂之吒音乍蓬。《唐史》：「光啓二年夏四月〔一〕，僖宗在鳳翔，馬尾皆吒蓬如䍙。吒，怒象。」

衣短後謂之短黜。《廣雅》曹憲音釋：「黜，徵劣反。」《方言》：「黜，短也。」注：「蹶黜，短小兒。」隋陸法言《切韻》與拙同音〔二〕。又謂之短孑吉孓厥。《廣雅》：「孑孓，短也。」《劉攽詩話》云：「今人呼秃尾狗爲厥尾，衣之短後者亦曰厥。」是黜、孓、厥三字義皆通。

人以足擊地謂之蹋足。俗音若墮，乃蹋之轉也。《逸周書》：「師曠見太子晉，束蹋其足〔三〕。王子曰：『太師何舉足驟？』師曠曰：『天寒，足蹋是以數也。』」孔晁注：「蹋，踏也。」今人足寒多如此。

見物盛多而信口出聲曰夥頤。《史記・陳涉世家》：「客曰：夥頤！涉之爲王沈沈者。」服

〔一〕啓：原誤作「烈」。
〔二〕隋：原誤作「宋」。切：原誤作「廣」。
〔三〕束：原誤作「東」，據《逸周書》改。

虔曰：「楚人謂多爲夥頤者，助聲之詞也。」應劭曰：「沈沈，宮室深邃之貌也。」沈音長含反，通潭。韓詩：「潭潭府中居。」今俗稱潭府本此。

憎惡之聲謂之誒詒。音哀怡。《莊子・達生》篇：「齊桓公田於澤，見鬼焉，誒詒爲病。」司馬彪注：「懈倦貌。《説文》云可惡之詞也。」

人之困敝者謂之落度。《晉書》：「太安中童謠云：元超兄弟大落度。」又《漢書》：「酈食其家貧落魄。音拓。」楊雄《解嘲》：「何爲官之拓落也。」《世説新語》王耆之「樂託之性〔一〕，出自門風」。《隋書》：「楊素少落拓，有大志。」《録異記》：「段文昌負才傲俗，落拓荆楚間。」字小異，義皆同。

婦女相詈謂之孬音呼怪切⿱不行音朧。范石湖《桂海虞衡志・土俗字》〔二〕：「孬，不好也。⿱不行，人不能舉足也。」是其語起於兩粤。雖極鄙俚，而皆見於前人紀載，方語其可忽諸？

不得人助謂之落單。劉向《新序》：「孫卿曰：『仁人之兵不可詐也。彼可詐者，怠慢者也，落單者也。』」

與人少殷勤謂之不作。《世説》：「謝萬獨往王恬許，恬了無酬對意，謝於是乃還。安石曰：『阿螭不作爾？』」阿螭，恬小字也。又謂之不倸。《北齊書》：「後主穆后名舍利，母名輕

〔一〕之性：原脱，據《世説新語》補。
〔二〕虞衡：原作「雜」。

霄。后入宫幸於後主，女侍中陸大姬，令萱養以爲女。后以陸爲母，提婆爲家，更不保輕霄。」

非時所尚謂之不興。《周禮・旅師》：「平頒其興積。」注：「縣官征聚物曰興。」疏：「是積聚之義。」不興是不聚也。

作事謂之做事。按，作字本有兩音：一音鑿，一音佐。漢時謡云：「范叔度，來何暮。不禁火，民夜作。昔無襦，今五袴。」昌黎詩：「非閣復非船，可居兼可過。君去問方橋，方橋如此作。佐。」俗轉爲做。僧文瑩《湘山野録》：「太祖謂陶穀曰：『此官職甚難做，依樣葫蘆，且做且做。』穀詩云：『官職有來須與做，才能用處不憂無。堪笑翰林陶學士，一生依樣畫葫蘆。』」朱子《語録》謂：「《傳燈録》極陋，蓋真宗時一僧做，上之。」又米芾《海嶽名言》：「顔真卿吉州廬山題名，題訖而去。後人刻之，故皆得其真，無做作凡差。」做、作二字連用，蓋習而不察也。大抵唐以前字猶近古，自宋以後乃俗書。

者箇謂之這箇。《説文》：「者，别事辭也。」《增韻》：「即物之詞。」又此也。凡稱此箇，爲者箇是也。今作這。這，迎也。《周禮》：「掌訝，主迎。」訝，古作這。郭忠恕《佩觿集》以爲俗誤。案，此字唐以前不概見，大抵五代及宋人有之。《宋史》：「顯仁后謂秦檜妻：『我道這婆子村。』」朱子《語録》：「《楚詞注》下事，皆無這事。是他曉不得，卻就那語意撰一事。」這字之沿譌，蓋非一日矣。

如何謂之而何。《春秋》莊七年：「夜中星隕如雨。」《穀梁傳》：「如，而也。」《詩・小雅》：

「垂帶而厲。」鄭箋：「而，亦如也。」《孟子》「望道而未之見」「請野九一而助」，趙岐注：「而，如也。」漢桓寬《鹽鐵論》：「見利如前。」注：「如，一作而。」《左》昭四年：「牛謂叔孫見仲而何。」而何，如何也。陸德明《經典釋文》所謂「如、而靡異」是也。

約舉物數，俗謂之毛估。按，估乃目音之譌。毛、目二字見《子華子》，云：「毛舉其目，尚不勝爲數也。」《宋・司馬温公傳》：「但毛舉細事，稍塞人言。」《陳桷傳》：「言事者率毛舉細務，略大利害。」劉勰《文心雕龍・序志》篇：「下篇以下，毛目顯矣。」

物之小者謂之癠癠，音薺，俗音若賫。又謂之筀筀，又謂之揫揫，音秋。又謂之私私。《方言》：「凡物生而不長大，謂之鮆，又曰癠。」又曰痤。「凡細貌謂之筀。」「歛物而細謂之揫。」「凡物小者謂之私。」

取物不使人知謂之図図。昵立切。《通志・六書略》：「図図，私取也。」又《説文》昵洽切，音近捻。謂：「下取物縮藏之。」《集韻》：「手取物也。」

偃仰於室謂之踼踼。音儻。《集韻》：「踼，伸足伏臥也。」

輕侮其人謂之崽。俗音作灑，又音近臬。《金壺字考》有腮、灑、宰三音。《方言》：「崽者，子也。」注：「崽音臬聲之轉。」又：「湘沅之會，凡言是子者謂之崽。」注：「聲如宰。」《廣雅》：「崽，子也。」酈道元《水經注》：「弱年崽子。」音宰。《玉篇》亦音宰。《篇海》云：「謂人曰崽，自高而侮人也。」今義如此。

嗤人之不振奮者謂之倯。相容反。《方言》：「庸謂之倯。」注：「倯，猶保倯也。今隴右人名孏同懶爲倯。」又：「倸音窮倯，駡也。」注：「羸小可憎之名也。」《廣雅》：「倸倯，罯也。」

體弱者謂之贚。俗音如穰。《方言》：「凡人言盛及其所愛〔一〕，瑋其肥盛，謂之贚。音壤。」注：「肥贚多肉。」《文選》鄒陽《上吴王書》：「壤子王梁、代。」李善注引《方言》以壤爲贚、以瑋爲諱。諱其肥盛，今俗問於小兒猶然，殆是反語，猶以甘爲苦、以香爲臭、以治爲亂也。

小兒聰慧者謂之𢣷。莫佳反。《博雅》：「𢣷，慧也。」《方言》：「虔、儇，慧也。晉謂之𢣷。」

性不慧謂之惗。倫上聲。《玉篇》：「啴惗，行無廉隅也。」楊升庵云：「俗戲體肥者爲惗。」

以手擊小兒首謂之度。入聲。郭璞云：「今江東呼打爲度，又謂之撓。音號。」宋《集韻》：「打也。」與摑通。又謂之㲄。《吕氏春秋》：「下見六王五伯，將㲄其頭矣。」又謂之栗爆，二字見《埤雅》，云：「栗房秋熟罅發，其實驚躍如爆。」栗爆，蓋擬其手之作勢如此也。

握空掌誘小兒而開示之，謂之毛。按，毛古通亡。無。范史《馮衍傳》：「饑者毛食。」注：「毛作無。」章懷太子曰：「當讀如模。」《佩觽集》：「河朔謂無曰毛。」《通雅》：「江、楚、廣東呼無曰毛。」示兒無物故曰毛。

以人言爲不然而謬答之，謂之誺。音癡。《方言》：「誺，不知也。凡相問而不知，答曰誺。」

〔一〕言盛：原脱，據《方言》補。

《玉篇》作誺，丑脂切。不知也。又謂之粃。《方言》：「粃，不知也。」今淮楚間語呼聲如非也。

相唾之詞謂之辟。《方言》：「凡罵庸賤或謂之辟。辟，商人醜稱也。」注：「辟辟，便黠貌。」

指授人而忽易之，謂之眲。諸革反，音冷入聲，音近勒。《方言》：「揚越之郊，凡人相侮以爲無知謂之眲。眲，耳目不相信也。」《列子·黃帝篇》：「子華之門徒顧見商邱開年老力弱，面目黎黑，衣冠不檢，莫不眲之。」

目瞬謂之眨。竹洽切，音劄。宋朱彧《可談》：「廣中有一種近海者，入水眼不眨，謂之昆侖奴。」

然人言謂之欸。音埃。《方言》：「然也。南楚凡言然者曰欸。」又事不然而出歎聲亦謂之欸。音哀。《楚詞》：「欸秋冬之緒風。」《史》王翦「牙欸」，言切齒怒也。

慢應聲謂之唉。音哀。《莊子·知北游》篇：「狂屈曰：『唉！予知之，將語若。』」《説文》：「唉，譍也。」《經典釋文》引李頤集解亦云應聲。又驚問聲。《管子》：「禹立諫鼓，而備訊唉。」又歎恨聲。《項羽本紀》：「亞父曰：『唉！豎子不足與謀。』」

斥人謂之歹。按，田汝成《炎徼紀聞》：「南蠻稱人曰歹，自稱亦曰歹。猶晉之言咱，楚之言儂也。」今爲惡聲矣。

誘致人物謂之緆，音塔。以索罥物也。《唐書》：契丹將李楷固善用緆索，飛索緆唐將張元遇、麻仁節，生獲之。緆義見此。

寄頓物謂之艛。音孕。《方言》：「艛，寄也。」凡寄爲託，寄物爲艛。

物之足備者謂之够。音遘。左太沖《魏都賦》：「繁富夥够，非可單究。」〔一〕《廣雅》曰：「够，多也。」

裂紙帛謂之斯。《爾雅・釋言》：「斯、誃，離也。」注：「齊陳曰斯。」孫炎曰：「斯，析之離。」《方言》：「斯、掬，離也。」《詩・陳風》：「釜以斯之。」《列子・黃帝篇》：「華胥氏之國，不知斯齊國幾千萬里。」注：「斯，離也。齊，中也。」《呂覽》趙宣孟見桑下餓人，與之脯一朐，曰：「斯食之。」注：「斯，析也。」又通廝。《方言》：「廝，披散也。」聲散曰廝，器破曰披。又南楚間謂之敀。圮。今俗亦謂器裂爲披，又曰敀。

水流謂之蕩。底朗切，音黨。《周禮・地官・稻人》：「以溝蕩水。」注：「謂以溝行水也。」又水推物謂之汆，吞上聲。見夏大卿《琅邪代醉編》。

衣物上汙謂之洷。魚靳切，俗音若肯去聲。《爾雅》：「澱謂之洷。」疏：「滓泥也。」《方言》：「垢凝曰洷。」

物縐結謂之㾓。音皺。《博雅》：「㾓，縮也。」《埤雅》：「蚌聞雷聲則㾓。」衣服開張謂之觰。

〔一〕究：原誤作「突」，據《魏都賦》改。

超加切，詐平聲。楊升庵曰「張皃」。俗云觰開。韓《月蝕》詩：「赤鳥司南方，尾禿翅觰沙。」觰，同觰。

鷄菢卵謂之蒀。央富反。《方言》：「伏鷄曰抱。」郭注：「江東呼蒀。」《夏小正》：「鷄孚粥。」又《方言》：「鷄伏卵而未孚。音赴。」蒀，其聲之轉也。又揚子《太玄》曰：「陽蒀音煦萬物。」左太沖《蜀都賦》：「陽蒀陰敷。」劉良注：「言陽氣蒀煦，生萬物也。」蒀讀吁，音小異耳。

人倒地謂之逿[一]。徒浪切，音宕。《前漢書·儒林傳》：王式除博士，江公嫉式。式謂主人歌《客毋庸歸》[二]。江翁曰：「經何以言之？」式曰：「在《曲禮》。」江翁曰：「何狗曲也。」式恥之，陽醉逿墜。古地字。師古曰：「逿，失據而倒也。」今公府文書多作躺，誤。

顧雇，古作顧手謂之倩。清去聲。《方言》：「東齊閒聟古婿字謂之倩。」注：「言可借倩也。」《大戴禮》：「在貧如客，使其臣如借。」借，所謂倩也。《宋書》：文帝元嘉二十七年伐魏，悉發青、冀、徐、豫、二兖六州三五民丁，倩使暫行。注：「倩，假也。」

飲食就匕狼籍謂之扠。音叉。韓集《城南聯句》孟郊云：「饞扠飽活臠。」

持水漿而人動搖之，謂之攩。音晃。《方言》：「挄、扰，推也。或曰攩。」注：「今江東人亦名推爲攩。」

[一] 逿：原誤作「遏」。下同。
[二] 庸：原作「容」。

漬衣盆水中而挼稬平聲挱音梭之，謂之撋。軟平聲。《詩》：「薄汙我私。」毛傳：「汙，煩也。」鄭箋：「煩，煩撋也。」《考工》：「鮑人進而握之。」注：「親手煩撋之。」蓋兩手切摩之也。字同挼、擩。《周禮・春官》辨九祭，「六曰擩祭」。《儀禮》「挼於鹽」「挼於醢」皆此義。

齒留食物謂之齣。邱駕切，榼去聲。《六書故》：「骨著齒間不去也。」又《説文》：「食骨留咽中爲骾。」〔一〕今亦謂之齣。

拾取物謂之攓。音蹇。《方言》：「攓，取也。南楚曰攓。」《説文》：「拔取也。」《列子・天瑞篇》：「攓蓬而指。」《莊子・至樂》篇同。賈誼《新書・俗激》篇：「攓兩廟之器。」皆取義。今越音又謂之篡。音饌。《方言》：「自關而西秦晉之間，凡取物而逆謂之篡。」篡亦攓義。

事失機會謂之濕。音沓。《方言》：「自關而西秦晉之間，凡志而不得、欲而不獲、高而有墜、得而中亡謂之濕。」注：「濕者，失意潛沮之名。」

水濺衣物謂之灒。音贊。《説文》：「汙灑也。」

器缺謂之齾。音押。《逸雅》：「獸曰齧。齧，齾也。所臨則禿齾也。」韓《征蜀聯句》：「交斫雙缺齾。」蘇詩：「遠水鱗鱗山齾齾。」又作鑡。《廣韻》：「器缺也。」

物乾枯謂之癟。音别。《玉篇》：「枯病也。」《廣韻》：「戾癟不正。」李時珍《本草綱目》：

〔一〕骨：原誤作「物」，據《説文解字》改。

「枸櫞緑生熟黄，南人雕鏤花鳥，置之几案，可供玩賞，若安芋片於蔕，而以濕紙圍護，經久不殨。」

事之叢脞者謂之糟。《大戴禮·少間》篇：「糟者猶糟，實者猶實。」盧辯注：「糟以喻惡，實以喻善。」

貨滯不行而價減謂之昏。按，昏字之義始於鈔法。《元史》：「交料之散滿人間者，無處無之，昏軟者不復行用。」《張養浩傳》：「天歷二年，關中大饑，斗米直三十緡。民持鈔出糴，稍昏即不用〔一〕，詣庫換易，累日不可得，民大困。乃檢庫中未毁昏鈔文可驗者，悉印記其背，給散貧乏。」〔二〕故市賈相沿有昏之名。

牙牌用久磨消其質，謂之易。按，物磨則平。《中庸》：「君子居易以俟命。」鄭注：「易，平安也。」朱注：「平地也。」《楚詞》：「何周道之平易兮，然蕪穢而險巇。」《左傳》：「司空以時平易道路。」則平易是其義也。物磨則滑。《考工》：「冬析幹則易。」鄭注：「易，理滑致也。」《儀禮·喪服》「錫衰」注：「謂之錫者，治其布，使之滑易。」則滑易是其義也。且磨則變，有變易音亦義。磨則輕，有輕易音異義。字皆當從易。而楊升庵《丹鉛録》云有中官以牙牌磨易之字爲

〔一〕即：原脱，據《元史》補。
〔二〕乏：原誤作「民」，據《元史》改。

問，楊據《漢書・食貨志》「姦或盜摩錢質而取鋊」以鋊字對之〔一〕，不知《漢書》臣瓚注曰：「許慎云：『鋊，銅屑也。』磨錢漫面，以取其屑，更以鑄錢。」南宋孔覬《鑄錢議》：「五銖，周郭其上下，令不可磨取鋊。」《西京黄圖序》曰「民磨錢取屑」是也。鋊爲屑，是有質之義；易爲銷磨，是無質之義。若以鋊當銷磨解，則《漢書》姦之盜磨又何取乎？李燾《五音譜》亦謂「今俗謂磨光曰磨鋊」，説皆非是。鋊，師古音浴，《集韻》音欲，亦非易音。

人嚏輒謂之人説我。《詩》：「願言則嚏。」鄭箋：「今俗人嚏，云『人道我』。」此古之遺語也。

衣敝謂之破拉颯。《晉書》：「孝武帝太元末，京口謡曰：『黄雌鷄，莫作雄父啼〔二〕。一旦去毛衣，衣破拉颯栖。』」

心迹不光明謂之鬼聻聻。《五音集韻》聻音積，云人死爲鬼，鬼死爲聻。夫人而爲鬼，是無人理矣；鬼又爲聻，是并無鬼理矣。人而若此，嗚呼難矣。

事不肯爲者謂之飯不捉。《儀禮・士喪禮》：「設決，麗於掔。音捥。自飯持之。」鄭注：「掔，手後節中也。飯大擘指本也。」飯不捉，謂不以飯持之，猶俗云不濡手也。

〔一〕錢：原誤作「銅」，據《漢書》改。

〔二〕莫：原脱，據《晉書》補。

偵知人姧，嚇詐錢物謂之拏譌頭。顧寧人《日知録》：「泰昌元年八月，御使張潑言：『京師奸宄叢集，游手成羣，有謂之把棍，有謂之拏譌頭者。』」蓋俗語相沿如此。

嬉笑無度謂之唏唏虚几切欨欨呼下切。《廣雅》：「唏唏、欨欨，笑也。」

物之就理者謂之條條秩秩。音姪。《爾雅》：「條條、秩秩，智也。」疏：「《小雅》『左右秩秩』，言其威儀審智不失禮也。」

〔民國〕蕪湖縣志

【解題】余誼密主修，鮑實總纂。蕪湖縣，今安徽省蕪湖市區。「方言」見卷九《地理志》中。録文據民國八年（一九一九）石印本《蕪湖縣志》。

方言

邑有舊姓爲劎，土人謂之臭。王貽上《香祖筆記》云：近在部見爰書有劎姓，而不載字音。今字書有此字，音丑，或云本俞姓，改爲劎。按《唐韻》《集韻》，俞字並丑救切，抽去聲。《唐韻》漢人姓，鄭樵《通志·氏族略》俞氏音平聲，又吐溜切，是劎之與俞，音本合而體小異。其爲俞之改寫當屬可信。今西鄉有惲姓族人頗衆，土人及其族咸呼之爲昏，莫能改正也。

縣境西北有地，土人謂之姚家㸌，音近繃去聲。按此字音義無考。《史記·天官書》唐張守節《正義》云：「辰星，一名細極，一名鈎星，一名㸌星。」亦不載音義。不知此地何以名此，疑誤也。舊聞老人云，原作浜。布耕切，音崩，考《集韻》：「浜，安船溝也。」此地前後多溝池，或初時通大水可以納舟歟？今邑東南鄉有荆岧港、李岧浧二地，名岧，俗讀召，又讀若照。然字書查無此字。疑即沼字之訛，以皆因水得名也。

邑東南地名山口，有廟謂之老菩薩，即睢陽張公之神。以菩薩稱，又以老稱，奇矣。案公之子亞夫與公同殉節，唐贈金吾大將軍，同時立廟睢陽。意江淮間以亞夫有廟，因謂公之神爲老以別之。其稱菩薩則俗人呼，凡鬼神多如此也。每年三月二十五日以爲神誕，鄉城男婦進香者坌集，必殺鵝爲饗。

赭山所祀之神謂之甪姑。按甪本角字，音覺。《通雅》：「角，音録。」陳第《毛詩古音考》亦音録。《宋史》太宗謂崔偓佺曰：「四皓中一先生姓用，字加撇或云加點，爾知否？」偓佺曰：「臣聞刀用爲角，音權。兩點爲甪，音鹿。一撇一點皆不成字。」是又以用上加二點爲甪矣。今之甪姑，其姓氏里居皆不可考，亦不知何自而起。聞其神不過十數年之近。姑如三十許婦人，亦相好。道人帷其前，旛幢若林。農家者流奉之唯謹，每年場圃畢，多醵錢演劇以娱神，謂稼穡皆神福，然亦未見甚靈異也。又三數十年前，邑人祀一像，謂之王奶奶，字從俗書。其像黄衣杖而立，傍伏一虎，狀甚馴。或云其子爲虎所傷，亦臆説也。

怖止兒啼謂之麻胡子，語本顔師古《大業拾遺記》：煬帝將幸江都，命雲屯將軍麻叔謀濬黄河入汴隄。叔謀銜命甚酷，以鐵腳木鵝試淺深，鵝止，謂濬河之夫不力，羣伍死水下。至今兒啼聞人言「麻胡來」即止。其謌言可畏若此。

小兒稱母之父謂之家公。《漢書》：侯霸之子孫稱其祖爲家公。俗殆視外祖如祖也。今人又多呼外祖爲公公，外祖母爲婆婆。

鄉人稱母謂之艾姐。孔鮒《小爾雅》：「叟、艾，老也。」揚子《方言》：「凡尊老謂之艾。」《説文》：「蜀謂母曰姐。」張楫《廣雅》：「姐，母也。」是艾姐猶言老母也。北齊太子稱生母爲姊姊，宋呼嫡母爲大姊姊。姐與姊義同。鄉人語殊有徵於古。今東南鄉人有此稱，餘無。

小兒呼父多謂之八八。韓文公《祭女挐女文》：「阿爹阿八。」廖百子云：「夷語稱老者爲八八或巴巴。」按，晉常璩《南中志》云：「夷中有桀黠者謂之耆老，好譬喻物，謂之夷經。」今南人言論雖學者亦半引夷經，意即此類。今俗多稱伯父爲伯伯，父則雜稱爲爹爹、爺爺、大大（平聲），亦間稱伯伯。稱叔父爲老老，祖父爲太太、朝朝（音潮）。均系疊聲，要皆兒時語氣也。

新安人僑居縣境者甚衆，呼祖母多謂之嫯嫯。案《漢書·高帝紀》：「帝常從王媪、武負貰酒。」如淳曰：「俗謂老大母爲阿負。」師古曰：「古語謂老母爲負。」負負蓋疊稱老大母也，或即負負訛爲務音乎？

以里魁目人謂之二伍長。劉宋制，五家爲伍，伍長主之。二伍爲什，什長主之。十什爲里，里魁主之。《通典》列之鄉官。今俗伍字音讀若萬，而無長字。

苫蓋工謂之宼吾化切，蛙去聲匠。顧野王《玉篇》：「泥宼屋也。」《通志·六書略》：「施瓦於屋也。」

門上施釘鉸以繫幭謂之門鷄。《周禮·冶氏》：「戈廣二寸。」鄭氏云：「戈，今勾孑戟也。」或謂之鷄鳴，或謂之擁頸疏。勾孑戟、鷄鳴者，以其胡似鷄鳴故也。黄長睿《東觀餘論·銅戈辨》謂戈援之下如磬折，稍刓而漸直，若牛頭之垂胡者，所謂胡也。今釘鉸，前胡垂而復昂上形如之。俗昏禮，父母資送女，凡幣物皆次之，必先以匣函門鷄送壻家，釘於壻之户以垂幭。壻家厚犒使者，蓋視此爲重也。旁近縣謂之喜相逢云。

剪餘帛謂之帨音剜子。《廣韻》：「帨子，裁餘帛也。」亦見《金壺字考》。又《玉篇》：「帤，音帛餘也。」《廣雅》：「幓，音細，又音薛。遺餘也。」《説文》：「幓，裂也。」與《急就篇》「帔音比爲例。幓殘之帛」，皆帨子之類。

市錢以七十爲一百，謂之七折錢。其足百，則謂之長錢。案《梁史》：大同間鑄鐵錢，自破嶺以東以八十爲陌，通百。名曰東錢。江郢以上七十爲陌，名曰西錢。京師以九十爲陌，名曰長錢。帝詔通用足陌而人不從。太平興國三年，詔所在用七十七錢爲百，是蕪之七折錢，如梁之西錢。而足陌長錢，則前代鮮有行之者。《抱朴子》云：「取人長錢，還人短陌。」錢之有折，其來久矣。又每貫底除二錢，謂之底串。唐憲宗元和中，京師用錢每貫除頭二十文。穆宗長慶元年，勅内外公私用錢〔一〕，每貫除墊陌錢八十，以九百二十爲貫。墊陌即底串也。

〔一〕錢：據嘉慶《蕪湖縣志》補。

市人爲隱語，萬謂之方，千謂之撇，此語自宋已有之。《劉貢父詩話》云：「今言萬爲方，千爲撇，非譌也，若隱語爾。」今市儈隱語通用於糧食牙行者，一由，二申，又名中，三人，四工，五大，六王，又名陵，七主，又名柴，八井，又名拐，九羊，十仍爲由。通用於小本貿易者，一尖，二貝，三代，四長，五神，六牢，七草，八刀，九王，十由。

市肆貿物索客錢，謂之賨鈔。按鈔，楮幣也。陳希夷謂之紙錢。始于宋，盛於元，而明亦嘗行之。今無鈔法，而謂之鈔者，民間私市亦嘗書銀錢之數於紙，加印記以信其取，即宋鈔交子、會子之義，故襲爲此語耳。今俗呼銅元爲鈔，呼紙幣爲鈔票。

主人於朔望後一日，以肉食勞其傭，謂之牙嚌。才細切。《禮・雜記》：「主人之酢也嚌之，衆賓兄弟則皆啐七内切之。」注：「至齒爲嚌，入口爲啐。」又《鄉飲酒義》：「嚌肺，嘗禮也。」疏：「取俎上之肺嚌齒之。」牙嚌，齒嚌也，語義本注疏。

物不真實者謂之冉鎌。俗音若穰腔，此冉鎌聲之轉也。《方言》：「僞物謂之冉鎌。」注：「冉音髯，鎌音鐮。」

物之粗惡者謂之下沽。音古。俗音近假估。今假讀格鴉切。《周禮・夏官・司兵》：「掌五兵五盾，各辨其物與其等。」注：「等，謂功沽上下。」疏謂：「麤惡者爲下等也。」「酒正」注：「亦謂沽，猶惡也。」《春官・巾車》：「凡良車、散車不在等者，具用無常。」注：「作之有功有沽。」疏：「精作爲功，則曰良。麤作爲沽，則曰散也。」沽亦通苦。《國語》：「辨其功苦。」韋昭曰：「堅曰功，脆曰苦。」又義通盬。《前漢・息夫躬傳》：「器用盬惡。」亦不堅牢之義。

又不堅牢謂之流休。此浮休之譌也。流與浮音近。《莊子》：「其生若浮，其死若休。」賈誼《鵩鳥賦》：「其生兮若浮，其死兮若休。」唐張鷟自號浮休子，宋張舜民自號浮休居士。東坡詩：「等是浮休無得喪。」皆本《南華》。

分財謂之八刀。離合字體，本之《説文》：「分別也。從八從刀，刀以分別物也。」今人譏人不識物情者曰各寶兒，蓋將客字分開，指生客初來，不識物情，每爲人欺，故有此稱。亦隱語也。

憎物之詞謂之牢實。《前漢・天文志》：「其伏見蚤晚、邪正、存亡、虚實。」孟康注：「虚實，若天牢星實則囚多，虚則開出之屬。」牢實故可憎也。今實讀若施。

凡人輕狡者謂之即溜，又謂之鯽令。此本漢孫炎作反切語，出於俚俗常言，蓋即溜反切爲就，鯽令反切爲精。唐盧仝用以入詩云：「不即溜鈍漢。」又體性姣好者謂之嫽釥。音了俏。《方言》：「釥、嫽，好也。」注：「今人通呼小姣潔喜好者爲嫽釥。」

見物盛多而信口出聲曰夥頤。《史記・陳涉世家》：「客曰：夥頤！涉之爲王沈沈者。」服虔曰：「楚人謂多爲夥頤者，助聲之詞也。」應劭曰：「沈沈，宮室深邃之貌也。」沈音長含反，通潭。《韓詩》：「潭潭府中居。」今俗稱潭府本此。

憎惡之聲謂之誒詒。音哀怡。《莊子・達生》篇：「齊桓公田於澤，見鬼焉，誒詒爲病。」司馬彪注：「懈倦貌。」《説文》云可惡之詞也。」

人之困敝者謂之落度。入聲。《晉書》：「太安中童謡云：元超兄弟大落度。」

婦女相詈謂之孬音呼怪切⿱不行音朧。范石湖《桂海虞衡志·土俗字》〔一〕：「孬，不好也。⿱不行，人不能舉足也。」是其語起於兩粵。今詈曰孬⿱不行骨。

與人少殷勤謂之不作。《世説》：「謝萬獨往王恬許，恬了無酬對意，謝於是乃還。安石曰：『阿螭不作爾？』」阿螭，恬小字也。

非時所尚謂之不興。今人謂之不作興。《周禮·旅師》：「平頒其興積。」注：「縣官征聚物曰興。」疏：「是積聚之義。」不興是不聚而爲獨有也。

如何謂之而何。《左》昭四年：「牛謂叔孫見仲而何。」而何，如何也。陸德明《經典釋文》所謂「如、而靡異」是也。今北鄉人有此言，南鄉人則云羅格。

嗤人之不振奮者謂之倯。相容反。《方言》：「庸謂之倯。」注：「倯，猶保倯也。今隴右人名孏同懶爲倯。」又：「⿰亻穼音窮倯，駡也。」注：「羸小可憎之名也。」《廣雅》：「⿰亻穼倯，詈也。」

體弱者謂之膿。俗音如穠。《方言》：「凡人言盛及其所愛〔二〕，瑋其肥盛，謂之膿。音壤。」注：「肥多膿肉。」《文選》鄒陽《上吴王書》：「壤子王梁、代。」李善注引《方言》以壤爲膿、以瑋爲諱。諱其肥盛，今俗間於小兒猶然，殆是反語，猶以甘爲苦、以香爲臭、以治爲亂也。

以人言爲不然而謬答之，謂之誺。音癡。《方言》：「誺，不知也。凡相問而不知，答曰誺。」

〔一〕虞衡：原作「雜」。

〔二〕言盛：原脱，據《方言》補。

《玉篇》作誺，丑脂切。不知也。又謂之粃。《方言》：「粃，不知也。」今淮楚間語呼聲如非也。

相唾之詞謂之辟。《方言》：「凡罵庸賤或謂之辟。辟，商人醜稱也。」注：「辟辟，便黠貌。」

目瞬謂之眨。竹洽切，音劄。宋朱彧《可談》：「廣中有一種近海者，入水眼不眨，謂之昆侖奴。」

然人言謂之欸。音埃。《方言》：「然也。南楚凡言然者曰欸。」今南鄉人曰唉喲。

物縐結謂之瘷。音傶。張開謂之觰。音查。《博雅》：「瘷，縮也。」《埤雅》：「蚌聞雷聲則瘷。」衣服開張謂之觰，楊升庵曰張兒，俗云觰開。韓《月蝕》詩：「赤鳥司南方，尾秃翅觰沙。」觰，同觰。

事失機會謂之濕。音沓。《方言》：「自關而西，秦晉之間，凡志而不得，欲而不獲，高而有墜，得而中亡謂之濕。」注：「濕者，失意潛沮之名。」

器物用久磨消其質謂之易。《考工》：「冬析幹則易。」鄭注：「易，理滑致也。」《儀禮·喪服》：「錫衰。」注：「謂之錫者，治其布，使之滑易。」

今按，凡語言爲一方所獨有，並無故實可徵者，尤爲真正之方言。茲本舊志約略舉之。如這曰格，那曰故，南鄉人又曰貴。然讀若而。船、轉、者等字則捲舌以讀之。昨日讀如錯俄格，南鄉人又謂之合朝。明日讀若門兒格，今日讀若各兒格。錯俄、門兒、各兒皆兩字連讀。又謂腐榦曰各兒，亦兩字連讀。於今讀若兒根。驚訝之詞曰格什敢，即這怎講也。曾言謂爲放敢，放即方之轉，敢即講之轉也，鄉人又謂潘潘敢。呼小兒曰昂呢，又曰乖乖。小兒性情乖張謂之拐嘬，小兒疲頑謂之廢。稱長輩曰你南格，即你老人家之省音也。倩人作事以言謝之曰起動。婦女寄語問安曰上夫，即上福之轉音也。南鄉人謂他爲奚，謂人爲臣，又讀若鄰。肉謂之菜，舊讀若臭。放讀若宦。好謂之莫事。微小謂之丢丢。片刻謂之一造。至凡舌音等字則連卷其舌以出之，蓋與繁、南接壤而音近也。

〔民國〕南陵縣志

【解題】余誼密修，徐乃昌等纂。南陵縣，今安徽省蕪湖市南陵縣。「方言」見卷四《輿地志·風俗》中。録文據民國十三年（一九二四）鉛印本《南陵縣志》。

方言

俗呼父曰亞伯。謂次於伯也。《史記·項羽本紀》「亞父」注：「亞，次也。尊敬之如次父。」小兒呼父曰八八。韓文公《祭女挐文》：「阿爹阿八。」廖百子云：「夷語稱老者爲八八，或爸爸。」

呼母曰媽媽。莊綽《鷄肋編》：「今人呼父爲爹，母爲媽。」洪邁《夷堅志》：「鄰里素諳我家事，須媽媽起來。」鄉人稱母曰艾姐。孔鮒《小爾雅》：「叟、艾，老也。」揚子《方言》：「凡尊老謂之艾。」《説文》：「蜀謂母曰姐。」張揖《廣雅》：「姐，母也。」是艾姐猶言老母也。

俗呼曾祖母曰太太。胡應麟《甲乙賸言》：「中丞以上之眷屬得稱太太，然則太太，婦之尊稱也。」

呼祖父曰老老，祖母曰奶奶。按傭僕呼主婦曰奶奶。柳耆卿詞：「願奶奶，蘭心蕙性。」今以之稱祖母，不知係何沿訛。

小兒稱母之父曰家公。《後漢書·侯霸傳》注：「子孫稱其祖父曰家公。」俗殆視外祖如祖也。

鄉人稱年老者曰老爹。寄園引《座右編》云：「江右萬拙庵子衣成進士，授刑部主政。世俗子爲官，稱其父爲老爹。每呼之不應，曰：『我自萬拙庵，不敢當老爹。』」則明時老爹之稱甚爲尊重。

稱贅壻曰布袋。《三餘帖》：「馮布少時，贅於孫氏，其外舅有瑣事，輒曰：『令布代之。』布袋之訛本此。」

謂婢曰丫頭。劉賓客詩：「花面丫頭十一三。」

分財謂之八刀。離合字體。本之《説文》：「分別也。从八，从刀。」以分剖物也。

譏人不識物情曰各寶兒。亦八刀之類。蓋將客字分開，謂生客初來不識物情，每爲人欺，故有此稱。

物不堅牢曰流休。此浮休之訛也。《莊子》：「其生若浮，其死若休。」唐張鷟自號浮休子。宋張舜民自號浮休居士。東坡詩：「等是浮休無得喪。」皆本《南華》，而含寓形不久意。

見物盛多而信口出聲曰夥頤。《史記·陳涉世家》：「客曰：『夥頤，涉之爲王沈沈者。』」服虔曰：「楚人謂多爲夥。」「頤者，助聲之詞也。」

物不真實謂之冉鎌。俗音若穰腔，此冉鎌聲之轉也。方音僞物謂之冉鎌。

憎惡之聲謂之誒詒。音哀怡。《莊子·達生》篇：「齊桓公田於澤，見鬼焉，誒詒爲病。」司馬彪注：「懈倦貌。」《説文》云：「可惡之詞也。」

剪裁布帛所餘曰帵子。帵，烏丸切，音剜。《正字通》：「今采帛鋪謂剪截之餘曰帵子。」

苫蓋工謂之宼匠。宼，吾化切，蛙去聲。顧野王《玉篇》：「泥宼屋也。」《通志·六書略》：「施瓦於屋也。」

不潔曰邋遢。見《敬止録》。

婦女相詈謂之孬孬骨。孬，呼怪切。孬，音朧。范石湖《桂海虞衡志·土俗字》〔一〕：「孬，不好也。孬，人不能舉足也。」此皆方言之有緣起可考者也。

凡語音之異於讀音，又限於一方，莫知其所自來者，尤爲真正之方言。約略舉之。

〔一〕虞衡：原作「雜」。

如這曰格。那曰貴。小兒曰昂呢，又曰乖乖。小兒性情乖張謂之拐嘬。問其事之成敗曰然疑。嫁人不知嫌忌曰没答煞。末了曰煞格。西南鄉人語。如何曰羅格。上北鄉近繁昌處口語。聰明曰停當。花朝後五日鄰右設膳請客，謂之殺猫。西鄉何家灣有此語。以酒食犒工匠謂之送神福。你老人家呼爲你南格。稀來敝舍呼爲稀裹八叉。人讀若鄰，菜讀若臭等皆是。凡遇舌音等字，則連捲其舌以出之，蓋陵邑之本音如是也。

〔康熙〕太平府志

【解題】黄桂修，宋驤纂。太平府，轄境包括今安徽省馬鞍山市當塗縣、蕪湖市蕪湖縣和繁昌縣，治所在今安徽省馬鞍山市當涂縣。「方音」見卷五《地里志·風俗》中。有康熙十二年（一六七三）刻本。録文據光緒二十九年（一九〇三）活字重印本《康熙太平府志》。

方音

語輕清不如省會，而亦明白易曉。官語之外，有城語，有鄉語。鄉語在十里五里之外即稍異，非童而習者莫辨。城語與官語不甚遠。大約當塗之語氣重而較清，蕪湖語氣清而稍濁，繁邇南陵，語視蕪較重，清濁相半，其大致也〔一〕。至若市語、隱謎、歇後、諢談，下賤俚鄙齷齪之習，士君子不必詳稽而悉矣。

〔一〕大：原作「本」，據清初《太平府志》改。

〔乾隆〕太平府志

【解題】朱肇基修，盧綸纂。太平府，轄境包括今安徽省馬鞍山市當塗縣、蕪湖市蕪湖縣和繁昌縣，治所在今安徽省馬鞍山市當涂縣。「方音」見卷五《地里志·風俗》中。録文據乾隆二十二年（一七五七）刻本《太平府志》。

方音

語輕清不如省會，而亦明白易曉。官語之外，有城語，有鄉語。鄉語在十里五里之外即稍異，非童而習者莫辨。城語與官語不甚遠。大約當塗之語氣重而較清，蕪湖語氣清而稍濁，繁邇南陵，語視蕪較重，清濁相半，其大致也〔一〕。至若市語、隱謎、歇後、諢談，下賤俚鄙齷齪之習，士君子不必詳稽而悉矣。

〔清〕太平府志

【解題】纂者不詳。太平府，轄境包括今安徽省馬鞍山市當塗縣、蕪湖市蕪湖縣和繁昌縣，治所在今安徽省馬鞍山市當涂縣。録文據《古今圖書集成·理學·字學·方言部·太平府》。《古今圖書集成》編

〔一〕大：原作「本」，據清初《太平府志》改。

成於康熙四十四年。

方言

語輕清不如省會，而亦明白易曉。官語之外，有城語，有鄉語。鄉語在十里五里之外即稍異，非童而習者莫辨。城語與官語不甚遠，而一二鄙俚之言，又似有可解不可解者。大約當塗語氣重而較清，蕪湖語氣清而稍濁，繁邇南陵，語視蕪較重，清濁相半，其大致也。

至所謂鄙俚之言，如目方正拘謹曰版骨。圓滑能事曰油花。子姪不道曰稗子。阿承顯富曰呵徐。以計吞人之資曰吸。彼此相妒娼曰醋。持人之陰事而利之曰拿鵝頭。偵其所之曰躧。以非理鏇人財曰薫。衙門指詐曰撞太歲、曰木鐘。自我而料事曰划算。自我而料人且限量之也曰估計。設法範圍人曰箍。餌人就己曰鈎。故陷人於過或令其處負也曰要、曰作弄。乘間而入曰鑽。人未有其事而誣之曰栽。慫慂人之助己也曰撮補。解兩家之忿，或緩其事而擔當調劑之曰攔天。有所忽合而不能解曰黏。同事而計卻之曰撑。言之鑿空而無倫脊也曰譪。與人期必而背之使失望焉曰閃。有所避而倏逝曰瀏。不告其人而私取其有若盜焉亦曰瀏。謂人之空乏而不可支也曰否。共事而偏得利焉曰偏手、曰腦窩、曰背拐。謂人之壯大而不慧者曰笨、曰松温，在蕪曰包兒，在繁曰鬧答。士之詈人曰妓子孩。人之遊戲而無所輕重也曰諢帳、曰炒皮。家敗而姑安之，事壞而姑待之，病亟而姑守之，凡皆曰膿。擠己所有與人角勝負曰背。無因而覥焉、附人以入之曰雌。彌縫其事之闕失曰糊。無事而翱翔曰痂、曰幌。

老而拘滯不與時偶也曰傷簡、曰過火、曰蕤堆。名人之回曲而不可方物也曰鬼。身在數中倖而逃也曰卯。覓人曰爪。摧折之使興敗而返也曰掃眉。事敗而不可收拾曰裂瓜。言人標致曰乾浄。不潔曰哩拉。謂人狠惡曰憊賴。言噪而不密曰喳哇。言多而不休曰哰叨、曰的達。作事不果決曰摸𢱢。謂人谿刻曰兜搭、曰嘍嗖。用財之吝不以及人曰寡辣。剥人取財曰刮削。人之貧乏而勉强經營也曰掤拽、曰巴結、曰扯拽。曲處以應之曰騰那展轉。造端曰拐揣。不合事宜曰揣皮。少精彩曰萎睢。談笑不誠愘曰欱哈、曰哈哄。以言從臾曰搊。有隙可投曰窟窿。無破敗曰囫圇。不分别曰儱侗。物事就理曰條直，否則曰不條直。形容入水之聲曰汩洞、曰骨都。凡物之聲音急疾曰滑剌。室宇之一隅曰角落頭。謂人之舉動失宜曰没搭撒。爲隱語歇後以欺人曰打坎子。謂人之冠服鮮潔而從時尚也曰行伍、曰扛調。見人殷實曰結著。有財曰有稍，否則曰落稍、曰跌薄。

凡此之類，或有與他處同者，或有爲太屬獨者，皆習見口語也。至如當塗，儕輩相稱無貴賤曰老爺，稱人之父無貴賤曰太老爺，尊其人而故親之亦同祖稱曰爺爺。稱謂尤爲失中，在有識者力返之。若夫轉音别韻無意味而不經者，諸方有之，不能瑣陳也。

〔康熙〕當塗縣志

【解題】祝元敏修，彭希周等纂。當塗縣，今安徽省馬鞍山市當塗縣。「方音」見卷六《風俗》中。録文據康熙四十六年（一七〇七）續修刻本《當塗縣志》。

方音

語輕清不如省會，而亦明白易曉。官語之外，有城語，有鄉語。鄉語在十里、五里外即稍異，非童而習者莫辨。城語與官語不甚遠，而一二鄙俚之言，又似有可解不可解者。

如目方正拘謹者曰板骨。圓滑能事曰疾溜。子姪不道曰稗子。阿承顯富曰呵徐。以計吞人之資曰吸。彼此相妬娼曰醋。持人之陰事而利之曰拿鵝頭。偵其所之曰躧。以非理鏇人財曰熏。衙門指詐曰撞太歲、曰木鐘。自我而料事曰划算。自我而料人且限量之也曰估計。設法範圍人曰箍。餌人就己曰鈎。故陷人於過或令其處負也曰耍〔一〕、曰作弄。乘間而入曰鑽。人未有其事而誣之曰栽。慫恿人之助己也曰撮補。解兩家之忿或緩其事而擔當調劑之曰攔天。有所忽合而不能解曰黏。同事而計卻之曰撑。言之鑿空而無倫脊也曰謅。與人期必而背之使失望焉曰閃。有所避而倏逝曰溜。不告其人而私取其有若盜焉亦曰溜。謂人之空乏而不可支也曰否、曰燥。共事而偏得利焉曰偏手、曰腦窩、曰背拐。謂人之壯大而不慧者曰笨、曰倯温。士之詈人曰妓子孩。人之遊戲而無所輕重也曰諢帳、曰炒皮。家敗而姑安之、事壞而姑待之、病亟而姑守之皆曰鼸。平聲。擽己所有與人角勝負曰背。無因而靦焉、

〔一〕陷：原作「限」，據清初《太平府志》改。

附人以入之曰覗。彌縫其事之闕失曰糊。無事而翱翔曰翃、曰幌。老而拘滞不與時偶也曰傷簡、曰過火、曰儽堆。名人之回曲而不可方物也曰鬼。身在數中倖而逃也曰卯。覔人曰抓。摧折之使興敗而返也曰掃眉。事敗而不可收拾曰裂瓜。言人標致曰乾浄，不潔曰哩拉。言事物之軒昂曰蠹龕、曰雄勢。物之大而難收也曰郎伉。孟浪曰靁銃、曰莽戇、曰麤糙。俊快可喜曰活絡。狡曰刁靈、曰刁鑽。奸曰促掐。不聰穎曰鶻突、曰温暾。謂人狠惡曰憊賴。言噪而不密曰喳哇。言多而不休曰哰叨、曰的達。作事不果決曰摸捺。謂人谿刻曰兜搭、曰嘍嗖。用財之吝不以及人曰寡辣。剥人取財也曰刮削。人之貧乏而勉强經營也曰掤拽、曰巴結、曰扯拽。曲處以應之曰騰那。展轉造端曰拐揣。不合事宜曰揣皮。少精彩曰萎雎。談笑不誠恪曰欹哈、曰哈哄。以言從臾曰搊。有隙可投曰窟窿。無破敗曰囫圇。不分別曰儱侗。物事就理曰條直，否則曰不條直。形容入水之聲曰汩洞、曰骨都。凡物之聲音急疾曰滑刺。室宇之一隅曰郭落頭。謂人之舉動失宜曰没搭撒。爲隱語歇後以欺人曰打坎子。謂人之冠服鮮潔而從時尚也曰行伍、曰油花、曰擯調。見人殷實曰結卓。有財曰有稍，否則曰尖稍、曰跌薄。凡此之類，或有與他處同者，或有爲當邑獨者，皆習見口語也。

至如儕輩相稱無貴賤曰老爺，稱人之父無貴賤曰太老爺，尊其人而故親之亦同祖稱曰爺爺，稱謂尤爲失中，在有識者力返之。若夫轉音別韻，無意味而不經者，諸方有之，不能瑣陳也。

〔民國〕當塗縣志

【解題】 魯式谷、奚侗等纂。當塗縣，今安徽省馬鞍山市當塗縣。「方言」見《民政志》中。録文據民國二十五年（一九三六）石印本《當塗縣志》。

方言

父曰大大。古呼父入麻部，今呼大亦近麻部，脣音轉舌，則父爲大矣。俗或用爹字。

母曰媽媽。古讀母如馬，今讀則爲媽〔一〕。

祖父曰爺爺。爺亦父字音變，稱祖父則重疊呼之。

祖母曰奶奶。奶爲老字雙聲變，初仍母字，猶姥讀母重疊呼之。

小兒呼保保。保或作寶，言保者，所保護；言寶者，所寶貴。

小兒頑皮放肆曰廢。《吕覽・壹行》篇：「王者行之廢。」〔二〕高誘注：「廢，壞也。」

小兒遊戲以巾蒙目曰蒙冃冃。《説文》：「冃，重覆也。」

猝然富有者曰暴發户。《廣雅・釋詁》二〔三〕：「暴，猝也。」

〔一〕今：原誤作「經」。

〔二〕王：原誤作「三」，據《吕氏春秋》改。

〔三〕詁：原誤作「語」。

呼犬曰盧盧。《詩・齊風》「盧令令」傳：「盧，田犬。」

呼鷄曰喌喌。《説文》吅部：「喌，呼鷄重言。讀若祝。」故《風俗通》作祝鷄翁。

惡其人而苛斥之曰誒。《説文》言部：「誒，可惡之辭也。」欠部：「欸，呰。」口部：「呰，苛也。」

憎惡之聲謂之誒詒。齊桓公田于澤，見鬼焉，誒詒爲病。《説文》：「可惡之詞。」

味變曰餕。音捘。《玉篇》：「飯壞也。」《字林》：「飯傷濕也曰餕。」

色敗曰菸。宋玉《九辨》〔一〕：「葉菸邑而無色兮。」《説文》艸部：「菸，鬱也。一曰矮也。」

欲睡曰困。由困乏誼引申爲睡眠。

扶人曰攙。《廣雅》：「攙，扶也。」

物不飽滿曰癟。音瞥。《玉篇》：「枯病也。」

遊戲曰耍。《篇海》：「耍，戲也。」

打曰摑。《唐韻》：「摑，批也；打也。」

候人曰等。等待同从。

〔一〕辨：原誤作「辦」。

異性相嬲曰風。《詩・北山》：「或出入風議。」鄭箋：「風，放也。」引申有狂放誼。

手摩物謂之挼。挼即捼字，《説文》：「捼，一曰兩手相切摩也。」徐鉉云：「今俗作挼，非。」

指捏物謂之捻。

棄物曰丢。《康熙字典》「丢」下云：「揚子《方言》：一去不返也。俗作丢，非。」《方言》無此文。丢蓋丿去之意。

吮乳曰欶。《説文》：「欶，吮也。」今俗作朔。

遲鈍曰儓，又曰慢哼哼。

不潔曰邋遢。《廣韻》：「邋遢，不謹事也。」不謹事者易致紛亂，故有不潔。

不中用者曰落貨。凡商店售不出之貨曰落腳貨，故以爲喻。

諂媚人者曰䘑諞。章炳麟《新方言》云：「《方言》〔一〕：『䘑，慧也。』郭璞曰：『今名黠鬼䘑。』《説文》：『諞，便巧言也。』今通謂善欺者爲諞子，亦曰䘑諞。䘑，讀如覓。」今俗通曰篾片字。

不明事理者曰糊塗。《宋史》：「吕端小事糊塗，大事不糊塗。」

閒居無事曰無聊。李陵《答蘇武書》：「與子別後，益復無聊。」

〔一〕方：原脱。

譏人不識物情曰各寶兒。俗謂宀爲寶，蓋各寶爲客，客非土著，故不識物情。

兼包一切曰巄統。《説文》：「巄，兼有也。讀若聾。」〔一〕

物不堅牢者曰琉球。此縮語也，琉球，國名，其國物品不如吾國堅實。

鹵莽敗事者曰冒失。

性情穩重曰實。謂老成而篤實。

容之姣好曰標致。謂有標格、有風致也。

身之靈敏者曰活絡，一曰急溜。如脉絡之活動，如溜水之急下。

驚見物多曰夥頤〔二〕。《史記·陳涉世家》：「客曰：夥頤，涉之爲王沈沈者。」服虔曰：「楚人謂多爲夥，頤者，助聲之詞也。」

痛而出之曰哀㤖。《説文》：「哀，閔也。」「㤖，痛聲也。」㤖讀如約者，雙聲之變。

呼今如庚。今、庚雙聲變。

呼我如額恩反。音亦如卬。《爾雅》：「卬，我也。」

呼講如港。講，从言冓聲〔三〕，冓、港雙聲變。

〔一〕聾：原誤作「巄」，據《説文解字》改。

〔二〕夥：原誤作「顆」。下同。

〔三〕言：原脱。

呼叔如蛙。或呼叔如屋，屋又以雙聲變蛙。

呼鹹如寒。鹹、寒雙聲變。

望曰覫。

呼如何曰而侯。《左》昭四年《傳》注：「而何，如何也。」《易·象下傳》虞注：「而，如也。」《呂覽·觀表》注：「侯，何也。」侯、何雙聲。

都曰兜。都、兜雙聲變。

無曰毛。《漢書·高惠高后文功臣表》注：「今俗語猶謂無爲秏，音毛。」

約舉大數曰約模。言約其數而模擬之也。

不曉事曰蒙童。此以童蒙爲喻，俗作懵懂。

以上城廂一帶土音。

兒曰卬倪。卬爲發聲詞，兒，古讀如倪，故倪从兒聲。

大曰代。《唐韻》代，徒耐切。

此裏曰故裏。《餘冬序録》：「蘇州方言謂此爲箇裏，箇音如隔，音義相類也。」《莊子·齊物論》注：「故與此同義。」

以上西南鄉土音。

哥哥曰多多。

姐姐曰假假。
呼去如氣。　去、氣雙聲變。
借曰假。
以上東南鄉土音。
呼東如登。　東、登雙聲變。
呼通如吞。　通、吞雙聲變。
呼宗如曾。　宗、曾雙聲變。
呼風曰分。　風、分雙聲。《淮南·原道》「春風至」注：「風，或作分。」
呼中如諄。　中、諄雙聲變。
呼紅如横。　紅、横雙聲變。
呼學如匣。　學、匣雙聲變。
呼蔥如撐。　蔥、撐雙聲變。
呼松如生。
呼空如昆。
呼烘如昏。
呼龍如能。

呼同如騰。
呼充如春。
呼翁如温。
呼兇如熏。
呼戎如雲。
呼窮如羣。
呼公如滚。平聲。
呼勇如允。
以上采石一帶土音。
男傭工曰夥計。
女傭工曰襯得。襯，幫襯也。得，語。
小兒曰小把戲。
叔父稱小老老。
不曉事者曰草包。
有精神病者曰痰包。
圍曰圩。凡農間圍築之堤以禦水，統稱之圩，音如于。

和物使匀曰拌。

以手裂物曰斯。《説文》：「斯，析也。」俗作撕。

脩容曰打扮。

袪好曰苗條。

婦女聰明曰停當。

輕薄而姣好者曰俏皮。

難爲情曰歹怪。

物之堅牢曰結實。

大聲曰轟洞。

小聲曰唧噥。

斑鳩呼恨姑。《爾雅·釋鳥》疏引舍人注〔一〕：「鵖鳩〔二〕，一名鶻鵃〔三〕，今之斑鳩也。」鶻鳩、恨姑，雙聲之變。

蟬呼蜘蟟。《吴下田家志》：「蜘蟟蟬叫稻生芒。」

〔一〕舍：原爲空格，據《爾雅疏》補。

〔二〕鵖：原爲空格，據《爾雅疏》補。

〔三〕鶻鵃：原誤作「鵲鳩」，據《爾雅疏》改。

蟾呼癩癩姑。

蚯蚓呼曲蟺。

止驢曰都。

止牛曰牟，使而叱之曰辟。《説文》：「牟，牛鳴也。」此象其鳴聲而止之。

呼羊曰芈。《説文》：「芈，羊鳴也。」象其鳴聲呼之。

呼豚曰奥羅。

呼鴨曰業溜。業、鴨音近，溜爲助詞。

呼鵝曰頤鵝。頤爲發聲詞。

店主人曰老闆。老闆當是老本，出資者也，今俗用闆。

店傭傭曰朝俸。

小兒精明謂之神。

婦人多言謂之叉。

舞弊者謂之掉諞。《説文》：「諞，便巧言也。」今轉音如皮。

長大而不靈者曰闌干。左思《吴都賦》注：「闌干，猶縱横也。」引申爲不靈。

謊言曰瞎扯，一曰扯蕩。

事物敗壞曰壘堆。

互相争議曰擡槓。

苟且塞責曰鬼混。

互鬬曰打架。

病瘧曰打擺子。　身體顫摇，故云擺。

屐曰腳手。

大盌曰大洗。《儀禮·士冠禮》注：「洗，承水器也。」盌之大者，以洗爲喻。

大便曰出更。　謂出而更衣也。更音轉苯。

强與以物曰厭。《説文》：「厭，笮也。」《唐韻》厭，於葉切。

性情乖張謂之乖叉，一曰帥怪。　叉讀如釵，疊韻，語音變則如帥怪。

稍待曰過一忽兒。　忽，謂倏忽。

一生曰一輩子。

物件曰東西。

譏人無聊曰没得説。　音變如没答殺。

結繩曰打骨突。　音變如打疙秃。

完結曰調和子。

性情迂緩者曰慢條失理。　言對之事事條理慢之，失之也。

稀來之客曰稀裏八詫。　稀，少也。詫，驚異也。裏、八，皆助詞。

雜亂無章曰亂七八糟。　正言七亂八糟，此故參錯其詞。

物難消化曰骨裏骨柮。

允諾之詞音近嘔。

稱許之詞音近奥。

驚異之詞曰乖乖。

以上城鄉普通土語。

怎樣曰〔一〕。

盛多曰咦來，一曰嚇煞天。

以上新市、博望、湖陽間土語。

按當塗城廂一帶及采石，地瀕江岸，口齒較清；東南鄉新市、博望、湖陽語近高淳；南鄉大橋、黄池語近蕪湖；北鄉慈湖、霍里語近江寧；此由壤地相接使然。今備志之，以存一方土語云。

〔一〕以下原缺。

〔康熙〕含山縣志

【解題】趙燦修，唐庭伯等纂。含山縣，今安徽省馬鞍山市含山縣。「方言」見卷六《風俗》中。録文據康熙二十三年（一六八四）刻本《含山縣志》。

方言

語音最正，通於四方。明《洪武正韻》會以四方之極，正以中州之音。和、含近在圻甸，其言平正通達，雖得於風氣之素，而漸被先王風，亦匪誣也。

〔乾隆〕含山縣志

【解題】梁棟修，唐煇纂。含山縣，今安徽省馬鞍山市含山縣。「方言」見卷二《輿地志·風俗》中。録文據乾隆十三年（一七四八）刻本《含山縣志》。

方言

五方語言，東北常重濁，出自喉與唇也。西南、中央常輕清，出自舌齒牙也。和、含語言平正，達于四方，蓋于中州之音爲最近云。

〔嘉慶〕涇縣志

【解題】李德淦修，洪亮吉纂。涇縣，今安徽省宣城市涇縣。「風俗」見卷一。録文據嘉慶十一年（一八〇六）刻本《涇縣志》。

風俗

邑中方言，家曰各。平聲戈瓜切。一曰噶。該佳切。生曰商。江曰岡。今曰庚。角曰閣。假曰各。上聲。無曰麽。硬曰枊。輭曰阮。買曰馬。縣曰院。房曰杭。臭曰湊。會曰外。瞎曰呷。急曰艮。入聲。下曰鶴。上聲。望曰孟。撑曰倉。鳳曰共。濃曰融。縫曰問。猫曰卯。夏曰鶴。去聲。飛曰非。虎曰甫。街曰噶。講曰䀯。靴曰蝦。蝦曰花。牛曰齵。碓曰帶。帶曰大。打去聲。歹曰打。韭曰苟。咬曰犢。去曰氣。吕曰李。膠曰高。翁曰拉。賒曰沙。間曰甘。鹹曰寒。蚊曰猛。平聲。舞曰母。梅曰埋。埋曰麻。野曰雅。尺曰策。橘曰棘。眉曰迷。叔曰粟。熱曰涅。牙曰〇[一]。昂闇切。學曰鶴。以上城鄉同音。

水曰洗。同喜。冷曰能。上聲。舉曰癸。食曰席。升曰星。窺曰區。樂曰〇。昂各反。酒曰久。雪曰血。走曰主。證曰敬。歲曰戲。花曰〇。敷奢切。生曰酸。吹曰溪。錢曰權。奇關切。

〔一〕原文如此，「〇」表示有音無字。本篇下同。

以上西南鄉雜音。

風曰分。月曰軏。伯曰剥。孝曰秏。舅曰后。姐曰假。你曰傑。以上東鄉雜音。皆字音之別者。

蛋曰子。睡曰困。棹曰臺。盞曰鐘。讀書曰念書。音舒。男揖曰喏。茶上聲。女揖曰福，音夫。一曰相假。産子曰勘兒。音倪。白晝曰日音匿裏。晚間曰暗頭。鴉曰老哇。鵲曰丫雀。音削。風箏曰鷂得。尾曰尾音米巴。指頭曰擲頭，一曰擲摸得。東鄉音。虎曰啗音撼猛得。瘧疾曰半週得。皆語音之變者。

稱縣令丞簿尉官曰老爹，而冠以大代佐切二佞既切三四字。父曰阿伯。城語鄉稱爹有丁居、丁加二切。母曰阿姐，一曰奵。西南鄉如音，東鄉間作弋佳切。祖曰老爹。祖母曰奶奶。曾祖父母曰太公、太婆。媳曰新婦。媳稱舅姑曰老爹、媽媽。外祖、祖母曰家各平聲公、家婆。凡尊卑大小均呼小名，或單或雙，無拘雅俗。小名下押一字，長輩曰官，同儕曰哥。呼童子貴者曰姑，賤者曰兒，音倪。下做此。概曰小末兒。稱處女曰丫姑，一曰妹妹。音埋。婦人曰老相去聲德，或作輕之之辭。人父母曰老子娘。人兄曰大惰去聲漢。夫婦曰老公、老婆。奴曰做活得。皆稱謂之俗者。

如之何曰孰作平聲讀，下做此那，或作儺，或作農。城語。一曰孰寧噶，東鄉語。一曰孰亂。西南鄉語。如今曰寧庚。該坑切，西南鄉語。何處曰那乃果切哩。反詰不然曰約莫得。不滿意人曰嘖管翁切，翁上聲儂。西南鄉語。恁地曰着箇。突然曰三不知。苟且塞責曰閧閧音憒兒。壞人曰糙物，物音墨，下倣此。一曰惡物，一曰億賴物。當時曰億歇兒。稍待曰過歇兒。候人曰等等。相親依曰倭熱。音涅。没要緊曰麽搭煞。不情曰埋音麻乖頭。不修邊幅曰剌音辣乖致。謝人曰括刷。可憐人曰在辜你得。詰問何物曰什麽音墨得。駭人多物曰過些。彼曰們猛本切箇。此曰億箇。反應曰莫怎此字隨開説作變換伊。如説要打，應曰莫打伊之類，屬市井戲謔語。皆語義之約略難曉者。

又神、臣、辰、存、程、陳、曾、成、仁、沈、醇同音，俱常尊切。人、壬、銀、吟、迎、寧、凝、誾同音，俱倪金切。行、勤、禽、裙、羣同音，俱棋欽切。時、遲、辭、慈、詞、持同音，俱廚兹切。胡、無、吴、一音義。湖、壺、巫、狐、蕪、扶、乎同音，俱文敷切。兒、魚、虞、尼、疑、宜、儀、霓、愚、倪、泥同音，俱吟鷄切。元、言、嚴、粘、年同音，俱誾堅切。居、鷄、几、幾、朞、拘、羈同音，俱巾溪切。爲、違、肥、微、圍同音，俱文非切。西南鄉併于字入此音。蛇、茶、佘、搽同音，俱隨麻切。莊、張、章、臧同音，俱占常切。詩、思、絲、尸、司同音，俱書疵切。知、之、咨、枝同音，俱諸疵切。朱、諸、株、猪同音，俱芝初切。餘、余、遺、逾、諛、貽、頤、予同音，俱雲虞切。黄、皇、王、亡同音，俱聞方切。書、舒、蘇、輸、疏、紓同音，俱雖初切。廬、離、驢、犂、蠡、罹、黎同音，俱靈低切。三、山、杉、删同音，俱酸陽切。遠、烟、焉、淹、醃、冤、湮同音，俱禹倦切。父、武、户、舞、伍、烏、侮、婦同音，俱尾補切。耳、語、女、你同音，俱僸紀切。雨、矣、毉、以、于、與、羽、迂、禹、衣、宇同音，俱涌紀切。西南鄉語音同尾。治、是、柿、耜、痔、似同音，俱下止反。倖、幸、近、杏同音，俱距頃切。閏、佞、寧、濘、認同音，俱膩敬切。潤、鄭、任、順、盛、剩、陣同音，俱仲正切。足、築、粥、竹、囑同音，俱執蹴切。石、宅、擇、碩、翟、折同音，俱昨責切。物、墨、目、木、没同音，俱未北切。恊、叶、竭、桀、脅同音，俱及結切。褐、合、曷、盍同音，俱鶴割切。字、事、寺、視同音，俱注至切。玉、肉、獄、縟同音，俱匿菊切。復、福、匆、狒、弗、忽、拂、幅同音，俱服汨切。入、賊、寔、直、什、拾同音，俱孰質切。國、骨、汩、谷、穀同音，俱姑匆切。佛、服、斛、物、伏同音，俱屋匆切。逆、日、溺、匿同音，俱涅吉切。皆聲義之混雜無辨者。

至紅、五兩韻，平上同聲，全入鼻音，反切俱窮。三江、六麻、七陽俱張口音而作倭口，則已全訛。按闔邑無江麻陽音，十灰韻，城、徽、張，西鄉全倭。又西鄉于蕭、肴、豪三韻，幾聲混十一尤矣。若鹹、閑、顔、巖、間，俱闔口音而作張口，與今韻删、咸同收，則雖半訛，猶屬轉韻之可通，未可謂涇方言之盡非也。鄭志。

按涇人口齒視休歙較清，其輕重緩急聲轉，亦尚可以意推。如家之曰各、曰噶，同聲字也。如生曰商、房曰杭、臭曰湊等，皆同韻字也。鄭君係縣人，故所記獨詳，今備録之以存一方土語云。

又按如稱母曰姐，稱曾祖父母曰太公、太婆等語，皆甚典，見于歷代史書，又非可以方音例之。

〔康熙〕徽州府志

【解題】丁廷楗修，趙吉士等纂。徽州府，轄境與今黄山市相當，府治在今黄山市歙縣。「風俗」見第二卷《輿地志》中。録文據康熙三十八年(一六九九)刻本《徽州府志》。

風俗

六邑之語不能相通，非若吴人，其方音大抵相類也。

徽人以言語去官字差遠，出仕應對，既煩遣詞，又復調音，往往多誤。竊謂變俗之道，在乎縉紳，如士大夫家訓子弟，誦讀皆作官話，則童而習之，入官自無佶屈之苦矣。

〔道光〕徽州府志

【解題】馬步蟾等纂修。徽州府，轄境與今黄山市相當，府治在今黄山市歙縣。「風俗」見卷二《輿地志》中。録文據道光七年(一八二七)刻本《徽州府志》。

風俗

按，方言亦風俗之一端也，《周禮》瞽史之職掌諭書名、聽聲音，而太師陳詩觀風，亦通方諺。郭璞所謂《方言》之作，出乎輶軒之使也。

大江南北，地廣民稠，或依山而居，或傍水爲宅，高卑燥濕，所處不同，於是清濁異宜、輕重異致，比而同之，蓋亦難矣。其見於揚子《方言》者，如「鍇，吴揚江淮之間曰鍇」，「揄鋪，荆揚江淮之間曰揄鋪」，「恒慨，荆揚之間凡言廣大者謂之恒慨」，「褌衣，江淮南楚之間謂之褋」。其見於許氏《説文》者，如「楚人謂跳躍曰蹠」，「兒泣不止曰嗷咷」，「吴楚謂瞋目顧視曰眮」，「沛國謂稻曰稉」。其見於鄭氏三《禮》注者，如「荆沔之間以濯爲湀」，「越謂死爲札庡」，「江淮之間曰籔」，「漚，漸也，楚人曰漚」。其見於郭璞《爾雅注》者，如「江東人呼同門爲僚壻」，「江東呼大爲駔」，「江東呼刻斷物爲契物」，「江東呼病曰瘵」。其見於陸氏《釋文》者，如「楚人名火曰燥，吴人曰焜」，「江東呼緵罟爲百囊網」，「茆，江東人名之曰蓴菜」。徧考羣書，若此類者不可更僕數，此大江南北方言之大略也。

夫南蠻鴃舌，曾見譏於《孟子》。矧新安居萬山之中，風土獨厚。禀其氣者，言語遲重，口舌艱澀，而欲繩以五方之正音，勢不可也。然而方之古韻，核以雙聲，亦復有不侔而合者。如歙城中人棖呼如長，映呼如漾，更呼如岡，轉入陽韻。歙之西鄉，呼華如呼，轉入虞韻；呼麻如模，轉入歌韻。績溪人呼嫂如叟，轉入尤韻；呼婦如否，轉入之韻。此皆不合于唐人二百六部，而合于古韻者。又以等韻論之，牙音喉音，新安呼之最善而，重濁一位尤能一毫不亂。如呼羣字、窮字、渠字、近字之類，皆重呼之，似溪之濁，不似李安溪所云南方人呼爲見之濁也。呼爲見之濁者，非正音。疑母之字，尤能不混入喻母。如呼義字、宜字、吾字、魚字之類，皆咬牙呼之，不似江、寧、池、太等處呼之緩懈，混入喻母也。又江字、講字、解字之等，南方各處呼之似三四等之細音，獨新安一郡呼江如扛，呼講如港，呼解如改，合於一二等之粗音也。古本有四聲，然去聲字最少，多讀作上聲。段大令玉裁謂古無去聲之説，非無卓見。檢今韻書上去兩收之字最多，此其證也。而以新安論之，如鮑字、在字、上字、坐字、咎字之類，讀作上聲者十居六七，不可謂非古音之正也。善乎！江氏永之言曰：「中原文獻亦有習非，鄉曲僻陋亦有至是。」願與今之深於音學者論之。

〔民國〕黟縣四志

【解題】程壽保等修，吴克俊纂。黟縣，今安徽省黄山市黟縣。「方言」見卷三《地理志·風俗》中。録文據民國十二年（一九二三）刻本《黟縣四志》。

方言

夫五方風土不一，語言隨山川爲轉移。《詩》三百篇，十五國之音各别。《易》亦有韻，與今不同。凡後儒之所謂叶者，當地固自合律吕也。楊子雲《方言》一書，雜列羣諺。清杭氏世駿續之，亦尚雅馴。《湖南通志》成於郭嵩燾，附志獠語，皆可則法。今既追取曩所涉獵存諸心而未失者，經籍可證，不加臆造，并録朱氏孔彰説以殿焉，其亦採風問俗之一端乎，因以隸之。

户限曰扶下。下字轉爲鲞。《國策》：「嫁女及扶。」謂門限，車至此應扶而下也。

梜菜。以箸奉菜與人曰梜菜，謂羹之有菜者用梜，其無菜者不用梜。

華開。凡瓜果分以與人曰華開〔一〕。華讀若劃。《禮》：「削瓜爲國君者華之。」胡瓜反。

〔一〕曰：原脱，據體例補。

黟乃轉入聲。

鬌，側瓜反，讀若抓。黟女子未笄，櫛髮綰之曰鬌。《通俗文》：「露髻曰鬠。」以麻襍爲髻，如今撮也。見《西都賦》注。黟諺髮少以繩纏之於頂曰撮。

不北，鄉讀背入聲。

來去，東鄉讀來若勞，去若扣平聲。

烏冬冬，黑漆漆，漆讀渠入聲。

黟謂盥面爲沬面。《漢書·律歷志》引《顧命》：「王乃洮沬水。」師古注：「沬，洗面也。」又《禮樂志·天馬》篇：「沬流赭。」注：「李奇曰：沬音靧面之靧。」晉灼曰：「沬，古靧字。」師古曰：「沬沬兩通，沬者言被面如頮也。字從午未之未，呼内反。沫者言汗流沫出也，字從本末之末。」

牛蘭、猪蘭。俗作欄。《漢書·王莽傳》：「與牛馬同蘭。」師古曰：「蘭謂遮蘭之，若牛馬蘭圈以草結構曰蘭，以木結構曰欄。不用部首則曰闌，最先字也。」

抹撥一切。《漢書·谷永傳》：「欲末殺災異，滿瀾誣天。」注：「末殺，掃滅也。」古人用字往往除卻部首統系字，是以从手省也。

撇開。謂推卻爲撇開。《楊雄傳》師古注：「撇，猶拂也。」

提閼，即堤堨，字見《漢書·召信臣傳》：「起水門提閼。」師古曰：「閼，所以壅水，音一曷反。」其他碑版文字亦有用遏字者。遏，止也。與壅義同。

黟人別白其事非己所爲，謂之不肯認。認，仞俗字。《漢書·儒林·孟喜傳》：「喜因不肯仞。」師古曰：「仞亦名也。」上文「喜爲名之」注：「名之，承取其名，云實授也。」

粟稈、稻穰、豆箕、麥殼，皆應傳記。稻穰，湖南瀘溪則曰穀穰。

白嘴喫肉，扭平聲。烏嘴當災。嘴或作鬼。謂甲得好處而乙受累。

筓珈，黟人謂之峩，他處曰冠子，展轉取峩冠之義。

《詩》「充耳琇瑩」，訓不聽非禮言也。黟曰耳縝塞，塞或作縂，言珠璫下垂也。

女圈帽曰眉箍嘴。二者即垂旒置纊義。

黟謂作事無功曰白欒蠟天。

心神不定曰七个水桶上、八个水桶下。

事被挾制曰卡著。

曉餐曰喫天光，謂初天明也。天光時喫，反其義云。然午飯曰碓飯，碓即舂，取日下舂義，亦曰喫舂飯，或作中。

殺雞爲婆名，言事以人舉而自享其成。

打狗看平聲主面，即投鼠忌器之義。

瞞天過海，謂欺妄。

三都一擔糞，九都正好上聲盹。言三都人起早，九都在東有山遮蔽，遲見日，是以起遲也。

盍饞著，或曰下殺著，驚訝意。

昧爽曰瞢瞢平聲光。

耳朵大似猪頭。言雜支較正款多。

嚇人，乃見怪異及不意而驚之事。《詩》曰：「反予來赫。」只作赫。从口旁，俗字也。《漢書·王莽傳》：「恐猲良民。」師古注：「猲，以威力脅之也。呼葛反。」是漢時轉而爲猲矣。

枳棘爲藩籬曰薄籬斜。讀去聲。

二月二日，以猪蹄庶饈祀神，抛雞子於墻高處使碎流沫，曰打白虎。按《三國·吴志》嚴白虎擾亂，是以俗猶惡而擊之。

田千腦，謂阡陌之首也。富家奢侈，人譏之亦云。

有地名曰門背腋，在西城，謂門之背後腋下也。

齷齪，不修小節也。傳記或作握促。

鹽。淹魚豕雞鶩等肉曰淹某。考之《禮·内則》鹽有讀去聲音豔者，即淹轉也。

啟明，東方宿，黟謂天光曉。長庚，西方宿，黟謂落昏曉。前曉乃重文，此曉則因天光而譌。

女子髮不足，以所落亂髮，或他人之髮櫛來，整齊包裹本人髮中曰總。即《禮·内則》笄總遺制。亂髮，《禮記》曰鬌。

指此謂彼曰渠儂，渠口平聲。謂爾，則如人不然其說嗤以鼻音者。

說話不了了曰含胡。《文選・笙賦》：「含胡嘽諧。」

聞響聲振耳曰磞硠。音烹郎。

草木等物一束曰一梱。楊雄《反離騷》：「捆申椒與菌桂。」師古：「捆，大束也。」音下本反，叶梱。

男女婚期前行冠笄禮曰上去聲頭。

黟訟完曰結案。《漢書・嚴延年傳》：「按驗，有此數事，以結延年。」師古注：「結，正其罪也。」按即結來義。

黟謂人偏頭曰豸頭。《說文》夨、奊皆訓傾頭。傾即偏也。

黟人於夏秋間稻穀將熟時，夜必用人守護，蓋防野獸踐踏也，時聞驅逐之聲有野呼二音。按《南史》作邪呼，係驅鬼呼叫聲。

朱孔彰曰：予生於黟，黟人語音合於許氏《說文》及孫氏諸書者不少。如：

《說文》風部：「颹，大也。」按讀若胃，黟人謂大風之聲曰颹拉颹。

《說文》雨部：「霥，小雨也。」按讀若叢。「𩅞，小雨財零也。」𩅞，小雨，應訓爲少雨，古小少通用。

讀若斯。」黟人謂微雨曰雨毛叢，即霥字〔一〕。又謂雨毛斯，即霹字。

《説文》來部：「𣗥，小束也，讀若繭。」黟人取薪一小梱曰一繭柴，即𣗥字。

《説文》刀部：「剌，戾也。剌戾見《漢書》。從束從刀。刀者，剌之也。」按與刺字異。孫愐《切韻》剌，盧達切。黟人謂以刀劃物曰拉，即剌字。

《説文》禾部：「𥝩，禾危穗也。」《玉篇》：「亦懸物也。」引申爲穀數之名，都了切。黟人二十斤爲一勺，勺即𥝩字。一勺讀吊，从釣由𥝩省。

《説文》米部：「𥹳，陳臭米。」黟人言米變曰發紅，即𥹳字。

《説文》：「丩，瓜瓠結丩起。象形。」丩，居虯切。黟人謂藤上生瓜多曰結毬，音近。

《説文》古文亥與豕同。黟屠肆中記賬曰亥幾斤。

黟人吮曰束，即欶字。《説文》：「欶，吮也。」孫愐所角切〔二〕。

黟人腹飢曰慊，即𣤶字。《説文》：「𣤶，飢虚也。」

黟人謂閉飯喫或言油閉飯，當是饙字，讀爲賁卦之賁。《説文》：「饙，滫飯也。」

黟人謂種豆芽曰噴豆芽，蓋即堫字。《説文》：「堫，種也。一曰内其中。」按堫讀如蠭。

黟人謂髮密曰髮稠，即𩭹字。《説文》：「𩭹，髮多也。」

〔一〕霥：原誤作「霹」。
〔二〕愐：原誤作「面」。

黟人謂女子細腰嬌脆曰規規，即嫢字。《説文》：「秦晉謂細爲嫢。」

黟人謂小女美曰苗頭好，即媌字。《説文》：「媌，目裏好也。」按讀若苗。

黟人謂水射人衣曰濺，即濽字。《説文》：「濽，水中人。」按讀若贊。

黟人謂險峻曰棧，有羊棧嶺，即巀字。《説文》：「巀，尤高也。」劍閣棧道不徒黟然也。

許氏云：「丹陽有黟縣。」蓋自秦漢已有此縣，應有語音通於古。又《説文》事物之名，合黟語解釋者如左：

《説文》衣部：「襱，絝踦也。」黟人謂女襪曰膝褲襱。

木部：「檐，槐也。」黟人謂之披水，倚牆屋半間亦謂之披。槐披音近。

口部：「圂，廁也。從口，象豕在口中。會意。」黟人謂之豬闌。「囮，譯也。從口化。率鳥者，繫生鳥以來之名曰囮。讀若譌。」黟人謂之探籠。

黍部：「黎，履黏也。」黟人謂之鞋百，讀去聲。以麪漿粘布而成。

网部：「羼，牖中网也。」今黟中以銕條爲网，謂爲檻色。色應易册，象形也。

巾部：「幡，書兒拭觚布也。」黟人謂之書包布。

髟部：「鬊，用梳比也。」按益髮之用，蘇州謂之髮鬊，黟人謂之頭髮種。種應易總角之總。

「鬏，臥結也。」黟人謂之盤辮。

石部：「硟，以石扞繒。」黟人謂之砑石。

木部：「楥，履法也。」黟人謂之鞋楦，謂楦其尺寸，寬緊而合於法也。「桊，牛鼻中環也。」黟人謂之牛迅，謂牵之而牛迅行也。梱[一]，以木爲之，梱斗，可射鼠。按捕鼠之器，黟人謂之老鼠枷。

耒部：「耝，音圭。册又段玉裁注改爲𠕁叉可以劃麥。」[二]黟人謂之穀杷。

竹部：「箳[三]，栖筶也。一曰盛箸籠。」黟人謂之筷箭。

〔一〕梱：原脱，據體例補。

〔二〕注：原誤作「布」。

〔三〕箳：原作「箳」，據《説文解字》改。

福建省　凡二十一種

〔民國〕福建通志

【解題】李厚基等修，沈瑜慶等纂。「方言志」見總卷二二，由陳衍纂。録文據民國十一年（一九二二）刻本《福建通志》。

方言志

目録〔一〕

言天第一　言地第二　言宫室第三　言人第四　言身體第五　言器服第六　言飲食第七　言動作第八　言名詞第九　言助詞第十　言情狀第十一　言動物第十二　言植物第十三

〔一〕目録爲編者所加。

言以方殊，吾福建尤特，異言夥於四方，音繁於四方，必識字多於四方之人，而後能舉吾福建之言之字也〔一〕。然舉吾福建之言之字，原其所自出，以告四方，雖非其所習見，而既見之，斷可識矣。識之仍不盡能言者，則其音爲四方所無。吾能音四方之音，四方不能音吾之音也。顧況之郎罷、囝囝，郎囝二字，準諸吾方音，似是而非。東坡謂張口言六，六音即四方所無。雖以吾鄉何治運、黄宗彝、劉家謀、謝章鋌諸先輩各有著述，何説見《何氏學》，黄著《閩方言古音考》，劉著《操風瑣録》，謝著《説文閩音通》。專講方言方音，其中仍時時不得已而爲遷就之計。今合諸書而慎取之，於吾方音絶不爲近似之遷就，苟並切音之字亦不可得，寧明其爲小差而闕之。所采各書，如何著則稱何云、劉著則稱劉云。

言天第一

天明爲天光。漳州天讀特伊切。明早爲明旦，或作鼆旦。鼆，冥也。天黎明曰普睹光。謝云：「《説文》：『普，日無色。』拍户反。『睹，旦明也。』得古反。」

天氣不開曰晹。《説文》：「晹，日覆雲暫見。」移尺反，音壹。天暖煩悶曰㬈㬈熱。謝云：「《説文》：『安㬈，温也。』」熱，漳州呼雪上聲。

日讀爲暱。劉云：「觀䵒衵並由日得聲，而皆有暱音可悟。」日氣迫人曰暍。謝云：「《説文》：『暍，傷熱暑也。』憂歇反。」案，當音歇。

〔一〕之字：原刻作「字之」，據文義改。

日晚爲晡時，傍晚爲半晡，申時雨爲晡時雨。何云：「《淮南子》：『日至悲谷謂之餔時。』《說文》：『餔，日加申時食也。』」案，當讀晡上平聲。《漢書·天文志》：「下晡至日入。」

謂半夜爲半䜌，上半夜曰上半䜌，下半夜曰下半䜌，謂日西方而鳥栖爲鳥投䜌。何云：「《說文》：『䜌，日且昏時。』」

星離宿曰星離窠。劉云。星，漳州呼妻音。

雲讀魂。劉云：《埤雅》：「雲，魂也。」

呼電如念念。劉云：「《十州記》：『猛獸兩目如礹磹之光。』今吴名電爲礹磹，音息念、大念反。蓋音近而轉耳。」漳州呼尸那。

雨曰輔，黄引《釋名》。曰濩。呼和去聲。漳州呼好。謂雨落爲濩涿。何云：「《說文》：『涿，流下滴也。』『濩，雨流霤下也。』」

謂暑中小雨曰過雲雨。唐元稹詩：「江喧過雲雨。」

雪讀若刷。劉云：「《晏子春秋》『景公刷涕而顧晏子』，《列子》作『雪涕』。」案，音小差，當作時約切。謂霰曰米雪。《埤雅》

大風謂之暴。何云：「《爾雅》：『日出而風爲暴。』」風聲曰颷颷嗷。謝云：「《說文》：『颷，疾風也。』」案，當呼赴音。

霧呼模。案，謂模糊也。虹呼空去聲。

謂冷爲清、爲瀙。何云：「《禮記》：『冬温而夏清。』清，寒也。《太平御覽》引《世説》『何乃瀙』。」謝云：「《說文》：

「瀙，冷寒也。」」案，七定切。漳州呼爲挂。

巽日曰另日。《楊升庵外集》。

九月天多陰曰九月烏。《赤嵌集》。

言地第二

地曰底下。劉云：「《釋名》：『地，底也。其體底下。』」地上，漳州呼唾胶。

地呼墮。劉云：「如遠地之類。」案，墮音差，當呼如對。彼處曰夫音扶塊。此處曰兹塊。

路呼躲去聲。

山深入者曰山谾。謝云：「《説文》：『谾，大長谷也。』來充切。」山，漳州呼蘇哇切。

水讀爲杺。見《韻會》，杺，之壘切。何云：「《説文》：『水，準也。』準，古音之壘切。《考工記》故書『準』作『水』。今呼水爲杺，古音也。」

流呼牢。劉云：「見《韻補》《轉注古音略》《唐韻正》《古今通韻》諸書。」濤，讀多下平聲。

水暴至曰滮。謝云：「《説文》。」

溝呼皋。劉云：「《通雅》：『盧罛即盧溝。』吴起云：『盧罛在其北。』升庵曰：『即盧溝。罛，古臯字。』」

濕曰爛、曰潤。潤，呼如閏，音農去聲。水濕不止曰爛湁潗。謝云：「《説文》：『湁湁，湒灊也。』湁，丑立反。」

沙呼嘶。劉云：「《周禮》『鳥皫色而沙鳴』注：『沙，嘶也。』《内則》注同，呼蘇哇切。」

凍甚呼凍冰冰。案，下冰字呼必良切。

城呼時良切。

郊讀高。劉云：「《呂覽》『以太牢祀於高禖』注：『祭其神於郊謂之郊禖。』《水經注》：『今稟邱東北有故高魚城，俗謂之交魚城。』」畝讀母。

言宫室第三

屋謂之厝。何云：「垞，古文宅，楚嫁切。今呼麤臥切，此音之轉也。」案，當是厝字。

謂家中小巷曰弄，《南史》：「東昏侯遇殺於西弄。」亦曰弄柄，亦曰弄柄頭。柄呼班去聲。

高屋嚮聲曰㡕㝗。《説文》：「㡕，屋㡕㝗也。」上苦岡切，下力康切。

房呼旁。何云：「古音。」案，房當呼不下平聲。

屋梠曰仰。劉云：「《説文》：『广，仰也。』」案，亦曰仰板。

門讀若蒙。劉云：「《史記·龜筴傳》『邋門』注。即《孟子》之『逢蒙』、《荀子》『羿邋門，善服射也』。」案，蒙音小差。

户樞曰門臼。劉云：「《易》『君子之樞機』釋文：『一云門臼。』案，臼讀苦去聲。」謝云：「或曰門輪。」閉門聲曰閛。謝云：「音近拚。《廣韻》：『閛，門扉聲。』《集韻》：『闛扉聲。匹唐切。』」

樓呼牢。劉云：「《士喪禮》注牢讀爲樓。古樓牢一也。楊子《方言》：『嘍哰，謱拏也。東齊周晉之鄙曰嘍哰，南楚曰謰謱。』」

庭曰天井。

院、落，居也。北人曰院，南人曰落。塗、泥，土也。北人曰泥，南人曰塗。劉云。

窗呼檻門。漳州呼貪亞。樹呼拔樹，又曰撇樹。漳州呼好粗，謂雨厝也。雨呼好音。

呼階如機，劉云。案，音笄。又曰階音笄座。

曹讀之何切。

市肆短門曰榻板。謝云：「宜作㕓。《説文》：『㕓，閉也。』枯榻反。」

呼獄訛入聲。

住屋曰逗屋。劉云：「猶句住之言句逗也。」案，逗當音胄。

正斜屋曰𡍐。《退思軒隋筆》：「音尖。」

言人第四

自稱曰人，人音儂。《硯桂緒録》：「《柏舟》兩曰人只，蓋共姜之所自稱。」案，相謂亦曰儂。那人曰許那儂。

男子曰唐補人。《莨柎草堂集》：「中州人隨王氏入閩，故福州呼男子云云。」案此説不確，晉時已入閩也。

年長於人曰大。《南史·范雲傳》。年少於人曰小。《後漢書·逸民傳·龐公》注。

爸，父也。嬭，母也。仔，子也。何云：「見《廣雅》。顧況《哀囝》篇有郎罷字，韓文公《祭女挐文》『阿爹阿八』，罷與八皆不得其字，以聲發之耳，當以爸爲正。」案，郎罷實有此呼，不得以一爸字括之，或當作郎爸，作罷則無義。囝囝皆用仔字，但不讀兹音，讀如蹇差些。父。漳州呼擺音。

夫呼餔。何云：「古音。」

新婦之婦呼步。劉云：「《爾雅》：『婦，服也。』服有犕音，服轉爲犕，犕又轉爲步。」案，當呼平户切。

子讀如渚，而言子或如濟。劉云：「如魚子、果子之類。」漳州呼子箕耶切。

女呼諸娘。案，當謂無諸國之娘。

兒讀怡，而亦如之。劉云：「兒，唲也，嬰兒語也。」

兄呼香。

叔呼爲屬。劉云：「屬，之欲切。」

我呼㼜。劉云：「五賄切。猶嗟莪之爲崔嵬，一聲之轉。《太玄經》：『出我入我，吉凶之魁。』長樂呼我若五鬼切，福清呼我若五寡切，下游諸郡音或如寡平聲，或如瓦平聲。」

汝讀女。劉云：「古男女之女、爾女之女，皆一音。《玉篇》尼與切。《唐韻》《廣韻》並尼吕切。《集韻》始分尼吕、忍與二切。」

姑曰大家。劉云：「《玉篇》家本作姑。漢曹昭已有大家之稱，蓋尊之如母姑云爾。」案，大當讀代，家當讀各他切。

翁曰老官。《南唐書·李家明傳》注：「江浙謂舅曰官、姑曰家。」

妻母曰長㜷。《睹棊山莊集》。

嫁女曰騰。劉云：「送謂之騰，還亦謂之騰，謂嫁曰歸。」今嫁女曰騰。繼室曰騰房。劉云：「亦媵之意。」案，當是填字。

妾曰偏房。《列女傳》趙衰妻頌。

出嫁曰做新婦，廟見曰出房、曰出廳。

友婿曰同門。《爾雅注》：「江東人呼同門爲僚婿。」

奴僕曰下人、曰管家、曰底下人。《直語補證》。自稱曰小的。

君讀公。《爾雅》《釋名》並云「公，君也」。《左傳》「公登亦登」，《漢書·五行志》引作「君」。《書·君奭》「南宫括」，釋文引馬本作「南君」。

人無詭隨曰正經人。謝云。案，出《論語疏》。不合時曰古老人。《書·無逸》傳。

兩人争昵一人曰争風。《直語補證》云：「《書》『馬牛其風』賈逵云：『牝牡相誘謂之風。』」

謂初生曰出世，死曰過世。《晉書·苻登傳》：「雖過世爲神。」

言身體第五

頭。漳州讀音透。髮曰頭髮。何云：「今謂爲拔，此秃髮之即托跋也。」案，拔音差些，髮讀如忽，漳州呼透。鬠謂頭鬃也。

嘴讀昌鋭反。何云：「《經典釋文》喙有昌鋭反之音。」

口不正曰咼。音歪。《蜀語》。

視曰覷。七句切。目大曰睔。劉云：「《説文》：『睔，目大也。』古本切。」案，當音袞。

白眼視曰辮。劉云：「《説文》：『小兒白眼視也。』蒲莧切。」案，白眼視曰白瞪，即切作辮。目光不旺曰覼。謝云：「《説文》：『覼，求也。讀若池。』」案，當讀迭平聲。瞽曰青盲。目圈曰眶，謝云：「《説文》：『目圍也。讀若書卷之卷。』」案，音小差。字格亦曰眶。目轉曰睩。謝云：「《説文》：『目睞謹也。』盧目反。」目旁毛曰帖，目瞬亦曰帖。謝云：「睞之訛。《説文》：『睞，目旁毛也。』節攝反。《列子》『矢來』注：『眸子而眶不睫。』釋文：『本作睞。』」案，音當如獺。案目逃曰獺。膚撓曰掣，讀且治切〔一〕。

縮鼻曰歙。謝云：「《説文》。」嗅曰畀。《説文》：「鼻引氣自畀也。」

面紫曰紫糖色。《肯綮録》。

項曰頭後。劉云：「《説文》云。」項後骨曰頭煩。謝云：「《説文》：『煩，項枕也。』之衽反。」

出頷曰頷。《説文》直追切。

髃曰肩頭。肩曰肩甲。劉云：「《説文》：『髆，肩甲也。』」呼背爲𨈐。《樵隱筆記》：「洪塘有牛𨈐崎，始於唐末。」陳思賡云當作並安切。

脊曰背呂。何云。脊骨曰𨈐呂骨。《説文》：「脊，背呂也。」

喉曰喉筒，亦曰何嚨。劉云：「《漢書·司馬相如傳》注、《呂覽》『今侯渫過而弗辭』注、《文選》『封禪文侯不邁哉』注並云：『侯，何也。』」

脛曰胶腏。蹠曰胶掌。腦蓋曰坎囟。齒根曰牙齒齗。劉云：「《説文》：『脛，胶也。』『囟，頭會，腦蓋也。』『齗，齒肉也。』《既夕記》『即牀而奠當髃』注：『髃，肩頭。』《漢書·賈誼傳》注：『蹠，今所呼腳掌是也。』」

皮呼箬，竹皮曰箬，匹才切。

鬚呼鬆。

身體疼曰瘦。《肯綮録》音索上平聲。

〔一〕治：原誤作「洽」。

腹呼如不。腹大曰大腹溪。謝云：「應作奚。《説文》：『奚，大腹。』」又坦腹曰溪溪出。

乳呼曰能。劉云：「乳轉爲嬭，嬭轉爲能。」

手讀音醜。漳州讀音囚。第一指曰大㧖指，小指曰尾指，指呼音宰。

筋節作聲曰熚剥。謝云：「即⿱竹肑之合音。《説文》：『⿱竹肑，手足指節鳴者也。』〔一〕逼朔反。」

步不相應曰八字胶。謝云：「其字應作癶。《説文》：『足剌癶也。讀若撥。』」舉足曰趬胶。謝云：「《説文》：『一曰趬，舉足。』」優人假小脚謂之踏趬。謝云：「《説文》：『善緣木走之才。』起⿰足囂反。」跛呼蒲野切。跌曰蹳。謝云：「《説文》：『跋，蹎跋也。』〔二〕北末反。」

臥息曰鼾，音如寒。謝云：「《説文》：『鼾，臥息也。讀若汗。』平仄之轉也。」

啼呼吼。下平。漳州音。

走不已曰⿺走睘⿺走睘轉。謝云：「《説文》：『疾也。讀若讙。』呼袁反。」

女陰曰㚸。黄云：「《説文》：『㚸，女陰也。』即移反。」男陰曰朘。黄云：「《説文》：『朘，男陰也。』《廣韻》：『朘，赤子陰也。雷回切。』」

手足忽然麻木曰痹。謝云：「音如蔽。《説文》：『痹，足氣不至也。』毗避反。」

瘦曰㾐。《説文》：「㾐，減也。」謝云：「音同衰。」

〔一〕指：原誤作「之」。節：原脱。據《説文解字》改。

〔二〕跋：原誤作「蹳」。《説文》無「蹳」字。「蹳」「跋」不同音。

疥曰瘑疙。劉云：「即疥搔之轉也。《説文》：『疥，搔也。』《禮記》釋文引《説文》：『疥，瘙瘍也。』」瘡痂謂之疕。謝云：「《廣雅》：『疕，痂也。』《廣韻》：『瘡上甲。』音如鄙。」

肉忽墳起曰皰。謝云：「《説文》：『面生氣也。』皮豹反。」

側齧曰齵。《廣雅》：「齵，齧也。」曹憲音欺。案，當呼克平聲。

吮曰欶。《説文》所角切。案，當讀唆入聲。《蜀語》：「吸之曰欶。」

擊頭曰敲。《説文》口卓切。

病愈曰瘥。《説文》才他切。

言器服第六

器具曰家私。

首飾曰頭面。《東京夢華録》《續筆精》。指鐶曰手指。

褌衣曰單片。劉云：「《廣雅》：『片，褌也。』」袴腳曰袴襱。謝云：「《説文》：『襱，袴踦。』」敝衣曰袃。劉云：「《玉篇》女加切。」案，穿衣不清楚曰袃。衣之緣曰純邊。黄云：「純音袞，亦作棍。」

女工曰鍼黹。案，音幾。

修破衣曰補組。謝云：「作綻非。《説文》：『組，補縫也。』文莧反。」案，當呼天去聲。

小兒裙曰抱幂。謝云：「抱宜作緥。《説文》：『小兒衣。』」

以布包衣曰包服。謝云：「應作袱。」

韡讀如科。

楦鞵曰楥。謝云：「音近放。《説文》：『楥，履法也。』吁卷反。」案，音小差，當讀忽去聲。

牀曰眠牀。《南史・魚弘傳》。 眠牀呼瞑牀。劉云：「《説文》：『瞑，翕目也。』《文選・養生論》『則達旦不瞑』注、陸士衡詩『薄暮不遑瞑』注皆云瞑，古眠字。」枕曰枕頭。《廣韻》枕字注。

燈呼爲丁。出《五雜俎》。劉云：「《説文》作：『鐙，錠也。』」燈一架爲一盞。《唐書・楊綰傳》。 燈盛油者曰燈盞。

紙。漳州呼抓聲。 捻紙條注油點火曰紙㮇。《越語肯綮録》：「㮇，他念切，火杖也。俗稱火㮇、燈杖，亦曰燈㮇。」案，亦作紙㮇。 捲紙取火曰紙烘。謝云。

椅，漳州讀音貽。 帳，漳州呼厐兜，蚊罩也。

鏡奩曰匳粧。《直語補證》云：「今人云檢裝，或云作匳，皆感音。」

書呼齊于切。漳州讀策音。

櫝曰廚。劉云：「音調。《説文》：『廚，庖屋也。』《晉書・顧愷之傳》：『嘗以一廚畫寄桓靈寶。』始以廚爲櫝。 呼廚若調者，蓋古音。《楚詞・惜往日》〔一〕：『獨彰靡而蔽隱兮，使貞臣而無由。聞百里之爲虜兮，伊尹烹於庖廚。』古樂府《隴西行》：『談笑未及竟，左顧敕中廚。促令辦麤飯，慎莫使稽留。』」

抽屜曰屜。音替。《蜀語》。

〔一〕日：原脱。

鈴曰令丁。劉云：「《說文》：『鈴，令丁也。』」筆冒曰筆鍣。《說文》：「鍣，以金有所冒也。」玉讀訛入聲。

銅呼爲𤰞。漳州語。銅鐵曰鑷。竹曰箹。《說文》：「箝也。」女攝反。

盛主器曰公婆龕。

叉衣桁者曰杈杖。

竈可動者曰行竈。劉云：「《說文》：『烓，行竈。』」鼎曰鍈。謝云：「《說文》：『朝鮮謂釜曰鍈。』聽銑反。」瓦鐵器稍大者曰鬲。謝云：「若酒鬲、茶鬲、菜鬲，俗作鍋。《說文》：『秦名土釜曰鬲，讀若過。』」箅，蔽也，所以蔽甑底。劉云：「《說文》竹部云云，必至切。」

漉米去瀋、煮飯去泔器曰笮籬。謝云：「《說文》：『籬，竹器也。可以取粗去細。』」

盛箸器曰箸籠。

謂壺曰鈷。謝云：「應作盬。《說文》：『器也。』昆覩反。」

鉢呼胶音。漳州語。

斧呼圃。劉云：「《春秋元命苞》：『斧之爲言補也。』《顧命》『黼扆』釋文：『徐音補。』《詩》『玄衮及黼』釋文：『徐音補。』」案，圃，福州音同普。

柄呼謗。何云：「古音。」

斗呼爲倒。劉云：「《八公操》：『觀見瑶光過北斗兮，食精吐氣嚼芝草兮。』」升呼爲真。

以竹席圍貯米穀謂之頓。謝云：「當作𥬠。徒損反。」

碓曰踏碓。劉云：「踏舂已，復擣之曰碴。」案，碴，另是一事，碓以足踏之，只是作踏。

耜曰犂䥯。謝云：「從罷聲。」

桊，牛鼻環也。劉云：「《説文》。」

船讀如循。劉云：「《釋名》：『船，循也。』」帆呼篷。劉云：「《説文》帆作颿，從馬風聲。古从凡、从風字多通。《廣韻》一東部梵、汎並收。《玉篇》：『篷，船連帳也。』〔一〕即帆。」案，帆使風者，篷遮雨者，本二物，誤相混耳。篷呼攀去聲。漳州語。纜舟竹索曰筃。黃云：「《廣韻》如盍切。」案，音納。柁曰杕，曰尾大。劉云：「音如大。《淮南子》『毀舟爲杕』注：『杕，舟尾。』《説文》杕，从木大聲。」案，杕當呼徒壞切。

網呼若莽，劉云：「《説文》：『舞，讀若與冈同。』網，本作网，冈即或體。」當作䋫。罩讀箌。劉云：「刀號切。《廣韻》：『都教切。』」

築曰築杵。劉云：「《周禮疏》：『築者，築杵也。』」案，杵呼如鼠。

土托曰泥槾。謝云：「《説文》：『槾，杇也。』徐鍇曰：『今人謂泥槾也。』没團反。」

木片曰柹。劉云：「蒲會切。《説文》作『柹，削木札樸也』。」

柴讀查。劉云：「《集韻》鋤加切。」案，當讀差下平聲。短木曰柴橜。《説文》：「弋也。」瞿月反。焦木曰柴𤏬。謝云：「《説文》：『𤏬，焦也。』祖叨切。」黃云：「𤏬，火餘木。」楔曰櫼。劉云：「知林切。《説文》：『櫼，楔也。』木工於

〔一〕船連：原誤作「連船」，據《玉篇》改。

鑿柄相入處有不固，則研木札楔入固之，謂櫼。」著服曰頌。劉云：「似用切。《儀禮・大射儀》『頌磬東面』注〔一〕：『古文頌爲庸。』《説文》：『庸，用也。』又：『服，用也。』義本通。又頌，古容字。《漢書・儒林傳》『魯儒生善爲頌』注：『與容同。』今著服爲頌，當亦飾容之意。」疊衣曰襵。劉云：「之涉反。」

小結爲纇。何云：「纇，絲節也。今行此音。」案，當呼纇上平聲。

鼓聲曰洞。謝云：「應作㱿〔二〕。《説文》：『擊空聲也。』杜紅反。」

凡物一箇爲一隻，亦曰一其。即一隻一奇，音之轉。

言飲食第七

飯讀勃去聲。何云：「《漢書》蒲反即蒲阪。《説文》鬢泉即阪泉。今呼飯聲近畔，古音也。」案，實餔、哺一聲之轉。

呼食爲削。劉云：「《通疋》：『閩人通呼食爲飵飯，又呼喫爲即甲切。』然亦下游諸郡行此音，吾郡呼爲削。《釋名》：『嚼，削也。』『稍，削也。』《周禮》『家削之賦』、《載師》『任稍地』注。故書稍或作削。」食一次爲一頓。呼突去聲。早飯曰食早，午飯曰食晝，晚飯曰食𩞄。早呼查上聲，晝呼兜去聲。小食曰點心。案，出《傳燈録》。食而欲吐爲灘涒。何云：「《説文》：『涒，食已而復吐之。』《爾雅》：『太歲在申曰涒灘。』涒灘爲灘涒，猶盞斯爲斯盞耳。醫書謂之吞酸。」案，涒一音吞，而福州吞讀託上平聲。飲歠曰渳。劉云：「眉婢切。」

〔一〕面：原誤作「西」，據《儀禮》改。

〔二〕㱿：原誤作「𥦗」。《説文解字》：「㱿，擊空聲也。」不作「𥦗」。

哺子曰飤。劉云：「《一切經音義》：『飤，哺也。《説文》囚志反。《廣雅》餧，飤也。』《爾雅》『生哺鷇』注：『謂須母飤也。』」飤小兒呼之曰嗢。謝云：「《説文》：『嗢，咽也。』烏骨反，音若縠。亦曰啗。」案，縠音少差。

潘讀捧上平聲。何云：「潘，淅米汁也。今行此音。」

汁之濃者皆曰鹵。謝云：「茶釃曰茶鹵，食物浸以鹽曰鹽鹵。」案，鹽鹵音路，茶鹵音魯。

謂湯溢爲𩱧。《蜀語》。何云：「𩱧，炊釜溢也。」案，𩱧音勃差些，福州呼爲怕下入聲。

謂火爲燬。謂點火爲苣。何云：「苣，束葦燒之也。」案，讀如火烈具舉之具。謂火烈爲燁爕。何云：「燁爕，火皃。」

火氣熏人曰炦。何云：「炦，火氣也。」

粿屬曰𪐀，劉云：「尼吕切。今俗謂餈餌之物黏膩胸中音若女者，即𪐀。」案，當讀女去聲。亦曰𩱨。謝云：「《説文》：『𩱨，粉餅也。』或从耳食作餌。」

米呼迷音。漳州語。

舂米屑爲圓，糝以豆粉曰𥺌。劉云：「當是餈字。《周禮》『糗餌粉餈』鄭司農云：『粉豆屑也。』俗音訛轉，造爲𥺌字。猶圓本爲䬧，粿本爲果。」餛飩曰匾食。《蜀語》。

肉呼麻上聲。漳州語。脯呼爲圃。案，圃，福州音同普。

魚腥曰鮏鱢。謝云：「《説文》：『鮏，魚臭也。』息形反。『鱢，鮏臭也。』素叨反。」味鮏者曰魚𪉷，亦曰鹹𪉷。謝云：「𪉷，鹹也，殘陀反。」味淡曰𩞁。劉云：「《廣韻》：『𩞁，子敢切。澉𩞁。』又：『䭑，子冉切。食薄味也。』𩞁、䭑一也。」

專用油熟物曰煎，加粉曰灮，加豉油曰炒。謝云：「炒應作鬻，《説文》『熬也』，徐鍇曰：『今俗作煼爲炒〔一〕，齒沼切。』」

向人乞物曰煎炒。案，不知何義，炒讀差上聲。

煮物參以醯醢曰埤爚、曰煠。劉云：「《廣雅》實洽切。」以火乾肉曰𤎅。劉云：「《説文》：『𤎅，以火焙肉。』貧力切。」案，音筆。

已熟之物再烝之曰餾。再煮曰盪。呼托去聲。

物之去渣滓曰潷。《博雅》音泌。

謂飲酒曰食酒。何云：「《論語》：『沽酒市脯不食。』《漢書》及《柳子厚集》皆有食酒字。」案，今作喫酒。漳州呼酒之尤切。斟酒曰㪷。《釋名》歁林切。酒母謂之酒孃。劉云：「《説文》：『䤕，酒母也。』」亦曰酒孃糟。

酪呼路音。

謂味減曰醉。臺灣語。《赤嵌集》。

魚肉餒曰蔫。《唐韻》：「蔫，物不鮮也。」臭曰膉，劉云：「《廣韻》引《字林》：『膉，臭皃。』」又曰馥。劉云：「反言之。」

〔一〕爲：原作「作」，據《説文解字繫傳》改。

言動作第八

立曰企。劉云：「《方言》：『企，立也。』」坐而立起曰崛起。身倚曰㕦。劉云：「烏蟹切。」扶曰護。劉云：「《方言》：『扶，護也。』」扶杖曰據。劉云：「《說文》：『據杖持也。』」案，當呼具音。

去呼欺上聲。漳州。走呼爲蚤。劉云：「李尤《平樂觀賦》：『有仙駕雀，其形蚴蟜，騎驢馳射，狐兔皆走。』」

疾走曰趠。劉云：「竹角切。」案，搓入聲。走路不正曰亍。《說文》：「亍，跨步也。」苦瓦切。逃匿曰趉。劉云：「讀若無尾之屈。」怒而急去曰𧼮。謝云：「《說文》：『𧼮，去也。』」又趌𧼮，怒走也。何云：「今行此音。」

肩摩曰克。劉云：「《說文》：『克，肩也。』」僅及曰邌。謝云：「《說文》：『邌，徐也。』音如犂。邌與犂通。《史記·晉世家》：『犂二十五年。』」

來呼犂。病呼傍。何云：「古音。」不來曰不貍。《禮》「投壺」疏。《經典釋文》：《左傳》「棄甲復來」，音釐。

逢呼滂去聲。劉云：「字作掽。掽實髼字之誤。《說文》：『髼，鬃也。』『鬃，髼也。忽見也。』」

放呼若榜。劉云：「方，古旁字。《書》『方鳩僝功』『方施象刑』『方告無辜』。在《史記》《說文》《新序》《論衡》諸書皆引作旁。放从方，故有旁音。」案，榜音小差，當蒲貢切。揮手曰勿。謝云：「《說文》：『勿，州里所建旗。所以趣民，故遽稱勿勿。』」

留呼牢。劉云：「《詩·月出》懰與皓慅叶。《魏都賦》亦以劉叶悠。」

抱讀毗坐切。按曰扼。挾曰丮。劉云：「《說文》：『丮，讀若戟。』」案，當呼更入聲。捉曰搦。打曰拍。搯曰捾。劉云：「《說文》：『捾，搯捾也。』又：『搯，捾也。』烏括切。」謝云：「以手起物稱曰捾。」

以物擊中人曰豛。劉云：「《廣韻》竹角切。」案，左入聲。從上擊下曰㲉。《説文》苦角切。敲曰搉。劉云：「《説文》：『搉，敲擊也。』苦角切。」

掐出曰掏。案，音佗。負物謂之馱。案，宜作佗。《肯綮録》作紽。揜曰揞。劉云：「阿感切。《方言》：『揜、揞，藏也。荆楚曰揞，吴揚曰揜。』」案，《説文》：「閉門曰闇。」背物曰勫。物移動曰跢。《説文》誃篆下云讀若《論語》「跢予之足」。案，《説文》無跢篆，從多字皆有移動意。誃，離别也。哆，張口也。移，禾相倚移也。跢，昌氏切，讀若侈。

按物水中曰搵。劉云：「烏困切。」謝云：「《説文》：『頣，内頭水中。』即此字。」按物水中而挼之曰㧋。劉云：「奴没切。《説文》〔一〕：『搵，没也。』《廣韻》：『搵㧋，按物水中也。』《廣雅》：『㧋、搵、搙，擩也。』挼，奴回切。㧋，那入聲。」

拉物使長曰挻。劉云：「丑連切。」案，淺平聲。謝云：「撒開兩手量物謂之挻。有一挻二挻之語。」碾物使光曰砑。《蜀語》。

拔讀如白。折呼舌。分呼奔。彭呼旁。横呼黄。何云：「皆古音。」案，分當呼勃上平聲。

擇呼答下入聲。劉云：「擇日之擇。」

手扯物曰撕。謝云：「讀如詩。《説文》斯爲析，《爾雅》爲離。《詩》：『斧以斯之。』」擘曰扒。劉云：「《廣雅》：『扒，擘也。』」案，巴入聲。

手承物曰托。呼拖入聲。以物抵門曰在。以土塞竅曰坐。呼坐入聲。

〔一〕文：原脱。

藏物曰伉，《越語肯綮録》。亦曰囥。睡亦曰困。

擾曰謅。劉云：「《説文》：『訬，訬擾也。』《廣韻》：『謅，初爪切。相弄。』」案，俗呼炒，土音係叉去聲。

治紛糾曰討。劉云：「《説文》：『討，治。』案，有抽意、挑意。讀滔上聲。」尋物亦曰討。案，此討呼唾上聲。亦曰爪。撲塵曰抖。

訐曰踮。誣人曰賴。劉云：「《説文》讀若指。」案，即用指字。詰難曰盤駁。

刺曰稓。直入曰直稓。謝云：「徐鍇曰：『《史記》曰：「稓魚鼈。」測索反。』」

伏呼如覆、如撲。案，伏地即撲地。覆，匹北切。屈鄒曰𨇊。《蜀語》魁上聲，跪也。

撐呼湯。劉云。泅汙讀收下平聲。大徐本《説文》似由切，亦同。

吐曰唷。劉云：「禹六切。」案二入聲。歐曰喀。含吸曰欶。劉云：「山角切。《説文》：『欶，吮也。』」案，梭入聲。以虛受盈謂之卯。《直語補證》。鯁呼敢。

問呼如門去聲。劉云：「《説文》：『問，从口門聲。』」案，當呼福州音門去聲，無字可切。歎慕人之美曰卲。《廣雅》：「卲、媚、旨、伐，美也。」《爾雅》：「卲，美也。」音蕭去聲。

營謀曰鑽。《賓戲》。善鑽曰尖鑽。下鑽字仄音，呼如作去聲。

作弄人曰白相。要曰撻挑。《堅瓠集》。案，音轉爲恰聊。詭説曰野講。緩頰曰講信。信呼如線土音。

争呼臧。劉云。偷呼滔。略觀曰覞。案，《廣韻》莫報切。商呼索平聲。

試讀庶。劉云：「《舜典》之『明試』，即《益稷》之『明庶』。」

斜刀削物曰剪。謝云：「《説文》：『剪，斷也。』思列反。」案，音當與削同。

以黏黏物曰黎。謝云：「徐鍇曰：『履，以黏黏之也。里西反。』」案《説文》：「履，黏也。」即奚切。

抒水曰舀。謝云：「《説文》：『舀，抒臼。』以紹反。扰或體。」劉云：「以沼切。」汲水曰攣。劉云：「居萬切。」案，當云提水曰攣。渫水曰戽。劉云：「荒故切。」沃水曰淳。劉云：「章倫切。《考工記》：『淳而漬之。』」迮而出水曰沘。劉云：「將逸切。」

湯泡呼托聲。

移舟使轉曰般。謝云：「《説文》：『般，象舟之旋。』」趁船曰舴。音答。《蜀語》。進船曰划。《蜀語》。窊

下平聲。

刀生鏽磨之謂之磨，亦謂之焠。謝云：「音如退。《説文》：『焠，堅刀刃也。』」

凡作皆曰佐。劉云：「則箇切。」

笑讀鈔。劉云：「《釋名》：『笑，鈔也。』」案，音小差，當讀悄去聲。

眄，恨視也。何云：「今行此音。」案，當呼赫上聲。相罵曰冤家。

懷呼古雷切。號讀何，號去聲讀賀。忍讀用上聲，隱同。踐讀翦。劉云：「古音。今四方多讀爲淺。」

呼坐若遂。劉云：「《爾雅》：『妥，安坐。』《漢書・燕刺王傳》注：『妥，古綏字。』」案，遂音小差，當呼所罪切。

殺牲曰牧。劉云：「反言之。」治病曰牧。劉云：「《荀子注》：『牧，治，義並通。』」案，音皆小差，當呼慕入聲。

以物還人曰賸。劉云：「《説文》：『賸，傳也。』《燕禮》『媵觚於賓』注：『今文媵皆作騰。媵，送也。』送謂之賸，還亦謂之賸。猶饋謂之歸，反亦謂之歸。」

分錢還債曰癶。音普班切。

物死曰生。滅燭曰繼。呼禽獸曰驅。劉云：「皆反言之。」案，繼、驅音小差。繼當呼笄去聲，驅當呼苦平聲。

續曰世。案，呼薛去聲。

擣呼冒去聲。牧箇切。用力擊人曰擋。謝云：「宜作勵。」以石打物曰礧。劉云：「力輩切。」

平物之底曰鐓。劉云：「音若頓。」案，當呼鐸去聲。

套曰錔。劉云：「他答切。《説文》：『錔，以金有所冒也。』又：『⿰扌沓，一曰韜也。』又指韜，以皮爲之。」

蒙鼓曰鞔。劉云：「音如蠻。」案，見《吕氏春秋》。蒙履亦曰鞔。案，見《説文》。

作履底曰納，以皮曰鞝。劉云：「《方言注》〔一〕：『緻縫納敝，故之名。』《玉篇》鞝，音掌，『扇安皮也』〔二〕。履安皮亦曰鞝。」案，讀爵上聲。

安置物曰廮。謝云：「廮，平聲。《説文》：『廮，安止也。』」支物不平曰⿱吉瓦。《肯綮録》。音鄧。

〔一〕注：原脱。

〔二〕扇：原誤作「肩」，據《玉篇》改。

與人錢另加之曰貣。他得反，俗作貼。
取物而聚之曰丘。劉云：「丘通作鳩。《爾雅》：『鳩，聚也。』」案，《左氏》「五鳩氏」，鳩民者也。
卜呼剥。劉云：「《説文》：『卜，灼剥龜也。』」剥呼布入聲。
考讀可。案，四豪韻字皆與五歌韻字讀同，如高讀歌、豪讀何、刀讀多、毛讀磨、敖讀哦、搔讀挲之類。
既嫁而親人往視之曰餫親。劉云：「《左傳》：『晉荀首如齊迎女，故宣伯餫諸穀。』」
温書曰膃。《類篇》音溜。
賽神曰迎會。劉云：「《説文》：『禬，會福祭也。』音潰。」神有靈曰有神聖。信神曰信聖。聖呼如福州音綫字。

言名詞第九

事曰大計。
日用曰澆裹。澆謂飲食，裹謂衣服。
名呼眉良切。
精呼將。案，指妖精之精。
影呼養。劉云。
聲呼相。劉云。
呼物爲乇，音託。劉云。案，音差，當讀如娜入聲。指物事曰者。止野切。
東呼曰單。漳州語。

呼青曰蒼，黑曰烏，極黑曰烏漉瀆，亦曰烏漉秃。漳州呼烏音呵。赤呼且入聲，白呼八，紅呼如容。劉云：「《詩》『隰有游龍』傳：『紅草也。』游龍，正切紅音。」案，小差，漳州呼爲暗。

外呼爲乂。劉云：「《國語》『君好艾』韋注：『艾，當爲外。』《十駕齋養新録》：『外來之物曰義，如義兒是。』」

一讀尸藥反。何云：「《方言》《廣雅》皆云：『蜀，一也。』《管子》：『抱蜀不言而廟堂既循。』即《老子》之『抱一以爲天下式』。今東越行此音。」案，音小差，或是蜀音之轉。二讀泥去聲，呼曰浪。劉云：「兩之轉也。《莊子》『罔兩問景』釋文：『崔本作罔浪。』」四讀爲細。五讀曰悟。案，五讀去聲。六莒入聲。劉云：「《桯史》：『東坡曰：四海語音，言六皆合口，惟閩則張口。』」八讀毗客反。劉云：「讀八如别。《説文》：『八，别也。』」案，别音小差。九呼縞。劉云：「《黄庭經》：『轉陽之陰藏於九，常能行之不知老。』」

千錢爲一弔。《四友齋叢説》。錢一貫有畸曰千一千二。米一石有畸曰擔一擔二。長一丈有畸曰丈一丈二。《容齋隨筆》。

此處曰這邊。這呼只，邊呼礽。彼處曰許邊。

不同曰各樣。

劉呼勞。《使槎録》。陳呼淡。莊呼曾。張呼丢。吴呼襖。同上臺灣音。

作事一次曰一勞。出門一次亦曰一勞。物一半曰一爿。爿呼崩下平聲。

半之半曰一稜。

言助詞第十

先呼生。劉云：「猶甡甡之爲甡甡也。」

所曰許。劉云：「《詩》『伐木許許』，《説文》引作『所所』。《説文》：『鼃，水蟲。長丈許。』《太平御覽》引作『丈所』。」

亦呼夜。劉云：「亦，古掖字。夜，从夕亦聲。亦字俗多作也。《古今詩話》云：『杜云：青袍也自公。元稹云：也向慈恩寺裏遊。』」

復呼不去聲。

未呼昧。劉云：「《禮記·月令》注、《淮南子·天文》《釋名·釋天》並云：『未，昧也。』《説文》：『未，味也。』《漢書·地理志》注：『孟康云：味音昧。』」

而讀怡。爾讀如矣。匪如彼。劉云。案，爾當讀伊上聲，匪音鄙。

然讀焉。劉云：「《檀弓》『穆公召縣子而問然』注：『然之言焉也。』『三年問焉使弗及也』疏：『焉，亦然也。』《孟子》：『則眸子瞭焉，則眸子眊焉。』《白帖》作『瞭然』『眊然』。」案，焉、然，福州皆讀緣音。

甚麽曰甚。名何物曰甚乇。甚皆呼薛音。怎樣曰將樣。怎説曰將講。如何曰將其。即何其意。將曰將剌。剌，福州音呼步入聲。這樣曰這款，款，式也。轉音曰將範。那樣曰嚮款，轉音曰嚮範。這款亦曰者式，那款曰徯式。

言情狀第十一

富呼布。劉云：「《一切經音義》：『布坦多，舊云富單多，或作富多那。』『又羯吒布坦多，舊言竭吒富坦那。』『又補婁沙，或言富留沙。』『又補特伽羅，或作福伽羅，或言富伽羅，又作富特伽耶。』」案，皆一音之轉，惟音小差，當呼蒲故切。

物多曰斛，謝云：「《説文》：『斛，量物溢也。』破郎反。」亦曰滂，劉云：「水多曰滂。《説文》：『滂，沛也。』雨大曰雱。《廣韻》：『雱沛，大雨雪盛曰雱。』《詩》：『雨雪其雱。』普郎切。」亦呼啻。劉云：「《書·多士》『爾不啻不有爾土』，不啻言啻。古人顯曰不顯，如曰不如，皆反語之。今閩語有謂少曰大、多者。」案，啻音小差，當讀色去聲。物剩曰長。去聲。《世説》：「恭平生無長物。」物完全曰囫圇。

足曰够，不足曰不够。《廣雅》：「够，多也。」音遘。

有呼爲務。劉云：「當是幠、撫之轉。《爾雅》：『幠，有也。』《廣雅》：『撫，有也。』《文王世子》『君王其終撫諸』注：『撫，猶有也。』」

無呼如模，又轉如毛。《後漢書·馮衍傳》：「饑者毛食。」劉云：「閩音呼毛，亦如模。《鷄林類事》：『閩南人謂毛曰模。』」案，音皆小差，當讀莫平聲。

隨地遍地狼藉曰七處。由《北史》「七處受納」賄賂引申言之。

空呼曰坑。漳州語。通呼曰貪。漳州語。

謂美爲婜。謝云：「當作婜。《説文》：『婜，美也。』」漳州呼爲垂。

高讀歌。劉云：「《履齋示兒編》章聖朝試『天德清明賦』，有閩士破題云『天道如何，仰之彌高』，會考試亦閩人，遂中選。」

明呼眉良切。案，如松脂呼松明。通徹之徹讀如鐵。何氏蔚然云。

慧曰鬼。劉云：「《方言》：『慧，趙魏之間謂之黠，或謂之鬼。』《廣雅》：『鬼，慧也。』」聰明曰作怪。狡獪曰假怪，又曰古怪。案，假音古打切。

大讀代，劉云：「《詩・民勞》四章以大與敗叶，《泮宮》首章以大與茷、噦、邁葉，《閟宮》五章以大與艾、歲、害叶。」又呼徒壞切。

物之小者曰豚，或曰鷚。劉云：「力救切。」案，當讀力紂切。物之至小者曰鼻少，亦曰鼻，又曰褺。案，鼻呼如譬。謝云：「《説文》：『尐，少也。』姊薛反。」

孝讀好。劉云：「《釋名》：『孝，好也。』」

定呼遲樣切。

漫曰阿速。反言之也。直捷曰率性。急遽曰鶻突。

事作熟曰更。案，更去聲，即更事意，或慣之轉聲。

粗率曰体。《蜀語》体音奔去聲，俗以爲體字，誤。考字書「体」同，不慧也。《晉書》太肥號笨伯。《宋書》有「麤笨」語。《廣雅》：「笨，竹裏也。」於義不通。不精曰粗糙。精細曰幼。

健曰𩲡。黄云：「《廣雅》：『𩲡，健也。』曹憲音巢。《説文》作趬。並助交反，遭下平。」

老讀柳可切。劉云：「《齊東野語》：『林外嘗爲垂虹詞，人傳爲呂翁。高廟曰：「必閩人也，不然何以鎖字協老。」』」豪讀何。

不精彩曰䮾騔。《蜀語》。藍縷曰爛酪。酪呼路音。

猛呼莽。劉云。性急曰焦躁。焦讀下平聲，躁讀搓去聲。

柔讀游。劉云：「《爾雅》『在丙曰柔兆』，《史記・曆書》作游兆。」

永讀引。劉云：「《詩》『且以永日』傳：『永，引也。』」

閒讀寒。劉云。

微讀如眉。劉云：「《説文》：『⿱竹微，竹也。』段若膺曰：『⿱竹微、篃古今字。』《廣雅》：『矀，覗也。』曹憲音眉。」

貞讀丁。劉云：「《詩》『寧丁我躬』傳：『丁，當也。』《書》『我二人共貞』馬云：『貞，當也。』義同。《説文》籀文以鼎爲貞字。鼎、丁一音之轉。《漢書》『匡鼎來』注：『鼎，猶言當也。』」

平呼旁。劉云。不平曰⿰喬亢。《蜀語》音竅。凹曰窐。腹飢曰甌。

横呼皇。劉云。横曰打山横。直曰挺身直。斜曰揸。《蜀語》且去聲。側曰那山揸。

生呼商，劉云。案，此係生産之生。又呼參。此係生熟之生。成呼時良切。蒙呼曼。刺呼切去聲。此指棘刺之刺。憐呼鄰。

銅鐵器廉隅稍損曰鋊。謝云：「《説文》：『鋊，銅屑也。讀若浴。』」案，當音裕。物將裂未裂曰必。劉云：「《説文》：『必，分極也。从八弋。』别也，象分别相背之形。《廣雅》：『⿰扌𠂢，裂也。』曹憲音必麥反。」破呼匹卦切。劉云：「當𣏟字，俗書作派，派有破義。」

凡物研細曰末。謝云：「字應作⿰米蔑。《説文》：『⿰米蔑，麩也。』門撥反。」

尾短曰趉。行有聲曰趉趉嗷。謝云：「《説文》：『趉，走也。』讀若無尾之屈，瞿勿反，空入聲。」

不稱意而怒曰歜。謝云：「《説文》：『歜，盛氣怒也。』尺玉切。」心有所惡若吐曰⿰就欠。劉云：「寸六切。《説文》：『⿰就欠，歍⿰就欠也。』俗作噈。」案，心有所惡，音蹙，若吐，音蹙下入聲。今案，當讀二入聲，同唷。

驚呼姜。劉云。驚曰⿰立昔。劉云：「《説文》：『⿰立昔，驚皃。』七雀切。」

物曲不直曰樛。謝云：「《説文》：『下句曰樛。』《爾雅》作朻。歒酬反。」縮而不伸曰絿。謝云：「《説文》：『絿，急也。』巨鳩反。」

肉縮謂之脙。謝云：「《説文》：『齊人謂臞脙也。』巨鳩切。」縮亦曰肭。劉云：「女六切。《説文》：『朔而月見東方謂之縮肭。』亦作朒。」《玉篇》：「朒，縮朒。不寬伸之皃。」羞縮曰窌卯平聲羞、曰少禮。

韌讀農去聲。

物化曰融。

樹木自墮者謂之晢。謝云：「心列反。」案，當音舌。石土之自隕者謂之𨃮。謝云：「《説文》：『𨃮，碎石隕聲。』史伯反。」案，當音如雪。

疲倦不振謂之儽。謝云：「《説文》：『儽，垂皃。』」疲臥不醒曰寱，謝云：「人與反。」案，與麴同音。亦曰迷寱。

凡形之小者皆曰杪。謝云：「《説文》：『木標末也。』徐鍇曰：『杪之言杪小也。』彌小反。」案，作眇亦可。《書》：「眇眇余末小子。」

性疲緩曰䵒。謝云：「音近泥。」案，奶平聲。

塞呼室。

纏讀如田。何氏蔚然云。案，當讀顛下平。

亂髮曰翁。亂草亦曰翁。幾團曰幾翁。謝云：「《説文》：『翁，頸毛也。』」

蓬呼勃籠。盤呼勃闌。精呼即零。突呼突落。旁呼步郎。圈呼屈欒。窠爲窟駝。《容齋三筆》。孔曰窟籠。《宋景文筆記》。

肉瘦曰瘠。劉云：「所景反。《釋名》：『如病者瘠瘦也。』」

腫曰脪。劉云：「《説文》：『脪，創肉反出也。』《玉篇》：『香靳切。腫起也。』『㾙，向靳切。創肉反腫起也。』」敗曰菸。劉云：「於遠切。《玉篇》《廣韻》並云敗也。」案，當謂肉敗。

香氣盛曰馞。《蜀語》蓬去聲。漳州呼爲潘。亦馞轉音。臭呼操。劉云：「《國語》：『國人誦之曰：貞之無報也，而有斯臭也。』」

怪而應之曰唉。謝云：「《説文》：『唉，應也。』遏蓋反。又曰欸，亞蓋切。」亦曰嗄。《龐居士傳》《五燈會元》。

怒止人言曰咅。謝云：「《説文》：『咅，相與語唾而不受也。否亦聲。』俗曰呸，音若陪。」

不肖曰婄。劉云：「布美切。《説文》：『婄，不肖也。』」案，當音鋪罷切。

不慧者，北謂之傻，南謂之獃，汀州謂之杏。《仁恕堂筆記》：「蓋謂呆也，嫌直指，轉口於下曰杏。」案，謂不肯開口亦曰杏。

無拘檢曰落托，《解嘲》。亦曰颯荅。《南史·鄭鮮之傳》。

子細曰細膩。杜詩膩讀泥去聲。

喜樂曰高興。謝云：「宜作嬹。《説文》：『嬹，説也。』香孕反。」極愛曰冒蜜。

怒曰嫍性。謝云：「《説文》：『嫍，有所痛恨也。』」案，性呼散音。忿曰不忿。謝云：「即古人寧曰無寧。」負氣曰愎氣。《通俗編》愎音若別。

謂愛排場曰諸拏。何云：「諸拏，羞窮也。」案，諸音陟加切，讀作他。

戇曰服毒。不明曰含糊。《唐書・顔杲卿傳》：「含糊而死。」

費氣曰累陮。謝云：「音若追。」物垂下曰陲䭔。《肯綮録》：「上音蕾，下都罪切。」

語無憑據曰忸捏。

物未成曰粗坏，亦曰坏魄。謝云：「《説文》：『坏，一曰瓦未燒。』普杯反。」

物之圓而缺者曰月牙。《直語補證》。

事不順曰犯軷。謝云：「軷，出，將有事於道，必先告其神，立壇四通，樹茅以依神，爲軷。既祭軷〔一〕，轢於牲而行〔二〕，爲範軷。」案，此反訓也。

境爲難曰拔獲。

藏昂、躴躿，高大也。莽蒼，粗也。案。藏當讀贊平聲，莽當呼蠻，蒼當呼長。

尲尬，乖刺也。劉云：「《説文》：『尲，行不正。尬，尲尬也。』上古咸切，下古拜切。」案，當上讀干，下讀介。

萎狌，不振也。

𨘝𨘞，行不進也。劉云：「《篇海》：『𨘝𨘞，不能行。上白銜切，下他旦切。』」案，上當讀爬，下當讀旦。謝云：「小兒仆地曰𨘝𨘞倒。」

〔一〕「祭」下原衍「犯」，據《説文解字》「軷」字删。

〔二〕於：原脱，據《説文解字》「軷」字補。

貌可憎曰蔽顡。劉云：「《説文》：『顡，頭蔽顡也。』上苦怪切，下五怪切。」案上音蒯，下音近外。謝云：「貌不揚者曰蔽顡。徐鍇曰：『頭惡也。』」

⿰歹角⿰歹束，畏怯也。劉云：「《廣雅》：『⿰歹角⿰歹束，死也。』⿰歹角，古禄切。⿰歹束，思禄切。」案，係强欲逃去狀。

唏哃，笑也。劉云：「出《廣雅》。上虚冀切，下火下切。」又曰唏唏笑。

鋪頒，猶鋪張也。謂奢曰濶，《賭棋山莊集》。曰花奢。案，夸奢之音轉。《説文》：「夸，奢也。」

⿰米悉粲，散之也。劉云：「《説文》：『⿰米悉，粲也。』」〔一〕

願曰寧願。謀曰謀謨。護曰衛護。㕞曰飾㕞。調曰恰調。厭曰厭饜。落曰瓲落。劉云：「《説文》：『寧，願詞也。』戲調，俗作恰調，非。《爾雅注》：『今江東呼厭極爲饜。』釋文苦計反。瓲，見《管子·輕重》篇，讀若唾。厭饜，今實言厭氣。瓲落，當是脱落。又單呼託入聲。」

揣度事宜曰母略。劉云：「《廣雅疏證》云：『今江淮間人謂揣度事宜曰母量。』左思《吴都賦》注：『孟浪，猶莫絡。』不委細之意。」

打算曰科算，亦曰科。

平分事物曰頒鋪。謝云：「當作糞。《説文》：『糞，賦事也。讀若頒。』」案，當音攀，字當作𠬜。

物之吐者曰它魯。劉云：「《廣韻》吐，它魯切。」案，音實徒魯。又物之下垂者曰塗都。物之墳起曰氆氌，亦呼浮去聲，亦呼冒平聲。牧阿切。

〔一〕⿰米悉：原誤作「⿰米悉⿰米悉」，衍一「⿰米悉」，據《説文解字》删。

顔色鮮明曰翠，《蜀語》。亦曰笑。

衣服襤褸謂之抵抖。謝云：「應作袛䄏。《説文》：『袛，袛裯，短衣。』的齊反。『䄏，短衣。』丁了反。」

噴嚏謂之喝嚏。謝云：「《説文》：『嚏，悟解氣也。』」

寐中有言曰寱語。謝云：「《説文》：『寱，瞑言也。』牛世反。」案，即囈語也，音泄。

任氣作事曰甹命。謝云：「《説文》：『甹，亟詞也。或曰俠也。』篇丁反。俗作拼，未合。」

一人兼數事曰包巃。謝云：「《説文》：『巃，兼有也。讀若聾。』〔一〕俗作攏。」案，當呼攬。作事清楚曰免忙。忙音漠上平聲。

高而獨出者曰了𥝩。謝云：「《説文》：『𥝩，禾危穗也。』都了切。」

油物藏久有臭曰臭積。謝云：「當作殖。《説文》：『脂膏久殖也。』亦作膱，神直反。」案，當呼積音。

過夥，詑物過多也。劉云：「上於果切，下音禍。《方言》：『凡物多，齊宋之郊，楚魏之際曰夥。自關而西，秦晉之間凡人語而過謂之過。』亦可作錗碢，又可作芌荷。《説文》：『芌，大葉實根，駭人，故謂之芌。』荷，段若膺注：『大葉駭人，故謂之荷。』」

快敏曰刢利。《蜀語》。敏捷曰鯽溜。

滄清，冷寂也。劉云：「《廣雅》：『滄，瀙寒也。』」

竊取人物曰偷攝挾。謝云：「攝，當作㚔。《説文》：『俗語以盜不止爲㚔。』女攝反。」

〔一〕聾：原作「龍」，據《説文解字》改。

兇惡曰潑賴。潑，鋪拜切。撒潑要錢曰無圖賴。謝云：「《説文》：『㜑，㜑鹵，貪也。』無圖應作㜑鹵，言其不潔。」案，恐只是無賴圖賴之意。

黖黵，不潔也。《葭柎草堂集》云：「黖黵，古訓黑。」《廣韻》以不潔爲黖黵。醜惡曰婚陋。謝云：「《説文》：『婚，面醜也。』户刮反。」案，當音如搯。

⿰多邕⿰多農，愚妄也。出《廣韻》。劉云：「《方言》：『南楚言大而多謂之⿰多邕，或謂之⿰多農。』上烏孔切，下奴孔切。亦有專言⿰多農者。郭柏蒼云：『猶言擁腫，故可訓爲愚。』」亦曰膾凍。《直語補證》。

腯腯，肥也。

沾漬，皮膚將爛也。

黐黏，黏䵒，皆黏也。

物長曰窄敹敹。謝云：「離了切。」案，當音簍。案，重字者列下。

泣不出聲曰唏唏。謝云：「音近歔。《説文》：『一曰哀痛不泣曰唏。』虚斐反。」

言詞朗暢曰坦坦嗷，亦曰侃侃嗷。語多聲大曰聒聒嗷。《説文》：「聒，讙語也。」大聲爲凵凵嗷。何云：「凵，張口也。」案，凵，口犯切。又曰嗷嗷嗷。

吸吸，趞趞，行也。劉云：「《廣雅》。曹憲云趞音錯。趿，且及反。」行緩謂之篤篤。謝云：「《説文》：『篤，馬行頓遲也。』」

欽欽，欿欿，聲也。劉云：「《詩》：『坎坎伐輪兮。』石經作欿欿。」煙煙，煴煴，氣也。

鼎鼎，當也。俟曰等。等等曰鼎鼎。

食物作小聲曰呭呭叫。謝云：「从四聲。《説文》：『東夷謂息曰呭。《詩》：犬夷呭矣。』」〔一〕儉嗇而食曰𦚏𦚏食。謝云：「《説文》：『𦚏，食肉也。』女就反。」物堅不破曰硬稻稻。謝云：「《説文》：『稻，舂粟不潰也。』」案，當作碻碻，又夸入聲。物突起曰藃。《考工記》：「轂雖敝，不藃。」藃，呼報反。物被水脹按之不實曰䨣䨣。謝云：「《説文》：『雨濡革也。』普惡反。」物濕而黑腐曰黴。音梅。《蜀語》。作事僅及曰遻遻墘。事做未完曰半闌成。

言動物第十二

鳥曰鳥雀。雀曰隻，又曰隻隻。蟲曰蟲蟻。劉云：「舉其最多者以該之也。《左傳》：『如鷹鸇之逐鳥雀。』《史記·五帝本紀》：『淳化鳥獸蟲蛾。』」

鳥獸窠曰宿。劉云：「息救切。」棲曰泊。

鳩曰鴣鵻。劉云。

鷄讀古音笄。雁讀古音岸。劉云：「鷄今四方多讀芝，雁今四方多讀燕，唯閩音爲不變。」〔二〕

鵝呼倪。劉云：「研奚切。鶃鶃，鵝鳴聲。娥皇，《大戴禮》作倪皇。」

〔一〕犬：原誤作「昆」，據《説文解字》改。

〔二〕唯：原作「維」。

雉讀弟。劉云：「《説文》：『鴩，古文雉，从弟。』」

鶾讀翰。劉云。案，當平聲。

蝙蝠呼琵琶老翼。劉云：「《爾雅》：『蝙蝠，服翼。』《説文》：『魁蝱，老服翼所化。』此老翼二字所本。《釋名》：『推手前曰枇，引手卻曰杷。』〔一〕蝙蝠之飛一前一卻似之。」案，服翼，或呼豆莢，疑亦擬其翼之形。

飛讀杯。劉云：「蜚，古飛字。《公羊注》引《禮記》『配林』作『蜚林』。釋文蜚，又音配。杯配音近。《説文》：『非，違也。从飛下翄，取其相背。』非、飛皆有背義，音當从之。背、杯輕重之間耳。」

呼鸜鴒爲唰唰。何云：「見《爾雅翼》。」案，音當如霸。鷄呼喌喌。犬呼盧盧。羊呼芈芈。豕呼豛豛。何云：「見《説文》《風俗通》等書。」案，喌音祝，盧當讀虜去聲，犬亦呼喌喌，豛讀窊上入聲。

呼牛如吾。劉云。牛穿鼻曰拳，亦作桊。《蜀語》。麖呼畺。何云：「古音。」

吠呼祓。劉云：「蒲昧切。《詩》：『無使尨也吠。』吠，本作𠯠。《五經文字》：『吠𠯠，上《説文》，下《字林》。』𠯠之有祓音者，猶《周禮》『茇舍』注『讀如萊沛之沛』。《詩》『顛沛之揭』傳：『沛，拔也。』《説文》引《詩》『武王載坺』，今作旆。《文選·西征賦》注：『狼狽，猶狼跋也。』黄肖巖《榕城方言考》云：『吠曰狒，音佩。《集韻》吠或作狒，犬鳴也。』」案，吠當讀蒲位切，蒲昧小差。犬小聲曰㹱。謝云：「《説文》：『㹱，竇中犬聲。』歐彡反。」犬見人驚跳謂之獡。謝云：「犬獡獡不附人也，七削反。」

尾音浼。劉云：「凡从尾字，浘梶稂娓如之。《説文》：『尾，微也。』孳尾作字微，尾生作微生。微，古讀眉。《唐韻》無

〔一〕枇：原作「批」；杷：原作「把」。據《釋名》改。

斐切。《韓詩》『誰侜予尾』,《毛詩》作美。」

鳥獸尾舉謂之趫。謝云:「起囂反,仄聲。」尾短曰趉。案,《說文》:「讀若無尾之屈。」空入聲。

鳥獸去勢曰鐓。黃云:「都昆切。《臞仙肘後經》:『騸馬、宦牛、羯羊、閹猪、鐓鷄、善狗、淨猫。』」案《猗覺寮雜記》:「家曰豮,見《易》。牛曰犗,見佛書。馬曰扇,見《五代史》。鷄曰敦,犬曰閹,俗語。」

蟲呼爲炭。漳州語。臭蟲爲木虱。案,木讀默音。

蜻蛉呼如矛務。劉云:「《淮南子》『水蠆爲蟌莣』高誘注:『青蛉也。』上音茅,下音務。今轉莣爲平聲。」案,矛務似當作蝥弧。蝥弧,旗名,蜻蛉形極似之。

呼蚯蚓爲朐忍,爲交滚。劉云:「《後漢書・吴漢傳》注引《十三州志》曰:『其地下濕,多朐忍蟲,因以名縣。』」案,朐、蚯音近,蚓、忍音近。《漢書・地理志》曹全碑皆作朐忍,後作朐䏰者,訛也。

蠅曰胡螓。劉云:「《爾雅翼》:『大蠅曰胡螓。』《古今注》云:『閩人謂之胡臻。』陳季立曰:『臻,古音秦。』」

螳呼突郎。《容齋三筆》。

祝蜓曰䗅。案,即《爾雅》之蝘蜓,守宮也。蝘蜓單呼爲蝘,亦作⿰虫㐱。謝云。案,蝘,於殄切。蜓,徒典切。蝘蜓切音如踐。

蠘,似蟹而大。劉云:「《閩中海錯疏》云:『字當作蠞,子結切。』《廣韻》昨結切,音截,似蟹,生海中。」案,呼竊下入聲。

螯讀如蛾。

水中孑孓曰播鼕鼓蟲。劉云:「亦取其象。」

動物一隻爲一頭。《原本玉篇》引《說文》:「履,兩頭也。」

言植物第十三

稻讀惰，又呼穧。劉云：「《説文》：『沛國謂稻曰稬。』《集韻》穧，音胄，稻稔熟也。故呼穫稻爲割穧。」秔呼岡。何云：「古音。」

稾讀歌上聲。劉云：「《考工記》注：『笴，讀爲稾。』」

耕外地曰䎱。劉云：「《廣雅》：『䎱，耕也。』」案，福州謂以田倩人種曰䎱。謝云：「賃田而耕謂之䝯，音如拔。《説文》：『䝯，迻予也。』」〔一〕

數田以區。區音如籠。

謂耨爲茠草。何云：「漢律：『𣈆田茠艸。』」案，本作薅。《説文》从蓐好省聲。或从休作茠，呼毛切。

桃讀提何切。橘讀吉。劉云：「《書》『厥包橘柚』，釋文均必反。《詩・木瓜》箋、釋文均栗反。」呼柚爲包。劉云：「《禹貢》『揚州，厥包橘柚。荆州，包匭菁茅』傳。『包橘柚』，俗作拋，《説文》所無，《五雜俎》曲爲之説曰：『其蒂最牢，任風拋擲。』《桂海虞衡志》：『泡花，南人或名柚花。』皆以意爲之。」案，呼包取其形似包裹而已，不必據僞孔。柚花汁滑，泡花者，南人用薄木片泡水，甚滑，因名，以此致誤歟？柚中肉有紅白兩種，曰紅柚，曰白柚。《五雜俎》字作枹，以爲大柚。然字書無枹。

摘花曰捶。謝云：「《説文》：『一曰摘也。』職累反。」

艾呼爲乂。劉云：「《釋名》：『艾，乂也。』《詩》『奄觀銍艾』釋文音刈。」案，實乂上去聲。葱呼爲參。漳州語。

〔一〕 迻予：原誤作「移與」，據《説文解字》改。

苹謂之藨。何云：「《釋艸》：『苹，萍，其大者蘋。』郭注：『今水上浮蓱，江東謂之藨。音瓢。』」藻讀挫。

黄連謂之王連。劉云：「《代醉篇》黄王不分，江南之音也，嶺外尤甚。」

仁呼寧。劉云：「果仁之仁。《説文》：『佞，从女仁聲。』《一切經音義》：『佞字，从女从仁。』」案，佞，乃定切。

樹呼曰樸。漳州呼醜。樹一株爲一兜。劉云：「古計樹以頭。李衡謂橘千株爲千頭。頭、兜古通。《説文》：『兜鍪，首鎧也。』《山海經》驩頭，即驩兜。」

叢呼爲贊。漳州語。

花一朵曰一跗。劉云：「音蒲。《詩》『鄂不韡韡』箋：『承華者曰鄂。不當作柎。柎，鄂足也。』〔一〕釋文：柎，亦作跗。」

物一堆曰一秅。劉云：「音蠹。《儀禮·聘禮》記：『四百秉爲秅。』」案，當音杜。

一石爲一擔。《後漢書·韋彪傳》注。

物一束曰一棝。謝云：「《大射儀》：『既拾取矢棝之。』」案，當作絪、作稛。

草曰草莽。劉云：「謨郎切。」

節呼則。劉云：「《説文》：『節，从竹即聲。』古即、則通。」

物之有瓣可分析者皆曰𣏟。謝云：「音若稗，匹賣反。」劈分瓜果曰稜。謝云。案，分果之半曰爿，音百下平聲。分果四之曰稜。

〔一〕足：原誤作「是」，據《毛詩箋》改。

接樹曰旅。劉云：「音如盧。不因播種而生故曰旅。今字書作穭。段注《説文》：『古假爲盧弓之盧。』是旅有盧音也。」案，當謂接樹者以土傅斷木處形如盧也。

凡草樹自下施上、自此施彼皆謂之遄。謝云：「《説文》：『遄，往來數也。』」案，當緣音之轉。

〔乾隆〕福州府志

【解題】 徐景熹總裁，魯曾煜纂修。福州府，轄境包括今福州市及所轄區縣市，寧德市古田、屏南二縣。「方言」見卷二四《風俗》中。録文據乾隆十九年（一七五四）刻本《福州府志》。

方言

閩謂雨曰輔。《禮統》：「雨者，輔時生長均遍。」又云：「雨者，輔也。」

謂霰曰米雪。《説文》：「霰，稷雪也。」《埤雅》：「閩俗謂之米雪，言其霰粒如米。所謂稷雪義蓋如此。」

謂虹曰空。去聲。韻書：虹一音貢。

謂暑中小雨曰過雲雨。唐元稹詩：「江喧過雲雨。」

謂父曰郎罷，子曰囝。唐顧況詩：「郎罷别囝，吾悔生汝；囝别郎罷，心摧血下。」宋陸游詩：「阿囝略知郎罷老。」在杭云：「閩人呼父爲郎罷，謂既有子，諸事可已也。」

謂母曰妳。《通雅》：「李賀稱母阿妳。」

謂婦女曰珠娘。任昉《述異記》：「越俗以珠爲上寶，生女謂之珠娘。」《閩小紀》：「福州呼婦人曰珠娘。」

謂友壻曰同門。《爾雅注》：「江東人呼同門爲僚壻。」

相謂曰儂。自稱曰儂，問何人曰那儂。連江稱人亦曰儂。

謂作爲佐。唐杜甫詩：「主人送客無所作。」韓愈詩：「君欲問方橋，方橋如此作。」皆叶作爲佐。

謂來爲釐。唐陸德明《經典釋文》：《詩》「貽我來牟」、《左傳》「棄甲復來」，皆音釐。

謂無曰毛。《史·功臣表》「靡有孑遺耗矣」，孟康曰：「耗音毛。」顏師古曰：「俗謂無爲毛。」

謂不慧曰蠢物，亦曰獃。《晉書·天文志》：「庶物蠢蠢。」《唐韻》：「小獃大癡，不解事者。」

謂臆曰服毒。謂語不明曰含胡。《唐書·顔杲卿傳》：「含胡而死。」

謂初生曰出世，死曰過世。《晉書·符登傳》：「雖過世爲神。」

謂屋曰厝。謂家中小巷曰弄。《南史》：「東昏侯遇弑于西弄。」謂院曰天井。門之闗曰門。

謂午飯曰食晝。夜飯曰食眠。傍晚曰下半晡。《漢書·天文志》：「下晡至日入爲麻。」上半夜曰上半眠。下半夜曰下半眠。明日曰明旦。

謂折花曰拗花。唐元稹詩：「今朝誰是拗花人。」

謂冒鼓曰鞔鼓。鞔音蠻。《吕氏春秋》：「宋子罕之鄰爲鞔工。」今省城南門外有鞔鼓洋。

謂船之大曰巢蓬。《書影》：「巢當作艚。」《韻釋》云：「艚，舟名。」

謂指鐶曰手指。《詩》鄭箋：「后妃羣妾以禮御于君所，女史書其日月，授之以鐶，當御者著於左手，既御者著於右手。」

謂首飾曰頭面。謂器用曰家私。謂事曰事際。《南史》：「帝雖以事際須晏。」

謂急遽曰鶻突。不同曰各樣。羞曰少禮。

嫁娶問名曰請號。納采曰領禮。女出閣曰做新婦。廟見曰出房。

謂物完全曰囫圇。藏物曰囥。謂此處曰此邊，彼處曰許邊。

謂寒曰清。《禮記》：「冬温而夏清。」《管子》：「夏之就清。」

謂剩物曰長。去聲。《世説》：「恭平生無長物。」

〔同治〕長樂縣志

【解題】彭光藻修，楊希閔纂。長樂縣，今福建省福州市長樂市。「叢談」見卷二十《外紀》中。録文據同治八年（一八六九）刻本《長樂縣志》。

叢談

夏允彝曰：閩中土語，天下以爲難通，然亦就漳、泉言耳。如長邑，雖婦人女子，細辯其音，皆可半識也。惟稱子必曰仔，稱惡人必曰呆人，不獨語言，即文字皆然。余解之曰：以子加人，殆以未能成人者，未可爲子耳。呆字於《海篇》音保，義爲保安。然他方以愚人爲呆人，其音爲孩台切。惡人多巧詐，何以云呆？然小人落得爲小人，其在庶民必嬰三尺，貴仕必汙青史，雖以惡爲呆，可也。

長之語有四，北鄉多調遷省會，故音頗與省同，所異者輕重耳。梅花則舊爲軍户所，另有梅花腔。南鄉如松下、大小祉，近福清，則帶有福清語。惟附縣居民不變土音。

〔民國〕長樂縣志

【解題】孟昭涵修，李駒纂。長樂縣，今福建省福州市長樂市。「雜録」見卷三十。録文據民國七年（一九一八）鉛印本《長樂縣志》。

雜録

夏允彝曰：閩中土語，天下以爲難通，然亦就漳、泉言耳。如長邑，雖婦人女子，細辯其音，皆可半識也。惟稱子必曰仔，稱惡人必曰呆人，不獨語言，即文字皆然。余解之曰：以子加人，殆以未能成人者，未可爲子耳。呆字於《海篇》音保，義爲保安。然他方以愚人爲呆人，其音爲孩台切。惡人多巧詐，何以云呆？然小人落得爲小人，其在庶民必嬰三尺，貴仕必汙青史，雖以惡爲呆，可也。同治彭《志》。

長之語有四，北鄉多調遷省會，故音頗與省同，所異者輕重耳。梅花則舊爲軍户所，另有梅花腔。南鄉如松下、大小祉，近福清，則帶有福清語。惟附縣居民不變土音。同治彭《志》。

〔民國〕平潭縣志

【解題】黄履思修，林春瀾纂。平潭縣，今福建省福州市平潭縣。「方言」見卷二一《禮俗志・風俗》中。録文據民國十二年（一九二三）鉛印本《平潭縣志》。

方言

嫁娶納采，男家曰送禮，女家曰領禮。男娶婦曰討佬媽，女出閣曰做新婦。謂首飾曰頭面。謂父曰郎罷，母曰奶，子曰囝。男曰唐晡囝，女曰珠娘囝。按，字書無奶字，惟嬭古作㚷。《集韻》：「乳也。」或作妳。《博雅》：「母也。楚人呼母曰嬭。」《府志・方言》謂「母曰妳」，引《通雅》「李賀稱母阿嬭」，今俗通稱乳爲奶。由是推之，蓋嬭轉而爲㚷，由㚷而乳，而奶字孳矣。唐晡當是丈夫二字之轉音。又《府志》注引唐顧况詩〔一〕：「郎罷別囝，吾悔生汝；囝別郎罷，心摧血下。」宋陸游詩：「阿囝略知郎罷老。」在杭先生云：「閩人呼父爲郎罷。謂既有子，諸事可已也。」任昉《述異記》：「越俗以珠爲上寶，生女謂之珠娘。」《閩小紀》：「福州呼婦人曰珠娘。」

謂妾曰阿姐。謂傭工曰企年。謂穩婆曰拾囝奶。

〔一〕顧：原脱。

謂屋曰厝。謂家中小巷曰弄。謂廚下曰竈前。謂權屋曰停厝。

謂器具曰家私。

謂午飯曰食晝。夜飯曰食眠。睡曰困。

謂初生曰出世。死曰過世。謂作曰做。謂來曰釐。謂有曰務。謂無曰毛。謂事曰事際。

按，過世二字見《晉書·符登傳》。唐杜工部詩：「主人送客無所作。」昌黎詩：「君欲問方橋，方橋如此作。」皆叶作爲做。陸德明《經典釋文》：《詩》「貽我來牟」、《左傳》「棄甲復來」，皆音釐。《史記·功臣表》「靡有孑遺耗矣」，孟康曰：「耗音毛。」師古曰：「俗謂無爲毛。」《南史》：「帝雖以事際須𡖖。」並見《府志》注。又按，《後漢書·馮衍傳》「饑者毛食」賢注：「案，衍集作無。」呼無曰毛，蓋古語也。

謂争口曰相罵。謂鬬毆曰相拍。

謂不同曰各樣。謂羞曰少禮。

〔光緒〕續修浦城縣志

【解題】翁天祜修，翁昭泰纂。浦城縣，今福建省南平市浦城縣。「言語」見卷六《風俗》中。録文據光緒二十六年（一九〇〇）刻本《續修浦城縣志》。

言語

世謂閩人南蠻鴃舌，不諳正音，然未可一概論也。浦城土音與正音相近，雖婦孺亦多能操正音，實較勝於他邑。至邑中土音不特與他邑不同，且城與鄉異，此鄉與彼鄉亦異。約計闔邑語言不下十餘種，實全閩所罕覯。前志皆略而未載，兹具著於篇。采風問俗，亦守土及入境者所宜知也。若俗諺方言，繁瑣未及悉録。

大凡同郡者多同音，惟浦城不然。建、甌、陽、崇、政、松六邑，土音皆大同小異，獨浦城一邑，別有土音，與六邑迥不相通。與同郡人言多操正音，其間有可能通者，則四鄉之鄰於他邑者也。故即浦城一邑而論，城鄉言語亦多不齊。城内及附郭鄉村與離城窵遠而逼近他邑者，語音各別，四鄉皆然。南鄉觀前、臨江等村半與甌寧土音相似，至石陂街則與甌寧音無少異矣。北鄉楓嶺、深坑、筋竹等村，純操正音，別無土音。棠嶺、秀嶺、樟村一帶，漸近江西廣豐，其言亦在浦城、廣豐之間，似合兩處土音爲一音。據土人謂各姓多由淮南遷來，謂之淮南音，未知是否。至二渡關近接廣豐，關内浦屬各村則全操廣豐音矣。惟東鄉數十里各村，土音與城内無甚歧異，但近接浙江龍泉縣界者，多兼習龍泉音耳。西鄉自洋溪尾以上界鄰崇安，大小數十村皆操崇安土音，内中敏坑、坳頭、坂沙、炭窑數村，另一土音，大半與龍泉相似，其地既不近龍泉，查各村亦非來自龍泉，不解其故。而兼習本邑及崇安土音，婦孺皆能作三種語言，亦一異也。其餘一村一族之另操一音者，更難悉數。其先多從他處遷來，諺所謂「離鄉不離腔」是也。大抵四鄉之鄰近其邑者，即操某邑土音，而多兼習本邑土音。若罕入城市之人，有反不能通本邑之言者矣。

〔民國〕崇安縣新志

【解題】劉超然修，鄭豐稔纂。崇安縣，今福建省南平市武夷山市。「俗書」「謎語」見第六卷《禮俗・風俗》中。録文據民國三十一年（一九四二）鉛印本《崇安縣新志》。

俗書

肸，讀如武，犬也。氽，讀如默，入水也。圹，讀如仰，三角地帶也。畬，讀如削，斜坡也。⿱不平，讀如排，不平也。冇，讀如碰，稻之生而不實者。猪腿切爲方塊，亦曰冇蹄。生，讀如最，男陰也。乙，讀如膣，女陰也。丼，讀如蓬，以石投水聲。⿰土业，讀如渴，阡陌間流水處也。⿰月穻，讀如宣，舒也。⿵冂匋，讀如拍，擊掌聲也。光，讀如鬅，義同。

謎語〔一〕

謎語有二，一爲物迷，俗謂之古詩；一爲字謎，俗謂之字面。兹分述如下：

一樣樣，落在竹篾上，摘了兩皮葉，好像門插樣。　蜻蜓

二樣樣，落在鼎添上，摘了兩皮葉，好像紅棗樣。　飛蠊

〔一〕僅摘録其中含有方言詞者。

三樣樣，落在餅桌上，摘了兩皮葉，好像豆豉樣。　青蠅

四樣樣，落在酒甕上，摘了兩皮葉，好像芝麻樣。　蟣蠓

竹州竹府竹城牆，裏邊鬧得野野揚，有工走到竹州過，隻隻拿調剥衣裳。　礱　附注：野野揚，謂鬧得厲害，衆所共知。有工，有一天也。拿調，謂拿住也。

頭大尾細，通身生疥，撇調耳朵，問盡世界。　秤　附注：撇調，謂掀住也。

城裏燒厝，城外着嚇，躩蹌跌浣，對腰裂隙。　炒豆　附注：躩蹌，蹴也。跌浣，跳也。

陳陳圓圓扁他他，至面光三至面巴，食毛骨，嚼毛渣。　香菰　附注：陳陳圓圓〔一〕，甚也。他他，扁貌也。至，一也。光三，光也。毛，無也。

互生頭毛白，瘦來頭毛烏，脱了帽仔比工夫。　筆　附注：互生，後生也。瘦，老也。

〔光緒〕重纂光澤縣志

【解題】李麟瑞修，何秋淵纂。光澤縣，今福建省南平市光澤縣。「土音」見卷八《風俗略》中。録文據光緒二十三年（一八九七）刻本《重纂光澤縣志》。

土音

讀侵覃鹽咸韻並從閉口，惟芟劓品稟痒疌臉闖窆砭蟄縶熠匝拉卉燮等字悮讀開口音。其非閉口而悮讀者，則

〔一〕原脱一「圓」字。

惟蟬爲蟾、矜爲欽、疢爲朕、棧爲湛、猋爲鹽而已。與正音合。又如走爲祖，合《左傳》「循牆而走」〔一〕，韻「亦莫予敢侮」〔二〕。來爲犂，同《老子》「皆爲利來」，韻下「熙熙」。無爲毛，同范史「饑者毛食」。夜爲若，同《詩》「莫肯夙夜」，韻下「覆出爲惡」。歲爲磜，音節去聲。同孔子《去魯歌》「聊以卒歲」，韻「彼婦之謁」。年爲銀，同《莊子》「可以盡年」，韻「身親」。衣服爲衣疋，同《離騷》「退將復修吾初服」，韻「馳椒邱且焉止息」。覆盆子爲藨，讀逋鏖切。四豪韻收鏖，即此音。柳子厚詩「豈惟迫魑魅，所懼齊焄藨」，與「豪勞」字同押。時柳遭竄，懼不得還，謂如覆盆不見天日。此以藨讀鏖爲覆盆子之證。焄同葷，臭菜也。鳥啄物曰鵮，苦咸切，音嵁。同葦莊詩「櫻紅鳥競鵮」，元稹詩「果熟鳥先鵮」。土音轉讁咸切〔三〕。手指彼曰兀，音屋。元人詞多是音，曲家「兀的不是」，調頻用同此。呼羊曰芈，《説文》綿婢切。《篇海》作咪，迷爾切。二音轉爲莫者切，如光澤讀買音。招鷄曰祝，音轉爲故，本《神僊傳》。《土風録》言所自甚悉。與古音合。此二者百世可知也。

〔光緒〕重纂邵武府志

【解題】王琛修，張景祁纂。邵武府，轄境包括今福建省邵武市和光澤縣、泰寧縣、建寧縣三縣，府治在今南平市邵武市。「方言」見卷九《風俗》中。録文據光緒二十四年（一八九八）刻本《重纂邵武府志》。

〔一〕左：原誤作「古」。
〔二〕予敢：原誤作「敢予」，據《左傳》改。
〔三〕土：原誤作「士」。

方言

邵、光、泰三縣人自稱皆曰姎，杭上聲。建寧曰雅。昂假切，即我之轉音。稱人曰賢，上聲，邵光語。稱他人曰俯。泰寧曰許，建寧曰舍。呼男曰薩，平聲。老叟曰老薩。婦人曰婭娘。建寧曰夫娘。男子曰囝。女子曰婭娘囝。呼酒曰走。邵光語。建泰讀皆本音。飯曰盆。去聲，三縣同。建寧讀本音。米曰芈。建寧語，三縣讀本音。菜曰茨。去聲。諸稻皆曰禾。危魁切。諸穀皆曰粟。讀如菽，光澤讀穀本音。鷄曰陔。牛曰愚。足曰尻。筋曰卷。平聲。耳朵曰忍頭。露曰梭。去聲，邵光語。雨曰以。水曰毀。江曰杠。俱建寧語。日午曰妒。邵武語。二曰膩。四曰細。泰寧讀如息。六曰速。九曰苟。建泰讀本音。尺曰綽。鍋曰鼎。都講切。建寧讀鍋本音。桌曰盤。竈曰沮。去聲。臼曰去。上聲。草屨曰腳。水缸曰甕。讀上用切。冷曰清。讀如襯。極冷曰冰淩骨清。淩去聲。些須小物曰能子。能，去聲，讀如嫩。去曰可。去聲。來曰鼇。有曰與。泰寧語。無曰毛。去聲。走曰祖。跌曰胆。立曰跂。看曰仰。去聲。角口曰嗛嘴。多話曰覶多。不收拾曰藞苴。藞，郎假切，苴音鮓。事紛錯曰董亂。著衣不稱體曰祿褳。事不妥帖曰贑貢。行走不安順曰文遮。

〔民國〕重修邵武縣志

【解題】秦振夫修，朱書田纂。邵武縣，今福建省南平市邵武市。「方言」見卷二二《禮俗》中。録文據民國二十五年（一九三六）鉛印本《重修邵武縣志》。

方言

邵武縣人自稱皆曰姎，杭上聲。稱人曰賢，上聲。稱他人曰俯。呼男曰薩。平聲。老叟曰老薩。婦人曰娅娘。男子曰囝。女子曰娅娘囝。呼飯曰盆。去聲。菜曰茨。諸稻皆曰禾。危魁切。諸穀皆曰粟。鷄曰陔。牛曰愚。鳥曰鄒。去聲。猫曰毛。去聲。足曰尻。耳曰忍窟。露曰梭。星曰笙。上午曰上妒。下午曰下妒。夜上曰暗頭。二曰膩。六曰速。尺曰綽。鍋曰鼎。桌曰盤。灶曰沮。去聲。水缸曰水甕。柴曰槽。去聲。屋曰厝。臼曰去。上聲。草履曰脚。草笠曰覆。冷曰清。讀如襯。極冷曰冰淩骨清。淩去聲。些須小物曰能子。能，去聲，讀如嫩。去曰可。去聲。來曰釐。在曰楚。無曰貌。走曰祖。跌曰胆。立曰跂。看曰仰。去聲。遊曰打踉。口角曰嗹嘴。多話曰覼多。不收拾曰蘱苴。蘱，郎假切，苴音鮓。事紛錯曰董亂。著衣不稱體曰禄褳。事不妥帖曰贛貢。行走不安曰支遮。

〔嘉慶〕南平縣志

【解題】楊桂森修，應丹詔纂。南平縣，今福建省南平市延平區。「言語」在卷八《風俗》中。有嘉慶十五年（一八一〇）刻本《南平縣志》。録文據同治十一年（一八七二）補刻本《南平縣志》。

言語

閩南土音，府殊而縣不同。南平城内外獨無土音，但語言真樸。上游諸鄉與順昌、建寧相通，漳湖坂以下則與省會音近。

〔民國〕南平縣志

【解題】吴栻修，蔡建賢纂。南平縣，今福建省南平市延平區。「言語」在卷十一《禮俗志》中。録文據民國十年（一九二一）鉛印本《南平縣志》。

言語

閩南土音，府殊而縣不同。南平城内外獨無土音，但語言直樸。上游諸鄉與順昌、建寧相通，漳湖坂以下則與省會音近。

〔民國〕建陽縣志

【解題】羅應辰、姚有則等纂修。建陽縣，今福建省南平市建陽區。「佘民風俗」見卷八《禮俗志》中。録文據民國十八年（一九二九）鉛印本《建陽縣志》。

佘民風俗

方言與漢人異。朝食曰吃蓬，晡曰吃暗，晉曰長蒲。其語言之不通類如此。

〔嘉慶〕福鼎縣志

【解題】譚掄修，王宗槐等纂。福鼎縣，今福建省寧德市福鼎市。「方言」見卷二《風俗》中。録文據嘉慶十一年（一八〇六）刻本《福鼎縣志》。

方言

雨曰輔。《禮統》：「雨者，輔時生長均遍。」又云：「雨者，輔也。」

霰曰雪米。《説文》：「霰，稷雪也。」《埤雅》：「閩俗謂之米雪，言其霰粒如米。」所謂稷雪義蓋如此。

虹曰空。去聲。韻書：虹，一音貢。

暑中小雨曰過雲雨。唐元稹詩：「江喧過雲雨。」

寒曰清。《禮記》：「冬温而夏清。」《管子》：「夏之就清。」

屋曰厝。

家中小巷曰弄。《南史》：「東昏侯遇弑于西弄。」

庭曰天井。《孫子・行軍篇》「凡地有天井天牢」注云：「四高中下，勢如四屈，爲天井。」

門之關曰閂。

溝曰羊溝。《莊子・逸篇》：「羊溝之鷄。」

父曰郎罷，子曰囝。唐顧況詩：「郎罷别囝，吾悔生汝。囝别郎罷，心摧血下。」宋陸游詩：「阿囝略知郎罷老。」在杭云：「閩人呼父爲郎罷，謂既有子，諸事可已也。」

母曰妳。《通雅》：「李賀稱母阿妳。」

婦女曰珠娘。任昉《述異記》：「越俗以珠爲上寶，生女謂之珠娘。」

姻家曰親家公。《隋書·李渾傳》：「帝謂宇文述曰：『吾宗社幾傾，賴親家公獲全耳。』」

友壻曰同門丈。《爾雅注》：「江東人呼同門爲僚壻。」

不慧曰獃。《唐韻》小獃大癡，不解事者。

强梁曰闖將。《白頭閒話》：「都人結黨，横行街市，號爲闖將。」

戇曰木秃。

語不明曰含胡。《唐書·顔杲卿傳》：「含胡而死。」

耍曰㑩佻。《石田雜記》：「閩人鄉談詩：『誰信㑩佻原是耍。』」

不潔曰腌臢，亦曰邋遢。焦氏《刊誤》：「物不浄曰腤臟。或疑即䬦䬩音轉。」《七修類稿》：「邋遢，鄙猥糊塗之意。」

不屈曰硬綳綳。《閑中古今録》：「應履平題部門詩：『衣裳糨得硬綳綳。』」

人初生曰出世。《隋書·經籍志》：「每一小劫，則佛出世。」

死曰過世。《晉書·符登傳》：「雖過世爲神。」

火曰燬。《詩·汝墳》釋文，郭注《釋言》云：「燬，齊人語。」

掌爨曰火頭。《南史·何承天傳》：「東方曼倩發憤於侏儒，遂與火頭食子，稟賜不殊。」

午飯曰食晝，夜飯曰食眠。

傍晚曰下半晡。《漢書·天文志》：「下晡至日入爲麻。」

上半夜曰上半眠，下半夜曰下半眠。明日曰明旦。暗曰烏漉秃。《玉芝堂談薈》載占諺：「四月初八烏漉秃，不論上下一齊熟。」

作曰佐。唐杜甫詩：「主人送客無所作。」韓愈詩：「君欲問方橋，方橋如此作。」皆叶作爲佐。

來曰釐。陸德明《經典釋文》：《詩》「貽我來牟」，《左傳》「棄甲復來」，皆音釐。

相謂曰儂。

無曰毛。《功臣表》：「靡有孑遺耗矣。」〔一〕孟康曰：「耗音毛。」顔師古曰：「俗謂無爲毛。」

短曰矮。《周禮·典同》釋文：「桂林之間謂䍦矮。」

〔一〕「耗」下原衍「毛」字。

行事不當曰伊哩烏盧。　元人《凍蘇秦》劇。

急遽曰青睛。

物不同曰各樣。

羞曰少禮，過禮曰文傷傷。　《元曲選》關漢卿《謝天香》曲。

恨曰媢。　《説文》：「汝南人有所恨曰媢。」

寂寞曰冷湫湫。　《傳燈録》：「休去歇去，冷湫湫地去。」

儉約曰作家。　《晉書·食貨志》：「漢靈帝言桓帝不能作家，曾無私畜。」

器用曰家私。　《續漢書》：「靈帝造萬金堂以爲私藏，復寄小黄門常侍家私錢至數十萬。」

首飾曰頭面。　《東京夢華録》：「相國寺西廊賣繡作、領抹、花朵、翠珠頭面之類。」

指鐶曰手指。　《詩》鄭箋：「后妃羣妾以禮御於君所，女史書其日月，授之以鐶。當御者著於左手，既御者著於右手。」

剩物曰長。　長，去聲。《世説》：「恭生平無長物。」

物完全曰囫圇。

藏物曰囥。

此處曰此邊，彼處曰許邊。

折花曰拗花。　唐元稹：「今朝誰是拗花人。」

蠅曰胡臻。　《古今注》：「閩人謂之胡臻。」

〔乾隆〕建寧縣志

【解題】韓琮、朱霞等纂修。建寧縣，今福建省三明市建寧縣。「方言」見卷九《風俗》中，由朱霞擬稿。録文據乾隆二十四年（一七五九）刻本《建寧縣志》。

方言

車書一統，同軌同文，然土俗異宜，土音各別。《周官》有職方氏，即有訓方氏。建邑之語，近似中原，即音多燥硬，非同蠻響。間考其詼諧雜出里巷燕褻之語，有合于典籍者，録之以應風謡之采。

渠　俗謂他曰矢，渠之訛也。陳無己曰：「爾豈不知我不着渠家衣耶？」

那　俗于語後必綴一那字，如你那、渠那之稱。《後漢書》：「公是韓伯休那？」

崽　音宰，子也。李泌謂德宗曰：「肅宗師臣，豈不呼陛下崽郎？」

𩝐　音注，呼犬豕食也。

捋　鸞去聲。《詩》：「薄言捋之。」

笨　音盆去聲，粗率也。《晉書》：「豫章太守史疇肥大，時人目爲笨伯。」

弄　俗呼小巷爲弄。《南史》：「蕭諶接郁林王出至延德殿西弄。」

賴　負而不償曰賴。《晉語》曰：「已賴其地，而又愛其實。」〔一〕

鉋　斵木光平曰鉋。元微之詩：「方椽郢匠鉋。」

拌　音潘，棄也。

𠿚　音批，叱也。

瞉　講學與人聽。

嗌　盤審問。

嚶　呼羊也。

够　勾足也。

㚟㚟　音劣杰。《漢書》：「㚟㚟而無志節。」

寧可　即耐可。耐音能。《漢書》：「楊越之人耐暑。」

鏖糟　穢也。《霍去病傳》：「鏖糟闌下。」〔二〕謂盡死殺人爲鏖糟。

兜𣯂　音兜達。本番國服，今性劣者以此目之。

含胡　《唐史》：「顔杲卿含胡而死。」

〔一〕實：原誤作「寶」，據《國語》改。

〔二〕霍去病：原誤作「王霸」。「鏖糟闌下」之「糟」，《漢書·霍去病傳》作「皋」。

活計　白樂天詩。

冤家　梁簡文始生，志公曰：「冤家亦生矣。」蓋侯景亦以是年生。

分付　《漢・原涉傳》。

什物　《後漢・宣秉傳》。

囊家　《麈史》〔一〕：「世之糾率蒱博者謂之囊家。」今俗謂莊家。

一路　俗語做一路。韓翃詩：「一路寒山細雨中。」

經紀　俗呼營生者曰經紀。唐高宗勑滕王蔣王曰〔二〕：「滕兄蔣兄，自能經紀，不須賜物。」

亡賴　漢高帝曰：「始大人常以臣亡賴。」

多謝　《趙廣漢傳》。

行頭　出《吳語》。

一頓　《世說》羅友曰：「欲乞一頓食。」俗呼飯次曰一頓，及打罵亦皆云云。

麩炭　《老學庵筆記》：「浮炭曰麩炭。」

點心　《唐史》：「鄭傪夫人顧其弟曰：『治粧未畢，我未及餐，爾其點心。』」

〔一〕麈：原誤作「唐王」。

〔二〕高：原誤作「太」，據《資治通鑑》改。

蘆蕟　瑯琊王敬胤〔一〕，一蘆蕟藉下。
料理　《晉書·王徽之傳》。
財主　《世説》陳仲弓曰：「盜侵財主。」
鏒金　音減，以金錯鐵上。《東京賦》〔二〕：「金鏒鏤鍚。」〔三〕
憹鬡　俗謂頑者。劉夢得詩：「盃前胆不憹。」
雜種　《晉書》：「蠢兹雜種，奕世彌昌。」
褦襶　音耐戴，謂不曉事也。
安排　出《莊子》。
郎當　呼人衰憊曰郎當。古詩有「鮑老郎當舞袖長」。
長進　《和嶠傳》。
忒煞　俗語太甚曰忒煞。白樂天：「白日憑輕照，東風忒煞吹。」
子細　《北史》：「爲政當舉大綱，何必太子細。」
利市　《易·説卦》：「爲近利市三倍。」

〔一〕胤：原誤作「徹」。
〔二〕東：原誤作「西」。
〔三〕鏒：《東京賦》作「鋄」。

見錢　《漢書·王嘉傳》。
日子　《魏書》逐日子，計數也〔一〕。
收拾　《光武本紀》。
牙牙　俗以兒啼作㖧犽之聲以慰之。司空圖文：「女則牙牙。」
寒毛　《晉史》：「聞君之談，不覺寒毛盡豎。」
妥帖　杜詩：「千里初妥帖。」
差路　唐詩：「枯木巖前差路多。」
擡舉　白樂天：「亭亭自擡舉。」
空頭　黄山谷《筆記》。
毛病　黄山谷云：「此荆南人毛病。」
親家　《唐·蕭嵩傳》。
㒿子　《唐書·王伾傳》：「形容㒿陋。」形短矮者曰㒿子。
夫娘　南宋蕭齊崇尚佛法，閤内夫娘悉令持戒，謂夫人、娘子也。
傅近　俗語附近也。仲長統《昌言》：「宦豎傅近臥房之内，交錯婦人之間。」

〔一〕《魏書》未見此文。

端公　謂專事也。唐官制，内直侍二人謂端臺，人稱端公。
活脱　草生江南，長丈許，大葉。謂不堅確，靡然如草也。
好生　李商隱詩：「陛下好生千萬壽。」
發迹　光武勞耿弇語。
厓柴　丁謐、何晏、鄧颺附曹爽時，謂臺中三狗，厓柴不可當。
調停　出《周官》，謂司萬民之讎而調和之。
巴攬　出宋趙善璙《自警編》。
索性　先儒有云：「爲小人而不索性。」
耳邊風　杜荀鶴詩：「萬般無染耳邊風。」
難爲人　出《表記》。
不中用　秦始皇曰：「吾收天下書不中用者，盡燬去之。」
不耐煩　《庚炳之傳》：「爲人强急而不耐煩。」
小家子　《霍光傳》。
没巴鼻　蘇東坡詩：「没些巴鼻使奸邪。」
作人情　杜詩：「粔籹作人情。」
不敢欺　《國策》。

頭腦酒　《涌幢小品》云：「凡冬月客到，以肉及雜味寘大碗中，注熱酒遞客。」

不快活　桑維翰曰：「居宰相如着新鞋襪，外面好看，其中不快活也。」

外後日　《唐逸史·裴老傳》。

没下梢　短鞭也。

不到頭　金主亮製尖靴極長，取于便蹬，指不到頭。

四分五裂　《張儀傳》。

人面獸心　《宋明帝紀》。

脱籠把戲　《清波雜志》：「京都虚詐閃賺諺語。」

瞎字不識　臧武仲名紇，音恨發切。唐蕭穎士聞人稱武仲名瞎，因曰：「爾紇字也不識。」

倘來之物　《梁書》。

一勞永逸　《北魏書》。

不做好事　唐明宗責王建之詞。

打草驚蛇　《南唐書》。

合少成多　《中庸注疏》。

不知鼐董　《爾雅》：「不知鼐董。」猶不辨菽麥意。

丁一確二　謂的確也。出朱子《語録》。

遠水不救近火　《韓非子》。

郎不郎，秀不秀　元時以三等論人，首郎，次官，又次秀也。

三十六策走爲上　《齊書·王敬則傳》。

該个　阿堵、寧馨之謂。

蕣苴[一]　謂作事不中理。黄山谷集：「惹鮓。」

漢子　謂賤丈夫。始五胡亂華時有此語，北齊文宣帝語。

没前程　柳子厚作《非國語》，人以爲子厚平生作文得《國語》最深，因知其短長而持之，故謂子厚爲没前程。謂以夫子之道，反害夫子。

〔民國〕建寧縣志

【解題】錢江、吴海清修，范毓桂、張書簡總纂。建寧縣，今福建省三明市建寧縣。「方言」見卷五《風俗》中。録文據民國八年（一九一九）鉛印本《建寧縣志》。

方言

車書一統，同軌同文。然土俗異宜，土音各别。《周官》有職方氏，即有訓方氏。建邑之

[一] 蕣：原作「蕣」，據《字彙》改。

語，近似中原，雖音多燥硬，要不同于舌。間考其詼諧雜出里巷燕褻之語，有合於典籍者，録之以應風謡之采。

那　俗于語後必綴一那字，你那、渠那之稱。《後漢書》：「公是韓伯休那？」

崽　音宰，子也。李泌謂德宗曰：「肅宗師臣，豈不呼陛下崽郎？」

捋　鸞去聲。《詩》：「薄言捋之。」

笨　粗率也。《晉書》：「豫章太守史疇肥大，時人目爲笨伯。」

賴　負而不償曰賴。《晉語》曰：已賴其地，而又愛其實。

鉋　斲木光平曰鉋。元微之詩：「方椽郢匠鉋。」

⿰口毘　音批，叱也。

嗀　講學與人聽。

⿰口⿱采皿　盤審也。

嘪　呼羊也。

够　勾足也。

鏖糟　穢也。《霍去病傳》：「鏖糟闌下。」〔一〕謂盡死殺人爲鏖糟。

〔一〕霍去病：原誤作「王霸」。「鏖糟闌下」之「糟」，《漢書・霍去病傳》作「皋」。

含胡　猶糊塗也。《唐史》：「顔杲卿含胡而死。」

活計　白樂天詩。

冤家　梁簡文始生，志公曰：「冤家亦生矣。」蓋侯景亦以是年生。

分付　《漢·原涉傳》。

什物　《後漢·宣秉傳》。

囊家　《塵史》〔一〕：世之糾率蒱博者，謂之囊家。今俗謂莊家。

一路　俗語做一路。韓翃詩：「一終寒山細雨中。」

亡賴　漢高帝曰：「始大人常以臣亡賴。」

多謝　《趙廣漢傳》。

行頭　出《吴語》。

一頓　《世説》羅友曰：「欲乞一頓食。」俗呼飯次曰一頓，及打駡亦皆云云。

點心　《唐史》：「鄭傪夫人顧其弟曰：『治粧未畢，我未及餐，爾其點心。』」

蘆蓙　瑯琊王敬胤〔二〕，一蘆蓙藉下。

料理　《晉書·王徽之傳》。

〔一〕塵：原誤作「唐王」。

〔二〕胤：原誤作「徹」。

財主　《世説》陳仲弓曰：「盗侵財主。」

鏒金　音減，以金錯鐵上。《東京賦》〔一〕：「金鏒鏤錫。」〔二〕

憒鑾　俗謂頑者。劉夢得詩：「盃前胆不憒。」

雜種　《晉書》：「蠢兹雜種，奕世彌昌。」

褦襶　音耐戴，謂不曉事也。

安排　出《莊子》。

郎當　呼人衰憊曰郎當。古詩有「鮑老郎當舞袖長」。

長進　《和嶠傳》。

忒煞　俗語太甚曰忒煞。白樂天：「白日憑輕照，東風忒煞吹。」

子細　《北史》：「爲政當舉大綱，何必太子細。」

利市　《易·説卦》：「爲近利市三倍。」

見錢　《漢史·王嘉傳》。

日子　《魏書》逐日子，計數也〔三〕。

〔一〕東：原誤作「西」。

〔二〕鏒：《東京賦》作「鋟」。錫：原誤作「鍚」。

〔三〕《魏書》未見此文。

收拾《光武本紀》。

寒毛《晉史》：「聞君之談，不覺寒毛盡竪。」

妥帖 杜詩：「千里初妥帖。」

差路 唐詩：「枯木岩前差路多。」

擡舉 白樂天：「亭亭自擡舉。」

空頭 黄山谷《筆記》〔一〕。

毛病 黄山谷云：「此荆南人毛病。」

親家《唐・蕭嵩傳》。

𨄳子《唐書・王伾傳》：「形容𨄳陋。」形短矮者曰𨄳子〔二〕。

夫娘 謂婦人曰夫娘。南宋蕭齊崇尚佛法，閤内夫娘悉令持戒，謂夫人、娘子也〔三〕。

傅近 俗語附近也。仲長統《昌言》：「宦豎傅近臥房之内，交錯婦人之間。」

發迹 光武勞耿弇語。

厓柴 丁謐、何晏、鄧颺附曹爽時，謂臺中三狗，厓柴不可當。

〔一〕記：原誤作「説」。

〔二〕矮：原誤作「短」，據乾隆《建寧縣志》改。

〔三〕謂：原誤作「請」。

調停　出《周官》。謂司萬民之讎而調和之。
巴攬　出宋趙善璙《自警編》。
索性　先儒有云：「爲小人而不索性。」
箇介　音架介。阿堵、寧馨之謂。
漢子　謂賤丈夫。始五胡亂華時有此語，北齊文宣帝語。
𡡉𡡉　音劣杰。《漢書》：「𡡉𡡉而無志節。」
寧可　即耐可。耐音能。《漢書》：「楊越之人耐暑。」
没前程　柳子厚作《非國語》，人以爲子厚平生作文得《國語》最深，因知其短長而持之，故謂子厚爲没前程。謂以夫子之道，反害夫子。
耳邊風　杜荀鶴詩：「萬般無染耳邊風。」
難爲人　出《表記》。
不中用　秦始皇曰：吾收天下書不中用者，盡燬去之。
不耐煩　《庾炳之傳》：「爲人强急而不耐煩。」
小家子　《霍光傳》。
没巴鼻　蘇東坡詩：「没些巴鼻使奸邪。」
作人情　杜詩：「粔籹作人情。」

不敢欺　《國策》。

頭腦酒　《涌幢小品》云：「凡冬月客到，以肉及雜味寘大碗中，注熱酒遞客。」

不快活　桑維翰曰：「居宰相如着新鞋襪，外面好看，其中不快活也。」

外後日　《唐逸史・裴老傳》。

没下梢　短鞭也。

不到頭　金主亮製尖靴極長，取于便蹬，指不到頭。

四分五裂　《張儀傳》。

人面獸心　《宋明帝紀》。

脱籠把戲　《清波雜志》：「京都虛詐閃賺諺語。」

瞎字不識　臧武仲名紇，音恨發切。唐蕭穎士聞人稱武仲名瞎，因曰：「爾瞎字也不識。」

倘來之物　《梁書》。

一勞永逸　《北魏書》。

不做好事　唐明宗責王建之詞。

打草驚蛇　《南唐書》。

合少成多　《中庸注疏》。

不知蕭董　《爾雅》：「不知蕭董。」猶不辨菽麥意。

丁一確二　謂的確也。出朱子《語録》。

遠水不救近火　《韓非子》。

郎不郎，秀不秀　元時以三等論人，首郎，次官，又次秀也。

三十六策走爲上　《齊書・王敬則傳》。

〔民國〕莆田縣志稿

【解題】張琴編修。莆田縣，今福建省莆田市荔城區、秀嶼區、城廂區和涵江區。「方言」見卷八《風俗志下》中。録文據民國三十四年（一九四五）鈔本《莆田縣志稿》。

方言

應劭云〔一〕：「周秦常以歲八月，遣輶軒之使，求異代方言，籍而藏之秘室。及嬴氏之亡，遺脱漏棄，無見之者。蜀嚴君平得千有餘言。楊雄所正治者凡九千字。」其所發明，猶不若《爾雅》之閎麗也。按揚子《方言》所採，及於秦晉齊鄭衛，下逮江淮吴越之間，其區域廣而述演難，若一鄉一邑，則考證較易矣。然習用之語，雖云浮淺，實賢愚所共咨，欲諺譯諦當，殊爲不易。閩方言二十餘種，莆語可通者祇仙遊一邑，其起調、語尾之變，尚有不同者。苟進而求諸《風》

〔一〕劭：原作「卲」。

《雅》《離騷》，雖屈詰聱牙，皆有典據，蓋古音猶存耳。

近世考音韻學者，謂黄河流域多宋元時代之音，長江流域多晉唐時代之音，而閩粵二省多周秦時代之音，其不同者，在雙聲疊韻之變耳。今莆音之合於古語者，比而附之，觸類旁通，於語言統一不無少補云爾。

需要曰博得。博，讀若不。得，讀若特。《韻會》：「博，貿易也。」《説文通訓定聲》：「凡取于人曰博取，皆捕字。或曰借爲賦收也。」〔一〕《荀子・解蔽篇》：「鮑叔、寧戚、隰朋仁智且不蔽，故能持管仲；召公、吕望仁智且不蔽，故能持周公。」持，解作得。博得涼州守，博得頭銜，博得青衿，皆常用語。

不要曰枉得。枉，讀去聲，枉從王轉聲，爲通用語。如枉用、枉使之類，皆雙聲。《論語》「焉用稼」，《孟子》「惡用鶂鶂之肉哉」，焉、惡皆枉轉聲而用同。戴石屏詩：「枉使西山有遺恨。」楊誠齋詩：「枉與常州作住持。」又：「枉教一室塵如積。」

不然曰枉然。如此曰按然。讀若阿那。《説文》：「案，几屬，從木安聲。」臣鍇：「案，所凭也。」

何故曰奈以。奈，讀若乃。以，讀去聲，若意。胡然曰曷若。曷，讀若拂。若，與諸音同。《荀子・彊國篇》「必爲天下大笑曷若」注：「問以爲何如也。」何物曰甚麽。物，讀麽語〔二〕。楊誠齋詩：「不是南人作麽生。」戴石屏詩：「嶺上回頭怎麽生。」那様曰方物。如何曰甚生。何如曰復然。復，讀若伏。然，讀若那。未定曰或然。還有曰復有。復，讀伏。

〔一〕取：原脱。收：原脱，據《説文通訓定聲》補。

〔二〕語：似爲「音」之訛。

許可之辭曰行阿。行，讀若很。普通話行不行，官册畫押行字，謂已行也。有的曰抑或。抑，讀于。勉强之辭曰奈何。不接之辭曰没奈何。真曰正經。正，讀征。《孟子》：「經正則庶民興。」〔一〕僞曰浮假。問物所在曰着落。唐詩：「不知秋思落誰家。」指物所在曰如許。朱子詩：「問渠那得清如許。」追憶曰覺得。覺，讀如恰。得，讀如則。劉後村詩：「恰則炎炎未百年。」特别曰特地。楊誠齋詩：「破曉遊來特地佳。」又：「未春特地囀新鶯。」〔二〕最先曰打頭。楊誠齋詩：「打頭荷甑且輸官。」

不住曰枉着。

不相當曰直敵。直，讀若商。《漢書·蓋傳鐃傳》：「平生四馬程不一錢。」〔三〕楊誠齋詩：「一味春蔬不值錢。」準定曰端的。端，讀若盾。楊誠齋詩：「側溪端的不相虧。」此曰者。讀若這。者番，此回也。詩詞中多用之。俗以迎這爲者，非。彼曰許。讀若訢。許、者轉音。東坡語：「且食蛤蜊管許事。」戴石屏詩：「何人筆端有許力。」「不知芳樹在何許。」可曰堪。讀若通。《唐韻》堪，口含切。音近而訛。《説文》：「堪，勝也。」任也，可也。戴石屏詩：「堪笑月遲來又

〔一〕庶：原脱，據《孟子》補。
〔二〕囀：原作「轉」，據《誠齋集》改。
〔三〕出處及引書有誤。《漢書·竇田灌韓傳》有「平生毁程不識不直一錢」。

去。」今法律用語可決曰通過，否決曰不通過。

未預備曰不得辦。讀若便。戴石屏詩：「白頭方辦買山錢。」

男人稱妹。妹作輩，行輩也。既冠而行，呼之曰某某輩也。戴石屏詩：「俗輩衆多吾輩少。」訛作妹。婦人稱哥。哥作娥。《説文》：「娥，帝堯之女，舜妻娥皇字也。」〔一〕《方言》：「秦晉之間美貌謂之娥。」訛作哥。

太翁曰大官。翁要聲轉，夫曰官人，故夫之父曰大官。太姑曰大家。《漢書》有《曹大家傳》。

婢曰丫頭。僕曰虎將。男人曰仗夫子。女子曰小娘子。貧人曰赤仔。富人曰財主。店當曰財主〔二〕。《周禮》「凡民同貨財者」注：「財主出債與生利。」《世説》：「陳仲弓爲太邱長，有劫殺財主。」今爲店東通稱。

愚人曰傻。傖人曰村。村，讀若梭，謂有村氣也。戴石屏詩：「朴拙惟宜怕近村。」

工人曰司傅。學徒曰司仔。店員曰工作。

妻之父稱曰丈人。妻之母稱曰丈姆。稱夫之姊妹曰姑。婦人稱兄弟之子曰孲〔三〕。《説文》：「姪，兄之女也。」《春秋左傳》：「姪從其姑。」已嫁之女稱兄弟之子曰孫。母之兄弟曰舅。姊妹嫁而生子曰甥。呼父曰爸。呼子曰襁。言在襁褓之中也。呼母曰阿威。讀若孤。《説文》：「威，姑也。律曰：婦告威姑。」臣鍇曰：「借爲威權也，迂歸反。」借爲呼母之聲。乳母曰奶母。

〔一〕字：原脱，據《説文解字》補。
〔二〕當：似爲「東」之誤。
〔三〕孲：原誤作「孫」。

人巧慧曰玲瓏。人愚蠢曰粗笨。人易欺曰善。諺云：「人善被人欺，馬善被人騎。」强梁曰惡根。謂惡根性也。佔便宜曰佔先。欺負人曰先人。《老子》：「不敢爲天下先。」恃勢曰威風。身材倭曰倭虎。身材高曰高墻。言高可及墻也。《論語》：「賜之墻也，及肩。」面欺曰諸謾。諸，讀若遮。《説文》：「譇拏，羞窮也。」臣鍇曰：「繁詞自蓋蔽也。」謾，欺也。能曰有爲。有爲合音讀若衛，訛爲會。普通話曰會。《説文》：能，三足，從㠯聲〔一〕。㠯爲皆支韻。不能曰罷。罷，讀若蔽。《周禮·秋官·大司冠》「以圜土教罷民」疏：「謂困極。」《楚詞·大招》「誅譏罷只」注：「罷，駑也。」稱我曰寡。謂寡德也。古朕字爲我，亦上下通稱。稱他曰伊。《詩·蒹葭》：「所謂伊人，在水一方。」稱爾曰女。《論語》：「女與回也孰愈？」「今女畫。」妨碍曰故障。障，讀章。今法律常用語。遷就曰將就。將，迎也，謂迎而就之也。封僱車船騾馬曰官差。戴石屏詩：「扁舟乃官差。」至竟曰到底。戴石屏詩：「到底閉門非我事。」自從曰鄉來。鄉，音向。戴石屏詩：「鄉來江海迹狂客。」隔別曰不相干。戴石屏詩：「一毫塵俗不相干。」苦心曰費盡心機。戴石屏詩：「費盡心機做不成。」何故曰何苦。苦故音從〔二〕。楊誠齋詩：「勸人何苦怯金船。」〔三〕因便曰落得。楊誠齋詩：「不知落得幾多雪，做盡北風無限

〔一〕引書有誤。《説文解字》：「能，熊屬。足似鹿。从肉，㠯聲。」
〔二〕從：疑爲「同」之誤。
〔三〕「苦」下原衍文「度」字，據《誠齋集》删。

聲。」〔一〕難受曰不禁。楊誠齋詩：「横枝太瘦不禁寒。」何事曰広事。駁謌詞，広讀若峙。楊誠齋詩。卒然曰生嗔。

前日曰夙昔。昨日曰宿晡。前年曰溯昔年。後年曰後一年。日午曰卓。卓，讀若罩，故午飯曰食罩。夜曰暝。《説文》：「昏，日冥也。」晨曰起早。《説文》：「早，晨也。從日在甲上。」羅盤東方屬。另日曰别日。楊慎《俗言》：「異日曰另日。另字音命令之令。然其字《説文》無有也，只當作令日。」按，另字别之一旁，俗簡寫耳，與令字義異。明日曰復旦，又曰昕早。古詩：「旦復旦兮。」《説文》：「昕，旦也。日將出也。從日斤聲。」〔二〕臘月曰年邊。新年曰春頭。

夏日暴雨曰西北雨。霖雨曰牽絲雨。有雷無雨曰乾雷，無聲曰熱電。蝃蝀雨曰虹漏。流星曰星飛過度。雨後白雲曰曇天。雨淋曰沃。日晒曰曝。

謂物多曰䨵靆。謂不堅曰縫。去聲。《蜀語》：「器破曰甏縫。」〔三〕謂有餘曰豐。謂不足曰歉。謂物堅曰綻。

拭物曰揉。讀柔聲。重拭曰擦。撫物曰摩。《説文》：「研也。從手麻聲。」足踏曰躧。《蜀語》所蟹切，

〔一〕風：原誤作「方」。限：原誤作「恨」。據《誠齋集》改。

〔二〕斤：原誤作「昕」。

〔三〕器破曰甏縫：原作「陶器甏曰聲縫」，據《蜀語》改。

釵上聲。《大明會典》：「光禄寺躧造細麪。」手提曰揵。手承物曰托。脅持曰拑。《説文》：「從手甘聲。」勤濳反。兩手承之曰捧。物足曰够。置物曰放。《説文》：「放，逐也。」臣鍇曰：「古者臣有罪，宥之於遠。」《尚書》：「放驩兜于崇山。」借爲安放之放。藏物曰空。謂置諸閒空之地也。空，上聲。移置曰運。《論語》：「治天下可運于掌上。」觸物曰撩。握物曰捺。以指搓曰捻。侵擾曰掉弄。掉，讀若作。佛書偈曰：「掉弄花唇取次謾。」

物件曰家私。《大明會典》作傢伙。

日昏曰日瞀。讀若務。《蜀語》：「目不見物曰瞀。」

推疊曰搭。讀若慟。楊誠齋詩：「一搭山巒一搭奇。」推人曰搡。讀若爽。《蜀語》音聳。漉物曰舀。《蜀語》以沼切，妖上聲。

竈頭水礶曰寄燒。謂灶本燒飯而寄以燒水也。麪爲薄餅曰餑餑。麪皮裹肉曰宵賣。

糾葛曰交加。戴石屏詩：「俗事無交加。」虚言曰浪語。時祭曰嘗新。

謂人儉曰細膩。謂人奢曰放蕩。揮霍曰大器，亦曰大塊。器，讀若既，既概同。慳吝曰小器。器，讀若棄。好作大言曰大腔。青年好鬥曰惡少。恃勢欺人曰横行。謂人忠厚曰古意。謂人巧詐曰狡猾。謂人疲玩曰罷懦。罷，讀若便。《孟子》：「懦夫有立志。」孤岸曰傷官。

火謂之煤。揚子《方言》：「煤，火也。」呼愧反。「楚轉語也。猶齊言焜火也。」音燬。釜謂之錪。揚子《方言》：「鍑，釜屬，北燕朝鮮洌水之間或謂之錪。」今通稱鍋子，或作鼎，非。茶碗謂之甌。酒盞謂之鐘。樽轉聲。短衣謂之汗褡。雙袋謂之囊褳。以篾束物曰箍。《蜀語》音箍。酒甕謂之缸。讀若堅。棹謂之牀，其小者曰半掉。牀謂之鋪，亦曰眠牀。發酵曰起母。酢母也。

麥之空殼曰秙。《蜀語》音庯。稻之空殼曰糙糠。

百斤爲擔。《蜀語》讀石爲旦。凡官府糧册及民間穀米皆以石爲擔。《漢書》：「家無擔石之儲。」

飲食變味曰餿。餿，音搜，疊韻。挑〔一〕。

鉋子曰推刀。《蜀語》讀報。屋宇懸木段曰橦。粥稠謂之果。可音轉，謂可果腹也。粥稀謂之過。過，瀉也，言稀則瀉也。《漢書》：「食菜不招過，飲水不裂腸。」

濕謂之溏〔二〕。乾謂之熇。炎，熇乾也。冷謂之嚴。冷甚也。蘇東坡詩：「夜静無風勢轉嚴。」

磁盆曰簠簋。簠，讀若五。《孝經》：「陳其簠簋。」祭器也。《周禮》：「旊人爲簋。」陶器也。

秤曰稱子。大秤曰量。小秤曰鼇戥。

呼鼉曰娘子。數鼉曰身。《荀子》：「此夫身女好而頭馬首者歟？」今呼娘亦曰馬頭娘。呼蝦蟆曰粗皮先生。以蝦蟆可醫熱病也。呼鸜鴿曰公出。出，讀若蕞。《左傳》昭公二十五年：「童謡曰：鸜之鴿之，公出辱之。」呼燈蛾曰夜婆。婆、蛾疊韻。呼螢曰景夜。景影同，夜讀若婆。《古今注》：「螢，一名耀夜，一名景天。」閩語謂夜曰暗暝，暝婆音轉。呼螺蠃曰衛瘟。水[illegible]螺蠃體黑色，雌者尾有毒針能刺人，常啣泥樹枝[illegible]壁，作球形之房，其泥名瘟土，塗之可以愈瘟。水母曰蛇。竈邊促織爲竈馬，亦曰竈鷄。段成式《酉陽雜俎》：「竈馬狀如促織，稍大，腳長，好

〔一〕挑：疑爲衍文。

〔二〕濕：原誤作「溼」。謂：原誤作「爲」。

穴於竈側，俗言：竈有馬，足食之兆。」

呼寺鍾曰梵鍾。

謂美曰韶。

屋上採光曰天窗。牖曰壁窗。

小食曰餟。《説文》：「餟，小餟也〔一〕，從食兑聲。」食飽曰餜。《説文》飽從采。臣鍇曰：「采音保。」

物豐曰饛。《説文》：「饛，盛器滿皃也，從食蒙聲。《詩》曰：『有饛簋飧。』」母東反。

邪行曰磽确。物價平曰便。便，讀平聲。參差，物不齊也。莆語不適合亦曰參差，言長短也。《詩》曰：「參差荇菜。」

霹靂，聲巨也。本雷聲，爆竹聲亦曰霹靂。胖胖，肥也。嘻嘻哈哈，笑也。冷冷清清，寂寞也。顒顒卬卬，氣高也。《詩·大雅·卷阿》傳：「顒顒，温貌〔二〕。卬卬，盛貌。」莆語微含諷刺。吚吚喔喔，私語也。落落拓拓，衣不整也。譁譁，聲雜也。嗸嗸，衆怒也。桓桓糾糾，勇也。桓，讀垣。《周頌》：「桓桓武王。」《周南》：「赳赳武夫。」陰陰黑黑，不明白也。斟斟酌酌，珍惜也。丁丁，金聲也。鼕鼕，鼓聲也。撥剌，魚躍聲也。蒼蒼，卒然也。蹁躚，衣服美也。落落，難也。草草，忽略也。陸務觀詩：「中原草草失昇平。」混混，不認真也。居居究究，相憎惡也。《詩·唐風》：「自我人居居。」「自我人究究。」又見《爾

〔一〕餟：原作「醊」，據《説文解字》改。
〔二〕貌：原誤作「飽」，據《毛詩傳》改。

雅》。僷僷，輕薄也。《説文》：「宋衛之間謂華僷僷，從人葉聲。」儼儼，長壯也。

事煩曰多餘。餘，讀若除。株連曰詿累。詿，讀若挂。作事曰撩理。《説文》：「撩，理也。」今作料理。

有事曰大致。

巧合曰湊巧。不期而然曰碰着。至謂之來。讀若離。《爾雅》：「戾，至也。」《詩》：「魯侯戾止。」古無來字。《説文》來，周之瑞麥也，象麥穗兩岐，謂天所來也。讀若行來之來，來字行而戾字廢。

哭謂之吼。讀若嘵轉聲。佛經：「如獅吼。」視謂之瞷。瞷，眄也〔一〕。揚子《方言》：「吴揚江淮之間或曰瞷。」

怒呵曰訙。許月切，《博雅》：「怒也。」《玉篇》〔二〕：「怒呵曰訙。」

停止曰歇。揚子《方言》：「戲、泄，歇也。」戲泄合音。急遽謂之倯蒙。倯，音鐘，又與沖通。《吴志》周魴誘曹休書：「卒奉大略，倯蒙狼狽。」揚子《方言》：「征倯，遑遽也。」《説文》倯與忪通。征倯〔三〕，懼也。

不潔謂之醪糟。醪音勞。古之醪醴不去糟也。不整齊曰邋遢。《蜀語》：「謂不精采曰邋遢。」張三丰自號邋遢子。

心不定曰赶趠。《莊子》心赶趠而不怡。普通話作等一下，誤。

堅曰凝。上聲。

〔一〕眄：原誤作「眐」，據《方言》改。

〔二〕玉：原誤作「至」。

〔三〕征：原誤作「征」，據《廣雅》改。

忤人曰觸人。《蜀語》：「言語忤人曰觸人。」音轉爲沖。　無交涉，言不相干也。　無行伍，言無秩序也。　大結果，言無法可施。　淘氣，言難也。　不合作，言不諧也。作，讀若作。　多久，言幾多時也。　險光，言壞也。　設計曰搭架。　不平曰𩫖。讀若竅平音。　齧硬物曰齦。　莫作曰不幹。　莫要曰没愛。　驚曰駭異。　調謔曰鑾笑。　侮人曰鑾。　惡聲曰嘷。《廣雅》：「嘷，惡言也。」《廣韻》作吡。　答應曰唯。普通話作喂。　許可曰諾。普通話作着，若轉聲。　没趣曰無情節。　言無根據曰不風騷。　一讀爲蜀。《方言》：「一，蜀也。南楚謂之獨。」十讀爲實。　行且賣曰𧗳。《説文》：「𧗳，行且賣也。」或從衒，衒玉求售。　四讀爲肆。音若試。《禮記》：「宵雅肆三。」音義：肆，又本作肄。同以二反。　二讀爲樲。《唐韻》而至切，普通話讀若兒，非。　六讀爲録。音若辣。《唐韻》力竹切，又叶録直切，音近力，北音讀溜，非。

〔民國〕上杭縣志

【解題】張漢等修，丘復纂。上杭縣，今福建省龍巖市上杭縣。「方言」見卷二十《禮俗志》中。録文據民國二十八年（一九三九）鉛印本《上杭縣志》。

方言

邑中方言多古音，近雅。　如輾轉不寐曰睡不著，呼音如鑿。　杜甫《客夜》詩「客睡何曾著，秋天不肯明」是也。痛甚呼阿謈。《漢書·東方朔傳》舍人痛甚呼謈。鄧展曰：「此音瓜瓟之瓟。」師古曰：「鄧音是也。乃自冤痛之聲也。」方音如約，正與之合。又呼唉詒，見《莊子》釋文，上音哀，下音怡。時運不佳曰衰，見《後漢書·虞詡傳》：「得朝歌何衰。」又讀《三國志·蜀志》楊儀語費禕曰：「往者丞相亡殁之際，若舉軍以就魏氏，寧當落度如是邪。」初不知作何解，亦不詳何讀，偶憶方言有一種形容失意之辭度，讀忖度之度而重其音，近於當之入聲，他書作落託、落拓、落魄，皆一聲之轉。謂人作事拖延曰捱靭，重之曰捱捱靭靭。《説文》無捱字，走部：「趩，留意也，從走，里聲，讀若小兒孩。」《集韻》魚開切，音皚，「將走有意留」也。此爲正字矣。又人呼而應之，其音近愛之陰平，《説文》：「唉〔一〕，應也。烏開切。」與哀音切正同。又謂拗手足指節之鳴其音近魂魄之魄，依《説文》當作䈇。筋部云：「手足指節之鳴者也。」〔二〕《廣韻》北角切。竊取人物謂之捻，音同攝。依《説文》當作図。口部云：「下取物縮藏之。從口，從又，讀若聶。」《廣韻》云「私取皃」〔三〕，惟其私取，故縮藏之。吾鄉方言尚存古音。以下録《願豐樓雜記》。

方音呼簸米之器曰簸箕。《玉篇》箕下引《説文》云「簸箕也」。今本《説文》「箕，簸也」，脱

〔一〕唉：原作「誒」，據《説文解字》改。
〔二〕筋：原誤作「䈇」。鳴：原誤作「嗚」。據《説文解字》改。
〔三〕皃：原作「物」，據《廣韻》改。

一「箕」字。簸箕之外，有米篩、糠篩，方音呼篩爲推，《説文》無篩字，當作籭。竹部云：「竹器也，可以取粗去細。」然篩亦古字，見《漢書·賈山傳》。又盛米穀竹器大者曰盤籃，音侈則爲爬籃。依《説文》當作籓，大箕也，《唐韻》甫煩切，與方音相近。又用以飼猪之器曰兜，依《説文》當作篼，飲馬器也。《玉篇》作飼馬，今本《説文》「飲」蓋「飼」之訛。飼馬、飼猪一耳，是方言猪篼亦古語也。

方言呼人之癡呆者爲酸果，此語亦有所本。《説文》：「某，酸果也。槑，古文某。」二呆爲某，乃加倍之呆。是俗語通於古矣。今借梅爲某，而以某爲誰，某字古義遂廢。

吾鄉呼母爲緊毑，音如也，重呼則爲去聲。按《廣雅》云「母也」，與姐分言。《玉篇》云姐古文作毑，曹憲亦同音，子我、子倚二切。章炳麟《新方言》云：「毑，從也聲，似不當與且同字。今淮西蘄州別謂母爲毑，音如貤，與也聲合。」如章説，吾鄉呼母上一字爲近，然謂當作吾鄉呼母下一字之音讀也，其音爲古，故方言亦有單呼母一字爲毑者。上一字緊乃發語辭，猶言阿耳，字亦可作猗。《商頌》「猗與那與」是也。鄰鄉又呼母曰媪，謂音如哇之上聲或去聲。按《説文》：「媪，母老稱也。讀若奥。」又《廣雅》：「媪，母也。」鄰鄉方言呼母上一字當即此字，下一字爲語辭，方音無字。

方言呼媳婦曰生配，平音。初以爲所生之配耳，既乃知新婦之轉音。古音阜、培相通，故阜塿亦作培塿。

方言呼蟾蜍爲鶏秋婆，考《爾雅・釋魚》：「鼀䵹，蟾蜍。」釋文鼀音去，䵹音秋。方言上字讀作平，而下字不誤。

《説文》：「鬻，炊釜溢也。」音薄没切。段氏謂俗語作鋪。吾邑方言亦然。凡釜中有水無米但沸而已，釜中有米則鬻，去蓋則止。方言呼鋪，一音之轉，亦古語也。

《説文》：「㱿，從上擊下也。」苦角切。即俗語㱿牛字。又「一曰素也」，苦江切。段玉裁謂：「今人用腔字。」「素謂物之質如土坏也。」「𣪊，下擊上也。」知朕切。即俗語用鐵器𣪊在物上，或用拳𣪊人字。

方言稱事之合式者曰丁對。案《爾雅・釋詁》：「丁，當也。」當對，蓋即適合之意。《道山清話》載王沂公每見子弟學人鄉音，效人舉止，必痛抑之，且曰「不成登對」。又載張舜民郴州之貶一條，有舜民嘗因登對云云，是則登朝廷對耳，與方言異。

吾鄉取魚之法，有一種截竹筩長尺許，以香餌鈎於繩，而繫諸竹筩之内，浮於水面，名曰浮筩，土音呼浮如婆。釣絲視水之深淺，繫一粟莖，名曰冂浮子。《集韻》冂，户茗切〔一〕，空也。方言呼彭去聲。古但謂之浮子，見《鷄肋編》，所用爲荻梗。韓退之《釣魚》詩：「羽沈知食駃。」則用羽也。

俗以鼻塞而咳嗽爲咳齁，土音若呷齁。咳，本咳嗽之咳。《説文》：「齁，病寒鼻窒也。」从

〔一〕户：原作「負」，據《集韻》改。

鼻，九聲。」《唐韻》讀平聲，土音呼仄，與九聲更合。欲咳嗽而鼻塞，故鼽也。又咳鼽則曰有人説我，此亦古語，見《詩》「願言則嚔」箋。

瓶甕之口以物久塞，方音與長久之久同。案《士喪禮》鬲，「幕用疏布久之。」〔一〕注：「久讀爲灸。」蓋塞鬲口也。《既夕禮》苞筲甕甒，皆木桁久之。注：「久當爲灸。」謂以蓋案塞其口。《説文》：「久，從後灸之。象人兩脛後有距也。」方音久與灸有上、去之分，久乃本字。又方言用以久塞之物名塞子。

〔嘉慶〕雲霄廳志

【解題】薛凝度修，吴文林纂。嘉慶二十一年（一八一六）修。雲霄廳，嘉慶時析福建漳州府漳浦、詔安、平和三縣地置，廳治在今福建雲霄縣。「方言」見卷三《風土志》中。録文據民國二十四年（一九三五）重刊鉛印本《雲霄廳志》。

方言 採《廣州志》

謂父曰爸，音巴。亦曰爹。母曰媽，亦曰毑。音拿上聲。謂子曰仔，凡物之小者亦曰仔。謂新婦曰心抱。謂婦人娠曰有歡喜。子女末生者曰屘。音米。以手覆物曰揞。庵上聲。美人之貌

〔一〕之：據《願豐樓雜記》補。

曰艶。謂人愚曰猥㾖。以鴿翎貫皮錢踢之曰踢毽。

〔民國〕雲霄縣志

【解題】徐炳文修，鄭豐稔纂。雲霄縣，今福建省漳州市雲霄縣。「方言」見卷四《地理志下》中。録文據民國三十六年（一九四七）鉛印本《雲霄縣志》。

方言

一、通行之區域

方言爲限於一區域之語言。本縣普通通行之語言，後屬閩南語，亦稱福老語（即福建老方言），具有顯著之鼻音及中州帶來的輕微舌上音，無北方强硬之重喉音，與漳屬各縣暨廈門、泉州等處相同。又與廣東省轄之潮汕、惠州沿海，以至台灣、澎湖、龍巖等縣市均可通。其使用之廣，遠至南洋暨菲律濱羣島。一説爲河老話，即「河南老將話」之簡稱。按福老除帶輕微舌上音外，純失中州音色；認爲河老説不確。

二、七聲之辨

依國音之五聲，不能盡閩南方音之變。閩南音實具八聲，但八除聲中上平與下平、上去與下去、上入與下入六聲各異外，上上與下上兩聲則相同，故實際上只有七聲，如「君」字屬上平，上上則爲「滚」，上去則爲「棍」，上入則爲「骨」，下平則爲「裙」，下上仍與上上同爲「滚」，下去爲

「郡」，下入爲「滑」。列表以明之。

方音七音辨別表

	上				下			
	平	上	去	入	平	上	去	入
方音	ㄍㄨㄣ	ㄍㄨㄣ(上)	ㄍㄨㄣ(去)	ㄍㄨㄣ(入)	ㄍㄨㄣ(陽)	ㄍㄨㄣ(上)	ㄍㄨㄣ(去)	ㄍㄨㄣ(入)
	君	滾	棍	骨	裙	滾	郡	滑
國音	ㄐㄩㄣ	ㄍㄨㄣ(上)	ㄍㄨㄣ(去)	ㄍㄨ(上)	ㄑㄩㄣ(陽)	ㄍㄨㄣ(上)	ㄐㄩㄣ(去)〔一〕	ㄍㄨ(上)

三、七聲與國語五聲之異

國音五聲表

陰平	陽平	上聲	去聲	入聲	附注
ㄏㄨ(陰) 呼	ㄏㄨ(陽) 乎	ㄏㄨ(上) 虎	ㄏㄨ(去) 互	ㄏㄨ(入) 忽縠	昔入聲忽縠今國音爲「ㄏㄨ」陰平，瓠膴核斛等字爲陽平，笏鵠怙獲等字爲去聲，至鶴壑又爲「ㄈㄡ」。

方音七聲表

陰聲柔				陽聲剛			備考
上平	上上	上去	上入	下平	下去	下入	

〔一〕ㄩ：原誤作「ㄐ」。

續表

								備考
ㄛㄏㄨ(反介母)	ㄏㄨ 呼	ㄏㄨ(上) 虎	ㄏㄨ(去) 戽	ㄏㄨ(陽) 壑	ㄏㄨ(陽) 乎	ㄏㄨ(去) 户	ㄏㄨ 鶴	鶴壑二音入「ㄏㄛ」部，昔爲入聲。
	ㄏㄨ 乎虖 滹嘑	ㄏㄨ(上) 滸 琥	ㄏㄨ(上) 雇 鳸	ㄏㄨ 忽	ㄏㄨ 胡瑚 湖猢	ㄏㄨ(上) 互沍 枑岵	ㄏㄨ 隺 〔獲〕	
	謼虍戲 〔匢〕〔啒〕	ㄈㄡ 否 缶	鄠 〔鶻〕	縠 ㄏㄨ(陽)	葫蝴 糊餬	怙岵 祜	鶻 怙	
	淴啒 惚	不 〔楛〕	瑴 獲	斛	醐衚 鶘鬍	扈滬 蠖蔰	笏 ㄏㄨ(陽)	
	笏縠 槲		笏	〔膴〕	弧狐 〔瓠〕	穫護 臒鑊	核 瓠	
					斛核 膴	扈鶻 雇鄠		
						獲縠 笏		
ㄏㄨ(福伏)	ㄈㄨ 夫	ㄈㄨ(上) 府	ㄈㄨ(去) 富	ㄈㄨ(入) 福	ㄈㄨ(陽) 符	ㄈㄨ(上) 婦	ㄈㄨ(入) 伏	

續表

ㄈㄨ 孚俘 郛莩	ㄈㄨ 甫輔 簠黼	ㄈㄨ 付咐 仆訃	ㄈㄨ 复蝮 輹鰒	玞砆 扶蚨	父拊 坿附	ㄈㄨ(陽) 伏茯	拂佛二音入「ㄈㄨ(去)」「ㄈㄨ(陽)」部，昔爲入聲。
桴稃 伕麩	脯 俯坿	赴 副傅	ㄈㄨ(去) 復腹	芙趺 衭鈇	駙鮒 祔	ㄈㄨ(去) 洑袱	
孵 敷膚	拊腑 捬腐	賦覆 賻	複鍑 馥覆	柎跗 鳬鳧	阜輔 負媍	ㄈㄨ(入) 服菔	
ㄈㄡ(陽) 桴蜉	父斧 釜滏	〔咈〕 踣	ㄈㄨ(入) 福蝠	罘 枹	滏洑 腹複	鵩 虙復	
〔鄜〕	頫俛 〔撫〕		ㄈㄨ(去) 幅輻	ㄈㄡ 蜉桴	鍑馥 蔔葡	〔蔔〕〔葡〕	
	哺 ㄈㄨ(去)		ㄈㄨ(去) 〔弗〕〔佛〕	浮芣 〔涪〕〔苻〕	幅韍		
	復覆 阜		佛鉘 髴咈	榑縛 紼茀			
			袚紱 韍黻	芾			
附記	有〔〕符號者爲方音與國音聲韻截然不同之字〔一〕。						

〔一〕本篇原用圈點法標記四聲，今改用漢字，以方便排版。又「〔〕」，原作「～～～」。

觀上二表，可知國音五聲之「乎」「虎」「互」，與方音七聲之「呼」字同，但「壑」「鶴」等字，於方音則屬於「ㄏㄛ」，不屬於「呼」，惟自國音五聲變爲四聲，則入聲已分散在平上去之中，於右表可尋求之。

「夫」字國音五聲表

陰平	陽平	上聲	去聲	入聲
ㄈㄨ 夫	ㄈㄨ（陽） 符	ㄈㄨ（上） 婦	ㄈㄨ（去） 富	ㄈㄨ（入） 佛

國音「呼」字係「ㄏㄨ」切，「夫」字係「ㄈㄨ」切。

方音「呼」字應用國音「ㄏㄛㄨ」（反介母）切，「夫」字應用國音「ㄏㄨ」切。

四、方言俗語

公務員曰食公事、曰帶衙內、曰行衙内或行衙門，常出入於縣政府之人士曰走衙門。讀書人曰讀册人。經商曰做生理人。舵工曰舦工。做事害人者曰僥倖人、害死人。命蹇的曰歹命人。惡人曰歹人。壞人曰害貨精〔一〕。肥鈍人曰大冬瓜。食而肥、不事事曰大菜瓜。貧懶好浪遊者曰鸕鷀乞食。蕩子曰鱸鰻刺溜。祖父曰阿公。祖母曰阿媽。曾祖父曰老公。曾祖母曰老媽。高祖父曰老祖公。高祖母

〔一〕壞：原誤作「壤」。

曰老祖媽。兒子曰後生。小孩子曰尪囝仔。

失業曰無頭路，又曰食飽算街路。找事做曰睬頭路。作事曰做大志。事情未易快辦竣曰膠里羅，即較離路也。

説話不實曰講見鬼話、講無影話。散漫的説話曰罔底講、亂肆講、四散講。打斷人家的説話曰打折鼓柄。故爲亂做曰洳叉叉、濫滲來。

眼睛曰目睭，舟音。即目眥轉。睡覺曰睏。睡醒曰睏精神，又曰精英。精英僅指小孩睡醒者言。打盹曰啄膠罪，即頓交睫轉。啄龜即盹龜。

打噎曰拍宇。打嚏曰拍膠揪。去聲。打欠吐氣曰喝愾虓。打欠伸張四肢曰伸勻。縮頸搖頭曰膠腀筍。頓足蹪地曰蹪蹄。

教你莫如此曰教你賣，上去聲。並含拒絶語氣。拒絶不該做而做的詞曰待你賣。上聲。不該如此曰賣上聲案兄。不要曰賣上聲阿，賣爲「莫」「勿」之轉音。

即刻來曰鎌邊來。玩耍曰來去乞桃。

屋子曰次，即厝的轉。居處不佳者曰歹所在。神主曰家神。內衣曰衫仔頭。赤猪肉曰精猪肉，油層曰白猪肉。

火柴曰番仔火。肥皂雪文曰番仔蠟。洗衣曹達炭酸鈉曰番仔鹻。

「仔」與「阿」同讀。

「仔」字本係「仔細」的「仔」、「仔肩」的「仔」，原音資平聲。方音讀上聲，與「子」「主」字同。而本縣又多通作「阿」字用，方音讀爲「鴉」，如「番仔」及「仔兄」「仔叔」「兄仔」「伯仔」等是。

「子」「主」與「只」及「曰」「悦」與「越」「閲」異音。

「子」「主」「只」三字，漳、廈一帶原同讀「煮」上聲，而本縣方音僅「只」讀「煮」上聲，「主」「子」則讀「資」上聲。至「悦」「曰」「越」「閲」四字，原俱同讀「ㄨㄚ」下入聲。本縣方音僅「越」「閲」讀「ㄨㄚ」下入聲，而「悦」與「曰」則讀「ㄧㄝ」下入聲。如扇爐火動字之「扇」字，閩南音通釋爲「曰」，乃「謁」之下入聲。

〔道光〕廈門志

【解題】周凱修，凌翰等纂。廈門，今福建省廈門市。「習尚」見卷十五《風俗記》中。録文據道光十九年（一八三九）刻本《廈門志》。

習尚

造船置貨者曰財東，領船運貨出洋者曰出海，司舵者曰舵工，司桅者曰斗手，亦曰亞班，司繚者曰大繚，相呼曰兄弟。

閩俗呼人曰郎，呼公子、公孫曰舍，呼有體面者曰官。訛官爲觀，遂多以觀爲名者。朋友相稱曰老。廈俗亦然。

江西省 凡十種

〔同治〕廣信府志

【解題】蔣繼洙等修，李樹藩等纂。廣信府，轄境包括上饒、玉山、弋陽、貴溪、鉛山、廣豐、興安七縣，府治在上饒，即今江西省上饒市信州區。「風俗」見卷一《地理志》中。録文據同治十二年（一八七三）刻本《廣信府志》。

風俗

信郡界接徽、閩，士民土語，七邑各異。如稱母曰𡚸，呼弟曰𩏽，女曰濫，又曰奶、娓之類。

〔民國〕南昌縣志

【解題】江召棠修，魏元曠等纂。南昌縣，今江西省南昌市。「方言」見卷五六《風土志》中。録文據民國二十四年（一九三五）鉛印本《南昌縣志》。

方言

男曰崽。女曰婠。乳名男多曰某俚，亦曰某的；女多曰某姺。楊雄《方言》：「崽者，子也。湘沅之會凡言是子者謂之崽。」郭璞注：「崽，音宰。」許慎《説文》云：「南昌謂犬善逐兔草中曰莽。」〔一〕今方言無之。

〔乾隆〕袁州府志

【解題】陳廷枚修，熊日華等纂。袁州府，轄境包括宜春、分宜、萍鄉、萬載等縣，府治宜春縣，今江西省宜春市袁州區。「方言」見卷十二《風俗》中。有乾隆二十五年（一七六〇）刻本。録文據嘉慶八年（一八〇三）重刻本《袁州府志》。

方言

父曰爹。母曰吾媽。兒曰娃仔。壻曰郎。兄弟相稱皆冠以老，從子亦曰老孫。新婦曰嫂。奴婢稱主曰公婆，少主曰叔嬸，分宜獨稱曰某官，少主曰伅，主母曰小娘，少主母曰新新。奴曰舍狗。婢曰夷婆，萬載曰妹仔。爾我曰頑衡。長曰猛。短曰囊。鷄子曰啫啫。

〔咸豐〕袁州府志

【解題】陳喬樅纂。袁州府，轄境包括宜春、分宜、萍鄉、萬載等縣，府治宜春縣，今江西省宜春市袁州

〔一〕「謂」上原衍「人」字，據《説文解字》删。

區。「方言」見卷八《風俗》中。録文據咸豐十年（一八六〇）刻本《袁州府志》。

方言

父曰爹。母曰吾媽。兒曰娃仔。壻曰郎。兄弟相稱皆冠以老，從子亦曰老孫。新婦曰嫂。奴婢稱主曰公婆，少主曰叔嬸，分宜獨稱曰某官，少主曰伲，主母曰小娘，少主母曰新新。奴曰舍狗。婢曰夷婆，萬載曰妹仔。爾我曰頑衡。長曰猛。短曰囊。鷄子曰嗜嗜。

〔同治〕袁州府志

【解題】駱敏等修，蕭玉銓等纂。袁州府，轄境包括宜春、分宜、萍鄉、萬載等縣，府治宜春縣，今江西省宜春市袁州區。「方言」見卷一《地理・風俗》中。録文據同治十三年（一八七四）刻本《袁州府志》。

方言

父曰爹。母曰吾媽。兒曰娃仔。婿曰郎。兄弟相稱皆冠以老，從子亦曰老孫。新婦曰嫂。奴婢稱主曰公婆，少主曰叔嬸，分宜獨稱曰某官，少主曰伲，主母曰小娘，少主母曰新新〔一〕。奴曰舍狗。婢曰夷婆，萬載曰妹仔。爾我曰頑衡。長曰猛。短曰囊。

〔一〕新新：原誤作「新娘」，據乾隆、咸豐《袁州府志》、同治《分宜縣志》改。

〔民國〕宜春縣志

【解題】謝祖安修，蘇玉賢纂。宜春縣，今江西省宜春市袁州區。「方言」見卷十二《社會志》中。録文據民國二十九年（一九四〇）石印本《宜春縣志》。

方言

宜春幅員廣袤，地勢遼闊，南北相距幾二百里。語言厖雜，未易黨曉，不有考證，殊難索解。兹就邑人徐雲《宜春方言源略》與古音之通轉相脗合者著於編，亦考古者所取云。

《爾雅》：「漮，虚也。」郭注《方言》：「漮之言空也。」又《方言》：「㝩，空也。」郭注：「㝩㝗，空皃。」漮、㝩、空聲轉。宜人謂物大小不相適，有間虚可移動爲㝗康。

《方言》：「鈔，好也。」鈔猶小也。王引之説。宜人謂身裁短小而美者爲鈔巧。

《廣雅》〔一〕：「過、謫，責也。」宜人謂預責人勿爲非曰過謫，過，侈音如加。

《説文》：「慲，忘也。慲兜也。」按「摩兜堅，慎勿言」皆言忘也。慲、摩聲轉，今人通言懵懂。宜人謂人不省事曰懵懂，皆作侈口音，懵更作牙音，如骯，又轉爲入聲，音如兀兀突突，侈口音。

〔一〕雅：原誤作「韻」。

《説文》：「俔，間見也。」即現在字。《大雅》「俔天之妹」，《韓詩》作磬。蘄州謂適纔爲磬子，磬讀侈口音，又爲其清音，或曰剛才音轉。

《方言》：「庸謂之倯。」郭注：「倯，猶保倯也。今隴右人名孏爲倯。」〔一〕又：「傑倯，罵也。」郭注：「羸小可憎之名。」是庸有保倯義。章餘杭説。操作惰弛爲倯懈，凡物寬倯亦曰倯。亦有短小之義，宜人呼短爲庸侈口，音如孏〔二〕。

《方言》：「矲，短也。桂林之中謂短矲。」郭注：「蒲楷反。」宜人謂短而肥曰短矲矲，音如把，滂並入幫紐〔三〕。原注：見拙考《古本九紐》内。

《毛詩・魯頌》傳曰：「曼，長也。」宜人謂長爲曼音侈口，讀莽。又曼既訓長，淮南人謂甚長爲曼曼長，引伸之謂甚曰曼。章餘杭説。宜人謂甚亦曰曼。

《莊子》：「故昭氏之鼓琴也。」故猶此也。湖北謂此處爲故里，音如過。餘杭説。宜人亦謂此處爲故，音如箇。

《方言》：「怔忪，遑遽也。」宜人謂心下窘猝時曰怔忪，音如定碰，疊韻。

《廣雅》：「仄、窄，陿也。」王引之云：「狹與陿通。」宜人謂狹爲窄，或曰仄。

〔一〕孏：原作「孄」，據《方言》改。

〔二〕孏：原作「孄」。

〔三〕並：似爲「傡」之誤。

《方言》：「𡖖、𡖗，多也。凡人語言過度及妄施行，亦謂之𡖗。」〔一〕宜人謂事至複雜而無頭緒爲夸𡖗，夸大也。

《說文》：「拈，㩻也。」奴兼切。《廣韻》：「指取也。」又《說文》：「撚，執也。」《廣韻》：「以手撚物也，乃殄切。」拈、撚通。宜人謂指持物爲拈。

《孟子·滕文公》篇：「舍皆取諸其宮中而用之。」舍，猶言何物。章餘杭說。宜人謂何事、何物亦言舍子。

《方言》：「曾、訾，何也。」宜人謂何如爲曾訾，曾，侈口音，爲怎樣切。

《方言》：「抌，推也。」郭注：「都感切。」亦音甚，古端紐，屬齒音。宜人謂以手壓物入曰抌，音如寢。

《方言》：「啙，短也。凡物生而未長大亦謂之黨，又曰癠。」郭注：「今俗呼小爲癠，音薺。」宜人呼小曰癠，或侈言作屑。

《荀子》「漸之滫中」注：「深也。」《說文》：「滫，久泔也。」息流切。宜人謂食久味變臭曰滫，音如溲平聲。

《說文》：「訿，相毀也。」《韓非子》：「啞，是非君人者之所言也。」《孟子》：「惡是何言

〔一〕亦：原誤作「言」，據《方言》改。

也？」誣、啞、惡聲轉。餘杭説。宜人驚人言之不類曰誣，音如訝。

《春秋左氏》「夫己氏」杜注：「猶言某甲。」宜人輕其人稱曰老己。

《方言》：「攓，取也。」宜人謂俯拾物爲攓。

《方言》：「欸，然也。」宜人會晤言然者爲欸。

《方言》：「膜，撫也。」《南史·徐陵傳》：「摩其頂曰：『此天上石麒麟也。』」膜、摩聲轉。宜人謂以手撫物曰摩，撫，古音若摸。

《方言》：「沅澧之間，使之而不肯，答曰吂。」郭注：「音茫。」〔一〕宜人不肯使，答曰吂，茫侈口音。又謂人不在此曰吂，亦茫侈口音。

《説文》：「聶，附耳私小語也。」「咠，聶語也。」七入切。宜人單言附耳私語爲聶商，重言爲咠咠聶聶，咠爲聶，音如尸。引伸謂人參加耳語亦曰咠咠聶聶，聶爲咠，音如戴。古皆一聲之轉。原注：參拙考《古本紐九》。

《説文》：「待，竢也。从寺聲。」今人謂待爲等，等亦从寺聲。章餘杭説。宜人亦謂待爲等。

《方言》：「迹迹、屑屑，不安也。」宜人謂遲疑不定爲迹迹、塞塞。

《廣雅》：「廢，置也。」讀若拜。今謂置物爲廢，音如擺。古無輕脣。餘杭説。宜人亦謂

〔一〕音：原誤作「曰」，據《方言》改。

爲擺。

《説文》：「謦，欬也。」謦，苦頂反。欬，苦愛反。宜人塵言人欬音如恪，言人久欬爲謦謦欬欬，謦音平，謦欬轉侈音。

《廣韻》：「尖，鋭也。子廉切。」凡物鋭必入於他物，宜人因謂以物入他物爲尖進。尖或音如㦸，聲轉也。

《説文》：「坱，塵埃也。」「黨，不鮮也。」世人誤書爲骯髒。餘杭説。宜人呼不絜爲坱黨，音如詎渣。又弇音如腴臊，古端紐爲齒音也。又曰腌臢，又曰齷齪，又曰剌扱。厲之言癩也，患是病者多潰爛，故不絜。扱黨音近聲轉。

《左傳》「渾敦」，杜解謂「不開通之皃」。《莊子·應帝王》篇：「中央之帝爲渾沌，無有七竅。」亦此義。今音轉謂人不開通者爲昏蜑。餘杭説。宜人謂人無理胡鬧爲昏蜑。又《方言》：「惃、慗、頓愍，惛也。」〔一〕蜑，南方夷也。引申之駡人輒用昏蜑。

《廣韻》：「⿰革單，垂下皃。」宜人謂物重垂下曰⿰革單。如衣實銀錢重而累人曰⿰革單人。

《廣韻》：「𠄌，縣皃，都了切。」宜人謂縣物爲𠄌，音如弔。

《廣韻》：「搰，掘地也。」《吳語》：「狐埋之而狐搰之。」〔二〕宜人謂鋤土爲搰，音稍侈如滑，

〔一〕慗：原誤作「憝」。惛：原誤作「惰」。據《方言》改。
〔二〕上一「之」字原脱，據《國語》補。

又侈曰挖，則言掘地也。

《廣韻》：「潷，去滓。鄙密切。」宜人謂去汁爲潷，音平聲。如漉水曰潷，食傾羹曰潷。

《説文》：「迦互，令不得行也。」古牙切。今人謂勒人不能自由曰迦，音去駕切。又謂關津爲迦，俗作卡。餘杭説。宜人同。

《爾雅》：「奔星爲彴約。」宜人謂光速使人不悉見爲約，侈口音。

《説文》：「燁，光盛皃。」宜人謂光盛重言燁燁，侈口音。

《詩》「厭浥行露」毛傳云：「厭浥，濕意也。」宜人謂微濕處曰厭浥，音如乚乚平聲。

《方言》：「曬，暴也。」又：「曬，乾物也。」宜人謂暴之日中爲曬。

《爾雅》：「熲，光也。」《説文》云：「火光也。」通作耿。又通作炯，俱一聲之轉。宜人謂光盛曰炯炯，音如丱侈口。

《廣韻》〔一〕：「脞，《書傳》云：『叢脞，細碎無大略也。』倉果切。」宜人謂事繁而無緒爲脞碎，俗書瑣碎。

《方言》：「魏，能也。」宜人謂不能曰不魏，能曰魏。

《説文》：「澌，土得水沮也。讀若麴。」宜人謂水濕處填以土使乾曰澌，引伸使水乾皆曰

〔一〕韻：原誤作「雅」。

漸。俗書吸。

《説文》：「瀙，冷寒也。」宜人謂甚冷曰瀙瀙，讀平聲。

《説文》：「淬，滅火器。」宜人謂以水熄火曰淬，音平聲。

《説文》：「戇，愚也。」陟降切。段玉裁引師古注曰「下紺反」。古曉匣歸見紐也。宜人謂人愚曰戇，正下紺反。

《説文》：「㶁，水裂去也。」古伯切。宜人謂鍋中水沸蒸飯不熟曰打㶁，㶁，侈音。

《爾雅》：「萍〔一〕，蓱。」郭注：「江東謂之薸。」宜人呼萍爲薸。又平音轉如票音，如平空爲飄空。姘識伎娃爲薸，拌棄金錢則音如標。

《方言》：「蝙蝠，自關而東謂之服翼，或謂之飛鼠，或謂之老鼠。」宜人謂之飛檐老鼠。檐、翼聲轉。

《蟲魚疏》：「蠨蛸，長踦。一名長腳。荆州人、河内人謂之喜母。」宜人謂喜母爲喜虎。

《爾雅》：「筍，竹萌。」郭注：「初生者。」《説文》：「筍，竹胎也。」宜人謂初萌竹爲筍。

《草木疏》：「芣苢，一名馬舄，一名車前。今藥中車前子是也。」宜人恒於五月五日售之葯鋪中，呼曰車前。

〔一〕萍：原誤作「苹」，據《方言》改。

《草木疏》：「萑，似萑，方莖，白華，華生節間。舊説庵蕳是也。《韓詩》及《三倉》云『萑，益母也』。《本草》云：茺蔚，一名益母。」按茺蔚〔一〕、庵蕳韻轉也。宜人呼萑亦曰益母。

《爾雅》：「淔，灌。」「茵，芝。」茵字不見於他書。按《類聚》九十八引《爾雅》作「菌芝」，破壞作茵耳。郝懿行説。按灌菌聲轉，淔芝聲轉，固是一物，郭分爲二，非。宜人謂糞土朽木所生之芝正曰菌。

《説文》：「蜚，臭蟲，負蠜也。」宜人謂臭蟲爲畢殺，又曰扁蟲。蜚畢蠜扁，古無輕脣也。

《莊子》「斯彌爲蝕醯」注：「若酒上蠛蠓也。」宜人謂酒中或醋中蠛蠓爲醯牙，醯音如醋。蠛蠓，小也。芽，始也。始生物必小，故稱牙。

《方言》：「蟬，海岱謂之蛴〔二〕，其大者蟧，其小者謂之麥蚻。」宜人呼蟬爲蠽絡，即蚻蟧聲轉。

《廣雅》：「牸，雌也。」宜人謂牝牛曰牛牸。

《説文》：「夏羊牡曰羖。」宜人謂牡羊爲羊羖，移言猪狗等畜亦然。

《古今注》：「蝦蟆子曰科斗。一曰元針，一曰元魚。」宜人謂科斗爲元元，即元魚聲轉。

《爾雅》：「蕡，枲實。」郭注：「《禮記》曰：『苴，麻之有蕡。』」按「薗，蘆」郭注作「履苴草」，

〔一〕蔚：原誤作「蕳」。

〔二〕蛴：原誤作「踦」，據《方言》改。

是贗爲粗蔴之實，故下别枲、麻二名。宜人呼粗有實者曰夸蔴，音若迦，細而可一歲三收者爲苧蔴。今宜春夏布即苧蔴績而織成者。粗蔴，《爾雅》亦名苧蔴。

《爾雅》：「艾，冰臺。」郝懿行引《采葛傳》：「艾，所以療疾。」宜人謂爲蘄艾。

《方言》：「桑飛，或謂之懱爵。」宜人呼懱雀爲麻雀。懱麻聲轉。又懱，小也。宜人呼眼圈小者爲蔑仔眼，音亦如麻。或曰微微眼，微蔑古同紐。

《説文》：「秕，不成粟也。」宜人呼不成穀之小粒爲秕子，音若穲稏之穲。

《説文》：「㲉，卵生哺者。」口豆切。宜人謂卵曰㲉，音侈如叚叚。舊志作「嗒嗒」。

《説文》：「啄〔一〕，鳥食也。」丁角切。宜人呼啄木鳥音如嘬，古端紐，正齒音也。

《廣韻》：「潲，豕食也。」又「雨濺也」。所教切。宜人謂豕食曰潲，謂雨濺亦曰潲，音七老切，聲轉。

《廣韻》：「糙，米穀雜。」宜人謂米未舂臼曰糙，七到切。

《博物志》：「祝翁善養鷄，故呼鷄祝祝。」《風俗通》：「俗説鷄本朱公化而爲之，今呼曰朱朱。」《説文》：「喌，呼鷄重言之。」皆一聲之轉。宜人呼鷄爲喌平聲。

盧，古之善走犬。韓文使韓盧逐之。宜人呼犬曰於盧。於，語氣也，如《史記》「堯曰於」

〔一〕 啄：原誤作「喙」，據《説文解字》改，下同。

之於。

《春秋傳》：「尾大不掉。」宜人謂犬摇尾爲掉尾，尾音讀若每。又凡縣物摇動爲掉。

《廣韻》：「糪，飯半生皃。」又「飯半生熟」。《爾雅》云：「米者謂之糪。」普麥切。宜人謂半生熟飯爲㽷飯。糪㽷疊韻，俗音如㽷。

《廣韻》：「牧，養也。」《說文》：「牧，養牛人也。」宜人謂牧牛羊俱曰養，俗口音。

《爾雅》：「柀，煔。」郭注：「煔似松，生江南，可以爲船及棺材，作柱埋之不腐。」《廣雅》作檆。又杉同。宜人呼爲杉樹，音如沙。

《爾雅》鯇，郝懿行引李時珍云：「有青鯇白鯇，白者味勝。南人多鯇，鯇，俗名草魚也。」宜人謂白鯇曰草魚，青鯇曰青魚。青，俗口音。

《說文》：「鼉，甲蟲也。」《爾雅》：「鼉，三足能。」釋文奴代反，與態音近，因轉有態音。宜人呼鼉爲團魚，能從態音變也。態，宜人讀若代。

《說文》：「糂，一曰粒也。」桑感切。宜人謂飯粒曰飯糂。

韭、久音同。《說文》：「韭，一種而久生者〔一〕，故謂之韭。」宜邑舟子迷信吉利語，恐久滯，因呼韭爲快菜。

〔一〕生者：原脱，據《說文解字》補。

芹、沈音近。宜邑舟子迷信，更呼芹爲浮菜，音侈如蕈。

《方言》：「蜻蛉，謂之蝍蛉。」郭注：「淮南呼爲蝀蛜。」宜人呼蜻蛉爲央敢。央敢爲蝀字切語顛倒耳。

《方言》：「虔，殺也。」引伸爲「去陰」。《通俗文》：「以刀去陰曰劇。」變爲犍。《廣雅》犍作犗。淮西、淮南皆謂去畜陰曰犍。章餘杭説。宜人謂去猪鷄陰曰虔，音如獮。或謂中涓爲閹豎，亦謂去牛陰曰閹。

《爾雅》：「白州，驠。」郭注：「州，竅也。」亦作醜。《内則》「去醜」，係指前竅而言。宜人謂犬交曰狗眉州，旁迤如子繞切。眉，尻也。

《説文》：「𡲹，從後相臿也。」楚洽切。「尼，𡲹尼也。」直立切。引伸爲交會義。宜人謂鷄交曰鷄臿勢。

《廣雅》：「擐，關門機。」數還切。宜人謂關門横機爲擐，音若酸。又謂以機關門爲擐門。

《説文》：「𣂚，柯擊也。」來可切。宜人謂有柄柯可擊者曰𣂚頭，音如郎。餘杭説。

《説文》：「宛，屈草自覆也，从宀夗聲。」夗，轉臥也。宜人謂被蓐可捲覆以臥曰被窩。窩宛一聲之轉。

《詩·小雅》傳：「秉，把也。」宜人謂物柄曰把。

《方言》：「炊篼謂之縮，或謂之篗。」音籔。《説文》：「籔，炊篼也。」「篼，漉米籔也。」宜人謂漉米竹器曰籔箕。籔音稍侈或曰筲箕。《説文》：「筲，飯筥也。」亦曰溞箕。《廣韻》：「溞，淅米。」音義同。

《説文》：「牢，閑也。養牛馬圈也。从牛，冬省。取其四周匝。」段玉裁説：「取完固之意。」宜人通謂獄爲牢。

《方言》：「梢，盡也。」又：「尾，梢也。」宜人謂船尾爲船梢。又竹尾亦曰梢。

《釋名》：「輠，裹也。裹軹頭也。」宜人謂裹桶盆爲輠，音如弧。俗書箍。

《廣韻》：「席，薦席。」又藉也。祥入切。宜人以其藉於地下也，故呼席。侈音如藉，入聲。

《爾雅》：「椹謂之榩。」斫木質。或用以斬人，加於椹上而斫之。今人謂切肉所藉木質爲椹板。餘杭説。宜人謂切肉木質爲椹板，即切蔬亦爲椹板，音如砧杵之砧。

《説文》：「荐，薦席也。」宜人謂席下稻草稍編成者爲藁荐。又人死燒席下稻草曰燒藁荐。

《方言》：「小袴謂之䘹𧘇。」宜人謂小兒所着未縫襠之袴曰䘹𧘇。音如了口。

《投壺》：「請爲勝者立馬，一馬從二馬，三馬既立，請慶多馬。」注：「馬，勝算也。」賭家以籌記勝，算爲籌馬。」餘杭説。宜人或謂籌馬，或謂組馬。

《説文》：「彤，丹飾也。」宜人狀赤色曰彤紅。《説文》：「黊，鮮明黃也。」宜人狀黃色曰黊黃，音苦格反。曉匣屬見紐，溪亦屬見紐。橘色緑，宜人狀緑色曰橘緑。墨色黑，狀黑色曰墨黑。雪色白，狀白色曰雪白。

《説文》：「涑，澣也。」《公羊傳》「臨民之涑澣也」何注：「無垢加功曰漱，去垢曰浣。」重洗衣服曰漱，音轉曰删。

《釋名》：「土山曰阜。阜，厚也。言高厚也。」古無輕脣音。宜人呼小山爲阜，音轉薄。蕭尤入轉屋鐸故也。凡稱小物一堆曰一薄。原注：見拙著《古有入聲之商榷》。

《爾雅》：「螮蝀謂之雩。螮蝀〔一〕，虹也。」宜人謂虹爲螮蝀，音如乃龍，疊韻近韻，俱從舌頭轉也。

《方言》：「楚凡揮棄物謂之拌〔二〕，或謂之敲。」宜人呼棄骨爲敲栳。

《廣雅》：「𣰆謂之豪。」曹憲音汗。宜人謂人身小毛曰𣰆，音如寒。

《説文》：「囟，頭會，腦蓋也。」宜人謂腦蓋處爲腦門囟。

《博物志》：「蜀山有獮猴，擄男女。有子，還送其家養；不養，母輒死，無敢不養。子長，皆以楊姓。蜀人多謂楊率。」宜人呼客籍非土著爲楊率，或曰養，賤稱。古詩《邯鄲才人嫁爲厮養卒婦》。郭注《方言》〔三〕。罵婢爲竈下養，呼客籍爲養卒。

《廣雅》：「蹂躪，履也。」《説文》：「厹，獸足蹂地也。」宜人謂足踐地爲蹂，音如夒。尤轉

〔一〕螮：原誤作「蝃」，據《爾雅》改。
〔二〕揮：原誤作「拌」，據《方言》改。
〔三〕「郭注方言」似爲竄入文字。

蕭故。

《説文》：「酺，頰也。」「輔，人頰車也。」輔音如巴，魚模轉麻。餘杭説。宜人謂口圍爲柴輔，音多如巴。

《説文》：「髆，肩甲也。」宜人謂肩爲肩髆。

《廣雅》：「膕，曲脚也。」曹憲音古獲反。宜人謂曲脚曰膕，音如去聲。

《廣雅》：「皰，病也。」《説文》：「皰，面生氣。」《淮南・説林訓》：「潰小皰而發痤疽。」宜人謂皮膚隆起中爲氣隔者曰皰。如湯爇成皰曰火皰，音如泡。又廛謂皮膚隆起如蚊蚋所嘬者亦曰皰，音如薄，豪入轉藥也。

《廣雅》：「瘚，病也。」《説文》：「瘚，逆氣也。」《釋名》：「厥，逆氣從下厥起，上行入心脅也。」瘚厥同音義。宜人謂氣急上騰爲厥，弇口音。

《釋名》：「踝，确也。居兩足旁，磽确然也。」宜人謂脛下骨隆兩旁者爲螺螄阜阜，音薄，與踝确韻近也。

《説文》：「𢙍，疾利口也。」大徐息廉切。小徐謂从册聲。宜人謂人善辯言曰口𢙍，音正如册。

《方言》：「謇極〔一〕，吃也。或謂之軋，或謂之䟗。」《説文》：「吃，言蹇難也。」韓文「佶屈聱

〔一〕謇：原脱，據《方言》補。

牙」，皆一聲之轉〔一〕。宜人呼口吃者爲吃輔子，音如佶巴。

《釋名》：「髦，頭生瘡白瘕如髦然也。」《玉篇》：「髦，胡割切。瘌也。」《廣雅》瘌、㓹並「傷也」，厲之言㓹也。淮南謂頭生瘡白瘕蒙茸者曰瘌子。餘杭說。宜人亦呼爲瘌子。又《說文》：「瘍，頭瘡也。」《左傳》：「生瘍於頭。」宜人謂瘌子或曰瘍微瘌。

《方言》：「崽者，子也。」宜人謂子爲崽。

《廣韻》：「顫，四肢寒動。」《淮南·說山》篇：「故寒顫，懼者亦顫。」《爾雅》：「震，懼也，動也。」宜人謂手足顫動者，音正如震。又物被搖動亦謂震。

《爾雅》：「勞、來，勤也。」來或作勑。《說文》：「勑，勞也。」力代切。宜人謂勤勞曰勑，音如慮聲轉。

《廣韻》：「腡，手指文也。落戈切。」宜人謂手指圓文曰腡。

《廣雅》：「鬼、曉，慧也。」宜人謂人狡黠有慧心曰鬼曉。

《廣韻》：「睩，視皃。」「睌，動目。」宜人謂目東西望曰睩睌。

《廣韻》〔二〕：「盼，大目。古禄切。」宜人謂露目爲盼上聲。

〔一〕一：原作「一一」，衍一「一」字。

〔二〕韻：原誤作「雅」。

《廣韻》：「豚，尾下竅也。丁角切。」通作涿。《三國志・周羣傳》：「諸毛繞涿居乎？」皆言陰器。宜人謂交爲涿，音如戳。古端紐正齒音也。

《説文》：「𥨊，口滿食也。」丁滑切。宜人謂飽食𥨊，音如扎。端紐屬齒音也。

君，尊稱也，如呼人呼某君。恒用爲對稱之辭。宜人謂爾爲君，音如衡，古曉匣歸見紐也。原注：參拙考《古本紐九》。俗作頏衡爲爾我之稱，非是。頏音由邛韻疊也。《左傳》言「誰居」，《檀弓》言「何居」，誰、何下言居是指他人也。字變爲渠，今吴楚皆謂彼曰渠。餘杭説。宜人謂彼正曰居，侈口音如格平聲。又木匠呼鋸齒亦曰格平聲。

輪扁曰糟粕之士。宜人獨呼木匠爲粕士，或曰師傅，倒語也。

《説文》：「燅，於湯中爚肉也。」《禮・有司徹》：「乃燅尸俎。」宜人謂肉薄片置湯沸之爲燅，音稍侈如竄平聲。

《説文》：「熷，置魚筩中炙也。从火曾聲。」宜人臘月以火乾魚肉俱謂熷，音如先。又：「㸐，以火乾肉也。」《方言》：「以火乾五穀之類謂之熫。」㸐熫聲轉。宜人謂筩中熟飯爲㸐，以火乾物爲熫。

《方言》：「企，立也。」宜人謂立爲企，音如騎。

《説文》：「奎，兩髀之間。」宜人謂兩髀之間曰奎裡，音如迦。

《説文》：「脬，旁光也。」宜人謂旁光曰脬，音如匹浮、匹屋二切。

《說文》：「牝，畜母也。」宜人謂女陰曰牝，音侈如別。境内語言錯雜，發言歧異，可考證者尚不廑此。如東陽、庚陽韻侈口讀別爲一韻，爲韻書所無。又陌錫等韻侈口讀別爲一韻，亦爲韻書所無。大氐聲音之變，侈音爲多，弇音甚少，加以訛傳，別爲一韻，頗與本字杳不關涉馴。至音紐不同，喉舌互異，溯本窮源，殊非易易。此篇所載，乃其大較。有志之士倘悉心研求，則訛傳因變之理，不難豁然貫通。是在好古而敏求之者。

〔同治〕分宜縣志

【解題】李寅清、夏琮鼎修，嚴升偉等纂。分宜縣，今江西省新餘市分宜縣。「方言」見卷一《風俗》中。録文據同治十年（一八七一）刻本《分宜縣志》。

方言

父曰爸。母曰吾嫣。兒曰娃仔。婿曰郎。新婦曰新娘，亦曰新八，婢呼曰新新，亦曰新肖。呼主母曰小娘，或曰老媪。兄呼弟曰老弟。弟呼兄曰哥哥。從子或稱老孫。婢呼主曰官官，少主曰仛仛，又曰牙牙。貴主母呼曰太太、奶奶，女曰小姑。奴婢呼曰姑娘。呼幼奴曰某仔。幼婢曰某香、某花。午飯呼曰吃日中。晚飯，南鄉呼曰吃晚頭。此類不一，姑述其概。

〔民國〕分宜縣志

【解題】蕭家修等修，歐陽紹祁纂。分宜縣，今江西省新餘市分宜縣。「語言」見卷十四《風俗》中。録文據民國二十九年（一九四〇）石印本《分宜縣志》。

語言

父曰爸。母曰吾媽。祖曰公公。祖母曰婆婆。曾祖曰大公。曾祖母曰大婆。伯父曰伯伯。伯母曰姆姆。叔父曰叔仔。叔母曰嬸。兒曰娃仔。女曰女娌。兄呼弟曰老弟。弟呼兄曰哥哥。壻曰郎。新婦曰新娘。呼讀書人及着長衫者曰先生。呼貴少主曰佬佬，又曰牙牙。貴主婦女曰先先娘，間有呼太太、奶奶、小姐者。呼幼奴曰某仔，幼婢曰某香、某花。午飯呼曰日中。晚飯，南鄉呼曰吃晚頭。呼什麼曰舍呢，南鄉曰渣各。呼睡曰睏覺。呼他人曰你執。呼自己曰我執，南鄉則呼你計、我計。此類不一，姑述其概。

〔民國〕昭萍志略

【解題】劉洪闢修纂。昭萍，指萍鄉縣，今江西省萍鄉市安源區。「方言」見卷十二《風土志·禮俗》中。録文據民國二十四年（一九三五）活字本《昭萍志略》。

方言

父曰爹。母曰吾媽。子謂之崽。楊子《方言》：「崽，子也。」《楊升庵集》云：「江右人謂子曰崽。」壻曰郎。

爾我曰頑衡。取平等之義。傳聞昔劉宫保在京與同官聚譚，有某達官戲語之曰：「爾萍鄉人彼此相稱，究竟是甚麽兩字？是甚麽取義？」宫保應聲曰：「是幸憾兩字。幸者，幸人之所有；憾者，憾己之所無。」聞者悚然。偶與諧謔，亦具豐裁。

童稺多呼爲犽。《集韻》：「吴人謂稺子曰孲犽。」鷄子曰啫啫。

論田數曰若干把，謂蒔秧若干把也。一畝合三十把。安樂鄉人又曰若干石種，謂所播之種穀，一石合種田二百把。

〔光緒〕長寧縣志

【解題】沈鎔經修，劉德姚纂。長寧縣，今江西省贛州市尋烏縣。「方言」見《末卷》中。有光緒二年（一八七六）刻本。録文據光緒七年（一八八一）重訂刻本《長寧縣志》。

方言

張大史尚瑗曰：贛州界接閩粵，語言文字多與相類。筆畫之異如：華爲蕐，鄰爲僯，兹爲竝〔一〕。其全字皆訛者，鑽爲閿，誘爲㗚，誑爲嗆，帳爲賬，賠爲貱。貱字，《説文》同朋比之比，

〔一〕竝：原誤作「兹」。

而以爲賠累之賠。夯字，《正字通》曰：「用力舉物。」此以爲壓制之義。不，本音杲，芽枋也，此以爲墩鎖之墩。又稱水道曰圳，字書所無。按，《字彙補》：「圳，市流切，音酬。吴楚間田畔水溝謂之圳。」稱水石相際爲磜，見之《象山集》中。有義同而移其音者，恒爲常，汝爲爾也。有義同而殊其用者，喚爲喊，走爲行也。有混而不分者，飲酒曰食酒也。下食之具曰挈飯，挈與佐同，此可解者也；行鴆曰鬧死人，鬧與毒鴆全不相入，此不可解者也。其餘儒爲於，仁爲嬴，輝爲非，胡爲巫，馮爲洪，荒爲方，此蓋合郡所同者。獨余邑種山曰作畬，讀作斜，《詩》「如何新畬」，音余，又音奢，謂田三歲也。山耑曰峯。山道曰嶺。山脊曰崠，此昔呼爲崠，又呼爲岃。水之奔而險者曰灘、曰瀨、曰瀧，此皆呼爲峯，會昌呼爲蓬，音義絶不相蒙矣。有音異而義同者，禽之雄者曰公，獸之牡者曰牯，羽蟲水族之卵曰蛋。有音與義全無者，禽之嶋者曰蟆，獸之牝者亦曰蟆。稱婦人之老者皆曰嫂、曰奶，米食之類皆謂之粄，餉歲而染黄色者謂之黄粇。《字彙》有粄字，無粇字。有無之無曰毛，按《後漢·馮衍傳》：「饑曰毛食。」又《五代史》黄幡綽賜緋毛魚袋。則古人行文亦用之矣。是曰係。哄曰弄。鬧熱曰嚷。作事不正大曰詭黠。做人不慷慨曰泄泄沓沓。自稱曰我，吴人謂儂，秦人謂咱，晉豫謂喒、謂俺，此呼謂厓。行禮作揖曰唱偌。合巹曰交婚。入贅曰進舍。唆是非曰做鬼。胥役得官意者謂之金紗帽，又曰戴帽子。交訟納賄曰進水。傭工耕種者曰春哥。奴僕曰賴子。鰥夫曰單隻。諸如此類，概不勝舉。惟以所嘗見聞者疏之，或有資于鉛槧之採云。吴之章《志稿》。

邑田俱以把計，詢之土人，地可栽穀盈把者即定爲一把，其廣狹不可得而知也。舊志。